Paramahansa Yogananda
Im Lake Shrine der Self-Realization Fellowship, 1950

DIE WIEDERKUNFT CHRISTI

Die Auferstehung des Christus im eigenen Inneren

Eine wegweisende Auslegung der ursprünglichen Lehren Jesu

Paramahansa Yogananda

Band II

Self-Realization Fellowship
FOUNDED 1920 BY PARAMAHANSA YOGANANDA

Der Titel der im Verlag Self-Realization Fellowship,
Los Angeles, Kalifornien, erschienenen Originalausgabe lautet:
The Second Coming of Christ – The Resurrection of the Christ Within You

ISBN: 978-0-87612-555-7

Übersetzung ins Deutsche: Self-Realization Fellowship

Die Danksagungen für Zitate und Illustrationen erscheinen auf Seite 671/672.

Autorisiert durch
International Publications Council of
Self-Realization Fellowship, USA

Erste deutsche Ausgabe, (Band II) 2017
First edition in German Vol. II, 2017
Nachdruck, 2024
This printing, 2024

ISBN: 978-0-87612-222-8

1442-J8322

Gewidmet meinem verehrten Guru,
Swami Sri Yukteswar Giri,
der mir als Erster in seiner
allumfassenden Weisheit
die ewige Wahrheit bewussst gemacht hat,
dass die Lehren Jesu Christi
und Indiens altehrwürdige Wissenschaft der Religion
eins sind;

und den Seelen in der ganzen Welt, die Gott lieben.
Ich rufe sie auf, in das innere Licht göttlicher Wahrnehmung zu treten,
welches das unendliche Christusbewusstsein offenbart,
das in ihnen auferstehen will.

Das geistige Erbe Paramahansa Yoganandas

Seine vollständigen Schriften, Vorträge und spontanen Ansprachen

Paramahansa Yogananda gründete die Self-Realization Fellowship[1] im Jahre 1920, um seine Lehren in der ganzen Welt zu verbreiten und deren Reinheit und Vollständigkeit für künftige Generationen zu bewahren. Bereits in seinen ersten Jahren in Amerika zeigte sich, dass er ein sehr produktiver Schriftsteller und erfolgreicher Redner war. Er schuf ein umfangreiches und weithin bekanntes Werk über die Yoga-Wissenschaft der Meditation, die Kunst, ein ausgeglichenes Leben zu führen, sowie über die grundlegende Einheit aller großen Religionen. Auch heute noch ist dieses einzigartige und weitreichende geistige Erbe lebendig und inspiriert Millionen von Wahrheitssuchern in der ganzen Welt.

In Übereinstimmung mit dem ausdrücklichen Wunsch des großen Meisters veröffentlicht und druckt die Self-Realization Fellowship fortlaufend *Die vollständigen Werke von Paramahansa Yogananda*. Dazu gehören nicht nur die endgültigen Ausgaben aller Bücher, die er zu seinen Lebzeiten herausgegeben hat, sondern auch viele neue Titel – Werke, die zur Zeit seines Heimgangs 1952 noch nicht publiziert waren oder die im Laufe der Jahre zwar regelmäßig in der Zeitschrift der Self-Realization Fellowship erschienen, deren Inhalt aber nicht vollständig war. Außerdem zählen dazu Hunderte von Tonaufnahmen zutiefst inspirierender Vorträge und spontaner Ansprachen, die vor seinem Heimgang aufgenommen, aber nicht veröffentlicht wurden.

Paramahansa Yogananda wählte und schulte persönlich diejenigen unter seinen engeren Jüngern, die den *Self-Realization Fellowship Publications Council* leiten, und gab ihnen genaue Richtlinien für die Zusammenstellung und Veröffentlichung seiner Lehren. Die Mitglieder des *SRF-Publications Council* (Mönche und Nonnen, die das lebenslange Gelübde der Entsagung und des selbstlosen Dienens abgelegt haben) halten diese Richtlinien ganz besonders in Ehren, damit die universelle Botschaft dieses geliebten Weltlehrers in ihrer ursprünglichen Kraft und Echtheit erhalten bleibt.

Das Emblem der Self-Realization Fellowship (siehe oben) wurde von Paramahansa Yogananda selbst bestimmt, um die von ihm gegründete gemeinnützige Organisation als autorisierte Quelle seiner Lehre kenntlich zu machen. Der Name und das Emblem der SRF erscheinen auf allen Veröffentlichungen sowie Audio- und Videoaufnahmen der Self-Realization Fellowship. Dadurch erhält der Leser die Gewissheit, dass ein Werk von der Organisation stammt, die Paramahansa Yogananda gegründet hat und die seine Lehren so vermittelt, wie er es beabsichtigt hat.

Self-Realization Fellowship

[1] Wörtlich, »Gemeinschaft der Selbst-Verwirklichung«. Paramahansa Yogananda hat erklärt, der Name Self-Realization Fellowship bedeutet »Gemeinschaft mit Gott durch Selbst-Verwirklichung und Freundschaft mit allen wahrheitssuchenden Seelen.« (Siehe auch »Selbst-Verwirklichung« und »Self-Realization Fellowship« im *Glossar* und in *Ziele und Ideale der Self-Realization Fellowship*.)

Inhalt (von Band II)

Verzeichnis der Abbildungen

Anmerkung des Herausgebers

Paramahansa Yogananda wählte für seine Auslegung des Neuen Testaments die englische King-James-Bibel. Als geeignete deutsche Fassung wurde die Luther-Bibel von 1912 verwendet. Es war jedoch notwendig, einige Stellen der Lutherbibel mit einer Übersetzung der entsprechenden Stellen aus der King-James-Bibel zu ersetzen, um eine Übereinstimmung zwischen den Versen aus der englischen Bibel und Paramahansa Yoganandas Kommentar einerseits und dem deutschen Bibeltext andererseits sicherzustellen. Ferner wurden sprachlich veraltete Stellen in der Lutherbibel 1912 dem heutigen Sprachgebrauch angepasst.

Alle Bibelverse in Paramahansa Yoganandas Kommentar erscheinen in Kursivschrift und in Anführungszeichen, seine Paraphrasierungen des Bibeltextes jedoch in Normalschrift und in Anführungszeichen.

DISKURS 31

Warum Jesus mit »Zöllnern und Sündern« verkehrte

Die Macht des menschlichen Willens in Verbindung mit Gottes Willen

❖

»Deine Sünden sind dir vergeben«:
Karmische Auswirkungen früherer falscher Handlungen können auf göttliches Geheiß beseitigt werden

❖

Wie der Mensch von den Folgen seiner üblen Taten befreit werden kann

❖

Die Mission eines Welterlösers: ihr qualitativer und quantitativer Aspekt

❖

Eine tröstende Botschaft: Gott gewährt dem Reumütigen Gnade und Vergebung

»Ich will den spirituell Kranken Gnade und Mitgefühl erweisen und sie nicht verlassen; ich will versuchen, sie zu heilen und zu retten, anstatt zuzulassen, dass sie auf dem Altar ihres karmischen Schicksals geopfert werden.«

Und es kam zu ihm ein Aussätziger, der flehte ihn an, kniete vor ihm und sprach: Willst du, so kannst du mich wohl reinigen. Und Jesus hatte Mitleid mit ihm, streckte seine Hand aus, rührte ihn an und sprach zu ihm: Ich will es; sei rein!

Und als er so gesprochen hatte, wich der Aussatz sogleich von ihm, und er war rein. Und Jesus drohte ihm und schickte ihn auf der Stelle weg und sagte zu ihm: Sieh zu, dass du niemandem davon erzählst; sondern geh hin und zeige dich dem Priester und opfere für deine Reinigung, was Mose geboten hat, um ihnen ein Zeugnis zu geben.

Er aber ging hinaus und fing an, eifrig darüber zu reden und die Sache überall bekannt zu machen, sodass Jesus nicht mehr öffentlich in eine Stadt hineingehen konnte, sondern sich draußen in einsamen Gegenden aufhielt; und dennoch kamen die Leute von überall her zu ihm.

Und nach einigen Tagen ging er wieder nach Kapernaum, und es wurde bekannt, dass er im Hause sei. Und alsbald versammelten sich so viele, dass kein Platz mehr war, sie alle aufzunehmen, nicht einmal draußen vor der Tür; und er verkündete ihnen das Wort.

Und sie kamen zu ihm und brachten einen Gelähmten, der von vier Leuten getragen wurde. Und weil sie wegen des Andrangs nicht in seine Nähe gelangen konnten, deckten sie das Dach über der Stelle ab, wo Jesus stand. Und als sie es aufgebrochen hatten, ließen sie das Bett herab, in dem der Gelähmte lag.

Als aber Jesus ihren Glauben sah, sprach er zu dem Gelähmten: Mein Sohn, deine Sünden sind dir vergeben.

Es saßen aber dort einige der Schriftgelehrten, die dachten in ihrem Herzen: Wie kann dieser Mann solche Gotteslästerung aussprechen? Wer kann Sünden vergeben als nur Gott allein?

Und Jesus erkannte sogleich in seinem Geist, dass sie so bei sich dachten, und er sprach zu ihnen: Was denkt ihr solches in eurem Herzen? Welches ist leichter, zu dem Gelähmten zu sagen: Dir sind deine Sünden vergeben, oder: Stehe

auf, nimm dein Bett und geh? Damit ihr aber erkennt, dass des Menschen Sohn Macht hat, zu vergeben die Sünden auf Erden (spricht er zu dem Gelähmten): Ich sage dir, steh auf, nimm dein Bett und geh nach Hause!

Und sogleich stand er auf, nahm sein Bett und ging vor aller Augen hinaus, sodass sie alle staunten, Gott priesen und sprachen: So etwas haben wir noch nie gesehen. Und er ging wieder hinaus an den See; und alles Volk kam zu ihm, und er lehrte sie.

Und als er vorüberging, sah er Levi, den Sohn des Alphäus, am Zollhaus sitzen und sprach zu ihm: Folge mir nach! Und er stand auf und folgte ihm nach.

Und es begab sich, als Jesus in seinem Haus das Mahl einnahm, dass viele Zöllner und Sünder mit Jesus und seinen Jüngern am Tisch saßen, denn es waren viele, die ihm nachfolgten. Und als die Schriftgelehrten und Pharisäer sahen, dass er mit den Zöllnern und Sündern aß, sprachen sie zu seinen Jüngern: Warum isst und trinkt er mit den Zöllnern und Sündern?

Als Jesus dies hörte, sprach er zu ihnen: Die Starken bedürfen keines Arztes, sondern die Kranken. Ich bin gekommen, zu rufen die Sünder zur Buße und nicht die Gerechten.

Markus 1, 40 – 2, 17

DISKURS 31

Warum Jesus mit »Zöllnern und Sündern« verkehrte

Und es kam zu ihm ein Aussätziger, der flehte ihn an, kniete vor ihm und sprach: Willst du, so kannst du mich wohl reinigen. Und Jesus hatte Mitleid mit ihm, streckte seine Hand aus, rührte ihn an und sprach zu ihm: Ich will es; sei rein!

Und als er so gesprochen hatte, wich der Aussatz sogleich von ihm, und er war rein. (*Markus* 1, 40–42)[1]

»Ich will es« – Diese Worte Jesu, mit denen er auf das Gebet des Aussätzigen antwortete, kennzeichnen den menschlichen Willen, der mit dem allmächtigen Willen Gottes im Einklang steht. Der menschliche Wille wird vom Körper eingeschränkt. Er kann den Körper gesund erhalten oder ihn in den Abgrund von Krankheit und Leid stürzen und ihn sogar zerstören. Er kann das Werkzeug des Körpers benutzen, um in der Welt – je nach dem Grad der geistigen Entwicklung eines Menschen – kleinere oder größere, aber stets begrenzte Veränderungen zu bewirken. Wenn sich der menschliche Wille jedoch durch ekstatische Meditation mit dem allgegenwärtigen Willen Gottes identifiziert, hat er Zugang zu allen kosmischen Kräften und intelligenten Energien, die das Universum regieren. Ein Gottsucher, der SELBST-Verwirklichung erlangt hat, kann mit

Die Macht des menschlichen Willens in Verbindung mit Gottes Willen

[1] Vgl. Parallelstellen in *Matthäus* 8, 1–3 und *Lukas* 5, 12–13.

seinem gesteigerten Willen jede beliebige Veränderung in seinem erweiterten kosmischen Körper des Universums herbeiführen. Und er kann dies ebenso mühelos tun, wie der Durchschnittsmensch willentlich seine Lebenskraft, Nerven und Muskeln aktiviert, um erwünschte Wirkungen in seinem physischen Körper oder dessen Umgebung hervorzurufen.

Da Jesus mit dem allgegenwärtigen Vater und der alles durchdringenden Intelligenten Kosmischen Energie eins war, nahm er sich nicht nur in seinem eigenen kleinen Körper wahr, sondern in allen Körpern, einschließlich dem des Aussätzigen. Er gebot der kosmischen Energie in dessen Körper, diesen von den krankheitsbedingten Unvollkommenheiten zu reinigen – Jesus ordnete die Lebensschwingungen neu an, damit sie in den Atomen kranker Gewebe und Zellen Veränderungen bewirkten. Die Heilung erfolgte augenblicklich.

Und Jesus drohte ihm und schickte ihn auf der Stelle weg und sagte zu ihm: Sieh zu, dass du niemandem davon erzählst; sondern geh hin und zeige dich dem Priester und opfere für deine Reinigung, was Mose geboten hat, um ihnen ein Zeugnis zu geben.[2]

Er aber ging hinaus und fing an, eifrig darüber zu reden und die Sache überall bekannt zu machen, sodass Jesus nicht mehr öffentlich in eine Stadt hineingehen konnte, sondern sich draußen in einsamen Gegenden aufhielt; und dennoch kamen die Leute von überall her zu ihm. (*Markus* 1, 43–45)

Parallelstelle:

Die Kunde über ihn verbreitete sich immer mehr, und große Volksmengen versammelten sich, um ihn zu hören und von ihren Krankheiten geheilt zu werden. Er aber zog sich in die Wüste zurück und betete. (*Lukas* 5, 15–16)

Ähnlich wie alle großen Propheten erschien Jesus, um das Wort Gottes zu überbringen und dadurch die getäuschte menschliche Seele zu heilen; deshalb wollte er nicht, dass dieses Ziel durch seine beeindruckenden, barmherzigen physischen Heilungen beeinträchtigt

[2] Vgl. Parallelstellen in *Matthäus* 8, 4 und *Lukas* 5, 14.

werde. Aus diesem Grunde ermahnte er den Aussätzigen eindringlich, mit seiner wunderbaren Heilung keine ungelegene Aufmerksamkeit zu erregen, sondern nur vor der priesterlichen Obrigkeit Zeugnis von Gottes Macht abzulegen, da diese den göttlichen Auftrag Jesu infrage stellte. Um weitere Vorbehalte vonseiten der religiösen Hierarchie zu beseitigen, bekundete Jesus seine Überzeugung von der Größe Moses und seinen Respekt vor dem Glauben derer, die es gewohnt waren, das mosaische Gesetz zu befolgen – er wies den Aussätzigen an, in der Synagoge zu opfern *»für deine Reinigung, was Mose geboten hat.«*

Aber der geheilte Aussätzige konnte verständlicherweise seine Freude nicht für sich behalten und wurde daher ein wirkungsvoller, wenn auch unerwünschter Werbeträger für Jesus: Unzählige Menschen wollten daraufhin von ihm geheilt werden und seine segensreiche Botschaft hören, sodass es für Jesus unmöglich wurde, sich weiterhin frei in der Stadt und im Umland zu bewegen. Er zog sich von der ihn bedrängenden Menge in die Wildnis der Wüste zurück – sowie in das stille Reich seines Inneren, wo rastlose Gedanken ihn niemals zu behelligen wagten – und hielt dort Zwiesprache mit Gott, um neue körperliche und geistige Kraft zu schöpfen.

~

Und nach einigen Tagen ging er wieder nach Kapernaum, und es wurde bekannt, dass er im Hause sei. Und alsbald versammelten sich so viele, dass kein Platz mehr war, sie alle aufzunehmen, nicht einmal draußen vor der Tür; und er verkündete ihnen das Wort.

Und sie kamen zu ihm und brachten einen Gelähmten, der von vier Leuten getragen wurde. Und weil sie wegen des Andrangs nicht in seine Nähe gelangen konnten, deckten sie das Dach über der Stelle ab, wo Jesus stand. Und als sie es aufgebrochen hatten, ließen sie das Bett herab, in dem der Gelähmte lag.

Als aber Jesus ihren Glauben sah, sprach er zu dem Gelähmten: Mein Sohn, deine Sünden sind dir vergeben. (Markus 2, 1–5)

Parallelstelle:

Und siehe, da brachten sie zu ihm einen Gelähmten, der lag auf einem Bett. Da nun Jesus ihren Glauben sah, sprach er zu dem

Gelähmten: Sei getrost, mein Sohn; deine Sünden sind dir vergeben. (*Matthäus* 9, 2)[3]

Während Jesus wiederum vor vielen Menschen in Kapernaum predigte, wurde durch das Dach des Hauses, wo sie sich versammelt hatten, vor Jesus ein Gelähmter heruntergelassen, der hilflos auf einem Feldbett lag. Wegen der Menge war dies der einzige Weg, in die heilsame Gegenwart Jesu zu gelangen.[4] Als dieser die unerschütterliche Beharrlichkeit und das große Gottvertrauen des gelähmten Mannes und derer sah, die ihn brachten, wandte er sich an den Heimgesuchten, der krank auf seiner Trage lag, und vergab ihm seine Sünden. Mit seinen Worten bekundete Jesus, dass die karmischen Auswirkungen früherer falscher Handlungen, die im gegenwärtigen Leiden des Mannes zutage traten, beseitigt waren: »Mein Sohn, erfreue dich im GEIST; denn deine Sünden, die du bewusst oder unbewusst in der Vergangenheit begangen hast, von denen du aber jetzt nichts weißt, sind durch die Gnade Gottes vergeben; und dadurch ist deine Krankheit – als karmische Folge jener Sünden – geheilt.«

»Deine Sünden sind dir vergeben«: Karmische Auswirkungen früherer falscher Handlungen können auf göttliches Geheiß beseitigt werden

Mit Willenskraft und kosmischer Energie können heilige Mittler Gottes wie Jesus bei empfänglichen Menschen die karmischen Spuren vieler Inkarnationen löschen, die ihrem Gehirn astral eingeprägt sind – als geistige und physische Aufzeichnungen von Sünde, die den üblen Refrain geistigen und physischen Elends weitersingen. Wie Säure die Rillen auf einer Schallplatte zerstören kann, sodass diese nicht mehr abspielbar ist, können auch die geistigen und physischen »Rillen« karmischer Spuren, die in den Gehirnzellen gespeichert sind, durch die Übertragung von Lebenskraft entfernt werden. Mit dem Ausbrennen der inneren sündhaften Aufzeichnungen verstummen auch die Lieder schlechter Erfahrungen, die Elend hervorrufen. Bei Jesu Worten *»deine Sünden sind dir vergeben«* wurde das schlechte Karma aus der Vergangenheit, das bei dem Heimgesuchten das Leiden der körperlichen Lähmung verursacht hatte, auf göttliches Geheiß ausgemerzt.

---

[3] Vgl. weitere Parallelstelle in *Lukas* 5, 17–20.

[4] In *Lukas* 5, 17 wird berichtet: *»Es saßen da Pharisäer und Gesetzeslehrer, die aus allen Ortschaften in Galiläa und Judäa und aus Jerusalem gekommen waren.«*

Es saßen aber dort einige der Schriftgelehrten, die dachten in ihrem Herzen: Wie kann dieser Mann solche Gotteslästerung aussprechen? Wer kann Sünden vergeben als nur Gott allein?

Und Jesus erkannte sogleich in seinem Geist, dass sie so bei sich dachten, und er sprach zu ihnen: Was denkt ihr solches in eurem Herzen? Welches ist leichter, zu dem Gelähmten zu sagen: Dir sind deine Sünden vergeben, oder: Stehe auf, nimm dein Bett und geh? Damit ihr aber erkennt, dass des Menschen Sohn Macht hat, zu vergeben die Sünden auf Erden (spricht er zu dem Gelähmten): Ich sage dir, steh auf, nimm dein Bett und geh nach Hause!

Und sogleich stand er auf, nahm sein Bett und ging vor aller Augen hinaus, sodass sie alle staunten, Gott priesen und sprachen: So etwas haben wir noch nie gesehen. (*Markus* 2, 6–12)

Parallelstelle:

Und siehe, etliche unter den Schriftgelehrten sprachen bei sich selbst: Dieser lästert Gott.

Und Jesus, der ihre Gedanken kannte, sprach: Warum denkt ihr Böses in euren Herzen? Welches ist leichter zu sagen: Dir sind deine Sünden vergeben, oder zu sagen: Steh auf und geh? Damit ihr aber erkennt, dass des Menschen Sohn Macht hat, auf Erden die Sünden zu vergeben, sprach er zu dem Gelähmten: Steh auf, nimm dein Bett und geh heim!

Und er stand auf und ging heim. Als aber die Volksmenge das sah, staunte sie und pries Gott, der solche Macht den Menschen gegeben hat. (*Matthäus* 9, 3–8)[5]

Die Pharisäer und Schriftgelehrten – materiell gesinnte Verstandesmenschen, die blind waren für die göttliche Größe Jesu – konnten sein Recht und seine Macht, Sünden zu vergeben, nicht verstehen. Könnte ein Mensch einen anderen davon befreien, dass dieser für seine bösen Taten durch die selbst geschaffenen Folgen büßen muss (wobei der gesetzmäßig geforderte Ausgleich aufgehoben wird), dann könnte jemand, der »Vergebung« übt, einen anderen vor den schlimmen

[5] Vgl. weitere Parallelstelle in *Lukas* 5, 21–26.

Auswirkungen bewahren, falls dieser Gift trinkt. Wenn ein »Vielfraß« zu viel isst und dann unter akuten Verdauungsstörungen leidet, ist mehr erforderlich als ein vergebendes Wort, damit die schmerzhaften Folgen abgeschwächt werden, die seine Gier verursacht hat.

Wie der Mensch von den Folgen seiner falschen Handlungen befreit werden kann

Macht dieser Leidende sich jedoch das spezielle Wissen und die besonderen Fähigkeiten eines Arztes zunutze und befolgt dessen Anweisungen, kann er seine Verdauungsbeschwerden beseitigen. Ebenso verhält es sich im spirituellen Bereich: Ein psychisch Kranker kann Vergebung finden – von den schmerzhaften Auswirkungen seiner Handlungen befreit werden –, wenn er dem Rat eines wahren Weisheitslehrers folgt, dem er seine Fehler gesteht (Beichte), damit dieser eine spirituelle Diagnose stellen und das richtige Heilmittel finden und verschreiben kann. Um durch einen spirituellen »Facharzt« von physiologischen Krankheiten geheilt zu werden – von Krankheiten, deren karmische Ursachen in den vergessenen Sünden der Vergangenheit verborgen liegen –, sind nicht nur eine spirituelle Diagnose und das Verschreiben heilsamer Verhaltensweisen notwendig, sondern es ist auch erforderlich, dass der Leidende sich in Gottvertrauen übt und dass der heilende Segen, die Vergebung der karmischen Sünden, von jemandem gespendet wird, der als Überbringer göttlicher Gnade dient.

Sünde besteht darin, dass man Irrwegen folgt. Ursprünglich wurden die menschlichen Wesen vom Allmächtigen Schöpfer als Sein Vollkommenes Ebenbild erschaffen; sie entschieden sich jedoch, ihre Individualität zu entweihen und zu einem fehlerhaften irdischen Abbild zu verzerren, indem sie ihre von Gott verliehene Unabhängigkeit missbrauchten. Sie selbst berichtigen ihr Fehlverhalten, indem sie entweder die Konsequenzen tragen oder das schlechte Karma durch richtige Handlungen löschen. Oder Gott, ihr Schöpfer, kann einen reumütigen, durch Unwissenheit fehlgeleiteten Sterblichen ändern, wenn dieser die Gnade Seiner verwandelnden Vergebung verdient. Oder die Söhne Gottes können andere im Namen Gottes von körperlichen, geistigen und seelischen Leiden erlösen. Auf unsichtbare Weise kann ein spiritueller und mentaler Heilstrom ausgesandt werden, damit die Auswirkungen bösen Karmas – entstanden durch frühere schlechte Handlungen, die sich in den Gehirnzellen eingenistet haben –, ausgeglichen werden. Falsche Gewohnheiten können in gute Gewohnheiten verwandelt werden. Daher erklärte Jesus, warum er dem Kranken entweder sagen konnte: »Deine Sünden sind dir von Gott vergeben« oder: »Ich (als bewusste Widerspiegelung der Kraft und als wahres Ebenbild des Himmlischen Vaters) sage dir: *›Dir sind deine Sünden vergeben‹«* oder: *»Stehe auf, nimm dein Bett und geh* (deine karmische Schuld wurde vergeben).«

Das allgegenwärtige Bewusstsein Jesu fing die Gedanken der zweifelnden Schriftgelehrten und Pharisäer auf und antwortete auf ihre kritischen Empfindungen: »Warum beunruhigt es euch, dass ich die Sünden der Menschen vergebe? Gibt es einen Unterschied, ob ich die Menschen dadurch von ihrem Elend befreie, dass die Kraft Gottes durch mich wirkt, oder ob ich es mit meiner Kraft tue, die mir von Gott verliehen wurde?«

Die Worte Jesu beruhten auf seiner absoluten Einheit mit Gott und waren frei von jedem irreführenden Geltungsbedürfnis. Kleriker oder andere geistige Lehrer, die keine Vergebung oder Erlösung von ihren eigenen Sünden gefunden haben und dadurch ihre vollkommene Übereinstimmung mit Gott verhindern, können unmöglich anderen, die Unrechtes getan haben, vergeben oder sie befreien. Wer als Vermittler von Gottes Gnade dienen will, um das Karma anderer zu beseitigen, darf nicht durch die Identifikation mit seiner eigenen egoistischen Natur behindert werden. Wahre Gottsucher betrachten sich niemals als Gurus oder Erlöser von anderen, selbst dann nicht, wenn sie geistig vollkommen erwacht sind. Als den Einzig Handelnden in sich sehen sie niemand anderen als Gott allein. Der Guru ist der erwachte Gott, der den schlummernden Gott im Jünger erweckt.

Die Menge der Schaulustigen *»verwunderte sich und pries Gott, der solche Macht den Menschen gegeben hat«*; sie fühlte sich erhoben und war hoch erfreut, mit eigenen Augen zu sehen, dass Jesus, der die gleiche menschliche Gestalt wie sie hatte, die Kräfte des Allmächtigen offenbaren konnte. Die Leute waren erfüllt von heiliger Scheu und respektvoller Aufmerksamkeit angesichts dieser Beweise, dieser Lektionen, die ihnen die Hoffnung gaben, dass alle menschlichen Kinder Gottes – sie selbst eingeschlossen – Seinen Segen einer göttlichen Verwandlung erlangen können.

Und er ging wieder hinaus an den See; und alles Volk kam zu ihm, und er lehrte sie.

Und als er vorüberging, sah er Levi, den Sohn des Alphäus, am Zollhaus sitzen und sprach zu ihm: Folge mir nach! Und er stand auf und folgte ihm nach. (*Markus* 2, 14)[6]

Als Jesus Matthäus erblickte, wusste er intuitiv, dass dieser ein Jünger war, den er in vielen früheren Inkarnationen gekannt hatte. Matthäus war zu dieser Zeit und an diesem Ort geboren worden, weil er, als Apostel, Jesus bei dessen göttlichem Auftrag helfen und dadurch Gott verherrlichen sollte. Obwohl Matthäus den Beruf eines Zöllners (eines Steuereintreibers) ausübte, blieb sein inneres Bewusstsein, das sich während einer früheren Inkarnation spirituell entwickelt hatte, davon unberührt. Jesus erkannte Matthäus als einen göttlichen Sohn, der trotz seiner niederen Beschäftigung weit auf dem geistigen Pfad fortgeschritten war, und er berief ihn mit fester, überzeugter Stimme, die erkennen ließ, dass er seinen früheren Jünger wiedererkannt hatte.

Physiker enthüllen die Wahrheit der Natur – die Evolution der Materie. Aber geistige Meister offenbaren – manchmal auf dramatische Weise – die subtilere Wahrheit der seelischen Evolution, die sich in aufeinanderfolgenden Inkarnationen vollzieht. Überlegt einmal, was es bedeutet, dass Jesus unter den vielen Menschen, die ihn umgaben, den Zöllner Matthäus erblickte – den er nie zuvor in dieser körperlichen Gestalt gesehen hatte – und ihm sofort gebot: *»Folge mir nach!«* Und ebenso bemerkenswert ist es, dass Matthäus – als wären nur Augenblicke und kein ganzes Leben vergangen – ihm folgte, nicht weil er unter einem hypnotischen Bann gestanden hätte, sondern weil auch er den Ruf des Wiedererkennens vernahm. Große Meister ziehen ihre Anhänger zu sich, indem sie – durch die bewusstseinserweiternde geistige Anziehungskraft, welche von ihnen ausstrahlt – das schlummernde Unterscheidungsvermögen der Seele und den göttlichen Willen in den Suchenden wecken und anregen.

Und es begab sich, als Jesus in seinem Haus das Mahl einnahm, dass viele Zöllner und Sünder mit Jesus und seinen Jüngern am

[6] Levi war auch unter dem Namen Matthäus bekannt. Vgl. Parallelstellen in *Matthäus* 9, 9 und *Lukas* 5, 27–28.

Tisch saßen, denn es waren viele, die ihm nachfolgten. Und als die Schriftgelehrten und Pharisäer sahen, dass er mit den Zöllnern und Sündern aß, sprachen sie zu seinen Jüngern: Warum isst und trinkt er mit den Zöllnern und Sündern?

Als Jesus dies hörte, sprach er zu ihnen: Die Starken bedürfen keines Arztes, sondern die Kranken. Ich bin gekommen, zu rufen die Sünder zur Buße und nicht die Gerechten. (Markus 2, 15–17)

Parallelstellen:

Und Levi richtete ihm ein großes Mahl zu in seinem Hause, und viele Zöllner und andere saßen mit ihm zu Tisch. (Lukas 5, 29)

***

Und es begab sich, als Jesus im Haus das Mahl einnahm, siehe, da kamen viele Zöllner und Sünder und saßen zu Tisch mit ihm und seinen Jüngern. Als die Pharisäer das sahen, sprachen sie zu seinen Jüngern: Warum isst euer Meister mit den Zöllnern und Sündern?

Doch als Jesus das hörte, sprach er zu ihnen: Die Starken bedürfen des Arztes nicht, sondern die Kranken. Geht aber hin und lernt, was das bedeutet: »Ich will Barmherzigkeit und nicht Opfer.« Denn ich bin nicht gekommen, die Gerechten zu rufen, sondern die Sünder zur Buße. (Matthäus 9, 10–13)

Heiligen Persönlichkeiten Speise anzubieten, stellt im Orient eine ehrwürdige religiöse Tradition dar. Die meisten religiösen Feiern gehen üblicherweise mit festlichen Mahlzeiten einher. Bei allen Völkern verbinden Christen, Hindus, Juden und Muslime heilige Feiertage mit Festessen. Obwohl diese Festessen oft zu einem Selbstzweck werden, der die zeremonielle Bedeutung überschattet, waren sie nötig, wenn heilige Persönlichkeiten und deren Jünger von nah und fern zusammenkamen. Zur Zeit Christi reiste man gewöhnlich zu Fuß, und unterwegs gab es nur wenige Herbergen. Es galt nicht nur als ein Ausdruck der Höflichkeit, sondern auch als eine Segen bringende Gelegenheit, einem Reisenden – und besonders einem Heiligen – Speisen anzubieten. Matthäus fühlte sich zweifellos doppelt gesegnet, dass er im eigenen Haus seinen wiedergefundenen Meister aus vergangenen Leben festlich bewirten konnte.

Der Seelenarzt Jesus aß, trank und unterhielt sich mit den gesellschaftlich Geächteten, den »*Zöllnern und Sündern*«, die ihn brauchten, um sie von ihrer spirituellen Krankheit, weltlichen Gewohnheiten anzuhängen, zu heilen.[7] Als die standesbewussten Pharisäer und Schriftgelehrten, die es gewohnt waren, mit den höheren Gesellschaftsschichten und den frommen Orthodoxen zu verkehren, Jesus kritisierten, weil er solchen unwürdigen Umgang pflegte, machte er mit seiner Antwort Folgendes deutlich:

»Die körperlich Kranken benötigen einen Arzt, nicht die körperlich Gesunden. Dasselbe gilt für Seelen, die spirituell krank sind. Ich freue mich, dass ich in ihrer Mitte willkommen bin, denn für ihren Geist, ihre Moral und ihre Seele benötigen sie göttliche Heilung durch das gottgefällige Leben, das sich durch mich offenbart.«

Große Meister öffnen die Tür zur seelischen Befreiung jener rechtschaffenen Menschen, die sich beharrlich auf Gott zubewegen; aber sie segnen auch die ganze Welt, indem sie die Samen der Erleuchtung in den Geist derer säen, die sich besseren Wegen zuwenden müssen. Gibt es einen überzeugenderen Beweis dafür, dass Gottes Liebe dem Bösen überlegen ist, als dass sie die Kraft besitzt, ein böses Herz zu bekehren?

Spirituell tugendhafte Menschen handeln in den unterschiedlichen Situationen des Lebens angemessen, genau richtig und in Harmonie mit den Gesetzen der Rechtschaffenheit. Auf dem Pfad zur Erlösung schreiten sie vorwärts, indem sie der inneren Stimme ihres Gewissens folgen und sich vorbildlich verhalten – belohnt werden sie durch die stille Zufriedenheit ihrer Seele. Rechtschaffene Menschen benötigen nur wenig oder gar keine korrigierende Disziplin, denn ihr angeborenes spirituelles Gespür zeigt ihnen den richtigen Weg und bewahrt sie davor, sich in die Versuchungen der Unwissenheit zu verirren.

»Sünder« sind Menschen, denen es an Unterscheidungsvermögen

---

[7] »Unter dem römischen Herrschaftssystem in Judäa kamen alle Umstände zusammen, welche die Zöllner zum Gegenstand erbitterter Anfeindung machten. Sie repräsentierten die verhasste Macht Roms und übten diese im unmittelbaren Kontakt mit den Einzelnen aus, wodurch sie bei ihnen eine wunde Stelle trafen. Die Steuer selbst wurde nämlich als ein dem Wesen nach religiöses Übel angesehen und zugleich als eine Zumutung für den Bürger empfunden; und für viele war das Steuernzahlen ein sündhafter Akt der Untreue gegenüber Gott. War der Steuereintreiber ein Jude, galt er in den Augen seiner Mitbürger als ein Verräter. Er führte eine festgesetzte Steuersumme ab und behielt für sich, was er über diesen Betrag hinaus noch einnehmen konnte. Das System litt an dem alten und weitverbreiteten Fluch der Willkür. Die Steuersätze waren ungenau und nicht festgelegt. Deshalb stand der Eintreiber immer unter dem Verdacht, ein Wucherer zu sein.« – *International Standard Bible Encyclopedia*

fehlt und deren Gewissen nicht mit ihrer Seele im Einklang steht; daher missbrauchen sie ihre von Gott verliehene Vernunft dazu, das Falsche zu tun. Durch die Wiederholung unrechter Handlungen entwickeln sich üble Gewohnheiten, durch welche die Sünder auf ausweglose, labyrinthartige Irrwege geraten. Solche Menschen benötigen die Anweisungen eines christusgleichen geistigen Arztes, der ihnen hilft, Selbstbeherrschung zu entwickeln und ihr zerrüttetes Gewissen wiederherzustellen.

Der metaphysische Sinnzusammenhang obiger Bibelzitate verdeutlicht die Rolle Jesu als die eines Welterlösers, die Gott ihm zugeteilt hat. Als persönlicher Erlöser schenkt er nicht nur seinen zeitgenössischen Jüngern seinen Segen und seine Gnade, die von qualitativer oder befreiender Art sind, sondern auch all jenen in nachfolgenden Generationen, die sich von ihm Erlösung erhoffen. Außerdem jedoch kam er, um die viel umfassendere Mission zu erfüllen, der Menschheit das quantitative Gut zu bringen, einen moralischen und geistigen Standard für alle zu setzen – *»zu rufen die Sünder zur Buße«*. Zu diesem Zweck verkehrte er mit jenen Menschen, die vom Bösen geheilt werden mussten. Durch sein persönliches Vorbild wollte er dem Volk den quantitativen Aspekt seiner geistigen Sendung demonstrieren – er wollte die verwandelnde Kraft der Rechtschaffenheit zeigen, welche das nachsichtige Herz Gottes zu einer Antwort bewegt.

Die Mission eines Welterlösers: ihr qualitativer und quantitativer Aspekt

Nur eine hoch entwickelte Seele kann wirklich die seelische Krankheit der täuschenden Unwissenheit in anderen heilen – und das auch nur dann, wenn diese dabei mitwirken. Jesus verkehrte mit Sündern und Zöllnern sowie mit religiösen und gebildeten Personen und heilte viele von ihren körperlichen und geistigen Leiden, weil sein Hauptanliegen darin bestand, in ihnen den Heilungsprozess des spirituellen Erwachens in Bewegung zu setzen. Jeder profitierte davon, entsprechend seiner derzeitigen Aufnahmefähigkeit; aber durch die Berührung mit der heiligen Präsenz und dem Segen Jesu hatte die Heilung begonnen. Durch den Umgang mit seinen Jüngern verhalf Jesus ihnen zu größerem geistigen Fortschritt; und indem er mit Sündern verkehrte, ließ er seine heilenden Kräfte auf die Krankheit ihrer Seele einwirken und führte die Sünder auf den Weg zur Erlösung.

Gegenüber den Schriftgelehrten und Pharisäern, die sich intellektuell überlegen fühlten, fährt Jesus fort: »Lernt, was es heißt: ›*Ich will*

Barmherzigkeit und nicht Opfer‹[8] – was es bedeutet, sich um die geistig Kranken und Bedürftigen zu kümmern und nicht nur auf die spirituell und moralisch Gesunden einzugehen, die keine lästigen Ansprüche an euch stellen. Ich will den spirituell Kranken Gnade und Mitgefühl erweisen und sie nicht verlassen; ich will versuchen, sie zu heilen und zu retten, anstatt zuzulassen, dass sie auf dem Altar ihres karmischen Schicksals geopfert werden. Ich bin gekommen, um nicht nur diejenigen zu rufen, die bereits erlöst sind – diejenigen, die das Böse gemieden und sich an die Rechtschaffenheit gehalten haben –, sondern ganz besonders deshalb, um die unterschiedlichsten Sünder aus allen Gesellschaftsschichten zu rufen. Diese Menschen kennen sich zwar in der Welt aus, sind aber unwissend, was den wahren Sinn des Lebens betrifft; deshalb identifizieren sie sich weiterhin hartnäckig mit dem Körper und seinen Qualen und Kümmernissen. Wenn ihnen niemand hilft, ihre Fehler zu sehen, werden sie keine Reue empfinden, sondern sich mit ihrer verworrenen Existenz von Freude und Leid zufriedengeben, ohne sich der errettenden Gnade gewahr zu sein, die in der Verbindung mit Gott liegt – in der grenzenlosen Seligkeit innerlicher Vereinigung mit Ihm.«

Eine tröstende Botschaft: Gott gewährt dem Reumütigen Gnade und Vergebung

Um in jenen Reue zu erwecken, die an das Böse gewöhnt sind, muss man ihnen den Weg zeigen, wie sie sich erlösen können. Durch den freien Willen, mit dem alle Seelen unwiderruflich ausgestattet sind, wird ihnen die persönliche Verantwortung für ihre Entscheidungen auferlegt. Jesus wusste, dass er die starrköpfige Mentalität hartnäckiger Übeltäter nur durchbrechen konnte, wenn er zuerst deren spirituelle Unterscheidungskraft weckte, damit sie ihre üblen Taten bedauerten und das Böse schließlich überwanden, indem sie rechtschaffenes Handeln vorzogen. Solange ein Sünder nicht zu der Überzeugung gelangt, dass sein Handeln falsch ist, kann er nicht erlöst werden. Menschen, die wiederholt schlecht handeln, entwickeln gewöhnlich eine starke, zwanghafte Vorliebe für dieses Verhalten – ungeachtet des darauf folgenden Leidens. Ohne das abträgliche Wesen leidbringender, sündiger Handlungen zu durchschauen, können Menschen, die der Versuchung unterliegen, niemals den Willen zur Umkehr aufbringen.

[8] Jesus zitierte aus dem alttestamentlichen Buch *Hosea* (6, 6): *»Denn ich habe Gefallen an Barmherzigkeit und nicht am Opfer, an der Erkenntnis Gottes und nicht an Brandopfern.«*

Wer zu Fehlern neigt, muss zuerst durch Vernunft angesprochen werden, damit seine gelähmte Unterscheidungskraft wieder zum Leben erweckt wird.

Sobald die unterscheidungsfähige Vernunft einmal erwacht ist, folgt gewöhnlich die Reue. Wenn Menschen ihre bösen Taten bereuen, wollen sie ihre schlechten Gewohnheiten überwinden. Wenn sie keine Reue empfinden, machen diejenigen, die in der Täuschung leben, keine Anstrengung, sich geistig zu befreien. Wer daher die Sinnlosigkeit seiner üblen Handlungen erkennt, muss sie auch bereuen und wiederholt seinen freien Willen einsetzen, um erlösende Handlungen zu vollbringen, die sein befreiendes gutes Karma verstärken.

Große geistige Lehrer behaupten niemals, dass sie Übeltätern, die keine Reue empfinden, Vergebung schenken. Ihre Aufgabe besteht darin, die natürliche Rechtschaffenheit in Missetätern in dem Maße zu erwecken, dass diese sich selbst um ihre Befreiung bemühen. Niemand kann verhindern, dass eingefleischte Bösewichte die Früchte ihrer schlechten Handlungen ernten; aber wenn sie selbst sich dazu entschließen, rechtschaffen zu handeln, können die Folgen ihres früheren bösen Tuns durch die Wirkungen ihres guten Handelns und durch die Vermittlung göttlicher Gnade neutralisiert werden.[9]

Reue ist der Vorbote spiritueller Befreiung. Sie muss jedem aufrichtigen und fortgesetzten Bemühen, sich vom Bösen zu befreien, vorangehen. Große Ärzte für die Seele können die »metaphysischen Drückeberger« dazu bewegen, ihre Schritte wieder zu Gott zurückzulenken, und ihnen auf dieser Reise beistehen; aber den Weg gehen muss der im Irrtum Befangene selbst. Indem der Reumütige sein Herz von der Torheit und dem Elend überzeugt, welche mit den albtraumhaften bösen Taten der Täuschung einhergehen, erweckt er seine Seele, die lange in jener unsinnigen Schlaftrunkenheit befangen war. Und mit dieser erwachenden Kraft eilt er der spirituellen Freiheit entgegen.

---

[9] Die Vergebung von Sünden durch die Gnade Gottes oder durch einen erleuchteten Heiligen wird in Diskurs 35 erläutert.

DISKURS 32

»Der Sabbat ist um des Menschen willen gemacht und nicht der Mensch um des Sabbats willen«

Die Bewusstseinserweiterung, die man in Gegenwart eines Meisters erfährt

❖

Ein geistiges Bewusstsein ist unvereinbar mit engstirnigem Dogmatismus

❖

Das geistige Prinzip des Sabbats wird von der gesamten kosmischen Schöpfung beachtet

❖

Man sollte religiöse Regeln weise befolgen und sich nicht blind an den Buchstaben klammern

❖

Die Einhaltung des Sabbats ist Voraussetzung für ein friedvolles, ausgeglichenes Leben

❖

Der wahre Sabbat besteht darin, sich innerlich mit Gott zu vereinen und Seine Gegenwart zu fühlen

»Jesus setzte sich manchmal über den ›Buchstaben des Gesetzes‹ hinweg, um dessen innere Bedeutung zu veranschaulichen; dies zeigen mehrere Auseinandersetzungen über die richtige Einhaltung des Sabbats, die er mit den Pharisäern hatte.«

Und die Jünger des Johannes und der Pharisäer fasteten viel; und sie kamen und sprachen zu ihm: Warum fasten die Jünger des Johannes und der Pharisäer, und deine Jünger fasten nicht?

Und Jesus sprach zu ihnen: Können denn die Hochzeitsgäste fasten, während der Bräutigam bei ihnen ist? Solange der Bräutigam bei ihnen ist, können sie nicht fasten. Es wird aber die Zeit kommen, da der Bräutigam von ihnen genommen wird; dann werden sie fasten, an jenen Tagen.

Auch näht niemand ein neues Stück Stoff auf ein altes Kleid; sonst löst sich der neue Stoff vom alten, und der Riss wird ärger. Und niemand füllt neuen Wein in alte Schläuche; sonst zerreißt der neue Wein die Schläuche, und der Wein wird verschüttet, und die Schläuche verderben. Sondern man muss neuen Wein in neue Schläuche füllen.

Und es begab sich, dass er am Sabbat durch die Kornfelder ging; und seine Jünger begannen, auf dem Weg Ähren abzupflücken. Und die Pharisäer sprachen zu ihm: Sieh doch, warum tun sie am Sabbat, was nicht recht ist?

Und er sprach zu ihnen: Habt ihr nie gelesen, was David tat, als er Not litt und ihn hungerte samt denen, die bei ihm waren? Wie er zur Zeit des Hohepriesters Abjathar in das Haus Gottes ging und die Schaubrote aß, die niemand essen darf, außer den Priestern, und die er auch denen gab, die bei ihm waren?

Und er sprach zu ihnen: Der Sabbat ist um des Menschen willen gemacht und nicht der Mensch um des Sabbats willen. Deshalb ist der Menschensohn auch Herr über den Sabbat.

Und er ging abermals in die Synagoge. Und es war da ein Mensch, der hatte eine verdorrte Hand. Und sie beobachteten ihn, ob er ihn am Sabbat heilen würde, damit sie ihn anklagen könnten.

Und er sprach zu dem Menschen mit der verdorrten Hand: Tritt hervor! Und er sprach zu ihnen: Soll man am Sabbat Gutes tun oder Böses tun, das Leben erhalten oder töten? Sie aber schwiegen still.

Da blickte er zornig rings um sich und war betrübt über

ihr verstocktes Herz und sprach zu dem Menschen: Strecke deine Hand aus! Und er streckte sie aus; und seine Hand wurde gesund wie die andere.

Und die Pharisäer gingen hinaus und hielten sogleich Rat mit den Anhängern des Herodes, wie sie ihn umbringen könnten.

Aber Jesus zog sich mit seinen Jüngern an den See zurück, und eine große Menge aus Galiläa folgte ihm; und aus Judäa, aus Jerusalem und aus Idumäa und von jenseits des Jordan; und aus der Gegend von Tyrus und Sidon kam eine große Menge zu ihm, weil sie von seinen großen Taten gehört hatte.

Und er sagte seinen Jüngern, dass sie wegen der Volksmenge ein kleines Schiff für ihn bereithalten sollten, damit sie ihn nicht bedrängten. Und weil er schon viele geheilt hatte, stürzten alle, die ein Leiden hatten, auf ihn zu, um ihn zu berühren.

Und wenn ihn die unreinen Geister sahen, fielen sie vor ihm nieder, schrien und sprachen: Du bist Gottes Sohn! Und er verbot ihnen streng, bekannt zu machen, wer er sei.

Markus 2, 18 – 3, 12

DISKURS 32

»Der Sabbat ist um des Menschen willen gemacht und nicht der Mensch um des Sabbats willen«

Und die Jünger des Johannes und der Pharisäer fasteten viel; und sie kamen und sprachen zu ihm: Warum fasten die Jünger des Johannes und der Pharisäer, und deine Jünger fasten nicht?

Und Jesus sprach zu ihnen: Können denn die Hochzeitsgäste fasten, während der Bräutigam bei ihnen ist? Solange der Bräutigam bei ihnen ist, können sie nicht fasten. Es wird aber die Zeit kommen, da der Bräutigam von ihnen genommen wird; dann werden sie fasten, an jenen Tagen. (*Markus* 2, 18–20)

Parallelstelle:

Danach kamen die Jünger des Johannes zu ihm und sprachen: Warum fasten wir und die Pharisäer so viel, und deine Jünger fasten nicht?

Jesus sprach zu ihnen: Wie können die Hochzeitsgäste trauern, solange der Bräutigam bei ihnen ist? Es wird aber die Zeit kommen, da der Bräutigam von ihnen genommen wird; dann werden sie fasten. (*Matthäus* 9, 14–15)[1]

[1] Vgl. weitere Parallelstelle in *Lukas* 5, 33–35.

Charakteristischerweise antwortete Jesus mit einem Gleichnis auf die verfängliche Frage, die man ihm stellte. Aber die Bedeutung seiner Erwiderung war einfach und klar: »Wäre es nicht unziemlich, wenn die Hochzeitsgäste betrübt wären und Entsagungen auferlegten, anstatt sich über die Gegenwart des Bräutigams zu freuen? Das Gleiche gilt in der Gegenwart eines Meisters (des Bräutigams): Wenn sich seine Jünger, seine geistigen Kinder, in seinem göttlichen Bewusstsein (im Brautgemach) aufhalten, werden sie dadurch von großer Freude erfüllt und so sehr erhoben und geläutert, wie es durch kein asketisches Ritual der Entsagung, z. B. durch strenges Fasten, erreicht werden kann.« Dank ihrer Nähe zu Jesus genossen seine Jünger automatisch die Seligkeit der Gottverbundenheit, die sich durch den »Bräutigam« manifestierte – durch das Einssein Jesu mit dem universellen Christus-Geist, der mit dem universellen Schöpfer-Geist der Natur vermählt ist.[2] Allein seine Anwesenheit unter den Jüngern genügte, dass diese – durch den Austausch von Schwingungen und durch ihre Empfänglichkeit für seinen grenzenlosen Reichtum an spiritueller Kraft – fortwährend in das Gottesbewusstsein erhoben waren.

Die Bewusstseinserweiterung, die man in Gegenwart eines Meisters fühlt

Jesus wollte den Wert des Fastens und dessen spiritualisierende Wirkung auf den menschlichen Geist nicht herabsetzen. Richtig durchgeführtes, regelmäßiges Fasten fördert nicht nur die körperliche Gesundheit und die geistige Klarheit, sondern trägt auch dazu bei, die Seele von den Fesseln des Körperbewusstseins zu befreien. Durch Fasten wird dem Bewusstsein eingeprägt, dass die Erhaltung des Körpers nicht allein von physischer Nahrung abhängt, sondern auch vom Göttlichen Geist.[3] Fasten und Meditation sind daher wirksame Hilfen, mit denen man seine Verbundenheit mit Gott erkennen kann. Aber mentale und körperliche Disziplin ist kein Selbstzweck: Sie ist ein Mittel, um Gottesbewusstsein zu erlangen und daher nur so lange nötig, bis man dieses Ziel erreicht hat. Jesus bot eines der größten Beispiele göttlicher Verwirklichung. Und alle empfänglichen Menschen, die das Glück hatten, in seine Nähe zu kommen, fühlten die Ausstrahlung seiner geistigen Freiheit. Durch diese Ausstrahlung

---

[2] Siehe Diskurs 16, Band I.

[3] *»Der Mensch lebt nicht vom Brot allein, sondern von einem jeglichen Wort, das aus dem Mund Gottes kommt.«* (*Matthäus* 4, 4; siehe Diskurs 8, Band I)

wurden sie, zumindest für einen Augenblick, ganz von selbst spirituell erhoben – durch eine Gnade, die alle Entsagungsübungen übertraf.

Jesus wies jedoch besonders darauf hin, dass größere Anforderungen an seine Jünger gestellt würden, sobald sich seine vom göttlichen Magnetismus erfüllte inkarnierte Persönlichkeit von der irdischen Manifestation zurückgezogen habe und in die himmlischen Gefilde eingegangen sei. Dann müssten sie beim Meditieren und bei der pflichtgetreuen Einhaltung spirituellen Fastens und anderer geistiger Übungen größere persönliche Anstrengungen machen, um weiterhin von der Anhänglichkeit an den Körper frei zu bleiben und um den erhabenen Zustand des Gottesbewusstseins, an dem sie sich in der Gegenwart ihres Meisters erfreut hatten, zu erhalten und zu verstärken.

Alle wahren Meister »leben«, selbst nachdem sie ihren irdischen Körper abgelegt haben. Ihr Segen ist allgegenwärtig und bleibt dem eifrigen Gottsucher zugänglich – unabhängig davon, ob Jünger und Meister auf derselben Daseinsebene inkarniert sind oder nicht.

Jünger sind solche, die danach streben, sich auf den Lehrer einzustellen und immer in seiner geistigen »Präsenz« zu bleiben, ganz gleich, ob sie sich körperlich nahe sind oder nicht. Wenn der Jünger in ehrfürchtiger Hingabe diesen inneren Einklang mit seinem Guru, der Gott kennt, herstellt, wird eine Segensschwingung in seinem Inneren ausgelöst. Die magnetische Kraft dieses feinen Energiestroms trägt dazu bei, den durch die Täuschung entstehenden Einfluss des Karmas und der Gewohnheiten zu neutralisieren, wodurch der Jünger neue Einsichten und neue Weisheit gewinnt. Das Bewusstsein »Ich bin dasselbe alte Ich« wird beiseite gedrängt, sodass das Potenzial seiner Seele zum Vorschein kommt, für dessen Manifestation Gott den Jünger erschaffen hat.

Die Empfänglichkeit des Jüngers ermöglicht es, dass auf ihn das göttliche Bewusstseins des Meisters – der mit Gott verbunden ist – übertragen werden kann, und zwar dauerhaft. Der Guru bietet allen Schülern den gleichen spirituellen Reichtum an; aber es hängt vom Grad ihrer Empfänglichkeit ab, wie viel sie davon aufnehmen. Diejenigen, die bereits durch starre Gewohnheiten geprägt sind, wenn sie zu dem Lehrer kommen, verkennen und hinterfragen ständig die Weisheit des Meisters und beharren darauf, dass es richtig sei, an ihrer eingefahrenen zweiten Natur festzuhalten. Aber diejenigen, die ihren Eigensinn ablegen können, erleben eine wunderbare geistige Wiedergeburt. Daher unterschied Jesus zwischen der empfänglichen Einstellung seiner engen Jünger, die für das unmittelbare Erleben neuer Offenbarungen und der Glückseligkeit aufgeschlossen waren, und der Kritiksucht der Skeptiker, die jeden neuen Zustrom belebender Wahrheit zurückwiesen, sobald dieser von den gängigen Dogmen abwich.

~

Auch näht niemand ein neues Stück Stoff auf ein altes Kleid; sonst löst sich der neue Stoff vom alten, und der Riss wird ärger. Und niemand füllt neuen Wein in alte Schläuche; sonst zerreißt der neue Wein die Schläuche, und der Wein wird verschüttet, und die Schläuche verderben. Sondern man muss neuen Wein in neue Schläuche füllen. (*Markus* 2, 21–22)

Parallelstelle:

Und er erzählte ihnen auch ein Gleichnis: Niemand setzt ein Stück Stoff von einem neuen Kleid auf ein altes; sonst zerreißt er das neue Kleid, und der Stoff des neuen passt nicht zu dem alten. Und niemand füllt neuen Wein in alte Schläuche; sonst zerreißt der neue Wein die Schläuche und wird verschüttet, und die Schläuche verderben. Sondern man muss neuen Wein in neue Schläuche füllen, so werden beide erhalten. Und niemand, der alten getrunken hat, verlangt sofort neuen, denn er sagt: Der alte ist milder. (*Lukas* 5, 36–39)[4]

Ein geistiges Bewusstsein ist unvereinbar mit engstirnigem Dogmatismus

Jesus stellte es als unklug hin, das abgetragene Gewand religiösen Brauchtums mit der neuen Inspiration, die unmittelbar von seinem Geist ausstrahlte, ausbessern zu wollen. Flicken aus neuem Tuch können nicht gut in verschlissenen Stoff eingesetzt werden; auch würden die festen, neuen Stücke an dem alten Material zerren, dieses reißen lassen und es noch unbrauchbarer machen als zuvor. Jesus lebte in göttlicher Wahrheit. Denjenigen Jüngern, die ihn verstanden, verhalf er zu geistiger Befreiung – durch die dynamische Offenbarung eines Wahrheitsbewusstseins, das mit den vorherrschenden religiösen Klischeevorstellungen unvereinbar

[4] Vgl. weitere Parallelstelle in *Matthäus* 9, 16–17.

war. Kein Flickwerk neuer Erkenntnisse, das dem abgenutzten Umhang des Dogmas, der von der Durchschnittsbevölkerung getragen wurde, aufgesetzt würde, wäre für die Gewänder der Erkenntnis geeignet, die er seinen Anhängern bieten würde. Neue Inspiration, neue Möglichkeiten, die Wahrheit zu leben, traten an die Stelle von religiösen Vorschriften, Ritualen und Bräuchen einer oberflächlich interpretierten Theologie.

Ebenso wie neuer Wein, wenn er in alte Behälter gefüllt wird, die zerbrechlichen Gefäße leicht durch seine Ausdehnungskraft zum Bersten bringen kann, so wird neue, machtvolle Inspiration – wenn sie dogmatisch ausgerichteten Gemütern eingegeben wird – mit Sicherheit alte Glaubensvorstellungen zunichtemachen und eine Rebellion des Verstandes verursachen. Die neue Inspiration Jesu verlangte nach den empfänglichen Gefäßen spirituell starker, jüngst entflammter Seelen, die bis zum Rand mit den göttlichen Offenbarungen des GEISTES gefüllt werden konnten.

Deshalb gab Jesus zu verstehen: »Es wäre töricht, wenn meine Jünger versuchten, ihr göttliches Wissen um die neuen Offenbarungen der Wahrheit in dogmatische Verhaltensregeln hineinzuzwängen sowie in das althergebrachte Umfeld des von blindlings zu befolgenden Vorschriften geprägten, volkstümlichen Aberglaubens. Wie neuer Wein in neuen Schläuchen gelagert werden sollte, so wurde meinen Jüngern ein neues Bewusstsein geschenkt, eine neue Dimension für ein spirituelles Leben, in dem sie ihre erst kürzlich gewonnenen Erkenntnisse bewahren können. Vom Bewusstsein Gottes berauscht, erleben sie bereits das, wofür die Vorschriften geschaffen wurden.«

Jesus bemerkte weiter, dass Leute, die an den Wein alter Dogmen gewöhnt seien, keinen Geschmack an den neuen Enthüllungen der Wahrheit fänden. Sie würden sagen: »Ach, das weiß ich alles. Die üblichen Praktiken (ganz gleich, wie veraltet sie sein mögen) waren gut genug für unsere Vorfahren, deshalb sind sie auch gut genug für mich.« Aufgrund der Macht der Gewohnheit zögen sie die alte, vom Dogma bestimmte Lebensweise vor, anstatt für ihre spirituelle Befreiung neue Verhaltensweisen anzunehmen.

Jesus brachte eine neue Lehre und bildete seine Jünger entsprechend aus. Der heilige Paulus schrieb: »*Gott hat uns zu tüchtigen Dienern des neuen Bundes gemacht, nicht des Buchstabens, sondern des*

Vertreibung der Geldwechsler aus dem Tempel

Und Jesus ging zum Tempel Gottes hinein und trieb heraus alle Verkäufer und Käufer im Tempel und stieß um die Tische der Geldwechsler und die Sitze der Taubenhändler und sprach zu ihnen: Es steht geschrieben: »Mein Haus soll ein Bethaus heißen«; ihr aber habt eine Räuberhöhle daraus gemacht.

Matthäus 21, 12–13

Wer echten, beispielhaften Frieden verkörpert, ruht in seinem göttlichen SELBST. *Alle daraus entspringenden Handlungen sind von der unvergleichlichen Schwingungskraft der Seele erfüllt, ganz gleich, ob sie eine ruhige Anweisung oder eine starke Willensäußerung ausdrücken. ... Die Handlungen göttlicher Persönlichkeiten sind jedoch manchmal bewusst überraschend, damit selbstzufriedene Gemüter aufgerüttelt werden und sich nicht mehr gedankenlos mit Gemeinplätzen begnügen. Ein sicheres Gefühl für das, was in der Welt der Relativität spirituell angemessen ist, setzt Geistesgegenwart und beständige Weisheit voraus. ...*

Ein geistig gesinnter Mensch verabscheut Charakterlosigkeit. Man sollte stets den moralischen Mut und das Rückgrat besitzen, Stärke zu zeigen, wenn der Anlass es verlangt.

Paramahansa Yogananda

Zeichnung von Heinrich Hofmann

Geistes. Denn der Buchstabe tötet, aber der Geist macht lebendig.«[5] Jesus setzte sich manchmal über den »Buchstaben des Gesetzes« hinweg, um dessen innere Bedeutung zu veranschaulichen; dies zeigen mehrere Auseinandersetzungen über die richtige Einhaltung des Sabbats, die er mit den Pharisäern hatte.

~

Und es begab sich, dass er am Sabbat durch die Kornfelder ging; und seine Jünger begannen, auf dem Weg Ähren abzupflücken. Und die Pharisäer sprachen zu ihm: Sieh doch, warum tun sie am Sabbat, was nicht recht ist?

Und er sprach zu ihnen: Habt ihr nie gelesen, was David tat, als er Not litt und ihn hungerte samt denen, die bei ihm waren? Wie er zur Zeit des Hohepriesters Abjathar in das Haus Gottes ging und die Schaubrote aß, die niemand essen darf, außer den Priestern, und die er auch denen gab, die bei ihm waren? (*Markus* 2, 23–26)

Parallelstelle:

Zu der Zeit ging Jesus am Sabbat durch ein Kornfeld; und seine Jünger waren hungrig und fingen an, Ähren abzupflücken und zu essen. Als aber die Pharisäer das sahen, sprachen sie zu ihm: Siehe, deine Jünger tun, was am Sabbat zu tun nicht erlaubt ist.

Er aber sprach zu ihnen: Habt ihr nicht gelesen, was David tat, als ihn und die bei ihm waren hungerte? Wie er in das Haus Gottes ging und die Schaubrote aß, welche weder er noch die bei ihm waren essen durften, sondern nur die Priester?

Oder habt ihr nicht gelesen im Gesetz, wie die Priester am Sabbat im Tempel den Sabbat brechen und sind doch ohne Schuld? Ich aber sage euch: Hier ist einer, der größer ist als der Tempel. Wenn ihr aber wüsstet, was das heißt: »Ich will Barmherzigkeit und nicht Opfer«, hättet ihr die Unschuldigen nicht verdammt. (*Matthäus* 12, 1–7)[6]

---

[5] 2. *Korinther* 3, 6.

[6] Vgl. weitere Parallelstelle in *Lukas* 6, 1–4.

Durch Mose kam das Gebot der heiligen Schrift: »*Gedenke des Sabbattages und heilige ihn. Sechs Tage sollst du arbeiten und alle deine Werke tun. Aber am siebenten Tage ist der Sabbat des Herrn, deines Gottes. Da sollst du keine Arbeit tun, du nicht, auch nicht dein Sohn, deine Tochter, dein Knecht, deine Magd, dein Vieh, auch nicht dein Fremder, der in deiner Stadt lebt. Denn in sechs Tagen hat der Herr Himmel und Erde gemacht und das Meer und alles, was darin ist, und er ruhte am siebenten Tage. Darum segnete der Herr den Sabbattag und heiligte ihn.*« (2. *Mose* 20, 8–11)

Das geistige Prinzip des Sabbats wird von der gesamten kosmischen Schöpfung beachtet

Der Sabbat soll eine Zeit der Ruhe und der Erholung sein. Er ist dazu bestimmt, die nach außen gerichtete aktive Natur des Menschen auszugleichen, indem dieser mit der transzendenten Stille im Innersten seines Wesens Verbindung sucht. Der Sabbat ist der siebente Tag oder der Ruhetag, der auf sechs Tage harter, weltlicher Tätigkeit folgt. Dies entspricht den angeblich sechs Tagen Gottes, an denen Er schöpferisch tätig war und denen ein siebter Tag der Ruhe folgte.[7] (Natürlich waren die sieben Tage keine Kalendertage, sondern sie bestanden aus äonenlangen Zyklen). Die Erschaffung der Erde – wie auch ihrer galaktischen Nachbarschaft – erforderte unnennbare Zeitspannen, damit die Erde für den Menschen bewohnbar wurde. Nach Weisung der aktiven Intelligenz Gottes, des Vaters der Schöpfung, wurden der göttliche Gesamtplan, dessen Gesetzmäßigkeiten der Ausführung und die Ideenbilder der Formen und Wesen ins Leben gerufen. Danach wurde die aktive Intelligenz Gottes inaktiv oder nur indirekt aktiv und überließ es Seiner Widerspiegelung (der Universalen Christusintelligenz) und Seiner aktiven Kosmischen Schöpfungsschwingung des Heiligen Geistes (Mutter Natur), die Entfaltung der kosmischen Pläne fortzuführen. Als daher die meisten Wünsche Gottes, eine Schöpfung ins Leben zu rufen, zu Ideen geworden waren, konnten Sein Wille und Seine Intelligenz eine Ruhepause einlegen, während sich das Universum durch die ihm eigene Triebkraft des kosmischen Gesetzes und durch Seine göttlichen Vermittler – die Widergespiegelte Intelligenz und die Schöpfungsschwingung – weiterentwickelte. Der gesamten Schöpfung wohnt das Muster inne, nach welchem auf eine Phase intensiver Aktivität eine Ruhepause folgt.

[7] »*So wurden vollendet Himmel und Erde mit ihrem ganzen Heer. Und so vollendete Gott am siebenten Tage sein Werk, das er gemacht hatte, und er ruhte am siebenten Tage von allen seinen Werken, die er gemacht hatte.*« (1. *Mose* 2, 1–2)

Es zeigt sich deutlich im Entstehen und Vergehen der Sterne, in den Sonnen- und Mondzyklen, in den Jahreszeiten sowie in der Pflanzenwelt, bei den Tieren und beim Menschen. Es scheint, als ob wir und das Universum, in dem wir leben, an einer verwandten Schwingung teilhaben, die bedingt, dass auf Aktivität Ruhe folgt. Deshalb wurde der Sabbat für den Menschen geschaffen – eine Zeit, die nicht nur der körperlichen Entspannung dient, sondern auch der transzendenten spirituellen Ruhe zur Erneuerung des uns innewohnenden Geistes.

Jesus achtete die in den heiligen Schriften überlieferten Gebote der Propheten; doch er lehrte, dass der *Geist* der Gesetze befolgt werden müsse, die in den heiligen Büchern niedergelegt seien, damit das buchstabengetreue Einhalten einer Regel nicht dazu führe, dass deren Sinn entstellt werde.

Ein dogmatischer Priester früherer Zeiten mochte in Bezug auf die Einhaltung des Sabbats so fanatisch gewesen sein, dass er nicht sein Haus verließ und eine Kutsche nahm, um einen Arzt für seinen sterbenden Bruder, Diener oder Gast zu holen.[8] Wer das Gesetz des Sabbats befolgt, dabei aber gerechtfertigte und dringliche Pflichten vernachlässigt, wie z. B. einer hilflosen Person Beistand zu leisten, begeht eine Sünde, denn er bricht damit das höhere Gesetz der göttlichen Liebe und des Dienens und missachtet die Stimme seines Gewissens; dadurch wiederum beeinträchtigt er seine innere Harmonie mit Gott. Wenn man am Sabbat ruht, um sich mit Gott zu verbinden, aber dabei vom Vorsatz, sein Bewusstsein nach innen zu richten, aus einem gerechtfertigten Grund gelegentlich absieht, widerspricht dies nicht dem Sinn, welcher der Einhaltung des Sabbats zugrunde liegt. Daher lehrte Jesus seine Jünger, dass Verhaltensregeln dazu gedacht sind, ihnen zu einer besseren Lebensführung zu verhelfen und deshalb nicht blind befolgt werden müssen, sondern dass sie aus einem ernsten Grund (nicht aber generell) modifiziert werden können, falls es erforderlich ist.

Man sollte religiöse Regeln weise befolgen und sich nicht blind an den Buchstaben klammern

[8] *Smith's Bible Dictionary* vermerkt: »[Jesu] Gegner unter den Pharisäern ... hatten viele Verbote aufgestellt, die zum Sabbat zu beachten waren, die es aber ursprünglich nicht gab. Einige dieser Verbote waren überspannt und willkürlich. ... Dass man diese Verdrehung des Sabbats zur Zeit unseres Heilands als ganz normal angesehen hat, wird deutlich an den dokumentierten Einwänden gegen seine Taten an jenem Tage, aber auch an seinem bemerkenswerten Verhalten in Situationen, welche diese Einwände geradezu provozieren mussten.«

Jesus verteidigte seine Jünger, die in seiner heiligen Gegenwart und in seinem Dienst den Sabbat innerlich einhielten, obwohl sie einige Kornähren gepflückt und gegessen hatten, weil der Hunger sie dazu nötigte. In diesem Zusammenhang erinnerte Jesus die Kritiker an die Geschichte von David: Dieser lebte in der Gnade Gottes, und als er in Not und hungrig war, ging er in das Gotteshaus und bat den Priester, ihm und seinen Gefährten das geweihte Schaubrot zu geben, obwohl es gegen das Gesetz verstieß, wenn jemand davon aß – mit Ausnahme der Priester während des Gottesdienstes.[9] Wenn für den frommen David, um einem höheren Zweck zu dienen, auf die wörtliche Befolgung der in den Schriften vorgegebenen Anordnungen verzichtet werden konnte, um wie viel mehr hatte dann Jesus, der eins war mit Gott, das Recht, unwesentliche Einzelheiten des Gesetzes zu übergehen, wenn er sah, dass es dem Sinn nach wirklich eingehalten wurde.

Jesus erwähnt dann auch die Priester, denn sie waren frei von der Sünde, sich am Sabbat zu betätigen, da sie ihre Arbeit im Bereich und im Dienst des Tempels verrichteten. Die verwandelnde geistige Schwingung Jesu, in dem sich der Heilige Geist inkarniert hatte, war stärker als die läuternde Heiligkeit des Tempels. Deshalb sagte er zu den Pharisäern: »Wenn ihr wüsstet, dass der GEIST in mir meinen Körpertempel weitaus mehr geheiligt hat als die Atmosphäre im alten Tempel und dass die Weisheit des GEISTES all mein Handeln leitet – und durch mich das Handeln derer, die bei mir sind –, dann würdet ihr meine Jünger nicht verurteilen, denn sie stehen in den Augen Gottes und vor dem Gericht Seiner ewigen Gesetze ohne Fehl da. Ihr müsst verstehen, dass Gott nicht eure Rituale wünscht und auch nicht – als eure Opfergabe – die Verurteilung menschlichen Verhaltens, sondern Er erwartet vielmehr eure mitfühlende Weisheit und euer göttliches Verständnis. Dann würde ich eure Barmherzigkeit erwidern, und die Weisheit würde nicht auf dem Altar eurer Unwissenheit geopfert.«[10]

---

[9] Diese Begebenheit ist aufgezeichnet in *1. Samuel* 21, 1–6. Das Schaubrot war ein rituelles Opfer von zwölf frisch gebackenen Laiben, die an jedem Sabbat auf einen Tisch im Tempelheiligtum abgelegt und mit Weihrauch bestreut wurden. Sie verblieben dort bis zum folgenden Sabbat, wenn der Weihrauch verbrannt wurde. Alsdann wurden sie von den Priestern gegessen und durch zwölf neue Laibe ersetzt. Es war verboten, sie aus dem Heiligtum zu entfernen.

[10] Wie in *Matthäus* 9, 13 (Diskurs 31), so zitierte Jesus auch hier wieder aus *Hosea* 6, 6: *»Denn ich habe Gefallen an Barmherzigkeit und nicht am Opfer, an der Erkenntnis Gottes und nicht an Brandopfern.«*

Und er sprach zu ihnen: Der Sabbat ist um des Menschen willen gemacht und nicht der Mensch um des Sabbats willen. Deshalb ist der Menschensohn auch Herr über den Sabbat. (*Markus* 2, 27–28)[11]

Die spirituelle Verhaltensregel, den Sabbat vor allem als einen Tag einzuhalten, an dem man sich mit Gott verbindet, wurde zum Wohle und zur geistigen Erbauung des Menschen geschaffen. Der Sabbat wurde nicht als eine besondere Konvention geschaffen, die der Mensch blindlings, aus unerklärlichen Gründen, befolgen muss. Im Gegenteil, die gedankenlose Einhaltung eines dogmatisch vorgeschriebenen Verhaltens am Sabbat kann manchmal sogar von Nachteil sein.

Daher erklärte Jesus, dass der Menschensohn (seine mit unterscheidungsfähiger Weisheit ausgestattete physische Inkarnation) der Herr sei, der bestimme, wie die Richtlinien für den Sabbat anzuwenden seien. Der Sabbat hilft geschäftigen, weltlichen Menschen sehr, weil er sie an jedem siebten Tag von ihrer Betriebsamkeit befreit, sodass ihre äußerlich mit materiellen Aktivitäten beschäftigte Natur aus dem Inneren wieder von der Ruhe und Glückseligkeit der Seele erfüllt werden kann. Den Sonntag (den Tag der Sonne, den Tag der Weisheit) sollte man mit Tätigkeiten ausfüllen, die Gott ins Bewusstsein bringen, wie es dem wahren Sinn des Sabbats entspricht.[12] Am Sabbat ablenkende weltliche Arbeit zu verrichten, anstatt sich in geistiger Betrachtung und Gottverbundenheit zu üben, mag nicht dem Sabbat entsprechen; doch das Gleiche gilt, wenn der Geschäftsmann das Sabbatgebot anstandshalber befolgt und auf seine Aktivitäten verzichtet, innerlich jedoch an geschäftliche Dinge denkt. Ein religiöser Mensch, der jeden Tag meditiert, der regelmäßig fastet und der bestrebt ist, sein Bewusstsein bei jeder Tätigkeit auf Gott auszurichten – selbst wenn er es mit dem sogenannten eintägigen Sabbat gelegentlich nicht so genau nimmt –, mag scheinbar das Gesetz übertreten, aber im Geist tut er es nicht. Der Sabbat dient ihm, nicht er dem Sabbat.

---

[11] Vgl. weitere Parallelstellen in *Matthäus* 12, 8 und *Lukas* 6, 5.

[12] Der Samstag war der traditionelle Sabbattag zur Zeit Jesu und ist es in der jüdischen Religion immer noch. Obwohl bei den meisten christlichen Konfessionen heute der Sonntag diesem Zweck dient, kann der Sabbat an jedem Tag, der zu den eigenen Lebensumständen oder zur Gemeindetradition passt, eingehalten werden und eine wohltuende Wirkung erzielen.

Eine Regel besteht aus einem System festgelegter Verhaltensweisen, die zusammengestellt werden, um bestimmte körperliche oder mentale Ergebnisse zu erzielen. Regeln werden meistens vom Zeitgeist und vom gesellschaftlichen und entwicklungsbedingten Bewusstseinszustand des Menschen geprägt. Daher wandeln sie sich, entsprechend den Veränderungen der Umgebung. Körperliche, hygienische, gesellschaftliche, mentale und spirituelle Verhaltensregeln wurden so aufgestellt, dass sie vorübergehend oder auf Dauer für die menschliche Entwicklung und Zivilisation geeignet sind. Auch bei der gebührenden Hochachtung vor dem unabänderlichen Wahrheitsgehalt, der in Gottes universalen Gesetzen der Rechtschaffenheit zum Ausdruck kommt und zu deren Wahrung diese Regeln aufgestellt wurden, müssen solche Vorschriften unter Umständen modifiziert und unterschiedlich angewandt werden, damit sie im Wandel der Zeiten und Kulturen den veränderten Bedürfnissen des Menschen gerecht werden.

Jesus weist auf Folgendes hin: Wenn der Durchschnittsmensch die Vorschriften für die Respektierung des Sabbats ändern kann, ohne damit etwas Falsches zu tun, dann ist der Menschensohn (der dem Körper Jesu innewohnende Geist) ganz gewiss auch Herr über den Sabbattag und kann sich bei dessen Einhaltung nach seinen eigenen körperlichen und spirituellen Bedürfnissen sowie denen seiner Jünger richten, ohne dadurch den Sinn des Gesetzes zu entstellen.

Die Einhaltung des Sabbats ist Voraussetzung für ein friedvolles, ausgeglichenes Leben

Jesus schätzte den Sabbat hoch ein, weil dieser für den Menschen unbedingt notwendig ist. Er gibt ihm die Möglichkeit, nach innen zu tauchen und im erholsamen Schweigen die Lebenskraft neu aufzuladen. Während der ganzen Woche plagen den weltlich gesinnten Menschen seine Sorgen, und er wird von Sinnesreizen geradezu bombardiert; zudem überlädt er seinen Körper mit großen Mengen ungesunder Nahrungsmittel und ihrer nicht assimilierten Giftstoffe. Ein Tag des Fastens und der schweigenden Selbsterforschung hilft, das von Frieden erfüllte Seelenreservoir der Weisheit anzuzapfen. Dadurch erhält jeder Mensch die Chance, Dinge zu überdenken und sein Leben so zu verändern, dass es wieder harmonisch wird. Predigten, Schweigezeiten und Meditation am Sabbat laden Körper, Geist und Seele mit neuen Kräften auf. Wenn dieser Friede dem Bewusstsein tief eingeprägt wird, kann er die ganze Woche über anhalten und dem Menschen helfen, gegen seine ruhelosen Launen, seine Versuchungen und seine Geldsorgen anzukämpfen. Wenn ein weltlicher Mensch sechs Tage der Woche mit Gelderwerb, Essen und Vergnügungen verbringt, sollte er dann nicht wenigstens an einem Tag seine Gedanken Gott widmen, ohne den sein Leben selbst, seine Gehirntätigkeit, sein körperlicher Einsatz, seine Gefühle und seine Freude an Zerstreuungen gar nicht möglich wären?

Die Einhaltung des Sabbats als eines Tages, der ganz Gott und dem geistigen Streben geweiht ist, bedeutet, dass man bereitwillig alle Aktivitäten aufgibt, die den Geist zerstreuen und auf materielle Interessen lenken. Würde man die Theater und andere Vergnügungsstätten am Sabbat schließen, bliebe dies lediglich eine symbolische, bedeutungslose Formsache, solange die Gläubigen nicht bereitwillig von materialistischen Zerstreuungen Abstand nehmen und den Tag mit Tätigkeiten verbringen, die sie an Gott erinnern und ihnen geistige Erholung verschaffen. Da es auch am Sabbattag so viele materielle Verlockungen gibt, werden die Menschen geistig aufgeputscht. Wo bleibt da die Zeit für erholsame Ruhe, Innenschau und kreatives Nachsinnen darüber, wie man sich am angemessensten verhält, um in der kommenden Woche ein ausgeglichenes Leben führen zu können? Ein Sabbat, der auf sinnvolle Weise in Schweigen, Meditation und kreativem Denken verbracht wird (bei »kreativem Denken« geht es um keine hektische Verstandesarbeit, sondern um die Beruhigung der Gedanken, damit an ihre Stelle die intuitive Wahrnehmung treten kann), stärkt die Seele durch Harmonie, Frieden und mentale und physische Kraft. Dann kann sie sich mithilfe ihrer Unterscheidungskraft physisch, mental und spirituell auf bestmögliche Weise fortentwickeln. Wer wie besessen sieben Tage die Woche arbeitet, lässt zu, dass seine Seele ein Opfer mechanischen Handelns wird. Ein solcher Mensch verliert die Fähigkeit, seine Tätigkeit durch freien Willen, Unterscheidungsvermögen und Frieden zu lenken. Er, der um sein spirituelles Glück betrogen wurde, wird zu einem körperlichen und mentalen Wrack. Sowohl Tätigkeit als auch Ruhe müssen entwickelt, gepflegt und in Ausgleich gebracht werden, um sowohl in aktiven Phasen als auch in Zeiten der Stille Frieden und Glück entstehen zu lassen.

Nun mag der Leser vielleicht einwenden, dass es in der heutigen Zeit unmöglich sei, durch Abgeschiedenheit, Fasten, Innenschau und Meditation den wahren Geist des Sabbats einzuhalten. Darauf würde ich antworten: »Dann kann man genauso gut sagen, dass es unmöglich sei, in der heutigen Zeit friedvoll zu sein.« Frieden und Gottverwirklichung haben ihren Preis: Will man sie entwickeln, muss man die nötige Zeit aufbringen. Mahatma Gandhi, einer der großen geistigen und politischen Reformatoren der Neuzeit, ein sehr beschäftigter Mann, verbrachte dennoch einen Tag pro Woche in völligem Schweigen. Daraus schöpfte er die Kraft, die gesamte indische Nation in die Freiheit zu führen.

Eine Ursache für die Ruhelosigkeit der heutigen Generation liegt darin, dass die Kinder nicht an geistige Ideale und spirituelle Übungen herangeführt werden. Vielmehr schickt man sie – um sie loszuwerden – ins Kino oder zu anderen Unruhe mit sich bringenden Veranstaltungen, nachdem sie morgens an einem kurzen, wenig interessanten Unterricht in der Sonntagsschule teilgenommen haben. Spiritualität muss man von frühester Kindheit an fördern; sie darf dem Kind aber nicht als Disziplin aufgezwungen werden. Jedes Heim sollte in dieser Hinsicht ein Vorbild sein.

Geistigen Vorsätzen zu folgen scheint anfangs schwerzufallen, es sei denn, man geht sie mit einer enthusiastischen Erwartungshaltung an, bis schließlich der endlose Strom göttlicher Begeisterung hervorbricht. Dann wird eine Zeit kommen, in welcher der Sabbat – durch die vollkommene ekstatische Gemeinschaft mit Gott – zur interessantesten und erstrebenswertesten Erfahrung wird. Es gibt kein größeres Glücksgefühl als die Freude, sich mit Gott in tiefer Meditation zu verbinden.

Der wahre Sabbat besteht darin, sich innerlich mit Gott zu vereinen und Seine Gegenwart zu fühlen

In meinen Seminaren und Lehrbriefen fordere ich die Schüler und Jünger der Self-Realization Fellowship auf, den Sabbat seinem wahren Sinne nach zu begehen, ganz gleich, an welchem Tag der Woche dies mit ihren Pflichten vereinbar ist. Selbst wenn sie sich nicht einen ganzen Tag der Stille und der Gottverbundenheit widmen können, lege ich ihnen nahe, wenigstens sechs Stunden lang in spiritueller Betrachtung und tiefer Meditation zu verbringen. Gott richtet sich nach keinem Kalender und steht nicht nur an einem bestimmten Wochentag zur Verfügung. In der Ewigkeit gibt es keine festgelegten Zeiten. Und Gott schaut auch nicht auf die Uhr, um zu sehen, wann der Sabbat anfängt und aufhört. Der Sabbat ist jeder Tag oder Zeitraum eines Tages, an dem man sich innerlich mit Gott verbindet – unabhängig davon, was man äußerlich tut; daher können andere Tage oder Tageszeiten, selbst wenn sie von den Pflichten des Alltags bestimmt sind, innerlich zum Sabbat verwandelt werden, indem man bei allem, was man tut, die Gegenwart Gottes fühlt. Darin liegt der Sinn des Sabbatgesetzes, über den Jesus sprach und der im Gegensatz steht zu der starren, wörtlichen Interpretation, die lediglich fordert, dass jegliche Arbeit eingestellt wird. Jedenfalls bringt körperliche Inaktivität nicht die Funktionen des Körpers zum Erliegen, noch unterbricht sie dessen unwillkürliche Bewegungen oder beendet die innerliche Unrast der Gedanken – all dies bedeutet Aktivität, die das Bewusstsein des Menschen an die Welt bindet.

Die Wissenschaft des Yoga erklärt die wahre Bedeutung des tatenlosen Zustands, der die Seele zur Gottverbundenheit erhebt. In der Bhagavad-Gita findet sich in der Lehre vom Handeln und Nicht-Handeln (der Lehre vom »arbeitsfreien« Zustand, in dem man sich im schwingungsfreien Raum jenseits der aktiven Schöpfung mit dem GEIST vereinigt) eine Parallele zum wahren Verständnis des Unterschiedes zwischen innerem und äußerem Einhalten des Sabbats:[13] »Tatenlosigkeit erreicht man nicht einfach dadurch, dass man alle Tätigkeit vermeidet. Keiner, der die Arbeit scheut, erreicht Vollkommenheit. Wahrlich, keiner kann auch nur einen Augenblick untätig sein; alle werden wohl oder übel gezwungen zu handeln, denn die Eigenschaften (*Gunas*), die der Natur (Prakriti) entspringen, treiben sie dazu an. Wer die Organe des Handelns gewaltsam bändigt, während er sinnliche Gedanken hegt, wird als Scheinheiliger angesehen und unterliegt der Selbsttäuschung. Doch derjenige hat höchsten Erfolg, o Arjuna, der die Sinne durch den Geist diszipliniert, frei von Anhänglichkeit ist und seine Organe des Handelns stets auf dem Weg hält, der zu Gott führt [Yoga-Meditation].«[14]

Solange der Geist und die Lebensenergie des Menschen an die Sinne gebunden sind, »arbeitet« er. Lernt er aber, den Strom der Lebenskraft in den Nerven abzuschalten, die den Geist mit den Sinnen verbinden, erlangt er den wahren inaktiven Zustand des transzendenten GEISTES. Gilt »Untätigkeit« als Maßstab für das richtige Einhalten des Sabbats, dann gilt auch, dass dieses Gebot in Wirklichkeit nur von einem Yogi befolgt wird, der den Zustand des *Savikalpa-Samadhi* erreicht hat – den Zustand, in welchem jede körperliche Tätigkeit in der ekstatischen Trance der Vereinigung mit Gott aufgehört hat.

Die Gita weist sogar auf einen noch höheren Zustand hin: auf die höchste Stufe der Gottverbundenheit, den *Nirvikalpa-Samadhi*, in dem der Yogi sein bewusstes Einssein mit dem GEIST bewahrt, ohne dabei sein äußeres Handeln unterbrechen zu müssen. Da der Yogi

---

13 Das Wort leitet sich ab vom hebräischen *shabath*, »aufhören zu tun, ausruhen«.

14 *Gott spricht mit Arjuna – Die Bhagavad-Gita* III, 4–7.

vollkommen eins ist mit Gott als dem Einzig Handelnden, heißt es von ihm, er sei »untätig tätig«: Sein äußeres Werkzeug, der Körper, ist damit beschäftigt, den Willen Gottes auszuführen, sein inneres Wesen aber ist frei von allen wunschbedingten Verstrickungen in die Welt:

»Der Yogi, der in der Tätigkeit die Tatenlosigkeit und in der Tatenlosigkeit die Tätigkeit sieht, besitzt von allen Menschen die größte Unterscheidungskraft. Er hat das Ziel allen Handelns erreicht (und ist frei).« Und weiterhin: »Gleich dem Lotusblatt, das vom Wasser nicht beschmutzt wird, so bleibt der Yogi frei von aller Bindung an die Sinne, wenn er ohne jede Anhänglichkeit handelt und all seine Tätigkeit dem Unendlichen weiht.«[15]

---

[15] *Gott spricht mit Arjuna – Die Bhagavad-Gita* IV, 18 und V, 10.

In ihren Meisterwerken *Weg der Vollkommenheit* und *Die innere Burg* beschreibt die bekannte Mystikerin Theresa von Avila aus ihrem eigenen Erleben systematisch die innerlichen Zustände der Gottvereinigung. Diese stimmen im Kern genau überein mit den stufenweise höheren Bewusstseinszuständen, wie sie in der jahrhundertealten, universalen Seelenwissenschaft des Yoga in Indien näher erläutert werden.

Die Heilige beschreibt zunehmend intensivere Stufen der Gottvereinigung. Diese beginnen mit den verschiedenen Formen des gesprochenen und des mentalen Gebets, gefolgt von den innerlichen Zuständen der »erfüllten Erinnerung«, des »Gebets der Stille« und des »Gebets der Vereinigung«, das seinen Höhepunkt im vollkommenen Einssein mit Gott findet, in der »spirituellen Hochzeit«.

Über das »Gebet der Stille« schreibt sie in ihrem Werk *The Way of Perfection* [Weg der Vollkommenheit] (translated by E. Allison Peers, Garden City, New York: Image Books, 1991): »In diesem Zustand ruhen alle Geisteskräfte. In einer Weise, die nichts mit den äußeren Sinnen zu tun hat, erkennt die Seele, dass sie jetzt sehr nahe bei ihrem Gott ist und dass sie, wäre sie noch ein wenig näher, durch Vereinigung eins mit Ihm sein würde. ...

Der Körper erlebt das größte Entzücken, und die Seele ist sich einer tiefen Erfüllung bewusst. So beglückt ist sie allein darüber, dass sie sich nahe der Quelle befindet, dass sie, noch bevor sie zu trinken beginnt, schon genügend hat. Es scheint für sie nichts mehr zu geben, wonach sie verlangt. Die Geisteskräfte ruhen und haben keinen Wunsch mehr, aktiv zu sein; denn jede mögliche Aktivität scheint die Seele daran zu hindern, Gott zu lieben.«

Sie fährt fort, drei unterschiedliche Stufen der Vereinigung zu beschreiben: einfache Vereinigung, ekstatische Vereinigung und vollkommene Vereinigung (geistige Hochzeit). Theresas Schriften über diese erhabenen Zustände hat der katholische Gelehrte Albert Farges in *Mystical Phenomena* (London: Burns, Oates, and Washbourne, 1926) zusammengefasst. Er schreibt: »Während der einfachen Vereinigung schlafen die Sinne mehr oder weniger, und sie erwachen, wenn sie gestört werden. Im Gegensatz dazu sind sie in der Ekstase völlig außer Kraft gesetzt, genauer gesagt, in einem Zustand von Betäubung, dermaßen, dass selbst heftige Störungen sie nicht aufwecken werden. Die Hand eines ekstatisch im Gebet Versunkenen kann in die Nähe einer Kerzenflamme kommen, ohne dass er den geringsten Schmerz verspürt. ... [Es] ist, als ob die Seele nicht mehr im Körper weile: derart, dass Philosophen und Theologen sich gefragt haben, ob beispielsweise die Seele des heiligen Paulus während seiner Ekstasen wirklich aufhörte, seinen Körper zu beleben. ...

Besondere Sabbattage sind notwendig für Menschen, die ständig in weltliche Angelegenheiten verwickelt sind und sich keine Zeit für Gott nehmen. Jesus war immer vom GEIST erfüllt; für ihn war jede Minute eines jeden Tages ein Sabbat, ob er sich unter vielen Menschen aufhielt oder sich in die transzendente Stille zurückzog. Folglich konnte er an jedem Wochentag berechtigte Handlungen ausführen – wie etwa den Hunger stillen oder heilen –, ohne dabei gegen das Prinzip des Sabbats zu verstoßen.

~

Und er ging abermals in die Synagoge. Und es war da ein Mensch, der hatte eine verdorrte Hand. Und sie beobachteten ihn, ob er ihn am Sabbat heilen würde, damit sie ihn anklagen könnten.

Und er sprach zu dem Menschen mit der verdorrten Hand: Tritt hervor! Und er sprach zu ihnen: Soll man am Sabbat Gutes tun oder Böses tun, das Leben erhalten oder töten? Sie aber schwiegen still. (*Markus* 3, 1–4)

Parallelstelle:

Und er ging von dort weiter und kam in ihre Synagoge. Und siehe, da war ein Mensch, der hatte eine verdorrte Hand. Und sie fragten ihn und sprachen: Ist es erlaubt, am Sabbat zu heilen?, damit sie ihn anklagen könnten.

Aber er sprach zu ihnen: Wer unter euch, der ein einziges Schaf hat, das ihm am Sabbat in eine Grube fällt, wird es nicht ergreifen und herausheben? Wie viel mehr ist aber ein Mensch wert als ein Schaf! Darum ist es erlaubt, am Sabbat Gutes zu tun. (*Matthäus* 12, 9–12)[16]

Einhellig setzen alle mystischen Theologen über die ekstatische Vereinigung noch einen höheren Grad an Vereinigung: die höchste irdische Kontemplation und einen Vorgeschmack ewiger Seligkeit. ... In diesem Zustand mag die Ekstase sehr selten sein. ... Wie Suarez bemerkt hat, konnte sich unser Herr während seines irdischen Lebens der seligen Vision erfreuen, ohne je in die Ohnmacht der Ekstase zu fallen. ... Die Vollendung des kontemplativen Lebens hier auf Erden scheint somit zusammenzufallen mit dem Freisein von dieser Schwäche und der natürlichen Unvollkommenheit des Sinnenlebens; das heißt, die Ohnmacht der Ekstase kommt dabei selten vor oder bleibt vollständig aus.« *(Anmerkung des Herausgebers)*

[16] Vgl. weitere Parallelstelle in *Lukas* 6, 6–9.

Jesus kannte die Gedanken der Pharisäer und wusste, dass sie ihm eine Falle stellen wollten. Doch furchtlos befahl er dem leidenden Mann: »Steh auf und stell dich in die Mitte der Menge, damit alle Leute Gottes gutes Werk einer Heilung am Sabbattag sehen können.«

Und als der Mann aufstand, wandte sich Jesus an die Menge und fragte sie, ob die Einhaltung des Sabbats ausschließe, gute Handlungen zu vollbringen. Mit seiner Frage deutete Jesus an, dass allein schon das Einhalten des Sabbats eine gute Tat sei und es deshalb einen Widerspruch darstelle, andere gute Taten, die am Sabbat ausgeführt würden, zu verbieten. Die Pharisäer konnten ihm darauf nicht antworten, ohne selbst in die Falle zu gehen, und schwiegen deshalb.

Jesus brachte das Argument vor, dass niemand in der Menge es unterlassen würde, am Sabbat sein einziges, wertvolles Schaf zu retten, wenn dieses in eine Grube gefallen wäre; wie viel größer sei dann die Verpflichtung, einem noch kostbareren Wesen, einem Menschen, aus der Grube der Schwierigkeiten herauszuhelfen. Da der Sabbat dazu erschaffen wurde, das geistige Bewusstsein des Menschen zu heben, wie kann es dann dem Gesetz widersprechen, irgendeine Handlung auszuführen, die dieses Bewusstsein verstärkt?

> *Da blickte er zornig rings um sich und war betrübt über ihr verstocktes Herz und sprach zu dem Menschen: Strecke deine Hand aus! Und er streckte sie aus; und seine Hand wurde gesund wie die andere.* (*Markus* 3, 5)[17]

Unwissenheit ist bedauernswert; Unwissenheit, die das Herz verhärtet, ist verachtenswert. Die Herzlosigkeit, die alles Mitgefühl zunichtemachte, rief in Jesus spirituelle Entrüstung hervor – keinen gewöhnlichen Ärger, sondern den machtvollen Willen der Rechtschaffenheit. Er sagte zu dem Mann, dessen Hand verkrüppelt war: *»Strecke deine Hand aus!«*

Eine Person, die geheilt werden will, muss versuchen, sich geistig und seelisch empfänglich zu machen. Als der Mann willentlich seine Hand ausstreckte, war dies ein Akt des Glaubens – des Vertrauens in die göttliche Heilkraft, die von Jesus ausströmte. Dessen Anweisung

[17] Vgl. weitere Parallelstellen in *Matthäus* 12, 13 und *Lukas* 6, 10.

bedeutete: »Mache eine Willensanstrengung, deine Hand auszustrecken, die bis jetzt nutzlos war, und sende die alles heilende Energie dorthin. Wenn du das tust und mit mir im Einklang bist, wird dich mein göttlicher Wille heilen – dieser herrscht über die kosmische Energie des Universums und ist auch in deinem Willen und in der Energie deines Körper gegenwärtig.«

~

Was Jesus darüber dachte, am Sabbat gute Werke zu tun, wiederholte er bei einer anderen Gelegenheit, wie das Lukas-Evangelium berichtet:

> *Und er lehrte in einer Synagoge am Sabbat. Und siehe, da war eine Frau, die hatte seit achtzehn Jahren einen Geist der Krankheit, und sie war verkrümmt und ganz unfähig, sich aufzurichten.*
>
> *Und als Jesus sie sah, rief er sie zu sich und sprach zu ihr: Frau, du bist frei von deiner Krankheit. Und er legte ihr die Hände auf, und sogleich richtete sie sich auf und pries Gott.*
>
> *Der Synagogenvorsteher aber war entrüstet, dass Jesus am Sabbat geheilt hatte und sprach zu dem Volk: Es sind sechs Tage, an denen man arbeiten soll; an diesen kommt und lasst euch heilen, aber nicht am Sabbattag.*
>
> *Da antwortete ihm der Herr und sprach: Du Heuchler! Bindet nicht ein jeder von euch am Sabbat seinen Ochsen oder Esel von der Futterkrippe los und führt ihn zur Tränke? Sollte aber diese Frau, die doch eine Tochter Abrahams ist und die nun wohl achtzehn Jahre von Satan gefesselt wurde, nicht am Sabbat von diesem Bande befreit werden dürfen? Und als er das sagte, schämten sich all seine Widersacher. Und die ganze Menge freute sich über all die herrlichen Taten, die durch ihn geschahen.* (*Lukas* 13, 10–17)

~

Nachdem Jesus die verkrüppelte Hand des Mannes geheilt hatte, waren die Tempeloberen aufgebracht über das, was sie als Auflehnung Jesu gegen das Gesetz in den heiligen Schriften empfanden:

> *Und die Pharisäer gingen hinaus und hielten sogleich Rat mit den Anhängern des Herodes, wie sie ihn umbringen könnten.*

Aber Jesus zog sich mit seinen Jüngern an den See zurück, und eine große Menge aus Galiläa folgte ihm; und aus Judäa, aus Jerusalem und aus Idumäa und von jenseits des Jordan; und aus der Gegend von Tyrus und Sidon kam eine große Menge zu ihm, weil sie von seinen großen Taten gehört hatte.

Und er sagte seinen Jüngern, dass sie wegen der Volksmenge ein kleines Schiff für ihn bereithalten sollten, damit sie ihn nicht bedrängten. Und weil er schon viele geheilt hatte, stürzten alle, die ein Leiden hatten, auf ihn zu, um ihn zu berühren.

Und wenn ihn die unreinen Geister sahen, fielen sie vor ihm nieder, schrien und sprachen: Du bist Gottes Sohn! Und er verbot ihnen streng, bekannt zu machen, wer er sei. (Markus 3, 6–12)

Parallelstelle:

Da gingen die Pharisäer hinaus und hielten Rat gegen ihn, wie sie ihn umbringen könnten.

Aber als Jesus davon erfuhr, zog er sich von dort zurück. Und es folgte ihm eine große Menge, und er heilte sie alle und gebot ihnen, dass sie ihn nicht bekannt machen sollten, damit erfüllt würde, was gesagt ist durch den Propheten Jesaja, der da spricht:

»Siehe, das ist mein Knecht, den ich erwählt habe, und mein Geliebter, an dem meine Seele Wohlgefallen hat; ich will meinen Geist auf ihn legen, und er soll den Völkern das Recht verkünden. Er wird nicht streiten noch schreien, noch wird irgendjemand seine Stimme auf den Straßen hören.

Das geknickte Rohr wird er nicht abbrechen, und den glimmenden Docht wird er nicht auslöschen, bis er das Recht zum Sieg geführt hat; und die Völker werden auf seinen Namen hoffen.« (Matthäus 12, 14–21)

Da sich Verschwörungen zu seiner Beseitigung anbahnten, wollte Jesus jede weitere Aufregung über seine Fähigkeit, geistige Wunder zu vollbringen, vermeiden, damit sich die gereizten feindseligen Kräfte durch seine Fähigkeiten nicht bedroht fühlten. Daher zog er sich vorsorglich mit seinen Jüngern an den See Genezareth zurück und entfernte sich für einige Zeit vom Brennpunkt des Konfliktes. Da ihm jedoch eine große Menschenmenge gefolgt war, wies er seine Jünger an, ein Boot für ihn bereitzuhalten, mit dem er dem Gedränge der

Menge entgehen konnte. Nachdem er so viele Menschen geistig betreut und geheilt hatte, suchte er Zuflucht in der Einsamkeit. Selbst die größten unter den großen Seelen, die der Menschheit dienen und deren Geist völlig mit Gott vereint ist, vergessen niemals ihre höchste Pflicht und Freude: die ekstatische Vereinigung in Abgeschiedenheit. Jesus wandte sich von der Menge ab, die ihn verherrlichte, um sich der einzig bedeutsamen Anerkennung zu erfreuen – der des Himmlischen Vaters. Denn ohne dessen Macht konnte er die Leidenden nicht heilen, und von Ihm empfing er die Gnade seiner Kraft, seiner Liebe und seiner Inspiration.

Wie Jesajas Prophezeiung über die Mission Jesu und die Verbreitung seiner Lehre zu verstehen ist

Da sein Leben bedroht und seine Mission noch nicht vollendet war, bat Jesus diejenigen, die er geheilt hatte und die Zeugen seiner wunderbaren Kräfte geworden waren, diese segensreichen Erfahrungen für sich zu behalten, weil sonst der Zorn seiner Feinde noch mehr geschürt werde. Matthäus geht ausführlich auf den Ablauf der Ereignisse ein, wenn er die alte Prophezeiung Jesajas zitiert, welche die künftigen Begleitumstände ankündigte, die mit dem Erscheinen und dem Auftrag Jesu auf Erden verbunden waren.[18] Gott teilte dem Propheten Jesaja mit, dass Er Seinen Diener schicken werde – *»Mein Geliebter, an dem meine Seele Wohlgefallen hat«* –, Gottes geliebtes Kind Jesus, von göttlicher Größe und als Diener Gottes dazu auserwählt, der Welt eine erhabene Botschaft zu bringen, die viele Seelen erlösen werde. Gott versprach auch: *»Ich will meinen Geist auf ihn legen«* – Gottes Wille, Segen und Weisheit würden die harmonische Seele Jesu auszeichnen, damit er den Menschen der Welt das göttliche Recht auf Erlösung vermitteln könne, das durch Weisheit und ein rechtschaffenes Leben verliehen werde.

Weiterhin bedeutete Gott Jesaja, dass dieser Bote keine gewöhnliche heilige Seele sein werde, die noch um Vergeistigung *»streiten«* und in der Dunkelheit der Täuschung nach Weisheit *»schreien«* müsse,

---

[18] *»Siehe, das ist mein Diener, zu dem ich stehe, und mein Auserwählter, an dem meine Seele Wohlgefallen hat. Ich habe meinen Geist auf ihn gelegt; er wird das Recht unter die Völker bringen. Er wird nicht schreien noch rufen, und seine Stimme wird man nicht hören auf den Straßen. Das geknickte Rohr wird er nicht abbrechen, und den glimmenden Docht wird er nicht auslöschen. Wahrheitsgetreu trägt er das Recht hinaus. Er wird nicht versagen und nicht mutlos werden, bis er das Recht auf Erden gegründet hat; und die Inseln warten auf seine Weisung.«* (*Jesaja* 42, 1–4)

sondern dass Jesus in seiner bevorstehenden, vom Christusbewusstsein erfüllten Inkarnation geistig bereits vom Willen und der Weisheit Gottes getragen werde. Dessen ungeachtet bedeuten die Worte *»noch wird irgendjemand seine Stimme auf den Straßen hören«* Folgendes: Die Göttlichkeit Jesu, gekleidet in ein irdisches Gewand, werde durchschnittlichen menschlichen Wesen, die auf den Straßen des Materiellen wandeln, nicht auffallen; sie würden nicht in der Lage sein, die kosmische Schwingung zu vernehmen, die Stimme von Gottes GEIST, der dem Körper Jesu innewohnt.

»Das geknickte Rohr wird er nicht abbrechen« – Das transzendente Bewusstsein Jesu, als Sohn Gottes, werde vollkommen unbeeinflusst bleiben, auch wenn sein Geist im zerbrechlichen Schilfrohr eines Körpers eingeschlossen sei, der verletzt oder gekreuzigt werden könne. *»Und den glimmenden Docht wird er nicht auslöschen«* – Sein Geist, der vor Weisheit glühe wie ein glimmender Docht, könne durch die Misshandlung seines Körpers nicht unterdrückt oder ausgelöscht werden. *»Bis er das Recht zum Sieg geführt hat«* – Obwohl verachtet und bedroht, werde er den Körper nicht aufgeben, solange er seinen gottgegebenen Auftrag, die seelenbefreiende Gerechtigkeit der Weisheit zu verkünden, nicht siegreich ausgeführt habe. Die Rückkehr Jesu auf Erden nach seinem Tode werde seinen Triumph hervorheben und den größten Sieg des GEISTES über die Materie verkünden. Jesus werde seine irdische Inkarnation nicht beenden, ohne dass er zuvor der Welt kundgetan hätte, dass er (sogar während der Kreuzigung seines Körpers) die Großmut und die göttlich-bewussten Eigenschaften der Seele bewahren könne – unberührt von allen körperlichen Qualen, dem Hass der Menschen und von der allerletzten Demütigung, dem Tod.

Jesaja prophezeite, dass die *»Völker«*, die ganze Welt außerhalb Israels, in weitreichendem Maße Jesus als Guru oder Erlöser anerkennen würden. Selbst wenn er nicht mehr in einem Körper weile, würden sie intuitiv den GEIST als den Christus in Jesus erkennen. Die Schlussworte der Prophezeiung (*Jesaja* 42, 4) bestätigen diese geistige Größe Jesu als die eines Erlösers der Welt: *»Er wird nicht versagen und nicht mutlos werden, bis er das Recht* [den Kodex der Rechtschaffenheit] *auf Erden gegründet hat; und die Inseln* [alle Kontinente] *warten auf seine Weisung.«*

Die Prophezeiungen großer Seelen können nur durch die SELBST-Verwirklichung und die fortgeschrittene Intuition wahrer Gottsucher verstanden und richtig interpretiert werden. Intellektuelle schreiben philosophische Abhandlungen, die von allen intelligenten Leuten verstanden werden können. Aber die Worte Jesu und die Äußerungen der Propheten entspringen ihrer reinen SELBST-Verwirklichung und nicht den unsicheren Irrwegen der Vernunft. Daher können sie vom menschlichen Intellekt allein niemals vollkommen erfasst werden. Der Verstand kann ihre Bedeutung nur annähernd erschließen. Die auf SELBST-Verwirklichung beruhenden Offenbarungen von Heiligen und Propheten enthüllen erst dann ihre volle Bedeutung, wenn sie intuitiv empfunden und verstanden werden – von Menschen, die meditiert und ihre eigene SELBST-Verwirklichung erlangt haben, welche die unmittelbare Wahrnehmung der Wahrheit einschließt.

DISKURS 33

Die Berufung der zwölf Apostel und die Predigt auf dem Felde

Der engere Jüngerkreis: die »geistigen Kinder« eines Meisters, der Gott verwirklicht hat

❖

Warum nahm Jesus den Verräter Judas in die auserwählte Gruppe der Apostel auf?

❖

Jesus warnt diejenigen, die den weisen Rat ausschlagen, Gott zu suchen

❖

Menschen, deren Unterscheidungskraft vom Ego geblendet wird, können ihr spirituelles Sehvermögen wiedergewinnen

❖

Am menschlichen Baum des Lebens wachsen gute und schlechte Früchte der Sinneswahrnehmungen und Wünsche

❖

Die Yoga-Wissenschaft vermag das Herz vom Bösen zu befreien

»Die Jünger, die ein Guru … auswählt, werden zu seiner erweiterten Familie, für die er so lange verantwortlich ist, bis alle ihre Befreiung in Gott erlangt haben. Jesus folgte dieser Tradition. Und obwohl ihn einer seiner Jünger verriet, setzten elf sein Werk fort.«

Es begab sich aber zu der Zeit, dass er hinausging auf einen Berg, um zu beten; und er verbrachte die ganze Nacht im Gebet zu Gott.

Und als es Tag wurde, rief er seine Jünger zu sich und erwählte aus ihnen zwölf, die er auch Apostel nannte: Simon, den er auch Petrus nannte, und Andreas, dessen Bruder, Jakobus und Johannes, Philippus und Bartholomäus, Matthäus und Thomas, Jakobus, den Sohn des Alphäus, und Simon, genannt der Zelot, Judas, den Bruder des Jakobus, und Judas Iskariot, den Verräter.

Und er ging mit ihnen hinab und stand auf einem Feld, und eine Schar seiner Jünger und eine große Menge des Volkes aus ganz Judäa und Jerusalem und von der Meeresküste von Tyrus und Sidon, die kamen, ihn zu hören und geheilt zu werden von ihren Krankheiten; und auch die, welche geplagt wurden von unreinen Geistern: Sie wurden geheilt.

Und alles Volk versuchte ihn zu berühren; denn es ging Kraft von ihm aus und heilte sie alle.

Und er hob seine Augen auf über seine Jünger und sprach: Selig seid ihr Armen; denn das Reich Gottes ist euer. Selig seid ihr, die ihr hier hungert; denn ihr sollt satt werden. Selig seid ihr, die ihr jetzt weint; denn ihr werdet lachen.

Selig seid ihr, wenn euch die Menschen hassen und euch aus ihrer Gemeinschaft ausschließen und euch schmähen und verwerfen euren Namen als einen bösen um des Menschensohns willen. Freut euch alsdann und hüpft; denn siehe, euer Lohn ist groß im Himmel. Desgleichen taten ihre Väter den Propheten auch.

Aber wehe euch, ihr Reichen! Denn ihr habt euren Trost schon empfangen. Wehe euch, die ihr satt seid! Denn ihr werdet hungern. Wehe euch, die ihr jetzt lacht! Denn ihr werdet trauern und weinen. Wehe euch, wenn alle Menschen gut über euch reden! Denn ebenso haben es ihre Väter mit den falschen Propheten gemacht.

Aber ich sage euch, die ihr zuhört: Liebt eure Feinde; tut denen Gutes, die euch hassen; segnet, die euch verfluchen; und bittet für die, welche euch beleidigen.

Und wer dich auf die eine Wange schlägt, dem biete auch die andere dar; und wer dir den Mantel nimmt, dem verweigere auch das Hemd nicht. Gib jedem, der dich um etwas bittet; und wer dir das Deine nimmt, da fordere es nicht wieder zurück.

Und wie ihr wollt, dass euch die Menschen tun sollen, so tut ihnen ebenso.

Und wenn ihr liebt, die euch lieben, welchen Dank habt ihr? Denn auch die Sünder lieben die, welche sie lieben. Und wenn ihr denen Gutes tut, die euch Gutes tun, welchen Dank habt ihr? Denn auch die Sünder tun dasselbe. Und wenn ihr denen leiht, von denen ihr zu empfangen hofft, welchen Dank habt ihr? Denn auch die Sünder leihen den Sündern, um das Gleiche wieder zu empfangen.

Vielmehr liebt eure Feinde, tut Gutes und leiht, ohne wieder etwas zu erhoffen; und euer Lohn wird groß sein, und ihr werdet Kinder des Allerhöchsten sein: Denn er ist gütig gegen die Undankbaren und Bösen.

Darum seid barmherzig, wie auch euer Vater barmherzig ist.

Richtet nicht, so werdet ihr nicht gerichtet. Verdammt nicht, so werdet ihr nicht verdammt. Vergebt, so wird euch vergeben.

Gebt, so wird euch gegeben. Ein gutes, gedrücktes, gerütteltes und überfließendes Maß wird man in euren Schoß geben; denn eben mit dem Maß, mit dem ihr messt, wird euch wieder zugemessen werden.

Und er sagte ihnen ein Gleichnis: Kann auch ein Blinder einem Blinden den Weg weisen? Werden sie nicht alle beide in die Grube fallen?

Der Jünger ist nicht über seinem Meister; jeder aber, der vollkommen ist, wird sein wie sein Meister.

Und warum siehst du den Splitter im Auge deines Bruders, und den Balken in deinem Auge nimmst du nicht wahr? Oder wie kannst du zu deinem Bruder sagen: Halt still, Bruder, ich will den Splitter aus deinem Auge ziehen, während du selbst den Balken in deinem Auge nicht siehst? Du Heuchler,

zieh zuerst den Balken aus deinem Auge, und dann wirst du klar sehen, um den Splitter im Auge deines Bruders herauszuziehen.

Denn ein guter Baum bringt keine schlechte Frucht hervor, und ein schlechter Baum keine gute Frucht. Denn ein jeder Baum wird an seiner eigenen Frucht erkannt. Denn von Dornen sammelt man keine Feigen, und vom Dornbusch liest man keine Trauben.

Ein guter Mensch bringt aus dem guten Schatz seines Herzens Gutes hervor; und ein böser Mensch bringt aus dem bösen Schatz seines Herzens Böses hervor: Denn wovon das Herz voll ist, davon redet sein Mund.

Und warum nennt ihr mich Herr, Herr, und tut nicht, was ich euch sage? Jeder, der zu mir kommt und hört meine Rede und tut sie – ich will euch zeigen, wem er gleich ist. Er ist gleich einem Menschen, der ein Haus baute und tief grub und das Fundament auf Felsen legte. Und als die Fluten stiegen und der Strom heftig gegen das Haus prallte, konnte er es nicht erschüttern, denn es war auf einen Felsen gegründet.

Wer aber hört und nicht tut, der gleicht einem Menschen, der ein Haus baute auf die Erde ohne Fundament; und der Strom prallte heftig dagegen und es stürzte sofort ein und der Einsturz dieses Hauses war gewaltig.

Lukas 6, 12–49[1]

[1] Viele der Jesus-Worte in *Lukas* 6, 20–49, bekannt als Predigt auf dem Felde, haben Parallelstellen in der Bergpredigt bei Matthäus. Siehe dazu die entsprechenden Kommentare in den Diskursen 26–30 (Band I).

DISKURS 33

Die Berufung der zwölf Apostel und die Predigt auf dem Felde

Es begab sich aber zu der Zeit, dass er hinausging auf einen Berg, um zu beten; und er verbrachte die ganze Nacht im Gebet zu Gott.

Und als es Tag wurde, rief er seine Jünger zu sich und erwählte aus ihnen zwölf, die er auch Apostel nannte: Simon, den er auch Petrus nannte, und Andreas, dessen Bruder, Jakobus und Johannes, Philippus und Bartholomäus, Matthäus und Thomas, Jakobus, den Sohn des Alphäus, und Simon, genannt der Zelot, Judas, den Bruder des Jakobus, und Judas Iskariot, den Verräter. (*Lukas* 6, 12–16)

Parallelstelle:

Und er ging auf einen Berg und rief zu sich, welche er wollte, und sie kamen zu ihm. Und er bestimmte zwölf, die bei ihm sein sollten und die er aussenden wollte, zu predigen, und die die Vollmacht haben sollten, Krankheiten zu heilen und Dämonen auszutreiben:

Simon, dem er den Beinamen Petrus gab; und Jakobus, den Sohn des Zebedäus, und Johannes, den Bruder des Jakobus, denen er den Beinamen Boanerges gab, das heißt: Donnersöhne; und Andreas und Philippus und Bartholomäus und Matthäus und Thomas und Jakobus, den Sohn des Alphäus, und Thaddäus und Simon, den Kananäus, und Judas Iskariot, der ihn verriet. Und sie gingen in ein Haus. (*Markus* 3, 13–19)[2]

[2] Siehe auch weitere Parallelstelle in *Matthäus* 10, 1–4 (Diskurs 40).

Für Jesus war es an der Zeit, unter seinen Jüngern die zwölf auszuwählen, die er als Apostel *»aussenden«* würde, damit sie seine Botschaft verbreiten.[3] Zur Vorbereitung hatte Jesus sich in die einsamen Höhen der nahe gelegenen Berge zurückgezogen und die Nacht in ekstatischem Gebet und Gottverbundenheit zugebracht. Er war so tief in sein Einssein und seine Freude mit Gott versunken, dass er nicht bemerkte, wie die Stunden bis zur Morgendämmerung still verrannen. Wenn gewöhnliche Menschen zu Gott beten, registrieren sie in Gedanken das langsame Verstreichen der Zeit. Doch wenn Jesus betete, war sein Geist ganz auf die Ewigkeit der Glückseligkeit des GEISTES gerichtet.

Berggipfel und Höhlen werden von den Meistern von jeher als stille Stätten zur Meditation empfohlen. Legendär sind die Yogis des Himalayas, die sich in diesen geographischen und spirituellen Höhen geistig bemühen und die Welt schweigend mit ihren heiligen Schwingungen der Gottverbundenheit segnen. Die biblische Geschichte des Heiligen Landes verweist oft auf heilige Berge, die häufig von den Propheten aufgesucht wurden. Auf dem Berg Horeb sprach Gott das erste Mal mit Mose (2. *Mose* 3, 1 ff.), und auf dem Berg Sinai gab er ihm später die Tafeln mit den zehn Geboten (2. *Mose* 19, 15 ff.). Der Berg Karmel wird in Verbindung mit Elia und Elisa und anderen Propheten erwähnt. Und die Geschichte von der Samariterin führt den Berg Gerizim an, auf dem ihre Vorväter Gott verehrten [Diskurs 18, Band I].

Wer die Gelegenheit hat, in der Einsamkeit der Berge zu meditieren, wird feststellen, dass diese Gegenden nicht nur frei von Lärm sind, sondern auch frei von der schädlichen Luft der Städte. Da die dünnere Atmosphäre der höheren Lagen wenig schwere Gase enthält, unterstützt sie den Meditierenden. Der physische und der astrale Körper des Menschen passen sich harmonisch eher an die feinere Atmosphäre an als an die dichtere Luft der unteren Lagen. Der energiereiche Sauerstoff in den Bergen hilft bei Atemübungen, welche Kohlenstoffschlacken aus dem Körpersystem entfernen, das Herz beruhigen und den Strom der Lebensenergie von den fünf Sinnen zurückzuziehen sollen, sodass die Sinnesreize keine mentale Unruhe hervorrufen und die meditative Aufmerksamkeit nicht von Gott ablenken können.[4] Ästhe-

---

[3] Das Wort *Apostel* kommt aus dem Griechischen und bedeutet »aussenden«.

[4] Wissenschaftler haben folgende Feststellung gemacht: Da die Luft in höheren Lagen stärker der Sonneneinstrahlung und anderen Strahlen ausgesetzt ist, enthält sie eine größere Menge an »negativen Ionen« – Molekülen, die ein zusätzliches Elektron aufgenommen haben und dadurch negativ geladen sind. Negative Sauerstoff-Ionen werden

tisch gesehen haben die Berge eine vergeistigende Wirkung, weil der Blick des Menschen von der Enge menschlicher Bauten zum weiten, grenzenlosen Himmel hingezogen wird, zu der räumlich-physischen Verkörperung des Unendlichen.

Der engere Jüngerkreis: die »geistigen Kinder« eines Meisters, der Gott verwirklicht hat

Es ist von sehr großer Bedeutung, dass Jesus unter seinen Jüngern zwölf als Apostel auswählte. In der Guru-Jünger-Tradition Indiens schließen sich jedem großen Meister, der Gottesbewusstsein erlangt hat, zwei Arten von Suchenden an, die zur geistigen Schulung zu ihm kommen: Verheiratete oder Unverheiratete, die einen Meister zur allgemeinen Unterweisung aufsuchen, werden als Schüler bezeichnet. Aber solche Schüler, die ihr ganzes Leben dem Streben nach Gotteserkenntnis widmen und aufgefordert werden, die Lehre des Meisters in der Welt zu verbreiten (durch das Beispiel ihrer spirituellen Entwicklung, wie sie sich in ihrem Leben offenbart), werden Jünger genannt.[5] Dazu gehören alle, die in zahlreichen Ordensgemeinschaften der Welt entsagen, um sich in einem strukturierten geistigen Leben und im Dienst am Werk des Meisters ganz der Gottsuche zu widmen. Sie helfen, die Lehren ihres Meisters nicht nur durch ihre beispielhafte Lebensführung, sondern auch als berufene Lehrer zu verbreiten – ganz gleich, ob sie verborgen im Ashram oder in der Öffentlichkeit dienen. Nur für Gott zu leben, ist für sich genommen schon eine Predigt für die Welt, die weitaus beredter ist als die großartigste Redekunst. Ein wirklich berufener Lehrer, der nicht nur ein heiliges Leben führt, sondern auch die Wahrheit klar vermitteln kann, wird als ein wahrer *»Apostel«* des Meisters *»ausgesandt«*, um ihm als reine Stimme seiner Botschaft zu dienen, mit der er von Gott betraut wurde.

So wie vorbildliche Kinder bestrebt sind, den Namen ihrer Familie in der Welt noch angesehener zu machen, so trachten Jünger als die geistigen Kinder eines Meisters danach, seinen Namen durch

---

von den roten Blutkörperchen schneller gebunden, wodurch mit jedem Atemzug mehr Sauerstoff aufgenommen wird. Dies erklärt das Gefühl erhöhter Vitalität, das durch frische Bergluft hervorgerufen wird (ebenso durch die Meeresbrise, Wasserfälle und die Luft unmittelbar nach einem Gewitter, denn dabei werden jeweils negative Ionen erzeugt). Ein Überblick über die Erforschung der Luft-Ionen und deren Auswirkung auf körperliches und mentales Wohlbefinden findet sich in *The Ion Effect* von Fred Soyka unter Mitarbeit von Alan Edmonds (New York: Bantam Books, 1977). *(Anmerkung des Herausgebers)*

[5] Siehe auch Diskurs 9, Band I.

ihr tugendhaftes Leben zu preisen. Wenn ein Vater einen Sohn in die Welt setzt, erbt das Kind die natur- und umweltbedingten Familienmerkmale, seien sie gut oder schlecht. Selbst wenn sich ein Kind zu einem Problemfall oder zu einem Kriminellen entwickelt, muss sich die Familie mit ihm auseinandersetzen. Eltern können sich die Kinder, denen sie das Leben schenken, nicht aussuchen; es sei denn, sie beherrschen die Kunst der geistigen Zeugung, mit der sie – durch höchste Willenskraft und Meditation – eine gute Seele aus der Astralwelt einladen können, in ihre Familie geboren zu werden. Ein Meister hingegen hat den Vorteil, dass er geeignete Jünger, seine geistigen Kinder, unter einer großen Schar von Anhängern auswählen und in ihnen die Saat seiner geistigen Lebenskraft aussäen kann, damit sie dem Einfluss, der vom Leben des Meisters ausgeht, Dauer verleihen können.

Jesus bestimmte nicht nur eine besondere Gruppe von Anhängern zum inneren Kreis seiner Jünger, sondern er wählte sie zudem unter jenen Seelen aus, die ihm aus einer vorhergehenden Inkarnation vertraut waren. Das ist der Grund, warum Jesus, als er Simon sah, zu diesem sagte: »Folge mir nach«, und ohne Zögern folgte Simon.[6] Drei Gesichtspunkte waren für Jesus im Hinblick auf die Auswahl seiner Jünger ausschlaggebend. Erstens: Weil sie ihre endgültige geistige Verwirklichung noch nicht erreicht hatten, aber kurz davor standen, wollte er ihnen helfen, Vollkommenheit zu erlangen. Zweitens: Nachdem er sie dabei unterstützt hatte, ihr früheres geistiges Potenzial für die endgültige Befreiung wieder zu erwecken, benötigte Jesus ihre Hilfe als Apostel, als vorbildliche Jünger, die zu Wegbereitern werden würden und die Botschaft des Christus-Bewusstseins durch ihre ideale Lebensweise den Massen vermitteln könnten. Und drittens: Jesus wusste, dass er nach der Vorsehung des Göttlichen Vaters zwölf Jünger haben würde – diese besonderen zwölf, die seine Botschaft in die Welt hinaustragen sollten. Seine Mission als ein Erlöser der Welt, dem zwölf Apostel zur Seite standen, wurde bereits in seiner vorhergehenden Inkarnation symbolisch angedeutet – als er Elisa war, der auserwählte Jünger des Propheten Elia: »*Und er [Elia] ging von dannen und fand Elisa, den Sohn Schafats. Der pflügte gerade mit zwölf Ochsengespannen, die vor ihm gingen, und er selbst war beim zwölften. Und Elia ging zu ihm hin und warf seinen Mantel über ihn.*« (*1. Könige* 19, 19).[7]

---

[6] Siehe Diskurs 23, Band I.

[7] Siehe Diskurs 2, Band I.

Die zwölf Ochsengespanne, mit denen Elisa pflügte, symbolisieren die zwölf Jünger Jesu, denen er das Joch seiner geistigen Disziplin auferlegen würde – um ihrer eigenen Vollkommenheit willen und um sie zu tauglichen Werkzeugen zu machen, damit sie mit der Verbreitung von Jesu Botschaft in alle Lande beginnen konnten.

Wenn ein Meister einen Jünger zur geistigen Schulung annimmt, wechselt er manchmal dessen Nachnamen aus, welcher die weltliche Abstammung und Familienzugehörigkeit fortbestehen ließe. Stattdessen erhält jener dann einen Namen, der seine neue Rolle als Jünger andeutet, durch die er hilft, die spirituelle Linie des Meisters fortzusetzen und die Fortdauer von seinen Idealen und Lehren zu gewährleisten. Simon, der von Jesus den neuen Namen »Petrus« (»der Fels«) erhielt, sollte den unerschütterlichen Glauben repräsentieren, welcher die Grundfeste für die fortwährende Mission Jesu war. Daher wurde Petrus später zur Rede gestellt, weil er aus Furcht den Namen Jesu dreimal verleugnet hatte.[8] Jesus änderte die Nachnamen von Jakobus und Johannes, den Söhnen des Zebedäus, zu »Boanerges« (»Donnersöhne«), um darauf hinzuweisen, dass sie die Kraft besaßen, die apostolische Rolle als Jünger ihres allmächtigen Meisters zu erfüllen.

Ein bekanntes Sprichwort lautet: »Blut ist dicker als Wasser«. Jemand zitierte es mir als Ermahnung in dem Sinne, dass man zuerst an die Wünsche seiner Familie denken sollte, anstatt sein Leben Gott zu widmen. Ich sage: Das ist nicht wahr. Blut mag dicker sein als Wasser, aber spirituelles Blut ist noch dicker. Die geistige Beziehung zwischen Seelen, die in der Suche nach Gott vereint sind, ist stärker und verbindet mehr als irgendeine andere Beziehung. Jeder Mensch wird nur für ein Leben in eine bestimmte Familie hineingeboren. Wer aber durch ein geistiges Band mit gleichgesinnten Seelen verbunden ist, legt den Weg zu Gott in vielen Leben mit ihnen gemeinsam zurück. Die Jünger, die ein Guru unter den vielen Kindern zahlreicher Familien auswählt, werden zu seiner erweiterten Familie, für die er so lange verantwortlich ist, bis alle ihre Befreiung in Gott erlangt haben. Jesus folgte dieser Tradition. Und obwohl ihn einer seiner Jünger verriet, setzten elf sein Werk fort.

Die Tatsache, dass Judas in den Kreis der von Christus Auserwählten aufgenommen wurde, zeigt deutlich, dass einem Jünger jede

---

[8] Siehe Diskurs 73, Band III.

nur mögliche Gelegenheit geboten wird, den Segen des Meisters zu empfangen, dass er aber die Unabhängigkeit besitzt, sich dem Willen Gottes zu widersetzen. Gottes Allwissenheit umfasst sicherlich eine zumindest mutmaßliche Vorstellung darüber, wie ein Mensch – im Rahmen seiner karmischen Neigungen – von seinem freien Willen Gebrauch machen wird: ob er diesen richtig einsetzen oder ihn missbrauchen wird. Jesus kannte das Gesetz von Ursache und Wirkung sowie die üble, karmisch bedingte Veranlagung von Judas; deshalb konnte er voraussagen, dass dieser ihn wahrscheinlich verraten würde.[9] Dennoch erwählte Jesus ihn als Jünger. Man sollte klar verstehen, dass es nicht das von Gott für Judas vorherbestimmte Schicksal war, dass dieser Jesus verriet; vielmehr war es Judas selbst, der diese niederträchtige Rolle übernommen hatte, denn sie entsprach den gesetzmäßigen Wirkungen seiner vorgeburtlichen Handlungen, die ihn zum Auslöser für den Verrat an Christus prädisponierten. Und damit war die Voraussetzung für die Prüfung Jesu und für sein Opfer am Kreuz geschaffen. Unter dem göttlichen Einfluss Jesu erhielt Judas die Gelegenheit, sein karmisches Verhaltensmuster zu ändern; aber er hörte auf die Stimme seiner vom Ego gelenkten satanischen Unwissenheit, anstatt sich von der Christusweisheit leiten zu lassen. Gott erlegt Seinen Verehrern große Prüfungen auf, und in einer solchen versagte Judas erbärmlich. Paradoxerweise war es dennoch Judas, der den krönenden Sieg im Leben Jesu herbeiführte, und durch diesen Sieg wurde der Welt auch für kommende Zeitalter die Unsterblichkeit Christi bewiesen – als Welterlöser und überragendes Beispiel für die Liebe und Vergebung Gottes. Durch die Wahl seiner üblen Rolle im Drama der Kreuzigung und Auferstehung Christi wurde Judas zum bedeutendsten Werbeagenten Jesu; aber weh dem Judas für seinen gemeinen Verrat!

Warum nahm Jesus den Verräter Judas in die auserwählte Gruppe der Apostel auf?

~

Und er ging mit ihnen hinab und stand auf einem Feld, und eine Schar seiner Jünger und eine große Menge des Volkes aus ganz Judäa und Jerusalem und von der Meeresküste von Tyrus und

[9] Dass Jesus den Verrat des Judas vorausgesehen hat, kommt an vielen Stellen in den Evangelien zum Ausdruck, wie in *Johannes* 6, 71 (Diskurs 43), *Johannes* 13, 21–27 (Diskurs 70, Band III) und *Matthäus* 26, 46–47 (Diskurs 73, Band III).

Sidon, die kamen, ihn zu hören und geheilt zu werden von ihren Krankheiten; und auch die, welche geplagt wurden von unreinen Geistern: Sie wurden geheilt.

Und alles Volk versuchte ihn zu berühren; denn es ging Kraft von ihm aus und heilte sie alle. (Lukas 6, 17–19)

Und in seiner göttlichen Herrlichkeit stand Jesus zusammen mit seinen zwölf Jüngern auf dem Feld, inmitten in einer großen Schar von Menschen, die sich versammelt hatten, um die »gute Nachricht« zu hören und um geheilt zu werden. Die Menge drängte sich an Jesus heran, um ihn zu berühren, denn von seinem Körper ging – durch den Glauben der Kranken angezogen – Kraft oder Lebensenergie aus. Die alles heilende Energie, die in den Leidenden schlummerte, wurde durch deren Glauben erweckt und durch die Kraft, die von Jesus ausströmte, verstärkt. Diese Energie, die feiner ist als die feinsten der groben Strahlen, entspringt der kosmischen Energie Gottes und ist nicht nur machtvoll genug, physische Keime und physiologische Funktionsstörungen zu beseitigen, sondern auch die mentalen Bakterien übler Neigungen und die geistigen Infektionserreger der Unwissenheit zu vernichten.

~

Und er hob seine Augen auf über seine Jünger und sprach: Selig seid ihr Armen; denn das Reich Gottes ist euer. Selig seid ihr, die ihr hier hungert; denn ihr sollt satt werden. Selig seid ihr, die ihr jetzt weint; denn ihr werdet lachen.

Selig seid ihr, wenn euch die Menschen hassen und euch aus ihrer Gemeinschaft ausschließen und euch schmähen und verwerfen euren Namen als einen bösen um des Menschensohns willen. Freut euch alsdann und hüpft; denn siehe, euer Lohn ist groß im Himmel. Desgleichen taten ihre Väter den Propheten auch.

Aber wehe euch, ihr Reichen! Denn ihr habt euren Trost schon empfangen. Wehe euch, die ihr satt seid! Denn ihr werdet hungern. Wehe euch, die ihr jetzt lacht! Denn ihr werdet trauern und weinen. Wehe euch, wenn alle Menschen gut über euch reden! Denn ebenso haben es ihre Väter mit den falschen Propheten gemacht. (Lukas 6, 20–26)

Die Seligpreisungen, die verkünden, welche Menschen gesegnet sind, werden im Matthäus-Evangelium ausführlicher dargestellt und wurden bereits kommentiert.[10] Nachdem Jesus schon in den Seligpreisungen auf die praktischen Verhaltensweisen hingewiesen hatte, die für den Weg zum himmlischen Glück maßgeblich sind, warnt er in der »Predigt auf dem Felde« alle, die diesen Rat verschmähen. Menschen, die nach himmlischer Belohnung streben, sind gesegnet; wehe aber denjenigen, die mit ihren materiellen Erfolgen so zufrieden sind, dass sie törichterweise nicht nach der Quelle Immerwährender Glückseligkeit suchen, deren Wasser alles Elend auslöscht.

Jesus warnt diejenigen, die den weisen Rat ausschlagen, Gott zu suchen

Jesus hatte einige Anhänger, die reich waren. Mit seinen Worten *»wehe euch, ihr Reichen«* verurteilte er nicht, dass man Reichtümer besitzt, sondern dass man an irdischen Schätzen hängt und sie eigennützig hortet, ohne andere, die in Not sind, daran teilhaben zu lassen. Besitzgier führt dazu, dass ein Mensch kein Mitgefühl mehr für die Leiden anderer empfindet, und sie vermittelt ihm ein falsches Gefühl von Sicherheit. Vermögen kann weder Krankheit, Katastrophen noch den Tod verhindern. Wer sich mit Wohlstand zufriedengibt, erhält den falschen Trost, dass er alles hat, während er in Wirklichkeit sehr wenig besitzt – und selbst das wird ihm nur vorübergehend zur Verfügung gestellt; denn wenn der Zeitpunkt kommt, wo er die Welt verlassen muss, wird es ihm in einem einzigen Augenblick genommen. Den einzigen Besitz, den jemand mitnehmen kann, ist sein reicher Schatz an Weisheit und Glückseligkeit; dieser wird ihm dadurch zuteil, dass er in der Meditation die Wahrheit erkennt. Jesus warnt die Menschen davor, dass Wohlstand zu einem Betäubungsmittel werden könne, welches das Verlangen nach Gott lähmt, denn Er allein kann ewige Erfüllung und Sicherheit schenken.[11]

Wehe auch jenen Menschen, die sich mit materiellen Dingen und irdischen Vergnügen zufriedengeben und keinen wirklichen Hunger

---

10 Zu den Seligpreisungen nach Matthäus siehe den Kommentar in Diskurs 26, Band I; dort werden die obigen Verse von *Lukas* 6, 20–23 als Parallelstellen aufgeführt.

11 Vgl. Diskurs 56: »*Habt acht und hütet euch vor der Habsucht; denn des Menschen Leben hängt nicht von dem Überfluss an Gütern ab, die er besitzt.*« (*Lukas* 12, 15); und Diskurs 63, Band III: »*Kinder, wie schwer ist es für die, welche ihr Vertrauen auf Reichtum setzen, in das Reich Gottes einzutreten! Es ist leichter, dass ein Kamel durch ein Nadelöhr geht, als dass ein Reicher in das Reich Gottes kommt.*« (*Markus* 10, 24–25)

nach Gott und der Wahrheit verspüren. Eines Tages, wenn der Tod naht oder wenn sie schon vor ihrem Tode einen Verlust erleiden, überkommt sie ein quälendes Verlangen nach Sicherheit und danach, dass ihre Hilflosigkeit oder ihre unzähligen Wünsche schwinden.

Wehe auch jenen, die lächeln, weil sie Genüge an materiellen Genüssen finden; denn diese sind kurzlebig, und ihnen folgt das Bedauern, mit oberflächlichen Torheiten kostbare Zeit vergeudet zu haben, die mit der Suche nach der immerwährenden Freude der Seele besser genutzt worden wäre.[12]

Nicht um zu drohen oder zu verdammen, brachte Jesus die liebevollen, weisen Ermahnungen des himmlischen Vaters zum Ausdruck, sondern um den Menschen zu helfen, unwissendes Verhalten, das in Leid endet, zu vermeiden. Auch Sri Krishna beschreibt (in der Bhagavad-Gita) das selbst verursachte, schmerzliche Schicksal, das ein Mensch auf sich zieht, wenn er nicht Gott und Sein Abbild in der Seele verehrt, sondern materiellem Reichtum, Macht und Vergnügungen huldigt.

> »Sie halten die Befriedigung sinnlicher Triebe für das höchste Ziel des Menschen und meinen, dass diese Welt ›alles‹ sei. Bis zum Augenblick ihres Todes sind sie in irdische Plagen und Sorgen verstrickt. An zahllose selbstsüchtige Erwartungen und Wünsche gekettet, von Zorn und Leidenschaft versklavt, trachten sie nur nach körperlichen Freuden und versuchen, auf unehrliche Weise zu Reichtum zu kommen.
>
> ›Dies habe ich heute erworben; jetzt will ich mir einen anderen Wunsch erfüllen. Diesen Reichtum besitze ich jetzt; ich werde mir aber noch mehr beschaffen. Diesen Feind habe ich getötet; und die anderen werde ich auch noch erschlagen. Ich bin Herrscher über die Menschen; ich freue mich an all meinem Besitz; ich bin siegreich, mächtig und glücklich. Ich bin reich und von angesehener Herkunft. Kann sich irgendjemand mit mir messen? Ich gebe aufsehenerregende Almosen und bringe vorschriftsgemäße Opfer dar. Ich will das Leben genießen!‹
>
> So sprechen jene, die der Weisheit entbehren und in die Irre gehen. Wirre Gedanken hegend, im Netz der Täuschung gefan-

---

12 *»Du sprichst: Ich bin reich und habe Güter im Überfluss und mir fehlt nichts; und weißt nicht, dass du elend bist und jämmerlich, arm, blind und bloß. Ich rate dir, von mir Gold zu kaufen, das im Feuer geläutert wurde, damit du reich sein mögest; und weiße Kleider, damit du sie anziehst und die Schande deiner Blöße sich nicht zeige; und salbe deine Augen mit Augensalbe, damit du sehen mögest.«* (*Offenbarung* 3, 17–18)

gen, verlangen sie nur nach den Freuden der Sinne und versinken in eine finstere Hölle.«[13]

Ein in der Täuschung lebender Mensch, der bis zu seinem Lebensende versucht, sich seine zahlreichen unstillbaren Wünsche zu erfüllen, wird ein Opfer nie endender Sorge und Frustration. Ein solcher Mensch baut Luftschlösser, indem er übermäßig viele Besitztümer erwirbt und sie pflegt, wobei er vergeblich erwartet, dass Sinnesvergnügen ihm fortwährendes Glück bescheren.

Der Wunsch-Süchtige, der sich daran berauscht, Zug um Zug aus dem Glas des Verlangens zu trinken, wird niemals zufriedengestellt. Sein maßloser, doch stets ungelöschter Durst ist nur im Tod vorübergehend gestillt. Bald darauf wird der Betreffende mit all seinen unersättlichen Verlangen wiedergeboren, und diese bringen neue Leiden und Sorgen mit sich. Ein Mensch, der einseitig denkt und die Befriedigung sinnlicher Begierden schätzt, sinkt tiefer und tiefer in den Sumpf des Elends.

Gute Handlungen und rechtes Verhalten sind der direkte Weg zum Glück. Die Pfade der Wünsche und sinnlichen Vergnügen sind ein verwirrendes Labyrinth von Schwierigkeiten. Wenn der Mensch einzig und allein die Verfolgung materieller Ziele als den Sinn des Lebens ansieht, entfernt er sich immer weiter von der wahren seelischen Freude. Wohin er auch gehen mag – innerlich schleppt er eine selbst erschaffene Hölle des Leids mit sich herum. Göttliche Handlungen aber führen unmittelbar dazu, dass der Mensch seine verlorene Glückseligkeit wiedererlangt.

Als Jesus sagte: »*Wehe euch, die ihr jetzt lacht*«, riet er nicht zu einem trübseligen Dasein. Es bedeutet nicht, dass man überhaupt nicht lachen soll: Rechtschaffenheit ist der Schmelztiegel der Freude. Aber materielle Vergnügen dürfen dem Verlangen nach geistigen Freuden nicht entgegenwirken; vielmehr sollte materieller Genuss von spirituellen Grundsätzen geleitet werden. Wenn man die Freude am Guten und Schönen in der Welt nicht durch rechtes Verhalten vergeistigt, erliegt man völlig dem Rausch der Sinnenfreuden. Wenn das Herz so übersättigt ist, fühlt es umso stärker den Schmerz, der im Kontrast zur verlorenen Freude entsteht. Es ist eine psychologische Tatsache: Ein erfüllter Wunsch bringt Freude, ein unerfüllter verursacht Schmerz. Beide stellen Wellenkämme dar. Zwischen diesen gegensätzlichen Extremen wird der Mensch ständig hin- und hergeworfen. Im Wellental dazwischen liegt der Bereich der Gleichgültigkeit oder Langeweile. Wer auf dem

---

[13] *Gott spricht mit Arjuna – Die Bhagavad-Gita* XVI, 11–16.

Wellenkamm materiellen Vergnügens reitet, muss ausnahmslos auch auf dem Wellenkamm des Schmerzes reiten, weil die physische Welt vom Gesetz der Relativität regiert wird. Diese Gegensätze muss der Mensch innerlich neutralisieren, indem er sie mental überwindet. Wer auf den ruhigen Wassern des inneren Friedens dahingleitet, braucht nie den Schmerz innerer Leere zu erleiden. »Wer überall frei von Anhänglichkeit ist, wer sich weder durch gute Erfahrungen freudig erregen noch durch böse beunruhigen lässt, ist fest in der Weisheit verankert.«[14]

Wehe denen, über welche weltlich gesinnte Menschen gut sprechen und welchen sie wegen ihres materiellen Reichtums und ihrer genussfreudigen Lebensweise Beifall spenden. Ein derartiges Lob übertönt das Gewissen und lähmt die Unterscheidungskraft. Durch Lobpreis ermutigen böse Menschen die, welche das Böse verherrlichen und damit Erfolg haben; weltlich Gesinnte loben jene, die der Materialismus in seinen Bann gezogen hat; Fanatiker preisen falsche Propheten, die nicht die Wahrheit sprechen, sondern das sagen, was ihre Anhänger hören wollen. Sie alle sind von Unwissenheit durchdrungen – wie Blinde, die Blinde führen, bis sie gemeinsam in die Grube des Irrtums fallen. Lob ist schädlich, wenn es die Selbsteinschätzung eines Menschen so beeinträchtigt, dass er seine Fehler nicht erkennt. Lob ist verderblich, wenn es das Gute in einem Menschen überbewertet und ihn mit einem Image umgibt, das falsch und vorgetäuscht ist. Lob ist jedoch nützlich, wenn es die wahren Stärken eines Menschen zutreffend würdigt und ihn dazu inspiriert, sich noch tugendhafter zu verhalten. Lob an sich macht niemanden besser und Tadel keinen schlechter. Tadel hilft, wenn er als Anstoß zur Besserung dient, und Lob ist wertvoll, wenn es dazu anspornt, ein ehrbarer Mensch zu bleiben.

[Die Verse 27 bis 38 sind hier nicht erwähnt, da sie in den Diskursen 27 und 30 (in Band I) als Parallelstellen zu den Versen in der Bergpredigt kommentiert wurden.]

Und er sagte ihnen ein Gleichnis: Kann auch ein Blinder einem Blinden den Weg weisen? Werden sie nicht alle beide in die Grube fallen?

---

[14] *Gott spricht mit Arjuna – Die Bhagavad-Gita* II, 57.

Der Jünger ist nicht über seinem Meister; jeder aber, der vollkommen ist, wird sein wie sein Meister.[15]

Und warum siehst du den Splitter im Auge deines Bruders, und den Balken in deinem Auge nimmst du nicht wahr? Oder wie kannst du zu deinem Bruder sagen: Halt still, Bruder, ich will den Splitter aus deinem Auge ziehen, während du selbst den Balken in deinem Auge nicht siehst? Du Heuchler, zieh zuerst den Balken aus deinem Auge, und dann wirst du klar sehen, um den Splitter im Auge deines Bruders herauszuziehen. (*Lukas* 6, 39–42)[16]

Wenn physisch, geistig oder spirituell blinde Menschen versuchen, andere zu führen, die ähnlich im Dunkeln tappen, fallen alle in denselben Graben des physischen, geistigen oder spirituellen Verderbens. Ein Meister besitzt intuitive göttliche Sicht und schützt seine Jünger, indem er sie auf ihrem Weg zum Fortschritt um die versteckten Fallgruben und Hindernisse herumführt. Aber ein Jünger, der sich eifrig und hingebungsvoll bemüht, erlebt mit der Zeit, wie das Sehvermögen seiner Unterscheidungskraft zurückkehrt und an die Stelle seiner vom Ego geblendeten Sicht tritt. Er verwandelt sich jedoch nicht plötzlich in einen Meister, wie man nach sporadischem Aufleuchten einsichtsvoller Augenblicke voreilig annehmen mag. Ein Meister ist jemand, der die Kunst, mit Gott in Verbindung zu treten, vervollkommnet hat. Nur wenn ein fortgeschrittener Jünger einen ähnlichen Grad der Gottverwirklichung erlangt hat, ist er tatsächlich »*wie sein Meister*«, nicht aber »*über seinem Meister*«.[17] Aber selbst dann erweist ein fortgeschrittener Jünger seinem Meister stets ehrfurchtsvolle Hochachtung, der ihm als Bote Gottes und als Tor zur

Menschen, deren Unterscheidungskraft vom Ego geblendet wird, können ihr spirituelles Sehvermögen wiedergewinnen

[15] Vgl. *Matthäus* 10, 24–25, wo Jesus seinen Rat wiederholt (Diskurs 41).

[16] Die Verse 41–42 erscheinen auch in *Matthäus* 7, 3–5; sie werden in Diskurs 30, Band I, kommentiert, jedoch mit anderem Schwerpunkt, der sich auf den Kontext des Matthäus-Evangeliums bezieht.

[17] Der bedeutende Meister Swami Shankara, Begründer des altehrwürdigen klösterlichen Swami-Ordens, schrieb: »Nichts in den drei Welten lässt sich mit einem wahren Guru vergleichen. Wenn es den Stein der Weisen wirklich gäbe, so könnte er nur Eisen in Gold, nicht aber Eisen in einen zweiten Stein der Weisen verwandeln. Der verehrte Lehrer dagegen hebt den Jünger, der zu seinen Füßen Zuflucht sucht, auf die gleiche Stufe, auf der er selber steht. Darum ist ein Guru etwas Unvergleichliches, ja Überirdisches.« (*Century of Verses*, 1)

seelischen Freiheit diente. In dieser Weise verehrte auch Jesus Johannes den Täufer als seinen Guru aus früheren Inkarnationen.

Wie kann ein selbsternannter geistiger Führer es rechtfertigen, zu seinem Bruder zu sagen: »Ich kenne mich in der Kunst aus, die Unwissenheit aus deiner Seele zu entfernen«, solange er sich selbst noch nicht von seiner Unwissenheit befreit hat? Es ist keine einfache Aufgabe, die tief verwurzelte Unwissenheit der *Maya* zu beseitigen. Dies setzt praxisbezogene Erkenntnisse und die praktische Lebensweise eines göttlichen Lebens voraus. Wie kann jemand, der kein Juwelier ist, anderen richtige Hinweise geben, wie man zwischen guten und fehlerhaften Juwelen unterscheidet, oder ihnen sagen, wie man Imitationen erkennen kann, die unter echte Edelsteine gemischt sind? Und wie kann jemand, der die Wahrheit nicht unmittelbar erlebt, andere lehren, den Unterschied zwischen Unwissenheit und Weisheit zu erkennen?

Wer den »*Splitter*« der Unwissenheit aus den Seelen anderer ziehen will, muss sich bereits mit gewissem Erfolg dafür qualifiziert haben, indem er die Unwissenheit zuerst aus seiner eigenen Seele entfernt hat. Als einen »*Heuchler*« – als einen, der unaufrichtig handelt – prangert Jesus denjenigen an, dessen eigene Sicht von Unwissenheit getrübt wird, der sich aber trotz seines dürftigen Verständnisses anmaßt, andere, die unter innerer Blindheit leiden, führen und heilen zu können.

Denn ein guter Baum bringt keine schlechte Frucht hervor, und ein schlechter Baum keine gute Frucht. Denn ein jeder Baum wird an seiner eigenen Frucht erkannt. Denn von Dornen sammelt man keine Feigen, und vom Dornbusch liest man keine Trauben. (*Lukas* 6, 43–44)

Wie bereits [in Diskurs 10, Band I] erklärt wurde, ist der Hinweis auf einen Baum nicht nur wörtlich zu verstehen; er hat auch eine metaphysische Bedeutung. In einem menschlichen Wesen vereinen sich drei verschiedene Bäume: (1) Der Baum des physischen Nervensystems; seine Wurzeln liegen im Gehirn, und sein Stamm ist die Wirbelsäule (die zerebrospinale Achse); von ihm gehen die Zweige der efferenten und afferenten Nerven aus, die am Ende der Nervenzweige die Früchte der Sinne und Empfindungen tragen.[18] (2) Der astrale Lebensbaum, dessen Wurzeln sich als tausendblättrige Strahlen im Gehirn befinden; sein Stamm besteht aus Lebenskraft und liegt in der *Sushumna,* der astralen Wirbelsäule, aus der die Zweige der Lebenskraft mit ihren Leben spendenden Früchten der Vitalität und der feineren Wahrnehmungen hervorsprießen. (3) Der Baum des Bewusstseins – er hat seine Wurzeln in der Intelligenz im Gehirn; sein Stamm ist der Geist, und seine Zweige bestehen aus Verstand, Willen und Gefühl; er trägt die Früchte der schlechten und guten Wünsche. Diese drei Systeme – Nerven, Lebensenergie und Bewusstsein – bilden zusammen den Baum des Lebens im Menschen.[19]

Am menschlichen Baum des Lebens wachsen gute und schlechte Früchte der Sinneswahrnehmungen und Wünsche

Der menschliche Nerven-Baum bringt gute oder schlechte Empfindungen hervor, die dem Wesen des Menschen entsprechen, der den Baum des Nervensystems besitzt und pflegt. Wenn der betreffende Mensch die in seinem Gehirn befindlichen Wurzeln dieses Lebensbaumes mit dem verschmutzten Wasser schlechter Reize wässert, bewirkt er, dass an den Zweigen der verschiedenen Nerven die Früchte schlechter Empfindungen wachsen. Das bedeutet: Wenn ein Mensch sein Gehirn mit schlechten Gedanken nährt – ganz gleich, wie diese geweckt wurden –, dann lässt dieser Reiz im Bewusstsein das Verlangen nach unguten Empfindungen entstehen. Wenn der Wille diesen Wünschen entsprechend handelt, werden die Enden der optischen Nervenzweige oder die des Gehörs, Tastsinns, Geruchs oder Geschmacks mit den Früchten schlechter Empfindungen beladen, da sie auf den Kontakt mit den gewünschten Gegenständen reagieren – zum Beispiel auf das Verlangen, ungute Dinge anzusehen, Schmeicheleien oder böses Gerede zu hören, über den Tast- oder Geruchssinn lustvolle Empfindungen wahrzunehmen oder sich dem ungezügelten Appetit hinzugeben. Aber ein Gehirn, das mit guten Gedanken genährt wird, bringt am Baum des Lebens gute Früchte

[18] Die Yoga-Wissenschaft kennt zehn »Sinne«, mit denen der physische Körper ausgestattet ist: fünf Werkzeuge der Wahrnehmung (das Sehen, Hören, Schmecken, Riechen und Tasten) und fünf Werkzeuge der Tätigkeit (die feinstofflichen Kräfte hinter den körperlichen Fähigkeiten von manueller Geschicklichkeit, Fortbewegung, Sprache, Fortpflanzung und Ausscheidung).

[19] Siehe auch Diskurs 7, Band I, zum Thema Lebensbaum im Garten Eden; und dazu Diskurs 10, Band I, wo Nathanael unter dem Feigenbaum sitzt.

hervor, die aus guten Gewohnheiten und der Sehnsucht nach guten Empfindungen entstehen.

Die Wurzeln jedes Lebensbaumes senken sich tief in den Boden des Bewusstseins, um die Quelle des Kosmischen Bewusstseins anzuzapfen. Eigentlich wurde das menschliche Nervensystem von Gott dazu geschaffen, nur gute Empfindungen aufzunehmen und sich daran zu erfreuen. Aber durch den Missbrauch seines freien Willens hat der Mensch den Baum seines Lebens so verwandelt, dass dieser schlechte Empfindungen hervorbringt. Ist ein Nervensystem erst einmal darauf ausgerichtet, das Verlangen nach schlechten Empfindungen zu erzeugen, ist es sehr schwer, sein Wesen zu verändern. In einem guten Nervensystem entsteht nicht leicht ein Verlangen nach schlechten Empfindungen, noch wird ein dem Bösen zugeneigter Lebensbaum ohne Weiteres als Früchte die Wünsche nach guten Empfindungen erzeugen.

Der astrale Baum, dessen Zweige in subtiler Weise das gesamte physische Nervensystem durchziehen, wird von Kosmischer Energie versorgt. Wenn dieser astrale Baum nicht von üblen körperlichen Gewohnheiten geschädigt wird, erzeugt er die Früchte der feineren inneren Wahrnehmung, die der fortgeschrittene Gottsucher pflücken und genießen kann. Wie jemand die Früchte eines unentdeckten Mangobaums nicht genießen kann, der versteckt in einem Garten wächst, so kann ein Gottsucher, der diesen astralen Baum des Lebens erst im Licht der Ekstase schauen wird, sich kaum vorstellen, welcher Genuss von dessen elysischen Früchte zu erwarten ist: Er wird subtile Kräfte wahrnehmen und wunderbare Fähigkeiten besitzen; er wird Visionen schauen, die sich verwirklichen, und himmlischen Klängen lauschen, die jenseits des menschlichen Hörvermögens liegen; er wird spüren, was andere in ihren Körpern fühlen, astrale Düfte einatmen und astrale Geschmacksempfindungen genießen; und er wird die Fähigkeit besitzen, den Astralkörper vom physischen Körper zu lösen (und willentlich wieder in ihn zurückzukehren) sowie seinen Astralkörper zu vergrößern oder zu verkleinern. – Dies sind nur einige der Wunder, die geschehen, sobald man seinen himmlischen Astralkörper entdeckt hat.

Hinter dem Baum des astralen Lebens ist der Baum des Bewusstseins zu finden. Wird dieser Baum des Bewusstseins mit den Wassern göttlicher Gedanken und der Intuition besprengt, die dem Quell der Meditation entspringen, verwandelt er sich in einen ganz und gar guten Baum, der nur die Früchte guter Wünsche, spiritueller Bestrebungen und der Weisheit trägt.

Hinter diesen drei Bäumen, dem Baum des physischen Nervensystems, dem Baum des astralen Lebens und dem Baum des Bewusstseins, verbirgt sich ihr Schöpfer und Erhalter: das Überbewusstsein der Seele.

Das Überbewusstsein ist im Kosmischen Bewusstsein Gottes verwurzelt. Es erhält den Stamm des dreifachen Lebensbaumes und auch dessen Zweige: die überbewusste, die unterbewusste und die bewusste Wahrnehmung. Wenn man das Überbewusstsein wahrnimmt, erkennt man, dass es folgende Früchte hervorbringt: überbewusste Intuition, unterbewusste spirituelle Träume und alle guten Wahrnehmungen und Empfindungen.

Makrokosmisch gesehen kann man Gott als die Wurzel des universalen Lebensbaumes bezeichnen; die Kosmische Energie kann als der Stamm angesehen werden; und alle Strahlen, die zur Erschaffung von Universen aus dieser Kosmischen Energie hervorschießen, können Zweige genannt werden. Die kausalen, astralen und physischen Welten und Universen stellen die Früchte am Baum des Kosmischen Bewusstseins dar.

Ursprünglich hatte Gott vorgesehen, dass dieser Baum des Kosmischen Bewusstseins nur die Früchte guter Schwingungen tragen soll; aber durch *Maya*, die kosmische Täuschung, mischte Satan etwas vom Gift seiner schädlichen Begierden in das Leben spendende Elixier der Kosmischen Energie. Daher erleben wir, dass Erdbeben, der Untergang von Planetensystemen und heftige Kollisionen aller Art die Harmonie der Materie beeinträchtigen, einschließlich der Zerstörungen, die das Böse im Menschen anrichtet.

Ein guter Mensch bringt aus dem guten Schatz seines Herzens Gutes hervor; und ein böser Mensch bringt aus dem bösen Schatz seines Herzens Böses hervor: Denn wovon das Herz voll ist, davon redet sein Mund. (*Lukas* 6, 45)

Ein gutes Herz drückt sich in guten Handlungen aus; böse Gefühle drücken sich in bösem Verhalten aus. Dass Jesus hier das Wort *Herz* gebraucht, ist esoterisch gesehen von Bedeutung. Patanjali, der große Meister und Interpret des Yoga, sagt, dass man das Herz oder

Chitta, den Gefühlsaspekt des menschlichen Bewusstseins, beherrschen muss, um Gottverwirklichung zu erlangen.[20] Wie die Spiegelung des Mondes in einem Krug mit sich kräuselndem Wasser verzerrt aussieht, so auch das gesegnete Bild der Seele als das der wahren menschlichen Natur, wenn es sich in den von Empfindungen gestörten mentalen Wassern des Körperbewusstseins spiegelt. Patanjali sagt: Wenn die Wogen der Gefühle durch Meditation geglättet sind, kann die Seele in ihrer reinen Seligkeit wahrgenommen werden.

Die Yoga-Wissenschaft vermag das Herz vom Bösen zu befreien

Erlebnisse, die in den menschlichen Geist eindringen, verursachen keine störende Unruhe, solange das Herz – das Gefühl – nicht von ihnen berührt wird. Würden in einem Menschen alle Erlebnisse wie akademisches Wissen gespeichert, könnten sie ihn nicht verletzen oder binden. Aber das Herz beschäftigt sich aufgrund seiner dualen Natur intensiv mit allen Erlebnissen, indem es sich zu ihnen hingezogen oder von ihnen abgestoßen fühlt. Wenn jemand den Erfahrungen seines Lebens ebenso unberührt zuschauen würde wie einer Filmvorführung, würde er diese Erde als ein befreiter Meister verlassen. Stattdessen bindet das Herz den Menschen durch Vorlieben und Abneigungen an das Rad von Leben und Tod sowie an das Rad irdischen Leides. Deshalb ist das Herz eines Menschen ein Archiv seines Lebens, in welchem er seine Schätze des Guten und des Bösen aufbewahrt. Ein guter Mensch, der es gewohnt ist, gut zu handeln und gute Gedanken zu hegen, speichert gute Gewohnheiten in seinem Herzen, und seine Worte und Handlungen spiegeln dieses Gute wider. Ein böser Mensch erzeugt durch seine bösen Handlungen üble Gewohnheiten und lässt in seinem Herzen eine Vorliebe für das Böse entstehen; und wenn er spricht oder handelt, drückt sich darin das Böse aus.

Folglich wird der Mensch nicht automatisch gut oder böse, weil er mit seinem Verstand Gutes oder Böses registriert; aber wenn sich ein bestimmter Impuls im Herzen als ein mit Anziehung oder Ablehnung verbundenes Gefühl einnistet, manifestiert sich dieser entsprechend als gut oder böse. Der Mensch lebt in einer Umwelt, die belastet ist von Schlechtigkeit; aber keine üble Erfahrung oder Wahrnehmung kann

[20] Yoga-Sutras I, 2: »*Yoga chitta vritti nirodha* – Yoga (wissenschaftliche Vereinigung mit Gott) ist die Neutralisierung der Wellen des *Chitta.*« Siehe Diskurs 26, Band I, wo dieses Sutra behandelt wird, im Kontext von »*Selig sind, die reines Herzens sind; denn sie werden Gott schauen.*«

ihn dazu bringen, Böses zu tun – es sei denn, er nähme das Schlechte mit Vorliebe in sein Herz auf. Die Gefühle, die der Mensch im Herzen hegt, charakterisieren und beeinflussen ihn stärker als alles, was lediglich als Wissen in seinen Kopf gelangt.[21]

Als Jesus sprach: *»Denn wovon das Herz voll ist, davon redet sein Mund«*, meinte er: Das, was man sagt, zeigt den inneren Zustand des Herzens an. Die Schwingungen des Herzens drücken sich auch in der Schwingung der Stimme aus. Ganz gleich, wie geschliffen die

---

[21] »Unsere Forschungen und die anderer Wissenschaftler zeigen, dass das Herz weit mehr ist als nur eine einfache Pumpe. Das Herz ist in Wirklichkeit ein hoch komplexes und selbst organisiertes Zentrum der Informationsverarbeitung«, berichten Dr. Rollin McCraty und seine Mitarbeiter in *Science of the Heart: Exploring the Role of the Heart in Human Performance* (Boulder Creek, California: Institute of HeartMath, 2001).

»Traditionell wurde das Studium der Kommunikationswege zwischen ›Kopf‹ und Herz von einer eher einseitigen Sichtweise angegangen, von Wissenschaftlern, die hauptsächlich die Antworten des Herzens auf die Befehle des Gehirns untersuchen. Wir wissen jetzt aber, dass die Kommunikation zwischen Herz und Gehirn in der Tat ein dynamischer, andauernder, wechselseitiger Dialog ist, wobei jedes Organ ständig die Funktion des anderen beeinflusst. Die Forschungsergebnisse haben gezeigt, dass das Herz vier bevorzugte Verfahrensweisen benutzt, um mit dem Gehirn zu kommunizieren: *neurologisch* (durch die Übermittlung von Nervenimpulsen), *biochemisch* (über Hormone und Neurotransmitter), *biophysikalisch* (durch Druckwellen) und *energetisch* (durch Interaktionen elektromagnetischer Felder). Die Kommunikation über all diese Kanäle wirkt beträchtlich auf die Aktivität des Gehirns ein.

Neurokardiologen haben herausgefunden, dass 60 bis 65 % der Herzzellen in Wirklichkeit Neuralzellen sind und keine Muskelzellen, wie man früher annahm«, erklärte Joseph Chilton Pearce, Experte für Kindesentwicklung, 1999 in einem Interview der Zeitschrift *Journal of Family Life* (Volume 5, Number 1). »Sie sind mit den Neuralzellen im Gehirn identisch, und sie operieren über dieselben Verbindungswege, Ganglien genannt, mit denselben axonalen und dendritischen Verbindungen, die im Gehirn auftreten, ebenso wie durch genau die gleichen Arten von Neurotransmittern, die im Gehirn gefunden wurden. Mit anderen Worten, es gibt in der Tat ein ›Gehirn‹ im Herzen, dessen Ganglien mit jedem Hauptorgan im Körper und mit dem ganzen Muskelspindelsystem verbunden sind, das die Menschen in einmaliger Weise befähigt, ihre Emotionen auszudrücken.«

»Unser emotional-kognitives Gehirn hat unmittelbar durchgehende Nervenverbindungen mit dem Herzen«, berichtet Pearce. Er erklärt, dass das Gehirn »unsere Erfahrung mit der Außenwelt qualitativ bewertet und diese Informationen ununterbrochen hinab an das Herz sendet. Im Gegenzug hält das Herz unser Gehirn dazu an, dementsprechend zu antworten. ... Mit anderen Worten, die Antworten des Herzens beeinflussen den ganzen Menschen.« Diese Wissenschaftler kommen zu der folgenden Schlussfolgerung: Obwohl das Gehirn das Herz mit Wahrnehmungen versorgt, ist es das Herz – indem es auf die Meldungen des Gehirns antwortet –, das positive oder negative Anweisungen zurücksendet an die emotional reaktiven Zentren im Gehirn (und durch Hormone, die in den Blutstrom freigesetzt werden, an den gesamten Körper). *(Anmerkung des Herausgebers)*

Ausdrucksweise eines Menschen sein mag – seine Sprechweise teilt uns die innersten Neigungen seines Herzens mit. Im Tonfall und in der Schwingung seiner Stimme klingt das Erleben seines Herzens wider. Ein böser Mensch mag die Stimme eines guten Menschen nachahmen, aber die Schlechtigkeit seines Herzens schwingt mit Sicherheit in seiner heuchlerischen Stimme mit.

An den sanften oder harten Schwingungen, die den Klang einer Stimme ausmachen, kann man erkennen, welche verborgenen Gefühle das Herz des betreffenden Menschen regieren. Die gesamte Geschichte eines Menschen – was sich in seinem Innenleben abspielt und wie er sich zu seiner Familie und seinen Mitmenschen verhält – offenbart sich in seiner Stimme. Auch in den Augen eines Menschen steht seine vorgeburtliche und nachgeburtliche Lebensgeschichte geschrieben; aber wer diese Zeichen in den Augen anderer nicht zu lesen vermag, kann intuitiv, mit ruhiger Wahrnehmungskraft, erkennen, ob sich Gutes oder Schlechtes in den Schwingungen einer menschlichen Stimme verbirgt.

Für einen Kommentar zu den Versen Lukas 6, 46–49 siehe die Parallelstelle in der Bergpredigt des Matthäus-Evangeliums (Diskurs 30, Band I).

DISKURS 34

Jesus führt seine wunderbaren Werke an als Zeugnis für Johannes den Täufer und preist dessen Größe

Die dynamische Kraft des Glaubens: Wie man sein Leben mit einer unsichtbaren Höheren Macht verbindet

❖

Yoga befreit den Menschen aus seiner Abhängigkeit vom Kausalgesetz (Karma)

❖

Parallelen zwischen den Wundern Jesu und denen, die er in seinem vergangenen Leben als Jünger des Elia vollbrachte

❖

Jesus bezeichnet Johannes eindeutig als die Reinkarnation des Elia

❖

Jesus verdeutlicht die Unreife spirituell träger Menschen mithilfe eines Gleichnisses

❖

Was ist *»der Tag des Gerichts«* wirklich?

»Jesus zollte Johannes seine größte Hochachtung – ihm, der in seiner vorhergehenden Inkarnation als Elia Gott erkannt hatte.«

***N**achdem er aber seine Rede vor dem Volk beendet hatte, ging er hinein nach Kapernaum. Und der Diener eines römischen Hauptmanns, den dieser sehr schätzte, war krank und lag im Sterben. Als er aber von Jesu hörte, sandte er die Ältesten der Juden zu ihm und bat ihn, dass er komme und seinen Diener gesund mache.*

Als sie aber zu Jesu kamen, baten sie ihn inständig und sprachen: Er ist es wert, dass du ihm dies gewährst; denn er hat unser Volk lieb, und er hat uns eine Synagoge erbaut. Da ging Jesus mit ihnen.

Als sie aber in der Nähe des Hauses waren, sandte der Hauptmann Freunde zu ihm und ließ ihm sagen: Ach Herr, bemühe dich nicht; ich bin nicht wert, dass du unter mein Dach gehst; darum habe ich auch mich selbst nicht für würdig gehalten, zu dir zu kommen; aber sprich nur ein Wort, so wird mein Diener gesund. Denn auch ich bin ein Mensch, der Obrigkeit untertan, und habe Soldaten unter mir, und sage ich zu einem: Geh hin!, so geht er hin; und zu einem andern: Komm her!, so kommt er; und zu meinem Diener: Tu das!, so tut er es.

Als Jesus das hörte, verwunderte er sich über ihn und wandte sich um und sprach zu der Volksmenge, die ihm nachfolgte: Ich sage euch, so großen Glauben habe ich in ganz Israel nicht gefunden!

Und als die Abgesandten wieder nach Hause kamen, fanden sie den kranken Diener gesund.

Und es geschah am nächsten Tag, dass er in eine Stadt mit Namen Nain ging; und viele seiner Jünger gingen mit ihm und eine große Volksmenge. Als er aber nahe an das Stadttor kam, siehe, da trug man einen Toten heraus, den einzigen Sohn seiner Mutter, und sie war eine Witwe; und viele Leute aus der Stadt gingen mit ihr.

Und als der Herr sie sah, hatte er Mitleid mit ihr, und er sprach zu ihr: Weine nicht! Und er trat hinzu und berührte die Bahre; und die Träger standen still. Und er sprach: Jüngling, ich sage dir, steh auf! Und der Tote richtete sich auf und fing an zu reden; und Jesus gab ihn seiner Mutter zurück.

Und da wurden sie alle von Furcht ergriffen, und sie prie-

sen Gott und sprachen: Es ist ein großer Prophet unter uns aufgestanden, und Gott hat sein Volk besucht. Und diese Kunde von ihm verbreitete sich in ganz Judäa und in allen umliegenden Gebieten.

Und die Jünger des Johannes berichteten ihm von all diesen Dingen.

Und er rief zwei seiner Jünger zu sich und sandte sie zu Jesu und ließ ihm sagen: Bist du es, der da kommen soll, oder sollen wir auf einen anderen warten?

Als die Männer zu ihm gekommen waren, sprachen sie: Johannes der Täufer hat uns zu dir gesandt und lässt dir sagen: Bist du es, der da kommen soll, oder sollen wir auf einen anderen warten?

Zu derselben Stunde aber heilte er viele von ihren Krankheiten und Plagen und bösen Geistern, und vielen Blinden schenkte er das Augenlicht. Und Jesus antwortete und sprach zu ihnen: Geht hin und berichtet Johannes, was ihr gesehen und gehört habt: Blinde sehen, Lahme gehen, Aussätzige werden rein, Taube hören, Tote werden auferweckt, den Armen wird das Evangelium gepredigt. Und selig, wer an mir nicht Anstoß nimmt.

Als aber die Boten des Johannes weggegangen waren, fing er an, zu der Volksmenge über Johannes zu reden: Was wolltet ihr sehen, als ihr in die Wüste hinausgegangen seid? Ein Rohr, das vom Wind bewegt wird? Oder was wolltet ihr sehen, als ihr hinausgegangen seid? Einen Menschen in weichen Kleidern? Seht, die in herrlichen Kleidern und in Üppigkeit leben, die sind an den königlichen Höfen.

Oder was wolltet ihr sehen, als ihr hinausgegangen seid? Einen Propheten? Ja, sage ich euch, und viel mehr als einen Propheten! Dieser ist es, von dem geschrieben steht: »Siehe, ich sende meinen Boten vor deinem Angesicht her, der deinen Weg vor dir bereiten soll.«

Denn ich sage euch, dass es unter denen, die von Frauen geboren sind, keinen größeren Propheten gibt als Johannes den Täufer; doch der Geringste im Reich Gottes ist größer als er.

Und alles Volk, das ihn hörte, und die Zöllner gaben Gott Recht und ließen sich taufen mit der Taufe des Johannes. Aber die Pharisäer und Gesetzeslehrer lehnten Gottes Rat zu ihrem eigenen Schaden ab und ließen sich nicht von ihm taufen.

Und der Herr sprach: Mit wem soll ich die Menschen dieser Generation vergleichen? Und wem sind sie gleich? Sie sind gleich den Kindern, die auf dem Markt sitzen und einander zurufen und sagen: Wir haben für euch auf der Flöte gespielt, und ihr habt nicht getanzt; wir haben euch Klagelieder gesungen, und ihr habt nicht geweint.

Denn Johannes der Täufer ist gekommen und aß kein Brot und trank keinen Wein; da sagt ihr: Er hat einen Dämon. Der Menschensohn ist gekommen und isst und trinkt; da sagt ihr: Siehe, dieser Mensch ist ein Schlemmer und Weinsäufer, ein Freund der Zöllner und Sünder! Und doch ist die Weisheit gerechtfertigt worden von allen ihren Kindern.

Lukas 7, 1–35

Da fing er an, die Städte zu schelten, in denen die meisten seiner großen Taten geschehen waren, weil sie nicht Buße getan hatten:

Wehe dir, Chorazin! Weh dir, Betsaida! Wenn die großen Taten in Tyrus und Sidon geschehen wären, die bei euch geschehen sind, so hätten sie längst in Sack und Asche Buße getan. Doch ich sage euch: Tyrus und Sidon wird es erträglicher ergehen am Tag des Gerichts als euch.

Und du, Kapernaum, die du bis zum Himmel erhoben worden bist, du wirst in die Hölle hinuntergestoßen werden. Denn wenn in Sodom die großen Taten geschehen wären, die in dir geschehen sind, so würde es heutzutage noch stehen. Doch ich sage euch: Am Tage des Gerichts wird es dem Land Sodom erträglicher ergehen als dir.

Matthäus 11, 20–24

DISKURS 34

Jesus führt seine wunderbaren Werke an als Zeugnis für Johannes den Täufer und preist dessen Größe

Nachdem er aber seine Rede vor dem Volk beendet hatte, ging er hinein nach Kapernaum. Und der Diener eines römischen Hauptmanns, den dieser sehr schätzte, war krank und lag im Sterben. Als er aber von Jesu hörte, sandte er die Ältesten der Juden zu ihm und bat ihn, dass er komme und seinen Diener gesund mache.

Als sie aber zu Jesu kamen, baten sie ihn inständig und sprachen: Er ist es wert, dass du ihm dies gewährst; denn er hat unser Volk lieb, und er hat uns eine Synagoge erbaut. Da ging Jesus mit ihnen.

Als sie aber in der Nähe des Hauses waren, sandte der Hauptmann Freunde zu ihm und ließ ihm sagen: Ach Herr, bemühe dich nicht; ich bin nicht wert, dass du unter mein Dach gehst; darum habe ich auch mich selbst nicht für würdig gehalten, zu dir zu kommen; aber sprich nur ein Wort, so wird mein Diener gesund. Denn auch ich bin ein Mensch, der Obrigkeit untertan, und habe Soldaten unter mir, und sage ich zu einem: Geh hin!, so geht er hin; und zu einem andern: Komm her!, so kommt er;

und zu meinem Diener: Tu das!, so tut er es.

Als Jesus das hörte, verwunderte er sich über ihn und wandte sich um und sprach zu der Volksmenge, die ihm nachfolgte: Ich sage euch, so großen Glauben habe ich in ganz Israel nicht gefunden!

Und als die Abgesandten wieder nach Hause kamen, fanden sie den kranken Diener gesund. (*Lukas* 7, 1–10)

Parallelstelle:

Und Jesus sprach zu dem Hauptmann: Geh hin; dir geschehe, wie du geglaubt hast. Und zur selben Stunde wurde sein Diener gesund. (*Matthäus* 8, 13)[1]

Da die lebensbedrohende Krankheit seines geliebten Dieners auf physische Heilmethoden nicht ansprach, suchte der römische Hauptmann übernatürliche Hilfe bei einem Meister. Als ein Mann, der mit Autorität vertraut war, wandte sich der Hauptmann mit seiner Bitte an Jesus, weil dieser die Fähigkeit besaß, über die höchsten Gesetze von Himmel und Erde zu gebieten. Sein ehrfürchtiger Respekt vor der unumschränkten Macht Jesu war sogar so groß, dass er sich unwürdig fühlte, den göttlichen Meister auch nur in sein Haus zu bitten. Tief berührt von dem großen Glauben und der Demut dieses Mannes, der nicht zur hebräischen Glaubensgemeinschaft gehörte, kam Jesus seiner Bitte nach und bewirkte, dass der Diener sofort geheilt wurde.

Die dynamische Kraft des Glaubens: Wie man sein Leben mit einer unsichtbaren Höheren Macht verbindet

Ein Sanskritname für den Herrn in Seinem Aspekt als Kosmischer Herrscher lautet »Ishvara« (aus dem Wortstamm *ish*, »herrschen«), der Universelle GEIST, der den Universen auf einem winzigen Punkt Seines Denkens Raum bietet und ihren Lauf auf der Spindel Seines Willens rotieren lässt. Als der römische Offizier Jesus mit dem Titel »Herr« anredete, drückte er damit seine intuitive Gewissheit aus, dass Jesus eine Verkörperung Gottes ist. Er wusste, welche Macht Jesus besaß: »*Sprich nur ein Wort, so wird mein Diener gesund.*« Da ein

[1] Diese Geschichte wird (mit leichten Abweichungen vom Evangelium nach Lukas) ausführlich in *Matthäus* 8, 5–13 erzählt.

Befehl Jesu auch im Einklang war mit dem »*Wort*«, dem kosmischen Om oder Amen, war er von der Manifestationskraft des Allmächtigen erfüllt. In den *Yoga-Sutras* des Patanjali stellt das Om (das Wort) das »Symbol« (die Manifestation) für Ishvara dar: die schöpferische Kraft, durch die der gesamte materielle und energetische Kosmos ins Dasein gerufen wird.[2] Weil Jesus mit dem allmächtigen Gott eins war, lud er seine Worte mit der kosmischen Schwingung des göttlichen Wortes auf, das ihn ermächtigte, zu heilen oder in der materiellen Welt irgendeinen beliebigen Zustand zu manifestieren.

Als Herrscher über die Schöpfung brachte Gott ursprünglich alle Erscheinungen durch den unmittelbaren Befehl Seines Willens hervor; Er ist die höchste, uneingeschränkte Autorität. Doch sobald Er aus Seinen Vorstellungen die vielfältige Traumschöpfung hervorgebracht hat, überlässt er die monotone Arbeit des Regierens seinen universellen Gesetzen. Die Kraft der *Maya*, der Täuschung, ermöglicht die wirksame Arbeitsweise des Gesetzes; und wie es ihrem Wesen entspricht, verhüllt sie den zugrunde liegenden und alles durchdringenden Uneingeschränkten Geist. Die Einzige Wirklichkeit, der Handelnde in allem kosmischen Geschehen, scheint in Seinem Universum nicht zugegen zu sein. Aber mit den Augen des Glaubens, mit intuitivem Wissen, kann man Ihn entdecken und sehen, dass Er Seiner Schöpfung innewohnt und zugänglich ist.

Dem Gläubigen offenbart sich ein Gott, der ganz nahe und vertraut ist – unmittelbar hinter dem eigenen Herzschlag –, ein Gott, der jedes Wort des Betenden hört. Seine Augen und Ohren sind überall, und Sein Bewusstsein ist mit jedem Gedanken und jeder Situation bis ins Einzelne vertraut. Auf jede ernsthafte Bitte wird Er antworten, wenn Er die Zeit für gekommen hält – vielleicht schneller als erwartet, wenn man sich mit vorbehaltlosem Glauben an Ihn wendet. Es ist der Zweifel, der den Anschein erweckt, Er sei uns fern. Betet ein Mensch nur halbherzig zu Ihm und wird sein Geist von den Krakenarmen des Zweifels umklammert, wird seine Empfänglichkeit beeinträchtigt, und zwar durch den Unterton: »Oh, Er wird mich wahrscheinlich nicht einmal hören, geschweige denn auf meine Bedürfnisse eingehen«. Durch diese Art des Betens wird die Hilfe Gottes so gut wie verhindert! Dann muss Er der unparteiischen Gerechtigkeit des karmischen Gesetzes die Arbeit überlassen – zum Guten oder zum Schlechten. Aber Bitten,

---

[2] *Yoga-Sutras* I, 27.

die voller Liebe, Vertrauen und Glauben vorgebracht werden, können sich über das Gesetz hinwegsetzen und zu erstaunlichen Ergebnissen führen. Glauben bedeutet, dass man vollkommenes Vertrauen besitzt – eine intuitive Überzeugung, die seelische Gewissheit, dass Gott wirklich existiert und dass Seine Hilfe jederzeit in das Leben des Menschen einfließen kann. Dies ist der Glaube, den Jesus pries, die uneingeschränkte Verbindung, dank der er so viele Kranke heilen und das Leben zahlloser gläubiger Menschen verwandeln konnte.

Trotz der viel gerühmten Fortschritte in Wissenschaft und Heilkunst kann der Mensch nicht die Tatsache leugnen, dass er letztlich in jedem Bereich des Lebens von einer höheren Macht abhängig ist. In mancher Hinsicht erfreut sich der heutige Mensch eines viel abgesicherteren Daseins als seine Vorfahren; dennoch lebt er tagaus, tagein unter dem Druck schrecklicher Ungewissheit. Er weiß nie, wann ein Unfall, eine Krankheit, ein finanzieller Misserfolg oder eine Naturkatastrophe eintritt. Früher oder später kommt im Leben jedes Menschen der Zeitpunkt, wo die Verbindung zu dieser Höheren Macht plötzlich äußerst dringlich wird. Dann wird er entweder durch schmerzliche Verzweiflung oder hingebungsvolle Verehrung – die Wahl liegt bei ihm – auf die Knie gezwungen, weil er einsieht, dass kein einziger Herzschlag oder Atemzug ohne den helfenden Willen Gottes geschieht. Dieses Bewusstsein, vollkommen von Gott abhängig zu sein, ist die treibende Kraft hinter der Dynamik des Glaubens. Ein solches Vertrauen stellt keine unterwürfige Feigheit dar, die den eigenen konstruktiven Willen lähmt, sondern einen Akt heiligen Respekts vor Gott, getragen von Liebe zu Ihm und beruhend auf ehrerbietiger Achtung vor Seiner Erhabenheit.

Deshalb stellte Jesus den außerordentlichen Glauben des römischen Hauptmanns über den rationalen Skeptizismus seines eigenen Volkes. Der Soldat besaß die Demut, sich vor einer Autorität zu beugen, die seinen eigenen Verstand und seine eigene Stellung überstieg; und er war so gläubig, dass er die göttliche Macht und die höheren Gesetze trotz ihrer Verborgenheit anerkannte. So konnte Jesus zu ihm sagen: *»Dir geschehe, wie du geglaubt hast.«*

Die ganze Schöpfung unterliegt dem Gesetz, wonach sich Ursache und Wirkung genau entsprechen. Der starke Glaube des Hauptmanns reichte als Ursache aus, um die Heilung des Dieners herbeizuführen – unterstützt durch Jesus, der die Wirkung der erwähnten Ursache schneller eintreten ließ. Nach dem metaphysischen Gesetz kann Heilkraft von einer Seele auf eine darauf harmonisch eingestimmte Seele übertragen werden.[3] In diesem Falle stellte der Glaube des Hauptmanns die Verbindung dar, durch welche die Heilkraft Jesu aufgenommen und über der Seele des Hauptmanns auf dessen Diener übertragen wurde, da zwischen den beiden eine warmherzige Verbundenheit bestand.

---

[3] Siehe auch Diskurs 20, Band I, Kommentar zu *Johannes* 4, 45–54, wo Jesus auf dieselbe Art und Weise den Sohn des königlichen Beamten heilt.

Dr. Larry Dossey, ein Forscher auf dem Gebiet der Spiritualität und Medizin, berichtet über den experimentellen Nachweis des Mechanismus dieser Art von »Fernheilung« in seinem Buch *Be Careful What You Pray For ... You Just Might Get It* (New York: HarperCollins, 1997): »Zehn Jahre lang hat ein Forscherteam unter der Leitung von Jacobo Grinberg-Zylberbaum an der Universidad Nacional Autónoma de México in Mexiko-City Versuche durchgeführt, indem sie Elektroenzephalogramme (EEGs oder Hirnaktionsströme) von Menschen überprüften, die sich in weiter Entfernung voneinander befanden. ... Solange die voneinander entfernten Versuchspersonen einfach still dasaßen, gab es keine Korrelation im Muster ihrer jeweiligen EEGs. Aber wenn sich ein Gefühl emotionaler Nähe oder gegenseitigen Verständnisses zwischen ihnen entwickelte, begannen die EEGs sich einander zu gleichen, oft bis zu einem erstaunlichen Grad. Keine Art von Energie oder Signalen konnte ermittelt werden, die zwischen den voneinander entfernten Versuchspersonen ausgetauscht worden wäre. Zudem kam es zu keiner Abnahme der statistischen Korrelationen zwischen ihren EEG-Mustern, wenn die Versuchspersonen sich in noch größerer Distanz zueinander befanden. Dies steht im Widerspruch zu einer von der Physik geforderten Eigenschaft von Energie – ihre Stärke nimmt ab bei zunehmender Entfernung von ihrer Quelle. Die EEGs verblieben sogar in gleicher Korrelation, wenn sich die Personen in metallverkleideten Kammern aufhielten, wodurch elektromagnetische Energie aus der Umgebung abgeschirmt wurde. ...

Grinberg-Zylberbaums Team, zusammen mit dem Physiker Amit Goswami vom Fachbereich Physik und dem Institut für theoretische Wissenschaft an der Universität von Oregon, schlägt als Erklärung vor, dass diese ›übermittelten Potenziale‹ zwischen Gehirnen die Existenz von ›nichtlokalen Gehirn-zu-Gehirn-Korrelationen‹ aufzeigen. Nichtlokale Korrelationen haben immer wieder die Physiker beschäftigt, seit sie 1935 von Einstein, Rosen und Podolsky vermutet wurden. Experimentell nachgewiesen wurden sie 1982 in einer berühmten Versuchsanordnung des Physikers Alain Aspect und seiner Kollegen. Physiker nahmen an, dass nichtlokale Verbindungen nur zwischen subatomaren Teilchen wie Elektronen und Photonen existieren. Die Pionierarbeit von Grinberg-Zylberbaum, Goswami und ihren Kollegen jedoch, die ihre Versuche wiederholten, deuten stark darauf hin, dass nichtlokale Ereignisse auch zwischen menschlichen Wesen vorkommen. ...

Aber diese Verbindungen zwischen voneinander entfernten Personen bestehen nicht automatisch. Die Forscher forderten die Testpersonen auf, ganz bewusst zu versuchen, ›die Gegenwart des anderen sogar aus einiger Entfernung zu empfinden‹. Taten sie das nicht, gab es keine EEG-Fernkorrelationen. Das bedeutet, dass Liebe und Sympathie nötig sind, damit zwischen den Menschen Fernübertragungen entstehen; dies stimmt voll überein mit dem allgemeinen Glauben, dass Fernheilung von Liebe, Fürsorge und Mitgefühl abhängt.« *(Anmerkung des Herausgebers)*

In welchem Umfang ein Mensch das sichtbare und verborgene Wirken des kosmischen Gesetzes erkennt, hängt davon ab, inwieweit sein Wahrnehmungsvermögen entwickelt ist. Ein ausgesprochener Materialist akzeptiert den physikalischen Zusammenhang zwischen Ursache und Wirkung: Er weiß, dass er sich schmerzhafte Verbrennungen zuzieht, wenn er seine Hand ins Feuer hält. Trotzdem neigt er dazu, das subtilere Wirken der moralischen Gesetze, die zum rechten Handeln anleiten, arrogant zu verleugnen, da sonst die ungehemmte Erfüllung seiner sinnesgebundenen Wünsche behindert würde. Und er spottet über jeden Hinweis, dass es sogar noch höhere Gesetze gibt: die des Denkens, des freien Willens und der Bewusstseinserweiterung, die seinem Leben einen spirituellen Sinn verleihen. Das Wissen um den Transzendenten Urheber, um den Göttlichen Gesetzgeber aller materiellen, moralischen und spirituellen Regeln, liegt völlig außerhalb seines Gesichtskreises. Im Gegensatz zum Hauptmann erklärt er ichbezogen – entweder offenkundig durch seine Respektlosigkeit oder stillschweigend durch seine Gleichgültigkeit –, dass er der göttlichen Autorität nicht unterstehe.

Materialisten nehmen das Wirken der Naturgesetze wahr, verneinen aber deren Urheber

Ein Sankhya[4]-Aphorismus lautet: »*Ishvar asiddhe*« (»Ein Herr der Schöpfung kann nicht durch Schlussfolgerungen gefunden werden« oder »Gott ist nicht beweisbar«). Mein Guru, Sri Yukteswar, erklärte: »Dieser Vers ist nicht atheistisch. Er zeigt nur, dass für den unerleuchteten Menschen, der sich stets auf seine Sinne verlassen muss, um zu einem endgültigen Ergebnis zu kommen, ein Gottesbeweis unbekannt bleiben muss und folglich nicht existiert.«

Materialisten, gewohnt, alle Phänomene verstandesmäßig mit Begriffen von Ursache und Wirkung zu erklären, finden in ihrer Philosophie oft keinen Raum für einen Gott, welcher über den gesetzmäßigen Abläufen der Schöpfung steht. Es liegt Ironie darin, dass der Verstandesmensch Gott misstraut, denn die Arbeitsweise von Gottes eigenem Kausalgesetz ist offenkundig! Selbst wenn er nur ein wenig darüber nachdenkt, dass es einen Transzendenten Urheber dieses Gesetzes geben muss, sollte das genügen, ihn nach der Höchsten Wahrheit suchen zu lassen.

Wer annimmt, dass jenseits der Gesetze, welche die *Maya* regieren,

[4] Eines der sechs klassischen Systeme der Hindu-Philosophie. Siehe Seiten 625/26.

nichts anderes existiert, bleibt im Bereich der Täuschung gefangen – er unterwirft sich dem Gesetz von Ursache und Wirkung, anstatt es zu beherrschen. Indem sich der Mensch mit der Schöpfung anstatt mit dem Transzendenten Schöpfer identifiziert, verzichtet er auf die Autorität, die ihm mit seiner Seele geschenkt wurde: auf die Macht, Herrschaft über die kosmischen Phänomene auszuüben. Während des Schlafs weiß sich der Mensch frei von physischen Einschränkungen; in seinen Träumen braucht er weder zu essen noch Geld zu verdienen noch zum Arzt zu gehen noch Geburt und Tod zu erfahren, denn er kommt (zumindest unterbewusst) mit seiner vollkommen erfüllten, ewig lebenden Seele in Berührung. Aber unmittelbar nach dem Erwachen wird er sich wieder bewusst, dass er einen Körper besitzt, der entweder jung oder alt, krank oder gesund ist, und in Armut oder Reichtum lebt. Die Begrenzungen, die er sich selbst auferlegt, sind so überzeugend, dass er allmählich zu dem wird, was diese Wahrnehmungen ihm suggerieren.

Die Welt der Erscheinungen, die sich dem Glauben des Menschen aufzwängt, beschränkt sich auf die Kausalkräfte, die er verstehen kann – es sei denn, er glaubt wie der Hauptmann an eine Sphäre, die jenseits des intellektuellen Verständnisses liegt. Wissenschaftler haben die Ursachen für viele Wunder der Schöpfung entdeckt, die frühere Generationen für unerklärbar hielten; ihre Forschungsergebnisse haben uns solch moderne »Wunderwerke« geschenkt wie Radar, Atomenergie, Fernsehen, Überschallflüge. Aber da die Wissenschaftler nicht in der Lage sind, irgendwelche bekannten Ursachen für die Wundertaten von Heiligen und Meistern zu finden, betrachten sie diese Wunder als absurden Aberglauben.

Menschen mit tieferem Verständnis wie Einstein, James, Bose und Jeans – all jene, die intuitiv mit der höchsten Wissenschaft und Philosophie in Berührung gekommen sind – erkennen, dass hinter den verschiedenen Formen der Materie eine Höchste Macht oder Intelligenz existiert. Absurd ist nur die Annahme, dass die verschiedenen Lebensformen und das großartige Potenzial des menschlichen Bewusstseins lediglich Zufallsprodukte der Natur sind. Indem wir die Gesetze des Lebens und unseres individuellen Daseins verstehen – die unabänderlich miteinander verwoben sind –, erkennen wir, dass alle Kräfte gleichartig sind und miteinander harmonieren. Der Körper ist nichts anderes als Materie gewordenes Leben. Leben ist materialisiertes Bewusstsein. Und Bewusstsein kommt von Gott.

Diese Welt, die in Gottes suggerierter Relativität von Raum und Zeit besteht, ist lediglich ein verdichteter göttlicher Gedanke. Ich sehe es als Wunder an, dass Gott alles in diesem Universum ausschließlich aus Seinem eigenen Traum erschaffen hat, aus Seinen eigenen Gedankenbildern. Die Schwierigkeit des Menschen besteht darin, dass ihm dieser Traum wie eine Kosmische Hypnose auferlegt wird. Wenn er seinen eigenen Willen gleichgültig dieser irreführenden Schlaftrunkenheit überlässt, hat er nur wenig oder überhaupt keine Kontrolle über das Traumgeschehen.

Yoga befreit den Menschen aus seiner Abhängigkeit vom Kausalgesetz (Karma)

Nach dem Kausalgesetz der *Maya* sind sehr viele Schritte nötig, damit etwas entstehen kann. Damit wir Brot zu essen haben, muss der Bauer Weizen aussähen, ihn bewässern und dessen Wachstum fördern und ihn dreschen; dann ihn mahlen und an einen Markt liefern. Daraufhin muss der Bäcker den Weizen dort kaufen, ihn zu Teig verarbeiten und diesen im Ofen backen. Der Mensch denkt, dass er selbst das Brot hergestellt habe, indem er die materiellen Gesetze von Ursache und Wirkung angewandt hat. Aber wer erschuf das Leben in dem Saatkorn, das den Weizen hervorbringt? Und wer erschuf den Boden, in welchem der Weizen wuchs? Und wer erschuf die Hitze in dem Brennmaterial, das den Ofen heizt?

Es ist Gottes Bewusstsein, das allem Leben verleiht. Es ist die Schwingung Seiner Gedanken, die zu Licht verdichtet wurde; und dieses Licht wurde zu Lebenskraft verdichtet, diese Lebenskraft zu Elektronen und Protonen, und diese wiederum wurden zu Molekülen und Atomen verdichtet, aus denen die Erde, der menschliche Körper und alles andere in diesem Universum besteht. Wenn jemand – wie Jesus – erkennt, dass das SELBST eins ist mit Gott und eine Manifestation des einen Kosmischen Lichtes, und wenn er alles als eine Manifestation dieses Lichtes schaut, kann er – ebenso wie Gott – diese kosmischen Strahlen beherrschen. Jesus zeigte, dass er diese Macht besaß, und verkündete: »Ihr werdet noch größere Werke tun als ich.«[5] Indem der Suchende seine Meditation mehr und mehr vertieft, befreit er sich im göttlichen Licht, das jenseits der Atome existiert, von der *Maya*. Nur indem er auf diese Weise aus dem Tagtraum der Täuschung erwacht, wird er wissen, dass er geträumt hat. Wenn er diesen Traum in göttlicher Ekstase aufzulösen vermag, ist er in der Lage, der universalen

[5] Paraphrase zu *Johannes* 14, 12 (siehe Diskurs 70, Band III).

Ordnung zu gebieten, jedes beliebige Wunder zu bewirken.

Der römische Hauptmann erkannte, dass Jesus die göttliche Autorität besaß, die Materie seinem Willen zu unterwerfen, dass er die Prozesse umgehen konnte, die nach dem physischen Gesetz von Ursache und Wirkung notwendig gewesen wären, um den Diener zu heilen. Nur Meister mit höchster Gottverwirklichung wie Jesus Christus können in einer Sphäre wirken, die unabhängig ist von allen Einschränkungen durch die Kausalität. Da diese Meister mit der Allmacht des Schöpfers vereint sind, können sie jeden Gegenstand und jede Situation durch direkte Materialisation entstehen lassen, ohne dass dem eine andere Ursache vorausgehen muss als ihr göttlicher Willensakt.

Für jemanden, der das Gesetz des Unendlichen kennt, gilt das Gesetz der Kausalität nicht. Wer sich mit dem Geist Gottes im Einklang befindet, kann alles vollbringen.[6] Wie ein irdischer Kaiser allen seinen Untertanen gebieten kann, die Gesetze seines Reiches zu befolgen, ohne selbst an diese gebunden zu sein, so hat der Absolute Herrscher des Reiches der Manifestationen zwar alle Gesetze geschaffen, die für das geordnete Geschehen in Seiner endlichen Schöpfung erforderlich sind (einschließlich des Gesetzes von Ursache und Wirkung), aber Er selbst ist ihnen nicht unterworfen.

Sri Krishna gab seinem Jünger Arjuna den folgenden Rat: »Ich habe dir die höchste Weisheit des Sankhya erläutert. Jetzt aber sollst du die Weisheit des Yoga erfahren; wenn du sie dir zu eigen machst, o Arjuna, wirst du die Fesseln des Karmas sprengen.«[7]

Die Sankhya-Philosophie erklärt die Ordnungsprinzipien, nach denen sich die auf Ursache und Wirkung beruhende Schöpfung Gottes aus Seinem ungeteilten Sein entfaltet und als objektive (wenn auch trügerische) Traum-Realität erhalten wird.[8] Die Wissenschaft des Yoga gibt dem Menschen den Schlüssel, mit dem er sich aus seiner Abhängigkeit von diesen Gesetzen befreien kann: Die Methode, dem Gefängnis des Karmas zu entkommen, besteht darin – durch bestimmte

---

[6] Siehe Erläuterungen in Diskurs 11, Band I, wie Jesus Wasser zu Wein verwandelt hat – durch Beherrschung der schöpferischen Gedanken-Matrix, die allen Materialisationen von Energie und Form zugrunde liegt.

[7] *Gott spricht mit Arjuna – Die Bhagavad-Gita* II, 39.

[8] Die 24 Prinzipien der kosmischen Schöpfung – angefangen mit Prakriti (der schöpferischen Mutter Natur oder dem Heiligen Geist) bis hin zu den fünf Elementarformen der grobstofflichen Materie – werden erklärt in *Gott spricht mit Arjuna – Die Bhagavad-Gita*, im Kommentar zu II, 39.

seelenerweckende Meditationstechniken –, die Täuschung zu verbannen, ein sterbliches Wesen zu sein, dessen Handlungen vom karmischen Gesetz der Schöpfung beherrscht werden.

Solange der Mensch sich für ein erschaffenes Wesen hält, ist er allen damit verbundenen Kräften von Ursache und Wirkung unterworfen. Als sterblicher Mensch ist er eine Schöpfung Gottes; als unsterbliches Wesen mit SELBST-Verwirklichung erkennt er sich als einen Teil Gottes, ausgestattet mit dem schöpferischen Willen des Vaters und betraut mit der Herrschaft über den Kosmos.

Sobald ein abtrünniges Kind Gottes einmal zu der Wahrheit erwacht ist, dass seine eigentliche Bestimmung nicht darin liegt, das sklavenartige Leben eines Sterblichen zu führen, sollte es um folgende Erkenntnis beten:

> »Du bist mein Vater, ich bin Dein Kind. Du bist GEIST, und ich bin Dir zum Bilde geschaffen. Du bist der Schöpfer und Eigentümer des Universums. Ich bin Dein Kind, ob gut oder böse, und habe als solches das Recht, über den Kosmos zu gebieten. …
>
> Durch Deine Gnade werde ich mein wahres Wesen wiederentdecken und wissen, dass ich allgegenwärtiger GEIST bin und über die Welt der Materie herrsche[9].«[10]
>
> In der Ekstase der Meditation wird der demütigste Diener Gottes von Ihm auf einen Herrscherthron gesetzt.

Und es geschah am nächsten Tag, dass er in eine Stadt mit Namen Nain ging; und viele seiner Jünger gingen mit ihm und eine große Volksmenge. Als er aber nahe an das Stadttor kam, siehe, da trug man einen Toten heraus, den einzigen Sohn seiner Mutter, und sie war eine Witwe; und viele Leute aus der Stadt gingen mit ihr.

Und als der Herr sie sah, hatte er Mitleid mit ihr, und er sprach zu ihr: Weine nicht! Und er trat hinzu und berührte die Bahre; und die Träger standen still. Und er sprach: Jüngling, ich

---

[9] *»Und Gott sprach: Lasst uns Menschen machen nach unserem Bild, uns ähnlich, die da herrschen … über die ganze Erde.«* (*1. Mose* 1, 26)

[10] Aus *Flüstern aus der Ewigkeit* von Paramahansa Yogananda (herausgegeben von der Self-Realization Fellowship).

sage dir, steh auf! Und der Tote richtete sich auf und fing an zu reden; und Jesus gab ihn seiner Mutter zurück.

Und da wurden sie alle von Furcht ergriffen und sie priesen Gott und sprachen: Es ist ein großer Prophet unter uns aufgestanden, und Gott hat sein Volk besucht. Und diese Kunde von ihm verbreitete sich in ganz Judäa und in allen umliegenden Gebieten. (*Lukas* 7, 11–17)

Bereits in seiner Inkarnation als Elisa besaß Jesus die Macht, Tote zum Leben zu erwecken, wie in 2. *Könige* 4, 8–37 berichtet wird:

Parallelen zwischen den Wundern Jesu und denen, die er in seinem vergangenen Leben als Jünger des Elia vollbrachte

»*Und es geschah eines Tages, dass Elisa nach Schunem ging. Dort lebte eine reiche Frau; die bat ihn dringend, bei ihr zu essen. Und sooft er nun vorbeikam, kehrte er dort ein und aß bei ihr. Und sie sprach zu ihrem Mann: Siehe, ich erkenne, dass dies ein heiliger Mann Gottes ist, der immer hier bei uns vorbeikommt. Wir wollen ihm eine kleine Kammer an der Wand errichten und ein Bett, einen Tisch, einen Stuhl und einen Leuchter für ihn hineinstellen, damit er sich dorthin zurückziehen kann, wenn er zu uns kommt.*

Und es geschah eines Tages, dass er dorthin kam und in die Kammer ging und sich hinlegte. Und er sagte zu seinem Diener Gehasi: Rufe die Schunemiterin! Und als er sie gerufen hatte, trat sie vor ihn. Und Elisa sprach zu seinem Diener: Sage ihr, siehe, du hast dir unsertwegen so viel Mühe gemacht; was kann man denn für dich tun?... Und Gehasi sprach: Ach, sie hat keinen Sohn, und ihr Mann ist alt. ... Und Elisa sprach: Nach einem Jahr um diese Zeit wirst du einen Sohn umarmen. ... Und die Frau wurde schwanger und gebar im nächsten Jahr zur selben Zeit einen Sohn, so wie Elisa es ihr gesagt hatte.

Als aber das Kind herangewachsen war, geschah es eines Tages, dass es zu seinem Vater hinausging, zu den Schnittern. Und es sprach zu seinem Vater: Mein Kopf, mein Kopf! Da sagte der Vater zu einem Knecht: Trage ihn zu seiner Mutter! Und der Knecht nahm ihn und brachte ihn zu seiner Mutter, und der Knabe saß auf ihrem Schoß bis zum Mittag; dann starb er.

Und sie ging hinauf und legte ihn aufs Bett des Gottesmannes, schloss die Tür und ging hinaus. Und sie rief ihren Mann und sprach: Schicke mir bitte einen von deinen Dienern und eine Eselin, damit ich zu dem Mann Gottes eilen und wieder zurückkehren kann. ... So zog sie hin und kam zu dem Mann Gottes auf den Berg Karmel. ...

Und als Elisa in das Haus kam, siehe, da lag der Knabe tot auf seinem Bett. Und er ging hinein und schloss die Tür hinter ihnen beiden und betete zum Herrn.

Dann trat er ans Bett und legte sich auf das Kind und legte seinen Mund auf des Kindes Mund und seine Augen auf dessen Augen und seine Hände auf dessen Hände und breitete sich so über das Kind, dass dessen Leib warm wurde.

Dann stand er auf und ging im Haus hin und her und trat wieder an das Bett und breitete sich über das Kind. Da nieste es siebenmal und öffnete seine Augen.

Und er rief Gehasi und sprach: Rufe die Schunemiterin! Da rief er sie, und als sie zu ihm hereinkam, sprach Elisa: Nimm deinen Sohn!

Und sie kam und fiel zu seinen Füßen und verneigte sich bis zur Erde. Dann nahm sie ihren Sohn und ging hinaus.«

Selbst als er bereits im Gefängnis war, verfolgte Johannes der Täufer das geistige Wirken Jesu mit großem Interesse.[11]

Und die Jünger des Johannes berichteten ihm von all diesen Dingen.

Und er rief zwei seiner Jünger zu sich und sandte sie zu Jesu und ließ ihm sagen: Bist du es, der da kommen soll, oder sollen wir auf einen anderen warten?

Als die Männer zu ihm gekommen waren, sprachen sie: Johannes der Täufer hat uns zu dir gesandt und lässt dir sagen: Bist du es, der da kommen soll, oder sollen wir auf einen anderen warten?

Zu derselben Stunde aber heilte er viele von ihren Krankheiten und Plagen und bösen Geistern, und vielen Blinden schenkte er das Augenlicht. Und Jesus antwortete und sprach zu ihnen: Geht hin und berichtet Johannes, was ihr gesehen und gehört

[11] Auch Johannes der Täufer hatte in seiner Inkarnation als Elia den Sohn einer Witwe vom Tode auferweckt. Als Jesus als Elisa, wie oben beschrieben, ein totes Kind wiederbelebte, indem er sich über den Leichnam legte, so bediente er sich tatsächlich der gleichen Methode, die zuvor von seinem Guru Elia angewandt wurde, als dieser den Sohn der Witwe ins Leben zurückbrachte. (Siehe *1. Könige* 17, 17–24, zitiert in Diskurs 39)

habt: Blinde werden sehend, Lahme gehen, Aussätzige werden rein, Taube hören, Tote werden auferweckt, den Armen wird das Evangelium gepredigt. (*Lukas* 7, 18–22)

Parallelstelle:

Als aber Johannes im Gefängnis von den Taten Christi hörte, sandte er zwei seiner Jünger und ließ ihn fragen: Bist du es, der da kommen soll, oder sollen wir auf einen anderen warten?

Jesus antwortete und sprach zu ihnen: Geht hin und berichtet dem Johannes wieder, was ihr hört und seht: Blinde sehen und Lahme gehen, Aussätzige werden rein und Taube hören, Tote werden auferweckt und den Armen wird das Evangelium gepredigt. (*Matthäus* 11, 2–5)

Johannes stellte keinesfalls infrage oder bezweifelte, dass Jesus der Erlöser sei, der sich – wie prophezeit – in jenem Zeitalter inkarnieren sollte. Dies hatte Johannes seinen Jüngern und dem Volk bereits verkündet. Aber in der schrecklichen Enge des Kerkers sehnte sich seine menschliche Natur danach, Trost und Bestätigung aus dem Mund Jesu selbst zu hören. Darüber hinaus wollte er erreichen, dass seine Jünger diese Bezeugung persönlich hörten, um ihren steten spirituellen Fortschritt zu unterstützen. Johannes sah dem sicheren Tod entgegen und wünschte, dass seine Anhänger durch Jesus in ihrem Glauben an das Wort Gottes bestärkt würden.[12]

---

[12] Über den Tod des Johannes wird später berichtet, in *Markus* 6, 14–29 (und in der Parallelstelle *Matthäus* 14, 3–12): »*Und der König Herodes hörte von ihm [Jesus]; (denn sein Name war bekannt geworden) und er sagte, dass Johannes der Täufer von den Toten auferstanden sei, darum wirkten so machtvolle Kräfte in ihm. Andere sagten: Er ist Elia; wieder andere: Er ist ein Prophet oder wie einer der Propheten. Als aber Herodes davon hörte, sprach er: Es ist Johannes, den ich enthauptet habe; der ist von den Toten auferstanden.*

Denn er, Herodes, hatte ausgesandt und Johannes ergriffen und ins Gefängnis werfen lassen um der Herodias willen, der Frau seines Bruders Philippus, die er geheiratet hatte. Denn Johannes hatte zu Herodes gesagt: Es ist ungesetzlich, dass du die Frau deines Bruders hast.

Deshalb hegte Herodias einen Groll gegen ihn und wollte ihn töten, doch sie konnte es nicht, weil Herodes den Johannes fürchtete und wusste, dass er ein gerechter und heiliger Mann war; und er beschützte ihn und gehorchte ihm in vielen Sachen und hörte ihn gern.

Und es kam ein günstiger Tag, als Herodes an seinem Geburtstag ein Festessen gab für die hohen Beamten seines Hofes, die Offiziere und die Vornehmsten in Galiläa.

Mit der Antwort, die Jesus durch die Jünger von Johannes dem Täufer dem eingekerkerten Propheten übermittelte, bestätigte er seine Inkarnation als Christus, indem er Beispiele für seine göttlichen Werke anführte: »Erzählt Johannes alles, was ihr gesehen und gehört habt und wie Gott sich durch mich kundtut: Die körperlich und geistig Blinden erhalten die Fähigkeit, mit ihren physischen Augen zu sehen, oder sie empfangen die Gabe der geistigen Schau. Die Lahmen gehen; körperlich, moralisch und spirituell Aussätzige werden physisch geheilt und innerlich durch Weisheit geläutert. Die körperlich Tauben erhalten ihr Gehör zurück; die geistig Tauben vernehmen die Stimme der Weisheit. Die physisch Toten werden durch kosmische Energie wieder zum Leben erweckt; die geistig Toten werden durch Weisheit und spirituelle Taufe erneut belebt. Den Armen im Geiste wird die lebendige Verbindung mit der Göttlichen Weisheit und der Göttlichen Schwingung zuteil.«

Warum Johannes der Täufer Jesus um eine Bestätigung bat, die diesen als den prophezeiten Erlöser auswies

Jesus spricht darüber, dass seine Botschaft von den Schwingungen des Gottesbewusstseins durchdrungen ist (»Das Evangelium« – Gottes Schwingung der Wahrheit).[13] Niemand kann die von Gott beseelte Wahrheit predigen, solange er diese nicht im eigenen Inneren erlebt. Die Reden gewöhnlicher geistiger Lehrer beruhen auf Buchwissen und mechanisch Hergesagtem; aber Meister wie Jesus bringen die Wahrheit zum Ausdruck, die in ihrem Bewusstsein vor göttlicher Weisheit kraftvoll vibriert.

Und als die Tochter der Herodias eintrat und tanzte, gefiel dies dem Herodes und denen, die am Tisch saßen, und der König sagte zu dem Mädchen: Bitte mich, um was du willst, und ich will es dir geben. Und er schwor ihr: Was du auch von mir erbittest, ich will es dir geben, bis zur Hälfte meines Königreiches.

Und sie ging hinaus und sprach zu ihrer Mutter: Was soll ich erbitten? Und diese sprach: Das Haupt Johannes' des Täufers. Und sogleich eilte sie zum König hinein, bat ihn und sprach: Ich will, dass du mir sofort auf einer Schüssel das Haupt Johannes' des Täufers gibst.

Da wurde der König sehr betrübt; doch um des Eides und um derer willen, die mit ihm am Tisch saßen, wollte er sie nicht zurückweisen. Und sogleich schickte der König einen Henker und befahl, das Haupt des Johannes herzubringen. Und der Henker ging hin und enthauptete Johannes im Gefängnis und brachte sein Haupt auf einer Schüssel und gab es dem Mädchen, und das Mädchen gab es seiner Mutter. Und als seine Jünger das hörten, kamen sie und nahmen seinen Leichnam und legten ihn in ein Grab.« (Siehe auch Diskurs 42.)

[13] Siehe Diskurs 22, Band I.

»*Und selig, wer an mir nicht Anstoß nimmt.*« (*Lukas* 7, 23 und *Matthäus* 11, 6)

»Und selig ist, wer meine außergewöhnlichen Werke nicht fälschlich als Gotteslästerung ansieht und mir tadelnd vorwirft, dass ich Wunder vollbringe, um eigene Ziele zu verfolgen und ichsüchtig mich selbst zu rühmen. Selig ist, wer stattdessen meine geistigen Wundertaten anerkennt, die ich mit dem Einverständnis Gottes und im Einklang mit Seinem Willen vollbringe, um Leid zu lindern und getäuschte Seelen zu Ihm zu führen.«

Wenn unzureichend entwickelte Seelen ungewöhnliche Kräfte besitzen, können diese ihr unreifes spirituelles Bewusstsein möglicherweise täuschen, da es leicht durch das Lob von Bewunderern verdorben wird. Solche Seelen glauben, dass sie heilige Werke aus eigener Kraft vollbringen, vergessen aber dabei, dass aller Ruhm und alle Ehre nur Gott gebühren. Ungewöhnliche Kräfte üben einen gewissen Einfluss auf das Wirken der Naturgesetze aus, aber ohne Gottesbewusstsein können keine Wunder vollbracht werden, welche den Rahmen dieser Gesetze sprengen. Daher ist es töricht, in Eigenlob zu schwelgen.[14] Im Verlauf seiner höheren geistigen Entwicklung wird dem Gottsucher die Fähigkeit geschenkt, Wunder zu vollbringen; aber ohne die Zustimmung Gottes von dieser göttlichen Kraft Gebrauch zu machen, ist eine Sünde und bedeutet eine Verringerung der Spiritualität.

Jesus bemerkte, dass die Priesterkaste das öffentliche Wirken von Wundern als ein Vergehen gegen Gott ansah. Doch alle, die erkannten, dass Jesus seine Wunder vollbrachte, um die Herrlichkeit Gottes zu verkünden, wurden gesegnet, denn mit dieser innerlichen Wahrnehmung, dass Jesus ein Mittler Gottes war, wurde ihre eigene göttliche Erkenntnis erweckt.

Als aber die Boten des Johannes weggegangen waren, fing er an, zu der Volksmenge über Johannes zu reden: Was wolltet ihr sehen, als ihr in die Wüste hinausgegangen seid? Ein Rohr, das

---

14 »*Nicht uns, Herr, nicht uns, sondern deinem Namen gib Ehre.*« (*Psalm* 115, 1)

vom Wind bewegt wird? Oder was wolltet ihr sehen, als ihr hinausgegangen seid? Einen Menschen in weichen Kleidern? Seht, die in herrlichen Kleidern und in Üppigkeit leben, die sind an den königlichen Höfen.

Oder was wolltet ihr sehen, als ihr hinausgegangen seid? Einen Propheten? Ja, sage ich euch, und viel mehr als einen Propheten! Dieser ist es, von dem geschrieben steht: »Siehe, ich sende meinen Boten vor deinem Angesicht her, der deinen Weg vor dir bereiten soll.« (*Lukas* 7, 24–27)[15]

Voller Lobpreis für Johannes den Täufer wandte Jesus sich an die Menge – viele aus ihr waren Anhänger von Johannes und hatten ihn an seinen asketischen Aufenthaltsorten in der Wüste aufgesucht:

»Ihr gingt nicht deshalb in die Wildnis, um das Schilf am Flussufer zu sehen oder weil ihr erwartet habt, einen Mann in weichen Seidengewändern zu finden, sondern um Johannes den Täufer aufzusuchen, der – nur in natürliche Felle gekleidet – wie ein heiliges Schilfrohr vom Atem Gottes bewegt wurde. Ihr kamt nicht mit der Erwartung, einer politischen Autoritätsperson zu begegnen, die prunkvoll gekleidet ist wie jemand am Hofe eines Königs. Ihr wolltet einen spirituellen Menschen vorfinden, der größere Autorität besitzt als irgendjemand an einem irdischen Königshof.[16] Fürwahr, ihr gingt hinaus, um einem Propheten zu begegnen, der Gott verkündet. Aber er ist weit mehr als ein gewöhnlicher Prophet, denn Gott hatte ihn für eine besondere Mission ausersehen: Er sollte (nicht nur in einer früheren Inkarnation mein geistiger Lehrer sein, sondern auch) eine herausragende und vorbestimmte Rolle im göttlichen Plan spielen – er sollte in dieser Zeit auf die Erde kommen, um den mir innewohnenden Sohn Gottes zu verkünden.«

Zur Bekräftigung zitiert Jesus aus den Schriften: *»Siehe, ich* (Gott) *sende meinen Boten* (Johannes den Täufer) *vor deinem Angesicht her* (dir voraus), *der deinen Weg vor dir bereiten soll* (und es ist so bestimmt, dass Mein göttlicher Bote, Johannes, die Menschen geistig empfänglich

---

[15] Parallelverse in *Matthäus* 11, 7–10.

[16] Vgl. *Thomas-Evangelium,* Logion 78: »Warum seid ihr in das Feld gegangen? Um ein Schilfrohr im Winde schwanken zu sehen? Um einen Menschen zu sehen, der weiche Kleider trägt? Eure Könige und Vornehmen tragen alle weiche Kleider, und doch können sie die Wahrheit nicht erkennen.« (Zitiert nach einer Übersetzung von Wieland Wilker, Universität Bremen)

machen soll, in dir den Christus zu erkennen, o Mein Sohn Jesus).«[17]

Obwohl Gott der gesamten Schöpfung Unabhängigkeit verlieh, fügte er in diesen von Satan in Unordnung gebrachten Kosmos doch gewisse Strukturen ein, um den satanischen Einfluss einzudämmen und Sein Reich wiederherzustellen. Von Zeit zu Zeit verkünden Propheten solche Pläne im Voraus. Daher erklärt Jesus, dass das Erscheinen Johannes' des Täufers – der die Welt auf Jesus vorbereiten sollte – von Gott bereits lange vorherbestimmt war (wie es in den heiligen Schriften geschrieben steht); und dass Johannes aus diesem Grund *»viel mehr als ein Prophet«* war. Gott hatte ihn gesegnet und dazu auserwählt, eine Rolle in Seinem großen göttlichen Plan zu spielen.

~

Denn ich sage euch, dass es unter allen, die von einer Frau geboren sind, keinen größeren Propheten gibt als Johannes den Täufer; doch der Geringste im Reich Gottes ist größer als er.

Und alles Volk, das ihn hörte, und die Zöllner gaben Gott recht und ließen sich taufen mit der Taufe des Johannes. Aber die Pharisäer und Gesetzeslehrer lehnten Gottes Rat zu ihrem eigenen Schaden ab und ließen sich nicht von ihm taufen. (*Lukas* 7, 28–30)

Parallelstellen:

Wahrlich ich sage euch: Unter allen, die von einer Frau geboren sind, hat sich keiner erhoben, der größer ist als Johannes der Täufer; dennoch ist der Geringste im Reich Gottes größer als er. Aber von den Tagen Johannes des Täufers bis jetzt leidet das Himmelreich Gewalt, und die Gewalttätigen reißen es an sich. Denn alle Propheten und das Gesetz haben geweissagt bis hin zu Johannes. Und wenn ihr es annehmen wollt: Dies ist Elia, der da kommen soll. Wer Ohren hat zu hören, der höre! (*Matthäus* 11, 11–15)

---

[17] Vgl. *Markus* 1, 2: »*Wie geschrieben steht in den Propheten: ›Siehe, ich sende meinen Boten vor dir her, der deinen Weg vor dir bereiten wird.‹*« Diese Stelle verweist auf das alttestamentliche Buch des Propheten Maleachi: »*Siehe, ich will meinen Boten senden, damit er den Weg vor mir her bereiten soll.*« (*Maleachi* 3, 1). Dass der verheißene Bote die Reinkarnation des Propheten Elia sein werde, wird wenig später in *Maleachi* 3, 23 erklärt. (Siehe Seite 634.)

***

Das Gesetz und die Propheten gehen bis zu Johannes; und seit dieser Zeit wird das Reich Gottes verkündet, und alle drängen sich danach, hineinzukommen. (*Lukas* 16, 16)

»Wahrlich, ich sage euch allen, dass es in der Reihe der heiligen Propheten niemanden gab, der größer war als Johannes der Täufer.« Auf diese Weise zollte Jesus Johannes seine größte Hochachtung – ihm, der in seiner vorhergehenden Inkarnation als Elia Gott erkannt hatte, und den Gott auserkoren hatte, in seiner gegenwärtigen Rolle Christus Jesus, den Erneuerer eines Weltzyklus, im GEISTE zu taufen.

Jesus bezeichnet Johannes eindeutig als eine Reinkarnation des Elia

Ohne die Größe Johannes' des Täufers schmälern zu wollen, unterscheidet Jesus zwischen Folgendem: der SELBST-Verwirklichung Johannes' des Täufers im irdischen Leben und dem Zustand der SELBST-Verwirklichung der individuellen Seele, wenn sie im Reich Gottes vollkommen befreit ist – eins geworden ist mit dem Absoluten GEIST. Dann muss sie sich nicht mehr den kosmischen Zwängen eines Aufenthaltes in einem der drei Körpergefängnisse unterwerfen und auch nicht deren Wechselbeziehung mit den Manifestationen der dreifachen Traumschöpfung Gottes.

In der Zeit vor Johannes dem Täufer *»haben die Propheten und das Gesetz geweissagt«*: Sie gaben Gottes Willen durch Gesetze und Prophezeiungen kund. *»Seit dieser Zeit wird das Reich Gottes verkündet«*, nämlich wenn Johannes erklärte: *»Das Reich Gottes ist nahe«*, und wenn Jesus dann nach ihm predigte: *»Das Reich Gottes ist inwendig in euch.«* Von da an bis zum heutigen Tag und bis in alle Zukunft *»leidet das Himmelreich Gewalt«* (lässt sich das Himmelreich durch Willen und Entschlossenheit erobern), und jeder redliche Mensch hat danach getrachtet, in dieses Reich einzugehen. Wie der große Yogi Patanjali sagt auch Jesus: *»Die Gewalttätigen reißen es an sich«*, d.h., entschlossene Gottsucher erlangen Erlösung und himmlische Glückseligkeit, indem sie ihren Blick, ihre Lebenskraft und ihre Konzentration auf Gott gerichtet halten. Patanjali drückt es folgendermaßen aus: »Dem Erreichen [des Ziels von Yoga – der vollkommenen Vereinigung mit Gott] sind jene am nächsten, welche durchdrungen sind von *Tivra-samvega*, erfüllt sind von göttlicher Begeisterung (von

Die Ehebrecherin

Da brachten die Schriftgelehrten und Pharisäer eine Frau zu ihm, die beim Ehebruch ergriffen worden war, und stellten sie in die Mitte und sprachen zu ihm: Meister, diese Frau wurde auf frischer Tat beim Ehebruch ertappt. Mose aber hat uns im Gesetz geboten, solche Frauen zu steinigen; was sagst du dazu? …

Als sie aber fortfuhren, ihn zu fragen, richtete er sich auf und sprach zu ihnen: Wer unter euch ohne Sünde ist, der werfe den ersten Stein auf sie.

Johannes 8, 3–5. 7

Jesus schleuderte ein brisantes Gegenargument mitten unter die heuchlerischen Frömmler, die ihre eigenen Sünden verbargen, als sie sich versammelt hatten, um die schuldige Frau zu verurteilen und um gleichzeitig Jesus eine Gesetzwidrigkeit vorwerfen zu können, falls er es wagen sollte, Erbarmen mit der Frau zu haben und damit das Gesetz des Mose zu missachten. Jesus beschämte die Heuchler mit dem Hinweis: »Keiner unter euch ist ohne Sünde; solltet ihr nicht zuerst eure eigene Schuld anprangern und euch mit den Steinen der Verdammung bewerfen?« …

Jesus verstand die menschliche Natur und ihre Schwäche, sexuellen Versuchungen zu erliegen. Er wusste, dass ungesunde sexuelle Gewohnheiten, die im Geist und im Gehirn tief verwurzelt sind, nicht durch gesellschaftliche oder religiöse Verfolgung ausgemerzt werden können – dass aber ein reumütiger Mensch diese schädlichen Zwänge überwinden kann, wenn er sich im Geiste intensiv einprägt, welche zerstörerischen Auswirkungen diese Gewohnheiten auf ihn haben, und wenn er gleichzeitig die geeigneten Mittel der Selbstbeherrschung, der Willenskraft, des guten Umgangs und der Meditation nutzt, solche Gewohnheiten zu beseitigen. … Von daher verstehen sich der Segen und die Ermahnung Jesu: »So verurteile ich dich auch nicht; geh hin und sündige nicht mehr.«

Paramahansa Yogananda

Zeichnung von Heinrich Hofmann

glühender Hingabe an Gott und leidenschaftlichem Streben nach Ihm sowie gänzlich losgelöst sind von der Welt der Sinne).«[18]

Wer tief, voller Konzentration und anhaltend unter der Führung seines Gurus, seines Erlösers, meditiert, weiß sein Bewusstsein mit göttlicher Willenskraft schnell vom Körper zu trennen und durch die Tore des himmlischen Reiches in seinem Inneren zu lenken, damit es sich mit dem kosmischen Leben, das im gesamten Raum gegenwärtig ist, verbindet. Auf diese Weise wird die Seele aus dem körperlichen Gefängnis entlassen und vereinigt sich mit der Allgegenwart des Universalen Christusbewusstseins, indem sie erkennt: *»Ich und mein Vater sind eins.«* Johannes der Täufer, der das göttliche Reich durch seine äußerst asketische Lebensweise und seinen feurigen Willen eroberte, veranschaulicht in aller Deutlichkeit, dass spirituell glühende Aspiranten rasch das himmlische Reich erlangen.[19]

Dann bestätigt Jesus abermals, dass die Inkarnation Johannes' des Täufers kein zufälliges Ereignis war, sondern dass in Wirklichkeit die Prophezeiung erfüllt wurde: *»Siehe, ich will euch senden den Propheten Elia, ehe denn da komme der große und schreckliche Tag des Herrn.«*[20] Jesus erklärt auf unmissverständliche Weise: *»Und wenn ihr es annehmen wollt: Dies ist Elia, der da kommen soll. Wer Ohren hat zu hören, der höre!«* Dies heißt: »Alle, welche über genügend Einsicht verfügen, sollen diese Wahrheit hören, sie in sich aufnehmen und erkennen: Johannes der Täufer ist kein anderer als der Elia aus einer früheren Inkarnation.«

Jesus bestätigt hier eindeutig die Reinkarnationslehre. Diese großartige philosophische Sichtweise allein kann erklären, wie Seelen, die vom Tode hinweggerafft werden und die irdische Welt verlassen, ohne zuvor Erlösung erlangt zu haben, in aufeinanderfolgenden menschlichen Inkarnationen ihre endgültige Befreiung anstreben und erlangen können. Befreite Seelen oder Seelen, die zwar des irdischen Karmas ledig sind, aber in der Astral- oder Kausalwelt in ihrer Entwicklung weiter fortschreiten, reinkarnieren sich auf Erden nicht mehr aufgrund eines karmischen Zwangs, sondern kommen mit einer besonderen, von Gott bestimmten Mission – zum Segen der Menschheit.

---

[18] *Yoga-Sutras* I, 21.

[19] Vgl. *Lukas* 10, 27: *»Du sollst den Herrn, deinen Gott, lieben ... mit deiner ganzen Kraft.«* (Siehe Kommentar in Diskurs 53)

[20] *Maleachi* 3, 23.

Um in dieser Weise tätig zu sein, kehrte die Seele des Elia in einem Körper, der Johannes der Täufer genannt wurde, ins irdische Leben zurück, damit sie den göttlichen Plan, der sich in der gewaltigen, weltweiten Mission Jesu manifestierte, unterstütze und ankündige.

Als Jesus sich mit folgenden Worten an die empfänglichen Seelen in der Menschenmenge wandte: »Wer geistige Ohren hat zu hören und die Schwingung der Wahrheit aufnehmen kann, möge die hinter meinen Worten liegende Wahrheit erkennen«, wusste er, dass unter den Anwesenden auch viele Ungläubige waren, die nach einem Grund suchten, ihn zu verurteilen. Die göttliche Botschaft, die er verkündete, wurde von der Mehrzahl derer, welche ihn sprechen hörten, gutgeheißen, weil diese Menschen bereits von Johannes dem Täufer getauft und geistig vorbereitet worden waren. Aber die Ungläubigen, die »*Pharisäer und Gesetzeslehrer*«, welche nicht zu Johannes' erklärten Anhängern oder Eingeweihten gehörten, wiesen die göttlichen Offenbarungen, die sich durch Jesus kundtaten, gänzlich zurück – seinen Rat, der ihr erstarrtes Bewusstsein erweckt hätte.

~

Und der Herr sprach: Mit wem soll ich die Menschen dieser Generation vergleichen? Und wem sind sie gleich? Sie sind gleich den Kindern, die auf dem Markt sitzen und einander zurufen und sagen: Wir haben für euch auf der Flöte gespielt, und ihr habt nicht getanzt; wir haben euch Klagelieder gesungen, und ihr habt nicht geweint.

Denn Johannes der Täufer ist gekommen und aß kein Brot und trank keinen Wein; da sagt ihr: Er hat einen Dämon. Der Menschensohn ist gekommen und isst und trinkt; da sagt ihr: Siehe, dieser Mensch ist ein Schlemmer und Weinsäufer, ein Freund der Zöllner und Sünder! Und doch ist die Weisheit gerechtfertigt worden von allen ihren Kindern. (Lukas 7, 31–35)[21]

Die Vermittler von Weisheit, deren Geist die höher gelegenen Pfade der Wahrheit beschreitet, müssen die Scharen spirituell ungebildeter Menschen notgedrungen als Kinder ansehen, deren Verständnis und Verhalten auf ihre gewohnten, oft kleingeistigen Wege

[21] Vgl. die Parallelstelle in *Matthäus* 11, 16–19.

beschränkt bleiben. Ebenso sieht Jesus seine unerleuchteten Zeitgenossen. Er vergleicht spirituell leere Menschen mit Kindern, die müßig auf dem Marktplatz herumsitzen: Sie befassen sich weder damit, nützliche Dinge zu erwerben, noch sind sie in fröhliches Spiel vertieft, noch bereuen sie es, wenn sie die wertvollen, schnell verfliegenden Augenblicke des Lebens sinnlos verstreichen lassen. Jesus beschreibt die Welt metaphorisch als einen Marktplatz, auf dem die Menschen aus einem vielfältigen Angebot auswählen und durch ihre Arbeit materielle oder geistige Güter erwerben. Allzu wenige jedoch beachten die Ermahnungen weiserer Menschen, sich mit wahrhaft Wertvollem zu befassen. Die Geschäftigen werfen den Faulen ihre Schwäche vor, nicht voranzukommen, und sagen: »Wir spielten auf der Flöte der Gelegenheiten, aber ihr habt nicht nach der Melodie ihrer Angebote getanzt.« Jesus kam und bot den Weg zum Himmelreich an; aber anstatt nach Spirituellem zu streben, vergeuden unwissende Menschen ihre Zeit weiterhin in körperlicher und geistiger Trägheit. Einige beklagen beiläufig, dass sie durch ihre Sorglosigkeit kostbare Zeit im Leben verlieren, während andere – weil sie sich kein Beispiel an einem Reumütigen nehmen – keine Tränen darüber vergießen, dass sie ihr Leben nutzlos verschwenden.

Jesus verdeutlicht die Unreife spirituell träger Menschen mit Hilfe eines Gleichnisses

Gewissenhafte Gottsucher, die den Wert von »etwas anderem« erkennen, das jenseits der Norm existiert, streben eifrig nach spirituellen Eigenschaften. Einige Menschen begeistern sich nur oberflächlich für ein spirituelles Leben. Manche haben überhaupt keine Freude an einem geistigen Leben. Andere, die durch Leid oder das Gefühl der inneren Leere zu tieferem Nachdenken angeregt werden, sind betrübt darüber, dass sie den Sinn des Daseins nicht finden. Und wieder andere weinen niemals über ihre mangelnde Wahrheitserkenntnis, weil sie den Zusammenhang zwischen den Nöten ihres Lebens und ihrer spirituellen Unwissenheit nicht durchschauen.

Das Gleichnis Jesu bezieht sich auch auf die Unreife solcher Menschen, die Erwartungen haben, wie sich andere verhalten und was diese glauben sollten, und dann denen, die ihre Erwartungen enttäuschen, vorwerfen, keine spirituellen Fortschritte zu machen, weil sie sich nicht nach ihren Vorgaben gerichtet haben. Es lässt sich folgern, dass Jesus hier die Ungläubigen und Skeptiker meint, die sich gegenseitig ihre Unterlassungssünden vorwerfen, obwohl sie selbst spirituell gleichgültig sind. Da sie törichterweise vorgetäuschter Überlegenheit und der Blasiertheit verfallen waren, anstatt sich der Religion zu widmen, versäumten sie es, die Weisheit und Gnade, die Gott ihnen durch den Christus in Jesus schenkte, zu erkennen und sich zunutze zu machen.

Jesus wies weiterhin auf das fehlerhafte Denken dieser unverständigen Menschen hin: »Ihr, die ihr euch so emsig auf dem Marktplatz des Lebens – wo ihr Gott finden könntet – die Zeit vertreibt, habt euch als unwissend, gleichgültig, blind und als so gedankenlos erwiesen, dass ihr die spirituelle Größe Johannes' des Täufers sowie das unschätzbare Gute, das er euch gebracht hätte, nicht wahrnehmen konntet. Ihr wart so unklug, ihn als einen vom Teufel Besessenen zu verurteilen, weil er – anders als euer Annehmlichkeiten liebendes Ich – strenge Selbstdisziplin übt und Speise und Trank nur in sehr geringem Maße zu sich nimmt. Wenn ihr seine heilige Askese als ein Zeichen von Besessenheit betrachtet, wie könnt ihr dann aufgrund dieses Maßstabes eure Kritik an jemandem rechtfertigen, der mit euch isst und trinkt und Umgang pflegt, wie es in dieser Zeit üblich ist? Doch ihr verleumdet mich als gierigen Menschen, als ›*Weinsäufer*‹, als jemanden, der mit Zöllnern und Sündern verkehrt. Ganz offensichtlich vermögt ihr nicht, in mir den Sohn Gottes zu erkennen, der sich hinter dem Menschensohn, der menschlichen Natur, verbirgt. Ihr begreift nicht, dass alle Kinder, die Gottes Weisheit besitzen – was immer sie tun und obwohl sie von ihren Mitmenschen nicht verstanden werden –, aufgrund der subtilen, unwandelbaren Gesetze ihrer Gottverwirklichung dazu berechtigt sind.«

Jesus lebte in einer dunklen Epoche, in der die breite Bevölkerung keinen Zugang zu den wissenschaftlichen Techniken hatte, mit denen man sich mit Gott verbinden und sich mit Ihm vereinen kann. Diejenigen, die diesen höchsten Gipfel der Spiritualität erreichten, fanden den Weg zur Verinnerlichung vor allem durch tiefe Hingabe sowie durch Disziplinierung von Körper und Geist. Während der Prophet die weniger fortgeschrittene Rolle Johannes' des Täufers spielte, schuf er einen strengen Maßstab: den der frommen Selbstdisziplin des Fastens sowie den der Beachtung bestimmter physischer Gesetze und religiöser Riten. Jesus dagegen kam, um ein Beispiel für Gottesbewusstsein zu geben. Er nahm nur als physisches Wesen (als Menschensohn) an den üblichen gesellschaftlichen Gepflogenheiten teil; sein geistiges Wesen, das sich als Sohn Gottes in ihm offenbarte, blieb davon unberührt. Der Sohn Gottes, der innere Christus, war vollkommen losgelöst von den Handlungen des Menschensohnes, von der äußeren Persönlichkeit Jesu. Jesus deutete an, dass sowohl seine Kritiker als auch die von Johannes dem Täufer spirituell so blind gewesen seien, dass sie weder die Geistigkeit erkennen konnten, die sich äußerlich in der asketischen Lebensweise Johannes' des Täufers kundtat, noch den Christus in Jesus, verborgen hinter den herkömmlichen, anscheinend unveränderten Gewohnheiten seines einfachen Lebens.

Jesus begründete seinen Umgang mit »*Zöllnern und Sündern*« damit, dass er von Weisheit geführt werde. Seine Geselligkeit sollte Standesschranken beseitigen und dazu beitragen, vorbehaltlos allen spirituell zu dienen, die seiner Hilfe bedurften, und sie sollte zeigen, wie die erlösende Kraft Gottes die in Irrtum Befangenen unterstützen und erheben konnte, wenn diese sich seinem Beistand anvertrauten, der seinem Verständnis und Mitgefühl entsprang.

~

> *Da fing er an, die Städte zu schelten, in denen die meisten seiner großen Taten geschehen waren, weil sie nicht Buße getan hatten:*
>
> *Wehe dir, Chorazin! Weh dir, Betsaida! Wenn die großen Taten in Tyrus und Sidon geschehen wären, die bei euch geschehen sind, so hätten sie längst in Sack und Asche Buße getan. Doch ich sage euch: Tyrus und Sidon wird es erträglicher ergehen am Tag des Gerichts als euch.*[22]
>
> *Und du, Kapernaum, die du bis zum Himmel erhoben worden bist, du wirst in die Hölle hinuntergestoßen werden. Denn wenn in Sodom die großen Taten geschehen wären, die in dir geschehen sind, so würde es heutzutage noch stehen. Doch ich sage euch: Am Tage des Gerichts wird es dem Land Sodom erträglicher ergehen als dir.* (*Matthäus* 11, 20–24)[23]

---

[22] Die Stadt Chorazin existiert nicht mehr. Sie soll etwa drei Kilometer nördlich von Kapernaum gelegen haben. Betsaida, der Heimatort von Petrus, Andreas und Philippus, lag am See von Galiläa an der Einmündung des Jordan. Tyrus und Sidon waren wohlhabende Handelszentren an der Mittelmeerküste in Phönizien (dem heutigen Libanon), mit denen die Juden zeitweilig verfeindet waren. Siehe z. B. *Joel* 4, 4–6: »*Und was habt ihr mit mir zu tun, die ihr aus Tyrus und Zidon und allen Gebieten der Philister seid? ... Ihr habt mein Silber und Gold genommen und meine kostbaren Schätze in eure Tempel getragen; und die Kinder Judas und die Kinder Jerusalems habt ihr an die Griechen verkauft, um sie weit von ihrer Heimat zu entfernen.*«

[23] Vgl. Parallelverse in *Lukas* 10, 13–15.

»O ihr Bewohner von Chorazin und Betsaida, euch wurde die Gunst erwiesen, die gewaltigen Werke der Macht Gottes zu sehen, und ihr wart Zeugen von geistigen Wundertaten – davon, was Gottes Gnade und Segen euch bringen könnte; aber ihr habt es versäumt, hinreichenden Nutzen daraus zu ziehen, um euer Leben zu ändern. Eure Unempfänglichkeit wird euch schließlich auf Irrwege und in die Grube des Elends führen. Selbst die Menschen im alten Tyrus und Sidon, deren geistiges Erbe nicht so reich ist wie das eure, wären empfänglicher gewesen als ihr. Wären sie Zeugen solch göttlicher Wundertaten geworden, hätten sie ihre üble Lebensweise tief bereut und Buße getan. Ich prophezeie euch: Wenn ich diesen Körper verlassen habe und in meinem Christusbewusstsein bin, werde ich sehen, wie die verstorbenen Bewohner von Tyrus und Sidon auf eine höhere Schwingungsebene erhoben worden sind, als ihr aufgrund eurer Handlungen erwarten dürft.«

Was ist »der Tag des Gerichts« wirklich?

Der »*Tag des Gerichts*« ist keine bestimmte, von Gott festgelegte Zeitspanne in der Ewigkeit, sondern generell die Zeit nach dem Tod, wenn eine körperlose Seele die Beurteilung – die Früchte – ihrer Handlungen empfängt, die sie durch ihr gesamtes Handeln in früheren Leben verdient hat.

Das ganze Leben ist eine Schule, und jeder Mensch, ob er es weiß oder nicht, bereitet sich auf eine »Abschlussprüfung« vor, die am letzten Tag seiner irdischen Inkarnation stattfindet. Im gesellschaftlichen Leben mag es schwierig sein, den Charakter eines Menschen nach seinem äußeren Erscheinungsbild zu beurteilen (es sei denn, man beherrscht die intuitive Kunst der Menschenkenntnis). Aber im Tod fällt die Fassade der Verstellung von jedem Menschen ab, und er steht völlig unverhüllt vor dem Tribunal des »Jüngsten Gerichts«, bei dessen Verfahren er über sich selbst urteilt.

»*Denn so, wie er im Innersten denkt, so ist er.*«[24] Obwohl jede Seele ihrem Wesen nach rein göttlich ist, hat sie eine Maske der äußeren Persönlichkeit und des Charakters aufgesetzt – hat sich mit einer Schwingungshülle umgeben, die sich aus allen Gedanken, Gefühlen, Sinneswahrnehmungen, Wünschen und Gewohnheiten zusammensetzt, welche ein Mensch in seinem Leben jemals hatte. Jeder individuelle Mensch ist einzigartig; keine menschliche Schwingungsform

[24] *Sprüche* 23, 7.

ist mit einer anderen identisch, denn die Gedanken, Entscheidungen und Reaktionen eines Menschen in der Schule des Lebens gehören nur ihm. Von der Kindheit bis zum letzten Atemzug werden alle diese Erfahrungen als Schwingungsmuster, als bildhaft verdichtete Aufzeichnungen, im Gehirn gespeichert. Diese karmischen Neigungen beeinflussen das Verhalten, die Persönlichkeit und die Lebenserfahrungen jedes Menschen.

Nachdem genügend Zeit vergangen ist, haben die meisten Menschen sogar Schwierigkeiten, sich an die wichtigsten Vorkommnisse ihres täglichen Lebens zu erinnern; gewöhnlich beginnt das Bewusstsein, die Einzelheiten von Ereignissen bereits nach wenigen Minuten zu vergessen, und die meisten davon entfallen ihm völlig im Verlauf weniger Tage, Monate oder Jahre. Doch hinter dem Wachbewusstsein liegt das Unterbewusstsein; dort sind alle bedeutenden Erfahrungen des Lebens registriert und können durch einen entsprechenden Reiz wieder wachgerufen werden. Das Überbewusstsein liegt noch tiefer und ist weitreichender: Es vergisst nichts, was der Mensch jemals in seinem gegenwärtigen Leben oder in vergangenen Inkarnationen getan hat. Im gewöhnlichen Wachbewusstsein hat der körpergebundene Mensch im Allgemeinen keinen Zugang zum überbewussten Bereich. Aber zum Zeitpunkt des Todes, wenn die Lebenskraft und das Bewusstsein in die Wirbelsäule und in das Gehirn zurückgezogen werden, um die sterbliche Hülle zu verlassen, werden die bildhaft verdichteten karmischen »Aufzeichnungen«, in denen jede Handlung, jeder Gedanke, jedes Gefühl und jedes Verlangen von Kindheit an gespeichert wurden, aktiviert und sichtbar gemacht. In einer blitzartigen Rückblende wird der Seele ihre gesamte Inkarnation gezeigt – alles Gute und alles Böse, was diese Person getan hat, ganz gleich, wie umfassend ihr »Vergessen« war.

Wenn der Sterbende sieht, wie er diese Inkarnation insgesamt genutzt hat, ist er von dem komprimierten Gesamtbild seiner vorherrschenden Gefühle und Wünsche überwältigt. Hat er ein grundsätzlich gutes Leben geführt, empfindet er Glück oder Zufriedenheit; bestand die »Hauptleistung« seines Lebens darin, sich selbst und anderen Schmerz zuzufügen, wird sein Geist von großer Reue oder Schuldgefühlen befallen. Der vorherrschende Eindruck, der aus dieser Rückschau auf das Leben entsteht – ob stark positiv oder negativ oder irgendwo dazwischen liegend –, stellt das *»Gericht«* dar. Und dieses Gericht entscheidet, in welchem Bereich der Astralwelt er sich in der Phase zwischen den Inkarnationen aufhalten wird; außerdem bestimmt es die Bedingungen für seine Wiedergeburt in einem physischen Körper.[25]

Die vorherrschenden Gedanken und Gefühle eines Menschen während seines Erdenlebens bestimmen daher das »Urteil« am *»Tag des Gerichts«*. Der letzte Eindruck, der in seinem Bewusstsein zurückbleibt – die reine Essenz seiner vorwiegenden Lebensgewohnheiten –, wirkt daher als karmischer Richter, der beim Schall von »Gabriels Posaune« die nächste Bestimmung dieses Menschen ankündigt.[26]

Der Tag des Gerichts stellt also eine Zeit nach dem Tod dar, wenn Seelen (ihrem individuellen Karma entsprechend) vom kosmischen Gesetz dahin gehend beurteilt werden, welche Art von Wiedergeburt oder spirituellem Aufstieg ihnen zukommen soll – auf Erden oder in einer anderen, höheren Sphäre des Daseins.

»Und daher weiß ich und kann ich euch vorhersagen, o Bewohner von Chorazin und Betsaida, dass ihr nach dem Tode – am Tage des Urteils über euer Karma – wegen eurer spirituellen Gleichgültigkeit nur magere Früchte ernten werdet. Mein Bewusstsein – das allwissend und ewig ist und auch nach dem Tod fortdauert – sieht bereits alles, was euch in der Zukunft geschehen wird, weil ihr die spirituelle Gelegenheit zur Weiterentwicklung ausgeschlagen habt. Ich prophezeie euch, dass ich an eurem Tag des Gerichts wegen eurer Torheit gewiss trauern werde.«

In ähnlicher Weise spricht Jesus über Kapernaum (seinen Wohnsitz während seines öffentlichen Lebens – folglich die Stadt, welche bei Gott in höchster Gunst stand, *»zum Himmel erhoben«*): dass der Stadt aufgrund des individuellen Karmas und des Massenkarmas ihrer spirituell gleichgültigen Einwohner Leid bevorstehe. Wäre sogar der Bevölkerung des unglücklichen Sodom eine derartige Verherrlichung Gottes durch das Leben und die Werke Christi bekundet worden, hätte anschließend ihr besseres Verhalten das Weiterbestehen der Stadt ermöglicht und den Bewohnern eine höhere Sphäre im Jenseits beschert.[27]

---

25 »Der Gedanke, mit dem ein Sterbender seinen Körper verlässt und an dem er lange festgehalten hat, bestimmt seinen nächsten Daseinszustand.« (*Gott spricht mit Arjuna – Die Bhagavad-Gita* VIII, 6)

26 Siehe Diskurs 21, Band I.

27 »Nur wenige Historiker haben erkannt, dass die indische Kultur, die älter ist als alle anderen Kulturen, ihr Fortbestehen keinem Zufall, sondern einer logischen Tatsache

Hier wird festgestellt, dass das Kosmische Gesetz karmische Konsequenzen zumisst, die den verursachenden Handlungen entsprechen; aber zusätzlich zu einer Handlung selbst spielt auch der Beweggrund eine Rolle. Unwissenheit hebt das Gesetz nicht auf. Aber die willentliche, bewusste Ablehnung des richtigen Weges – sobald dieser einmal deutlich aufgezeigt wurde – vergrößert die daraus entstehende Last des Karmas. Der Richtspruch des Kosmischen Gesetzes über die unwissenden Übeltäter Sodoms wäre deshalb weniger streng ausgefallen als das Urteil über jene geistigen Missetäter in Kapernaum, die Gott lästerten, indem sie einen erhabenen Repräsentanten der Christusintelligenz, der ihnen von Gott gesandt worden war, zurückwiesen und verleumdeten.

---

verdankt – nämlich der einzigartigen Hingabe an die ewigen Wahrheiten, die Indien in jeder Generation durch seine großen Meister verkündigt hat. Schon durch sein bloßes Weiterbestehen, durch seine Unwandelbarkeit angesichts der Jahrhunderte (und können die pedantischen Gelehrten uns wirklich sagen, wie viele?) hat Indien die gültigste Antwort aller Völker auf die Herausforderung der Zeit gegeben.

Die biblische Geschichte, in der Abraham den Herrn bittet, die Stadt Sodom zu retten, wenn Er nur zehn Gerechte darin finde, und die Göttliche Antwort: »Ich will sie nicht verderben um der zehn willen« gewinnen am Beispiel des vor dem Untergang bewahrt gebliebenen Indien eine neue Bedeutung. Versunken sind die mächtigen Weltreiche jener in der Kriegskunst bewanderten Nationen, die einst zu Indiens Zeitgenossen gehörten: das alte Ägypten, Babylonien, Griechenland, Rom.

Aus dieser Antwort Gottes geht eindeutig hervor, dass ein Land nicht aufgrund seiner materiellen Errungenschaften, sondern aufgrund seiner vergeistigten Menschen fortbesteht.« – *Autobiographie eines Yogi*

DISKURS 35

Vergebung der Sünden

Die biblische Auffassung von Sünde wurde jahrhundertelang missverstanden

❖

Wer die Göttlichkeit seiner Seele erkennt, wird von den Folgen aller früheren falschen Handlungen befreit

❖

Wie reine Liebe zu Gott Vergebung der Sünden bringt

❖

Jesus zeigt der Ehebrecherin gegenüber Mitgefühl und Weisheit

❖

Wer anderen vergibt, zieht Gottes Vergebung auch für sich an

❖

Wird ein Missetäter von den karmischen Folgen seines verletzenden Verhaltens befreit, wenn man ihm vergibt?

❖

Fünf Methoden zur Befreiung von karmischen Folgen falscher Handlungen

»Der Mensch ist im Wesentlichen und auf ewig nach dem Bilde Gottes geschaffen; die Sünden, die er in Millionen Leben begangen hat, können die Vollkommenheit seiner Seele nicht auslöschen.«

Es bat ihn aber einer der Pharisäer, dass er bei ihm essen möge. Und er ging in das Haus des Pharisäers und setzte sich zu Tisch. Und siehe, eine Frau war in der Stadt, die war eine Sünderin; als sie erfuhr, dass er im Haus des Pharisäers zu Tische saß, brachte sie ein Alabastergefäß mit Salböl und trat von hinten zu seinen Füßen, weinte und fing an, seine Füße mit Tränen zu benetzen und mit ihren Haaren zu trocknen. Dann küsste sie seine Füße und salbte sie mit dem Salböl.

Als aber der Pharisäer, der ihn eingeladen hatte, das sah, sprach er bei sich selbst und sagte: Wenn dieser ein Prophet wäre, so wüsste er, wer und was für eine Frau das ist, die ihn berührt; denn sie ist eine Sünderin.

Jesus antwortete und sprach zu ihm: Simon, ich habe dir etwas zu sagen. Er aber erwiderte: Meister, sprich.

Es hatte ein Gläubiger zwei Schuldner; der eine schuldete fünfhundert Denare, der andere fünfzig. Da sie aber nicht zahlen konnten, erließ er ihnen die Schulden. Sag mir also, welcher von beiden wird ihn am meisten lieben?

Simon antwortete und sprach: Ich nehme an, der, dem er am meisten geschenkt hat. Er aber sprach zu ihm: Du hast richtig geurteilt.

Und er wandte sich der Frau zu und sprach zu Simon: Siehst du diese Frau? Ich bin in dein Haus gekommen, und du hast mir kein Wasser für meine Füße gegeben; sie aber hat meine Füße mit Tränen benetzt und mit ihren Haaren getrocknet. Du hast mir keinen Kuss gegeben; sie aber hat, seit sie hereingekommen ist, nicht abgelassen, meine Füße zu küssen. Du hast mein Haupt nicht mit Öl gesalbt; sie aber hat meine Füße mit Salböl gesalbt. Deswegen sage ich dir: Ihre vielen Sünden sind ihr vergeben, denn sie hat viel Liebe gezeigt; wem aber wenig vergeben wird, der zeigt wenig Liebe.

Und er sprach zu ihr: Deine Sünden sind dir vergeben.

Und die, welche mit ihm zu Tische saßen, dachten bei sich: Wer ist dieser, der auch Sünden vergibt?

Er aber sprach zu der Frau: Dein Glaube hat dich gerettet; geh hin mit Frieden!

Lukas 7, 36–50[1]

[1] In diesen Diskurs wurden noch weitere Bibelstellen über die Vergebung der Sünden einbezogen: *Johannes* 8, 3–11; *Markus* 11, 25–26; *Lukas* 17, 3–4; *Matthäus* 18, 21–35.

DISKURS 35

Vergebung der Sünden

Immer wieder wurde die alles vergebende Natur göttlicher Liebe an solchen Menschen offenbar, die sich voller Hingabe für den Christus in Jesus empfänglich machten. Die Worte Jesu an die als Sünderin verrufene Frau verliehen dem erlösenden Mitgefühl Gottes Ausdruck, das in reichem Maße antwortet, wenn das Herzensgebet eines Gottsuchers ganz von Liebe erfüllt ist. In der Bhagavad-Gita beschreibt der Herr diese großzügig gewährte Gnade in ähnlicher Weise: »Selbst ein schlimmer Übeltäter, der sich von allem anderen abwendet und Mich allein anbetet, kann unter die Guten gezählt werden, weil er die richtige Entscheidung getroffen hat. Er wird schnell zu einem tugendhaften Menschen werden und endlosen Frieden erfahren.«[2]

Die biblische Auffassung von Sünde wurde jahrhundertelang missverstanden

Das Gesetz des Karmas waltet über alles menschliche Tun. Gutes zeugt Gutes – Böses zeugt Böses. Eine Missetat gegen die Gesellschaft ist eine kriminelle Handlung; eine Handlung, die das Wohlergehen der Seele gefährdet, ist eine Sünde. Hinsichtlich menschlicher Handlungen wirkt das kosmische Gesetz anders als die menschlichen Gesetze. Ein Krimineller wird nur dann mit Hilfe des menschlichen Gesetzes bestraft, falls er überführt und entsprechend verurteilt wird; doch wenn man ihm nichts nachweisen kann, geht er frei aus. Das Gesetz des Karmas aber ist unfehlbar; es weiß alles und erteilt demgemäß seinen Richtspruch. *»Irrt euch nicht! Gott lässt sich nicht verspotten. Denn was der Mensch sät, das wird er auch ernten.«*[3]

---

[2] *Gott spricht mit Arjuna – Die Bhagavad-Gita* IX, 30–31.

[3] *Galater* 6, 7.

Die jahrhundertelang falsch verstandene biblische Auffassung von Sünde – einschließlich der Vermutung, dass Gott diese verabscheut – hat ein weithin akzeptiertes Bild des Allmächtigen geschaffen, der die Sünder in Seinem Zorn herzlos, unbarmherzig und mit rachsüchtiger Härte verurteilt. Eingeschüchtert muss der Mensch sich dem Richtspruch seines Schöpfers beugen. Aber Heilige aller Glaubensrichtungen, die in innerlicher Zwiesprache die Göttliche Gegenwart erfahren haben, bestätigen übereinstimmend, dass Seine Allmacht sich nicht als Rache kundtut, sondern als Mitgefühl, Liebe und Güte.

Obwohl Gott der Schöpfer und Erhalter des Menschen ist, hat Er das Gesetz von Ursache und Wirkung (das des Karmas) mit der Aufgabe betraut, das Leben so zu regeln, dass der Mensch selbst Richter seiner eigenen Handlungen ist. Durch gutes Handeln veranlasst dieser das Gesetz des Karmas dazu, ihn zu belohnen. Wenn er sich entscheidet, schlecht zu handeln, verursacht er sein eigenes Leid, weil er selbst das Gesetz des Karmas dazu aufgefordert und genötigt hat.[4]

Es gibt keine Macht, die bewusst darauf wartet, sich auf den Menschen zu stürzen und ihn zu vernichten, sobald er etwas Böses tut. Das kosmische Gesetz trifft keine bewussten Entscheidungen über Glück oder Unglück eines Menschen. »Der Alldurchdringende rechnet niemandem seine Tugenden oder Sünden an. Die Weisheit wird durch die kosmische Täuschung verdunkelt, welche die Menschheit irreführt.«[5] Während der Mensch mühsam seinen Weg durch die verwirrenden Angebote der trügerischen Schöpfung ertastet, schafft er sich seine eigene Belohnung für tugendhafte Entscheidungen oder seine Bestrafung für sündhafte, je nachdem, ob seine Handlungen mit dem kosmischen Gesetz im Einklang stehen oder im Widerspruch dazu.

Wenn eine Seele sich mit dem Körper und dessen Sinnenfreuden identifiziert, vergisst sie ihr göttliches Wesen. Dieses Vergessen mitten in hemmungslosem Schwelgen ist sündhaft, weil sich das Bewusstsein von Gott abwendet und dem Weg der Unwissenheit folgt. Dadurch versündigt sich der Mensch, weil er den Bestrebungen seines wahren SELBST zuwiderhandelt. Entscheidet sich folglich ein Kind Gottes dafür, sich mit den Sinnen und deren Freuden zu identifizieren, versündigt

---

[4] »Verbrechen und Strafe wachsen am selben Stamm. Strafe ist eine Frucht, die unverdächtig in der Blume des Vergnügens reift, wo sie verborgen liegt.« – Emerson, in *Compensation*.

[5] *Gott spricht mit Arjuna – Die Bhagavad-Gita* V, 15.

es sich an seiner Seele, verstößt es gegen das göttliche Glück seiner Seele. Die grundlegende Sünde, die, gepaart mit Unwissenheit, alle anderen Formen sündhaften Verhaltens erzeugt, ist die Vorliebe für sinnliche Vergnügungen; sie schließt die in der Meditation zu gewinnende glückselige Verbindung mit der Seele, welche Gott kennt, aus. Wer es versäumt, die höhere, der Seele innewohnende Freude ewig neuer Glückseligkeit – die in der Meditation erlebt werden kann – zu suchen und zu finden, vergisst sein göttliches SELBST in der sinnlichen Begierde des Ego, des täuschenden Pseudo-Selbst. Wenn ein Prinz all seine Schätze verprasst, um seine boshaften, genusssüchtigen Freunde mit Speise und Trank zu bewirten, sündigt er gegen sein eigenes Interesse. Ähnlich verhält es sich, wenn der Mensch seine königliche Seelennatur vergisst und sich den flüchtigen Freuden des vom Ego beherrschten Körpers hingibt: Er verliert damit sein Recht und seine Fähigkeit, den ihm eingeborenen Schatz der unvergänglichen, ewig neuen Glückseligkeit zu heben, der in seinem höchsten SELBST vor ihm verborgen gehalten wird.

Wenn der von Sünde bedrängte Mensch die schmerzhaften Folgen seiner Verfehlungen erleiden muss, schreit er erbärmlich nach Gottes Gnade. Diese Gnade wurde bereits jeder menschlichen Seele geschenkt, aber da das ichbezogene, individuelle Bewusstsein des Menschen in Unwissenheit versunken ist, hindert es den Menschen, diese Gnade anzunehmen. Daher denkt der weltlich gesinnte Mensch, Gott habe ihn vergessen – oder Gott sei unnahbar und so weit von menschlichen Angelegenheiten entfernt, dass für Ihn die Nöte der Menschen ohne Bedeutung sind. Das Gegenteil ist der Fall: Gott ist der Allernächste; Er ist immer liebevoll auf das Wohlergehen Seiner Kinder bedacht und wirkt im Stillen dafür. Der Mensch ist es, der sich unnahbar und distanziert Gott gegenüber verhält und sich von Ihm abwendet, indem er weltlichen Dingen nachjagt. Und wenn er dann plötzlich und dringend Gottes Hilfe benötigt, weiß er nicht mehr, wie er mit jener Göttlichen Immanenz in Verbindung treten kann.

Warum Gott so unnahbar zu sein scheint und so distanziert gegenüber dem menschlichen Geschehen

Als Gott ursprünglich den Menschen erschuf, enthielt er ihm das Wissen über Sich selbst oder die Offenbarung Seiner selbst nicht vor. Wie in der Heiligen Schrift berichtet, vollzog sich die Verständigung zwischen Gott und dem Menschen im Anfangsstadium der Schöpfung ganz natürlich und ungehindert. Aber der Mensch übertrat Gottes Gesetze und errichtete dadurch Mauern der Sünde und Unwissenheit, welche seine Wahrnehmung Gottes verhinderten. Zu Beginn begegneten Adam und Eva in ihrem Leben Tag für Tag dem Wohltätigen Schöpfer. Der Herr versagte ihnen niemals Seinen Besuch, bis sie Seinen Verhaltenskodex wissentlich übertraten. In Wirklichkeit war es nicht Gott, der Adam und Eva vertrieb; sie vertrieben sich durch ihren Ungehorsam selbst aus dem Paradies. Durch ihr eigenes Handeln umgaben sie sich mit den massiven Mauern sündhafter Übertretung, sodass sie den Strahlenden GEIST nicht mehr schauen konnten.

Da der Mensch im Irrtum verharrt, ist er geächtet, vom Gottesbewusstsein ausgeschlossen. Aber es wäre falsch, Gott vorzuwerfen, selbstsüchtig zu sein, auf einem goldenen Thron im Himmel zu sitzen und sich an den schönsten Seiten Seiner Schöpfung zu erfreuen, während Er die armen Menschenwesen auf Erden dazu verurteilt, den harten Boden des Lebens zu pflügen. Die Wahrheit lautet, wenn Gott allgegenwärtig ist, dann leidet Er in allen, die weinen, müht sich ab in allen, die schwere Arbeit leisten, und ist voller Freude in jenen, welche die Glückseligkeit der Seele erkennen. Der Erhabene GEIST wünschte, zu Vielen zu werden, und so wurde Er zu Vielen; aber die Vielen nehmen Ihn nicht an. Durch ihren Individualismus haben sie sich von Ihm abgesondert. Da sie sich an das Trugbild eines unabhängigen Ego-Daseins klammern, vergessen sie vollkommen, dass ihr individuelles Leben lediglich eine kleine Welle auf dem Kosmischen Meer ist. Erlösung liegt darin, jene trügerische Vorstellung von Individualismus zu überwinden, sodass die kleine Welle mit dem Meer des GEISTES verschmelzen kann.

Jede Seele wurde als makelloses Ebenbild des Schöpfers erschaffen und bleibt in alle Ewigkeit unwandelbar, ganz gleich, wie offensichtlich sündhaft das nach außen gerichtete Ego-Bewusstsein sich durch die Werkzeuge von Körper und Geist präsentiert. Die Sünde wirkt nur wie eine Kruste, welche die Seele umschließt und verhindert, dass diese ihr Einssein mit dem GEIST zum Ausdruck bringt. Wenn diese Kruste der Sünde aufgebrochen wird, gewinnt die ewig reine Seele Vorherrschaft über das Bewusstsein und bringt die Erkenntnis ihrer Wesensgleichheit mit Gott erneut zum Ausdruck.

Sobald die Seele sich wieder als einen Sohn Gottes erkennt, als ein wahres Kind des Makellosen Unendlichen, und ebenfalls versteht, dass sie sich nur vorübergehend – im Traum der Täuschung

Jesus vergibt der Sünderin

Ihre vielen Sünden sind ihr vergeben, denn sie hat viel Liebe gezeigt …

Und die, welche mit ihm zu Tische saßen, dachten bei sich: Wer ist dieser, der auch Sünden vergibt?

Er aber sprach zu der Frau: Dein Glaube hat dich gerettet; geh hin mit Frieden!

Lukas 7, 47. 49–50

Immer wieder wurde die alles vergebende Natur göttlicher Liebe an solchen Menschen offenbar, die sich voller Hingabe für den Christus in Jesus empfänglich machten. Die Worte Jesu an die als Sünderin verrufene Frau verliehen dem erlösenden Mitgefühl Gottes Ausdruck, das in reichem Maße antwortet, wenn das Herzensgebet eines Gottsuchers ganz von Liebe erfüllt ist. …

Die jahrhundertelang falsch verstandene biblische Auffassung von Sünde – einschließlich der Vermutung, dass Gott diese verabscheut – hat ein weithin akzeptiertes Bild des Allmächtigen geschaffen, der die Sünder in Seinem Zorn herzlos, unbarmherzig und mit rachsüchtiger Härte verurteilt. Eingeschüchtert muss der Mensch sich dem Richtspruch seines Schöpfers beugen. … Aber Heilige aller Glaubensrichtungen, die in innerlicher Zwiesprache die Göttliche Gegenwart erfahren haben, bestätigen übereinstimmend, dass Seine Allmacht sich nicht als Rache kundtut, sondern als Mitgefühl, Liebe und Güte. …

Es gibt keinen Zweifel an diesem Versprechen Gottes: Jede Sünde, einschließlich ihrer Folgen, kann dem reuigen Gottsucher vergeben werden, der Gott tief genug liebt und auf diese Weise sein Leben mit dem allbarmherzigen Herrn in Einklang bringt.

Paramahansa Yogananda

Zeichnung von Heinrich Hofmann

– vorstellte, ein Sünder zu sein, dann wird auch das Bewusstsein von immer tieferem Glauben an diese Realität erfüllt. Die Überzeugung, ein Sünder zu sein, ist nur Einbildung und veränderbar; die schlummernde Überzeugung jedoch, dass die Seele ein Sohn Gottes ist, ist von Dauer und unwandelbar, auch wenn sie vorübergehend in einer weltlichen Matrix der Sünde verborgen liegt. Wer an die Göttlichkeit seiner Seele und an ihr allmächtiges, auf Gott eingestimmtes Wesen glaubt, wird schnell von den Folgen früherer sündhafter Handlungen befreit.

Wer die Göttlichkeit seiner Seele erkennt, wird von den Folgen aller früheren falschen Handlungen befreit

Herrscht in einem Raum tausend Jahre lang Dunkelheit, lässt sie sich nicht dadurch vertreiben, dass man sie mit einem Stock schlägt. Aber wenn man ein Licht hineinbringt, weicht die äonenlange Finsternis sofort. Ähnlich verhält es sich, wenn sich eine Seele während Inkarnationen im Dunkel der Unwissenheit und böser Handlungen aufhält; wird die Finsternis vom Licht der Weisheit sowie vom Glauben an die Seele und an Gott erhellt, entschwindet augenblicklich alle trügerische Dunkelheit.

Die vollkommene Methode, mit welcher der Mensch die Folgen seiner früheren falschen Handlungen vermeiden kann, besteht also darin, sich von einem menschlichen Wesen zu einem göttlichen Kind zu entwickeln. Die bösen Taten einer Seele, die mit dem Körper identifiziert ist (d.h. einer Seele in der Rolle des Ego), müssen nach dem Gesetz des Karmas bestraft werden. Aber wenn die Seele durch ekstatische Meditation völlig frei wird von ihrer Identifikation mit dem Körper und sich als reines Ebenbild des GEISTES sieht, wird sie nicht mehr für die Fehler bestraft, die sie im menschlichen Bewusstseinszustand begangen hat.

Stellt euch vor, der mächtige König eines Landes verkleidet sich und besucht in seinem Reich eine Schenke; er betrinkt sich, vergisst seinen Stand und beginnt eine wüste Schlägerei mit einem anderen Gast. Der Wirt bringt ihn daraufhin vor einen Richter, der vom König in dieses Amt eingesetzt wurde. Unmittelbar bevor der Richter sein Urteil fällt, wird der König wieder nüchtern, legt seine Verkleidung ab und ruft aus: »Ich bin der König, der dich als Richter eingesetzt hat, und ich besitze die Macht, dich ins Gefängnis zu werfen. Wie kannst du es wagen, mich zu verurteilen?« Ähnlich kann die stets vollkommene königliche Seele, während sie sich mit dem Körper identifiziert, etwas Böses tun und vom Richter des Karmas für schuldig befunden werden; aber wenn diese Seele ihr Bewusstsein mit Gott (dem Schöpfer des karmischen Richters) gleichsetzt, untersteht diese erhabene Seele hinsichtlich ihrer früheren Vergehen nicht länger der Rechtsprechung eines solchen Gerichtes.

Je mehr ein Mensch seine Identität auf das Absolute gründet und aufhört, sich als Sünder zu betrachten, desto mehr fühlt er Gottes Gnade.

Liebe zu Gott, Ergebenheit in Gott zerstört im Menschen das Karma der Unwissenheit. Reine Liebe, göttliche Liebe, beseitigt die Schranken zwischen dem Menschen und seinem Schöpfer. Die Sünderin, die »viel Liebe gezeigt hat«, wurde durch die heilende Berührung dieser göttlichen Liebe verwandelt.

Wie reine Liebe zu Gott Vergebung der Sünden bringt

»Ich bin allen Wesen gegenüber gleich unvoreingenommen«, erklärt der Herr in der Bhagavad-Gita. »Keinen betrachte Ich als hassenswert und keinen als liebenswert. Doch jene, die Mir ihr Herz in Liebe schenken, leben in Mir, und Ich lebe in ihnen.«[6]

Gott ist Liebe. Jede Seele ist ein heiliges Gefäß, das mit dieser göttlichen Liebe gefüllt ist – selbst dann, wenn das nach außen gerichtete Bewusstsein der Täuschung unterliegt oder vom Bösen beherrscht wird. Ganz gleich, wie intensiv ein im Irrtum befangener Mensch sich sinnlichen Genüssen zuwendet, sobald er durch Meditation die Liebe Gottes bewusst in seinem Inneren empfindet, erhebt er sich allmählich über seine schlechten Gewohnheiten. Wie groß die Sünden eines Menschen auch sein mögen, wenn er sich nach innen wendet, aufrichtig nach Gottes Glückseligkeit und Liebe trachtet (die seiner Seele innewohnen) und sie schließlich erlangt, muss er nicht mehr das Leid durchleben, das mit seiner früheren Anhaftung an die Sinne verkettet war. Diese Gnade wurde der Frau, die »viel Liebe zeigte«, geschenkt. Da ihr eigenes Bewusstsein von der Liebe Gottes in ihrem Inneren durchdrungen war und dank der Hilfe Jesu Christi wurde ihr Bewusstsein frei von ihrer sündhaften Gewohnheit, den triebhaften Freuden des Fleisches zu frönen.

Jesus vergab ihr als einem künftigen göttlichen Kind, das zum Bilde Gottes erschaffen worden war. Trotz ihrer vielen Sünden erkannte die Frau durch die Lehren Jesu, dass ihr die Kraft Gottes

---

[6] *Gott spricht mit Arjuna – Die Bhagavad-Gita* IX, 29.

innewohnte und dass die Macht Jesu das göttliche Bewusstsein in ihrem Inneren erwecken konnte, welches sie von den Folgen jener früheren Verfehlungen befreien würde. Das ist mit der Vergebung von Sünden gemeint.

Wenn ein Verbrecher gegen ein Gesetz verstößt, wird er nach den Paragraphen des Strafgesetzbuches verurteilt. Aber das Oberhaupt des entsprechenden Staates hat die Vollmacht, den Täter bei mildernden Umständen zu begnadigen. Ebenso können der allmächtige Gott und auch Seine Heiligen – die mit Ihm im Einklang sind und ihre göttliche Willenskraft anwenden – verhindern, dass das schlechte Karma eines Menschen Früchte trägt. Nur Gott und erleuchtete Söhne Gottes können die Sünden, die ein Mensch gegen seine eigene Seele begangen hat, ganz oder teilweise vergeben – vorausgesetzt, der Betreffende strebt hingebungsvoll und aufrichtig nach Vergebung – nicht nur durch Gebete, sondern auch durch göttliche Liebe.

Oberflächliches Beten und eigennützige Furcht vor den Folgen von Handlungen bewegen Gott nicht dazu, dem gerechten und gutgeheißenen Wirken Seines karmischen Gesetzes willkürlich Einhalt zu gebieten. Denn dies würde dem Menschen im Grunde erlauben, weiterhin falsch zu handeln, ohne irgendwelche Folgen befürchten zu müssen. Auch lässt sich Gott weder durch überschwängliches Lob bewegen noch durch das Angebot eines Tauschhandels, bei dem frühere Missetaten durch gutes Verhalten ausgeglichen werden sollen. Gott ist beides: Gesetz und Liebe; dies ermöglicht es dem Menschen, Zuflucht zu suchen in der Obhut göttlicher Gnade und Vergebung und sich dadurch vor seinem selbst geschaffenen Schicksal zu bewahren, das ihm vor den Schranken eines gnadenlosen Gerichts zuteil würde. Der Gottsucher, der Erlösung sucht, indem er sein Handeln auf die rechte Führung durch das göttliche Gesetz ausrichtet, und der darüber hinaus mit reiner Hingabe und voller Vertrauen die bedingungslose Liebe Gottes erfleht, wird im Lichte göttlicher Vergebung verwandelt. Es gibt keinen Zweifel an diesem Versprechen Gottes: Jede Sünde, einschließlich ihrer Folgen, kann dem reuigen Gottsucher vergeben werden, der Gott tief genug liebt und auf diese Weise sein Leben mit dem allbarmherzigen Herrn in Einklang bringt.

Die Liebe ist größer als das Gesetz. Sie ist das einende Band zwischen dem Herzen des Gottsuchers und dem bedingungslos liebenden Herzen Gottes. Das Gesetz gründet sich auf unpersönliche Gerechtigkeit, die nach dem Prinzip von Ursache und Wirkung zugemessen wird; die Liebe aber erhebt Anspruch auf Gott als unseren Vater und unsere Mutter, dessen alles umfassende Barmherzigkeit bestehen bleibt und der uns verzeiht, – ganz gleich, ob das Gesetz vollständig erfüllt wurde oder nicht.[7]

Die Sünderin, welcher von Jesus vergeben wurde, zeigte trotz ihrer schwerwiegenden Sünden viel Liebe, weil sie, anstatt sich in der Gegenwart der göttlichen Liebe verurteilt zu fühlen, an deren erlösende Kraft glaubte. Und es erging ihr wie dem Mann in Jesu Gleichnis, dem seine größere Schuld vergeben wurde, im Vergleich zum anderen Schuldner, dem eine geringere erlassen wurde: Durch die Ehrfurcht einflößende Vergebung, welche die Frau aufgrund ihrer Hingabe und ihres Glaubens erlangte, sowie durch den Segen, den sie von dem Christus in Jesus empfing, nahm ihre Liebe immer mehr zu.[8]

Wird eine geringe karmische Schuld durch Gottes Gnade aufgehoben, mag ein zufriedener, rechtschaffener Mensch, der sich in seiner Liebe zu Gott geborgen fühlt, dies kaum bemerken oder darauf reagieren. Indessen werden überwältigende Liebe und Dankbarkeit in einem Menschen geweckt, dessen Hingabe und Glaube eine göttliche Begnadigung verdient haben – eine Lossprechung von einigen verheerenden karmischen Folgen, die er durch sein sündiges Verhalten selbst verursacht hat.

Daher wird einem Menschen, der viel Liebe zeigt, viel vergeben; und wem viel vergeben wird, dessen Liebe nimmt noch zu.

Und er sprach zu ihr: Deine Sünden sind dir vergeben.

Und die, welche mit ihm zu Tische saßen, dachten bei sich: Wer ist dieser, der auch Sünden vergibt?

Er aber sprach zu der Frau: Dein Glaube hat dich gerettet; geh hin mit Frieden! (Lukas 7, 48–50)

---

[7] »Alle Bosheit in der Welt, die der Mensch auch nur bewirken oder denken kann, bedeutet nicht mehr für die Gnade Gottes als eine glühende Kohle im Ozean.« William Langland, englischer mystischer Dichter des 14. Jahrhunderts.

[8] Die hl. Theresa schrieb: »Es gibt Seelen, denen die Gewissheit, dass Gott mit ihnen ist, förderlicher ist als alle Furcht, die sie jemals befallen könnte. Wenn eine Seele großherzige Liebe zeigt und ganz selbstverständlich dankbar ist, dann lässt die Erinnerung an die Gnadengeschenke Gottes diese Seele sich Ihm entschiedener zuwenden als alle Höllenstrafen, die sie sich nur vorstellen könnte – zumindest war es so bei mir.« – *Life of St. Teresa of Jesus* (New York: Benziger Bros., 1904), Chapter XV.

Jesus erklärte wiederholt, dass er Sünden vergebe; dies verwirrte seine Mitmenschen, denn sie glaubten, dass nur Gott jemandem die Sünden vergeben könne. Sie konnten kaum begreifen, dass sich in der Macht Jesu dessen Einssein mit Gott manifestierte, wodurch er befähigt wurde, alle Wunder zu vollbringen, die vom Göttlichen Willen gutgeheißen wurden.

Wie zuvor erwähnt, können nur Gott und weit fortgeschrittene Heilige anderen vergeben und sie vor den Folgen bewahren, die sie wegen ihrer Vergehen erleiden müssten. Dies ist möglich, weil sie die Beziehung zwischen dem Denken, den Gewohnheiten und dem Gehirn der einzelnen Menschen genau verstehen und daher die Beschaffenheit der Gehirnzellen und das Denken einer Person ändern und deren karmische Muster zum Positiven verwandeln können.[9] Manche leichtgläubigen Übeltäter halten es für ausreichend, ihre Sünden einem gewöhnlichen Geistlichen zu beichten, um einen göttlichen Gnadenerlass für ihre bösen Taten gewährt zu bekommen. Da ihr Sündenbekenntnis ihnen einen gewissen Trost schenkt und weil sie das feine Wirken des karmischen Gesetzes nicht erfassen – dessen strafendes Urteil nicht in augenfälliger Weise mit dem Zeitpunkt und den Umständen der auslösenden Ursache verknüpft sein muss –, meinen sie, dass ihnen vergeben wurde.

Vergebung der Sünden bedeutet, karmische Muster zu löschen, welche durch falsches Handeln im Gehirn hinterlassen wurden

Die Idee der Beichte schafft ein gewisses Maß an Selbstbeherrschung und eine einheitliche sittliche Grundlage. Aber noch besser als die Beichte vor anderen Menschen ist es, die Beichte vor dem Herrn abzulegen – reumütig, hingebungsvoll und in reiner Liebe. Es ist unangebracht, zu Gott zu sagen: »Ich bin ein Sünder.« Gott möchte nur hören, dass der Mensch sich an seine wahre Beziehung zu Ihm erinnert, an Ihn, der Himmlischer Vater und Himmlische Mutter zugleich ist; Er wünscht, dass der Mensch sagt: »Herr, ich bin Dein Kind. Du hast mich in eine Welt voller Täuschung und Versuchungen gesetzt. Auch wenn ich vielleicht Fehler begangen habe, bin ich dennoch Dein Kind.« Wir kamen von Gott und wurden aus Seinem eigenen Einen Wesen erschaffen; und mit Ihm werden wir letzten Endes wieder verschmelzen. Allein das Vertrauen in diese Anschauung, in diese Überzeugung, kann der Seele Freiheit bringen.

---

[9] Siehe Diskurse 13 und 25 (in Band I) sowie Diskurs 31.

Jesus sagte der Frau, der so viele Sünden vergeben worden waren, dass sie durch ihren Glauben gerettet worden sei. Ihr Glaube – der durch ihre Demut und ihre ehrerbietige Liebe erstarkt war – befreite ihren Geist aus der Umklammerung ihrer Sinne und richtete ihr Bewusstsein nach innen, auf ihr wahres SELBST. Als Jesus erkannte, dass sie sich nicht länger ihrem ausschweifenden Verhalten hingeben wollte, regte er mit seiner kosmischen Energie die in ihrem Gehirn konzentrierte Lebensenergie an und beseitigte oder »vergab« die üblen Neigungen, die von ihrem ganzen Denken Besitz ergriffen hatten.

Als Jesus sprach: *»Deine Sünden sind dir vergeben«,* betonte er, dass Gottes Energie, die durch ihn zu ihr floss, die Hauptursache für ihre Heilung gewesen war. Dann fügte er hinzu: *»Dein Glaube hat dich gerettet«;* damit hob er hervor, dass ihre Empfänglichkeit, ihre Überzeugung von der unbegrenzten Kraft Gottes, die zweite Voraussetzung gewesen war.

Die göttliche Kraft Jesu weckte den allgegenwärtigen Göttlichen Willen, damit dieser den Gehirnzellen der Sünderin heilende kosmische Energie sende. Die gleichzeitige Freisetzung der latenten heilenden Lebensenergie in ihren Gehirnzellen wurde durch ihren *»Glauben«* ausgelöst, dadurch, dass ihr von Sünde gelähmter Wille wiederbelebt wurde, weil er sich dem Willen Gottes überantwortete, der durch Jesus wirkte.

»O Frau, dein Glaube an die unendliche Kraft göttlicher Heilung lud deinen von Sünde gelähmten Willen mit dem Göttlichen Willen auf, wodurch in deinem Gehirn gespeicherte Energie freigesetzt wurde; diese wurde durch meine kosmische Energie verstärkt und ätzte die sündhaften Neigungen hinweg, die sich in deinen Gehirnzellen eingenistet hatten. Befreit von den unwillkürlichen Reaktionen und Zwängen übler Gewohnheiten und von der Versklavung durch die Sinne kannst du nun bewusst den seelischen Frieden erleben, der erneut in deiner Seele erwacht ist – *›geh hin mit Frieden!‹.*«

Bei einer anderen Begebenheit, über die im Johannes-Evangelium berichtet wird, veranschaulichte Jesus dramatisch, wie sich Gott Seinen irrenden Kindern gegenüber verhält:

Da brachten die Schriftgelehrten und Pharisäer eine Frau zu ihm, die beim Ehebruch ergriffen worden war, und stellten sie in die

Mitte und sprachen zu ihm: Meister, diese Frau wurde auf frischer Tat beim Ehebruch ertappt. Mose aber hat uns im Gesetz geboten, solche Frauen zu steinigen; was sagst du dazu? Das sprachen sie aber, um ihn zu versuchen, damit sie ihn anklagen könnten. Aber Jesus bückte sich nieder und schrieb mit dem Finger auf die Erde, so, als hätte er sie nicht gehört.

Als sie aber fortfuhren, ihn zu fragen, richtete er sich auf und sprach zu ihnen: Wer unter euch ohne Sünde ist, der werfe den ersten Stein auf sie. Und wiederum bückte er sich nieder und schrieb auf die Erde. Als sie aber das hörten, gingen sie – von ihrem eigenen Gewissen überführt – einer nach dem anderen hinaus, angefangen von den Ältesten bis zu den Geringsten; und Jesus wurde allein gelassen mit der Frau, die in der Mitte stand.

Als Jesus sich aufgerichtet hatte und niemanden mehr sah als die Frau, sprach er zu ihr: Frau, wo sind deine Ankläger? Hat niemand dich verurteilt?

Sie sprach: Niemand, Herr. Und Jesus sagte zu ihr: So verurteile ich dich auch nicht; geh hin und sündige nicht mehr. (*Johannes* 8, 3–11)

Während dieser äußerst angespannten Auseinandersetzung beweist Jesus göttliche Weisheit, Mitgefühl und spirituelle Gewandtheit im Umgang mit einer ausgesprochen schwierigen Situation. Er schleuderte ein brisantes Gegenargument mitten unter die heuchlerischen Frömmler, die ihre eigenen Sünden verbargen, als sie sich versammelt hatten, um die schuldige Frau zu verurteilen und um gleichzeitig Jesus eine Gesetzwidrigkeit vorwerfen zu können, falls er es wagen sollte, Erbarmen mit der Frau zu haben und damit das Gesetz des Mose zu missachten. Jesus beschämte die Heuchler mit dem Hinweis: »Keiner unter euch ist ohne Sünde; solltet ihr nicht zuerst eure eigene Schuld anprangern und euch mit den Steinen der Verdammung bewerfen?«

Jesus zeigt der Ehebrecherin gegenüber Mitgefühl und Weisheit

Die Worte Jesu lassen sich in verschiedener Weise auf das praktische Leben anwenden: (1) Nur ein äußerst spiritueller Mensch, der selbst frei von Sünde ist, hat das recht, den Stein der Kritik auf einen weltlich gesinnten Menschen zu werfen, um ihn zu erwecken. (2) Jeder Mensch, der durch Selbstbeherrschung seine eigenen sündhaften Neigungen erfolgreich im Zaum halten kann, darf einen hilfreichen

Stein der Warnung auf jemanden werfen, der ungehemmt sündigt. (3) Niemand sollte einem anderen Kritik entgegenschleudern, solange er selbst den gleichen Fehler hat. Wer spirituell unwissend ist, hat kein recht, andere wegen ihrer spirituellen Unbedarftheit zu kritisieren. Menschen mit bestimmten sinnlichen Vorlieben sollten anderen nicht die gleiche Schwäche vorwerfen. Nur wer sich selbst gesellschaftlich korrekt verhält, ist berechtigt, gesellschaftliche Verfehlungen anderer zu missbilligen.

Jesus sagte im Wesentlichen Folgendes: »Niemand in der Menge war frei von Sünde, und deshalb konnte dich niemand reinen Gewissens verurteilen. Auch ich, mit meiner göttlichen Wahrnehmung und Weisheit, verdamme dich nicht vor Gott, obwohl du – wenn auch aus Unwissenheit – gesündigt hast. Folge von nun an dem Pfad der Rechtschaffenheit. Das Christusbewusstsein in mir hat dich davor bewahrt, die Folgen deiner früheren ehebrecherischen Handlungen tragen zu müssen. Identifiziere dich im Geiste nie wieder mit diesen unstillbaren Leidenschaften, die sich verheerend auf deine wahre seelische Freude ausgewirkt haben. Wiederholst du deine sündigen Handlungen, werden sie schnell wieder zu einer Gewohnheit, die dich – sogar gegen deinen Willen – zu sündhaftem Tun treiben wird. In dieser unseligen Abhängigkeit wirst du unter unheilvoller gesellschaftlicher, mentaler, moralischer, spiritueller und körperlicher Verdammung leiden, für die du nur sehr schwer Vergebung erlangen wirst und von der du dich durch eigene Anstrengungen oder durch den Beistand anderer nur sehr schwer befreien kannst.«

Ehebruch ist nicht nur ein gesellschaftliches Vergehen, sondern auch eine Sünde gegen das göttliche Glück. Ehebrecherisches Verhalten führt zur Zerrüttung von Ehen, zu gesellschaftlicher Disharmonie und zum Verlust des wahren Wertes von Liebe. Menschen, die der Promiskuität verfallen, anstatt ihre Sexualkraft zum Erlangen konstruktiver Ziele einzusetzen, entziehen ihrem Körper Energie, berauben ihren Geist seines Friedens und Glücks und verlieren die göttliche Freude und Weisheit ihrer Seele.

Jesus verstand die menschliche Natur und ihre Schwäche, sexuellen Versuchungen zu erliegen. Er wusste, dass ungesunde sexuelle Gewohnheiten, die im Geist und im Gehirn tief verwurzelt sind, nicht durch gesellschaftliche oder religiöse Verfolgung ausgemerzt werden können – dass aber ein reumütiger Mensch diese schädlichen Zwänge überwinden kann, wenn er sich im Geiste intensiv einprägt, welche zerstörerischen Auswirkungen diese Gewohnheiten auf ihn haben, und wenn er gleichzeitig die geeigneten Mittel der Selbstbeherrschung, der Willenskraft, des guten Umgangs und der Meditation nutzt, solche Gewohnheiten zu beseitigen. Hat ein derart schuldbewusster Sünder die Faszination sexueller Gewohnheiten erst einmal bezwungen, indem er durch tiefes Meditieren Lebensenergie in seinem Gehirn konzentriert hat (wodurch er auch die Unterstützung durch seinen Guru oder Erlöser und die befreiende Gnade Gottes gewinnt), dann sollte dieser reumütige Mensch jene Gewohnheiten und das mit ihnen verbundene Elend nicht wieder aufleben lassen, indem er erneut Samen unerlaubter sexueller Handlungen in den weichen Boden seines Geistes sät. Von daher verstehen sich der Segen und die Ermahnung Jesu: *»So verurteile ich dich auch nicht; geh hin und sündige nicht mehr.«*

Das Gesetz des Karmas soll die Menschen nicht zu Fatalisten machen, sondern sie befähigen, all die verborgenen Samen selbst erschaffener potenzieller Leiden exakt aufzuspüren, damit diese im Laufe der Zeit tatsächlich zerstört werden oder damit zumindest ihr Aufgehen durch physische, mentale und spirituelle Mittel gehemmt wird. Wenn der Saat böser Handlungen ihre Kraft genommen wurde, kann sie nicht plötzlich aufkeimen, um jemandem Leid zu bringen, der darauf nicht vorbereitet ist.

Je nach den gesetzlichen Bestimmungen eines Landes verurteilt ein Richter einen minderjährigen Straftäter vielleicht zu drei Jahren Jugendhaft. Aber der Richter hat normalerweise das recht, die Strafe zur Bewährung auszusetzen, wenn der jugendliche Gesetzesbrecher seine Tat bereut und verspricht, sich zu bessern. Ebenso muss ein Mensch, der Böses tut, nach dem Gesetz des Karmas die Früchte seiner Handlungen tragen. Korrigiert aber dieser Übeltäter sein falsches Verhalten und bittet er Gott durch intensive Hingabe, Gebet und Meditation um Vergebung, kann Gott – als Urheber des karmischen Gesetzes – ihm Straffreiheit gewähren und ihm erlauben, seine Strafe durch entsprechende entgegenwirkende Verhaltensweisen, wie rechtschaffenes Handeln und bewusstseinsveränderndes Meditieren, abzumildern.

Und wenn ihr steht und betet, so vergebt, wenn ihr etwas gegen jemanden habt, damit auch euer Vater im Himmel euch eure Verfehlungen vergibt. Wenn ihr aber nicht vergebt, so wird auch euer Vater im Himmel euch eure Verfehlungen nicht vergeben. (*Markus* 11, 25–26)[10]

Hier weist Jesus auf eine andere Wahrheit hin, die bedeutsam ist für einen Gottsucher, der nach Vergebung für frühere unrechte Handlungen trachtet: Verzeiht solch ein Bittsteller anderen Menschen, die ihn verletzt haben, wird der allwissende Vater – das unsichtbare, doch stets gegenwärtige Kosmische Bewusstsein, das den Gottsucher umfängt, wenn er um Erlösung bittet – dessen spirituelle Vergehen ebenfalls vergeben. Sieht der allwissende Vater aber, dass Sein Kind gegenüber den Menschen, von denen es verletzt wurde, eine unversöhnliche Haltung einnimmt, dann wird Er vielleicht diesem Kind die Vergebung der spirituellen Sünden, die es selbst begangen hat, in gleicher Weise vorenthalten. Dies bedeutet nicht, dass Gott Seinen Kindern willkürlich Gleiches mit Gleichem vergilt. Vielmehr ist das kosmische Gesetz von Ursache und Wirkung sogar in der Beziehung des Menschen zu Gott wirksam, vor allem im Anfangsstadium, wenn die Vereinigung mit Gott noch nicht unwiderruflich besteht. Der Mensch führt die Ursachen herbei, die Gottes Antwort bestimmen.

Wer anderen vergibt, zieht Gottes Vergebung auch für sich an

Die menschliche Seele ist eine Widerspiegelung Gottes, und wenn der Mensch seinen freien Willen dazu missbraucht, sich im Widerspruch zu seinem göttlichen Seelenbildnis zu verhalten, verursacht er in seinem Bewusstsein eine Verzerrung, in der Gott ihm eine Antwort widerspiegelt, die jener selbst heraufbeschworen hat. Es gehört zum Wesen der Seele, bedingungslose Liebe zum Ausdruck zu bringen. Wird die angeborene Bereitschaft zu vergeben unterdrückt, weil der Betroffene dem Angreifer gegenüber Groll und Feindseligkeit empfindet, zeigt sich auch Gott dem rachsüchtig eingestellten Menschen nicht als Vergebung. Aber wenn die verzeihende Natur der Seele sich den Mitmenschen gegenüber als Güte offenbart – ganz gleich, wie sehr diese den Betreffenden verletzt haben mögen –, wird dieser von der entsprechenden Widerspiegelung der erlösenden Vergebung Gottes erfüllt.

Jesus weist darauf hin, dass die Einhaltung menschlicher Verhaltensregeln nicht allein durch strikte Anwendung der Gesetze erzwungen, sondern durch Vergebung und Liebe unterstützt werden sollte

[10] Siehe Parallelstelle in *Matthäus* 6, 14–15, Diskurs 28.

– eine Aufforderung, die der Gottsucher wohlweislich beachten sollte. Rechtsstreitigkeiten zu klären oder Verbrechen zu ahnden, gehört zu den Aufgaben von Zivil- oder Strafgerichten; einem Einzelnen steht es nicht zu, einen anderen, der ihn verletzt hat, zu bestrafen – selbst dann nicht, wenn dieser es offensichtlich und gerechterweise verdient hat. Der göttliche Weg besteht darin, dass der Betreffende versucht, dem anderen zu verzeihen, weil dieser ein Kind Gottes ist (wenn auch ein im Irrtum befindlicher Bruder), dessen unwandelbare Seele keinen Anteil an menschlichen Torheiten hat. Wer Unrecht erlitten hat, hat zweifellos auch selber viele Verstöße gegen Gott und die Menschen begangen. Aber wenn der allwissende Vater sieht, dass einer Seiner Söhne die Verstöße eines Bruders vergibt, dann lockert Er aufgrund jener mildernden göttlichen Liebe das strikte Gesetz von Ursache und Wirkung und wird einige spirituelle Verstöße des Verzeihenden vergeben, so wie dieser seinem irrenden Bruder vergeben hat.

~

Hütet euch! Wenn dein Bruder sich an dir versündigt, so weise ihn zurecht; und wenn er bereut, vergib ihm. Und wenn er sich siebenmal am Tag gegen dich versündigen würde und siebenmal am Tag wieder zu dir käme und spräche: Es reut mich! so sollst du ihm vergeben. (*Lukas* 17, 3–4)

»Beherzigt folgende Wahrheiten: Verstößt dein Bruder gegen deine edlen Wünsche und guten Grundsätze, weise ihn zurecht, indem du ihn auf die Folgen seines bösen Handelns aufmerksam machst; und wenn er sein schlechtes Verhalten wirklich bereut, vergib ihm – selbst wenn er sein Vergehen siebenmal an einem Tag wiederholt.«

Damit bekräftigt Jesus Folgendes: Ganz gleich, wie viele Male ein Mensch dem Bösen zum Opfer fällt, das göttliche Ebenbild in seinem Inneren bleibt stets makellos und ist der Hochachtung würdig. Sobald der Übeltäter sein Handeln bedauert, bricht die Kruste des Bösen auf, und das strahlende wahre Selbst kommt zum Vorschein. Wenn ein Übeltäter Reue empfindet, man ihm aber nicht vergibt, sondern ihn weiterhin anklagt und in ihm Schuldgefühle für seine schlechten Eigenschaften, die er bereits abgelegt hat, weckt, wird ihm der Gedanke an falsches Handeln wieder eingegeben. Ist sein Wille durch Entmutigung geschwächt und lässt er sich von jenem Gedanken beeinflussen, erliegt er möglicherweise wieder seinem fehlerhaften Verhalten. Daher besteht die Psychologie der Vergebung darin, dass man dem Missetäter hilft, die Maske des Bösen für immer von seiner Seele zu entfernen, indem man ihn ermutigt, gutes Karma zu entwickeln.

Zwar sollte man nicht nachtragend sein, aber ebensowenig sollte man einem Übeltäter verzeihen, solange er seine bösen Taten nicht ernsthaft bereut; sonst würde er dies nur als einen Freibrief ansehen, sein übles Verhalten vorsätzlich zu wiederholen. Doch ein Bruder sollte einem irrenden Bruder so oft wie möglich vergeben, wenn dieser wirklich versucht, sein übles Verhalten aufzugeben, aber gelegentlich rückfällig wird, weil sein Wille zu schwach und seine sinnliche körperliche Gewohnheit zu stark ist. Wer einem reumütigen Bruder wiederholt die Hand der Vergebung reicht, folgt dem Vorbild des Himmlischen Vaters, der uns allen unzählige Male vergibt – unendlich oft.

Da trat Petrus zu ihm und sprach: Herr, wie oft soll ich meinem Bruder vergeben, der sich an mir versündigt hat? Bis siebenmal? Jesus spricht zu ihm: Ich sage dir: Nicht siebenmal, sondern bis siebzigmal siebenmal.

Darum gleicht das Himmelreich einem König, der mit seinen Dienern abrechnen wollte. Und als er anfing abzurechnen, wurde einer zu ihm gebracht, der ihm zehntausend Talente schuldete. Weil er aber nicht bezahlen konnte, befahl der Herr, ihn und seine Frau und seine Kinder und alles, was er hatte, zu verkaufen und damit zu bezahlen. Da fiel der Diener vor ihm nieder, huldigte ihm und sprach: Herr, habe Geduld mit mir, und ich will dir alles bezahlen. Da hatte der Herr Mitleid mit dem Diener, gab ihn frei und erließ ihm die Schuld.

Da ging dieser Diener hinaus und begegnete einem, der wie er selbst Diener war und der ihm hundert Denare schuldete; und er packte ihn, würgte ihn und sprach: Bezahle mir, was du mir schuldig bist! Da fiel dieser Diener vor ihm nieder und bat ihn und sprach: Habe Geduld mit mir; ich will dir alles bezahlen. Er wollte aber nicht, sondern ging hin und warf ihn ins Gefängnis, bis er seine Schuld bezahlt hätte.

Als aber die anderen Diener das sahen, wurden sie sehr betrübt und gingen zu ihrem Herrn und erzählten ihm alles, was geschehen war. Da rief ihn sein Herr herbei und sprach zu ihm: Du elender Diener, deine ganze Schuld habe ich dir erlassen, weil du mich darum batest; solltest du deshalb nicht auch mit einem, der wie du in meinem Dienst steht, Mitleid haben, wie ich mit dir Mitleid hatte? Und sein Herr war sehr zornig und überantwortete ihn den Folterknechten, bis er alles bezahlt hätte, was er ihm schuldig war.

Ebenso wird auch mein himmlischer Vater euch behandeln, wenn ihr euch weigert, die Verfehlungen eurer Brüder von ganzem Herzen zu vergeben. (*Matthäus* 18, 21–35)

Diese Geschichte vom König und seinen Dienern veranschaulicht einmal mehr, wie das Gesetz des Karmas (das Gesetz von Ursache und Wirkung) arbeitet. Jesus zeigt hier, dass die Folgen bereits ausgeführter böser Handlungen durch die neutralisierende Kraft des Gebets und durch gute Taten verändert werden können. Doch wer die mildernde Gnade göttlicher Hilfe und Vergebung empfängt, ist dadurch auch verpflichtet, seinen reumütigen Brüdern die Sünden zu verzeihen, die sie gegen ihn begangen haben.

Wenn sich Menschen durch tiefes Gebet in der Meditation mit Gott in Einklang bringen und ihre Göttlichkeit erkennen, das vollkommene Seelenbild in ihrem Inneren, brauchen sie für ihre früher begangenen Verfehlungen nicht zu leiden. Verfällt ihr Bewusstsein aber nach dieser ekstatischen Erfahrung wieder in weltliche Gewohnheiten, verlieren sie diese Unabhängigkeit vom Karma und unterwerfen sich erneut der Herrschaft des exakt arbeitenden Gesetzes von Ursache und Wirkung.

Jesus benutzte dieses Beispiel vom Erlassen der Schulden, um zu verdeutlichen, dass eine karmische Schuld gelöscht werden kann – dass jemand dem Gesetz des Karmas entgehen kann, indem er durch Glauben, Liebe und ekstatisches Gebet seine Einheit mit Gott verwirklicht, so wie der Diener von seiner Schuld befreit wurde, nachdem er seinen König darum ersucht hatte. Wer aber durch Meditation göttliche Vergebung für sein eigenes Karma empfangen hat und dann wieder zu einem kleinlichen Menschen wird, indem er sich seinen Brüdern gegenüber, die sich gegen ihn versündigen, unbarmherzig zeigt, bindet sich durch seine erneute Identifizierung mit menschlichem Leben und Verhalten wiederum an die unerbittlichen Gesetze des einschränkenden Karmas. Ein Gottsucher, dem als Kind Gottes vergeben wurde, sollte gewissenhaft danach streben, in Übereinstimmung mit seiner wahren Seelennatur zu bleiben, und ständig bereit sein, wie sein göttlicher Vater zu verzeihen und zu lieben.

Wird ein Missetäter von den karmischen Folgen seines verletzenden Verhaltens befreit, wenn man ihm vergibt?

Hier erhebt sich die Frage: Wenn ein Mensch, der seinen Bruder schlecht behandelt hat, dies bereut, und wenn der Bruder ihm daraufhin *»bis siebzigmal siebenmal«* vergibt – wird der Missetäter dann auch von den Auswirkungen des karmischen Gesetzes verschont? Die Antwort darauf ist sehr kompliziert. Man muss dabei den Mechanismus berücksichtigen, durch welchen der Mensch an sein Karma gebunden ist.

Menschen, die annehmen, ihre üblen Handlungen allein dadurch wiedergutzumachen, dass sie diese bedauern, und die nach jeder Wiederholung einer schlechten Tat Reue empfinden, werden dadurch nicht vom Vorwurf sündhaften Verhaltens freigesprochen – ganz gleich, wie oft ihnen ihre Mitmenschen vergeben haben. Reue ist kein Heilmittel gegen die Folgen bösen Tuns. Sie dient lediglich dazu, sich die schmerzhaften Konsequenzen solcher Handlungen bewusst einzuprägen – in der Hoffnung, eine Wiederholung schlimmer Erfahrungen zu vermeiden. Der Mensch muss, nachdem er eine Tat bereut hat, die entsprechende schlechte Gewohnheit für immer aufgeben.

Reue ist nicht damit getan, sich voller Selbstverdammung an die Brust zu schlagen oder über vergangene Fehler nutzloserweise zu lamentieren; sie bedeutet, den Geist bewusst so mit Widerwillen gegen das Böse zu durchdringen, dass man automatisch vor dem bloßen Gedanken an üble Taten zurückschreckt, geschweige denn solche Taten begeht. Solange der Geist nicht lernt, böses Handeln zu verabscheuen, ist es sehr schwer, ihn auf Dauer für die Reize der Versuchung unempfänglich zu machen.

Grundsätzlich wird ein schuldiger Mensch, dem verziehen worden ist, dem seine bösen Taten leidtun und die er nicht wiederholt, schließlich von dem Zwang befreit sein, erneut falsch zu handeln – aufgrund von Spuren, die sein übles Verhalten im Unterbewusstsein zurückgelassen hat. Weil die entsprechende Handlung nicht wiederholt wird, lädt er deshalb kein weiteres schlechtes Karma auf sich, und das gute Karma, das durch sein besseres Verhalten entsteht, kann zumindest teilweise die Folgen abschwächen, die sein früheres falsches Handeln verursacht hat. Aber offensichtlich wird ein Mensch nicht zwangsläufig von dem Leid befreit, zu dem ihn das karmische Gesetz, das für seine vergangenen Missetaten gilt, verurteilt hat – auch wenn ihm die Mitmenschen seine schlechten Taten vergeben.

Die einzige sichere Methode, mit der eine Person die Folgen ihrer schlechten Handlungen verhindern kann, besteht darin, deren Wurzeln auszurotten. Die karmischen Muster schlimmer Auswirkungen, die jemand in seinen Gehirnzellen und in seinem Geist angelegt hat, müssen entweder durch göttliches Eingreifen oder durch bewussten Einsatz seiner Willenskraft und Lebensenergie ausgebrannt werden, um alle verbliebenen Spuren böser Handlungen in seinem Geist auszulöschen.

Der sicherste Weg, wie ein Mensch alle Spuren seiner vergangenen üblen Handlungen beseitigen kann, besteht darin, dass er – zusätzlich zum Glauben, zur Hingabe, zu intensivem Gebet und gutem Handeln (von denen bereits die Rede war) – wissenschaftliche Meditationstechniken anwendet. In tiefer Meditation richtet sich der Geist nach innen und tritt mit dem Überbewusstsein der Seele in Verbindung. Dies belebt die im Bewusstsein und Unterbewusstsein des Gehirns gespeicherten Eindrücke guter Handlungen und wirkt dort den Überresten böser Handlungen entgegen.

Während aller körperlichen und geistigen Aktivitäten des Menschen sind Aufmerksamkeit und Lebensenergie als untrennbare Kräfte im Gehirn und im Nervensystem wirksam. Wenn die Aufmerksamkeit auf einen bestimmten Sinnesreiz gerichtet wird, fließt die Lebensenergie nach außen und geht ganz auf in diesem sinnlichen Vergnügen. Aber bei tiefer Konzentration, ob auf einen guten oder einen bösen Gedanken, wird die Aufmerksamkeit nach innen gelenkt. Wird ein böser Gedanke durch Konzentration verinnerlicht – wenn sich beispielsweise jemand in ein lustvolles Verlangen oder ein Rachegefühl vertieft –, stimuliert diese Vorstellung die im Gehirn vorhandenen Eindrücke übler Handlungen und regt deren Verwirklichung an, während er die Wirksamkeit guter karmischer Muster schwächt. Wenn in tiefer Meditation ein guter Gedanke verinnerlicht wird, zieht der nach innen gerichtete Geist die Lebenskraft aus dem Nervensystem zurück und konzentriert diese in den Gehirnzellen; die friedvolle, mächtige Schwingung der konzentrierten Lebenskraft aktiviert die zu Harmonie führenden Aufzeichnungen guter Taten und zerstört die Disharmonie erzeugenden von schlimmen Handlungen an der Wurzel.

Zusammenfassend gesagt gibt es verschiedene Methoden, die Folgen früherer schlechter Handlungen zu überwinden, das heißt, »Vergebung der Sünden« zu erlangen, befreit zu werden von den karmischen Auswirkungen solcher Handlungen, die im Gegensatz stehen zum Wohlergehen des wahren SELBST oder die auf irgendeine andere Art nachteilige Folgen verursachen.

Fünf Methoden zur Befreiung von karmischen Folgen falscher Handlungen

1. Meditation über Gott – besonders dann, wenn ein Gottsucher zu den höheren Stufen der Seelenerkenntnis und des Gottesbewusstseins fortschreitet – ist der sicherste Weg, vorgeburtliche und nachgeburtliche Spuren schlechter Handlungen zu löschen und diejenigen guter Handlungen zu verstärken.

2. Eine erprobte, wenn auch langsamer wirkende Methode, schlechtes Karma allmählich aufzuheben, besteht darin, alle körperlichen und mentalen Aktivitäten in Harmonie mit den ewigen Gesetzen rechtschaffenen Verhaltens zu bringen; dazu gehört auch, dass man sich in andächtigem Gebet, intensiver Hingabe und tiefem Glauben übt.

3. Eine fortgeschrittene Seele – oder ein Sendbote Gottes wie Jesus – hat die Macht, durch seine Willenskraft das Gehirn eines empfänglichen Gottsuchers mit kosmischer Energie aufzuladen, wodurch die Wurzeln früherer karmischer Übeltaten und sündhafter Gewohnheiten, die sich in den Gehirnzellen festgesetzt und den Geist durchdrungen haben, vernichtet werden.

4. Es gibt eine außergewöhnliche metaphysische Technik, mit der große Meister und fortgeschrittene Yogis die Spuren bindender, karmischer Handlungen beseitigen können, die sich in vielen, vielen Leben angesammelt haben. Wenn eine solch fortgeschrittene Seele in der Ekstase tiefer Meditation ihr Bewusstsein in Übereinstimmung mit Gott bringt, wandelt sie ihren Status, ein mit Karma beladenes menschliches Wesen zu sein, in den eines vollkommenen Ebenbildes Gottes, einer göttlichen Seele. Aber solange sie noch nicht vollkommen befreit ist, muss sie sich wieder auf das menschliche Niveau begeben, wenn sie von der hohen Stufe ihrer meditativen Ekstase herabsteigt. Dann wird das Gesetz des Karmas mit seinem bereits gefällten Urteil wieder wirksam, um diesen nur vorübergehend verwandelten Menschen zu disziplinieren. Aber dieser sagt zu dem intelligenten Gesetz: »Du kannst mich nicht für die Fehler eines menschlichen Wesens bestrafen, das ich im Traum der Täuschung zu sein glaubte. Durch Weisheit habe

ich das Bewusstsein meines wahren SELBST wiedererlangt, eines makellosen Ebenbildes Gottes, aller karmischen Ketten entledigt.« Doch das Gesetz des Karmas bleibt hartnäckig: »Ob du jetzt ein Meister bist oder ob du zuvor ein gewöhnlicher Mensch warst – du bist immer noch dasselbe individuelle menschliche Wesen und musst daher dein früheres, noch nicht abgetragenes Karma begleichen.«

Der Meister, der sich so konfrontiert sieht, wendet eine geniale Methode an, um alle seine restlichen karmischen Schulden »abzuzahlen« und zu begleichen. Der Meister oder Yogi versenkt sich in einen Zustand seelischen Erkennens und spürt in den Archiven seines Überbewusstseins alle bindenden karmischen Spuren seiner früheren Handlungen auf. Daraufhin schickt er sich an, diese Spuren in einem, zwei oder vielen Körpern abzuarbeiten – die er in Form einer Vision, als lebensgetreue Erfahrung erschafft. Hat der Yogi zum Beispiel in fünf Inkarnationen ein weltliches Leben geführt, in denen körperliche Gewohnheiten nicht überwunden wurden oder Wünsche noch unerfüllt blieben, schafft er in seiner Vision fünf Körper, welche sich den notwendigen Erlebnissen unterziehen und die Rollen dieser fünf verschiedenen Leben in wenigen Stunden durchspielen. Dann sagt der Meister zum Gesetz des Karmas: »In meiner Vision habe ich – durch die Stärke meiner Konzentration und meines göttlichen Bewusstseins – in den fünf materialisierten Leben alle Folgen meines Karmas durchlebt. Jetzt bin ich frei.«

Sobald die karmischen Auswirkungen übler Handlungen in Erscheinung getreten sind und erlebt wurden – ob innerhalb weniger Minuten oder Stunden in einem selbst erzeugten bewussten Traum, einer Vision, oder im alltäglichen Geschehen des Lebens über mehrere Jahre hinweg –, ist dem karmischen Gesetz Genüge getan und dem Reumütigen wurde »vergeben«, er ist erlöst von eben dieser karmischen Schuld.

Seelen, die in Unwissenheit befangen sind, lernen selbst dann nichts aus der befreienden Lektion einer Erfahrung, wenn sich diese über viele Jahre – oder Leben! – mehrmals wiederholt. Aber der weise Mensch gelangt dank tiefer Konzentration durch ein nur Minuten dauerndes Geschehen zur Erkenntnis der Wahrheit.

Diese einzigartige Methode, sein Karma durch Visionen abzutragen, steht dem durchschnittlich sich mühenden Gottsucher nicht zur Verfügung. Sie kann nur von jenen weit fortgeschrittenen Seelen angewandt werden, die im Einklang mit dem Kosmischen Bewusstsein stehen und daher vollständige Kontrolle über die alles erschaffende Kosmische Energie besitzen, mit der sie durch ihre Willenskraft Visionen oder Kopien tatsächlicher Gegebenheiten entstehen lassen können. Gelegentlich können hochentwickelte Seelen ihr fortgeschrittenes Bewusstsein – mit Hilfe derselben Methode – dazu einsetzen, das Karma anderer auf eine komprimierte und beschleunigte Art abzuarbeiten.

5. Es gibt einen fünften Weg, der es großen Meistern erlaubt, die Spuren ihrer Handlungen zu beseitigen, wenn sie zusätzlich Karma von anderen Menschen auf sich genommen haben. Meister und Erlöser wie Jesus können ihren Körper nicht nur zum Durchleben ihres eigenen Karmas, sondern auch des Karmas anderer einsetzen, um diesen zu ihrer Befreiung zu verhelfen. Die Kreuzigung Jesu gibt uns ein Beispiel dafür. Jesus wurde nicht gekreuzigt, weil er nach dem Willen Gottes irgendeinen dramatischen kosmischen Plan erfüllen sollte. Sein Leiden am Kreuz war auf einige seiner eigenen Handlungen zurückzuführen und auch darauf, dass er einige karmische Folgen sündhafter Handlungen auf sich nahm, die seine Jünger und Anhänger begangen hatten. Jesus wusste, dass sein Predigen der Wahrheit – welches die politische Autorität herausforderte und den Regeln und Traditionen der damaligen Religion widersprach – unausweichlich das Karma des Todes anziehen würde; was er in seiner Inkarnation lehrte und lebte, musste nach dem Gesetz und der Auffassung seiner Zeit den Tod zur Folge haben. Auch wusste er, dass er mit der Vergebung der bösen Taten seiner Jünger und anderer deren karmische Schuld auf sich genommen hatte, für die er mit dem Leiden seines eigenen Körpers bezahlen musste. Er ließ die Kreuzigung seines Körpers ganz bewusst zu, um für sich und andere das höchste Gottesbewusstsein zu gewinnen sowie um sein eigenes Karma und dasjenige anderer abzuarbeiten. Durch dieses größtmögliche Opfer wurde er von den kosmischen Einschränkungen seiner irdischen Inkarnation befreit und erlangte erneut Unsterblichkeit für sich und andere. Auf der höheren Ebene seiner Unsterblichkeit und Allgegenwart setzt Jesus als Welterlöser – ebenso wie andere Erlöser und große Meister – seine Mission zur Erlösung von Seelen fort.

Offensichtlich spielt vieles mit, wenn es darum geht, dass Gott und ein hochentwickeltes menschliches Bewusstsein Sünden vergeben.

Es ist ein großer Trost, dass jeder Mensch absolut sicher sein kann, letztendlich befreit zu werden, wenn er sein Äußerstes gibt, zu seiner eigenen Erlösung beizutragen. Der Mensch ist im Wesentlichen und auf ewig nach dem Bilde Gottes geschaffen; die Sünden, die er in Millionen Leben begangen hat, können die Vollkommenheit seiner Seele nicht auslöschen. Es gibt keinen Grund, warum er ein Leben in Unwissenheit und Leiden fortsetzen sollte. In der Bhagavad-Gita erklärt der Herr: »Denen, die sich mir immer anvertrauen und von Liebe erfüllt zu mir beten, verleihe Ich jene weise Unterscheidungskraft (*Buddhi-Yoga*), durch die sie sich ganz mit Mir vereinigen. Aus reiner Barmherzigkeit zünde Ich, der in ihrem Inneren wohnt, die helle Lampe der Weisheit an, welche die Dunkelheit der Unwissenheit verbannt.«[11] Durch fortschrittliche Meditationstechniken und dank der Gnade göttlicher Vergebung kann der Mensch die Fehler, die er in vielen früheren Leben begangen hat, schnell abarbeiten und frei werden – er erlangt von Neuem die verlorene und vergessene Vollkommenheit seiner Seele und ihre Unsterblichkeit in Gott.

---

[11] *Gott spricht mit Arjuna – Die Bhagavad-Gita* X, 10–11.

DISKURS 36

Was ist Lästerung wider den Heiligen Geist?

Engelhafte und teuflische Geister – beide beeinflussen das menschliche Leben

❖

Die bösen Werke Satans befinden sich im Widerstreit mit den erlösenden Werken des Heiligen Geistes

❖

Wer sich voller Hingabe mit dem Heiligen Geist verbindet, wird von Täuschung und Leid befreit

❖

Das »Zeichen des Jona«: Jesus sagt das Wunder seiner Auferstehung voraus

❖

Die spirituellen Gefahren von arroganter Selbstgefälligkeit und Stolz

❖

Jesus stellt die Liebe zu Gott über familiäre Bindungen

»Wer nie meditiert, weist das vortrefflichste Mittel zurück, sein Leben in Einklang zu bringen mit dem erlösenden Christusbewusstsein, das der Kosmischen Om*-Schwingung innewohnt. Wer sich bewusst um immer tiefere Meditationen bemüht ... gewinnt das Bewusstsein der Glückseligkeit wieder – durch die Berührung mit der Schwingung Gottes als dem Heiligen Geist.«*

Und es begab sich danach, dass er durch alle Städte und Dörfer zog und predigte und verkündigte die frohe Botschaft vom Reich Gottes; und die zwölf begleiteten ihn, und einige Frauen, die er von bösen Geistern und Krankheiten geheilt hatte, nämlich Maria, genannt Magdalena, aus der sieben Dämonen ausgefahren waren, und Johanna, die Frau Chuzas, eines Verwalters des Herodes, und Susanna und viele andere, die ihm mit ihrer Habe dienten.

Lukas 8, 1–3

Da brachte man zu ihm einen Besessenen, der war blind und stumm; und Jesus heilte ihn, sodass der Mann wieder sehen und reden konnte. Und alle Leute waren erstaunt und sprachen: Ist er vielleicht der Sohn Davids? Als aber die Pharisäer das hörten, sprachen sie: Der treibt die Teufel nur durch Beelzebub aus, den obersten aller Teufel.

Jesus kannte aber ihre Gedanken und sprach zu ihnen: Jedes Reich, das mit sich selbst uneins ist, wird verwüstet; und jegliche Städte oder Häuser, die in sich selbst uneins sind, werden nicht bestehen. Wenn jedoch der Satan den Satan austreibt, so ist er mit sich selbst uneins; wie kann dann sein Reich Bestand haben? Wenn ich aber die Teufel durch Beelzebub austreibe, durch wen treiben eure Söhne sie aus? Darum werden sie eure Richter sein. Wenn ich aber die Teufel durch den Geist Gottes austreibe, dann ist das Reich Gottes zu euch gekommen.

Oder wie kann jemand in das Haus eines Starken eindringen und ihn seiner Güter berauben, wenn er den Starken vorher nicht gefesselt hat? Erst dann kann er sein Haus plündern. Wer nicht mit mir ist, der ist gegen mich; und wer nicht mit mir sammelt, der zerstreut.

Darum sage ich euch: Jede Sünde und Lästerung wird den Menschen vergeben; aber die Lästerung gegen den Heiligen Geist wird den Menschen nicht vergeben. Und wer etwas gegen den Menschensohn sagt, dem wird vergeben werden; wer aber etwas gegen den Heiligen Geist sagt, dem wird nicht vergeben, weder in dieser noch in der zukünftigen Welt.

Entweder man pflanzt einen guten Baum, so wird die Frucht gut; oder man pflanzt einen schlechten Baum, so wird die Frucht schlecht. Denn an der Frucht erkennt man den Baum. Ihr Schlangenbrut, wie könnt ihr, die ihr böse seid, Gutes reden? Denn wovon das Herz voll ist, davon redet der Mund. Ein guter Mensch bringt aus dem guten Schatz seines Herzens Gutes hervor; und ein böser Mensch bringt aus seinem bösen Schatz Böses hervor. Ich sage euch aber, dass die Menschen von jedem unnützen Wort, das sie geredet haben, Rechenschaft ablegen müssen am Tag des Gerichts, denn aufgrund deiner Worte wirst du gerechtfertigt, und aufgrund deiner Worte wirst du verdammt werden.

Da antworteten einige der Schriftgelehrten und Pharisäer und sprachen: Meister, wir möchten ein Zeichen von dir sehen.

Er aber antwortete und sprach zu ihnen: Ein böses und ehebrecherisches Geschlecht verlangt ein Zeichen; und es wird ihm kein anderes Zeichen gegeben werden als das des Propheten Jona. Denn wie Jona drei Tage und drei Nächte im Bauch des Wales war, so wird der Menschensohn drei Tage und drei Nächte im Schoß der Erde sein. Die Männer von Ninive werden beim Gericht gegen dieses Geschlecht auftreten und es verdammen; denn sie taten Buße nach der Predigt des Jona. Und siehe, hier ist einer, der größer ist als Jona.

Die Königin des Südens wird beim Gericht gegen dieses Geschlecht auftreten und wird es verdammen; denn sie kam vom Ende der Erde, um die Weisheit Salomos zu hören. Und siehe, hier ist einer, der größer ist als Salomo.

Wenn der unreine Geist von einem Menschen ausgefahren ist, so wandert er durch dürre Stätten, sucht Ruhe und findet sie nicht. Dann sagt er: Ich will in mein Haus zurückkehren, aus dem ich fortgegangen bin. Und wenn er hinkommt, so findet er es leer, gekehrt und geschmückt. Dann geht er und nimmt sieben andere Geister mit sich, die bösartiger sind als er selbst; und sie treten ein und wohnen dort; und das Ende dieses Menschen wird schlimmer als sein Anfang. Ebenso wird es auch diesem bösen Geschlecht ergehen.

Während er noch zu dem Volk redete, siehe, da standen seine Mutter und seine Brüder draußen und wollten mit ihm reden. Da sprach einer zu ihm: Siehe, deine Mutter und deine Brüder stehen draußen und wollen mit dir reden.

Er antwortete aber und sprach zu dem, der es ihm mitteilte: Wer ist meine Mutter, und wer sind meine Brüder? Und er streckte seine Hand aus über seine Jünger und sprach: Seht, diese hier sind meine Mutter und meine Brüder! Denn wer den Willen meines Vaters im Himmel tut, der ist mir Bruder, Schwester und Mutter.

Matthäus 12, 22–50[1]

[1] Vgl. Parallelstelle in *Lukas* 11, 14–32.

DISKURS 36

Was ist Lästerung wider den Heiligen Geist?

Und es begab sich danach, dass er durch alle Städte und Dörfer zog und predigte und verkündigte die frohe Botschaft vom Reich Gottes; und die zwölf begleiteten ihn, und einige Frauen, die er von bösen Geistern und Krankheiten geheilt hatte, nämlich Maria, genannt Magdalena, aus der sieben Dämonen ausgefahren waren, und Johanna, die Frau Chuzas, eines Verwalters des Herodes, und Susanna und viele andere, die ihm mit ihrer Habe dienten. (*Lukas* 8, 1–3)

Die Predigten Jesu zeugten von göttlicher Inspiration und der Glaubwürdigkeit seiner Gottverwirklichung – ein deutlicher Unterschied zu theologischer Spitzfindigkeit. Da Jesu Bewusstsein mit dem Bewusstsein Gottes vereint war, ging es über alle selbstsüchtigen Gedanken an persönlichen Komfort hinaus, während er ein Wanderleben führte und sich der Aufgabe widmete, die Botschaft von der ewig neuen Freude zu verkünden, welche im Reich Gottes gewonnen werden kann – im inneren meditativen Zustand des Kosmischen Bewusstseins. Zu der heiligen Schar, die Jesus begleitete, gehörten die zwölf Apostel und einige tiefgläubige Frauen, die Jesus geheilt hatte, darunter auch Maria Magdalena, die von sieben Teufeln befreit worden war – von sieben bösen Mächten, welche sie zu verschiedenen

Zeiten heimgesucht hatten.[2]

> *Da brachte man zu ihm einen Besessenen, der war blind und stumm; und Jesus heilte ihn, sodass der Mann wieder sehen und reden konnte. Und alle Leute waren erstaunt und sprachen: Ist er vielleicht der Sohn Davids? Als aber die Pharisäer das hörten, sprachen sie: Der treibt die Teufel nur durch Beelzebub aus, den obersten aller Teufel.* (*Matthäus* 12, 22–24)

> Parallelstelle:

> *Die Schriftgelehrten aber, die von Jerusalem herabgekommen waren, sprachen: Er hat den Beelzebub, und durch den obersten Teufel treibt er die Teufel aus.* (*Markus* 3, 22)

Engelhafte und teuflische Geister – beide beeinflussen das menschliche Leben

Als Jesus den besessenen Mann heilte, sodass dieser wieder sehen und sprechen konnte, waren die Leute erstaunt und sagten: »Ist dies der Sohn Davids? Wer die Kraft besitzt, solche göttlichen Werke zu vollbringen, kann kein gewöhnlicher Mensch aus einer gewöhnlichen Familie sein.« Indem sie die heiligen Schriften heranzogen, stellten sie Vermutungen an, ob er wirklich derjenige sei, von dem prophezeit war, er werde aus dem Hause König Davids kommen, als dessen Nachkomme.[3] Ungeachtet der Volksgunst wurde Jesus von seinen Feinden (die meist als Pharisäer und Schriftgelehrte bezeichnet werden) angeklagt, Teufel, böse Geister, auszutreiben – und zwar nicht auf Geheiß

---

[2] Siehe Diskurs 24, Band I, mit seiner ausführlichen Erläuterung zur Besessenheit durch böse Geister.

[3] Siehe 2. *Samuel* 7, 12: [Gott spricht zu David:] »*Wenn nun deine Tage erfüllt sind und du bei deinen Vätern schläfst, will ich dir einen Nachfahren erwecken, der aus deinem Leib kommen wird, und sein Königtum werde ich festigen.*«

Jesaja 11, 1–2: »*Und aus dem Stamm Isais* [Davids Vater] *wird ein Reis hervorgehen, und ein Zweig wird aus seinen Wurzeln wachsen. Und auf ihm wird ruhen der Geist des Herrn, der Geist der Weisheit und des Verstehens, der Geist des Rates und der Stärke, der Geist der Erkenntnis und der Gottesfurcht.*«

Jeremia 23, 5–6: »*Siehe, es kommt der Tag, spricht der Herr, da will ich dem David einen gerechten Spross erwecken. Er wird als König herrschen und weise handeln und Recht und Gerechtigkeit ausüben auf Erden. In seinen Tagen wird Juda gerettet werden und Israel in Sicherheit wohnen. Und das ist der Name, den man ihm geben wird: ›Der Herr unsere Gerechtigkeit‹.*«

Gottes, sondern durch die Macht Beelzebubs, des obersten Teufels.[4]

---

[4] Der hebräische *Ba'al zebhubh*, eine kanaanitische Gottheit (»Herr der Fliegen«); in manchen Übersetzungen wiedergegeben als Beelzebul, »Herr des Mistes«.

Die *Encyclopaedia Britannica* fasst kurz zusammen, welche Vorstellungen von bösen Geistern in den bedeutendsten Weltreligionen zum Ausdruck kommen:

»Im Parsismus, einer Religion, die im 6. Jahrhundert v. Chr. von dem persischen Propheten Zoroaster gegründet wurde, wird die Hierarchie der Dämonen (*Daevas*) von Angra Mainyu (später Ahriman genannt) angeführt, dem Bösen oder Destruktiven Geist. Die Dämonen sind in ständigem Kampf mit Ahura Mazda (dem späteren Ormuzd), dem Guten Gott.

Die Hierarchie der Dämonen im Judentum, die ihre Wurzeln in der alten Dämonologie des Mittleren Ostens und des Parsismus nach der Zeit der babylonischen Gefangenschaft (nach 538 v. Chr.) hat, ist recht mannigfaltig. Der Fürst der bösen Mächte (Hebräisch *shedim*, was ›Dämonen‹ bedeutet und für fremde Götter gebraucht wird, oder *se'irim* mit der Bedeutung ›haarige Dämonen‹), von denen oft angenommen wurde, dass sie in Einöden, Ruinen und Grabstätten hausten und dass sie der Menschheit verschiedene körperliche, psychische und geistige Gebrechen zufügten, war unter mehreren Namen bekannt: Satan (der Widersacher), Belial (der Geist der Verirrung, Dunkelheit und Zerstörung), Mastema (Feindschaft oder Widerspruch) und unter anderen Namen. Obwohl das Alte Testament Satan als den Ankläger an Gottes himmlischem Hofe ansieht (*Sacharja* 3; *Hiob* 1–2), entwickelte sich eine Dämonenhierarchie unter Satan oder anderen Fürsten des Bösen, und zwar in der Literatur zwischen der Entstehung des Alten und Neuen Testaments sowie im späteren Judentum.

Die Dämonenhierarchie im Christentum beruht auf unterschiedlichen Quellen: der jüdischen, der parsischen, der gnostischen Glaubenslehre (Gnostik = ein synkretistisch religiöses, dualistisch geprägtes System, in welchem Materie als böse, Geist als gut angesehen wird und Erlösung als erreichbar, durch esoterisches Wissen oder *gnosis*) und auf den einheimischen Religionen, die durch christliche Missionierung untergingen. Im Neuen Testament spricht Jesus von Beelzebub als dem obersten der Dämonen und stellt ihn mit Satan gleich. Im europäischen Mittelalter und in der Zeit der Reformation entwickelten sich verschiedene Dämonenhierarchien wie die, welche mit den sieben Todsünden in Verbindung gebracht wurden: Luzifer (Stolz), Mammon (Habsucht), Asmodeus (Wollust), Satan (Zorn), Beelzebub (Völlerei), Leviathan (Neid) und Belphegor (Trägheit).

Die islamische Dämonenhierarchie wird angeführt von Iblis (dem Teufel), der auch *Shaytan* (Satan) oder *'aduw Allah* (›Feind Gottes‹) genannt wird. Weitgehend nach dem Vorbild der jüdischen und christlichen Dämonologie wurde Iblis der Anführer einer Schar von *Jinn*, von geistigen Wesen, die allgemein Böses bedeuten.

Im Hinduismus stehen als Dämonen die *Asuras* den *Devas* (den Göttern) gegenüber. Unter den verschiedenen Kategorien von *Asuras* gibt es die *Nagas* (Schlangendämonen), Ahi (den Dämon der Dürre) und Kamsa (einen Erzdämon). Zu den Dämonen, welche dem Menschen schaden, zählen die *Rakshasas* (groteske Wesen, welche auf Friedhöfen umgehen, die Menschen zu närrischen Handlungen nötigen und *Sadhus*, heilige Männer, angreifen) sowie die *Pishacas* (Wesen, die Plätze heimsuchen, wo jemand eines gewaltsamen Todes gestorben ist).

Buddhisten betrachten ihre Dämonen oft als Mächte, die den Eintritt ins Nirvana (die Glückseligkeit oder das Auslöschen der Wünsche) behindern. Ein bekanntes Beispiel ist Mara, ein Erzversucher, der zusammen mit seinen Töchtern Rati (Verlangen), Raga (Vergnügen) und Tanha (Ruhelosigkeit) versuchte, Siddhartha Gautama, den

In seiner nachfolgenden Rede stellt Jesus der unsichtbaren, intelligenten, bösen Macht, auch Satan genannt, die allgegenwärtige, unsichtbare Kraft Gottes in der Schöpfung, den Heiligen Geist, gegenüber.

Wie bereits erklärt [siehe Diskurse 1 und 7, Band I], wird auf Geheiß des Heiligen Geistes – der Kosmischen Schwingungskraft; des Wortes, des Om oder Amen – alles geschaffen. Dem Heiligen Geist wohnt die bewusste Widerspiegelung des Göttlichen inne, die Christusintelligenz, welche diese Kosmische Schwingungskraft so lenkt, dass sie in der Welt alle Manifestationen des Guten hervorbringt. Die bewusste Satanische Kraft erzeugt und befehligt die bösen irdischen Mächte; diese kämpfen dafür, den Plan des Heiligen Geistes zu durchkreuzen, wobei sie die Verlockungen der Täuschung benutzen, um zu verhindern, dass sich die endliche Schöpfung wieder im Geist auflöst.

Obwohl Gott der »Allumfassende Schöpfer« ist – nichts kann außerhalb Seines Bewusstseins existieren –, hat er dem Menschen dennoch die Freiheit gegeben, sich entweder der göttlichen Christusintelligenz in der Schöpfung zuzuwenden oder der dämonischen Intelligenz Satans; bei Letzterem wirkt der Mensch aktiv am Fortbestand des Bösen mit. Im Leben des Einzelnen offenbart sich sein gutes oder böses Wesen durch den Grad seiner scheinbaren Trennung vom seligen, unvergänglichen Geist – das heißt, durch das Ausmaß, mit dem er entweder auf die erlösende Macht des Heiligen Geistes oder auf die nach außen strömende Kraft der kosmischen Täuschung reagiert und diese aufnimmt. Durch allmähliche Entwicklung in wiederholten Inkarnationen auf Erden und in den himmlischen Astralsphären schreiten Seelen, welche auf die Anziehungskraft der göttlichen Liebe des Heiligen Geistes (der vom Christus erfüllt ist) ansprechen, bis zur höchsten Selbst-Verwirklichung voran – bis sich das Göttliche Ebenbild in ihrem Inneren vollkommen offenbart.

Wer sich auf die nach außen strömende satanische Kraft einstimmt, dem steht folgendes Geschick bevor: Er vertieft seine täuschende Trennung von Gott und erlebt das nachfolgende Übel des Leidens, das vom schlechten Karma stammt, welches er sich durch seine unbedachten oder willentlichen Entscheidungen und Handlungen geschaffen hat.

Buddha, davon abzubringen, seine Erleuchtung zu erlangen. Als der Mahayana-Buddhismus (Großes Fahrzeug) sich nach Tibet, China und Japan ausbreitete, wurden viele der Dämonen aus den Volksreligionen dieser Gebiete (z. B. der chinesische *Kuei-shen*; der japanische *Oni*) in buddhistische Glaubensinhalte integriert.«

Äußerst böse Menschen, die weiterhin bis in die tiefsten Abgründe der Gottesferne streifen, werden nach dem Tod durch ihr Karma in dunkle Astralbereiche gezogen, in denen albtraumartige, dämonische Schrecken und Zwietracht herrschen – oder, was selten vorkommt, sie reinkarnieren sich auf Erden für die Dauer eines Lebens in solchen Tiergestalten, die ihren selbst gewählten Bösartigkeiten geeigneten Ausdruck verleihen. Da Tiere keinen freien Willen besitzen, weil sie in erster Linie vom Instinkt geleitet werden, laden sie durch ihr Verhalten kein Karma auf sich. Deshalb wird durch die vorübergehende Abwärtsentwicklung einer gefallenen Seele ein Teil ihres üblen Karmas ausgebrannt, ohne dass sie sich weitere Sünden aufbürdet.

Wie es in der Astralwelt verschiedene Arten von engelhaften Wesen gibt – weil die Seelen während ihres Erdenlebens unterschiedliche Grade der SELBST-Verwirklichung erlangt haben –, so gibt es auch verschiedene Arten niederer Astralwesen: einflusslose böse Geister und mächtige böse Geister, die nach ihrem Tode – für eine karmisch bestimmte Zeit – wegen ihres boshaften Verhaltens unter höllischen Zuständen leiden müssen. In der Tat kommen bisweilen sowohl engelhafte als auch teuflische Geister auf die Erde: erstere, um tugendhaften Menschen zu helfen, und letztere, um solchen zu schaden, die sich falsch verhalten. Da die Gegner Jesu seine offenkundige, übernatürliche Kraft, mit der er die Leidenden vom Übel befreite, nicht leugnen konnten, jedoch nicht bereit waren, diese Fähigkeit als einen Akt göttlicher Gnade anzuerkennen, beschuldigten sie ihn, er habe seine Werke im Bunde mit dem *»obersten Teufel«* vollbracht.

~

Jesus kannte aber ihre Gedanken und sprach zu ihnen: Jedes Reich, das mit sich selbst uneins ist, wird verwüstet; und jegliche Städte oder Häuser, die in sich selbst uneins sind, werden nicht bestehen. Wenn jedoch der Satan den Satan austreibt, so ist er mit sich selbst uneins; wie kann dann sein Reich Bestand haben? Wenn ich aber die Teufel durch Beelzebub austreibe, durch wen treiben eure Söhne sie aus? Darum werden sie eure Richter sein. Wenn ich aber die Teufel durch den Geist Gottes austreibe, dann ist das Reich Gottes zu euch gekommen. (Matthäus 12, 25–28)[5]

[5] Vgl. Parallelstelle in *Markus* 3, 23–26.

Warum sollte Satan, der Kosmische Böse, teuflische Wesen und Kräfte austreiben, die ihm unterstehen und sein ruchloses Verlangen im Kosmos befriedigen! Wenn sich die regierenden Mächte eines Königreichs in ihren Zielen uneins sind und widersprüchlich handeln, zerfällt ihr Herrschaftsgebiet. Es ist Satan, der an dem schlechten Karma einzelner Menschen arbeitet und diese mit Bakterien und tückischen Krankheitserregern und Gebrechlichkeit plagt.[6] Wie könnte Jesus tatsächlich die gleiche satanische oder beelzebubartige Kraft einsetzen, um die von Satan erzeugte dämonische Besessenheit auszutreiben und Krankheiten zu beseitigen? Diese Sichtweise ist unhaltbar und widersinnig.

Die bösen Werke Satans befinden sich im Widerstreit mit den erlösenden Werken des Heiligen Geistes

Ebenso unhaltbar ist es, dass Gott, die Quelle alles Guten und die Güte selbst, den Menschen auf irgendeine Weise Krankheit und Leid senden könnte – ganz gleich, welche Verfehlungen sie begangen haben. Es ist nicht Gott, sondern Satan, der diese relative Welt mit jeder erdenklichen Form des Bösen heimsucht. Gute Gesundheit, Vernunft, Selbstbeherrschung, Frieden, das Verlangen zu meditieren, jeder Gedanke an das Wohlergehen von Körper, Geist und Seele – dies alles kommt von Gott. Und jedes körperliche, mentale oder spirituelle Leiden, welches das menschliche Wohlbefinden beeinträchtigt, kommt von Satan. Durch das Böse versucht Satan, die Trennung der endlichen Schöpfung vom GEIST für immer aufrechtzuerhalten; Gott versucht, alle Geschöpfe durch das Gute zu erlösen. Es ist den üblen Verlockungen Satans anzulasten, dass Seelen immer wieder zu einem weltlichen Dasein zurückkehren, bis sie sich durch Weisheit aller unzulänglichen Wünsche und aller karmischen Folgen entledigen, die durch den Missbrauch ihres freien Willens bei der Wahl des Bösen entstanden sind. Der Erzengel Gottes – die nach außen strebende, irreführende kosmische Kraft, der die Fähigkeit verliehen wurde, das Traumschauspiel des Kosmos in Szene zu setzen – wurde zum Aufrührer, zu Satan, der hartnäckig am Endlichen festhält. Diese Kraft ließ die Wiedergeburt entstehen, die vom Gesetz von Ursache und Wirkung bestimmt wird, welches vorschreibt, dass jedes irdische Verlangen und jedes weltliche Anhaften zu einer weiteren Inkarnation auf Erden führt. Dadurch,

---

[6] Siehe auch Diskurs 24, Seite 482 (in Band I), mit einer Erläuterung zu Jesu »Vertreibung des Fiebers«; ein Fieber hatte die Schwiegermutter des Petrus befallen.

dass der irregeleitete Mensch den verlockenden leiblichen Versuchungen erliegt, wird er von Satan im Gefängnis des Körpers gefangen gehalten. Aber gleichzeitig öffnet Gott Tür um Tür der Güte und der Rechtschaffenheit, welche die Seelen einladen, ihr Heimatreich spiritueller Allgegenwart im GEIST zu betreten. Durch sein Leben zeigte Jesus, dass der Mensch ständig zwischen dem Guten und dem Bösen wählen muss: Als er beispielsweise von bösartigen Menschen gnadenlos verflucht und gepeinigt wurde, nutzte er dennoch seine göttliche Kraft nicht dazu, diese Übeltäter zu vernichten. Stattdessen bot er seine ganze Liebe und sein unendliches göttliches Mitgefühl auf und sagte: *»Vater, vergib ihnen, denn sie wissen nicht, was sie tun.«*

Jesus wies auf die offensichtliche Schwachstelle der Anschuldigung hin, er setze die Kraft Satans ein, um die Übel Satans aus Menschen auszutreiben; und darauf, dass eine derart in sich widersprüchliche Absicht nicht lange aufrechterhalten werden könne. Ganz gewiss wünscht Beelzebub nicht, dass die Menschen frei von dem Elend seien, das seine bösen Kräfte bewirken; denn dieses Leid macht in der Tat seine angebotenen Linderungsmittel, nämlich materiellen Gewinn und weltliche Freuden, umso verführerischer und begehrenswerter.

Weiterhin gibt Jesus zu bedenken: Wenn die Menschen ihm unterstellen, er treibe mit Beelzebubs Hilfe Teufel aus, dann muss das Gleiche auch für andere Heiler gelten. Jene Weisen in ihrer Gemeinde, die andere geheilt und Teufel ausgetrieben haben, müssten dies ebenfalls durch die Kraft des obersten Teufels getan haben. Kämen solchen Wohltätern derartige Anschuldigungen zu Ohren, würden sie sicherlich jene Ankläger verurteilen, die behaupteten, dass durch die Kraft Beelzebubs Teufel ausgetrieben und Krankheiten geheilt würden. Dann versichert Jesus: »Wenn ich aber böse, körperlose Seelen austreibe oder von der bösen Macht hervorgerufene Leiden heile, indem ich die unsichtbare, alles durchströmende Kraft der geistigen Präsenz Gottes erwecke, dann werden die so Geheilten in ihrem Bewusstsein nicht nur die Erlösung vom Bösen wahrnehmen, sondern auch die Gegenwart des Allmächtigen Kosmischen Bewusstseins.«

Wenn Jesus verkündigt: *»Jedes Reich … und jegliche Städte oder Häuser, die in sich selbst uneins sind, werden nicht bestehen«*, dann stellt dies ein wichtiges Gesetz dar, das für alle erfolgreichen Familien, Städte, Unternehmen, religiöse Organisationen, Nationen und Rassen gilt. Will eine menschliche Gemeinschaft ihr Wesen bewahren und ihre Ziele erreichen, muss jeder Einzelne in Übereinstimmung mit den gemeinsamen Zielsetzungen handeln. Unstimmigkeit zwischen ihren Mitgliedern führt zu Problemen, Disharmonie und Auflösung. Harmonie – selbst angesichts von Differenzen – sollte der Atem sein, der alle menschlichen Gemeinschaften, alle säkularen und religiösen Organisationen und alle Nationen am Leben erhält.

~

> *Oder wie kann jemand in das Haus eines Starken eindringen und ihn seiner Güter berauben, wenn er den Starken vorher nicht gefesselt hat? Erst dann kann er sein Haus plündern. Wer nicht mit mir ist, der ist gegen mich; und wer nicht mit mir sammelt, der zerstreut.*
>
> *Darum sage ich euch: Jede Sünde und Lästerung wird den Menschen vergeben; aber die Lästerung gegen den Heiligen Geist wird den Menschen nicht vergeben.* (*Matthäus* 12, 29–31)[7]

Jesus spricht hier ausführlich über die ihm von Gott verliehene Kraft und die Ehrfurcht, die dem Heiligen Geist, als Manifestation Gottes, gebührt: »Wie anders kann ich in das mächtige Reich Satans im Kosmos eindringen und sein schlimmes Wirken in der Natur und seinen bösen Einfluss auf die Menschen zunichtemachen, als dadurch, dass ich ihn mit Hilfe meiner Weisheit in Fesseln lege? Nur weil ich Satan bewusst wahrnehme und ihm mit meinem Willen entgegentrete, bin ich in der Lage, seine bösen Geister und verführerischen Wesen aus Besessenen zu vertreiben. Beelzebub ist nicht auf meiner Seite, sondern gegen mich. Das Gleiche gilt für alle Seelen, die sich nicht mit dem mir innewohnenden Christusbewusstsein in Harmonie befinden; sie verstoßen gegen die Gesetze dieser Allgegenwärtigen Intelligenten Harmonie und leiden deshalb.

Jede Seele, die nicht weiß, wie man größere Weisheit erlangt, indem man sich in der Meditation mit diesem Christus verbindet, verschwendet ihre Konzentration an die Launen des Körpers, verliert sich in Ablenkungen und leidet unter Ruhelosigkeit. Wer aber durch Meditation sein Bewusstsein nach innen lenkt, sammelt mit Hilfe meines Christusbewusstseins im Inneren seiner Seele Weisheit und Glückseligkeit an. Doch wer sich nicht mit dieser Göttlichen Präsenz im eigenen

---

7 Vgl. Parallelstelle in *Markus* 3, 27–28.

Inneren identifiziert, verausgabt sein Bewusstsein im Körper und in Sinnesvergnügen und ist voller Unruhe und Sorge.

Deshalb verkünde ich euch diese Wahrheit: Alle körperlichen, mentalen und moralischen Übertretungen derjenigen, die durch Identifikation mit dem Körper und in spiritueller Blindheit unwissentlich Gott zuwiderhandeln, werden vergeben, wenn die Betreffenden ihr Tun bereuen und durch das Erwecken seelischer Weisheit zu folgender innerer Erkenntnis gelangen – zur Erkenntnis von Gottes alles durchdringender, das Karma auflösender Gegenwart im Heiligen Geist.

Wer aber die heilige kosmische Schwingung des Om (des Heiligen Geistes) in der Meditation bewusst erlebt hat und sie als ein physisches Geräusch verspottet oder ihre verwandelnde Kraft absichtlich missachtet und wieder in einen weltlichen Bewusstseinszustand absinkt, wird nicht von den Folgen seiner falschen Handlungen befreit – das heißt, die heilenden Segensströme Gottes, die durch diese Heilige Schwingung fließen, werden sein Karma der Unwissenheit nicht fortwaschen.«

Wer sich voller Hingabe mit dem Heiligen Geist verbindet, wird von Täuschung und Leid befreit

Wenn jemand mit der Heiligen Schwingung in Verbindung tritt und in ihr die ewig neue Freude fühlt, dann aber diese Freude mutwillig abweist, indem er sich erneut einer disharmonischen Lebensweise zuwendet, der »lästert wider den Heiligen Geist« und kann nicht davor bewahrt werden, die Folgen seines schlechten Karmas zu tragen. Dies setzt jedoch voraus, dass niemand den Heiligen Geist lästern kann, der nicht zuvor in der Meditation diese Manifestation Gottes als Kosmischen Klang vernommen oder sie nicht als den Unendlichen Frieden oder die Unendliche Freude wahrgenommen hat, welche in seinem auf Gott eingestellten Bewusstsein sanft vibrierten. Wer willentlich auch dann noch die sinnlichen Verlockungen der Welt wählt, nachdem er sie bereits mit den feineren Freuden einer solchen inneren Gottverbundenheit vergleichen konnte, muss die Konsequenzen seiner Handlungen auf sich nehmen. Er muss das Karma seines von schlechten Gewohnheiten beherrschten Lebens und seines ruhelosen Denkens durch eigene Anstrengung abarbeiten, denn er hat sich ausgeschlossen von der erhebenden Gnade Gottes, die ungehindert in das Bewusstsein aller auf den Heiligen Geist eingestimmten Menschen strömt. Wer in der Meditation der intuitiven Führung dieses kosmischen Klanges (*»der*

Tröster, der heilige Geist, ... der wird euch alles lehren«[8]) keinerlei Beachtung schenkt, verurteilt sich selbst zu innerer Ruhelosigkeit und zu fortgesetzter eintöniger Gefangenschaft in Täuschung und Leid.

Durch die segensreichen Schwingungen großer Seelen kann jedes körperliche oder geistige Fehlverhalten vergeben und dessen karmische Folge gemildert oder gänzlich verhindert werden. Doch niemand vermag die Ruhelosigkeit eines zerstreuten Gottsuchers zu beheben, der gegen seine eigene Wahrnehmung der Kosmischen Schwingung und Glückseligkeit »lästert«. Selbst ein Meister kann die Verbindung mit der Kosmischen Schwingung und die Freude der Meditation nicht gewähren, solange der Wahrheitssucher nicht selber eine Willensanstrengung macht, um seine Ruhelosigkeit abzulegen. Wer zu träge ist, die Berührung mit Gottes Schwingung durch den Heiligen Geist zu suchen, muss sich in tiefer Meditation darum bemühen, seine Gleichgültigkeit und den daraus resultierenden Mangel an Ehrfurcht gegenüber dieser göttlichen Manifestation des Unendlichen Schöpfers zu überwinden.

Rastlosigkeit, die sich nach außen verschwendende seelische Aufmerksamkeit, ist die gefährlichste Waffe des Bösen Erhalters der wechselvollen Täuschung. Ein unruhiger Körper und ein rastloser Geist sind ein Spielplatz Satans, der dort liebend gern seinen listigen Tanz der Zerstreuung aufführt, um das Bewusstsein des Menschen vom Unwandelbaren GEIST und Seiner stillen Widerspiegelung in der Tiefe der Seele abzulenken. Wer jedoch seinen Geist in hingebungsvoller Meditation regelmäßig und tief nach innen richtet, wird von den erhebenden Schwingungen des Heiligen Geistes bestärkt, und er erlebt, dass er die ganze Zeit in Gott versunken ist – in die erlösende Gnade göttlichen Friedens sowie göttlicher Liebe und Freude.

Die Abneigung gegen das Meditieren sollte als einer der schlimmsten Feinde des körperlichen, geistigen und spirituellen Wohlergehens des Menschen angesehen werden; diese »Lästerung« wider die innerliche magnetische Anziehung des Heiligen Geistes sollte bewusst aus dem Denken verbannt werden. Wer nie meditiert, weist das vortrefflichste Mittel zurück, sein Leben mit dem erlösenden Christusbewusstsein in Einklang zu bringen, das der Kosmischen OM-Schwingung innewohnt. Indem sich jeder Gottsucher bewusst um immer tiefere Meditationen bemüht, überwindet er seine Ruhelosigkeit, wodurch

---

[8] *Johannes* 14, 26 (siehe Diskurs 70, Band III).

er den Bewusstseinszustand der Glückseligkeit wiedergewinnt – durch die Berührung mit der Schwingung Gottes als dem Heiligen Geist, der den Gottsucher zum Unendlichen Christus und dann zum kosmischen Bewusstsein des GEISTES hinführt.

~

Und wer etwas gegen den Menschensohn sagt, dem wird vergeben werden; wer aber etwas gegen den Heiligen Geist sagt, dem wird nicht vergeben, weder in dieser noch in der zukünftigen Welt. (*Matthäus* 12, 32)[9]

Wer auch immer etwas Abwertendes über den »Sohn des Menschen« sagt (über die körperliche Manifestation jedes Individuums – wobei Jesus sich selbst einschließt), wird Vergebung von Gott und den Meistern erlangen, wenn er darum ersucht und reumütig ist. Aber jeder, der in der Meditation mit dem inneren Frieden und der inneren Freude des Heiligen Geistes in Verbindung tritt, dann jedoch in einer Weise denkt und spricht, die – im Gegensatz zu jener spirituell harmonischen Schwingung – von einer schlechten Schwingung zeugt, gibt seinen meditativen Zustand auf und gerät in einen inneren Widerstreit, der ihn in dieser Welt und ebenso in seiner nächsten Inkarnation an Ruhelosigkeit und innerem Aufruhr leiden lassen wird. Der äußere Mensch muss diszipliniert werden, um mit seinem harmonischen inneren Wesen im Einklang zu sein. Verharrt er aber in seinem widersprüchlichen Verhalten, prägt er die Gewohnheit mentaler Unruhe seinem »Sohn-des-Menschen«-Bewusstsein so fest ein, dass er das Gefühl hat, als sei er auf ewig dazu verdammt, rastlos zu sein, und als werde es ihm versagt, die immer neue, gesegnete Berührung mit der Heiligen Schwingung des GEISTES in seinem seelischen Bewusstsein wiederzuerlangen.

~

Entweder man pflanzt einen guten Baum, so wird die Frucht gut; oder man pflanzt einen schlechten Baum, so wird die Frucht schlecht. Denn an der Frucht erkennt man den Baum.

---

[9] Vgl. Parallelstellen in *Markus* 3, 29–30 und *Lukas* 12, 10.

Ihr Schlangenbrut, wie könnt ihr, die ihr böse seid, Gutes reden? Denn wovon das Herz voll ist, davon redet der Mund. Ein guter Mensch bringt aus dem guten Schatz seines Herzens Gutes hervor; und ein böser Mensch bringt aus seinem bösen Schatz Böses hervor. (*Matthäus* 12, 33–35)

Weil die Pharisäer Jesus unterstellten, dass seine guten Werke durch die Macht des Bösen zustande gekommen wären, wies er diese Behauptung mit folgendem Argument zurück: »Wenn ihr zugebt, dass die Ergebnisse meiner Heilstaten gut sind, dann müsst ihr auch einräumen, dass ich mit der Macht des Guten wirke. Wäre ich so schlecht, wie ihr behauptet, wie könnte ich dann diese guten Früchte göttlicher Heilung hervorbringen? Böses kann nur Böses erzeugen. Einen Baum erkennt man an seinen Früchten; ebenso müsst ihr an meinen Handlungen erkennen, dass ich den Baum des göttlichen Wissens in mir trage, der mit spirituellen Früchten beladen ist. O ihr Natterngezücht, wie solltet ihr zutreffend sagen können, was wahr ist, wenn ihr vom Gift der Unwissenheit durchdrungen und mit eurem selbst erschaffenen, üblen Karma belastet seid! Euer Mund spricht, was ihr im Herzen hegt.[10] Ihr holt das Böse aus den Abgründen des Bösen hervor, anstatt aus dem Schatz des Guten in eurer Seele zu schöpfen, der unter dem Schutt eurer bösen Handlungen verborgen liegt.«

Ich sage euch aber, dass die Menschen von jedem unnützen Wort, das sie geredet haben, Rechenschaft ablegen müssen am Tag des Gerichts, denn aufgrund deiner Worte wirst du gerechtfertigt, und aufgrund deiner Worte wirst du verdammt werden. (*Matthäus* 12, 36–37)

Das gesprochene Wort setzt sich aus drei Schwingungen zusammen: aus physischer Energie (Klang), aus der vom Willen des Sprechenden aktivierten Lebenskraft und aus Gedanken. Jede Äußerung eines Menschen hinterlässt gute oder schlechte Schwingungsspuren: in seinem physischen Körper und Gehirn; in seinem aus

[10] Siehe auch Kommentar in Diskurs 33, Band II, zu den Parallelversen *Lukas* 6, 43–45.

Lebenskraft bestehenden Astralkörper, der zwischen Fleisch und Bewusstsein vermittelt; und als verdichtete Neigungen in seinem Geist, seinem Bewusstsein. Die Gesamtheit aller aus üblen und guten Gedanken entstandenen mentalen Veranlagungen bestimmt, ob eine Seele nach dem Tod eine gute oder schlechte Wiedergeburt erlangt.

Daher bedeuten die Worte Jesu: »Ich sage euch, jedes unnütze Wort (jedes unüberlegte und ohne Rücksicht auf Wahrheit und Richtigkeit gesprochene Wort), das ein Mensch spricht, hat eine bleibende Auswirkung auf Gehirn und Geist; und wenn die Seele den Körper verlässt, wird ihr Dasein in der Astralwelt sowie schließlich ihr neues Erdenleben dadurch verändert und bestimmt, wie das üble Karma beurteilt wird, das von solchen schädlichen Worten verursacht wurde. Wenn ihr gut gesinnt seid und wohlmeinende Worte sprecht, sammelt ihr gute Ergebnisse als Ernte für eure Seele; und wenn ihr aufgrund einer üblen Gesinnung böse Worte äußert, häuft ihr schlimme Folgen an, die in zukünftigen Leben zu euch zurückkehren werden.«

~

Da antworteten einige der Schriftgelehrten und Pharisäer und sprachen: Meister, wir möchten ein Zeichen von dir sehen.

Er aber antwortete und sprach zu ihnen: Ein böses und ehebrecherisches Geschlecht verlangt ein Zeichen; und es wird ihm kein anderes Zeichen gegeben werden als das des Propheten Jona. Denn wie Jona drei Tage und drei Nächte im Bauch des Wales war, so wird der Menschensohn drei Tage und drei Nächte im Schoß der Erde sein. (*Matthäus* 12, 38–40)

Der allmächtige Himmlische Vater, der Inbegriff aller Gnade, ist unendlich demütig. Dies gilt auch für Seine Verehrer, die Sein vollkommenes Bildnis verkörpern. Göttliche Seelen wie Jesus bieten keine Wunder oder Zeichen dar, um der menschlichen Bosheit entgegenzutreten oder die gedankenlose Neugier ungläubiger Menschen zu befriedigen, sondern setzen ihre Befähigung lediglich als gütige, hilfreiche Kraft ein, mit der sie voller Demut die verborgene Größe Gottes zum Ausdruck bringen.

Das »Zeichen des Jona«: Jesus sagt das Wunder seiner Auferstehung voraus

Als die Pharisäer von Jesus ein Zeichen seiner göttlichen Vollmacht forderten, erwiderte er: »O ihr Zeitgenossen, die ihr den Übeln der Unwissenheit und der sinnlichen Gewohnheiten verfallen seid, mit welchem Recht verlangt ihr Zeichen und Wunder, die nur für tugendhafte, würdige Seelen bestimmt sind? Ihr werdet kein anderes Zeichen erhalten als das, welches bereits der Prophet Jona gab, als er zeigte, dass er das Gottesbewusstsein erlangt hatte, wodurch er, dessen Leben vom unsterblichen Leben erfüllt war, in einem Zustand aufgehobener Lebenstätigkeit im Bauch eines Wals fortbestehen konnte.«[11]

Ganz gleich, ob die Geschichte von Jona im buchstäblichen oder im übertragenen Sinne der Wahrheit entspricht, in Indien gibt es zahlreiche Aufzeichnungen über Yogis oder Seelen in Ekstase, von denen bekannt ist, dass sie – unter Wasser oder in der Erde lebendig begraben – in einem Zustand aufgehobener Lebenstätigkeit verweilten. Zwei wohlbekannte Fälle betreffen zum einen den indischen Trailanga Swami, der regelmäßig für sehr lange Zeit im Wasser des Ganges untergetaucht blieb,[12] zum anderen den gut dokumentierten Fall des Sadhu Haridas aus dem 18. Jahrhundert, der seinen Körper in einen Zustand aufgehobener Lebenstätigkeit versetzte und mehrere Wochen lang begraben blieb, bis er sich – nachdem man ihn wieder ausgegraben hatte – selbst wiederbelebte [auch in Diskurs 8, Band I, erwähnt].

Für ein Zeitalter, das noch nach Erleuchtung strebt, hat Gott solche Leistungen nicht als alltägliche Ereignisse vorgesehen. Aber sie zeugen von der Fähigkeit, dass man im Zustand der Atemruhe existieren und dadurch über das Leben herrschen und den Tod besiegen kann. Jesus erklärte, dass die Geschichte von Jona – *»Aber der Herr ließ einen großen Fisch kommen, Jona zu verschlingen. Und Jona war drei Tage und drei Nächte im Bauch des Fisches«*[13] – als ein prophetischer Vergleich zu seinem eigenen gekreuzigten Körper diene, der drei Tage und Nächte in einem unterirdischen Grab liegen und dann lebendig wieder daraus hervorgehen werde. Damit sagte Jesus voraus, dass das größte Zeichen, das er der Welt geben wird, die Auferstehung seines physischen Körpers sein werde – sein Beweis für den vollständigen Sieg über den Tod.

Im Zusammenhang mit seiner Grablegung spricht Jesus von

---

[11] Nachzulesen im alttestamentlichen Buch *Jona* 1 und 2.

[12] In der *Autobiographie eines Yogi*, Kapitel 31, werden viele wunderbare Ereignisse aus dem Leben Trailanga Swamis erzählt.

[13] *Jona* 2, 1.

seinem Körper als dem »Sohn des Menschen« – von einem Körper, der mit einer Generation menschlicher Wesen verbunden und einem Familienstammbaum zugehörig ist. Der Sohn Gottes, der im Körper Jesu eingeschlossen, aber auch allgegenwärtig war, konnte mit Sicherheit nicht *»im Schoß der Erde«* begraben werden. Doch durch Jesu physischen Körper und dessen Auferstehung nach drei Tagen sollte der Menschheit die Allmacht Gottes verkündet werden.[14]

Mit Hilfe der Naturwissenschaft baut der Mensch erstaunlich schnelle und nützliche Flugzeuge. Aber wenn ein Flugzeug abstürzt und die Passagiere auf schreckliche Weise in eine Masse gebrochener Knochen und Fleisch verwandelt werden, kann die Wissenschaft dem Menschen nicht sagen, wie er seine größte Schwäche besiegt – die ihm von Satan auferlegte täuschende Vorstellung von Tod und physischer Zerstörung. Durch die höhere Wissenschaft der Gotteserkenntnis kann der Mensch das Wissen erlangen, dass Körper und Seele – beide eine Widerspiegelung des Unsterblichen GEISTES – ebenfalls unsterblich sind. Wenn die Seele die Gesetze einer übernatürlichen Existenz befolgt und die Beziehung zwischen Geist und Materie versteht, dann kann sie – wie Jesus zeigte – das täuschende Körperbewusstsein überwinden oder ihre Unsterblichkeit auch in ihrem körperlichen Gefährt ausdrücken, falls sie es wünscht. Sobald der Mensch die Beziehung zwischen Bewusstsein und Körper völlig erkennt, versteht er auch, warum die Körperzellen zerfallen, wenn sich Bewusstsein und Leben vom Körper lösen; und er wird wissen, wie er dem Körper durch den Willen wieder Lebenskraft und geistige Energie zuführen und ihn erneuern kann – selbst dann, wenn der Körper bereits den physischen Tod erlitten hat. Das Erlangen bewusster Unsterblichkeit, das mit der Auferstehung seines physischen Leibes unter Beweis gestellt wurde, ist das bedeutendste »Zeichen« und die höchste metaphysische Demonstration, die Jesus der Welt für alle Zeiten gab – um Glauben zu erwecken sowie all jenen Mut zu machen und Hoffnung zu schenken, die danach streben, sich durch Meditieren ihre eigene Unsterblichkeit im Reich Gottes zu verdienen.

~

[14] Jesu Worte über das *»Zeichen des Jona«* finden sich auch in *Matthäus* 16, 4 (siehe Diskurs 44, Band II).

Die Männer von Ninive werden beim Gericht gegen dieses Geschlecht auftreten und es verdammen; denn sie taten Buße nach der Predigt des Jona. Und siehe, hier ist einer, der größer ist als Jona.

Die Königin des Südens wird beim Gericht gegen dieses Geschlecht auftreten und wird es verdammen; denn sie kam vom Ende der Erde, um die Weisheit Salomos zu hören. Und siehe, hier ist einer, der größer ist als Salomo. (*Matthäus* 12, 41–42)

Jesus betonte, dass die Leute von Ninive – die ihre weltlichen Gewohnheiten bereut und aufgrund der Predigten des Jona ihre Spiritualität erweckt hatten – die Zeitgenossen Jesu verurteilen und verdammen würden, weil diese den Christus in ihrer Mitte nicht gewürdigt hätten, der erhabener als Jona und vollkommen im Geist erwacht war. Auch die Königin von Saba, die aus einem fernen Land kam, um die Weisheit Salomos zu hören,[15] werde die Generation Jesu dafür verurteilen, dass sie nicht für den Christus empfänglich gewesen sei, dessen Weisheit noch heller geleuchtet habe als die sprichwörtliche Weisheit Salomos. Obwohl alle Seelen – gewöhnliche Laien und Meister gleichermaßen – potenziell die gleichen vollkommenen Ebenbilder Gottes darstellen, unterscheiden sie sich voneinander je nach dem Grad ihrer Erkenntnis sowie nach dem Ausdruck ihrer seelischen Eigenschaften. Jesus Christus besaß alle seelischen und spirituellen Eigenschaften in vollkommener Weise; dem spirituellen Bewusstsein Salomos und Jonas fehlte diese Vollkommenheit noch.

~

Wenn der unreine Geist von einem Menschen ausgefahren ist, so wandert er durch dürre Stätten, sucht Ruhe, und findet sie nicht. Dann sagt er: Ich will in mein Haus zurückkehren, aus dem ich fortgegangen bin. Und wenn er hinkommt, so findet er es leer, gekehrt und geschmückt. Dann geht er und nimmt sieben andere Geister mit sich, die bösartiger sind als er selbst; und sie treten ein und wohnen dort; und das Ende dieses Menschen wird schlimmer als sein Anfang. Ebenso wird es auch diesem bösen Geschlecht ergehen. (*Matthäus* 12, 43–45)

---

[15] *I. Könige* 10, 1–10.

Jesus bezieht sich hier auf unbedeutende spirituelle Fortschritte, die aufgrund eines unangemessenen Überlegenheitsgefühls zu Arroganz entarten. Er sah, dass einige Seelen unter seinen Zeitgenossen spirituell hinreichend entwickelt waren, um innerlich Verbindung mit der Segensschwingung des Heiligen Geistes aufzunehmen – was einige ihrer geistigen Mängel beseitigte und den inneren Teufel der Anhänglichkeit an die Sinne austrieb. Aber Jesus stellt auch fest: Zwar hätten diese Seelen vorübergehend den Teufel ihrer Anhaftung an Weltliches vertrieben; doch aufgrund ihres schändlichen Verhaltens ihm gegenüber und weil sie es zu ihrem Nachteil unterlassen hätten, in ihm den GEIST zu erkennen, werde nicht nur ihr weltliches Bewusstsein zurückkehren, sondern es würden noch größere Teufel der Unwissenheit, Sinnenverhaftung, Selbstgefälligkeit, spirituellen Gleichgültigkeit, des Stolzes sowie des Mangels an spirituellem Verständnis und Unterscheidungsvermögen in ihr Leben eindringen; stattdessen hätten sie sich durch spirituelle Empfänglichkeit und mit der erleuchtenden Hilfe Jesu ändern können.

Die spirituellen Gefahren von arroganter Selbstgefälligkeit und Stolz

Jesus mahnt: »O ihr Menschen dieser Zeit, eure bisherige spirituelle Entwicklung hat euch selbstzufrieden und träge gemacht, sodass ihr nicht die gottgegebene Gelegenheit nutzt, eure Seelen zu erlösen, indem ihr euch auf den in mir offenbarten Christus einstellt. Wegen eurer unangemessenen Überheblichkeit, deren Teufel von euch Besitz ergreifen werden, werdet ihr jetzt unter noch größerer Unwissenheit zu leiden haben als zuvor.«

Jesus weist darauf hin, dass der Mensch frei wählen kann, was er tun möchte, und sich weiterentwickeln kann, wenn er großen Meistern Ehrfurcht entgegenbringt und mit ihnen in Verbindung tritt; oder dass er – aufgrund seiner Gleichgültigkeit den göttlichen Sendboten und ihren Lehren gegenüber – so unwissend bleiben kann wie zuvor; oder dass er, wenn er sich in engstirnigen theologischen Ansichten und Traditionen verfängt, sich völlig unabhängig wähnen und die Erlösung bringenden Lehren der großen Meister missachten kann.

Während er noch zu dem Volk redete, siehe, da standen seine Mutter und seine Brüder draußen und wollten mit ihm reden. Da sprach einer zu ihm: Siehe, deine Mutter und deine Brüder stehen draußen und wollen mit dir reden.

Er antwortete aber und sprach zu dem, der es ihm mitteilte: Wer ist meine Mutter, und wer sind meine Brüder? Und er streckte seine Hand aus über seine Jünger und sprach: Seht, diese hier sind meine Mutter und meine Brüder! Denn wer den Willen meines Vaters im Himmel tut, der ist mir Bruder, Schwester und Mutter. (*Matthäus* 12, 46–50)[16]

Parallelstelle:

Es kamen aber seine Mutter und seine Brüder zu ihm und konnten wegen der Volksmenge nicht zu ihm gelangen. Und es wurde ihm mitgeteilt: Deine Mutter und deine Brüder stehen draußen und wollen dich sehen. Er aber antwortete und sprach zu ihnen: Meine Mutter und meine Brüder sind diese hier, die das Wort Gottes hören und es tun. (*Lukas* 8, 19–21)

»Wahrheitssucher, die für die Inspiration Gottes, wie sie durch mich kommt, empfänglich sind und die entsprechend handeln und das Gottesbewusstsein als das Wort oder den von ewig neuer Freude erfüllten Kosmischen Laut vernehmen, den man in der Meditation hören kann, sind im Einklang mit meinem einen Vater, mit dem einen Kosmischen Bewusstsein; weil sie diese allen Menschen zugängliche Wahrnehmung mit mir teilen, sind sie meine wahren Verwandten. Alle Frauen mit Gottesbewusstsein sind meine Mütter und Schwestern, und alle Männer mit Gottesbewusstsein meine Brüder.«

Jesus stellt die Liebe zu Gott über familiäre Bindungen

Jesus lehrte nicht, dass man den Eltern gegenüber respektlos sein soll; an einer anderen Stelle (*Matthäus* 15, 4) zitierte er das göttliche Gebot: »*Du sollst Vater und Mutter ehren.*«[17] Damit wollte er sagen: Obwohl jeder den Eltern gebührende Achtung erweisen sollte, indem er in ihnen das Geschenk beschützender Weisheit und Liebe ehrt – die von Gott kommen, der Vater und Mutter ist –, sollte er nicht so sehr an den Eltern hängen, dass er ihnen unterwürfig gehorcht und sich von Gott abwendet, falls sie Gott herabsetzen und den Betreffenden auffordern sollten, von seinen

[16] Vgl. Parallelstelle in *Markus* 3, 31–35.

[17] Siehe Diskurs 44, in Band II.

aufrichtigen spirituellen Bestrebungen abzulassen – ganz gleich, ob er dem Pfad der Entsagung oder dem der Meditation über Gott folgt. Jesus und alle großen Meister lehren, dass Gott an erster Stelle stehen und Vorrang vor jedem Verlangen und vor jedem Menschen haben sollte. Die Verpflichtung Gott gegenüber in der Meditation muss das wichtigste Anliegen sein; denn niemand kann irgendeine andere Verpflichtung im Leben einhalten, ohne seine Gehirnaktivität und Energie, seine mentale und körperliche Kraft, von Gott zu beziehen.

Keine menschliche Liebe sollte als bedeutender angesehen werden als die Liebe zu Gott; denn alle Menschen, die wir lieben, hat Gott uns geschenkt. Wenn wir unsere Verwandten von ganzem Herzen lieben, weil sie ein liebenswertes Wesen besitzen, wie viel größer sollte dann unsere Liebe zu Gott sein, der in Seiner Weisheit diese liebevollen Eltern, Brüder und Schwestern ausgewählt hat? Wir sollten nicht vergessen, dass Gott – in der Vergangenheit, in der Gegenwart und in der Zukunft – für immer unser Vater und unsere Mutter bleibt, die im Laufe vieler Inkarnationen in der Gestalt zahlloser Eltern und anderer Familienmitglieder für uns sorgen. Wer seine Familie über alles liebt und darüber vollkommen vergisst, dass Gott diesen Menschen innewohnt, wird ernüchtert sein, wenn der Tod solche Familienbande plötzlich zerreißt. Nur die verdeckte, aber unauflösliche Verbundenheit mit Gott besteht für alle Ewigkeit.

Diese Wahrheitserkenntnis wollte Jesus der Menge einprägen, als einige darunter ausriefen: *»Siehe, deine Mutter und deine Brüder stehen draußen«*. Allein in Gott, den er überall wahrnahm, sah er seinen einzigen und wirklichen Verwandten hinter allen Familienbeziehungen, in die er sich durch seine Inkarnation hineingestellt fand.

Denkt einmal darüber nach: Wenn jemand stirbt und in der Nachbarsfamilie gleich neben seinem früheren Heim wiedergeboren wird, dann würde seine sehr geliebte vorherige Familie ihn als einen Fremden behandeln. Die mysteriösen Abläufe der Reinkarnation sollen in jeder Hinsicht offenkundig machen, dass es Gott allein ist, der selber durch die elterliche Zuneigung für das Kleinkind sorgt – indem Er dem irdischen Vater und der irdischen Mutter den Instinkt der Liebe eingibt. Und des Weiteren wird jemand, wenn er auf Gott eingestimmt ist, in Ihm jedes Seiner seelischen Ebenbilder wiederfinden, die er verloren zu haben glaubte.

Jesus wollte seinem Bewusstsein Ausdruck verleihen, dass er niemand anderen als Gott selbst als seinen Himmlischen Vater und seine

Himmlische Mutter betrachten könne, und dass er jeden Menschen, der im Einklang mit Gott lebt, als seinen göttlichen Verwandten ansehe. Damit bekräftigte Jesus nicht nur die Vaterschaft Gottes, sondern auch die Brüderlichkeit der Menschen. Alle Wahrheitssucher, die Gott als ihren eigenen gemeinsamen Himmlischen Vater ansehen, fühlen sich vereint durch das heilige familiäre Band beständiger, allumfassender Brüderlichkeit.

DISKURS 37

»Und er sagte ihnen viele Dinge in Gleichnissen«

Jesu Predigt über das Himmelreich

Das Gleichnis vom Sämann:
Der Segen geistiger Wahrheiten wird einem Menschen nach dem Grad seiner spirituellen Empfänglichkeit zuteil

❖

Jesu tiefer gehende Erklärung:
Die Saat der Weisheitsschwingungen nimmt man durch Verbindung mit dem OM auf

❖

Weizen und Unkraut:
Wie man das Unkraut schlechter Gewohnheiten im Unterbewusstsein vernichtet

❖

Der »Sauerteig« meditativer Freude ist erhebend für das Bewusstsein, Unterbewusstsein und Überbewusstsein

❖

Die »Ernte« an gutem und schlechtem Karma am »Ende der Welt«

»Aber jenen Seelen, die sich noch vollkommen mit dem Körper identifizieren, werden alle diese feinen Wahrnehmungen vom Zustand des Himmels, des Christusbewusstseins und des Kosmischen Bewusstseins in Form von Gleichnissen erklärt, damit diese Menschen – weil ihnen das Verständnis fehlt – nicht das heilige Wissen von der vollkommen offenbarten Wahrheit verächtlich zurückweisen.«

An demselben Tag ging Jesus aus dem Haus und setzte sich an das Meer. Und es versammelte sich eine große Volksmenge um ihn, sodass er in ein Boot stieg und sich setzte, und die ganze Volksmenge stand am Ufer. Und er sagte ihnen viele Dinge in Gleichnissen und sprach: Siehe, es ging ein Sämann aus zu säen. Und indem er säte, fiel einiges auf den Weg; da kamen die Vögel und fraßen es auf. Einiges fiel auf steinigen Boden, wo es nicht viel Erde gab, und ging sofort auf, weil das Erdreich nicht tief genug war. Als aber die Sonne aufging, wurde es verbrannt, und weil es keine Wurzeln hatte, verdorrte es. Einiges fiel unter die Dornen; und die Dornen wuchsen empor und erstickten es. Aber anderes fiel auf gutes Land und trug Frucht, einiges hundertfach, einiges sechzigfach, einiges dreißigfach.

Wer Ohren hat zu hören, der höre!

Und die Jünger traten zu ihm und sprachen: Warum redest du zu ihnen durch Gleichnisse?

Er antwortete und sprach: Euch ist es gegeben, dass ihr die Geheimnisse des Himmelreichs versteht; diesen aber ist es nicht gegeben. Denn wer da hat, dem wird gegeben, und er wird im Überfluss haben; wer aber nicht hat, von dem wird auch das genommen, was er hat.

Darum rede ich zu ihnen durch Gleichnisse: Denn sie sehen und sehen doch nicht, sie hören und hören doch nicht; noch verstehen sie es. Und an ihnen wird die Weissagung des Jesaja erfüllt, die da sagt: »Mit den Ohren werdet ihr hören und nicht verstehen; und mit den Augen werdet ihr sehen und nicht wahrnehmen.«

Denn das Herz dieses Volkes ist verstockt, und mit den Ohren hören sie schwer, und ihre Augen haben sie geschlossen, damit sie nicht etwa mit den Augen sehen und mit den Ohren hören und mit dem Herzen verstehen und sich bekehren und damit ich sie nicht heile.

Aber selig sind eure Augen, denn sie sehen, und eure Ohren, denn sie hören. Denn wahrlich ich sage euch: Viele Propheten und Gerechte haben begehrt zu sehen, was ihr seht, und haben es nicht gesehen, und zu hören, was ihr hört, und haben es nicht gehört.

So hört nun, was das Gleichnis vom Sämann bedeutet: Wenn jemand das Wort von dem Reich hört und es nicht versteht, so kommt der Böse und reißt das aus, was in sein Herz gesät wurde; und das ist der, bei dem die Saat auf den Weg fiel. Derjenige aber, bei dem die Saat auf steinigen Boden fiel, der hört das Wort und nimmt es sogleich mit Freuden auf; aber er hat keine Wurzel in sich, sondern ist unbeständig; wenn dann Bedrängnis oder Verfolgung eintritt um des Wortes willen, so ist er schon bald verärgert.

Auch der, bei dem unter die Dornen gesät worden ist, hört das Wort, doch die Sorgen dieser Welt und der trügerische Reichtum ersticken das Wort, und er bringt keine Frucht. Der aber, bei dem auf gutes Land gesät wurde, der hört das Wort und versteht es und bringt auch Frucht hervor, einige hundertfach, einige sechzigfach, einige dreißigfach.

Er legte ihnen ein anderes Gleichnis vor und sprach: Das Himmelreich gleicht einem Menschen, der guten Samen auf seinen Acker säte. Aber während die Leute schliefen, kam sein Feind und säte Unkraut zwischen den Weizen und ging davon. Als nun die Saat aufging und Frucht ansetzte, da erschien auch das Unkraut.

Da traten die Knechte zu dem Hausherrn und sprachen: Herr, hast du nicht guten Samen auf deinen Acker gesät? Woher hat er denn das Unkraut? Er sprach zu ihnen: Das hat ein Feind getan. Da sagten die Knechte: Willst du denn, dass wir hingehen und es ausjäten? Er sprach: Nein! damit ihr nicht den Weizen mit ausreißt, wenn ihr das Unkraut ausjätet. Lasst beides miteinander wachsen bis zur Ernte; und wenn die Zeit der Ernte da ist, werde ich zu den Schnittern sagen: Sammelt zuerst das Unkraut und bindet es in Bündel, dass man es verbrenne; den Weizen aber sammelt in meine Scheune.

Ein anderes Gleichnis legte er ihnen vor und sprach: Das Himmelreich gleicht einem Senfkorn, das ein Mensch nahm und auf seinen Acker säte. Es ist zwar das kleinste unter allen Samen, doch wenn es gewachsen ist, dann ist es das größte unter den Kräutern und wird zu einem Baum, sodass die Vö-

gel des Himmels kommen und in seinen Zweigen nisten.

Ein anderes Gleichnis erzählte er ihnen: Das Himmelreich gleicht einem Sauerteig, den eine Frau nahm und unter drei Maß Mehl vermengte, bis es ganz durchsäuert war.

Dies alles sagte Jesus den Volksmengen in Gleichnissen, und ohne Gleichnisse redete er nicht zu ihnen, damit erfüllt würde, was gesagt ist durch den Propheten, der da spricht: Ich will meinen Mund in Gleichnissen auftun und will aussprechen, was von der Erschaffung der Welt an verborgen war.

Dann entließ Jesus die Volksmenge und ging in das Haus. Und seine Jünger traten zu ihm und sprachen: Deute uns das Gleichnis vom Unkraut auf dem Acker. Er antwortete und sprach zu ihnen: Der den guten Samen sät, ist der Menschensohn. Der Acker ist die Welt. Der gute Same sind die Kinder des Reiches; aber das Unkraut sind die Kinder des Bösen. Der Feind, der es sät, ist der Teufel. Die Ernte ist das Ende der Welt. Die Schnitter sind die Engel. Wie nun das Unkraut gesammelt und im Feuer verbrannt wird, so wird es auch am Ende dieser Welt sein: Der Menschensohn wird seine Engel aussenden; und sie werden in seinem Reich alles sammeln, was zur Sünde verleitet und die, welche da Unrecht tun, werden sie in den Feuerofen werfen; da wird Heulen und Zähneknirschen sein. Dann werden die Gerechten im Reich ihres Vaters leuchten wie die Sonne. Wer Ohren hat zu hören, der höre!

Wiederum gleicht das Himmelreich einem verborgenen Schatz im Acker, den ein Mensch fand und verbarg. Und aus Freude darüber ging er hin, verkaufte alles, was er hatte und kaufte den Acker.

Wiederum gleicht das Himmelreich einem Kaufmann, der schöne Perlen suchte. Und da er eine besonders wertvolle Perle fand, ging er hin und verkaufte alles, was er hatte, und kaufte sie.

Wiederum gleicht das Himmelreich einem Netz, das ins Meer geworfen wurde, um Fische aller Art zu fangen. Als es aber voll war, so zogen sie es heraus an das Ufer, setzten

sich und sammelten die guten in Gefäßen; aber die schlechten warfen sie weg. So wird es auch am Ende der Welt sein: Die Engel werden kommen und die Bösen von den Gerechten trennen und sie in den Feuerofen werfen; da wird Heulen und Zähneknirschen sein.

Und Jesus sprach zu ihnen: Habt ihr das alles verstanden? Sie sprachen: Ja, Herr. Da sagte er zu ihnen: Darum gleicht jeder Schriftgelehrte, der zu einem Jünger des Himmelreichs geworden ist, einem Hausherrn, der aus seinem Schatz Neues und Altes hervorholt.

Und es begab sich, dass Jesus, als er diese Gleichnisse beendet hatte, von dort wegging.

Matthäus 13, 1–53

DISKURS 37

»Und er sagte ihnen viele Dinge in Gleichnissen«

Jesu Predigt über das Himmelreich

An demselben Tag ging Jesus aus dem Haus und setzte sich an das Meer. Und es versammelte sich eine große Volksmenge um ihn, sodass er in ein Boot stieg und sich setzte, und die ganze Volksmenge stand am Ufer. Und er sagte ihnen viele Dinge in Gleichnissen und sprach: Siehe, es ging ein Sämann aus zu säen. Und indem er säte, fiel einiges auf den Weg; da kamen die Vögel und fraßen es auf. Einiges fiel auf steinigen Boden, wo es nicht viel Erde gab, und ging sofort auf, weil das Erdreich nicht tief genug war. Als aber die Sonne aufging, wurde es verbrannt, und weil es keine Wurzeln hatte, verdorrte es. Einiges fiel unter die Dornen; und die Dornen wuchsen empor und erstickten es. Aber anderes fiel auf gutes Land und trug Frucht, einiges hundertfach, einiges sechzigfach, einiges dreißigfach.

Wer Ohren hat zu hören, der höre! (*Matthäus* 13, 1–9)[1]

Mit dem bekannten Gleichnis vom Sämann, den Samenkörnern und dem guten Boden veranschaulicht Jesus, wodurch die göttliche Saat der Wahrheit gedeiht oder abstirbt, je nachdem nämlich, wie es um den geistigen Boden – den Glauben und die Empfänglichkeit

[1] Vgl. Parallelstellen in *Markus* 4, 1–9 und *Lukas* 8, 4–8.

– von spirituell Suchenden bestellt ist, auf den die Saat ausgebracht wurde: »Lauscht aufmerksam und verständig auf diese Wahrheit: Unter euch gibt es Gottsucher mit unterschiedlich empfänglichem Geist, der mit den Samen meiner Unterweisungen bestellt wurde.

Etliche der Wahrheitssamen fielen neben das Feld – auf den ›Weg‹ spirituell gleichgültiger, aber neugieriger Sucher. Diese Samenkörner, die zu erleuchtenden intuitiven Erfahrungen führen können, wurden von den Tieren weltlicher Gewohnheiten zertreten und von den Vögeln des Zweifels aufgefressen, welche in den ›Lüften‹ des Verstandes umherschwirren.

Das Gleichnis vom Sämann: Der Segen geistiger Wahrheiten wird einem Menschen nach dem Grad seiner spirituellen Empfänglichkeit zuteil

Einige Samenkörner meiner Lehre fielen auf das steinige Gelände materiell ausgerichteter, grober Gesinnungen, bei denen nur ein wenig Erde, nur eine dünne Schicht spiritueller Wahrnehmungsfähigkeit und Wertschätzung vorhanden war. In solchen Menschen keimten die Unterweisungen auf zu einigen kurzlebigen, aber nicht tief verwurzelten geistigen Erfahrungen. Sobald die Sonne alltäglicher weltlicher Gewohnheiten aufging, verdorrten diese Erfahrungen jedoch vollständig. Da sie keine tief verwurzelten Gewohnheiten im Überbewusstsein der Seele bildeten, verwelkten sie, denn es fehlte ihnen an den Nährstoffen unerschütterlicher Hingabe und fortwährenden geistigen Strebens, die durch beständige Meditation und eifrige Bemühungen bereitgestellt werden.

Und etliche Samenkörner meiner Lehre wurden auf den geistigen Boden von Menschen gestreut, der vom Dornengestrüpp spirituellen Misstrauens und theologischer Zweifel überwuchert wird. Obwohl diese Samen in solch theoretisch wissbegierigen Geistern ein wenig aufkeimten, konnten diese spirituellen Inspirationen nicht überleben, weil sie von dem wuchernden Dornengestrüpp theologischer Skepsis erstickt wurden. Die glücklosen Pflanzen der Inspiration konnten nicht die Früchte göttlicher Weisheit oder der Gottverbundenheit tragen.

Weitere Samenkörner meiner Lehre fielen auf einen geistigen Boden, der mit Empfänglichkeit gepflügt, durch beständige Güte und regelmäßiges, tiefes spirituelles Bemühen in der Meditation bewässert sowie von der Hecke guter Gesellschaft geschützt wurde, sodass die Tiere und Vögel materialistischer Gedanken und Zweifel nicht eindringen konnten, um den blühenden Garten seelischer Eigenschaften zu zerstören. In diesen geschützten, empfänglichen Gemütern wuchsen die Samen der Wahrheit zu Bäumen heran, die reich mit den Früchten der SELBST-Verwirklichung beladen waren. Diese kräftigen, standhaften menschlichen Bäume konnten jedem Ansturm widerstehen, während sie die ständig zunehmende Ernte der Weisheit, der ewig neuen Freude und des Fortschritts bei der Entwicklung spiritueller Eigenschaften einbrachten – dreißig-, sechzig-, hundertfach.«

Jesu Gleichnis verdeutlicht, dass ein wahrer Jünger dank der Stärke seines hingebungsvollen geistigen Lebens zum fruchtbaren Boden wird, in den ein gottgesandter Guru mit Erfolg seine Lehren einsäen kann. Wenn die richtige Saat der Unterweisungen in den empfänglichen Boden, das Herz, eines aufrichtigen, entschlossenen Schülers gepflanzt wird, der sie durch tiefe tägliche Meditation, Hingabe und Selbstdisziplin beim Befolgen des *Sadhana* nährt (der spirituellen, vom Guru vorgeschriebenen Übungen), dann wird dieser Same aufgehen und zum Baum der Gottverwirklichung heranwachsen, der sich bis in die Unendlichkeit verzweigt.

Das Ausmaß der Empfänglichkeit eines Menschen hängt davon ab, wie leidenschaftlich er sich danach sehnt, die Wahrheit zu erkennen, und wie ernsthaft er sich darum bemüht. Die größte Aufnahmebereitschaft besitzt derjenige, der ein brennendes Verlangen nach Gott besitzt.

Das Gleichnis vom Sämann und der Saat veranschaulicht, wie die unterschiedlichen guten oder schlechten Gewohnheiten der Menschen bestimmen, ob der Boden ihres Geistes fruchtbar oder steinig ist. Selbst jemand, der sich von bereits eingeschliffenen schlechten Gewohnheiten behindert sieht, kann diesen Widerstand brechen, wenn er heftige geistige Sehnsucht empfindet und sich treu an die Lehren des Gurus hält. Am klügsten ist es, die notwendigen Veränderungen im Leben vorzunehmen, damit eine anhaltende seelische Weiterentwicklung ermöglicht wird.

Empfängliche Schüler werden mit der Hilfe des Gurus ganz gewiss Fortschritte machen. Der Widerstand alter Gewohnheiten kann es erschweren, den göttlichen Lehren zu folgen; aber wenn sich aufrichtige Schüler trotz einer Neigung, sich zu widersetzen, bemühen, werden sie sich wandeln. Falls sie ihren Launen nachgeben, wird der Widerstand erheblich sein; hören sie stattdessen aber aufnahmebereit auf die Weisheit ihres Gurus, der nur ihr höchstes Wohlergehen im Sinn hat, wird jedes Samenkorn göttlichen Erwachens, das er in ihr Inneres legt, in ihrem fruchtbaren Bewusstsein Wurzeln schlagen.

»*Wer Ohren hat zu hören, der höre!*« Damit meinte Jesus: »Wer empfänglich ist und mit spirituellem Verständnis hört, was ich sage, sollte die Wahrheit meiner Worte zu schätzen wissen und danach leben, um vollkommene seelische Befreiung zu erlangen.« Es ist nutzlos, aufs Geratewohl auf die Lehren Jesu zu hören oder ihnen nur geringe Beachtung zu schenken. Wer Christus nachfolgen will, sollte es ernst meinen und so gewissenhaft vorgehen wie ein geistiger Landmann, der die Kunst ausübt, Pflanzen der SELBST-Verwirklichung heranzuziehen, indem er das Bewusstsein mit der richtigen Meditationstechnik und mit einer entsprechenden moralischen und spirituellen Lebensweise pflügt und besät. Das wird die Früchte der göttlichen Weisheit und Glückseligkeit sowie die der vollkommenen spirituellen Befreiung hervorbringen.

~

Und die Jünger traten zu ihm und sprachen: Warum redest du zu ihnen durch Gleichnisse?

Er antwortete und sprach: Euch ist es gegeben, dass ihr die Geheimnisse des Himmelreichs versteht; diesen aber ist es nicht gegeben. Denn wer da hat, dem wird gegeben, und er wird im Überfluss haben; wer aber nicht hat, von dem wird auch das genommen, was er hat.

Darum rede ich zu ihnen durch Gleichnisse: Denn sie sehen und sehen doch nicht, sie hören und hören doch nicht; noch verstehen sie es. (*Matthäus* 13, 10–13)[2]

Parallelstelle:

Und als er allein war, fragten ihn die, welche um ihn waren, samt den Zwölfen, nach dem Gleichnis. Und er sprach zu ihnen: Euch ist es gegeben, das Geheimnis des Reiches Gottes zu erkennen; denen aber, die draußen sind, wird alles in Gleichnissen gesagt, damit sie mit ihren Augen sehen und doch nicht wahrnehmen, und mit ihren Ohren hören, und doch nicht verstehen, damit sie sich nicht etwa bekehren und ihre Sünden ihnen vergeben werden. (*Markus* 4, 10–12)

---

[2] Vgl. Parallelstellen in *Markus* 4, 25 und *Lukas* 8, 9–10 sowie 8, 18. Siehe auch Diskurs 63 (in Band III), Kommentar zu *Lukas* 19, 26, wo Jesus diese Aussage wiederholt.

Als Jesus von seinen Jüngern gefragt wurde, warum er den Menschen seine Lehre in Form von feinsinnigen Gleichnissen darbiete, antwortete er: »Weil es so bestimmt ist, dass ihr, meine wahren Jünger, es verdient, kraft eurer inneren Erweckung in der Meditation, die Wahrheit der geheimen Mysterien des Himmels zu verstehen und zu erkennen, wie man das Reich Gottes erlangt: das Kosmische Bewusstsein, das hinter der vibrierenden Schöpfung der kosmischen Täuschung verborgen ist. Denn ihr führt ein geistiges Leben und befolgt meine Lehren, indem ihr diszipliniert handelt. Durchschnittsmenschen jedoch, die keinen hohen Grad an Empfänglichkeit besitzen, können die in den höheren Wahrheiten verborgene Weisheit weder verstehen noch anwenden. Die Gleichnisse ermöglichen es ihnen, der Weisheitslehre, die ich ihnen vermittle, einfachere Wahrheiten zu entnehmen, die ihrem Verständnis entsprechen. Und wenn sie das, was sie empfangen können, auch praktisch anwenden, machen sie einige Fortschritte, die sie der Befreiung näherbringen.

Empfänglichen Menschen offenbarte Jesus die himmlische Wahrheit; für die Massen kleidete er sie in Gleichnisse

Da ihr empfänglich und in eurem spirituellen Denken fortgeschritten seid, kann das erweiterte Gefäß eures Verständnisses die ozeanischen Wahrheitsoffenbarungen fassen, die ich in euch habe einströmen lassen – diese entspringen meiner eigenen Erkenntnis im Zustand des Christusbewusstseins und des Kosmischen Bewusstseins, des Himmelreiches und des Reiches Gottes.«

Der Zustand des Kosmischen Bewusstseins wird als Reich Gottes bezeichnet, weil er das unendliche Reich des Einen Königs des Absoluten Seins, des Absoluten Bewusstseins und der Absoluten Glückseligkeit darstellt, das unberührt von den aus Schwingungen bestehenden Manifestationen bleibt. Das Himmelreich ist die wundersame astrale Sphäre himmlischer Kräfte und Wesen, die vom allgegenwärtigen Christusbewusstsein erfüllt sind. Den Zustand des Kosmischen Bewusstseins können solche Seelen erleben, die ihren Geist in der Meditation vom Bereich des Körpers zurückgezogen haben und über das Unterbewusstsein hinausgegangen sind sowie über die Konzentration auf die überbewussten seligen Wahrnehmungen des astralen Himmelreichs mit seinem ihm innewohnenden Christusbewusstsein. Aber jenen Seelen, die sich noch vollkommen mit dem Körper identifizieren, werden alle diese feinen Wahrnehmungen vom Zustand des

Himmels, des Christusbewusstseins und des Kosmischen Bewusstseins in Form von Gleichnissen erklärt, damit diese Menschen – weil ihnen das Verständnis fehlt – nicht das heilige Wissen von der vollkommen offenbarten Wahrheit verächtlich zurückweisen. Unempfängliche Menschen würden nicht einmal versuchen, die tieferen Wahrheiten zu ergründen, durch die sie von ihren schlechten materialistischen Gewohnheiten frei werden könnten: »damit sie sich nicht etwa bekehren« – sich von Seelen, die sich mit dem Körper identifizieren, in spirituelle Wesen verwandeln, dank der Gnade Gottes und durch ihre eigenen Bemühungen.

Dann zitiert Jesus ein genau arbeitendes Gesetz, dem alle Gewohnheiten unterworfen sind: *»Denn wer da hat«* – wer die Gewohnheit angenommen hat, spirituell zu leben, wird Wahrnehmungen der SELBST-Erkenntnis aus seinem Inneren anziehen. Und wenn er Geschmack an seelischer Weisheit und Glückseligkeit gefunden hat, wird er weitere geistige Gewohnheiten entwickeln, was eine noch größere seelische Entfaltung bewirkt. *»Wer aber nicht hat«* bedeutet: Wen es aber nicht kümmert, ob er die spirituellen Gewohnheiten besitzt, zu meditieren und ein geistiges Leben zu führen, und diese auch nicht entfaltet, verliert unweigerlich jede geistige Gewohnheit, die latent in ihm liegen mag, weil er noch nicht die geistige Freude der SELBST-Verwirklichung gekostet hat, die er in der Meditation erlebt.[3]

Wie aber nehmen empfängliche Menschen die Wahrheit auf, während es von den Unempfänglichen heißt: Sie *»sehen und sehen doch nicht, hören und hören doch nicht, noch verstehen sie es«*? Die höchsten Wahrheiten des Himmels und des Reiches Gottes, die Wirklichkeit, die sich hinter den Sinneswahrnehmungen verbirgt und jenseits des rationalen Denkens liegt, kann nur durch Intuition erfasst werden – durch das Erwecken des intuitiven Wissens, der reinen Erkenntnisfähigkeit der Seele.

»Deshalb, o meine Jünger, spreche ich in Gleichnissen, die den Kern der Wahrheit mit der Schale mystischer Worte, esoterischer Bilder, umhüllen. So wie ein Vogel nicht weiß, wie man einen Nussknacker verwendet, um an den Kern in der Nuss zu kommen, so sehen durchschnittliche Menschen nicht die Möglichkeit, mithilfe von Intuition die Schale der Gleichnisse aufzubrechen und die Weisheit zu

---

[3] Jesus wiederholt diese Aussage in *Lukas* 19, 26 in einem anderen Gleichnis. Diese Textstelle wird in ihrem Kontext ausführlicher in Diskurs 63 (in Band III) erläutert.

finden, die im Inneren verborgen liegt. Da es solchen Menschen an intuitiven inneren Wahrnehmungen fehlt, vernehmen sie nicht die Offenbarungen der Wahrheit in meinen Worten, obwohl sie die Weisheit hören, die von meinen Lippen kommt. Es scheint, dass sie diese überhaupt nicht gehört haben.«

~

Und an ihnen wird die Weissagung des Jesaja erfüllt, die da sagt: »Mit den Ohren werdet ihr hören und nicht verstehen; und mit den Augen werdet ihr sehen und nicht wahrnehmen.«

Denn das Herz dieses Volkes ist verstockt, und mit den Ohren hören sie schwer, und ihre Augen haben sie geschlossen, damit sie nicht etwa mit den Augen sehen und mit den Ohren hören und mit dem Herzen verstehen und sich bekehren und damit ich sie nicht heile.[4]

Aber selig sind eure Augen, denn sie sehen, und eure Ohren, denn sie hören. Denn wahrlich ich sage euch: Viele Propheten und Gerechte haben begehrt zu sehen, was ihr seht, und haben es nicht gesehen, und zu hören, was ihr hört, und haben es nicht gehört. (*Matthäus* 13, 14–17)

Parallelstelle:

Und als sie allein waren, wandte er sich seinen Jüngern zu und sprach: Selig sind die Augen, die das sehen, was ihr seht. Denn ich sage euch: Viele Propheten und Könige wollten sehen, was ihr seht, und haben es nicht gesehen, und hören, was ihr hört, und haben es nicht gehört. (*Lukas* 10, 23–24)

Jesus spielt auf die göttliche Erkenntnis des Propheten Jesaja an, der vorhersah, wie das Gesetz von Ursache und Wirkung über solche Menschen herrschen würde, deren spirituelle Wahrnehmungen während vieler Inkarnationen brachgelegen haben. Die Seelen der Menschen, die sich in großer Zahl einfanden, um den Worten Jesu zu lauschen, blieben ebenso unempfänglich wie diejenigen zur Zeit Jesajas. Obwohl die Menschen die Worte Jesu hörten, konnten sie diese nur

---

[4] *Jesaja* 6, 9–10.

oberflächlich verstehen. Zwar sahen sie die Ehrfurcht gebietenden Kräfte, die Jesus erkennen ließ, aber spirituell blieben sie blind für seine göttliche Größe. Ihre Herzen (ihre innersten Gefühle oder ihr Bewusstsein, *Chitta)*, die sich während Inkarnationen an die disharmonischen Schwingungen eines materialistischen Denkens gewöhnt hatten, konnten nicht mit dem Klang der Wahrheit mitschwingen, der in den Worten Jesu vibrierte. Da solche Menschen aus Gewohnheit auf die Ruhelosigkeit und die Wünsche der Sinne reagieren, beschränkt sich ihre innere Sicht – ihre geistige Empfänglichkeit und ihr Wunsch zu meditieren – auf die Dunkelheit, und ihre Ohren sind den Lehren Christi gegenüber taub. Sie wollen nicht ihre Augen der Einsicht öffnen, nicht mit ihrer spirituellen Vernunft zuhören, nicht das reine Gefühl der Intuition in ihrem Herzen spüren, damit sie nicht eines Tages mit ihren Augen der Weisheit die Wahrheit erkennen und sie verstehen, indem sie auf die Worte Jesu hören; und damit sie nicht die Wahrheit intuitiv in ihren Herzen fühlen und verwandelt werden – von materiell gesinnten Wesen, die im Elend umherkriechen, zu spirituellen Geschöpfen, die in die immerwährende Freude der Ekstase versunken sind. Sie sind so betört von ihrer weltlichen Illusion, dass sie die Botschaft Jesu fürchten, die ihnen Befreiung aus ihrem alten vertrauten Leben in Unwissenheit verheißt.[5]

Das von materiellen Bindungen verdunkelte Bewusstsein ist blind und taub für spirituelle Wahrnehmungen

Im Gegensatz dazu pries Jesus das Bewusstsein seiner Jünger: »Gesegnet sind eure Augen der Weisheit, denn sie sehen die Wahrheit; und gesegnet sind eure aufnahmebereiten Ohren, denn voller Verständnis lauscht ihr der Wahrheit. Wahrlich, das Christusbewusstsein in mir verkündet euch: Während vieler Zeitalter haben zahlreiche Propheten, die den Plan Gottes schauten und vorhersagten, und auch zahlreiche edle Menschen, die sich durch große moralische Stärke und Rechtschaffenheit auszeichneten, den Wunsch gehabt, diese göttlichen Bekundungen zu schauen, welche ihr aufgrund eures guten Karmas nun in meinem Leben seht. Aber jene Menschen hatten nicht das Glück, Zeuge solcher Wunder Gottes zu sein oder so wie ihr die befreienden Weisheitsworte des schweigenden Gottes zu vernehmen, die unmittelbar durch mein Christusbewusstsein zum Ausdruck kommen.«

[5] Siehe auch Diskurs 66 (in Band III), Kommentar zu *Johannes* 12, 37–43, wo diese Verse Jesajas wiederholt werden.

Nur selten werden Menschen Zeugen davon, wie sich der lebendige Gott im Leben und durch die Weisheit einer Seele offenbart, die Ihn kennt. Viele Gottsucher haben eine solche Gelegenheit herbeigesehnt, aber vergleichsweise wenigen wurde dieses Vorrecht zuteil. Nur von Zeit zu Zeit, in vorausbestimmten Zeitaltern, werden große Seelen von Gott mit einer besonderen Mission ausgesandt, um Seine Herrlichkeit zu verkünden. Deshalb erinnerte Jesus seine Jünger daran, wie außerordentlich gesegnet sie waren, die Offenbarung der heiligen Liebe und Macht Gottes zu schauen, denn diese werden selten so offen gezeigt wie im Leben Jesu – und im Leben einiger großer Meister Indiens.

~

So hört nun, was das Gleichnis vom Sämann bedeutet: Wenn jemand das Wort von dem Reich hört und es nicht versteht, so kommt der Böse und reißt das aus, was in sein Herz gesät wurde; und das ist der, bei dem die Saat auf den Weg fiel. Derjenige aber, bei dem die Saat auf steinigen Boden fiel, der hört das Wort und nimmt es sogleich mit Freuden auf; aber er hat keine Wurzel in sich, sondern ist unbeständig; wenn dann Bedrängnis oder Verfolgung eintritt um des Wortes willen, so ist er schon bald verärgert.

Auch der, bei dem unter die Dornen gesät worden ist, hört das Wort, doch die Sorgen dieser Welt und der trügerische Reichtum ersticken das Wort, und er bringt keine Frucht. Der aber, bei dem auf gutes Land gesät wurde, der hört das Wort und versteht es und bringt auch Frucht hervor, einige hundertfach, einige sechzigfach, einige dreißigfach. (Matthäus 13, 18–23)

Parallelstelle:

Und als er allein war, fragten ihn die, welche um ihn waren, samt den Zwölfen, nach dem Gleichnis. ... Und er sprach zu ihnen: Versteht ihr dieses Gleichnis nicht, wie wollt ihr dann alle anderen verstehen?

Der Sämann sät das Wort. Bei einigen ist es wie mit der Saat, die auf den Weg fällt: Wenn nun das Wort gesät ist und sie es gehört haben, kommt sogleich der Satan und nimmt das Wort weg, das in ihre Herzen gesät wurde. Bei anderen ist es wie mit der Saat, die auf steinigen Boden fällt: Wenn sie das Wort gehört haben, nehmen sie es sogleich mit Freuden auf; doch sie haben keine Wurzeln in sich, sondern sind unbeständig; wenn dann später Bedrängnis oder Verfolgung eintritt um des Wortes willen, so sind sie sofort verärgert.

Wieder bei anderen ist es wie mit der Saat, die unter die Dornen gesät wurde. Sie hören das Wort, doch die Sorgen dieser Welt und der trügerische Reichtum und die Begierden nach anderen Dingen dringen ein und ersticken das Wort, und es bringt keine Frucht.

Und wieder bei anderen ist es wie mit der Saat, die auf gutes Land fällt. Sie hören das Wort und nehmen es an und bringen Frucht hervor, einige dreißigfach, einige sechzigfach, einige hundertfach. (*Markus* 4, 10; 13–20)[6]

Nachdem Jesus der Volksmenge das Gleichnis vom Sämann und von den Samenkörnern in leicht verständlichen Worten vermittelt hatte, die ihrer Mentalität entsprachen, erklärte er das Gleichnis seinen Jüngern später als Ausdruck einer tieferen metaphysischen Betrachtungsweise, die sie vermutet, aber nicht erfasst hatten – deshalb ihre Bitte um nähere Erläuterung.

Jesu tiefer gehende Erklärung: Die Saat der Weisheitsschwingungen nimmt man durch Verbindung mit dem Om auf

Leicht vorwurfsvoll sagte Jesus: »Versteht ihr dieses Gleichnis nicht? Wie wollt ihr dann die verborgenen Lehren verstehen, die ich euch in allen anderen von mir erzählten Gleichnissen vermittelte? Hört nun, wie ich euch das Gleichnis vom Sämann auf neue Weise erkläre.

Der Same ist das ›Wort‹, die Schwingung der Weisheit und des kosmischen Lautes, die vom Kosmischen Bewusstsein ausgeht und die der Gottsucher durch seine Intuition während der Meditation wahrnimmt.[7] Nur wer die Ekstase eines nach innen gekehrten Bewusstseins

[6] Vgl. Parallelstelle in *Lukas* 8, 11–15. (Die Verse *Markus* 4, 11–12 wurden mit ihrer Parallelstelle bei Matthäus weiter vorn in diesem Diskurs besprochen; siehe Seite 155.)

[7] »*Im Anfang war das Wort* (die heilige Om- oder Amen-Schwingung, durchdrungen von der göttlichen Christusintelligenz), *und das Wort war bei Gott, und das Wort war Gott.*« (*Johannes* 1, 1; siehe Diskurs 1, Band I.) Im griechischen Urtext wird das Wort *logos* einheitlich für den Vers bei Johannes und in den hier zitierten Versen

erlebt hat, indem er tief über den heiligen Laut OM, oder Amen, meditiert, kann die Weisheitsschwingung Gottes fühlen und Seine Kosmische Schwingung hören, deren Brausen das ganze Universum erfüllt. Gott als formloser und unendlicher GEIST spricht im Allgemeinen nicht mit Worten, sondern sendet Sein Bewusstsein als vernehmbare Schwingungslaute aus, die nur von Gottsuchern mit entwickelter Intuition verstanden werden.

Der Sämann ist der fortgeschrittene Gottsucher, der in der Meditation mit dem Kosmischen Laut und mit der Kosmischen Weisheit Verbindung aufgenommen hat. Die Samenkörner, die auf den Wegrand fielen, wo das Wort ausgesät wurde, sind Suchende, die vorübergehend intensiv meditierten und für kurze Zeit in ihrem Bewusstsein – durch die intuitiven Wahrnehmungen ihres Herzens – die Schwingungen der Weisheit und des Kosmischen Lautes empfangen haben, die aus ihrem Inneren kamen. Da sie nach einiger Zeit aber nicht vollkommen erkannten, dass diese Wahrnehmungen die Schwingungen Gottes selbst waren, verfielen sie nach einiger Zeit wieder in spirituelle Gleichgültigkeit und hielten die Verbindung mit diesen Schwingungen nicht aufrecht. Daraufhin kam Satan als Kosmische Täuschung zu ihnen, verlieh ihnen sofort wieder das Körperbewusstsein und entzog ihnen die innerliche Wahrnehmung dieser Weisheitsschwingung und des Kosmischen Lautes; diese hatten sich eingestellt, um sie zu befreien, aber sie hatten diese nicht als Manifestation des gesegneten Kosmischen Bewusstseins Gottes zu würdigen gewusst.

Wenn die Saat der Kosmischen Schwingung erstmals von unzulänglich vorbereiteten Gottsuchern wahrgenommen wurde, deren Bewusstsein von verhärteten materialistischen Gewohnheiten bestimmt war, erlebten diese Suchenden in der Meditation durch die Berührung mit den unvertrauten Weisheitsschwingungen und dem ungewohnten Kosmischen Laut große Freude. Aber sie meditierten nicht lange und nicht kontinuierlich genug, um die Kosmische Schwingung nicht nur in ihrem Wachbewusstsein, sondern auch in den tieferen Schichten ihres Unter- und Überbewusstseins wahrnehmen zu können.

Wenn solche Gottsucher dann verhältnismäßig kurze Zeit über die ihnen offenbarte Schwingung Gottes meditiert hatten, machten sie die Erfahrung, dass sie das Meditieren einstellten, sobald ihr gewohntes

---

bei Matthäus und Markus gebraucht, was darauf hinweist, dass dieselbe Bedeutung beabsichtigt war.

Verlangen nach Sinnesfreuden sie in Versuchung führte oder wenn ihr Körper von Krankheiten befallen wurde oder wenn sie von Armut und spirituellen Prüfungen heimgesucht wurden. Da die verschiedenen Schösslinge ihrer inneren Verbundenheit mit diesen Schwingungen keine tiefen Wurzeln entwickelt hatten, verwelkten sie und starben schließlich ab.«

Jene Gottsucher, welche die Kosmische Schwingung hören und vorübergehend die damit verbundene Seligkeit fühlen, stellen oft die Freude der Meditation den Genüssen und Gewohnheiten des Körpers gegenüber. Suchende jedoch, die noch nicht fest entschlossen sind, diesem Weg zu folgen, und die sich nicht lange genug beharrlich bemüht haben, mit der Wahrnehmung Gottes als Kosmischer Weisheit und Kosmischer Glückseligkeit der Meditation dauerhaft vertraut zu werden, unterliegen wieder dem altgewohnten Verlangen des Körpers nach sinnlichen Vergnügen.

»Und es gibt einige Gottsucher, deren mentales Feld mit dem Dornengestrüpp weltlicher Interessen und Sorgen überwuchert ist. Obwohl es diesen Gottsuchern gelingt, in der Meditation mit der kosmischen Schwingung Gottes in Berührung zu kommen, unterliegen sie allmählich wieder den überwältigenden Einflüssen der Welt mit all deren Kummer und all den zum Leben gehörenden Glück verheißenden Verlockungen des Reichtums und sinnlicher Genüsse. Gottsucher, die den Versuchungen nachgeben, töten die in der Meditation wahrgenommenen Schwingungen göttlichen Friedens ab, bevor sie die Frucht höchster Weisheit und Befreiung hervorbringen können.

Schließlich gibt es jene äußerst erfolgreichen Gottsucher, deren mentaler Boden durch gute Gesellschaft, gute Gedanken und durch Beständigkeit in tiefer Meditation gepflügt und fruchtbar gemacht wird. Ihre Verbindung mit der heiligen Schwingung Gottes während der Meditation – begleitet von vollkommener Aufrichtigkeit und den reinen intuitiven Wahrnehmungen des Herzens – führt zu einer ständigen Erfahrung ekstatischer göttlicher Vereinigung. Dadurch, dass sie sich geduldig und beharrlich darum bemühen, mit Gott als der Freude in Verbindung zu treten, die sie während ekstatischer Meditation in den Schwingungen Seiner Gegenwart erleben, bringen solche Gottsucher die reiche Ernte umfassender Weisheit und bewusster Unsterblichkeit ein, die all ihre Träume übersteigt.«

Auch in einigen Versen des Markus- und des Lukas-Evangeliums betont Jesus mithilfe weiterer Metaphern, wie wichtig es für seine Jünger sei, durch ihre eigene intuitive SELBST-Verwirklichung zum Verständnis der tieferen, in den Gleichnissen versteckten Wahrheiten zu gelangen:

Und er sprach zu ihnen: Zündet man denn ein Licht an, um es unter einen Scheffel oder unter ein Bett zu stellen? Nein, vielmehr setzt man es auf einen Leuchter. Denn nichts ist verborgen, das nicht offenbar wird, und nichts wird so geheim gehalten, dass es nicht an den Tag kommt. Wer Ohren hat zu hören, der höre!

Und er sprach zu ihnen: Achtet auf das, was ihr hört! Mit welchem Maß ihr messt, wird man euch wieder messen, und denen, die hören, wird noch mehr gegeben werden. Denn wer hat, dem wird gegeben; und wer nicht hat, von dem wird auch das genommen, was er hat. (*Markus* 4, 21–25)

Parallelstelle:

Niemand aber zündet ein Licht an und bedeckt es mit einem Gefäß oder stellt es unter ein Bett; sondern er setzt es auf einen Leuchter, damit alle, die hereinkommen, das Licht sehen. Denn nichts ist verborgen, das nicht offenbar wird, und nichts wird so geheim gehalten, dass es nicht bekannt wird und an den Tag kommt. Achtet deshalb darauf, dass ihr zuhört. Denn wer da hat, dem wird gegeben; wer aber nicht hat, von dem wird auch das genommen, was er meint zu haben. (*Lukas* 8, 16–18)

»Kein Gottsucher, der mit dem Zündholz der Meditation die Kerze intuitiver Wahrnehmung der Wahrheit angezündet hat, hält diese einfältigerweise unter einem Scheffel ruheloser Gedanken oder achtlos unter dem *»Bett«* seines Unterbewusstseins verborgen. Vielmehr sorgt er dafür, dass diese Flamme der SELBST-Verwirklichung ständig auf dem Kerzenhalter seines Geistes brennt, damit alle Gedanken, die in sein Bewusstsein kommen, vom Licht seiner inneren Erkenntnis erleuchtet werden. Wer die Kerze der SELBST-Verwirklichung fortwährend auf dem Kerzenständer seines Bewusstseins und seiner Erinnerung brennen lässt, stellt fest, dass ihm keine Wahrheit verborgen bleibt: In der Wahrnehmung seiner inneren Erleuchtung wird ihm alles entschleiert oder kundgetan. Ein fortgeschrittener Wahrheitssucher kann durch Telepathie und dadurch, dass er überall die Gegenwart Gottes spürt, alle Geheimnisse des menschlichen Herzens und der Natur wahrnehmen, die im Äther vibrieren. Einem Gottsucher, der vom inneren Licht erfüllt ist, bleibt nichts im Universum verhüllt. Jede Wahrheit, die im tiefsten Grund der Mysterien verborgen liegt, wird zwangsläufig in der alles offenbarenden inneren Schau des Gottsuchers sichtbar.

Keine Wahrheit bleibt dem verborgen, der das innere Licht intuitiver SELBST-Verwirklichung anzündet

Wer eine klare Wahrnehmung und empfängliche Ohren für das Spirituelle besitzt, möge diese Wahrheiten der erwachenden SELBST-Verwirklichung hören und danach leben.

Bemüht euch, die Wahrheiten, die ihr von mir hört, in die Tat umzusetzen und meditiert über sie. Wie viel Weisheit euch durch meine Worte zuteilwird, hängt vom Ausmaß eures Strebens nach Wahrheitserkenntnis ab. Diejenigen unter euch, die tief meditieren und meinen Predigten entsprechend leben, werden ein höheres Maß an SELBST-Verwirklichung erzielen; und die, welche der Anwendung meiner Lehren weniger Aufmerksamkeit schenken, werden vergleichbar weniger empfangen.

Der willige Gottsucher, dessen SELBST-Verwirklichung in dieser Weise zunimmt, wird – aufgrund seiner Empfänglichkeit – immer mehr Wahrheit erhalten, die ihm durch seinen inneren überbewussten Kontakt mit dem Kosmischen Bewusstsein gewährt wird. Wer jedoch nicht danach strebt, sich empfänglich zu machen, und meine Lehren nachlässig anwendet, wird feststellen, dass selbst seine gegenwärtigen, aus vergangenen Inkarnationen mitgebrachten spirituellen Neigungen nach und nach verkümmern.«

~

Er legte ihnen ein anderes Gleichnis vor und sprach: Das Himmelreich gleicht einem Menschen, der guten Samen auf seinen Acker säte. Aber während die Leute schliefen, kam sein Feind und säte Unkraut zwischen den Weizen und ging davon. Als nun die Saat aufging und Frucht ansetzte, da erschien auch das Unkraut.

Da traten die Knechte zu dem Hausherrn und sprachen: Herr, hast du nicht guten Samen auf deinen Acker gesät? Woher hat er denn das Unkraut? Er sprach zu ihnen: Das hat ein Feind getan. Da sagten die Knechte: Willst du denn, dass wir hingehen und es ausjäten? Er sprach: Nein! damit ihr nicht den Weizen mit ausreißt, wenn ihr das Unkraut ausjätet. Lasst beides miteinander wachsen bis zur Ernte; und wenn die Zeit der Ernte da ist, werde ich zu den Schnittern sagen: Sammelt zuerst das Unkraut und bindet es in Bündel, dass man es verbrenne; den Weizen aber sammelt in meine Scheune. (*Matthäus* 13, 24–30)[8]

Weizen und Unkraut: Wie man das Unkraut schlechter Gewohnheiten im Unterbewusstsein vernichtet

Das Himmelreich – die Wahrnehmungen von Gott und die Erkenntnisse über Ihn im Zustand des Überbewusstseins – kann mit einem Mann verglichen werden, der durch tiefe tägliche Meditation die guten Samenkörner spirituellen Erlebens im Feld seines Bewusstseins aussäte und kultivierte. Doch während er schlief (d. h., während seine »*Knechte*«, seine physischen Fähigkeiten, in ihre täglichen Traumaktivitäten der Täuschung vertieft waren und seine spirituellen Wahrnehmungen unberücksichtigt ließen), säte sein Feind – seine unterbewussten materialistischen Gewohnheiten – das Unkraut der Weltlichkeit zwischen den Weizensamen seiner SELBST-Verwirklichung aus. Dieser Feind tauchte unbemerkt aus seinem Unterbewusstsein auf und verschwand dann ebenso heimlich wieder dorthin. Im Laufe der Zeit, als die Halme der spirituellen Entwicklung deutliches Wachstum zeigten und Früchte göttlicher Freude und Weisheit hervorzubringen begannen, erschien gleichzeitig eine Fülle von Unkraut: innere Zweifel, Sorgen, Ängste und ein Gefühl der Hoffnungslosigkeit in Bezug darauf, ob es ihm gelingen würde, Gottvereinigung zu erlangen und die Geheimnisse des Lebens zu entschleiern.

Die Diener der Selbstbeherrschung und der geistigen Disziplin, die zum Haushalt, zum Bewusstsein des Gottsuchers, gehörten, erwachten daher in seinem Inneren und teilten ihm ihre Frage in Form von

[8] Unkraut (engl. *tares*): »Dieses bärtige Taumel-Weidelgras (*Lolium temulentum*) ist ein in Palästina weitverbreitetes Unkraut und ähnelt dem Weizen, nur dass die Körner schwarz aussehen. In den frühen Wachstumsphasen ist es nicht von Weizenhalmen zu unterscheiden, sodass es bis kurz vor der Ernte stehen bleiben muss.« – *Robertson's Word Pictures of the New Testament.*

Schwingungen mit: »O Gottsucher, dachtest du, du hättest auf dem Acker deines Bewusstseins lediglich Samenkörner der SELBST-Verwirklichung ausgesät? Woher kommt dann dieses Unkraut spiritueller Hindernisse, das in dir aufsprießt?« Da wandte sich der Gottsucher nach innen an seine Selbstbeherrschung und an sein Streben nach dem Göttlichen : »Ein Feind unterbewusster schlechter Gewohnheiten hat heimlich dieses Unkraut zwischen das Getreide meiner spirituellen Gewohnheiten gesät.«

Die spirituellen Diener, die das Verlangen hatten zu meditieren, gaben dem Gottsucher in seiner Innenschau zu verstehen: »O Hausherr deines Bewusstseins und deiner Gedanken, wünschst du, dass wir uns an die Arbeit begeben und das tief verwurzelte Unkraut aus dem Unterbewusstsein entfernen?«

Der Gottsucher antwortete: »O meine Diener, verschwendet eure Zeit nicht damit, euch auf entmutigende negative Gewohnheiten zu konzentrieren; denn wenn ihr dies tut, könntet ihr versehentlich auch einige spirituelle Gewohnheiten ausreißen, weil ihr deren Wachstum nicht beachtet habt. Kultiviert spirituelle Gewohnheiten: Wenn dann die Erntezeit göttlicher Ekstase mit ihrer Freude und Weisheit der Gottverbundenheit kommt, werde ich die kundigen Schnitter spiritueller Empfänglichkeit und Erkenntnis bitten, tief in mein Unterbewusstsein vorzudringen, um das gesamte, aus allen früheren Inkarnationen stammende Unkraut schlechter Gewohnheiten zu sammeln und es gebündelt zur sofortigen Vernichtung in das mächtige Feuer der Weisheit und der Lebensenergie zu werfen, die sich durch geistige Verinnerlichung im Gehirn angesammelt hat.«

In der Meditation und im Schlaf ziehen sich Geist und Energie in die Wirbelsäule und die Gehirnzellen zurück und merzen dort die Gewohnheit aus, voller Sorge und Unruhe zu sein. Im Schlaf setzt das mechanisch arbeitende Unterbewusstsein die aufgespeicherte Energie ein, um die störenden geistigen Einflüsse, wenn auch nur vorübergehend, auszuschalten. In tiefer Meditation benutzt das Überbewusstsein die ruhende, im Gehirn konzentrierte Energie dazu, um in jene Gehirnwindungen einzudringen, in denen die Gewohnheiten versteckt liegen, wobei es die unerwünschten schlechten Neigungen bewusst aufspürt und ausbrennt.

»O ihr göttlichen Wahrnehmungen, nachdem ihr das gesamte Unkraut geistiger Hindernisse herausgezogen und vernichtet habt, sammelt den Weizen göttlicher Weisheit und Glückseligkeit, der auf dem

Feld des Bewusstseins angebaut wurde, und lagert ihn in dem riesigen Speicher meines Überbewusstseins.«

~

Ein zusätzliches, entsprechendes Gleichnis aus dem Markus-Evangelium:

Und er sprach: Mit dem Reich Gottes verhält es sich so, wie wenn ein Mensch Samen auf den Acker wirft, sich schlafen legt und wieder aufsteht, Nacht für Nacht und Tag für Tag; und der Same geht auf und wächst, er weiß selbst nicht wie. Denn die Erde bringt von selbst Frucht hervor, zuerst den Halm, danach die Ähre, danach das volle Korn in der Ähre. Wenn sie aber die Frucht gebracht hat, so schickt er sogleich die Sichel hin; denn die Ernte ist da. (Markus 4, 26–29)

Das Reich Gottes ist die Region des Kosmischen Bewusstseins, wo Gott der Vater weilt – jenseits der Welten der vibrierenden Schöpfung, denen das universelle Christusbewusstsein als die einzige Widerspiegelung Gottvaters innewohnt. Das Himmelreich, das – verborgen hinter den physischen Schwingungen von Elektronen, Protonen und Materie – innerhalb der astralen Schwingungsregion reiner Manifestationen liegt, stellt einen weniger hohen Bewusstseinszustand dar, den der Gottsucher verwirklicht, als der Zustand des Reiches Gottes.

Wie die Saat himmlischer astraler Wahrnehmungen zur vollkommenen Erkenntnis des Kosmischen Bewusstseins reift

Im vorangehenden Gleichnis vom Weizen und vom Unkraut, die mit dem Himmelreich gleichgesetzt werden, spricht Jesus über den Gottsucher, der die feinen Schwingungen der Astralwelt in überbewusster Ekstase fühlen kann, in dessen Bewusstsein sich jedoch noch himmlische Wahrnehmungen und materielle Bindungen mischen. Doch wenn Jesus, wie hier im Vers angeführt, das Reich Gottes erwähnt, spricht er über den Fortschritt jener Gottsucher, die über den Kontakt mit der vibrierenden himmlischen Schöpfung hinausgehen, um eins zu werden mit dem Gottvater-Bewusstsein, dem Kosmischen Bewusstsein, mit der Glückseligen Unendlichkeit jenseits aller Schöpfung.

Mit Hilfe von Metaphern erklärt Jesus, wie man das Reich Gottes gewinnen kann. Wenn der spirituelle Mensch die Samen überbewusster

Ekstase – des Einsseins mit dem übersinnlichen Erleben der himmlischen Kräfte astraler Regionen – in den Boden seines Bewusstseins sät und diesen Zustand astraler Ekstase sowohl im Schlaf als auch im Wachzustand empfindet, erfährt er, dass diese astrale Ekstase zur Verbundenheit mit der Christusintelligenz heranreift, die in der gesamten vibrierenden Schöpfung verborgen ist und in den Manifestationen des Himmelreichs nur von einem hauchdünnen Schleier bedeckt wird. Der Zustand des Christusbewusstseins erweitert sich von selbst zum Zustand des kosmischen Bewusstseins Gottvaters jenseits der Schöpfung; denn die *»Erde«*, die astrale Wahrnehmung im Körper, bringt mit Hilfe der astralen Ekstase als Frucht das Bewusstsein der Christusintelligenz hervor und allmählich auch die Frucht des Kosmischen Bewusstseins jenseits der vibrierenden Schöpfung.

Der Gottsucher entwickelt sich in verschiedenen Stufen weiter, ebenso wie ein Getreidesamen zu einem Halm, dann zur Ähre und schließlich zum vollen Korn heranwächst. Der Halm bezieht sich auf das Überbewusstsein astraler Ekstase mit seinen Wahrnehmungen göttlichen Lichts und göttlicher Schwingungen, die sich als Erstes im Bewusstsein des sich weiterentwickelnden Gottsuchers einstellen.

Die zweite Stufe ist durch den Kontakt mit der Christusintelligenz gekennzeichnet, die allen Schwingungen innewohnt; im Gleichnis vom Korn wird diese Phase mit der *»Ähre«* verglichen.

Auf der dritten Stufe tritt der Suchende mit dem Bewusstsein Gottes jenseits der Schöpfung in Verbindung, das Jesus mit dem Bild des *»vollen Korns«* beschreibt.

Wenn der Gottsucher in seinem eigenen Bewusstsein die Frucht der höchsten Ekstase des Gottesbewusstseins erntet, benutzt er seine *»Sichel«* der Weisheit, um sein menschliches Bewusstsein von der Wahrnehmung des Endlichen zu trennen und dieses menschliche Bewusstsein, das von der Ernte der Schwingungen astraler Ekstasen und Ekstasen des Christusbewusstseins erfüllt ist, mit der Ekstase des Glückseligen Absoluten, des Gottvater-Bewusstseins schwingungsloser Unendlichkeit, zu vereinen.

~

Ein anderes Gleichnis legte er ihnen vor und sprach: Das Himmelreich gleicht einem Senfkorn, das ein Mensch nahm und auf seinen Acker säte. Es ist zwar das kleinste unter allen Samen, doch wenn es gewachsen ist, dann ist es das größte unter den Kräutern und wird zu einem Baum, sodass die Vögel des Himmels kommen und in seinen Zweigen nisten. (*Matthäus* 13, 31–32)

Parallelstelle:

Und er sprach: Womit sollen wir das Reich Gottes vergleichen? Oder durch welches Gleichnis sollen wir es darstellen? Es gleicht einem Senfkorn, das, wenn man es auf die Erde sät, das kleinste ist unter allen Samen auf Erden. Doch wenn es gesät ist, so geht es auf und wird das größte unter den Kräutern und treibt große Zweige, sodass die Vögel des Himmels in seinem Schatten nisten können. (*Markus* 4, 30–32)[9]

»Das Himmelreich, die Ekstase des Überbewusstseins mit ihren Wahrnehmungen der himmlischen Schwingungen göttlicher Astralregionen, gleicht einem Senfkorn ewig neuer Freude, wenn es in das Feld des Bewusstseins gesät wird. Diese ›aufkeimenden‹ Ekstasen des Überbewusstseins, die sich in der ›*Erde*‹ täglicher ekstatischer Meditation fest verwurzeln, beginnen zu wachsen und können sich zu einem wirksamen Teil der bewussten und unterbewussten Struktur des physischen Körpers entwickeln. Solche Wahrnehmungen mögen zunächst einmal weniger bedeutsam erscheinen als alle anderen Samen der Sinnesvergnügen oder weltlichen Erlebnisse, aber wenn das winzige ›*Senfkorn*‹ der Inspiration und Freude, die in der täglichen Meditation wahrgenommen werden, im Boden des menschlichen Bewusstseins heranreift, übt es allmählich den vorherrschenden Einfluss auf alle anderen Gewächse menschlicher Sinneswahrnehmungen aus.

Es lässt seine überbewussten Zweige der Freude in die bewussten und unterbewussten Wahrnehmungen und Erfahrungen des täglichen Lebens sprießen und wächst üppig weiter, bis es ›*ein Baum*‹ kosmischer Freude und Weisheit wird. Die ›*Vögel in den Lüften*‹, die Gedanken und Wahrnehmungen der mentalen Ausstrahlung eines Menschen, sammeln sich auf den Ästen dieser ekstatischen Freude, welche sich im gesamten Bewusstsein des Menschen ausbreitet.

Mit der Zeit erweitern sich die überbewussten Wahrnehmungen

[9] Vgl. Parallelstelle in *Lukas* 13, 18–19.

zum Christusbewusstsein und schließlich zum Kosmischen Bewusstsein, zum Reich Gottes. Nichts lässt sich mit diesem Zustand vergleichen; man kann lediglich sagen, dass die zukünftige Verwirklichung dieses Bewusstseinszustandes wie in einem verhältnismäßig kleinen geistigen ›*Senfkorn*‹ liegt, das große Wachstumskräfte in sich birgt. Wer die höchste Ekstase des Kosmischen Bewusstseins im Reich Gottvaters erreicht hat, das die gesamte vibrierende Schöpfung überschreitet, der allein weiß es. Kein anderer kann es wissen. Der begrenzte menschliche Verstand vermag diesen Zustand der Ekstase nicht zu ermessen. Um das Reich Gottes zu verwirklichen, müssen der Verstand und das Bewusstsein des Menschen erweitert werden, bis sie eins sind mit dem Kosmischen Bewusstsein.«

~

Ein anderes Gleichnis erzählte er ihnen: Das Himmelreich gleicht einem Sauerteig, den eine Frau nahm und unter drei Maß Mehl vermengte, bis es ganz durchsäuert war. (*Matthäus* 13, 33)[10]

»Das Reich astraler Ekstase und überbewusster Freude in der Meditation gleicht dem ›*Sauerteig*‹, den der Gottsucher unter die ›*drei Maß Mehl*‹ mengt, die drei Bereiche des Bewusstseins – den bewussten, unterbewussten und überbewussten Bereich. So wie der Sauerteig die drei Maß Mehl aufgehen lässt, so durchsetzt beim Meditieren der Sauerteig ekstatischer astraler Glückseligkeit – wenn diese täglich erfahren wird – die gesamten Bereiche des Bewusstseins, Unterbewusstseins und Überbewusstseins und erweitert deshalb das körpergebundene Bewusstsein zum Erleben der Kosmischen Schwingung, des Christusbewusstseins und des Kosmischen Bewusstseins, des Reiches Gottes.«

Der »Sauerteig« meditativer Freude ist erhebend für das Bewusstsein, Unterbewusstsein und Überbewusstsein

In der Ekstase des »*Himmelreiches*« werden die astralen Kräfte erkannt, welche die Schöpfung regieren. Anfangs nimmt man in dieser überbewussten Ekstase gelegentlich Lichter und Klänge wahr und empfindet Glückseligkeit; am bedeutsamsten darunter sind die Erscheinungsformen des von Licht erfüllten geistigen Auges und des

[10] Vgl. Parallelstelle in *Lukas* 13, 20–21.

Klangs der heiligen OM-Schwingung, die Frieden und Freude ausstrahlen. In der unterbewussten »Ekstase« – wie z. B. im Schlafzustand – erlebt der Gottsucher einen imaginären Zustand oder Pseudo-Zustand unbewusster Freude. In der kosmischen Ekstase, der Ekstase der Kosmischen Schwingung, nimmt der Gottsucher voller Freude die ganze vibrierende Schöpfung als seinen eigenen Körper wahr. In der Christus-Ekstase erfährt der Gottsucher, dass er mit dem transzendenten widergespiegelten Abbild der Intelligenz Gottes vereint ist, mit dem Christusbewusstsein, das überall in der Schöpfung gegenwärtig ist. In der Gottvater-Ekstase fühlt sich der Gottsucher eins mit dem unendlichen Kosmischen Bewusstsein jenseits der vibrierenden Schöpfung – eins mit dessen unbeschreiblichem Zustand der Freude: »Wer es weiß, der weiß es. Kein anderer weiß es.«

Dies alles sagte Jesus den Volksmengen in Gleichnissen, und ohne Gleichnisse redete er nicht zu ihnen, damit erfüllt würde, was gesagt ist durch den Propheten, der da spricht: Ich will meinen Mund in Gleichnissen auftun und will aussprechen, was von der Erschaffung der Welt an verborgen war. (*Matthäus* 13, 34–35)[11]

Parallelstelle:

Und in vielen derartigen Gleichnissen verkündete er ihnen das Wort, so wie sie es zu hören vermochten. Und ohne Gleichnis redete er nicht zu ihnen; wenn er aber mit seinen Jüngern allein war, legte er ihnen alles aus. (*Markus* 4, 33–34)

Aufgrund dieser spirituellen Deutungen, wie sie mir durch die Inspiration Jesu Christi eingegeben worden sind, bin ich davon überzeugt, dass manche der höchst tiefsinnigen Wahrheiten, die er der Welt darlegte, seit dem Beginn dieses Weltzyklus' oder *Yugas* nicht in derart schlichten Worten ausgedrückt wurden.

Jesus vermittelte die ewigen Wahrheiten, die er unmittelbar von Gott empfing, in Begriffen und Bildern, die seinen Zeitgenossen

[11] »*Was gesagt ist durch den Propheten*« bezieht sich auf *Psalm* 78, 2.

vertraut waren. Zum Beispiel konnten die einfachen Menschen seiner Epoche die Unterschiede zwischen dem Himmelreich, in das man in überbewusster Ekstase eintritt, und dem transzendenten Reich des Gottesbewusstseins nicht verstehen. Die tieferen Wahrheiten lehrte Jesus seine Jünger, wenn diese mit ihm allein waren; und wenn er dieselben Wahrheiten den unverständigen Menschenmengen darbot, kleidete er sie zum Schutz in Gleichnisse, jedoch so, dass alle würdigen fortgeschrittenen Seelen die zugrunde liegende Weisheit mit den Ohren ihrer Intuition vernehmen konnten.

Durchschnittliche Menschen, die tiefe metaphysische Wahrheiten nicht verstanden, fassten die Gleichnisse als einfache Beispiele auf, welche ihnen zeigten, wie sie ihr Leben verbessern und ihren Glauben an Gott wecken konnten. Bis zum heutigen Tag werden die Worte Christi ähnlich aufgenommen – mit unterschiedlichen wörtlichen und theologischen Auslegungen, um die sich so viele Sekten und Glaubensrichtungen gebildet haben. Der Hinweis von Matthäus auf das, *»was von der Erschaffung der Welt an verborgen war«*, verdeutlicht, dass man sich vom innersten Wesen der Wahrheit nur mit der unfehlbaren Wahrnehmung seelischer Intuition überzeugen kann – indem man die Wahrheit unmittelbar erlebt und mit ihr eins wird. Ohne diese innere Erkenntnis bleibt sie dem Menschen ein Geheimnis, nur eine verschwommene Vorstellung oder eine anderweitige Mutmaßung des Intellekts. Wenn daher Wahrheitssucher die einzige und alleinige Auffassung Jesu Christi hinter den Worten seiner Lehre verstehen wollen, müssen sie in der Lage sein, im Heiligtum der Meditation die offenbarten Geheimnisse, die er in Gleichnisse gekleidet hat, mithilfe ihrer Intuition zu erfassen.

Ohne seelische Intuition bleiben die höchsten Wahrheiten dem Menschen verborgen

Allein die Tatsache, dass Jesus nur seinen engen Jüngern *»alles auslegte«* – im Hinblick auf die Wahrheiten, die er für die Massen in Gleichnissen verbarg –, zeigt heutigen Suchern, die Jünger Christi sein wollen, dass sie sich nicht damit zufriedengeben müssen, sich am Sonntagmorgen immer die gleichen aufpolierten, oberflächlichen Predigten in den Gottesdiensten anzuhören. Ein Geistlicher, der lediglich theoretisches Wissen über die heiligen Schriften besitzt, ist erfreut, wenn er seine Gemeinde kurze Zeit damit inspirieren kann, was seiner Vorstellung oder Schlussfolgerung nach die Wahrheit ist, die Jesus Christus gelehrt hat. Aber ein wahrer göttlicher Prediger, der meditiert, um vom Christusbewusstsein erfüllt zu werden, inspiriert andere dazu, mit ihm eine disziplinierte Gruppe von Gottsuchern zu bilden, welche die Wahrheit leben: Durch Meditation versammeln sie sich im inneren Heiligtum des Schweigens, um von Gott, der mit der intuitiven Stimme des Gottsuchers spricht, die Mysterien vom Leben und von der Befreiung der Seele zu erfahren.

Ein wahres Gotteshaus darf nicht nur ein Ort sein, wo in den Predigten Theorien über Gott vermittelt werden; dort soll die Kunst gelehrt werden, mit Gott in Verbindung zu treten: wie man die menschliche Seele zu einem erleuchteten Tempel macht, den Gott selbst betritt und dort mit Seiner Stimme der Intuition dem ernsthaft suchenden, andächtigen Geist Seines Verehrers Predigten hält.

Dann entließ Jesus die Volksmenge und ging in das Haus. Und seine Jünger traten zu ihm und sprachen: Deute uns das Gleichnis vom Unkraut auf dem Acker. Er antwortete und sprach zu ihnen: Der den guten Samen sät, ist der Menschensohn. Der Acker ist die Welt. Der gute Same sind die Kinder des Reiches; aber das Unkraut sind die Kinder des Bösen. Der Feind, der es sät, ist der Teufel. Die Ernte ist das Ende der Welt. Die Schnitter sind die Engel. Wie nun das Unkraut gesammelt und im Feuer verbrannt wird, so wird es auch am Ende dieser Welt sein: Der Menschensohn wird seine Engel aussenden; und sie werden in seinem Reich alles sammeln, was zur Sünde verleitet und die, welche da Unrecht tun, und werden sie in den Feuerofen werfen; da wird Heulen und Zähneknirschen sein. Dann werden die Gerechten im Reich ihres Vaters leuchten wie die Sonne. Wer Ohren hat zu hören, der höre! (*Matthäus* 13, 36–43)

Die »Ernte« an gutem und schlechtem Karma am »Ende der Welt«

Jesus erklärt seinen engen Jüngern das Gleichnis vom Unkraut mit weiteren metaphorischen Bildern: »Wer die gute Saat der Gottesweisheit (die guten Kinder) in seinem eigenen Bewusstsein (der Welt) hegt und pflegt, wird feststellen, dass sich der Körper (der Sohn des Menschen) auf das Kosmische Bewusstsein (das Reich) einstimmt – genauso wie mein Körper (der Menschensohn) darauf eingestimmt ist und wie ich nun gekommen bin, um meine Lehren und mein Leben in das Bewusstseinsfeld der Welt zu säen.

Doch die kosmische Täuschung Satans pflanzt die Unwissenheit, das Unkraut von Sorgen, Zorn, Angst und mentaler Dunkelheit in den Geist solcher Menschen, die zum Bösen neigen.

Die feindliche kosmische Unwissenheit ist der Teufel, der Erzengel Gottes, der seine Unabhängigkeit missbrauchte und die Saat alles Bösen schuf, um den Menschen in der Falle der Täuschung zu fangen. Wenn die Seelen am ›*Ende der Welt*‹ diese Erde verlassen – nachdem sie ihr irdisches Dasein mit dem Tode beendet oder auf andere Weise das weltliche Bewusstsein überwunden haben –, ernten sie ihr gutes oder schlechtes Karma. Die Schnitter sind die strahlenden Engel seelischer Intuition, welche die Wahrheit offenlegen.

Im Nachtod-Zustand wird das mit einem Astralkörper bekleidete Bewusstsein von Seelen mit üblem Karma (die gemeinsam in der Astralwelt versammelt sind) im Feuer der Leiden brennen, das ihre eigene Unwissenheit entfacht hat. Der Menschensohn, die sichtbare Gestalt Jesu oder irgendeines anderen Wesens, das Christusbewusstsein besitzt, wird Engelsboten des Lichts aussenden, oder jene werden selbst erscheinen, um Seelen in ihrem Nachtod-Zustand zu empfangen. Sie werden diejenigen in Astralkörpern gekleidete Seelen aufspüren, die, wo immer sie sich aufhalten, Verstöße begehen oder ungünstige Schwingungen erzeugen und voller Boshaftigkeit sind oder viel schlechtes Karma besitzen. Und diesen Astralwesen wird zu der bewussten Erkenntnis verholfen, dass das versengende Feuer ihres Elends ihr selbst geschaffenes Inferno des Bösen und der Unwissenheit ist. Diese Seelen werden jammern, sich wegen ihrer Irrtümer Vorhaltungen machen und den erbärmlichen Zustand ihres astralen Daseins beklagen. Diejenigen, die noch von einem Rest guten Karmas und spiritueller Sehnsucht zehren können, die bereuen und sich bewusst der Rechtschaffenheit zuwenden wollen, beginnen als die Sonne der Weisheit zu leuchten, welche sich in ihrer Seele durch die Berührung mit dem Bewusstsein Gottes offenbart.[12] Wer Ohren hat zu hören, der höre; der Herr ist kein Gott der Rache, sondern ein Gott der Erlösung, der den Seelen beisteht, ganz gleich, ob sie sich je nach ihren eigenen Handlungen selbst bestrafen oder belohnen.«

---

[12] »Doch die Weisheit jener Yogis, welche die Unwissenheit durch SELBST-Erkenntnis verbannt haben, offenbart – gleich einer strahlenden Sonne – das Höchste SELBST.« (*Gott spricht mit Arjuna – Die Bhagavad-Gita* V, 16)

Ein liebevoller und gnädiger Gott würde einen Sünder niemals in einen Feuerofen ewiger Qualen werfen; selbst der größte Sünder im Jenseits ist eine unwandelbare, unsterbliche Seele und besitzt einen leuchtenden Astralkörper, der durch kein physisches Feuer verbrannt werden kann.[13] Seelen, die von einer Kruste üblen Karmas bedeckt sind, können bereuen und die durch ihre Übeltaten entstandenen Verbrennungen mit dem Balsam der Weisheit und des Friedens – der in der Meditation gefunden wird – in diesem Leben heilen; darüber hinaus können sie auch im Nachtod-Zustand Erlösung erlangen, wenn sie von den Engeln Gottes erweckt werden und in ihrem astralen Dasein die Gelegenheit erhalten, zu bereuen und ihr begrabenes gutes Karma auferstehen zu lassen. Seelen, die dem Bösen verfallen sind, verlassen in der Regel während des Sterbens ihren Körper unbewusst; doch die Unbewusstheit des Nachtod-Zustandes wird vorübergehend von Gottes Engeln aufgehoben, um den Seelen, die unterbewusst im Feuer ihrer eigenen bösen Neigungen leiden, die Möglichkeit zu geben, durch astrale Meditation dem Gottesbewusstsein zuzustreben. Falls sie von ihrer gewohnten Vorliebe für gottloses weltliches Verhalten überwältigt werden, wird diese offene Tür der günstigen Gelegenheit schnell wieder geschlossen, sodass sie ihrem karmischen Schicksal nicht entkommen können.

Wie von Jesus beabsichtigt, ist dieses Gleichnis mehrdeutig und komplex, weil der Ausdruck *»das Ende der Welt«* einen weiten Bedeutungsspielraum hat. Das buchstäbliche Ende der Welt könnte sich entweder auf den Untergang der Erde beziehen, nachdem diese ihre äonenlangen Zyklen, in welchen sie der Schöpfung nützlich war, beendet hat; weiterhin könnte damit auch die Auflösung des gesamten Universums gemeint sein – wenn der GEIST Seine schöpferischen Träumereien einstellt, nachdem Er sie während Trillionen von Jahren verwirklicht hat. Die ungeheuren Folgen dieser beiden Möglichkeiten lassen sich – auch wenn sie grundsätzlich eintreten können – kaum auf die Ermahnung beziehen, die Jesus an die Übeltäter richtet, nämlich, ihre Lebensweise zu ändern.

Es ist sinnvoller, das *»Ende der Welt«* als jene Zeitspanne zu verstehen, in der die Welt im Bewusstsein jedes Einzelnen endet – entweder vorübergehend oder für immer, je nach den Umständen. Dies kann

---

[13] Die wahre Bedeutung der verschiedenen biblischen Stellen mit dem Begriff »Höllenfeuer« wird in den Diskursen 48 (in Band II) und 68 (in Band III) erklärt.

folgendermaßen geschehen: im Tiefschlaf, wenn das Überbewusstsein der Seele halbbewusst wird und das Unterbewusstsein an die grundsätzlich vorhandene Vollkommenheit des Menschen erinnert, die im »Unkraut« des weltlichen Bewusstseins verborgen liegt; oder wenn der Mensch endgültig frei wird von irdischen Wünschen und Bindungen und die karmischen Bande sprengt, die ihn an die Welt fesseln; oder im Tod, wenn die Wahrnehmung der Welt aus dem Bewusstsein des Menschen schwindet und durch astrale Wahrnehmungen ersetzt wird; oder wenn in der *Samadhi*-Meditation Gott allein als Einzige Realität erlebt wird; oder im höchsten Zustand, dem *Nirvikalpa-Samadhi*, in welchem man die Täuschung sogar dann überwindet, während man weltlichen Aktivitäten nachgeht. Jesu Parabel trifft auf alle diese Möglichkeiten zu, das Ende der Welt zu erfahren – und auch auf den menschlichen Bewusstseinszustand, der mit der jeweiligen Erfahrung verbunden ist.

Folglich kann das oben zitierte Gleichnis auch so erklärt werden: Der Gottsucher, der die guten Samen der Weisheit in sein Bewusstsein und in seine körperlichen Aktivitäten sät, wird zu einem nachahmenswerten Vorbild für die Welt, und alle seine Kinder, seine guten Neigungen, werden durch und durch von dem glückseligen Zustand der Seele erfüllt, der aus der inneren Berührung mit dem Kosmischen Bewusstsein entsteht. Und das »Unkraut« sind jene mentalen Schwächen der Selbstsucht, Gier und Lust, die als Sprösslinge der bösartigen Unwissenheit emporschießen, erzeugt durch den Kontakt der Sinne mit den trügerischen Verlockungen Satans. Sie steigen im Bewusstsein des Menschen empor, obwohl er an ihrer Entstehung nicht teilhat, sondern ihnen nur erliegt. Indem Satan diese Übel in die Welt setzt, bekämpft er Gott überall, im Menschen und in der Natur – bei jeder Gelegenheit leistet er Gottes Vollkommenheit und Harmonie Widerstand und beeinträchtigt sie. Wenn das Bewusstsein von der Welt erlischt, fährt der Gottsucher mithilfe der Schnitter engelhafter Intuition die göttliche Ernte der SELBST-Verwirklichung und Weisheit ein. Im erneut entfachten Feuer seiner Weisheit verbrennt er das Unkraut karmischer Folgen, das sich durch seine früheren üblen Handlungen angesammelt hat.

Der vollkommen von Gott erfüllte Sohn des Menschen, der Gottsucher, sendet seine Engel intuitiver Wahrnehmung tief in das Unterbewusstsein und Überbewusstsein, um dort alle verborgenen anstößigen und sündigen Neigungen vergangener Leben aufzuspüren; dann verbrennt er sie in den alles verzehrenden Flammen seiner Weisheit, die sich überall in seinem Bewusstsein, Unterbewusstsein und Überbewusstsein ausbreiten. Seine üblen inneren Neigungen werden jammern und dagegen rebellieren, vom Feuer der Weisheit vernichtet zu werden. Doch schließlich bricht die makellose Rechtschaffenheit des Gottsuchers hinter den Wolken seines gesamten bösen Karmas aus früheren Inkarnationen hervor und erstrahlt als die Sonne kosmischer Weisheit – voller Glanz im reinen transzendentalen Bewusstsein im Reich Gottvaters und wahrnehmbar in der Vereinigung von Körper, Geist und Seele mit der Christusintelligenz innerhalb der Schöpfung und mit dem Kosmischen Bewusstsein jenseits der Schöpfung.[14] Wer spirituelle Ohren hat zu hören, der höre und nehme die Wahrheit dieser Worte durch unmittelbares Erleben in sein Bewusstsein auf.

~

> *Wiederum gleicht das Himmelreich einem verborgenen Schatz im Acker, den ein Mensch fand und verbarg. Und aus Freude darüber ging er hin, verkaufte alles, was er hatte und kaufte den Acker.*
>
> *Wiederum gleicht das Himmelreich einem Kaufmann, der schöne Perlen suchte. Und da er eine besonders wertvolle Perle fand, ging er hin und verkaufte alles, was er hatte, und kaufte sie.* (*Matthäus* 13, 44–46)

»Das astrale Reich himmlischer Kräfte und himmlischer Wahrnehmung, das der Gottsucher in überbewusster Ekstase erlebt, birgt einen reichen geistigen Schatz: die Engel Gottes, heimgegangene heilige Seelen und Meister, die Offenbarungen der Mysterien von Leben und Tod und vom Entstehen und Vergehen aller Manifestationen – verborgen hinter dem Bereich des weltlichen Bewusstseins und der Sinneswahrnehmung. Wenn diese Wahrheiten dem irdischen

[14] »O Arjuna, die Kenner der Wahrheit nennen diesen Körper *Kshetra* (»das Feld«, auf dem gutes und schlechtes Karma gesät und geerntet wird); und das, was das Feld erkennt, nennen sie *Kshetrajna* (die Seele). ... So wie die eine Sonne die ganze Welt erleuchtet, so erleuchtet der Herr des Feldes (Gott und Seine Widerspiegelung als Seele) das ganze Feld (die Natur und die »kleine Natur« – den Körper). Wer mit den Augen der Weisheit den Unterschied zwischen *Kshetra* und *Kshetrajna* schaut und auch die Methode kennt, die zur Befreiung der Wesen von Prakriti führt, geht in das Höchste ein.« (*Gott spricht mit Arjuna – Die Bhagavad-Gita* XIII, 1; 33–34).

Bewusstsein eines Menschen offenbart werden, verschließt er diese Kostbarkeiten tief in seinem Bewusstsein; voller Freude gibt er alle seine weltlichen Wünsche auf und sichert sich mit der Kraft seiner innigen Hingabe und seines guten Karmas den Besitz dieser überbewussten Sphäre der Wahrheit.

Gottverwirklichung: »die kostbare Perle«

Und wiederum, wenn dem Gottsucher das himmlische Reich astraler Kräfte offenbart wird, wird er zu einem göttlichen ›*Kaufmann*‹ dieser wertvollen Perlen der Wahrheit; und er sucht so lange nach der einen unvergleichlichen Perle der Gottesweisheit, bis er sie in göttlicher Verwirklichung findet – die Perle von unschätzbarem Wert. Sobald sich sein Bewusstsein nach dieser Entdeckung wieder der äußeren Welt zuwendet, gibt er alle seine materiellen Wünsche auf und nimmt mit all seiner Kraft wunschloser transzendenter Meditation diese alles übertreffende Perle der Gottesweisheit in Besitz.«

> *Wiederum gleicht das Himmelreich einem Netz, das ins Meer geworfen wurde, um Fische aller Art zu fangen. Als es aber voll war, so zogen sie es heraus an das Ufer, setzten sich und sammelten die guten in Gefäßen; aber die schlechten warfen sie weg. So wird es auch am Ende der Welt sein: die Engel werden kommen und die Bösen von den Gerechten trennen und sie in den Feuerofen werfen; da wird Heulen und Zähneknirschen sein.* (*Matthäus* 13, 47–50)

»Der Gottsucher, der das Netz seiner SELBST-Verwirklichung auf dem Meer der Meditation ausgeworfen hat, sammelt astrale Wahrnehmungen und bekommt auch Einblicke in die Neigungen, die für sein schlechtes Karma verantwortlich sind. Wenn er im Netz seiner Innenschau diesen gemischten Fang vorfindet, den er ans Ufer seines nach außen gerichteten Bewusstseins gezogen hat, macht er sich in der Meditation an die Arbeit, die guten Dinge aus dem Netz seiner Hingabe einzusammeln und mit der Kraft seiner Weisheit alle versteckten üblen Neigungen auszusondern.

Dieses Erlebnis wird allen Gottsuchern am ›*Ende der Welt*‹ zuteil, das heißt, wenn sie ihre irdischen Wünsche aufgegeben haben. Sie erleben, dass die Engel der Intuition und SELBST-Verwirklichung aus den Tiefen ihres Bewusstseins hervorkommen, um alles üble Karma von den erworbenen guten Eigenschaften zu trennen und die bösen Neigungen in das alles verzehrende Feuer innerer Weisheit zu werfen. Diese hartnäckigen, üblen karmischen Anlagen, die durch schlechte Gewohnheiten entstanden sind, leisten zähen inneren Widerstand; doch trotz ihrer Gegenwehr werden sie mit Gewissheit vom Feuer der Weisheit vernichtet, das der Gottsucher entzündet hat.«

> *Und Jesus sprach zu ihnen: Habt ihr das alles verstanden? Sie sprachen: Ja, Herr. Da sagte er zu ihnen: Darum gleicht jeder Schriftgelehrte, der zu einem Jünger des Himmelreichs geworden ist, einem Hausherrn, der aus seinem Schatz Neues und Altes hervorholt.* (*Matthäus* 13, 51–52)

»Darum ist jeder Mensch, der durch Meditation das himmlische Reich des astralen Überbewusstseins entdeckt, ein vollendeter Gottsucher, ein göttlicher Hausherr seines körperlichen Daseins; er besitzt einen kostbaren Schatz, aus dem er dank seiner spirituellen Errungenschaft neue Offenbarungen der Wahrheit ans Licht bringt und ebenfalls bekannte Wahrheiten, die auf neue Weise ausgedrückt werden.«

DISKURS 38

»Dein Glaube hat dir geholfen«

Sturm, Krankheit, Teufel und Tod beugen sich dem Willen Jesu

Die stets wache Allwissenheit erleuchteter Meister

❖

Alle Naturkräfte unterstehen der gottgegebenen Macht der menschlichen Seele

❖

Eine außergewöhnliche Austreibung »unreiner Geister« oder »vagabundierender Seelen«

❖

Wie der Glaube »Kraft« oder Heilenergie von göttlichen Persönlichkeiten anziehen kann

❖

Jesus erweckt die Tochter des Jairus vom Tod

❖

Wie spirituelle »Arbeiter« die »große Ernte« der Gottverwirklichung einbringen können

»Überwältigend war die mitfühlende Liebe Jesu, als er durch die geschäftigen Städte und Dörfer reiste, in den Synagogen das Evangelium – die von Gott ausgehende Wahrheit – verkündete und seine göttliche Kraft ausströmen ließ, um Leiden jeglicher Art zu heilen.«

***U**nd es geschah eines Tages, dass er mit seinen Jüngern in ein Schiff stieg und zu ihnen sagte: Lasst uns an das andere Ufer des Sees fahren. Und sie fuhren ab. Auf der Fahrt aber schlief er ein. Und da brach über dem See ein Wirbelsturm los, und das Schiff füllte sich mit Wasser, und sie waren in Gefahr. Da traten sie zu ihm und weckten ihn auf und sprachen: Meister, Meister, wir kommen um!*

Da stand er auf und drohte dem Wind und den Wellen; da legten sie sich, und es trat eine Windstille ein.

Und er sprach zu ihnen: Wo ist euer Glaube? Sie aber fürchteten und wunderten sich und sprachen zueinander: Was für ein Mensch ist das, der sogar dem Wind und dem Wasser gebietet und sie gehorchen ihm?

Und sie kamen in das Gebiet der Gadarener, das Galiläa gegenüberliegt. Und als er an Land ging, begegnete ihm ein Mann aus der Stadt, der seit langer Zeit von Teufeln besessen war, und er trug keine Kleider und wohnte in keinem Haus, sondern in Grabhöhlen.

Als er aber Jesus sah, schrie er auf und fiel vor ihm nieder und rief mit lauter Stimme: Was habe ich mit dir zu schaffen, Jesus, du Sohn Gottes, des Höchsten? Ich bitte dich, quäle mich nicht. Jesus hatte nämlich dem unsauberen Geist befohlen, von dem Menschen auszufahren, denn der Geist hatte diesen schon seit langem in seiner Gewalt. Man hatte den Mann mit Ketten und Fußfesseln gebunden, doch er zerriss die Bande und wurde von dem Teufel in die Wüste getrieben.

Und Jesus fragte ihn und sprach: Wie heißt du? Er sprach: Legion; denn es waren viele Teufel in ihn gefahren. Und sie baten ihn, er möge ihnen nicht befehlen, in den Abgrund zu fahren.

Nun weidete aber dort eine große Herde Schweine auf dem Berge. Und die Teufel baten Jesus, ihnen zu erlauben, in sie hineinzufahren. Und er erlaubte es ihnen. Da fuhren sie aus von dem Menschen und fuhren in die Schweine; und die Herde stürmte den steilen Abhang hinunter in den See und ertrank.

Als aber die Hirten sahen, was da geschah, flohen sie und

verkündeten es in der Stadt und auf dem Land.

Da kamen die Leute herbei, um zu sehen, was da geschehen war, und kamen zu Jesus und fanden den Menschen, von welchem die Teufel ausgefahren waren, wie er bekleidet und vernünftig zu Jesu Füßen saß, und sie fürchteten sich. Und die es gesehen hatten, berichteten ihnen, wie der Besessene geheilt worden war. Und es bat ihn die ganze Volksmenge aus dem umliegenden Land der Gadarener, sie zu verlassen; denn eine große Furcht hatte sie ergriffen. Und er stieg in das Schiff und fuhr wieder zurück.

Der Mann aber, von dem die Teufel ausgefahren waren, bat Jesus, bei ihm bleiben zu dürfen. Doch Jesus schickte ihn fort und sprach: Kehre in dein Haus zurück und erzähle, was Gott dir Großes getan hat. Und er ging und verkündigte in der ganzen Stadt, was Jesus ihm Großes getan hatte.

Es begab sich aber, als Jesus zurückkam, dass die Volksmenge ihn freudig empfing; denn sie warteten alle auf ihn. Und siehe, da kam ein Mann mit Namen Jairus, der ein Vorsteher der Synagoge war, und er fiel Jesus zu Füßen und bat ihn, in sein Haus zu kommen; denn er hatte eine einzige Tochter von etwa zwölf Jahren, und diese lag im Sterben.

Doch als er hinging, bedrängte ihn die Volksmenge. Und eine Frau, die seit zwölf Jahren an Blutungen litt und ihren ganzen Lebensunterhalt für Ärzte ausgegeben hatte und von niemandem geheilt werden konnte, trat von hinten an ihn heran und berührte den Saum seines Gewandes. Und sogleich hörten die Blutungen auf.

Und Jesus sprach: Wer hat mich angerührt? Als sie es alle abstritten, sagten Petrus und die mit ihm waren: Meister, die Volksmenge umringt und bedrängt dich, und du sprichst: Wer hat mich angerührt?

Jesus aber sprach: Es hat mich jemand angerührt; denn ich fühle, dass eine Kraft von mir ausgegangen ist.

Als aber die Frau sah, dass sie nicht unbemerkt geblieben war, kam sie zitternd herbei, fiel vor ihm nieder und erzählte ihm vor allem Volk, warum sie ihn angerührt hatte und wie sie sogleich geheilt worden war. Er aber sprach zu ihr: Sei

getrost, meine Tochter, dein Glaube hat dir geholfen. Geh hin in Frieden!

Und während er noch redete, kam einer aus dem Hause des Synagogenvorstehers, wandte sich an diesen und sprach: Deine Tochter ist gestorben; bemühe den Meister nicht länger.

Als Jesus das hörte, sagte er zu Jairus: Fürchte dich nicht, glaube nur, so wird sie gerettet! Als er aber in das Haus kam, ließ er niemanden mit hineingehen außer Petrus, Jakobus und Johannes und den Eltern des Kindes. Sie weinten aber alle und klagten um das Mädchen. Er aber sprach: Weint nicht, sie ist nicht gestorben, sondern sie schläft.

Und sie lachten ihn aus, weil sie wussten, dass sie gestorben war. Er aber schickte sie alle hinaus, nahm das Kind bei der Hand und rief: Mädchen, steh auf! Und ihr Geist kehrte zurück, und sogleich stand sie auf. Und er befahl, ihr zu essen zu geben.

Und ihre Eltern waren fassungslos. Er aber gebot ihnen, niemandem zu erzählen, was geschehen war.

Lukas 8, 22–56

Und als Jesus von dort weiterging, folgten ihm zwei Blinde nach, die schrien und sprachen: Ach, du Sohn Davids, erbarme dich unser!

Und als er in das Haus gekommen war, traten die Blinden zu ihm. Und Jesus sprach zu ihnen: Glaubt ihr, dass ich dies tun kann?

Da sagten sie zu ihm: Ja, Herr.

Da berührte er ihre Augen und sprach: Euch geschehe nach eurem Glauben. Und ihre Augen wurden geöffnet. Und Jesus ermahnte sie eindringlich und sprach: Seht zu, dass niemand davon erfährt! Sie aber gingen hinaus und machten ihn in der ganzen Gegend bekannt.

Als diese gegangen waren, siehe, da brachten sie einen Mann zu ihm, der war stumm und von einem Teufel besessen. Und als der Teufel ausgetrieben war, redete der Stumme. Und die Volksmenge wunderte sich und sprach: So etwas ist noch nie in Israel gesehen worden. Die Pharisäer aber sprachen:

Er treibt die Teufel aus durch den Obersten aller Teufel.

Und Jesus zog durch alle Städte und Dörfer, lehrte in ihren Synagogen und predigte das Evangelium vom Reich und heilte alle Krankheiten und Gebrechen der Menschen. Als er aber die Volksmenge sah, empfand er Mitleid mit ihnen; denn sie waren hilflos und verwirrt wie die Schafe, die keinen Hirten haben.

Da sprach er zu seinen Jüngern: Die Ernte ist groß, aber es gibt nur wenige Arbeiter. Darum bittet den Herrn der Ernte, dass er Arbeiter in seine Ernte sende.

Matthäus 9, 27–38

DISKURS 38

»Dein Glaube hat dir geholfen«

Sturm, Krankheit, Teufel und Tod beugen sich dem Willen Jesu

Und es geschah eines Tages, dass er mit seinen Jüngern in ein Schiff stieg und zu ihnen sagte: Lasst uns an das andere Ufer des Sees fahren. Und sie fuhren ab. Auf der Fahrt aber schlief er ein. Und da brach über dem See ein Wirbelsturm los, und das Schiff füllte sich mit Wasser, und sie waren in Gefahr. Da traten sie zu ihm und weckten ihn auf und sprachen: Meister, Meister, wir kommen um!

Da stand er auf und drohte dem Wind und den Wellen; da legten sie sich, und es trat eine Windstille ein.

Und er sprach zu ihnen: Wo ist euer Glaube? Sie aber fürchteten und wunderten sich und sprachen zueinander: Was für ein Mensch ist das, der sogar dem Wind und dem Wasser gebietet und sie gehorchen ihm? (Lukas 8, 22–25)

Parallelstelle:

Und am selben Tag, als es Abend geworden war, sprach er zu ihnen: Lasst uns hinüberfahren ans andere Ufer. Und nachdem sie die Volksmenge fortgeschickt hatten, nahmen sie ihn mit, so wie er im Schiff war; und es fuhren noch andere kleine Schiffe mit. Und es erhob sich ein heftiger Wirbelsturm, und die Wellen schlugen in das Schiff, sodass es sich mit Wasser füllte.

Jesus aber war hinten auf dem Schiff und schlief auf einem Kissen. Und sie weckten ihn auf und sprachen zu ihm: Meister, kümmert es dich nicht, dass wir umkommen?

Und er stand auf und drohte dem Wind und sprach zu dem Meer: Frieden, sei still! Und der Wind legte sich, und es trat eine große Stille ein.

Und er sprach zu ihnen: Warum seid ihr so furchtsam? Wie kommt es, dass ihr keinen Glauben habt? Und sie fürchteten sich sehr und sprachen zueinander: Wer ist dieser Mann, dass ihm sogar Wind und Meer gehorchen? (*Markus* 4, 35–41)[1]

Die stets wache Allwissenheit erleuchteter Meister

Obwohl der Körper Jesu schlief, war sein inneres Bewusstsein wach im unvergänglichen Wissen um Gottes Allgegenwart. Während des Wachzustandes ist der Fokus des menschlichen Bewusstseins auf den bewussten Bereich des Geistes gerichtet, im Schlaf auf das Unterbewusstsein und in tiefer Meditation auf das Überbewusstsein. Weilt der Geist eines Menschen im Wachzustand, bleiben sein Unterbewusstsein und sein Überbewusstsein im Hintergrund. Schläft er, bleiben sein Bewusstsein und sein Überbewusstsein im Hintergrund. Aber ein Meister wie Jesus, dessen innerstes Bewusstsein das Kosmische Bewusstsein ist, lebt in der Allwissenheit des GEISTES, unabhängig davon, ob sein Körper wach ist oder schläft. Er ist fähig, seinen schlafenden Körper zu sehen, und weiß um jedes Geschehen und um alle Umstände in seiner unmittelbaren Umgebung und in großer Entfernung – ebenso, wie auch Gott über alle Menschen wacht und sowohl die Großartigkeit aller sich entfaltenden Universen wahrnimmt als auch den Fall eines einzigen Sperlings.

Gottes allgegenwärtiges Bewusstsein kennt das Leben und den Tod sowie die Vorgänge, die sich im Schlafen und Wachen vollziehen, von allen in Ihm existierenden Geschöpfen, so wie wir alle Gedanken in unserem eigenen Geist kennen. Der Mensch mit seinem einen, auf sich selbst begrenzten Leben ist sich der körperlichen Empfindungen oder Schmerzen bewusst, die in jeder gegebenen Gruppierung der siebenundzwanzigtausend Milliarden Zellen seines Körpers auftreten. Gottes Bewusstsein, das den gesamten Raum umfasst, kennt jedes

[1] Vgl. weitere Parallelstelle in *Matthäus* 8, 23–27.

Geschehen, selbst in jedem einzelnen der winzigsten Teilchen, die zu den vielfältigen Schöpfungen im Kosmos gehören.

Jesus stellte den Glauben seiner Jünger in Frage, weil sie nicht erkannten, dass sein Bewusstsein, obwohl sein Körper schlief, gemeinsam mit dem Vater wach war – im Sturm, im Boot, in den Jüngern, in allem. Hätten die Jünger auf das allgegenwärtige Bewusstsein Jesu vertraut, hätten sie gewusst, dass er ihre Not mit seinem inneren Bewusstsein wahrnahm und dass er sie selbst in dieser verzweifelten Lage beschützte.

Um ihr gelähmtes Vertrauen neu zu beleben, ermahnte Jesus sie: »Warum lasst ihr zu, dass euch Unwissenheit Furcht einflößt und euch euren Glauben an die alles beschützende Macht und an das in meinem Inneren bestehende allgegenwärtige Bewusstsein raubt?« Mit Zustimmung des Göttlichen Willens, um die Allmacht Gottes in seinem Inneren zu beweisen, erhob sich Jesus, wandte sich an den See und befahl den Naturkräften, dem Wind und dem Wasser: »O rauer Wind und wilde See, die ihr von kosmischen Kräften gelenkt werdet, die ihr erschaffen und tätig seid, wie es dem Willen Gottes, des Vaters, entspricht, mit dem ich eins bin: Ich befehle euch, eure Schwingung zu ändern und friedlich und still zu sein!«

Alle Naturkräfte unterstehen der gottgegebenen Macht der menschlichen Seele

»Friede, sei still!« Sobald Jesus mit seinem allgegenwärtigen Bewusstsein und mit dem allmächtigen göttlichen Willen in seinem Inneren Schwingungen des Friedens aussandte, folgten die von Gott gelenkten Naturgewalten augenblicklich seinem Beispiel, nahmen die beruhigenden Schwingungen auf und wurden still. Dem gewöhnlichen Menschen kommt es so vor, als wären die elementaren Naturvorgänge das Ergebnis zufällig und blind wirkender Kräfte, die keinem Plan folgen. Aber die Harmonie in der Natur, der Rhythmus der Jahreszeiten, die mathematisch genaue Anordnung der Planeten und die Erhaltung des Lebens zeugen eindeutig davon, dass sie alle von einem intelligenten Gesetz und einem kosmischen Plan Gottes gelenkt werden. Nur ein starrsinniger Rationalist hält das gesetzmäßige und geordnete Wirken im Universum sowie die sinnvoll geregelte, Leben erhaltende Großzügigkeit der Erde für Zufall. Der göttliche Mensch dagegen nimmt Gott bewusst in allem wahr und sieht, wie Er mit Seinem göttlichen Willen die exakt arbeitenden Gesetze und Kräfte seiner Wunderwerke aufrechterhält.

Da Jesus ein Meister war – nicht aufgrund seiner Einbildungskraft, sondern dank seiner SELBST-Verwirklichung, seines Einsseins mit dem GEIST –, konnte er den Willen Gottes, der sich in seinem eigenen Willen kundtat, dazu bewegen, das Toben von Sturm und Wellen unter Kontrolle zu bringen.

Mir wurde der Segen zuteil, mitzuerleben, wie mein großer Meister, Swami Sri Yukteswarji, die Natur beherrschte. Als ich einmal bei meinem Meister in seinem am Meer gelegenen Ashram in Puri am Golf von Bengalen war, bat er mich, seine Schüler in einer Prozession zur Sommersonnenwende am Strand entlang und durch die Straßen der Stadt zu führen. Das Wetter sollte der Jahreszeit entsprechend sehr heiß werden, ohne die geringste Aussicht auf Wolken oder Regen. Als ich dem Meister gegenüber meine Bedenken äußerte, dass es für die Jünger schier unmöglich sein werde, eine feierliche Haltung zu bewahren, während sie barfuß auf dem glühenden Sand und den Straßen der Stadt marschieren mussten, antwortete der Meister: »Ich will dir ein Geheimnis verraten: Der Herr wird einen Wolkenschirm senden, sodass ihr unbehelligt wandern könnt.«

Kaum hatte die religiöse Prozession begonnen, da bezog sich der gesamte Himmel wie durch ein Wunder mit Wolken und es fiel ein ganz leichter Regenschauer, der die Straßen und den glühenden Meeresstrand abkühlte. Zur Verwunderung aller und äußerst dankbar begrüßt hielt der sanfte Regen während der gesamten zweistündigen Prozession an. Aber in dem Moment, als wir in die Einsiedelei zurückkehrten, brannte die orientalische Sonne wieder vom Himmel hernieder, und der Weg, auf dem die Prozession stattgefunden hatte, glühte in sengender Hitze. Der Meister rechnete sich seine Mitwirkung bei den vielen Wundern, die ich ihn vollbringen sah, nicht als seinen persönlichen Verdienst an. In Bezug auf die Zähmung der unbarmherzigen indischen Sonne bemerkte er schlicht, wie es seine Art war: »Du siehst, wie Gott mit uns fühlt. Er erhört alle und sorgt für alle. So wie er heute auf meine Bitte hin den Regen gesandt hat, so erfüllt er jeden aufrichtigen Wunsch Seiner Kinder. Die meisten Menschen wissen gar nicht, wie oft Gott ihre Gebete erhört. Er bevorzugt nicht einige wenige, sondern erhört jeden, der sich vertrauensvoll an Ihn wendet. Die Menschenkinder sollten niemals an der Liebe und Güte ihres Allmächtigen Vaters zweifeln.«

Ein Meister aktiviert immer die erschaffende Kraft der schöpferischen Schwingung Gottes, ganz gleich, ob er um eine bestimmte

Antwort von Gott betet oder seinen Willen einsetzt, um im Einklang mit Gott ein erwünschtes Ergebnis herbeizuführen. Lange bevor die westliche Wissenschaft erkannte, dass die Materie dem Wesen nach aus Schwingungen besteht, hatten die *Rishis* des alten Indiens festgestellt, dass die ganze Vielfalt der Natur der Gestalt gewordene Laut Om ist, der Urlaut oder die Urschwingung, das »*Wort*«. Sie zeigten, dass sich alle Naturvorgänge durch Beeinflussung von Schwingungen beherrschen lassen, durch die Anwendung bestimmter Mantras oder Gesänge.[2] Historische Quellen berichten über die erstaunlichen Kräfte von Miyan Tan Sen, dem Hofmusiker Akbars des Großen aus dem 16. Jahrhundert. Als ihm der Kaiser befahl, mitten am Tag einen Nacht-Raga zu singen, stimmte Tan Sen einen Raga an, der das gesamte Palastgelände in Dunkelheit hüllte.

Der Mensch wurde erschaffen, Herr über die Natur zu sein, und die Naturkräfte ihrerseits wirken zusammen, um ihm zu dienen. Der Mensch gibt seinen Herrschaftsanspruch auf, wenn er der ihm übertragenen Verantwortung für seine irdische Umgebung aufgrund verwerflicher Selbstsucht nicht gerecht wird. Er lenkt die Natur, wenn auch meist unwissend, nicht nur durch seine Handlungen, sondern auch durch die Schwingungen seiner Gedanken. Die verhängnisvollen Folgen von Überschwemmungen, Tornados, Erdbeben und allen anderen Naturkatastrophen sind das Ergebnis der sich anhäufenden schlechten Handlungen und Gedanken der Erdenmenschen. Die in Kriegen begangenen Übeltaten zum Beispiel erzeugen enorm negative Schwingungen, welche die Naturkräfte aus dem Gleichgewicht bringen und ungehemmte Energie freisetzen. Umgekehrt fördert das Gute im Menschen Frieden, Erfolg und Wohlergehen. Wenn der Mensch Meister seiner selbst wird und die üblen Schwingungen in seinem Inneren zum Guten wandelt, gewinnt er jene gottgegebene Kraft seiner Seele wieder, dank derer er – mit Gottes Zustimmung – alles Gewünschte von der Dienerin Natur verlangen kann.

In mehreren tausend Jahren, im zukünftigen vierten *Yuga*, dem spirituellen Zeitalter des gegenwärtigen Weltzyklus, werden die Menschen sowohl in ihrem natürlichen Umfeld als auch in ihrem individuellen Leben die elementaren Naturvorgänge besser beherrschen. In

---

[2] Die Folklore aller Völker enthält Belege über Beschwörungen, die Macht über die Natur verleihen. Die amerikanischen Indianer entwickelten wirkungsvolle Klangrituale zur Erzeugung von Regen und Wind. Tan Sen, ein berühmter indischer Musiker, besaß die Fähigkeit, kraft seines Gesangs Feuer zu löschen.

den himmlischen Sphären der Astralwelt kontrolliert im Allgemeinen jeder Einzelne sowohl die ihn umgebende Atmosphäre als auch seinen eigenen Seinszustand. (Die Astralwesen in den niederen Bereichen haben keine derartige Kontrolle.) In den höheren Regionen können die Astralwesen die biotronischen Lichtformen und Kräfte entsprechend ihrer Willenskraft beeinflussen. In der grobstofflichen Welt allerdings regnet es, wenn man es nicht will; und wenn die Erde Regen braucht, scheint die Sonne. Stellt euch ein Leben in einer Welt vor, in der ihr befehlen könnt, dass ein Sturm kommt oder dass der Schnee schmilzt. Durch Beherrschung der astralen Kräfte, welche die Natur mit Macht ausstatten, vermochte Jesus, den wütenden Sturm zu beruhigen, und konnte Sri Yukteswar die sengenden Strahlen der Sonne durch Wolken kühlen. Obwohl die Abläufe in der Natur mit einer gewissen Gesetzmäßigkeit erfolgen, gibt es auch ungeheure Abweichungen davon – unvorhersehbare, extreme Vorgänge, die dazu bestimmt sind, im Menschen den Eroberer zu wecken und ihn anzuspornen, die offensichtliche Unordnung zu durchschauen und seinen Willen durch Gottes Willen in den gefügigen himmlischen Astralkräften zu vergeistigen, welche die Abläufe des materiellen Universums in Gang setzen.

Und sie kamen in das Gebiet der Gadarener, das Galiläa gegenüberliegt. Und als er an Land ging, begegnete ihm ein Mann aus der Stadt, der seit langer Zeit von Teufeln besessen war, und er trug keine Kleider und wohnte in keinem Haus, sondern in Grabhöhlen.

Als er aber Jesus sah, schrie er auf und fiel vor ihm nieder und rief mit lauter Stimme: Was habe ich mit dir zu schaffen, Jesus, du Sohn Gottes, des Höchsten? Ich bitte dich, quäle mich nicht. Jesus hatte nämlich dem unsauberen Geist befohlen, von dem Menschen auszufahren, denn der Geist hatte diesen schon seit langem in seiner Gewalt. Man hatte den Mann mit Ketten und Fußfesseln gebunden, doch er zerriss die Bande und wurde von dem Teufel in die Wüste getrieben. (*Lukas* 8, 26–29)[3]

[3] Vgl. weitere Parallelstellen in *Matthäus* 8, 28–34 und *Markus* 5, 1–20.

In seltenen Fällen ist Wahnsinn nicht auf eine Störung im Gehirn zurückzuführen, sondern auf eine Besessenheit durch vagabundierende Seelen, von denen einige dämonische, böse Geister sind, die von Heilern wie Christus ausgetrieben werden können. Daher befahl Jesus: »O du körperlose Seele, einst warst du eine Widerspiegelung des GEISTES, die nun durch schlechtes Karma beschmutzt ist. Du musst den unrechtmäßigen Besitz des Körpers dieses Mannes aufgeben; du hast ihn gequält und aller gesunden Empfindungen beraubt.« Als Jesus diese Worte sprach, flehte ein böser Geist im Inneren des Wahnsinnigen Christus angstvoll an, ihm nicht seine gewohnte Behausung zu nehmen.

Eine außergewöhnliche Austreibung »unreiner Geister« oder »vagabundierender Seelen«

Wie bereits zuvor erklärt, ist eine dämonische, vagabundierende Seele oft der körperlose Geist eines Mörders oder eines ähnlich ruchlosen Verbrechers oder unsittlichen Menschen, ein »Teufel«.[4] Aufgrund seiner gotteslästerlichen Missachtung der Heiligkeit des Lebens wird ein solcher Geist durch sein eigenes Karma zu einer albtraumartigen Existenz in den niederen Bereichen der Astralwelt verurteilt, wo er »erdgebunden« bleibt und verzweifelt in den dunklen Regionen des ätherischen astralen Raums umherstreift. Da solche Geister ihr starkes Verlangen nach einer schnellen Wiedergeburt nicht erfüllt finden, suchen und besetzen sie den irrsinnigen Verstand von Menschen, deren schlechtes Karma ein derartiges Schicksal anzieht. Meister, die zwischen Besessenheit und gewöhnlichen mentalen Störungen unterscheiden können, besitzen die Macht, vagabundierende Seelen bewusst aus den menschlichen Körpern zu vertreiben, von denen sie Besitz ergriffen haben.

Und Jesus fragte ihn und sprach: Wie heißt du? Er sprach: Legion; denn es waren viele Teufel in ihn gefahren. Und sie baten ihn, er möge ihnen nicht befehlen, in den Abgrund zu fahren. (*Lukas* 8, 30–31)

Böse Geister in der Astralwelt werden von Satan beherrscht, und jeder von ihnen besitzt einen bestimmten Namen und bestimmte

[4] Siehe Diskurs 24, Band I.

Merkmale. Daher forderte Jesus vom Geist, der ihn angesprochen hatte, sich zu erkennen zu geben. Der Anführer der Geisterschar in dem Wahnsinnigen antwortete, sein Name sei Legion, was darauf hinwies, dass viele Teufel – bösartige entkörperte Geister – das eine mentale Haus dieses Irren bevölkerten und in Unordnung brachten. Ebenso wie ein einziges Bewusstsein viele Gedanken enthalten und ein und derselbe Schauspieler verschiedenartige Stimmungen und unterschiedliche Charaktere darstellen kann, so konnten verschiedene körperlose Geister – da sie feinstofflich und unkörperlich sind – denselben Körper und Geist des besessenen Gadareners besetzen.

Diese körperlosen Astralwesen wussten, welchen Einfluss das Bewusstsein Jesu Christi in der Astralwelt besaß, und kannten seine Macht über böse Geister. Daher flehten sie ihn an, sie nicht dazu zu verdammen, wiederum – ohne über ein körperliches Bewusstsein zu verfügen – in den ozeanischen Tiefen finsterer Regionen umherstreifen zu müssen, wo sie im Albtraum ihrer eigenen qualvollen Trugbilder gefangen gewesen waren und von keinem Licht geleitet wurden.

Diese teuflischen Geister, die das Gehirn ihres Opfers bevölkerten, waren höchst entzückt von ihrer Freiheit, unter den Wahrnehmungen von einer Welt voll konkreter Gegenstände ein Chaos anrichten zu können, und dabei durch das Gehirn dieses besessenen Menschen die Sinneseindrücke von Tönen, Licht, Geschmack, Geruch und Berührung zu genießen. Sie fürchteten, ihre Vergnügungsreise in dem körperlichen Fahrzeug – welches von ihnen zu einer wilden Hatz durch das Land körperlicher Empfindungen und Szenerien getrieben wurde – aufgeben zu müssen und wieder in den Hades und Albtraum eines dunklen, unterbewussten Daseins – *»den Abgrund«* – zurückgeworfen zu werden.

Nun weidete aber dort eine große Herde Schweine auf dem Berge. Und die Teufel baten Jesus, ihnen zu erlauben, in sie hineinzufahren. Und er erlaubte es ihnen. Da fuhren sie aus von dem Menschen und fuhren in die Schweine; und die Herde stürmte den steilen Abhang hinunter in den See und ertrank. (*Lukas* 8, 32–33)

Da Jesus Christus die unreinen Geister vermöge seiner göttlichen Macht zwang, den Körper des psychisch Kranken zu verlassen, flehten sie ihn an, sie stattdessen die gröberen Empfindungen in den Körpern einer Schweineherde, die sich nahebei aufhielt, genießen zu lassen; sie zogen es vor, vom menschlichen Bewusstsein zum tierischen Bewusstsein zu wechseln, anstatt plötzlich in den dunklen unterbewussten Hades zurückgeschleudert zu werden, wozu sie durch ihr schlechtes Karma verdammt waren.

Jesus gewährte es ihnen. Mit seiner Hilfe wichen die unreinen Geister aus dem Gehirn des Besessenen und fuhren in die Schweineherde. Die Besetzung durch die bösen Geister und deren ungezügelte Erregung beim Erleben tierischer Vergnügen brachten das normale Instinktverhalten der Schweine völlig durcheinander. Sie verhielten sich wie verrückt, rasten in den See und ertranken. Die unreinen Geister wurden zusammen mit den Seelen (dem individualisierten, sich entwickelnden Bewusstsein) der Schweine in die dunklen Astralregionen unentwickelter Wesen zurückgetrieben – die bösartigen Geister wurden abermals in den unterbewussten Abgrund ihrer selbst erschaffenen Albträume zurückgeschleudert. Die Seelen der Schweine sollten sich bald darauf als höhere Lebewesen reinkarnieren, wie es das Gesetz der Aufwärtsentwicklung vorsieht.

Als aber die Hirten sahen, was da geschah, flohen sie und verkündeten es in der Stadt und auf dem Land.

Da kamen die Leute herbei, um zu sehen, was da geschehen war, und kamen zu Jesus und fanden den Menschen, von welchem die Teufel ausgefahren waren, wie er bekleidet und vernünftig zu Jesu Füßen saß, und sie fürchteten sich. Und die es gesehen hatten, berichteten ihnen, wie der Besessene geheilt worden war. Und es bat ihn die ganze Volksmenge aus dem umliegenden Land der Gadarener, sie zu verlassen; denn eine große Furcht hatte sie ergriffen. Und er stieg in das Schiff und fuhr wieder zurück. (Lukas 8, 34–37)

Da die Gadarener an Unverständnis litten, verhielten sie sich töricht, indem sie Angst vor Jesus hatten. Es war ihre eigene Unwissenheit, vor der sie sich hätten fürchten sollen. Hätten sie die erlösende Kraft Jesu erkannt, hätten sie ihn gefragt, wie sie sich von der Besessenheit durch Unwissenheit, dem Teufel aller Teufel, befreien könnten.

Es ist weise, bei spirituellen Angelegenheiten umsichtig zu sein, engstirnige Gesinnungen jedoch sind zu bedauern. Auch wenn in der heutigen Zeit viele der einst vorherrschenden, grotesken abergläubischen Vorstellungen verschwunden sind, gibt es doch noch Leute, die trotz ihrer Bildung auf anderen Gebieten skeptisch, ja sogar angstvoll auf einen wahren Meister schauen, der die Kunst vorleben und auch lehren kann, wie man in ekstatischer Meditation fortgeschrittene Bewusstseinszustände erlangt – einschließlich der gottgegebenen Kräfte, die mit diesen erhabenen Zuständen einhergehen. In der spirituellen Wissenschaft der Gottverwirklichung und der Vereinigung mit Gott – dem Yoga –, wie er von einem Meister gelehrt wird, der Gott kennt, gibt es nichts, was mit Aberglauben, Magie, Selbsthypnose, Spiritismus, Hexerei oder vergleichbaren Praktiken zu tun hat. Yoga ist die reinste der Wissenschaften, weil sie auf natürliche Weise alle inneren Türen öffnet, damit das Potenzial zum Ausdruck gebracht wird, welches der Seele, dem Bildnis Gottes im Menschen, seinem wahren SELBST, eingeboren ist.

Verhaftetsein in spiritueller Unwissenheit ist die Ursache dafür, dass die Gelegenheit zum seelischen Fortschritt verpasst wird, ebenso wie die Gadarener vor zweitausend Jahren durch ihre auf Unverständnis beruhenden Ängste angestachelt wurden, Jesus von ihren Küsten zu vertreiben, anstatt ihn nach dem Weg zur Erlösung zu fragen.

> *Der Mann aber, von dem die Teufel ausgefahren waren, bat Jesus, bei ihm bleiben zu dürfen. Doch Jesus schickte ihn fort und sprach: Kehre in dein Haus zurück und erzähle, was Gott dir Großes getan hat. Und er ging und verkündigte in der ganzen Stadt, was Jesus ihm Großes getan hatte.* (Lukas 8, 38–39)

Jesus hatte kein Ego und offenbarte damit das außerordentliche Merkmal wahrer Meister. Er wies nicht auf seine eigenen Heilkräfte hin, sondern auf die Göttliche Kraft, die durch ihn zum Ausdruck kam: »*was Gott dir Großes getan hat.*« Jesus bat den Mann, der von der Besessenheit durch eine Legion Teufel befreit worden war, in der Öffentlichkeit als lebendiges Beispiel zu dienen, damit andere heimgesuchte Seelen ermutigt würden, Hilfe bei der unbegrenzten göttlichen Kraft zu suchen. Werbung für materiellen Gewinn bringt materielle Ergebnisse. Öffentlichkeitsarbeit in spiritueller Absicht ist von Nutzen, um die Kunde über die Wahrheit und über göttliche Zeichen zu verbreiten, damit sie anderen Seelen als Inspiration und Wegweiser dient; wird Werbung jedoch zu Eigenlob und materiellem Eigennutz betrieben, dann ist sie für den geistigen Menschen schädlich, und er findet sie abstoßend.

~

Es begab sich aber, als Jesus zurückkam, dass die Volksmenge ihn freudig empfing; denn sie warteten alle auf ihn. Und siehe, da kam ein Mann mit Namen Jairus, der ein Vorsteher der Synagoge war, und er fiel Jesus zu Füßen und bat ihn, in sein Haus zu kommen; denn er hatte eine einzige Tochter von etwa zwölf Jahren, und diese lag im Sterben.

Doch als er hinging, bedrängte ihn die Volksmenge. Und eine Frau, die seit zwölf Jahren an Blutungen litt und ihren ganzen Lebensunterhalt für Ärzte ausgegeben hatte und von niemandem geheilt werden konnte, trat von hinten an ihn heran und berührte den Saum seines Gewandes. Und sogleich hörten die Blutungen auf.

Und Jesus sprach: Wer hat mich angerührt? Als sie es alle abstritten, sagten Petrus und die mit ihm waren: Meister, die Volksmenge umringt und bedrängt dich, und du sprichst: Wer hat mich angerührt?

Jesus aber sprach: Es hat mich jemand angerührt; denn ich fühle, dass eine Kraft von mir ausgegangen ist.

Als aber die Frau sah, dass sie nicht unbemerkt geblieben war, kam sie zitternd herbei, fiel vor ihm nieder und erzählte ihm vor allem Volk, warum sie ihn angerührt hatte und wie sie sogleich geheilt worden war. Er aber sprach zu ihr: Sei getrost, meine Tochter, dein Glaube hat dir geholfen. Geh hin in Frieden!
(*Lukas* 8, 40–48)[5]

---

[5] Vgl. weitere Parallelstellen in *Matthäus* 9, 18–22 und *Markus* 5, 21–34.
Siehe auch *Markus* 6, 53–56 (und parallel dazu *Matthäus* 14, 34–36), wo ähnliche Beispiele von Heilungen aufgeführt sind: »*Und als sie hinübergefahren waren, kamen*

Das allgegenwärtige Christusbewusstsein in Jesus, das die Astralwelt und ihre in allen körperlichen Formen vorhandene Lebenskraft bewusst wahrnahm, wusste, dass in der Menge, die ihn umdrängte, eine bestimmte Frau den Saum seines Kleides ehrfürchtig berührt und – durch ihre vom Glauben verstärkte Willenskraft – etwas von der Lebenskraft seines Körpers in ihren Körper gezogen hatte. Gleich einem energiereichen Röntgenstrahl hatte diese Kraft die bösartige Krankheit der Frau ausgebrannt. Wie einem kranken Menschen, der die Elektroden eines bioelektrischen medizinischen Geräts berührt, durch den Reizstrom geholfen werden kann, so kam die nach Heilung verlangende Frau mit dem Magnetismus Jesu in Berührung und lud die geschwächte Lebenskraft ihres eigenen Körpers mit der feinstofflichen Aura, dem astralen Strom, wieder auf, der von seinem Körper ausstrahlte und diesen umgab.

Wie der Glaube »Kraft« oder Heilenergie von göttlichen Persönlichkeiten anziehen kann

Bei jeder Behandlung eines kranken menschlichen Körpers wird durch Medikamente oder eine geistige Heilung die träge, schwache Lebenskraft lediglich geweckt und verstärkt – diese ist die eigentliche Ursache für die Heilung. Ein Kranker kann seine heilende Lebenskraft mit seiner Willenskraft aufladen, nachdem diese durch den starken Willen eines Heilers neu belebt wurde; oder die kranke Person kann durch ihren Glauben vom Körper eines Menschen mit göttlichem Magnetismus Lebenskraft anziehen und dadurch ihre eigene, alles heilende Lebenskraft wecken und steigern, um die Heilung zu bewirken. Letzteres veranlasste Jesus hier zu den Worten: »Ein subtiler um Heilung bittender Glaube hat meine astrale Ausstrahlung mit einer astralen Hand berührt und Heilkraft, oder Lebenskraft, von mir zu sich gezogen.«

Als Jesus sagte, *»eine Kraft ist von mir ausgegangen«*, hob er die Heilkraft hervor, die von ihm ausging; als er äußerte: *»dein Glaube hat dir geholfen«*, stellte er die Empfänglichkeit der Frau in den Vordergrund, die geheilt worden war. Beides ist notwendig. Ein Heiler

---

sie in das Land Genezareth; dort legten sie an. Und als sie das Schiff verließen, erkannten die Menschen ihn sogleich und liefen in der ganzen Gegend umher und begannen, die Kranken auf Tragbahren dorthin zu tragen, wo sie hörten, dass er war. Und wo immer er in ein Dorf, eine Stadt oder ein Gehöft kam, legten sie die Kranken auf die Straße und baten ihn, er möge sie doch wenigstens den Saum seines Gewandes berühren lassen; und alle, die ihn berührten, wurden gesund.«

muss sich vergewissern, dass diese beiden Faktoren vorhanden sind, da sie eine Voraussetzung für eine göttliche Heilung darstellen – der Glaube des nach Heilung Verlangenden und die Fähigkeit des Heilers, sich durch tägliche tiefe Gottverbundenheit in der Meditation mit göttlicher Heilkraft aufzuladen. Die *»Kraft«*, die bewusste kosmische Energie, die Jesus stets in seinem Inneren fühlte und die von ihm ausstrahlte, wurde durch den Glauben der Frau aufgenommen und bewirkte ihre Heilung. Im Evangelium wird erwähnt, dass im Heimatland Jesu manche Menschen nicht von ihrer Krankheit geheilt werden konnten, weil sie zu materialistisch eingestellt waren, den Segen des allmächtigen Gottesbewusstseins zu empfangen, das sich in Jesus offenbarte.[6]

Als Jesus fühlte, dass »eine Kraft von [ihm] ausgegangen ist«, verlieh er dem Prinzip des *Darshans* Ausdruck: Dabei segnet eine göttliche Persönlichkeit bewusst oder unbewusst jene Menschen, die sich der ihr innewohnenden Göttlichkeit mit reinem Herzen und Geist nähern. Allein dadurch, dass empfängliche Gottsucher eine heilige Person anschauen oder berühren, ziehen sie unmittelbar einen Segen auf sich.

Zweifel ist eine heimtückische Störung, die den Empfang der Heilschwingung verhindert, ganz gleich, wie stark die Kraft des Heilers sein mag. Ähnlich wie man ein Rundfunkgerät zum Empfang auf eine bestimmte Frequenz einstellt, so muss eine Person, welche die Heilschwingungen eines Heilers empfangen will, ihr Bewusstsein voller Vertrauen und mit der rechten geistigen Haltung auf dessen Schwingungen einstellen, ob sie aus der Ferne oder aus der unmittelbaren Nähe kommen. Die Worte Jesu *»dein Glaube hat dir geholfen«* bedeuten: »Deine geistige Empfänglichkeit für die göttliche Kraft in mir hat die gewünschte Heilung möglich gemacht.«

~

Und während er noch redete, kam einer aus dem Hause des Synagogenvorstehers, wandte sich an diesen und sprach: Deine Tochter ist gestorben; bemühe den Meister nicht länger.

Als Jesus das hörte, sagte er zu Jairus: Fürchte dich nicht, glaube nur, so wird sie gerettet! Als er aber in das Haus kam,

---

[6] Siehe Diskurs 39, Band II.

ließ er niemanden mit hineingehen außer Petrus, Jakobus und Johannes und den Eltern des Kindes. Sie weinten aber alle und klagten um das Mädchen. Er aber sprach: Weint nicht, sie ist nicht gestorben, sondern sie schläft. (Lukas 8, 49–52)

Parallelstelle:

Und während er noch redete, kamen einige aus dem Hause des Synagogenvorstehers und sprachen: Deine Tochter ist gestorben; warum bemühst du den Meister noch? Sobald Jesus aber diese Worte hörte, sprach er zu dem Synagogenvorsteher: Fürchte dich nicht, glaube nur!

Und er erlaubte niemandem, ihm zu folgen außer Petrus und Jakobus und Johannes, dem Bruder des Jakobus. Und als er zum Haus des Synagogenvorstehers kam, sah er den Trubel und hörte das laute Weinen und Klagen. Da ging er hinein und sprach zu ihnen: Warum dieser Lärm und warum weint ihr? Das Kind ist nicht gestorben, sondern es schläft. (Markus 5, 35–39)

Jesus erweckt die Tochter des Jairus vom Tod

Jesus mahnte: »Belastet euer Gemüt nicht mit Furcht einflößender Hoffnungslosigkeit, sondern vertraut auf den allmächtigen göttlichen Willen, der mir innewohnt, und eure Tochter wird von ihrem Todesschlaf erwachen.«

Aufgrund der ernsten Situation des Mädchens, das aus der Gewalt des Todes befreit werden sollte, wollte Jesus vermeiden, dass disharmonische Gedanken aus der Menschenmenge in sein Bewusstsein eindringen konnten; daher bat er nur seine fortgeschrittenen Jünger Petrus, Jakobus und Johannes, ihn in das Haus des Jairus zu begleiten. Zu den dort Anwesenden, die weinten und klagten, sagte er: »Warum macht ihr so viel Aufhebens und warum stellt ihr eure Verzweiflung zur Schau? Obwohl das Kind euren physischen Augen tot erscheint, sehe ich, dass es in Gott nur schläft und durch Seinen Willen erweckt werden kann.«

~

Und sie lachten ihn aus, weil sie wussten, dass sie gestorben war. Er aber schickte sie alle hinaus, nahm das Kind bei der Hand und rief: Mädchen, steh auf! Und ihr Geist kehrte zurück, und sogleich stand sie auf. Und er befahl, ihr zu essen zu geben.

Und ihre Eltern waren fassungslos. Er aber gebot ihnen, niemandem zu erzählen, was geschehen war. (*Lukas* 8, 53–56)

Parallelstelle:

Und sie lachten ihn aus. Nachdem er sie aber alle hinausgeschickt hatte, nahm er den Vater und die Mutter des Mädchens mit und alle, die bei ihm waren, und trat in den Raum, in dem das Mädchen lag.

Und er nahm die Hand des Mädchens und sprach zu ihr: Talitha kumi! das heißt übersetzt: Mädchen, ich sage dir, steh auf!

Und sogleich stand das Mädchen auf und ging umher; es war aber zwölf Jahre alt. Und sie waren über alle Maßen erstaunt. Und er gebot ihnen, niemandem davon zu erzählen und befahl, ihr etwas zu essen zu geben. (*Markus* 5, 40–43)[7]

Jesus befreite sich von allen hinderlichen Schwingungen des Zweifels, indem er diejenigen aus seiner Nähe fortschickte, die insgeheim den Tod bereits als unabänderlich ansahen. Dann nahm er, dessen Körper erfüllt war von dynamischer kosmischer Energie, die Hand des toten jungen Mädchens in seine rechte Hand, ließ seine Leben spendende Kraft im Inneren des Kindes vibrieren und befahl: »Mein Kind, beim Bewusstsein Gottes und bei der kosmischen Schwingung, die in mir und in deinem leblosen Körper gleichermaßen zugegen sind, aktiviere ich diese Schwingung und will mit meiner kosmischen Willenskraft, dass du dir dieser belebenden kosmischen Energie bewusst wirst und deinen Todesschlaf aufgibst. Erwache!«

Durch die Christusintelligenz, die alle astralen Kräfte und Wesen regiert, befahl Jesus mit seinem allumfassenden Willen der in den Astralkörper gekleideten Seele des Mädchens, wieder in ihren physischen Körper einzutreten, den er mit Lebenskraft aus der kosmischen Energie aufgeladen hatte. Auf der Stelle war das Kind geheilt und stand von seinem Bett auf. Als die Eltern die Wiederbelebung ihrer leblosen Tochter miterlebten, wurden sie von Freude und Ehrfurcht gleichzeitig überwältigt. Aus Respekt davor, dass die göttliche Heilung eines Toten ein mysteriöses und erhabenes Ereignis ist, das nur selten Gottes

[7] Vgl. weitere Parallelstelle in *Matthäus* 9, 23–26.

Zustimmung findet, bat Jesus die Anwesenden, nicht mit anderen Leuten über das Geschehene zu sprechen.

Dann ordnete Jesus an, dass man dem Mädchen etwas zu essen gebe, damit sich dessen Bewusstsein wieder an das Gefühl seines physischen Körpers gewöhnen konnte, nachdem es als ein Astralwesen kurze Zeit die aus Licht und Schwingungsenergie bestehende Astralwelt erlebt hatte. Wenn Heilige aus einer tiefen Ekstase zurückkommen, trinken sie oft Wasser oder nehmen leichte Nahrung zu sich, um das Körperbewusstsein wiederzubeleben.

Einen physisch Toten zum Leben zu erwecken, indem man seine Seele in den abgelegten Körper zurückruft, oder einen spirituell Toten zu erwecken, indem man das Gottesbewusstsein auf ihn überträgt, gelten als höchste Formen des Heilens, die ein Meister vollbringen kann, der göttliche Verwirklichung besitzt. Doch die Verwandlung eines materialistisch gesinnten Menschen in eine auf Gott eingestellte Seele ist ein weitaus größeres Werk als die Heilung physisch Toter. Durch eine besondere Technik der Willenslenkung und mit göttlicher Erlaubnis können große Meister das Gottesbewusstsein auf fortgeschrittene Jünger übertragen.[8]

~

Und als Jesus von dort weiterging, folgten ihm zwei Blinde nach, die schrien und sprachen: Ach, du Sohn Davids, erbarme dich unser!

Und als er in das Haus gekommen war, traten die Blinden zu ihm. Und Jesus sprach zu ihnen: Glaubt ihr, dass ich dies tun kann?

Da sagten sie zu ihm: Ja, Herr.

Da berührte er ihre Augen und sprach: Euch geschehe nach eurem Glauben. Und ihre Augen wurden geöffnet. Und Jesus ermahnte sie eindringlich und sprach: Seht zu, dass niemand davon erfährt! Sie aber gingen hinaus und machten ihn in der ganzen Gegend bekannt. (Matthäus 9, 27–31)[9]

---

[8] Eines von vielen Beispielen, die hier angeführt werden könnten, steht im *5. Buch Mose* 34, 9: »*Josua aber, der Sohn Nuns, wurde erfüllt mit dem Geist der Weisheit, denn Mose hatte ihm die Hände aufgelegt. Und die Israeliten gehorchten ihm und handelten so, wie der Herr es Mose geboten hatte.*«

[9] Diese Begebenheit wird mit geringfügigen Abweichungen in *Matthäus* 20, 29–34

Da die kosmische Energie, die durch den Willen und die Berührung Jesu in die Augen der blinden Männer gesandt wurde, eine intelligente, allmächtige, alles erschaffende Kraft ist, bewirkte sie eine Neuordnung der astralen Biotronen und der atomaren Elektronen und Protonen – deren Gefüge in den erkrankten Augen gestört war – und führte mit dem Befehl *»euch geschehe nach eurem Glauben«* die erforderliche Heilung herbei.

Nachdem die Blinden geheilt waren, sagte Jesus: »Sorgt dafür, dass keine materialistisch gesinnten Menschen von eurer Heilung erfahren; denn solche Leute, ganz gleich, welche spirituellen Bezeugungen sie auch erleben, pflegen an ihrem Unglauben gegenüber der allmächtigen Kraft Gottes festzuhalten; diese Kraft kann jedoch im Widerspruch zu ihren Vorstellungen von den Naturgesetzen wirken.«

> *Als diese gegangen waren, siehe, da brachten sie einen Mann zu ihm, der war stumm und von einem Teufel besessen. Und als der Teufel ausgetrieben war, redete der Stumme. Und die Volksmenge wunderte sich und sprach: So etwas ist noch nie in Israel gesehen worden. Die Pharisäer aber sprachen: Er treibt die Teufel aus durch den Obersten aller Teufel.*[10]
>
> *Und Jesus zog durch alle Städte und Dörfer, lehrte in ihren Synagogen und predigte das Evangelium vom Reich und heilte alle Krankheiten und Gebrechen der Menschen. Als er aber die Volksmenge sah, empfand er Mitleid mit ihnen; denn sie waren hilflos und verwirrt wie die Schafe, die keinen Hirten haben.* (*Matthäus* 9, 32–36)[11]

Überwältigend war die mitfühlende Liebe Jesu, als er durch die geschäftigen Städte und Dörfer reiste, in den Synagogen das Evangelium – die von Gott ausgehende Wahrheit – verkündete und seine göttliche Kraft ausströmen ließ, um Leiden jeglicher Art zu

wiederholt. Vgl. Parallelstellen in *Lukas* 18, 35–43 und *Markus* 10, 46–52 (beide Parallelstellen berichten von nur einem Blinden; bei *Markus* wird der Mann als *»ein Blinder, Bartimäus, des Timäus Sohn«*, bezeichnet).

[10] Vgl. *Matthäus* 12, 22–24 (kommentiert in Diskurs 36, Band II).

[11] Vgl. Parallelstelle in *Markus* 6, 6 und 34.

heilen. Sein allumfassendes Herz hatte Mitleid mit den vielen ziellosen Menschen, die jeden Augenblick ihres Daseins in mechanischer Geschäftigkeit und in einer von der Täuschung auferlegten Stumpfheit verbrachten. Sie waren wie hirtenlose Schafe – ohne einen spirituellen Führer oder Guru, der sie durch die Ödnis dieser Welt in das Reich des Kosmischen Bewusstseins hätte geleiten können.

Da sprach er zu seinen Jüngern: Die Ernte ist groß, aber es gibt nur wenige Arbeiter. Darum bittet den Herrn der Ernte, dass er Arbeiter in seine Ernte sende. (*Matthäus* 9, 37–38)[12]

»Die Ernte des kosmischen Bewusstseins ist reich, ja unerschöpflich, aber es gibt nur wenige Gottsucher, die sich in der Meditation darum bemühen, die Samen für diese Ernte auszusäen, damit sie deren Früchte einfahren können. Betet daher, dass Gott, der Geber des kosmischen Bewusstseins, euch den Segen schenkt, ernsthafte, zielbewusste Gottsucher zu werden, damit ihr durch Seine Gnade und eure spirituellen Bemühungen das volle Maß dieser göttlichen Ernte erhalten könnt.«

Wie spirituelle »Arbeiter« die »große Ernte« der Gottverwirklichung einbringen können

Die Ernte der Gottverwirklichung ist über alle Maßen reich: ewige Weisheit, ewig neue Glückseligkeit, ewiges Bewusstsein und Unsterblichkeit. Doch gibt es nur sehr wenige Menschen, die ein diszipliniertes Leben führen und regelmäßig meditieren, um in der kurzen Spanne ihres Lebens die immerwährende Ernte der Gottverbundenheit einzubringen.

Gottverwirklichung wird dem Wahrheitssucher nicht nur durch seine Bemühungen zuteil, SELBST-Erkenntnis zu erlangen, sondern auch durch das göttliche Mitgefühl des Herrn. Diese Gnade bleibt jenem Gottsucher vorenthalten, der aufgrund seiner spirituellen Fortschritte stolz von Gott verlangt, dass Er sich ihm ergeben solle. Egoismus ist die Ursache für viele Schwierigkeiten auf dem Weg zum höchsten geistigen Ziel; selbst wenn jemand außergewöhnliche Kräfte erlangt, läuft er Gefahr, die göttliche Gnade zu verlieren, wenn ihm nicht die Demut zur Seite steht.

12 Vgl. Parallelstelle in *Lukas* 10, 2 (Diskurs 40, Band II).

Auch einem Gottsucher, der zwar blindlings an Gott glaubt, aber bewusst die geistigen Gesetze bricht, die von Gottes Propheten verkündet werden, bleibt die göttliche Barmherzigkeit versagt. Wenn jemand ein unbeständiges Leben führt und dadurch die ewigen Wahrheiten zurückweist, weil er annimmt, dass Gottes Gnade einen unverbesserlichen Sünder ohnehin erlösen werde, hegt zweifellos eine falsche Hoffnung. Daher äußerte Jesus, dass es Gott der Herr ist, der die endgültige Ernte gewährt; die Gott suchenden Arbeiter jedoch haben die Aufgabe, ihre Spiritualität auf dem Boden ihres meditativen Lebens heranwachsen zu lassen.

Im Einklang mit den Meistern Indiens lehrte Christus, dass jeder Gottsucher regelmäßig alle stufenweise aufeinander aufgebauten Methoden zur höheren Erkenntnis anwenden und gleichzeitig mit tiefster Hingabe zu Gott, seinem Vater, für seine endgültige Befreiung beten soll. »Betet zu Gott, der Erlösung gewähren kann, dass er euch den Segen schenken möge, göttliche Arbeiter zu werden, die den Boden ihres Bewusstseins durch Meditation umpflügen und die Samen der Weisheit und SELBST-Verwirklichung in ihn einsäen, sodass ihr am Ende die reichste Ernte der befreienden Gottverbundenheit ernten könnt.« Der Herr der Ernte kann nicht stellvertretend durch jemand anderen oder blinden Glauben erreicht werden, auch nicht durch ein plötzliches, unverdientes Erlebnis göttlicher Erleuchtung oder durch die Erwartung, dass der Tod in Seine Gegenwart führt – sondern nur durch die spirituelle »Arbeit« der wissenschaftlichen Meditation, durch ein rechtschaffenes Leben und durch das Geschenk göttlicher Gnade.

DISKURS 39

»Ein Prophet gilt nichts in seinem Vaterland«

Warum es sinnvoll ist, sich regelmäßig mit Gott zu verbinden

❖

Der Christus in Jesus brachte die Heilung und Erlösung, die Jesaja prophezeit hatte

❖

Fehlt dem Menschen die Empfänglichkeit des Glaubens, schließt er die göttliche Kraft aus seinem Leben aus

❖

Ehrerbietige Hingabe ohne übermäßige Vertraulichkeiten macht einen empfänglich für den Segen eines Meisters

❖

An Beispielen aus seinem vergangenen Leben erläutert Jesus die göttlichen Gesetze, auf denen Wunder beruhen

❖

Wer Gott wahrhaft liebt, erhält einen Ehrenplatz im Herzen Gottes

»Ein von Vertraulichkeiten getrübter Blick kann nicht in die himmlischen Weiten einer göttlichen Seele vordringen. Es erfordert Hingabe, das ins Unermessliche erweiterte Bewusstsein eines Meisters zu erfassen.«

Und er kam nach Nazareth, wo er aufgewachsen war, und ging nach seiner Gewohnheit am Sabbattag in die Synagoge und stand auf, um vorzulesen. Da wurde ihm das Buch des Propheten Jesaja gereicht. Und als er das Buch aufschlug, fand er die Stelle, wo geschrieben steht:

»Der Geist des Herrn ist auf mir, weil er mich gesalbt hat, damit ich den Armen das Evangelium predige. Er hat mich gesandt, um die zu heilen, die gebrochenen Herzens sind, um den Gefangenen ihre Freilassung zu verkünden und den Blinden, dass sie sehend werden, um den Misshandelten ihre Freiheit zu bringen und ein Gnadenjahr des Herrn zu verkünden.«

Und als er das Buch geschlossen hatte, gab er es dem Diener zurück und setzte sich; und die Augen aller in der Synagoge waren auf ihn gerichtet. Und er begann zu ihnen zu sprechen: Heute hat sich dieses Wort der Schrift, das ihr gehört habt, erfüllt.

Und alle gaben Zeugnis von ihm und wunderten sich über die Worte der Gnade, die aus seinem Mund kamen, und sprachen: Ist das nicht der Sohn Josefs?

Und er sprach zu ihnen: Sicher werdet ihr mir dieses Sprichwort sagen: Arzt, heile dich selbst! Wenn du in Kapernaum so große Taten vollbracht hast, wie wir gehört haben, so tu sie auch hier, in deiner Vaterstadt. Er aber fügte hinzu: Wahrlich, ich sage euch: Ein Prophet gilt nichts in seinem Vaterland.

Aber ich will euch etwas Wahres sagen: Es waren viele Witwen in Israel in den Tagen des Elias, als der Himmel drei Jahre und sechs Monate verschlossen war und eine große Hungersnot im ganzen Land herrschte. Aber zu keiner von ihnen wurde Elia gesandt, nur zu einer Witwe in Sarepta bei Sidon. Und viele Aussätzige waren in Israel zur Zeit des Propheten Elisa; und keiner von ihnen wurde geheilt, nur der Syrer Naaman.

Und alle in der Synagoge, die das hörten, wurden von Zorn erfüllt. Und sie standen auf und stießen ihn zur Stadt hinaus und führten ihn zum Abhang eines Berges, auf dem ihre Stadt gebaut war, um ihn hinabzustürzen. Er aber ging mitten durch die Menge hindurch und zog weiter.

Lukas 4, 16–30

DISKURS 39

»Ein Prophet gilt nichts in seinem Vaterland«

Und er kam nach Nazareth, wo er aufgewachsen war, und ging nach seiner Gewohnheit am Sabbattag in die Synagoge. (*Lukas* 4, 16)[1]

Obwohl Jesus lehrte, dass die vollkommene Anbetung Gottes darin besteht, sich im inneren Tempel stiller Meditation mit Ihm zu verbinden, ging er *»nach seiner Gewohnheit«* am Sabbat zur Synagoge, um durch sein Vorbild den Wert der gemeinsamen Verehrung Gottes hervorzuheben. »Alles, was ein höheres Wesen tut, ahmen die weniger entwickelten Menschen nach«, betont die Bhagavad-Gita. »Seine Handlungen werden für die Menschen der

Warum es sinnvoll ist, sich regelmäßig mit Gott zu verbinden

[1] Diese Begebenheit, wie Jesus in Nazareth predigte und wie er von den Menschen seiner Heimatstadt abgelehnt wurde, wird mehr oder weniger ausführlich in den Evangelien des Matthäus, Markus und Lukas wiedergegeben. Jeder von ihnen rückt das Geschehen in eine andere Zeit im Leben Jesu: Bei Lukas ereignet es sich gleich nach Beginn des öffentlichen Predigens Jesu in Galiläa, nach Matthäus (13, 54–58) und Markus (6, 1–6) jedoch erst später in der Zeit seines Wirkens. Lukas berichtet am ausführlichsten über das Vorkommnis. Doch die meisten Gelehrten räumen ein, dass es in diesem Evangelium nicht dem historischen Ablauf entsprechend eingefügt ist, weil in dieser Darlegung ein Bezug auf die Wunderheilungen hergestellt wurde, die Jesus in Kapernaum vollbrachte. In der Reihenfolge der Ereignisse wird im Lukas-Evangelium darüber berichtet, bevor Jesus Kapernaum besucht hat (Diskurse 23, 24, 25 – in Band I). Der Kommentar in diesem Diskurs stützt sich daher in erster Linie auf die ausführliche Darstellung bei Lukas, jedoch nicht auf dessen Chronologie.

Welt zum Maßstab.«[2] Auch wenn für Jesus selbst die Teilnahme an den Sabbat-Feierlichkeiten nicht vonnöten war, da sein Bewusstsein Tag und Nacht ununterbrochen mit dem Geist vereint war, so verschafft der wöchentliche Besuch eines Tempels oder einer Synagoge den von Sinnesgewohnheiten getriebenen Massen eine dringend benötigte Ruhepause von den materiellen Sorgen und Tätigkeiten ihres Alltags, in der sie ihre Seele mit neuer Kraft aufladen können. Durch seine Teilnahme an den Lesungen heiliger Schriften und Gebeten der Gemeinde wies Jesus darauf hin, dass sich alle Menschen bestimmte Zeiten freihalten sollten, um sich – zumindest einmal in der Woche – auf Gott zu besinnen und Ihn zu verehren, wodurch sie ihr Dasein aufs Neue mit dem Frieden und der Weisheit ihrer Seele beleben.

Der durchschnittliche Kirchgänger, für den die Gottesverehrung lediglich eine Sonntagsangelegenheit ist, erlebt an den anderen sechs Tagen, dass der zersetzende Einfluss weltlicher Gewohnheiten meist vorherrscht; nur selten kann er genügend viele der segensreichen Wirkungen des Gottesdienstes bewahren, um bis zum kommenden Sonntag eine geistige Einstellung beizubehalten. Natürlich ist eine kleine Münze besser als gar kein Geld. Sogar allein die wöchentliche Sonntagspredigt kann einem materiell ausgerichteten Menschen einen bestimmten spirituellen Halt geben – durch die Frieden schenkende Weisheit heiliger Schriften, des Gebets und der Stille. Wer jedoch während der ganzen Woche die Inspiration seines Sonntagsfriedens unvermindert und deutlich fühlen will, sollte jeden Tag zu einem wahren »Sonnen-Tag« oder Tag der Weisheit machen: Er sollte im Sonnenlicht der Weisheit baden und heilsamen inneren Frieden entwickeln, indem er die Gewohnheit annimmt, am frühen Morgen, am Mittag vor dem Essen, am Abend vor dem Abendessen und ganz besonders in der stillen Zeit vor dem Schlafengehen regelmäßig zu meditieren. Die wahre Friedenskirche, in die Jesus seine Anhänger zu führen suchte, ist das innere Heiligtum der Stille, wo man durch die wohltuende Weisheit und Freude der Seele spirituell gestärkt wird. Jeder, der auch nur zweimal täglich im Tempel der Meditation – in den frühen Morgen- und späten Abendstunden – fünfzehn bis sechzig Minuten lang zu Gott betet, wird feststellen, dass diese friedvolle geistige Gewohnheit seine Sorgen erzeugenden weltlichen Gewohnheiten schwächt.

Aber es gibt Menschen, die sich nicht einmal dazu aufraffen

---

[2] *Gott spricht mit Arjuna – Die Bhagavad-Gita* III, 21.

können, von den vierundzwanzig Stunden des Tages auch nur eine halbe Stunde der Meditation zu widmen: die sogenannten »zu sehr beschäftigten« Leute – bis zu ihrem Tode davon in Anspruch genommen, kurzsichtig und unbedarft vergänglichen Schätzen nachzujagen, um sich unerfüllbare Wünsche zu erfüllen. Aktien und Wertpapiere und nutzlose Anschaffungen können die Himmelspforte zum Leben nach dem Tod nicht passieren und lassen das Astralwesen seinen Mangel an spirituellem Reichtum bitter bereuen. Solche Menschen sollten sich nach bestem Vermögen darum bemühen, wenigstens einmal in der Woche in einem Tempel, einer Kirche oder an einem anderen religiösen Ort mit Gott zu sprechen. Dabei sollten sie nicht nur körperlich bei den Gottesdiensten anwesend sein – während Herz und Gedanken damit beschäftigt sind, innerlich die Sorgen der Geschäftswoche aufzuwärmen –, sondern sie sollten andächtig und aufrichtig Gott ihre Liebe schenken, wobei ihr Körper ruhig und ihr Geist still ist. Das vorübergehende erhebende Gefühl, das aus dieser minimalen Befolgung des göttlichen Gebotes, »den Sabbat zu heiligen«[3], entsteht, mag den Gottesverehrer schließlich dazu bringen, seinen Sonntagsfrieden länger dauern zu lassen, indem er jeden Tag eine bestimmte Zeit der Meditation widmet.

Die Erstellung eines Zeitplans für die wichtigen Dinge des Lebens fördert die Bereitschaft und unterstützt die Fähigkeit, diese auszuführen. Die Nahrungsaufnahme im Körper ist besser, wenn Frühstück, Mittagessen und Abendessen täglich jeweils zur selben Zeit eingenommen werden. Durch regelmäßige Teilnahme an Sabbat-Gottesdiensten entwickelt sich die Gewohnheit, wenigstens einmal in der Woche an Gott zu denken und das spirituelle Leben zu pflegen. Jede weltliche oder spirituelle Handlung – sei es das Essen, das Bemühen um geschäftlichen Erfolg, der Kirchgang oder die Meditation – führt durch beständige Wiederholung zur Bildung physiologischer und folglich auch psychologischer Gewohnheiten.

Im Allgemeinen werden die Menschen von ihren Gewohnheiten beherrscht. Wenn ihre schlechten weltlichen Gewohnheiten die Überhand gewonnen haben, wundern sie sich vielleicht, warum sie von ihnen immer wieder zu unerwünschtem Verhalten verleitet werden – trotz ihrer andauernden Bereitschaft, diese Despoten loszuwerden.

---

[3] 2. *Mose* 20, 8. Ein weiterer Kommentar zum spirituellen Nutzen des Sabbats findet sich in Diskurs 32, Band II.

Schlechte Gewohnheiten können nicht dadurch überwunden werden, dass man sich lediglich wünscht, sie loszuwerden; dies kann nur geschehen, indem man sich mit Hilfe von gegenteiligen guten Gewohnheiten physiologisch und psychologisch umerzieht. Bereitwilligkeit allein genügt nicht, man muss auch ihr entsprechend handeln – nicht nur einmal oder einige Male, sondern wiederholt und fortwährend, bis die entgegengesetzte gute Gewohnheit fest verankert ist. Nur dann kann man erwarten, dass die tyrannische üble Gewohnheit ausgerottet wird. Erfolg stellt sich nach ausdauerndem, regelmäßigen Handeln ein. Da Jesus das Gesetz der Gewohnheit kannte, das die menschliche Natur beherrscht, gab er den Menschen ein Beispiel, indem er *»nach seiner Gewohnheit«* am Sabbat die Synagoge besuchte.

~

> *Er ging nach seiner Gewohnheit am Sabbattag in die Synagoge und stand auf, um vorzulesen. Da wurde ihm das Buch des Propheten Jesaja gereicht. Und als er das Buch aufschlug, fand er die Stelle, wo geschrieben steht:*
>
> *»Der Geist des Herrn ist auf mir, weil er mich gesalbt hat, damit ich den Armen das Evangelium predige. Er hat mich gesandt, um die zu heilen, die gebrochenen Herzens sind, um den Gefangenen ihre Freilassung zu verkünden und den Blinden, dass sie sehend werden, um den Misshandelten ihre Freiheit zu bringen und ein Gnadenjahr des Herrn zu verkünden.«*[4]
>
> *Und als er das Buch geschlossen hatte, gab er es dem Diener zurück und setzte sich; und die Augen aller in der Synagoge waren auf ihn gerichtet. Und er begann zu ihnen zu sprechen: Heute hat sich dieses Wort der Schrift, das ihr gehört habt, erfüllt.* (*Lukas* 4, 16–21)

Jesus zog eine Stelle aus dem Buch Jesaja heran – die mit seiner ihm von Gott aufgetragenen Mission übereinstimmte –, um deutlich hervorzuheben, dass sein Kommen in den hebräischen heiligen Schriften vorhergesagt worden war. Es kommt natürlich vor, dass Scharlatane Zitate aus den heiligen Schriften benutzen, um sie für ihre eigenen schändlichen Absichten zu verwenden; aber Jesus wusste, dass er

[4] *Jesaja* 61, 1–2.

der verheißene Messias war, der Christus, von dem die Heiligen vergangener Jahrhunderte gesprochen hatten. In seiner bescheidenen Art las Jesus die Worte Jesajas vor, um dadurch zu verkünden, dass er kein gewöhnlicher religiöser Lehrer war, sondern von dem Herrn zu einer vorbestimmten Mission auserwählt und ermächtigt wurde: »Er hat mich gesalbt.«[5]

Der Christus in Jesus brachte die Heilung und Erlösung, die Jesaja prophezeit hatte

»Der GEIST des Herrn (die Unendliche Intelligenz des Christusbewusstseins, welche die gesamte Schöpfung lenkt) erfüllt meine Seele« – nicht durch die symbolische, von Menschen ausgeführte Taufe mit Wasser, sondern durch Eintauchen in das Meer des GEISTES. Wer seine mit Vergänglichem identifizierte Seele wieder mit dem unendlichen GEIST vereint, wird mit unermesslicher spiritueller Weisheit getauft; er ist deshalb fähig, *»den Armen«* (denjenigen, die demütigen, empfänglichen Geistes sind) in angemessener Weise *»das Evangelium [zu] predigen«* (die intuitiv empfangenen göttlichen Wahrheiten).

In gleicher Weise können nur von Gott erfüllte Seelen auf Dauer »die gebrochenen Herzen heilen« – die menschlichen Herzen, die unter schmerzlicher Enttäuschung und Verzweiflung leiden, weil sie sich von der trügerischen Erwartung abhängig gemacht haben, dass materielle Dinge sie befriedigen könnten. Als Unsterbliche werden Seelen zur Erde gesandt, um sich von dem kosmischen Drama des Herrn unterhalten zu lassen; aber wenn das Bewusstsein des Menschen von der Täuschung und ihren subtilen, nuancenreichen Vorspiegelungen in Bann gehalten wird, verliert sich die göttliche Natur, da sie sich mit der körperlichen Gestalt und deren Vorliebe für weltliche Vergnügen identifiziert. Die Materie kann den menschlichen Geist niemals zufriedenstellen; diese Einsicht wird man früher oder später mühsam erringen. Dann kommen Seelen, die Gotteserkenntnis erlangt haben, den gebrochenen Herzen zu Hilfe, indem sie ihnen den Weg erhellen, auf dem sie zur unvergänglichen Freude des GEISTES, die in der eigenen Seele verborgen liegt, zurückkehren können.

Von Gott ermächtigte Seelen, die auf Ihn als die Quelle aller Macht eingestimmt sind, können den über die Materie herrschenden Göttlichen Willen einsetzen und Blinde wieder sehend machen, indem sie die in Unordnung geratenen Atome in den Augen eines Blinden neu

[5] Das Wort *Christus* (wie auch *Messias*) bedeutet wörtlich »der Gesalbte«.

ordnen; und ebenso können sie das geistige Sehvermögen von spirituell Blinden wiederherstellen.

Nur Seelen, die Gott wahrnehmen, können den in irdischen Fesseln Gefangenen *»ihre Freilassung verkünden«* und jenen *»Freiheit bringen«*, die schon lange unter Kummer und Sorgen sowie unter der Treulosigkeit unzuverlässiger Freunde gelitten haben. Nur gottgesandte Erlöser vermögen denen zu vergeben, die bereit sind zu bereuen, und diesen hier und jetzt, im *»Gnadenjahr des Herrn«*, Erlösung zusichern.

Die Menschheit durchläuft sich wiederholende, auf- und absteigende evolutionäre Zyklen (wobei jeder Zyklus vier Stufen umfasst), in denen sich die mentalen Fähigkeiten und das moralische Empfinden der Menschen allmählich höherentwickeln – vom Dunkel des materialistischen Zeitalters zur Erleuchtung des spirituellen Zeitalters –, bevor die Menschheit dann langsam wieder in das materialistische Zeitalter hinabsinkt.[6] In jedem Zeitalter wirkt der Herr durch Seine erleuchteten Verehrer unentwegt daran, Seine irrenden Kinder zu erlösen. Dennoch sendet Er ab und zu während unheilvoller Zeiten der Weltzivilisation (wenn das Elend der Unwissenheit das Dasein der Menschen in Finsternis hüllt) eine besondere Manifestation Seiner selbst, einen inkarnierten Sendboten des göttlichen Christusbewusstseins – einen »Sohn« –, um die Gläubigen zu erlösen und das göttliche Prinzip fortgesetzter Erneuerung wiederherzustellen. Jesus wusste, dass falsche Propheten weit verbreitet waren; daher wollte er die Menschen wissen lassen, dass er kein selbsternannter, selbstsüchtiger Lehrer war, sondern der von Gott ausersehene, bereits vor langer Zeit in den heiligen Schriften angekündigte Christus-Bote: Dies wurde daraus ersichtlich, dass er die Kinder Gottes an Körper, Geist und Seele heilte – wie es im Buch Jesaja prophezeit ist. Aus diesem Grunde sagte Jesus: *»Heute hat sich dieses Wort der Schrift, das ihr gehört habt, erfüllt.«*

---

[6] Die heiligen Schriften Indiens bezeichnen diese vier Stufen als *Kali-Yuga* (das Zeitalter, in welchem die Menschheit nur die gröbsten physischen Aspekte der Schöpfung versteht), *Dwapara-Yuga* (wo der menschliche Intellekt sich weit genug entwickelt hat, um die feineren atomaren und elektromagnetischen Kräfte zu verstehen und für sich nutzbar zu machen), *Treta-Yuga* (das geistige Zeitalter, in dem die schlummernden Fähigkeiten des Geistes sich weit entwickelt haben werden) und *Satya-Yuga* (das spirituell erleuchtete Zeitalter, während dessen die Menschheit als Ganzes im Einklang mit Gott, Seinen Gesetzen und Zielsetzungen in der Schöpfung lebt). Siehe *Yugas* im Glossar.

Und alle gaben Zeugnis von ihm und wunderten sich über die Worte der Gnade, die aus seinem Mund kamen, und sprachen: Ist das nicht der Sohn Josefs?

Und er sprach zu ihnen: Sicher werdet ihr mir dieses Sprichwort sagen: Arzt, heile dich selbst! Wenn du in Kapernaum so große Taten vollbracht hast, wie wir gehört haben, so tu sie auch hier, in deiner Vaterstadt. Er aber fügte hinzu: Wahrlich, ich sage euch: Ein Prophet gilt nichts in seinem Vaterland. (*Lukas* 4, 22–24)

Parallelstelle:

Und als der Sabbat kam, begann er, in der Synagoge zu lehren. Und viele, die ihn hörten, staunten und sprachen: Woher hat dieser Mann das? Und was ist das für eine Weisheit, die ihm gegeben ist, dass so machtvolle Taten durch seine Hände geschehen? Ist er nicht der Zimmermann, Marias Sohn, und der Bruder des Jakobus und Joses und Judas und Simon? Sind nicht auch seine Schwestern hier bei uns? Und sie ärgerten sich über ihn.

Jesus aber sprach zu ihnen: Ein Prophet gilt nirgends weniger als in seiner Vaterstadt, bei seinen Verwandten und in seiner eigenen Familie.

Und er konnte dort keine großen Taten vollbringen; nur wenigen Kranken legte er die Hände auf und heilte sie. Und er wunderte sich über ihren Unglauben. (*Markus* 6, 2–6)[7]

Alle, welche die Worte Jesu hörten und den Magnetismus der heiligen Kraft spürten, mit der er von der Erfüllung der Prophezeiung sprach, vernahmen in seinen behutsam vermittelten, tiefsinnigen Äußerungen den Klang der Wahrheit. Doch während sie noch voller Verwunderung dasaßen, tauchten in ihrem gewohnheitsmäßigen menschlichen Denken, das mit einer bestimmten Vorstellung von Jesus vertraut war, zersetzende Zweifel auf: »Oh, wie kann der Sohn unseres Josefs, jemand, der zu den Unsrigen zählt und den wir von Kindheit an kennen, anders sein als ein gewöhnlicher Mensch, anders als wir alle? Auch wenn er dafür bekannt ist, große Werke zu vollbringen, ist es nicht überheblich, ja sogar gotteslästerlich, wenn er

[7] Vgl. zusätzliche Parallelstelle in *Matthäus* 13, 54–58.

sich das Recht anmaßt, heilige Schriften als eine auf ihn zutreffende Prophezeiung auszulegen?«

Auch wenn Propheten in dieser Welt gewöhnlich in einer guten, frommen Familie geboren werden, inkarnieren sie sich oft in einer Umgebung, in der sie auf geringe Empfänglichkeit, ja sogar auf Ablehnung stoßen, denn sie kommen, um solchen Menschen Licht zu bringen, die im Dunkel der Täuschung leben. Daher sagt der Herr in der Bhagavad-Gita: »Immer wenn die Tugend entartet und das Laster vorherrscht, verkörpere Ich Mich, um den Tugendhaften zu helfen und sie vor den Bösen zu schützen.«[8] So kam auch Jesus in einer finsteren Zeit, um inmitten von Unwissenheit und verkommener Religiosität seine Mission zu erfüllen. Er tat nur gute Werke, aber seine spirituellen Reformen stießen bei diesem Volk auf Unverständnis, was zu seiner grausamen Kreuzigung führte. Und es hat den Anschein, dass die Menschen in seinem Heimatort als die unempfänglichsten galten.[9]

Fehlt dem Menschen die Empfänglichkeit des Glaubens, schließt er die göttliche Kraft aus seinem Leben aus

Jesus erwiderte auf ihre unausgesprochene Herausforderung: »Ihr lieben Leute, ihr erwartet von mir, dass ich euch die Wahrheit meiner Worte beweise, indem ich auch hier göttliche Heilungen vollbringe, so wie ich die Kranken in Kapernaum geheilt habe. Ihr wundert euch, warum ich als spiritueller Arzt die Menschen in einer anderen Stadt heile, aber nicht die in meinem Heimatort. Der Grund ist, weil ihr nicht anerkennt, dass die Kraft Gottes durch mich wirkt. Dies anzunehmen bedeutet, Glauben zu haben; und ohne den guten Boden des Glaubens kann selbst ein göttlicher Mensch nicht bewirken, dass die Saat der Heilung auch wirklich aufgeht. Die Propheten des Allmächtigen sind Seinen vorgegebenen geistigen Gesetzen unterworfen. Wir müssen das Gesetz des freien Willens achten, das sogar Gott selbst anerkennt. Es kann keinen größeren Heiler geben als den allgewaltigen Gott. Er versucht, Seine irdischen Kinder von allem Übel zu befreien; aber da Er dem Menschen Unabhängigkeit geschenkt hat, besitzt dieser die Freiheit, die göttliche Kraft aus seinem Leben auszuschließen oder sie durch das Fenster des Glaubens hereinleuchten zu lassen.

[8] Paraphrasierung von IV, 7–8 aus *Gott spricht mit Arjuna – Die Bhagavad-Gita.*

[9] Darauf bezog sich wahrscheinlich Nathanael, als er Philippus in *Johannes* 1, 46 fragte: »*Was kann von Nazareth Gutes kommen?*« (Diskurs 10, Band I).

Göttliches Heilen beruht auf dem Gesetz der Resonanz. Hier in meinem Heimatort seid ihr es gewohnt, mich als einen gewöhnlichen Sterblichen zu betrachten; folglich glaubt ihr nicht an das Göttliche in mir. Ohne euren Glauben kann ich euch nicht heilen. Das unwiderrufliche Geschenk des freien Willens erlaubt es dem Menschen, göttlichen Einflüssen – einschließlich der Fürsprache von Heiligen – erfolgreich Widerstand zu leisten.«

Eine Straßenlaterne wirft ihr Licht in alle Richtungen, nur nicht unmittelbar unter ihr Gehäuse, das im Schatten liegt. Ähnlich strahlt ein von Gott erleuchteter Prophet sein Licht auf alle aus, und er wird weithin anerkannt, ausgenommen jedoch oft von Familienmitgliedern oder Nahestehenden aus seinem gesellschaftlichen Umfeld, die nicht in einer spirituellen Beziehung zu ihm stehen. Die kurzsichtige Überbewertung der menschlichen Beziehung macht diese Menschen blind für die spirituelle Größe einer göttlichen Persönlichkeit.

Ein Richter mag aufgrund seiner Autorität und seiner Ermahnungen im Gerichtssaal gefürchtet sein oder bewundert werden, aber zu Hause bei seiner Frau ist er dieser Macht beraubt; ja, er ist sogar ihrer Schelte preisgegeben! Es ist eine psychologische Tatsache, dass menschliche Nähe ohne angemessenen Respekt Geringschätzung hervorruft. Menschen, die in enger Beziehung miteinander leben, haben von Natur aus die Tendenz, sich gegenseitig nicht als Seelen zu betrachten, sondern sich entsprechend ihren eigenen Erwartungen zu bewerten. Das jedoch untergräbt die gegenseitige Achtung und führt zu mangelnder Höflichkeit, übermäßigen Vertraulichkeiten, Misstrauen und zu verletzenden Worten oder Handlungen. In einer Atmosphäre Distanz wahrender Nähe ist die Liebe lebendig, doch bei unangemessenen Vertraulichkeiten stirbt sie ab.

Ehrerbietige Hingabe ohne übermäßige Vertraulichkeiten macht einen empfänglich für den Segen eines Meisters

Man sollte den Umgang mit anderen nie als selbstverständlich ansehen und dadurch vergessen, die göttliche Einzigartigkeit jeder Seele zu würdigen. Menschen, die in der grandiosen Landschaft des prachtvollen Himalaja wohnen, schenken dem erhebenden Anblick wenig Beachtung, da ihre Aufmerksamkeit auf ihr häusliches Leben gerichtet ist; sie gewöhnen sich so sehr an ihre imposante Umgebung, dass sie diese als »nichts Besonderes« betrachten. Aber für Besucher aus fernen Ländern, die offenen Geistes kommen, wird die majestätische Größe der hoch aufragenden Gipfel zu einem erhabenen Erlebnis. In ähnlicher Weise verhält es sich mit einem Propheten: Seine Familienmitglieder oder die Menschen aus seinem Heimatort haben sich daran gewöhnt, ihn lediglich als einen der Ihren zu betrachten. Daher fehlt ihnen die respektvolle Aufmerksamkeit, dank derer sie hinter seiner menschlichen Persönlichkeit die verborgene Größe erkennen könnten, denn diese verdient ihre Achtung und Verehrung. Ein von Vertraulichkeiten getrübter Blick kann nicht in die himmlischen Weiten einer göttlichen Seele vordringen. Es erfordert Hingabe, das ins Unermessliche erweiterte Bewusstsein eines Meisters zu erfassen.

Ernsthafte Gottsucher von nah und fern kommen nicht zu einem Heiligen, nur um zwanglosen Kontakt mit ihm herzustellen, wie er unter Verwandten oder Bekannten üblich ist, sondern um die Gegenwart Gottes in seinem Inneren mit ehrfürchtiger Aufmerksamkeit zu empfangen. Ihre Hingabe erfüllt sie mit angemessener Ehrerbietung gegenüber ihrem Meister und schenkt ihnen daher die uneingeschränkte Empfänglichkeit für seinen Segen.

Wegen des Unglaubens der Leute in seinem Heimatort konnte Jesus *»dort keine großen Taten vollbringen; nur wenigen Kranken legte er die Hände auf und heilte sie«*. Er benutzte seine Hände als positiven und negativen Pol, um kosmische Energie auf die wenigen zu übertragen, die an Gottes Macht in ihm glaubten. Das göttliche Gesetz gestattete keine Wundertaten, die den vielen Menschen im Geburtsort Jesu geholfen hätten; denn obwohl er sehr mächtig war, konnte die Saat der Heilung auf dem felsigen Boden ungläubiger Gesinnungen nicht aufgehen.

Jesus bemerkte, dass, seitdem ihm sein Ruf als Wunderheiler vorauseilte, die Mehrzahl der um ihn Versammelten lediglich geistige Sensationssucher waren, die eine Vorstellung seiner legendären Fähigkeiten erleben wollten – als sei er eine Zirkusattraktion. Er wollte ihnen zu der Einsicht verhelfen, dass die Wundertaten der Propheten heilig sind und nicht vollbracht werden, um deren eigene launische Bedürfnisse oder diejenigen anderer zu befriedigen, sondern dass sie ausschließlich im Einvernehmen mit dem Göttlichen Willen geschehen. Als ein Beispiel aus seinem früheren Leben führte er an, dass die Werke der Propheten Elia und Elisa sich streng nach den Anweisungen Gottes gerichtet hätten und nicht unbedingt danach, wozu beide fähig gewesen seien. Seinem Guru aus dem vergangenen Leben, Elia, und ihm selbst, Elisa, waren außerordentliche Heilkräfte verliehen worden, und beide hätten Tausende heilen können; doch sie heilten nur solche Menschen, die Gott ihnen zu heilen befahl – in Übereinstimmung mit Seinen göttlichen Gesetzen.

~

Aber ich will euch etwas Wahres sagen: Es waren viele Witwen in Israel in den Tagen des Elias, als der Himmel drei Jahre und sechs Monate verschlossen war und eine große Hungersnot im ganzen Land herrschte. Aber zu keiner von ihnen wurde Elia gesandt, nur zu einer Witwe in Sarepta bei Sidon. Und viele Aussätzige waren in Israel zur Zeit des Propheten Elisa; und keiner von ihnen wurde geheilt, nur der Syrer Naaman. (*Lukas* 4, 25–27)

Aufrichtigkeit im Glauben und in der Hingabe und nicht die vermeintliche Verpflichtung gegenüber Familie und Gesellschaft schafft die notwendige Voraussetzung für ein göttliches Eingreifen; dies wurde deutlich, als Gott dem Elia nicht erlaubte, den vielen Leidenden in seinem eigenen Land durch Wunder zu helfen, sondern lediglich einer Witwe aus einem fremden Land, die es spirituell verdient hatte.[10] Ähnliches geschah zur Zeit Elisas mit den vielen Aussätzigen in Israel: Auch er ließ nur einem Mann aus einem anderen Land göttliche Heilung zukommen.[11]

An Beispielen aus seinen vergangenen Leben erläutert Jesus die göttlichen Gesetze, auf denen Wunder beruhen

Die Menschenmenge in der Synagoge in Nazareth versuchte unwissentlich, Jesus dazu zu verführen, sich dem Willen des Vaters zu widersetzen, um seine Fähigkeiten zu beweisen. Ohne in irgendeiner Weise ihrem speziellen Anspruch Beachtung zu schenken, dass er einer der Ihren sei, schnitt er ihnen das Wort ab, indem er auf die allgemein verehrten Propheten Elia und Elisa hinwies. Er berief sich wahrheitsgetreu auf die Erinnerung an seine letzte Inkarnation:

[10] Sarepta (Zarephath) lag nahe bei der bekannten Stadt Sidon in Phönizien, nicht in Elias Geburtsland Israel. Die Geschichte von der Witwe, deren spärlicher Vorrat an Mehl und Öl sich viele Tage lang bis zum Ende der Dürre auf wunderbare Weise immer wieder auffüllte und deren Sohn durch Elia von den Toten auferweckt wurde, wird erzählt in 1. *Könige* 17, 8–24.

[11] 2. *Könige* 5, 1–14.

Als die sich verstärkenden zerstörerischen Schwingungen – ausgelöst durch böse Handlungen der Menschen – das harmonische Wirken der himmlischen Gesetze (die alle Naturkräfte beherrschen) verhinderten und sich dadurch eine verheerende Dürre und Hungersnot ausbreitete, gab es viele bedürftige Witwen in Israel; dennoch vollbrachte Elia keine Wunder für sie. Nur eine Einzige, eine Fremde, empfing wegen ihres Glaubens und auf Gottes Anordnung geistige Hilfe von Elia.

Ohne die Zyniker in Nazareth direkt zu beschuldigen, deutete Jesus an, dass er keine göttlichen Heilungen für sie vollbringen werde, und zwar aus demselben Grunde, warum auch Elia seinem eigenen, von Hungersnot heimgesuchten Land keine Hilfe gewährt hatte. Trotz all seiner Macht war selbst der göttlich erleuchtete Prophet hilflos, der Verheerung Einhalt zu gebieten, die das Massenkarma, die vorsätzlichen Untaten der Leute, hervorgerufen hatte.[12]

Jesus vertrat keinen Fatalismus: Weit verbreitete menschliche Übel wie Kriege, Sittenlosigkeit oder spiritueller Niedergang bringen die feinen astralen Kräfte hinter den physischen Prozessen, die das Klima und die anderen Umweltbedingungen der Erde bestimmen, aus dem Gleichgewicht und rufen sogenannte Naturkatastrophen hervor, denen gute und schlechte Menschen in gleicher Weise ausgesetzt sind. Solche Katastrophen sind nicht als »Schicksal« oder »Willkürakt Gottes« anzusehen, sondern als Auswirkungen des karmischen Gesetzes. Dieses besagt, dass der Mensch die Folgen seiner Handlungen tragen muss, wenn er, nachdem er Verfehlungen beging, sich nicht an Gott wendet und für die göttliche Hilfe und Vergebung empfänglich macht. Zu Elias Zeiten nutzte die breite Masse ihren freien Willen nicht dazu, Reue zu entwickeln und ihren Glauben zu stärken. Daher mussten die Menschen dreieinhalb Jahre unter den verheerenden Auswirkungen einer Hungersnot leiden.

Jesus machte dann eine versteckte Andeutung: Er sprach von sich selbst als dem Elisa aus einer früheren Epoche, der auf ähnliche Weise daran gehindert worden war, die vielen Aussätzigen seiner Zeit zu heilen – mit Ausnahme eines ehrwürdigen Syrers namens Naaman, den er auf Gottes Geheiß geheilt hatte. Mit der Erwähnung dieser Begebenheiten aus den heiligen Schriften erläuterte Jesus die göttlichen Gesetze, die gerecht sind und im Verborgenen wirken: Sie bringen

---

[12] Es war während dieser Zeit, dass Elia zu Gott sprach: *Israel hat deinen Bund verlassen, deine Altäre niedergerissen, deine Propheten mit dem Schwert getötet; ich allein bin übrig geblieben.* (*1. Könige* 19, 14).

nicht nur die karmischen Folgen menschlicher Handlungen hervor, sondern rufen auch die ausgleichende göttliche Gnade wach, falls der Mensch empfänglich ist, indem er Reue, Hingabe und Glauben zeigt:

»Meine lieben Landsleute, ihr versteht nicht, wie die göttlichen Gesetze wirken; durch eure abschätzige Ungläubigkeit habt ihr selbst veranlasst, dass ich in meinem Heimatland nicht viele Wunderheilungen vollbringen kann. So wie der Prophet Elisa nur einen syrischen Aussätzigen heilte, aber nicht die zahlreichen Aussätzigen in Israel, so tue auch ich nur das, was mir der Wille Gottes eingibt, der durch Seine geistigen Gesetze wirkt.«

Und alle in der Synagoge, die das hörten, wurden von Zorn erfüllt. Und sie standen auf und stießen ihn zur Stadt hinaus und führten ihn zum Abhang eines Berges, auf dem ihre Stadt gebaut war, um ihn hinabzustürzen. Er aber ging mitten durch die Menge hindurch und zog weiter. (Lukas 4, 28–30)

Die in der Synagoge Anwesenden wurden zornig über die unmissverständlichen Worte, mit denen Jesus die uneinsichtige Haltung der Menschen verurteilte und seine von Gott bestimmte Mission durch die heiligen Schriften bestätigte. Aufgebracht und enttäuscht darüber, dass er ihnen keine sensationellen Wundertaten vorführen wollte, um seine Kräfte unter Beweis zu stellen, wurden sie zornig und verwandelten sich in einen mörderischen Mob, der seinen Tod forderte, weil er die Blasphemie begangen habe, sich selbst als den von Gott Auserwählten zu erklären, den die heiligen Schriften prophezeit hatten. Sie führten ihn zu einem steilen Abhang, um ihn von dort in den Tod zu stürzen; aber durch Gottes unerforschlichen Ratschluss wurde Jesus von der Unsichtbaren Göttlichen Kraft beschützt. Gott bewirkte, dass sich Vergessen über die Gemüter der Feinde Jesu legte, woraufhin Jesus ungehindert durch ihre Mitte schritt, bevor sie ihre Geistesgegenwart wiedererlangt hatten, um ihr gewalttätiges Vorhaben auszuführen.[13]

Wer Gott wahrhaft liebt, erhält einen Ehrenplatz im Herzen Gottes

[13] Eine der Fähigkeiten, über die ein großer Meister verfügt, besteht darin, einen bestimmten Gedanken hindern zu können, im Geist anderer Personen aufzutauchen. Gott in Jesus verständigte sich mit Gott, der in den Seelen der Nazarener gegenwärtig

Obwohl »ein Prophet in seinem Vaterland nichts gilt«,[14] hat er dennoch Gottes Segen, sein Werk im Einvernehmen mit dem Göttlichen Willen zu vollbringen. Dabei wird er weder durch Zustimmung noch Ablehnung der Menschen beeinflusst. Wer von Menschen verehrt werden will oder sich selbst erhöht, zieht unweigerlich Schmähungen auf sich; wer jedoch Gott bedingungslos liebt, Ihm gehorcht und Ihm in allen dient, erwirbt unsterbliche Ehre. Menschlicher Ruhm führt nur zu leeren Lobreden – und vielleicht zu einem Standbild, auf dem sich Vögel zum Schlafen niederlassen und das sie beschmutzen. Der Suchende, den Gott wertschätzt, sichert sich ein lebendiges Denkmal im Herzen der Menschen. Das ist das wahre Ehrenmal für jeden großen Heiligen, der dieser Welt Segen gebracht hat. Das wahre Heiligtum Jesu Christi liegt im Herzen Gottes und – durch die Jahrhunderte hindurch – in Millionen Menschenherzen.

---

war, um sie für einen Augenblick von ihrem bösen Vorsatz abzulenken.

[14] *Johannes* 4, 44.

DISKURS 40

Der Rat Jesu an die Diener des Wortes Gottes

(Teil I)

Ein wahrer Geistlicher lehrt seine Gemeinde wirkliche Gottverbundenheit

❖

Die Kirchen sollten mehr Gewicht auf die seelische Entwicklung legen anstatt auf eloquente Predigten und gesellschaftliche Aktivitäten

❖

Der Unterschied zwischen Christentum und »Kirchentum«

❖

Die »Bienenkörbe« instituierter Kirchen sollten mit dem Honig der Gegenwart Gottes gefüllt werden

❖

Die Wege äußerer und innerer Entsagung

❖

Vermeidung von Kommerzialität im religiösen Leben: Anweisungen Jesu zum Stellenwert des Geldes im geistlichen Amt

»Jesus sandte seine Jünger nicht mit einem theologischen Zertifikat in die Welt hinaus; vielmehr befähigte er sie, das Evangelium durch das Beispiel ihres spirituellen Lebens und mit der in der Meditation gewonnenen Kraft der Gottverbundenheit zu verkünden.«

Und er rief seine zwölf Jünger zu sich und gab ihnen die Macht, unreine Geister auszutreiben und alle Krankheiten und Leiden zu heilen.

Die Namen der zwölf Apostel aber sind diese: zuerst Simon, genannt Petrus, und sein Bruder Andreas; Jakobus, der Sohn des Zebedäus, und sein Bruder Johannes; Philippus und Bartholomäus; Thomas und Matthäus, der Zöllner; Jakobus, der Sohn des Alphäus, und Lebbäus, mit dem Beinamen Thaddäus; Simon Kananäus und Judas Iskariot, der Jesus verriet.

Diese zwölf sandte Jesus aus, gebot ihnen und sprach: Geht nicht zu den Heiden und betretet auch keine Stadt der Samariter, sondern geht vielmehr zu den verlorenen Schafen aus dem Hause Israel. Und wenn ihr geht, so predigt und sprecht: Das Himmelreich ist nahe herbeigekommen. Heilt die Kranken, macht die Aussätzigen rein, weckt die Toten auf, treibt die Teufel aus. Umsonst habt ihr empfangen, umsonst sollt ihr auch geben.

Ihr sollt weder Gold noch Silber noch Kupfermünzen in euren Gürteln haben, auch keine Tasche für die Reise, auch kein zweites Hemd, keine Schuhe und auch keinen Wanderstab. Denn der Arbeiter ist seiner Speise wert.

Wenn ihr aber in eine Stadt oder ein Dorf kommt, so erkundigt euch, ob jemand es wert ist, euch aufzunehmen; und bleibt dort, bis ihr weiterzieht. Wenn ihr aber in ein Haus geht, so grüßt es; und wenn es das Haus wert ist, so soll euer Friede über es kommen. Ist es seiner aber nicht wert, so soll euer Friede zu euch zurückkehren. Und wenn euch jemand nicht aufnehmen noch eure Worte hören will und ihr dieses Haus oder diese Stadt verlasst, dann schüttelt den Staub von euren Füßen. Wahrlich ich sage euch: Dem Land Sodom und Gomorra wird es erträglicher gehen am Tag des Gerichts als dieser Stadt.

Matthäus 10, 1–15

Danach bestimmte der Herr noch siebzig andere und sandte sie zu zweit vor sich her in alle Städte und Ortschaften,

in die er selbst kommen wollte, und sprach zu ihnen: Die Ernte ist groß, der Arbeiter aber sind wenige. Bittet deshalb den Herrn der Ernte, dass er Arbeiter aussende in seine Ernte.

Geht nun; siehe, ich sende euch wie Lämmer mitten unter die Wölfe. Nehmt keinen Geldbeutel mit, keine Tasche und keine Schuhe und grüßt niemand auf dem Weg.

Und wenn ihr in ein Haus kommt, dann sagt zuerst: Friede sei mit diesem Haus! Und wenn es dort einen Sohn des Friedens gibt, so wird euer Friede auf ihm ruhen; wenn aber nicht, so wird der Friede zu euch zurückkehren.

Bleibt in diesem Haus, esst und trinkt, was man euch gibt; denn der Arbeiter ist seines Lohnes wert. Zieht nicht von Haus zu Haus. Und wenn ihr in eine Stadt kommt und man euch aufnimmt, so esst, was euch vorgesetzt wird; und heilt die Kranken, die dort sind, und sagt zu ihnen: Das Reich Gottes ist nahe zu euch gekommen.

Wenn ihr aber in eine Stadt kommt, in der man euch nicht aufnimmt, so geht hinaus auf ihre Straßen und sagt: Sogar den Staub eurer Stadt, der an uns hängt, schütteln wir ab über euch; doch das sollt ihr wissen: Das Reich Gottes ist nahe zu euch gekommen. Ich aber sage euch: Es wird Sodom an jenem Tag erträglicher gehen als dieser Stadt.

Lukas 10, 1–12[1]

---

[1] Die Verse *Lukas* 10, 1–16 enthalten Jesu Anweisungen an die siebzig Jünger, die er – wie ebenfalls bei Lukas berichtet – zusätzlich zu den zwölf Aposteln zu einer späteren Zeit seiner Mission aussandte. (Von den vier Evangelisten ist Lukas der einzige, der über die Aussendung der Siebzig berichtet.) Wie bei Matthäus und Markus aufgezeichnet, sind viele der Ratschläge, die Jesus den Siebzig mit auf den Weg gab, identisch mit denjenigen, die er den zwölf Aposteln erteilte. Deshalb werden die Aussendung der Zwölf und die der Siebzig in diesem und dem nächsten Diskurs gemeinsam behandelt. (Die Verse *Lukas* 10, 13–15 sind hier weggelassen, weil sie schon in Diskurs 34 zusammen mit den Parallelversen in *Matthäus* 11, 20–24 kommentiert wurden).

DISKURS 40

Der Rat Jesu an die Diener des Wortes Gottes

(Teil I)

Und er rief seine zwölf Jünger zu sich und gab ihnen die Macht, unreine Geister auszutreiben und alle Krankheiten und Leiden zu heilen. (*Matthäus* 10, 1)[2]

So wie wohlhabende Leute bereits zu ihren Lebzeiten oder für die Zeit nach ihrem Tode jemand Beliebigem ihr Vermögen vermachen können, so können auch große Propheten der SELBST-Verwirklichung willentlich mit bestimmten Techniken ihre spirituellen Ekstasen, ihre göttliche Weisheit und ihre Heilkräfte auf ihre wahren Jünger übertragen. Jesus sandte seine Jünger nicht mit einem theologischen Zertifikat in die Welt hinaus; vielmehr befähigte er sie, das Evangelium durch das Beispiel ihres spirituellen Lebens und mit der in der Meditation gewonnenen Kraft der Gottverbundenheit zu verkünden sowie mit dem Segen seiner Gnade, die er ihnen geschenkt hatte.

Die Namen der zwölf Apostel aber sind diese: zuerst Simon, genannt Petrus, und sein Bruder Andreas; Jakobus, der Sohn des Zebedäus,

[2] Vgl. Parallelstellen in *Markus* 6, 7 und *Lukas* 9, 1.

und sein Bruder Johannes; Philippus und Bartholomäus; Thomas und Matthäus, der Zöllner; Jakobus, der Sohn des Alphäus, und Lebbäus, mit dem Beinamen Thaddäus; Simon Kananäus und Judas Iskariot, der Jesus verriet. (*Matthäus* 10, 2–4)[3]

Wie den anderen elf Jüngern verlieh Jesus auch dem Judas seine göttliche Kraft; aber anstatt dass Judas seinen freien Willen dazu gebraucht hätte, diese spirituelle Gelegenheit zu nutzen, erlag er der Täuschung und wurde zum Werkzeug des Bösen. Obwohl Jesus alle seine Jünger gleich beschenkte, empfingen und verkündeten sie seine Lehren unterschiedlich, wie es dem geistigen Entwicklungsgrad und dem guten und schlechten Karma eines jeden entsprach. Fortgeschrittene Jünger – wie der heilige Johannes – erlangten ihre vollkommene Befreiung bereits zu Lebzeiten Jesu. Judas jedoch musste das schlechte Karma, das er sich durch seinen Verrat an Jesus zugezogen hatte, in vielen Inkarnationen abarbeiten. Nach Aussagen bestimmter großer Meister in Indien musste Judas zwei Jahrtausende lang seine Sünden abtragen, bis er schließlich im 20. Jahrhundert in Indien Befreiung erlangte. Sein Karma war außergewöhnlich schlecht, nicht nur, weil er sich mit seiner verräterischen Tat an seinem Meister versündigt hatte, sondern auch, weil er den Heiligen Geist und Gottvater (das Kosmische Bewusstsein), die sich durch den Christus in Jesus offenbarten, gelästert hatte.

Diese zwölf sandte Jesus aus, gebot ihnen und sprach: Geht nicht zu den Heiden und betretet auch keine Stadt der Samariter, sondern geht vielmehr zu den verlorenen Schafen aus dem Hause Israel. Und wenn ihr geht, so predigt und sprecht: Das Himmelreich ist nahe herbeigekommen. Heilt die Kranken, macht die Aussätzigen rein, weckt die Toten auf, treibt die Teufel aus. Umsonst habt ihr empfangen, umsonst sollt ihr auch geben. (Matthäus 10, 5–8)[4]

---

[3] Vgl. Parallelstellen in *Markus* 3, 14–19 und *Lukas* 6, 13–16, in denen dargestellt ist, wie Jesus die zwölf Apostel beruft (kommentiert in Diskurs 33).

[4] Vgl. Parallelstelle in *Lukas* 9, 2. Siehe auch Diskurs 44 zu den *»verlorenen Schafen aus dem Hause Israel«* (*Matthäus* 15, 24).

Jesus wusste, dass er auf die Erde gekommen war, um eine große Bewegung ins Leben zu rufen, durch welche die Menschheit erhoben werden sollte. Zur Verbreitung seiner Botschaft wählte er zwölf Jünger aus, die als Apostel hinausgehen sollten, um die Wahrheit zu predigen und sie durch ihr vorbildliches Leben zu bezeugen. Er segnete die Apostel mit seinem Geist, damit sie Gottes Kraft unter Beweis stellen konnten, indem sie physische Krankheiten heilten, die durch schlechte körperliche Gewohnheiten verursacht worden waren, und ebenso geistige Krankheiten, die durch psychisches Fehlverhalten und falsches Denken entstanden waren, sowie die Krankheit der Seele, hervorgerufen durch die täuschende Unwissenheit. Auch sollten sie Teufel austreiben und die metaphysische Unwissenheit verbannen, die sich in den drei Körpern des Menschen festgesetzt hatte; darüber hinaus war es ihre Aufgabe, Seelen von der Besessenheit durch Satans böse Gehilfen zu befreien.

Jesus verlieh seinen Jüngern göttliche Kraft

In der heutigen Welt ist es weitgehend üblich, nur theoretisch über ein altbekanntes theologisches Dogma oder über die eigenen Vorstellungen von der Wahrheit zu predigen. Es gibt nur wenige echte geistige Lehrer in der Welt, die wirklich ein spirituelles Leben führen – geistige Lehrer, die ganz mit Gott im Einklang sind und wissen, wie man durch Gottes Kraft die Krankheiten von Körper, Geist und Seele heilt; und die auch imstande sind, die Komplizen Satans zu vertreiben, welche sowohl in der Unwissenheit, von der die menschliche Seele ergriffen wurde, hausen als auch in psychischen Verirrungen wie Zorn, Habsucht, Lüsternheit und anderen schlechten Gewohnheiten und in den auf Karma beruhenden körperlichen Leiden.

Jesus verlieh seinen Jüngern göttliche Kraft, damit auch sie diese Kraft auf wahre, empfängliche Gottsucher übertragen konnten, um diese zu heilen, und zwar zuerst und vor allem von der Unwissenheit, der Hauptursache allen menschlichen Elends. Jesus lehrte seine Apostel auch die Kunst, dynamische Willenskraft zu entwickeln, damit sie mithilfe kosmischer Energie und der ihnen innewohnenden Lebensenergie jene körperlich und geistig Leidenden heilen konnten; diese sehnten sich vor allem nach spirituellem Erwachen, waren jedoch infolge ihrer physischen und psychischen Schwächen zu kraftlos geworden.

Bevor Jesus seine Apostel aussandte, um anderen Seelen zu dienen, erteilte er ihnen den Rat: »Macht es nicht so wie die Andersgläubigen (die ›Heiden‹, die Nicht-Juden, die als spirituell gleichgültige weltliche Menschen galten) und begebt euch auch nicht in eine Stadt der starrköpfigen Samariter; geht stattdessen zu den hirtenlosen, wahrheitssuchenden, unschuldigen Seelen des wahren Israel, zu denen, die Gott wirklich lieben. Predigt, dass das glückselige Himmelreich jeder Seele innewohnt und daher für jeden zugänglich ist. Heilt die spirituell Kranken und auch die körperlich Kranken. Lasst die Aussätzigen und jene, die aufgrund ihrer sündhaften Gewohnheiten ihre Reinheit verloren haben, wieder rein werden. Erweckt die geistig Toten; und erweckt auch alle diejenigen – nachdem ihr über deren gutes und schlechtes Karma befunden habt –, von denen der Himmlische Vater euch sagt, dass ihr sie vom physischen Tod wieder zum Leben erwecken sollt. Vertreibt Satan und seine Handlanger aus den Seelen der Besessenen. Durch den Feuereifer eures freien Willens und kraft meines freien Willens habt ihr die Wahrheit empfangen; gebt diese Wahrheit großzügig an all jene weiter, die spontan bereit sind, sie zu empfangen – ohne überredet oder gedrängt werden zu müssen«.

Ein wahrer Geistlicher lehrt seine Gemeinde wirkliche Gottverbundenheit

Im Laufe vergangener Jahrhunderte ist von christlichen Glaubensrichtungen und deren Lehrern viel Gutes ausgegangen, indem sie den Gedanken an Jesus durch die Weitergabe seiner Lebensgeschichte und seiner Worte lebendig erhielten; doch nur selten haben sie ihren Gemeinden zu wahrer Gottverbundenheit verholfen. Geistliche und religiöse Leiter werden meist nach ihrer individuellen Persönlichkeit, ihrem rednerischen Können, ihren organisatorischen Fähigkeiten oder ihrem theologischen Titel ausgewählt, jedoch nicht nach dem Grad ihrer Selbst-Verwirklichung. Jesus und seine Jünger besaßen weder theologische Diplome noch eine akademische Ausbildung; sie waren auch keine geschulten Redner, sondern sie predigten das, was sie durch ihre unmittelbare Gottverbundenheit erkannt hatten: »*Wir reden, was wir wissen, und bezeugen, was wir gesehen haben*«. (*Johannes* 3, 11)

Wie sehr unterscheiden sich doch jene, die aufgrund eigener Verwirklichung sprechen, von den zahlreichen Missionaren in Ost und West, die theologisch geschult wurden, um andere durch Predigten zu bekehren und ihre Anhänger mit Dogmen an sich zu binden. Offiziell eingesetzte oder selbst ernannte Prediger können durch ihre Kanzelreden intellektuelle oder emotionale Begeisterung in den Gemütern ihrer Zuhörer hervorrufen, sodass sie einigermaßen überzeugend wirken, doch Seelen erheben oder gar erlösen können sie nicht. Um andere zu erlösen, muss man zuerst sich selbst erlöst haben. Um andere zu heilen, muss man über Heilkraft verfügen. Nur solche Menschen, die so fest in der Meditation verankert sind, dass sie in Herz, Geist und Seele wahrhaftig mit Gott verbunden sind, besitzen die Qualifikation zu lehren (unabhängig davon, ob sie Buchwissen haben oder nicht). Intellektuelles oder gefühlsbetontes Predigen, das auf einem guten Gedächtnis oder kreativer Vorstellungskraft beruht, lässt sich in keiner Weise mit jenem spirituellen Predigen vergleichen, das auf einem beispielhaften gottverbundenen Leben gegründet ist.

Gottverbundenheit offenbart sich durch ein heiliges Leben: Das Ego ist reduziert und wird durch eine stets wachsende Liebe zu Gott und das Verlangen ersetzt, allein Seinem Willen zu folgen. Ein wahrer Heiliger berührt das ganze Wesen eines anderen Menschen mit einem *»Frieden, der alles Verstehen übersteigt«*[5], und strahlt auf alle Menschen Freundlichkeit und Wohlwollen aus. Die Gottverbundenheit in tiefer Meditation öffnet den Zugang für die Intuition der Seele und spricht durch die leitende innere Stimme des Gewissens. Gott setzt Seine großen Propheten ein, um Offenbarungen zu verkünden; Seinen wahren Verehrern vermittelt Er persönlich solche Offenbarungen, dank derer sie sich in Wesen verwandeln, die Gott lieben und andere inspirieren, es ihnen gleichzutun. Wenn die Zeit reif ist, werden dem fortgeschrittenen Gottsucher, der seine Meditation unentwegt vertieft, ein beglückendes Hochgefühl, Visionen und das beseligende Einssein der Gottverbundenheit geschenkt; aber Gottes Gegenwart ist in ihrer feinen, transformierenden Kraft des inneren Friedens, der Freude, des Verständnisses und der göttlichen Liebe nicht weniger wirklich.

Ein echter Diener der Wahrheit vernimmt die Stimme Gottes innerlich als intuitive Eingebung und verlässt sich nicht allein darauf, eine Bücherei aufzusuchen, um unausgegorene, nicht auf eigenen Erfahrungen beruhende Predigten vorzubereiten. Ausgiebig predigte Jesus den Menschenmengen; und zwischen den Versammlungen zog er sich in die Abgeschiedenheit der Wüste oder auf Berggipfel zurück, um mit Gott zu sprechen. Erfrischt in Körper und Geist kam er dann zurück, um sein gestärktes Gottesbewusstsein wahren Suchenden zu vermitteln.

Geistliche in den Kirchen und Leiter religiöser Organisationen

---

[5] *Philipper* 4, 7.

sollten nach dem Grad ihrer Hingabe an Gott und ihrer durch Meditation gewonnenen SELBST-Verwirklichung ausgewählt werden. Menschen, deren Spiritualität nur oberflächlich ist, in deren Leben sogar das geringste Maß an tatsächlicher Gottverbundenheit fehlt, können kaum mehr tun, als ihre Anhänger auf den Pfad der Unwissenheit zu führen; ihr geistlicher Dienst besteht hauptsächlich darin, sich um finanzielle Probleme und Spendenaktionen ihrer Gemeinde zu sorgen. Aber diejenigen, die selbst in Gott verankert sind, sind die wahren Geistlichen, welche anderen Menschen mit Sicherheit Gottverbundenheit vermitteln können.

Selbst die Geschäftsmoral fordert, dass man nicht versuchen sollte, ein Produkt zu verkaufen, ohne dass man mit ihm gründlich vertraut und von seinem Nutzen aufrichtig überzeugt ist. Wie unmoralisch ist es daher, wenn jemand versucht, Gott anderen zu »verkaufen«, ohne selbst eine innere, intuitive Wahrnehmung Gottes zu besitzen und an Gottes wahres Wesen zu glauben – und daran, wie wesentlich Er im höchsten Sinne für alle Menschen ist.

Nach der seit alters her bestehenden Tradition Indiens muss jeder, der ein spiritueller Lehrer werden will, zuerst lernen, sich mit Gott zu verbinden und – nach den Weisungen eines göttlichen Lehrers – ein diszipliniertes Leben zu führen. Bevor sie andere lehren können, müssen sie selbst würdige Jünger sein. Jeder anerkannte Jünger eines großen geistigen Lehrers, der nach den Idealen seines Meisters lebt und danach trachtet, sie zu bewahren, gilt als geeigneter Lehrer.

Große Lehrer verhalten sich vorbildlich, wenn sie ihre Jünger nicht nur in den verschiedenen körperlichen und geistigen Heilmethoden unterweisen – wozu ein System aus diätetischen Vorschriften, Konzentrationsmethoden und Gebet gehört –, sondern ihre Schüler auch in die höchste Meditationstechnik einweihen, um ihre auf Täuschung beruhende Unwissenheit zu beseitigen und damit ihre spirituelle Krankheit zu heilen. Wahre Diener Gottes können geistig fortgeschrittene Jünger lehren, sich spirituell noch höher zu entwickeln, und sie können spirituell kranken, wahren Gottsuchern die Kunst der Selbstheilung vermitteln.

Es ist gut, dass die heutigen Glaubensgemeinschaften die Menschen daran erinnern, wie notwendig es ist, Gott und die Wahrheit zu kennen; aber um der Menschheit einen echten Dienst zu erweisen, sollten sie Universitäten spiritueller Disziplin sein und ein umfassendes praktisches Training anbieten, wie man sich mit Gott in Verbindung setzt und ein geistiges Leben führt. Ein Haus Gottes sollte nicht nur eine soziale und moralische Einrichtung, sondern in erster Linie eine spirituelle Akademie sein, in der man sich in der tatsächlichen Wahrnehmung Gottes übt. Der einzige wahre Sinn von Kirchen und Tempeln liegt darin, Gottverwirklichung zu ermöglichen; alle Aktivitäten sollten diesem Ziel untergeordnet sein. Ernsthafte Gottsucher wenden sich von den Gemeindegottesdiensten ab, wenn sie keine wahre Gotteserfahrung empfangen.

Die Kirchen sollten mehr Gewicht auf die seelische Entwicklung legen anstatt auf eloquente Predigten und gesellschaftliche Aktivitäten

Die meisten religiösen Gemeinschaften benutzen die allgemein übliche Methode, ihre Mitglieder durch die tief verwurzelte Gewohnheit des Kirchgangs oder durch anregende Vorträge und unterhaltsame musikalische oder festliche Veranstaltungen an sich zu binden – oder sie mithilfe von Dogmen und der Androhung ewiger Verdammnis von sich abhängig zu machen. Religiöse Gemeinschaften stützen sich oft auf die Persönlichkeit redegewandter Geistlicher, die wie Schauspieler darin geschult wurden, ihre praxisfernen Predigten wirkungsvoll vorzutragen. Falls diese intellektuellen oder emotionsgefärbten Deklamationen und die üblichen musikalischen Veranstaltungen und ergänzenden gesellschaftlichen Zusammenkünfte fehlen, verlieren die Mitglieder mit der Zeit das Interesse, wenn sie nicht die innere Erfüllung gefunden haben, in der Meditation die Verbundenheit mit Gott zu erfahren. Kirchen können sich nicht mit professioneller Unterhaltung messen und sollten es auch nicht versuchen. Ein Tempel Gottes ist ein ganz besonderer Ort, in dem sich Seelen versammeln sollten, um sich gemeinsam daran zu erfreuen, mit Gott verbunden zu sein.

Auch sollten keine enormen Geldsummen in kirchliche Bauwerke fließen allein zu dem Zweck, dass diese durch ihre großartige Architektur klassenbewusste Personen anziehen und dabei kaum mehr bieten als einen Ort, andere zu sehen und gesehen zu werden. Es ist nicht falsch, Gott schöne Stätten der Anbetung zu widmen. Aber diese Bauten, solche »Bienenkörbe«, sind trotz ihrer Großartigkeit nutzlos, es sei denn, sie werden mit dem Honig der Gegenwart Gottes gefüllt.

Ebenso wie Kirchen im Westen sind viele reich verzierte Hindu-Tempel in Indien zu Orten mechanisch ablaufender Gesänge und Rituale geworden. Heilige Tempel entstanden ursprünglich als Orte der Meditation und der Gottesverehrung für heilige Seelen und für

H. Hofmann

Jesus erweckt die Tochter des Jairus vom Tod

Und er nahm die Hand des Mädchens und sprach zu ihr: Talitha kumi! das heißt übersetzt: Mädchen, ich sage dir, steh auf!

Und sogleich stand das Mädchen auf und ging umher.

Markus 5, 41–42

Zum Auftrag Jesu gehörte es, Gottes heilende Gnade sichtbar zu machen. Durch seine öffentlichen Wunder zeigte Jesus, dass sogar »unheilbare« Krankheiten und »unlösbare« Probleme – manchmal augenblicklich – überwunden werden können, wenn man sich mit dem Göttlichen Willen im Einklang befindet. Der Zweck dieser Wunderheilungen bestand nicht darin, den vergänglichen Körper zu verherrlichen, sondern den Glauben an die Allgegenwart Gottes zu erwecken sowie an die angeborene Fähigkeit des Menschen, mit seinem Himmlischen Vater in Verbindung zu treten und Ihn persönlich zu erfahren. …

Jesus zeigte, was es heißt, mit dem Kosmischen Dynamo in Verbindung zu sein. Wenn ein Mensch Gottes Gegenwart fühlt – Seine Schwingungsenergie, die Intensität Seiner unendlichen Kraft –, wird sich jeder Gedanke materialisieren, den er kundtut.

Paramahansa Yogananda

Zeichnung von Heinrich Hofmann

Menschen, die kamen, um dort deren Segen zu empfangen; aber nachdem solche Seelen die Erde verlassen hatten, ergriffen Priester oder gewinnsüchtige und machthungrige Verwalter die Kontrolle und entweihten die spirituellen Heiligtümer mit ihren ungeistigen kommerziellen Methoden. Infolge dieses Monopols meiden große Meister jetzt die Tempel und ziehen verschwiegene Winkel und einfache *Mandirs* [kleine Gebetsschreine] vor, um dort ihre auserwählten Schüler in den Techniken zur Erlangung von SELBST-Verwirklichung zu unterweisen; dies geschieht weniger durch vieles Predigen als vielmehr dadurch, dass sie mit ihren Schülern im inneren Tempel der Gottverbundenheit meditieren. Predigten mögen das Verlangen nach Gotteserkenntnis wecken, aber einem Menschen, der zusammen mit großen Heiligen oder nach deren Methoden meditiert, wird die Erkenntnis und die Glückseligkeit tatsächlicher Gottverbundenheit geschenkt.

Vermittelt ethische und spirituelle Wahrheiten statt unbewiesener Dogmen

Gottes Heilige erleuchten den Weg, aber der Aufstieg zu Gott erfolgt durch das eifrige Streben des Gottsuchers sowie durch den göttlichen Segen. Wie ein Mensch seinen Hunger nicht dadurch stillen kann, dass ein anderer für ihn isst, so wird durch die Fürsprache und die Anleitung eines Meisters das göttliche Festmahl der Gotteserkenntnis zwar vorbereitet, aber Aufgabe des Gottsuchers ist es, das göttliche Manna zu sich zu nehmen. Welchen Sinn hat es, wenn unqualifizierte religiöse Lehrer ihre Anhänger unter Druck setzen, blindlings an unbewiesene Dogmen zu glauben, die selbst von ihren Befürwortern nicht richtig verstanden wurden oder sich in deren eigenem Leben nicht als wahr erwiesen haben? Anstatt den vertrauensvollen Gemütern ihrer Gemeinde Dogmen aufzuzwingen, sollten religiöse Führer diese Seelen mit größerer Liebe und dem Verlangen nach Gottverwirklichung nähren sowie mit den inspirierenden Wahrheiten allumfassender Weisheit. Statt pathetische Gottesdienste abzuhalten und einen salbungsvollen Unterricht über die heiligen Schriften zu erteilen – bei denen Mitglieder passive Empfänger sind –, sollte die Gemeinde neu organisiert werden, sodass sich Mitglieder mehr in Innenschau üben und sich dem stillen Gebet und der Meditation widmen.

Es gäbe mehr Frieden und Harmonie in der Welt, wenn die verschiedenen Religionen und Glaubensrichtungen aufhören würden, geistige Wege, die sich von ihren eigenen unterscheiden, zu verurteilen. Statt über die Unfehlbarkeit und den Absolutheitsanspruch ihrer jeweiligen Glaubenssätze zu streiten, sollten sie den Geist der Einigkeit fördern, der sich auf das gründet, was ihnen gemeinsam ist, der wahre Sinn des Lebens und die Zugehörigkeit des Menschen zu seinem Schöpfer. Dann würde man feststellen, dass die allgemeingültigen ethischen und geistigen Regeln für ein diszipliniertes und rechtschaffenes menschliches Verhalten, die allen wahren Religionen zugrunde liegen, ein universales spirituelles »Gesetzbuch« darstellen, in dem die Kunst der sittlichen und spirituellen Lebensführung beschrieben wird. Es wäre ein »Kodex aller Religionen«, der die psychologischen und ethischen Gesetze enthält, deren Befolgung die Menschheit in ihrem täglichen Leben wirklich erheben und ihr helfen würde, sich brüderlich zu vereinen – unter der Führung Gottes, der Vater und Mutter ist.

Sankhya, Yoga und Vedanta, drei umfassende Philosophien Indiens, sind praktisch ausgerichtet und dazu bestimmt, den Menschen unmittelbar zu diszipliniertem Handeln anzuleiten, sodass er zu höchster Weisheit und endgültiger Befreiung geführt wird. Die Sankhya-Philosophie lehrt, dass die Hauptaufgabe des Menschen darin besteht, die Wurzeln des dreifachen Leidens, des Körpers, des Geistes und der Seele, auszurotten, sodass es nicht wieder auftreten kann. Das Sankhya beschreibt die spirituelle Kosmologie der Schöpfung und den Platz, den der Mensch in der von Gott vorgesehenen Ordnung einnimmt. Yoga ist die Wissenschaft von den stufenweise aufeinander aufgebauten Methoden fortschreitender SELBST-Verwirklichung, die unmittelbar zu Gott führen. Die heiligste aller Hindu-Schriften, die Bhagavad-Gita, bezeichnet Yoga als den erhabensten Weg, da er die Wissenschaft der Erlösung darstellt. Der Vedanta ist die Lehre vom Allerhöchsten; er beschreibt das Ziel der Gottverwirklichung und die Einzigartigkeit des GEISTES – des Einen in den Vielen und die Vielen als nichts anderes als der Eine. Der Yoga vermittelt die Technik, mit der das Höchste Ziel erlangt werden kann. Der Vedanta beschreibt, was in der Schatzkammer der göttlichen Weisheit enthalten ist. Yoga ist die Methode, mit der dieses Wissen für den menschlichen Gebrauch gewonnen werden kann. In den sich ergänzenden religiösen Erfahrungen dieser drei Philosophien wird die Menschheit jenes höchste Niveau in der rechten Lebensführung erreichen, dem allein ideale Bürger der Welt und des Reiches Gottes entstammen können.[6]

---

[6] Eine Synthese dieser drei Philosophien wird dargelegt in Paramahansa Yoganandas umfassendem Kommentar *Gott spricht mit Arjuna – Die Bhagavad-Gita.* Indem er das Mystische im indischen Denken erklärt, zeigt Paramahansaji die Universalität der Yoga-Wissenschaft. *(Anmerkung des Herausgebers)*

Eine Kirche ist dazu da, Gottverbundenheit zu vermitteln. Wenn sie sich zu diesem Anspruch bekennt, muss sie ihm auch gerecht werden, oder sie wird als spirituelle Kraft keinen Bestand haben. Aus diesem Grund ist es die wichtigste Pflicht aller Geistlichen, sich täglich durch tiefe wissenschaftliche Meditation weiterzuentwickeln, um sich mit Gott zu verbinden; außerdem sollten sie ihre Gemeinde anleiten, sich ebenfalls mithilfe spiritueller Gewohnheiten und durch die Freude der Gottverbundenheit zu vervollkommnen. Dann würde die SELBST-Verwirklichung wahrer Gottsucher ganz von selbst und ohne Druck dazu führen, dass diese Mitglieder weiterhin ihrem jeweiligen geistigen Pfad folgen, der sie zu Gott führt. Eine starke religiöse Gemeinschaft ist in Loyalität vereint, die auf der SELBST-Verwirklichung beruht, welche jedes Mitglied durch die von einer Kirche oder einem Tempel gelehrte innere Disziplin und Meditation erwirbt.

Äußere Formen gemeinsamer Anbetung vermitteln nur wenig Gottverbundenheit

Gottesdienste sollten weniger aus verschiedenen körperlichen oder geistigen Ritualen bestehen, wie sie z. B. beim Gesang und in der Chormusik verlangt werden sowie beim Aufstehen und Niederknien, bei liturgischen Gesängen, Rezitationen von heiligen Schriften und anderen äußerlichen Zeremonien. Bei der gemeinsamen Verehrung Gottes sollte Folgendes im Vordergrund stehen: die Meditation; ein Sich-nach-innen-Richten, bei dem körperliche Unruhe aufhört; das Fehlen geistiger Rastlosigkeit; und das Fühlen der Gegenwart Gottes. Wenn der Körper bewegungslos wird und die Gedanken schweigen, erscheint Gott allmählich als segensreiche Stille und göttliche Seligkeit auf dem Altar des Friedens und der Unwandelbarkeit.

Beim gemeinsamen Beten und Singen im Gottesdienst bleibt der Geist nach außen gerichtet. Beten und Singen mag zweifellos für diejenigen nützlich sein, die sich hingebungsvoll und aufrichtig auf den Sinn der Gebete und Lieder konzentrieren. Aber die Wirkung bleibt begrenzt, es sei denn, dieses Tun würde durch tiefe, heimliche und liebevolle, aus der Seele kommende Gebete ergänzt, die in stiller Abgeschiedenheit gesprochen werden. Weil persönliche Gebete und wahre Gottverbundenheit fehlen, bleiben heutige Christen und christliche Glaubensgemeinschaften von dem Teil der Lehre Jesu getrennt, in dem es um wirkliche Gotteswahrnehmung geht. Dies trifft auch auf alle religiösen Wege zu, die zwar von gottgesandten Propheten ins Leben gerufen worden sind, deren Anhänger aber auf die Nebenwege der

Dogmen und Rituale abirren, anstatt tatsächliche Gottverbundenheit anzustreben. Jene Wege, die keine wahre spirituelle Schulung beinhalten, befassen sich mit Dogmen und errichten Mauern, um Menschen auszugrenzen, die andere Anschauungen vertreten. Göttliche Menschen, solche, die Gott wirklich wahrnehmen, schließen auf ihrem Weg alle in ihre Liebe ein – nicht, um eine zusammengewürfelte Gemeinde zu schaffen, sondern in respektvoller göttlicher Freundschaft gegenüber allen, die Gott wirklich lieben, und gegenüber den Heiligen aller Religionen.[7]

Wenn die Kirche mit Äußerlichkeiten überladen wird, entsteht eine schwerfällige, wenig nutzbringende Organisation, in welcher der Geist Christi verloren geht. Jesu Lehre betont allumfassende Liebe und Brüderlichkeit; aber diese kommen einem nicht in den Sinn, wenn

---

[7] In seinem Buch *Die sanfte Revolution des Glaubens* (Wolfgang Krüger Verlag, Frankfurt 1997) schreibt Dr. Jacob Needleman, Professor für Philosophie an der San Francisco State University und früherer Direktor des Center for the Study of New Religions bei der Graduate Theological Union in Berkeley: » ... im Rahmen meiner eigenen akademischen Arbeit als Professor der Philosophie und Religionswissenschaft ... wurde mir auch immer klarer, dass es eine Entwicklung von enormer Bedeutung für das Christentum wäre, wenn es ihm tatsächlich gelänge, seine eigene esoterische Tradition wiederzubeleben. Wenn ich hier den Begriff ›esoterisch‹ verwende, so meine ich damit ein Christentum, das wirksam ist, das tatsächlich in der Lage ist, das menschliche Sein zu transformieren. ...

Fühlen sich die Menschen des Westens nicht heute zu den östlichen Religionen hingezogen, weil sie in ihnen jene Methoden der inneren Arbeit finden, die bei den frühen Kirchenvätern eine so gewichtige Rolle gespielt haben? ... Woher stammen [diese Methoden]? Wohin sind sie verschwunden? Die ganze moderne Welt sucht heute nach ihnen, weil viele sie für ein wichtiges Element jenes wahren christlichen Pfades halten, der in unserer Zeit weitgehend unbekannt ist.«

Professor Needleman fährt fort und zitiert aus der Arbeit von Dom Aelred Graham, einem wegbereitenden katholischen Mönch und Prior eines Benediktinerklosters in England: »Seiner Meinung nach könnte die gesamte Zukunft der christlichen Tradition ›von einer Revision der grundlegenden Lehren im Lichte jener religiösen Erkenntnisse abhängen, die der Osten uns heute zugänglich macht.‹ ... Deshalb mahnt Dom Aelred die heutigen Christen, sie sollten danach streben, eine transformierte Qualität des Bewusstseins in ihrem Sein zu erreichen, das ›Gott-zentrierte Bewusstsein Jesu‹, so wie Mahayana-Buddhisten versuchen, die Ebene des Seins zu erreichen, die der Buddha erreicht hat.«

»Dass es darum im Christentum letztlich geht, ist nur zu deutlich gewissen Passagen der Paulusbriefe wie auch des vierten Evangeliums zu entnehmen«, schreibt Aelred Graham in *Contemplative Christianity* (New York: Seabury Press, 1974). ... »Könnte das Streben nach dem Christusbewusstsein, so wie es hier angedeutet wird, die einzige tragfähige Grundlage für eine christliche Erneuerung sein? Das Streben nach dem ›Geist Christi‹ könnte eine tiefgreifende Neuorientierung der christlichen Gebetspraxis erfordern.« (*Anmerkung des Herausgebers*)

man sieht, wie christliche Sekten sich wegen unterschiedlicher Lehrmeinungen gegenseitig verunglimpfen oder nichtchristliche Glaubensrichtungen als heidnisch anprangern. Wo bleiben die Ideale Christi, Barmherzigkeit und Güte zu zeigen? Predigten *über* Jesus, in denen aber nicht das Wesentliche der *Botschaft* des großen Meisters offenbar wird, machen ein Gotteshaus lediglich zu einem Ort, an dem die individuelle Persönlichkeit eines göttlichen Repräsentanten auf Erden verehrt wird. Oder das Gotteshaus wird zu einer Zufluchtsstätte, in der sich die Menschen ihren weltlichen Verpflichtungen entziehen und wo sie durch das Anhören intellektueller oder gefühlsbetonter Predigten ihre Sorgen beschwichtigen oder sich vorübergehend in einer angenehmen Umgebung durch Rituale und gute Musik anregen lassen können, ohne sich in irgendeiner Weise selbst zu bemühen, Gott zum Mittelpunkt ihrer Gedanken zu machen. Ganz gleich, was in einem Gotteshaus stattfindet, es sollte nicht dazu führen, dass die unmittelbare persönliche Verbindung mit Gott vernachlässigt wird. Andernfalls wird die heilige Umgebung zu einer Räuberhöhle, in der das Gesindel rastloser weltlicher Gedanken sowie die mit frommen Gewändern verkleideten Schwingungen dogmatischer Engstirnigkeit die Oberherrschaft ausüben. »Es steht geschrieben: *›Mein Haus soll ein Haus des Gebetes genannt werden; ihr aber habt eine Räuberhöhle daraus gemacht‹.«*[8] Die gemeinsame Grundlage, die alle Religionen in der Liebe zu Gott vereinen kann, besteht im stillen inneren Gebet, das von reiner Hingabe zu Gott erfüllt ist.

In den Einsiedeleien Indiens, wo große Meister leben, wird sehr selten in der Art gepredigt, bei der ein Meister seinen Jüngern das Denken weitgehend abnimmt – wie es in den westlichen Kirchen der Fall ist. Stattdessen sitzen in den Einsiedeleien Indiens, die der ehrwürdigen Tradition ihrer Linie von Heiligen treu bleiben, Meister und Jünger oft zusammen, um spirituelle Grundsätze zu erörtern; und dann versuchen sie, gemeinsam oder einzeln, sich anhand bewährter Konzentrations- und Meditationstechniken mit Gott zu vereinigen und die Wahrheit durch die unmittelbare Erfahrung seelischer Intuition zu erkennen.

Westliche Kirchen werden spirituell davon profitieren, wenn sie zu Tempeln geworden sind, in denen Geistliche und Gemeindemitglieder sich gemeinsam mit Gott und mit dem Christusbewusstsein

---

[8] *Matthäus* 21, 13 (siehe Diskurs 64, Band III).

verbinden können, das sich in Jesus offenbarte. Darin unterscheidet sich das Christentum vom »Kirchentum«. Lasst Christus zuerst in die Herzen der Menschen ein, dann wird er auch in der Kirche regieren.

Der Unterschied zwischen Christentum und »Kirchentum«

»In Kirchen, Tempeln, Tabernakeln und Moscheen erfahre ich das Christusbewusstsein; für mich gibt es keine Beschränkungen. Ich bin Teil des Unendlichen Christus, des glückseligen *Kutastha-Chaitanya.*« Das ist der Akkord der Einigkeit, über dem alle Melodien des Lebens harmonisch gespielt werden können. »Ich will in der Sprache der Seele und mit der Sehnsucht aller Herzen zu Gott beten. Dann, o Herr, werden Tausende aufhorchen und Dir folgen.« Christus kann nicht von irgendeiner selbst erkorenen Gruppe vereinnahmt werden, die behauptet, die alleinigen, wahren Anhänger zu sein. Christus gehört allen Menschen, ganz gleich, welcher Religion, Rasse oder Epoche sie angehören. Jeder Anhänger Jesu sollte sich fragen, ob er wirklich ein aufgeschlossener Christ ist. Diejenigen, die es ernst meinen, sollten Körper, Geist und Seele mithilfe ihrer Gottverbundenheit disziplinieren. Am Morgen und zu vorgerückter Stunde in tiefer, ruhiger Nacht sollten sie meditieren und ihre Seele wie eine Lotosknospe öffnen. Dann können sie sagen: »Kommt! Ich predige über Ihn, den ich in meinem Herzen fühle. Kommt, folgt dem Christus, der meinem Herzen und meinen Handlungen innewohnt.«

Wenn im Westen jemand aufgrund seiner Persönlichkeit oder seiner intellektuellen Fähigkeiten als geistiger Lehrer wirken möchte, beginnt er seine Laufbahn oft mit dem Wunsch, eine eigene Kirche oder Glaubensgemeinschaft zu gründen. Er verwickelt sich von Anfang an in finanzielle Schwierigkeiten, die ihn dazu zwingen, sich hauptsächlich um die Beschaffung des nötigen Kapitals zu kümmern. Geld und das Verlangen nach Bekanntheit und nach dem falschen Glorienschein, über eine große Anhängerschaft zu verfügen, haben die Kirchen und Tempel in spiritueller Stagnation verharren lassen. Statt sich vor allem darauf zu konzentrieren, mithilfe schwer lastender Hypotheken reich verzierte Gebäude zu bauen, sollten geistige Lehrer Tempel der SELBST-Verwirklichung in den Seelen ihrer Anhänger errichten.

Zur Wiederbelebung wahrer Kirchen Christi werden keine neuen Bekenntnisse benötigt; notwendig aber sind: die wahren Lehren Christi und eine Lebensweise, die sich nach diesen Lehren richtet; Meditation, damit die geistigen Eigenschaften der Kirchenmitglieder sich entfalten können; und die Auswahl von Geistlichen, die von Gott Wertschätzung erfahren und mit Ihm verbunden sind. Das Versagen des »Kirchentums« kann rückgängig gemacht werden, und das wahre Christentum wird ins kirchliche Leben zurückkehren, wenn die Kirchen zu Anbetungsstätten umgestaltet werden, von Mitgliedern, die zu Hause und auch während der Gemeindegottesdienste meditieren. In einer Atmosphäre überkonfessioneller Meditation, die der Erlangung tiefer Gottverbundenheit dient, würden sich die Kirchen wandeln: von einem in sich gespaltenen »Kirchentum« zum Himmel des Christusbewusstseins oder »Christtums«.

Die »Bienenkörbe« instituierter Kirchen sollten mit dem Honig der Gegenwart Gottes gefüllt werden

Jeder geistige Lehrer sollte sein Leben häufiger mit Meditation verbringen. Und damit er Spiritualität auf wahre Gottsucher übertragen kann – auf Menschen, denen er nach dem Willen Gottes und aufgrund einer angemessenen, moralisch vertretbaren Öffentlichkeitsarbeit begegnet –, sollte er, sooft es ihm möglich ist, regelmäßig mit ihnen meditieren, in kleinen Gruppen und vorzugsweise an ruhigen oder abgeschiedenen, zentral gelegenen Orten. Wenn die Kirchen sich zusammentun und der zuvor genannten Praxis folgen, werden sie eine wirkliche Erweckung des Christusbewusstseins in den Herzen wahrer Gläubiger herbeiführen. Wenn diese Gottsucher gemeinsam in kleinen, aufrichtig bemühten Gruppen tief meditieren, werden sie feststellen, dass das Christusbewusstsein, das in Jesus gegenwärtig war, sich auch in ihnen manifestiert und in ihrem eigenen Bewusstsein die Wiederkunft Christi herbeiführt.

Wenn eine solche geistige Kerngruppe hingebungsvoller Gottsucher dann eine Kirche bauen will, ist dies begrüßenswert; denn jetzt bringen sie die Voraussetzungen mit, diesen »Bienenkorb« mit dem Honig der Gegenwart Gottes zu füllen. Der Leiter sollte sich in keiner Weise dazu gezwungen sehen, sich aus finanziellen Gründen nach den Vorstellungen anderer zu richten oder ihnen zu schmeicheln. Er muss sich jeden Tag gewissenhaft Zeit nehmen, seine wichtigste Verabredung – die mit Gott in der Meditation – einzuhalten. Die reinen Schwingungen eines wahren Geistlichen ziehen aufrichtige Gottsucher an. Wenn solche Seelen den Segen ihrer eigenen Verwirklichung empfangen, unterstützen sie zuverlässig einen Leiter, dessen geistige Haltung und moralische Lebensweise seine Gottverbundenheit überzeugend zum Ausdruck bringen.

Gott unterscheidet nicht zwischen Reichen und Armen, Prominenten und Personen ohne Rang und Namen. Der Erfolg eines Geistlichen wird oft mit einer reich ausgestatteten Kirche gleichgesetzt, die in einer angesehenen Nachbarschaft liegt und von einer wohlhabenden, einflussreichen Gemeinde besucht wird. Mit der Aussendung seiner ersten Apostel gab Jesus allen Generationen einen Hinweis, wo Kirchen gebaut werden sollten und für wen die Lehren bestimmt seien. Geeignete Regionen, einerlei ob reich oder arm, finden sich dort, wo spirituelles Interesse besteht. Das ist der Ort, wo ein Fundament gelegt werden sollte – wo immer die Menschen ihre irdischen Torheiten bereuen und, verirrten Schafen gleich, fürwahr bestrebt sind, in die Geborgenheit des Gottesbewusstseins zurückzukehren.

Daher gebot Jesus seinen Jüngern, nicht zu selbstzufriedenen weltlichen Menschen, zu »Heiden«, zu gehen, welche die Götzen des Ruhms und des Reichtums anbeten, oder zu den Samaritern, die auf ihren Überzeugungen beharrten, sondern zu den Wahrheitssuchern, die bereuten, sich von Gott entfernt zu haben. »Erfüllt sie mit der Schwingung eurer Gottverwirklichung und zeigt ihnen, dass das Himmelreich – der Zustand, in dem man sich im Einklang befindet mit den himmlischen Kräften astraler Schwingung, mit Weisheit, Glückseligkeit und dem Gottesbewusstsein – ihnen greifbar nahe ist, und zwar unmittelbar hinter dem menschlichen Wachbewusstsein und Unterbewusstsein. Das Himmelreich wird im Zustand des Überbewusstseins und der Gottverbundenheit erfahren, der in tiefer Meditation erreicht wird. Wie ihr die Seele vom weltlichen Bewusstsein heilt, indem ihr dort das Himmelreich errichtet, d.h., das Gottesbewusstsein wachruft, so sollt ihr auch das körperliche Werkzeug der Seele von Krankheiten heilen.

Befreit die wirklich reumütigen Gottsucher nicht nur von körperlicher, sondern auch von seelischer und geistiger Krankheit und von unmoralischem Verhalten. Erweckt spirituell tote Menschen zum Gottesbewusstsein, und erlöst sie – durch Übertragung eurer Gotteskraft – von den Teufeln und Zwängen der kosmischen Täuschung sowie von satanischer Unwissenheit und von übelwollenden körperlosen Seelen. Lasst die guten verstorbenen Seelen, die mehr gutes als schlechtes Karma haben (oder zumindest ebenso viel gutes wie schlechtes Karma) wieder lebendig werden; denn solche Handlungen werden nun vom Himmlischen Vater gutgeheißen, um der im Dunkel lebenden Menschheit die Gewissheit zu geben, dass für jeden wahren

Gottsucher und für Menschen, die den Weg der Rechtschaffenheit beschreiten, alles möglich ist. Die würdigen Seelen, die ihr auferstehen lasst, werden viel Gutes auf Erden vollbringen.

Durch euren eigenen, unbeeinflussten, von spontaner Spiritualität belebten freien Willen sowie durch meinen eigenen freien Willen und durch Gottes himmlische Barmherzigkeit habt ihr das Gottesbewusstsein empfangen, von dem euer von Selbstdisziplin zeugendes meditatives Leben erfüllt wird. Lehrt nun die Menschen, das Gottesbewusstsein in der gleichen Weise aufzunehmen, wie ihr es getan habt. Ihr habt euren göttlichen Eifer, euren Verstand und euren freien Willen eingesetzt, um zu meditieren und euch spirituell weiterzuentwickeln; und auf diese Weise habt ihr die unmittelbare Antwort Gottes ausgelöst und in mir den Wunsch erweckt, Unser göttliches Bewusstsein auf euch zu übertragen. Lehrt nun gleichermaßen andere Gottsucher, ihren freien Willen zu stärken, zu meditieren und dadurch das Gottesbewusstsein zu empfangen, das für sie uneingeschränkt zugänglich ist.«

Die Wahrheit kann nicht empfangen werden, indem man sich lediglich dogmatische und moralische Predigten oder Schriftauslegungen anhört, sondern sie muss mithilfe des zuvor erwähnten Gesetzes entschlossenen, unaufgeforderten geistigen Bemühens und der spirituellen Arbeit der Gottsucher errungen werden sowie durch die barmherzige Antwort Gottes, mit der Er ihnen SELBST-Verwirklichung gewährt.

~

Ihr sollt weder Gold noch Silber noch Kupfermünzen in euren Gürteln haben, auch keine Tasche für die Reise, auch kein zweites Hemd, keine Schuhe und auch keinen Wanderstab. Denn der Arbeiter ist seiner Speise wert.

Wenn ihr aber in eine Stadt oder ein Dorf kommt, so erkundigt euch, ob jemand es wert ist, euch aufzunehmen; und bleibt dort, bis ihr weiterzieht. Wenn ihr aber in ein Haus geht, so grüßt es; und wenn es das Haus wert ist, so soll euer Friede über es kommen. Ist es seiner aber nicht wert, so soll euer Friede zu euch zurückkehren. (*Matthäus* 10, 9–13)

Parallelstellen:

Und er gebot ihnen, nichts mit auf den Weg zu nehmen als nur einen Wanderstab; keine Tasche, kein Brot, kein Geld im Gürtel; Sandalen aber sollten sie tragen, jedoch keine zwei Hemden anziehen. Und er sprach zu ihnen: Wo immer ihr in ein Haus eintretet, da bleibt, bis ihr diesen Ort verlasst. (*Markus* 6, 8–10)[9]

* * *

Danach bestimmte der Herr noch siebzig andere und sandte sie zu zweit vor sich her in alle Städte und Ortschaften, in die er selbst kommen wollte, und sprach zu ihnen: Die Ernte ist groß, der Arbeiter aber sind wenige. Bittet deshalb den Herrn der Ernte, dass er Arbeiter aussende in seine Ernte.

Geht nun; siehe, ich sende euch wie Lämmer mitten unter die Wölfe. Nehmt keinen Geldbeutel mit, keine Tasche und keine Schuhe und grüßt niemand auf dem Weg.

Und wenn ihr in ein Haus kommt, dann sagt zuerst: Friede sei mit diesem Haus! Und wenn es dort einen Sohn des Friedens gibt, so wird euer Friede auf ihm ruhen; wenn aber nicht, so wird der Friede zu euch zurückkehren.

Bleibt in diesem Haus, esst und trinkt, was man euch gibt; denn der Arbeiter ist seines Lohnes wert. Zieht nicht von Haus zu Haus. Und wenn ihr in eine Stadt kommt und man euch aufnimmt, so esst, was euch vorgesetzt wird; und heilt die Kranken, die dort sind, und sagt zu ihnen: Das Reich Gottes ist nahe zu euch gekommen. (*Lukas* 10, 1–9)

Jesus sandte seine Jünger nicht als bezahlte Prediger aus, sondern als selbstlose Entsagende

Jesus war betrübt darüber, dass sich die meisten Menschen damit zufriedengaben, lediglich an den Gottesdiensten in der Synagoge teilzunehmen, und dass es nur wenige spirituelle Arbeiter gab, welche es verdient hatten, die reiche Ernte des ewigen Überflusses aus Gottes Reich[10] einzubringen. Um die Menschen durch die Verkündung des Evangeliums aus der Trübsal der Täuschung zu erwecken, sandte er seine Jünger voraus – nicht als bezahlte Missionare, sondern als

[9] Vgl. weitere Parallelstelle in *Lukas* 9, 3–4.

[10] Ein Kommentar zu der Aussage Jesu »*Die Ernte ist groß, aber wenige sind der Arbeiter*« findet sich in Diskurs 38, Band II.

selbstlose Adepten, die so lebten, wie Christus es lehrte, und in ähnlicher Weise mit ihren Worten und Taten die Wahrheit predigten. Ganz gleich, unter welchen Bedingungen man das Wort Gottes verkündet, am wichtigsten ist das Vorbild eines heiligen Lebens.

»Nachdem ihr euch als wahre unermüdliche Gottsucher erwiesen habt, welche die Ernte der Weisheit und Gottverbundenheit eingefahren haben, geht nun hinaus in die Welt und teilt eure göttliche Erkenntnis mit anderen. Macht euch auf diesen Reisen geistig nicht von materiellen Dingen abhängig; nehmt weder Geld noch zusätzliche Kleidung mit. Grüßt unterwegs niemanden, um nicht durch unergiebige Gespräche aufgehalten zu werden. Haltet euren Geist ständig nach innen gerichtet, auf Gott, und erweist Ihm den größten Respekt – durch eure ungeteilte Aufmerksamkeit.

Welche Stadt oder welchen Ort ihr auch besucht, findet heraus, wer spirituell gesinnt und am würdigsten ist, eure Erlösungsbotschaft zu empfangen; bleibt dann in der harmonischen Atmosphäre dieses Haushaltes und nehmt die Gastfreundschaft der Menschen als Vergütung für euren geistigen Dienst an, bis ihr eure Unterweisungen in der betreffenden Gegend beendet habt und bereit seid, eure Reise fortzusetzen, um weiteren Menschen zu helfen. Begrüßt die Bewohner jedes Hauses, das ihr betretet, demütig als Manifestationen Gottes. Wenn die betreffende Familie spirituell würdig ist, segnet sie, sodass sie den Frieden eurer Seele fühlt. Solltet ihr aber auf unempfängliche und undankbare Hausbewohner stoßen, betet für sie, aber lasst das zurückgewiesene Geschenk eures Friedens in eure Seele zurückkehren.

Wo immer ihr aufgenommen werdet, esst und trinkt, was euch gegeben wird, heilt die Kranken und versichert ihnen, dass ihnen Gottes verborgenes Reich himmlischer Glückseligkeit ganz nahe ist und gleich hinter ihrem Wachbewusstsein liegt. Lehrt sie, wie sie durch Meditation in das Kosmische Bewusstsein dieses göttlichen Reiches eingehen können.«

In den oben zitierten Versen beschreibt Jesus, wie seine Jünger in der Welt leben sollten, während sie den Menschen seines Heimatlandes sein Evangelium predigten. Es entspricht der Verbindung der beiden unterschiedlichen Wege, denen Gottsucher Indiens folgen, wenn sie ihr geistiges Ziel anstreben: erstens, die Schule der äußeren Entsagung; und zweitens, die Schule des Yoga, welche mentale Entsagung und das Nichtanhaften fordert, während man in der Welt lebt.

Wer dem Weg der äußeren Entsagung folgt, zieht sich von der

Welt zurück, heiratet nicht, verzichtet auf persönlichen Besitz und menschliche Beziehungen und sucht sich einen abgeschiedenen Ort, z. B. einen Ashram, wo er sich – ungestört von weltlichen Einflüssen – seinem *Sadhana* widmen kann, um Gottverwirklichung zu erlangen. Der Swami-Orden gehört zum Weg der Entsagung, der mit den religiösen Orden des Westens vergleichbar ist.[11]

Die Wege äußerer und innerer Entsagung

Dem Weg des Yoga – der Vereinigung der Seele mit dem GEIST durch wissenschaftliche Meditationstechniken, die zur Gottverbundenheit führen – können Gottsucher aus allen Lebensbereichen folgen. Ein Yogi muss nicht unbedingt ein Familienleben in der Welt führen, noch muss er der Welt entsagen und als Mönch leben. Es spielt keine Rolle, ob Yogis im Dschungel der Zivilisation und des leiblichen Komforts oder inmitten primitiver Lebensverhältnisse weitab von materialistischen Einflüssen und Annehmlichkeiten ihr Dasein führen – indem sie sich auf den Unendlichen einstimmen, streben sie danach, sich so intensiv auf die göttliche Glückseligkeit zu konzentrieren, dass sich ihr Bewusstsein von allein über das Verlangen nach weltlicher Erfüllung erhebt und ihm innerlich entsagt.

Ein wahrer Yogi übt sich selbst dann in echter Entsagung, wenn er in der Welt lebt und – dem äußeren Anschein nach – sich nicht von anderen normalen Menschen unterscheidet, die ein weltliches Leben führen. Da der fortgeschrittene Yogi innerlich allen Wünschen und Bindungen entsagt hat, lebt er fortwährend in einem Zustand göttlicher Berauschtheit. Auch macht es solchen Yogis keine Mühe, die Regeln äußerer Entsagung gewissenhaft zu befolgen. Lahiri Mahasaya war ein wunderbares Beispiel für einen Yogi, der ein Familienleben führt. Er legte kein offizielles Gelübde der Entsagung ab; dennoch konnte seine Heiligkeit nicht im Geringsten von Weltlichkeit berührt werden.

Ein Gottsucher, der den Weg der äußeren Entsagung geht, schwört dagegen von Anfang an allem materiellen Luxus ab. Er ist bemüht, sein Bewusstsein an das einfache Leben und den bindungsfreien Zustand

---

[11] Über die ersten christlichen Ordensgemeinschaften (die Wüstenväter), die in Ägypten in den frühen Jahrhunderten nach Christus entstanden sind, schreibt der britische Historiker Sir Charles Eliot: »Ägypten war ein sehr religiöses Land, aber Askese, Zölibat und Meditation scheinen nicht Teil seines älteren religiösen Lebens gewesen zu sein. Deren Auftreten in hellenistischer Zeit ist vielleicht einer Welle asiatischen Einflusses zuzuschreiben, der von Indien ausging.« – *Hinduism and Buddhism,* Volume III.

zu gewöhnen, der seiner Seele angeboren ist – an den Verzicht auf weltliche Vergnügungen und weltliche Lebensart, was die Voraussetzung dafür ist, Gott zu erkennen. Aber auch wenn ein Entsagender nach außen hin alles aufgibt, kann er innerlich vielleicht weiterhin an weltlichen Dingen hängen oder von sinnlichem Verlangen heimgesucht werden. Der Yogi sagt: »Erlange zuerst Gottverbundenheit durch Meditation; denn Gottverbundenheit beseitigt die Anhänglichkeit gegenüber materiellen Dingen.« Ein Yogi, der die wissenschaftliche Meditationstechnik übt, mit der er sich wirklich mit Gott verbindet, beschreitet den erhabensten spirituellen Weg. Auf dem Pfad der Entsagung sind körperliche Entbehrungen allein, ohne durch Yoga die Vereinigung mit Gott anzustreben, unnötigerweise aufreibend. Deshalb sollte selbst ein ernsthaft Entsagender gleichzeitig auch ein Yogi sein.

Nur wenigen gelingt es, auf dem Weg der äußeren Entsagung zum Erfolg zu gelangen; dem Weg des Yoga aber können alle folgen. Je nach ihrer unterschiedlichen Veranlagung können Gottsucher den Pfad der Entsagung oder den Pfad des Yoga wählen. Aber es ist wunderbar, wenn jemand beides sein kann: ein Entsagender und ein Yogi. Gleichzeitige äußere und innere Entsagung ist ideal für Menschen, deren Herz sich allein nach Gott sehnt, für jene Gottsucher also, die sich – frei von familiären Verpflichtungen und Verstrickungen – völlig der Suche nach Gott widmen können, indem sie Yoga üben und Gott und der ganzen Menschheit vorbehaltlos dienen.

Jesus war ein Yogi, der ununterbrochen in der Vereinigung mit Gott lebte, und gleichzeitig ein Entsagender. Nicht nur, dass er in seinem Geiste mit Gott verbunden und innerlich über alle weltlichen Bindungen erhaben war, sondern er bewies auch sein Nichtanhaften an materielle Dinge im äußeren Leben. Er hielt seine Apostel dazu an, ebenfalls ein Leben äußerer Entsagung zu führen, zusätzlich zu der inneren Weisheit und SELBST-Verwirklichung, die sie erlangt hatten. Zuerst übertrug Jesus die Kraft des Gottesbewusstseins auf seine Jünger und gab ihnen dann die Anweisung: »O meine Jünger, die ihr von Göttlichkeit erfüllt und von Ihm und Seinen heilenden Kräften durchdrungen seid, ihr seid ein erhabenes spirituelles Vorbild und zeigt, dass ihr eure Weltlichkeit überwunden habt, indem ihr auf euren Reisen nichts mitnehmt, was ein Bedürfnis nach körperlicher Bequemlichkeit verrät oder was darauf hinweist, dass ihr an materieller Sicherheit hängt.«

Ähnlich wie Jesus es empfahl, beschränkte sich die Habe der buddhistischen Mönche im vorchristlichen Indien und auch die der Mitglieder des indischen Swami-Ordens in erster Linie auf einen Wanderstab und einfache Kleidung; und die meiste Zeit gingen sie barfuß oder trugen Sandalen aus Holz oder Stroh, da Schuhe aus den Häuten geschlachteter Tiere als unrein und unheilig galten.

Die Anweisungen, die Jesus seinen Jüngern gab, waren seiner Zeit und dem Klima seines Landes angepasst; sie dienten den Menschen seines Heimatlandes als wahrhaft Heil bringende Leitlinien. Ich bin sicher, dass Jesus, wie auch jeder andere orientalische Lehrer, die Kleidervorschriften und andere Regeln der Entsagung für seine Jünger weitgehend ändern würde, wenn sie unter anderen Lebensbedingungen oder in kälteren Ländern ihre Mission erfüllen sollten.

Die barfüßigen oder Sandalen tragenden Swamis in Indien, die nur mit einfachen baumwollenen *Dothis* bekleidet sind, solange sie sich in warmen Gegenden aufhalten, hüllen sich vernünftigerweise in wärmere Kleidung, wenn sie sich in die kalten Regionen des Himalajas begeben. Aber ich bin auch einigen große Swamis und Yogis begegnet, die sich mit bloßem Körper an abgelegenen Orten der eiskalten Gebirgsgegenden aufhielten, ohne unter der Kälte oder möglichen Folgen des extremen Wetters zu leiden, dem sie ausgesetzt waren. Die Kleidung, die jemand trägt oder nicht trägt, und andere äußere Zeichen der Entsagung machen diese Person nicht unbedingt zu einem spirituellen Menschen. Gegenüber den Mönchen und Nonnen der Self-Realization Fellowship, die sich wie ich für den Weg der Entsagung entschieden haben, habe ich immer wieder betont: »Am wichtigsten ist es, dass euer Herz eine Einsiedelei ist und euer Gewand die Liebe zu Gott.«

Weiterhin gibt Jesus seinen Jüngern Anweisungen, wie sie für ihren Unterhalt sorgen sollen: »O ihr göttlichen Entsagenden, denkt daran: So wie ein tüchtiger Arbeiter seinen Lebensunterhalt durch ehrliche Arbeit erwirbt, so steht es auch euch zu – als göttlichen Arbeitern, die den Menschen den größten spirituellen Dienst erweisen und zu ihrer Erlösung beitragen –, Unterstützung für euer persönliches Auskommen von denen zu erhalten, die eure Hilfe empfangen. Auch wenn ich euch bitte, bescheiden und dankbar die Gaben derer anzunehmen, denen ihr dient, so seid euch immer dessen bewusst,

Vermeidung von Kommerzialität im religiösen Leben: Jesu Anweisungen zum Stellenwert des Geldes im geistlichen Amt

dass ihr keine Bettler seid, sondern Kinder Gottes, die zum Bilde des Allmächtigen erschaffen wurden.« Ein spiritueller Mensch, der sich ernsthaft dafür einsetzt, der Öffentlichkeit den größten Dienst zu erweisen, nämlich den Dienst, Seelen zu retten, lebt auch dann sehr ehrenhaft, wenn er durch die Almosen und die Großzügigkeit jener unterhalten wird, denen er dient.

Wegen der hohen Lebenshaltungskosten erhalten die Geistlichen im Westen Gehälter. Der Nachteil bei dieser Form des Lebensunterhalts besteht jedoch darin, dass der Geistliche oft der Kontrolle der Verwalter oder Vorstandsmitglieder einer Kirche untersteht; und wenn er – als Abhängiger – nicht mit dem Kurs übereinstimmt, den seine »Arbeitgeber« vorschreiben, läuft er Gefahr, entlassen zu werden, ebenso wie ein Büroangestellter entlassen werden kann, wenn er sich weigert, seinem Vorgesetzten zu gehorchen.

An Orten in Indien, die als Zentren religiösen Lebens gelten, gibt es Einrichtungen, wo Swamis und Yogis freie Verpflegung erhalten können, ohne sich zu etwas verpflichtet fühlen zu müssen. Diese Regelung zielt darauf ab, die Entwicklung wahrer Lehrer zu fördern, die sich ausschließlich dem seelischen Wohlergehen ihrer Mitmenschen widmen wollen, ohne dabei von den zeitraubenden Ablenkungen einer normalen einträglichen Beschäftigung behindert zu werden. Der Nachteil dabei ist jedoch, dass Personen, die überhaupt keine Anstrengung machen wollen, für sich selbst zu sorgen, diese Wohltätigkeit ausnutzen; sie legen das Gewand der Entsagung an, damit sie die freie Unterkunft und Verpflegung solcher religiösen Einrichtungen genießen können. Dennoch trägt diese Versorgung wahrer spiritueller Lehrer außerordentlich zur Entwicklung fortgeschrittener Seelen bei, da jene keinem Kuratorium unterstehen und von mildtätigen, an Bedingungen geknüpften Gaben unabhängig sind.

In der westlichen Welt versuchen manchmal Geistliche, die mit ihrem begrenzten Gehalt unzufrieden sind, auf verschiedene Weise Geldmittel zu beschaffen, die angeblich dem Werk Gottes zugutekommen sollen, von denen sie jedoch persönlich profitieren. Es ist keine Sünde, wenn Geistliche oder Seelsorger für ihren finanziellen Unterhalt sorgen, damit sie frei für die Aufgabe sind, sich kontinuierlich für die Spiritualisierung der Welt einzusetzen – vorausgesetzt, dass weder Gott noch die Gemeindemitglieder zu diesem Zweck ausgebeutet werden. Ich habe immer den Standpunkt vertreten, dass es in der heutigen Welt in Ordnung ist, im Bereich der Religion Geschäftsmethoden anzuwenden; ich betrachte es aber als Blasphemie und als schwerwiegende geistige Sünde, wenn jemand die Religion zum Geschäft macht oder mit dem heiligen Namen Gottes Handel treibt oder aufrichtige Gottsucher ausnutzt, damit er sein ehrgeiziges Streben nach finanziellem Gewinn und seine luxuriösen Bedürfnisse befriedigen kann.

Lehrer, die öffentliche Werbung für ihre eingebildete Größe betreiben, indem sie fälschlicherweise behaupten, mit Gott verbunden zu sein und im Auftrag von Meistern und Heiligen zu handeln, sind nichts anderes als metaphysische Betrüger. Wenn westliche Wahrheitssucher den für geistige Lehrer strengen Auswahlmethoden folgen würden, die in Indien üblich sind, könnten sie es vermeiden, durch die betrügerischen Gaukeleien selbst ernannter Pseudo-Propheten enttäuscht zu werden: Denn in Indien sind nur solche Lehrer befähigt, die wirklich ein geistiges Leben führen und nachweislich von einem großen Meister oder von seinen authentischen Nachfolgern geschult wurden und Herrschaft über ihr Selbst erlangt haben.

Das Ziel falscher Propheten ist immer dasselbe: Sie wollen von einer großen Anhängerschaft bewundert werden, um ihr Ego zu befriedigen, und sie wollen von ihrer gutgläubigen Gemeinde finanziell profitieren. Es ist geistig durchaus vertretbar, wenn eine Kirche oder religiöse Organisation durch freiwillige Spenden unterstützt wird, die während Gottesdiensten und religiöser Versammlungen gegeben werden, und ebenso durch Einnahmen aus dem Verkauf von Büchern und anderen Medien, die der Verbreitung der Wahrheit dienen. Dies gilt jedoch nur so lange, wie das Geld dazu benutzt wird, die spirituelle Botschaft zu vermitteln und dem Lehrer einen angemessenen Lebensunterhalt zukommen zu lassen, weil er sein Leben ganz der Verbreitung des göttlichen Werkes widmet. Aber es ist zu verurteilen, wenn solche Gelder unterschlagen werden, indem sich skrupellose Pseudo-Propheten und ihre Gehilfen damit die eigenen Taschen füllen.

In seinen Anweisungen für die Apostel, die er aussandte, erklärte Jesus ganz unmissverständlich diese spirituellen Ideale für Geistliche. Die Zeiten wandeln sich und damit das äußere Erscheinungsbild, aber die Ideale bleiben unveränderlich. Ein Lehrer, der das Wort Gottes verkündet, muss in vorbildlicher Weise die höchsten Ideale der Selbstlosigkeit verkörpern – der erweiterten Liebe wegen, Gott und wahrheitssuchenden Seelen zu dienen. Er soll sich auf jene konzentrieren, die »würdig«, d.h. empfänglich sind, ganz gleich, ob sie eine hohe oder niedrige Stellung im Leben einnehmen, ob sie reich oder arm sind

–, und er soll sich gewiss nicht nur den Wohlhabenden oder Einflussreichen zuwenden, um bei diesen für Unterstützung zu werben.

Ein gewinnorientierter geistiger Lehrer nutzt seine Schüler für seine eigenen Ziele aus; ein wahrer spiritueller Lehrer jedoch lenkt die Aufmerksamkeit der Gottsucher auf den Weg, der sie zu Gott führt.

~

Und wenn euch jemand nicht aufnehmen noch eure Worte hören will und ihr dieses Haus oder diese Stadt verlasst, dann schüttelt den Staub von euren Füßen. Wahrlich ich sage euch: Dem Land Sodom und Gomorra wird es erträglicher gehen am Tag des Gerichts als dieser Stadt. (*Matthäus* 10, 14–15)

Parallelstelle:

Wenn ihr aber in eine Stadt kommt, in der man euch nicht aufnimmt, so geht hinaus auf ihre Straßen und sagt: Sogar den Staub eurer Stadt, der an uns hängt, schütteln wir ab über euch; doch das sollt ihr wissen: Das Reich Gottes ist nahe zu euch gekommen. Ich aber sage euch: Es wird Sodom an diesem Tag erträglicher gehen als dieser Stadt. (*Lukas* 10, 10–12)[12]

»Und wenn die Menschen weder euer vorbildliches Leben würdigen noch eure Botschaft von der göttlichen Befreiung aufnehmen noch auf eure weisen Worte hören, dann entfernt euch, ohne Ärger oder Arroganz zu fühlen, von dem betreffenden Haus oder aus jener Stadt; schüttelt den Staub ihrer Ungläubigkeit und Geringschätzung ab; lasst ihre üblen Schwingungen nicht an euch haften. Eure demütige Antwort auf ihre Zurückweisung und Verachtung soll in ihrem eigenen Gewissen die Torheit bezeugen, dass sie ihr schlechtes Wesen nicht erkennen. Wahrlich, ich sage euch, das Gesetz des Karmas wird jene Stadt oder jenes Haus erfassen und bestrafen, das eure seelenbefreiende Botschaft ablehnt – mit welcher ihr gezeigt habt, dass ihnen ›das Reich Gottes nahe gekommen ist‹ –, und ihre Strafe wird sogar noch größer ausfallen als die, welche Sodom und Gomorra wegen ihrer aus Unwissenheit begangenen Missetaten erleiden mussten. Das

[12] Vgl. weitere Parallelstellen in *Markus* 6, 11 und *Lukas* 9, 5.

Kosmische Gesetz wird streng urteilen über die spirituellen Sünder, die Gott lästern, indem sie euch nicht als Abgesandte der Christus-Intelligenz und Gottvaters anerkennen.«

DISKURS 41

Der Rat Jesu an die Diener des Wortes Gottes

(Teil II)

Erwecken der *Kundalini* und des geistigen Auges führt zu Weisheit und Frieden

❖

Unbeirrbarkeit auf dem geistigen Weg inmitten von Prüfungen und Verfolgungen

❖

Mit dem Schwert der Weisheit und der Selbstbeherrschung gegen ungeistige Versuchungen und Einflüsse kämpfen

❖

Die Bezwingung Satans, der wie ein Blitz vom Himmel niederfuhr

❖

Gott wird nicht durch die Kraft des Verstandes offenbart, sondern durch reine, aufrichtige Hingabe

»Jesus forderte alle geistigen Aspiranten liebevoll auf: ›Kommt her zu mir‹ (zu mir, dem Christusbewusstsein) und ›nehmt mein Joch auf euch‹ – folgt den stufenweise aufgebauten Methoden zum Erlangen von Selbstdisziplin, die zum Christusbewusstsein führen und eine endgültige Befreiung im Reich Gottes sicherstellen.«

Siehe, ich sende euch wie Schafe mitten unter die Wölfe; darum seid klug wie die Schlangen und ohne Falsch wie die Tauben. Aber hütet euch vor den Menschen; denn sie werden euch dem Gericht überantworten, und in ihren Synagogen werden sie euch geißeln. Und man wird euch vor Statthalter und Könige führen um meinetwillen, damit ihr Zeugnis ablegt vor ihnen und den Heiden. Wenn sie euch nun überantworten werden, so sorgt euch nicht darum, wie oder was ihr reden sollt; denn es wird euch in jener Stunde eingegeben werden, was ihr reden sollt. Denn nicht ihr seid es, die dann reden, sondern eures Vaters Geist ist es, der durch euch redet.

Es wird aber ein Bruder den anderen dem Tod überliefern und der Vater den Sohn, und die Kinder werden sich gegen ihre Eltern auflehnen und werden sie töten helfen. Und ihr werdet von allen gehasst werden um meines Namens willen. Wer aber bis an das Ende ausharrt, der wird gerettet werden.

Wenn sie euch aber in einer Stadt verfolgen, so flieht in eine andere. Wahrlich ich sage euch: Ihr werdet mit den Städten Israels noch nicht zu Ende sein, bis der Menschensohn kommt. Der Jünger steht nicht über seinem Meister und der Diener nicht über seinem Herrn. Es ist für den Jünger genug, dass er sei wie sein Meister und der Diener wie sein Herr. Haben sie schon den Hausherrn Beelzebub genannt, wie viel mehr werden sie das bei seinen Hausgenossen tun.

Fürchtet euch deshalb nicht vor ihnen. Denn es ist nichts verhüllt, was nicht offenbar wird, und nichts ist verborgen, was nicht bekannt wird. Was ich euch im Dunkeln sage, das redet im Licht; und was euch ins Ohr gesagt wird, das verkündet auf den Dächern.

Und fürchtet euch nicht vor denen, die den Leib töten, jedoch die Seele nicht töten können; fürchtet euch vielmehr vor dem, der Leib und Seele verderben kann in der Hölle.

Verkauft man nicht zwei Sperlinge für einen Groschen? Und doch fällt keiner von ihnen auf die Erde ohne euren Vater. Bei euch aber sind selbst alle Haare auf dem Haupt gezählt. Deshalb fürchtet euch nicht; ihr seid mehr wert als viele Sperlinge.

Wer sich nun vor den Menschen zu mir bekennt, zu dem will auch ich mich bekennen vor meinem himmlischen Vater. Wer mich aber verleugnet vor den Menschen, den will auch ich verleugnen vor meinem himmlischen Vater.

Ihr sollt nicht denken, dass ich gekommen bin, Frieden zu bringen auf die Erde. Ich bin nicht gekommen, Frieden zu bringen, sondern das Schwert. Denn ich bin gekommen, den Sohn mit seinem Vater zu entzweien und die Tochter mit ihrer Mutter und die Schwiegertochter mit ihrer Schwiegermutter. Und des Menschen Feinde werden seine eigenen Hausgenossen sein. Wer Vater oder Mutter mehr liebt als mich, der ist meiner nicht wert; und wer Sohn oder Tochter mehr liebt als mich, der ist meiner nicht wert. Und wer nicht sein Kreuz auf sich nimmt und mir nachfolgt, der ist meiner nicht wert. Wer sein Leben findet, der wird es verlieren; und wer sein Leben verliert um meinetwillen, der wird es finden.

Wer euch aufnimmt, der nimmt mich auf; und wer mich aufnimmt, der nimmt den auf, der mich gesandt hat. Wer einen Propheten aufnimmt, weil er ein Prophet ist, der wird eines Propheten Lohn empfangen. Wer einen Gerechten aufnimmt, weil er ein Gerechter ist, der wird eines Gerechten Lohn empfangen.

Und wer einem dieser Geringsten auch nur einen Becher kalten Wassers zu trinken gibt, weil er ein Jünger ist, wahrlich ich sage euch: Er wird seinen Lohn gewiss nicht verlieren.

Und es begab sich, als Jesus die Anweisungen für seine zwölf Jünger beendet hatte, dass er von dort wegging, um in ihren Städten zu lehren und zu predigen.

Matthäus 10, 16 – 11, 1

Und sie zogen hinaus und predigten, man solle Buße tun, und trieben viele Teufel aus und salbten viele Kranke mit Öl und heilten sie. …[1]

Und die Apostel versammelten sich bei Jesus und berichteten ihm alles, was sie getan und gelehrt hatten. Und er

[1] *Markus* 6, 14–29 (wie auch *Matthäus* 14, 3–12) berichtet über den Tod Johannes' des Täufers, behandelt in Diskurs 34, Band II.

sprach zu ihnen: Kommt nun an einen einsamen Ort, wo wir allein sind, und ruht ein wenig. Denn es waren viele, die kamen und gingen; und nicht einmal zum Essen hatten sie Zeit.

Markus 6, 12–13; 30–31

Wer euch hört, der hört mich; und wer euch verachtet, der verachtet mich; wer aber mich verachtet, der verachtet den, der mich gesandt hat.

Die Siebzig aber kehrten voll Freude zurück und sprachen: Herr, auch die Dämonen sind uns untertan in deinem Namen.

Er sprach aber zu ihnen: Ich sah den Satan vom Himmel fallen wie einen Blitz. Seht, ich habe euch Macht gegeben, auf Schlangen und Skorpione zu treten, und über alle Gewalt des Feindes; und nichts wird euch in irgendeiner Weise schaden können. Doch nicht darüber freut euch, dass euch die Geister untertan sind. Freut euch vielmehr darüber, dass eure Namen im Himmel aufgeschrieben sind.

In dieser Stunde frohlockte Jesus im Geist und sprach: Ich preise dich, Vater und Herr des Himmels und der Erde, dass du diese Dinge vor den Weisen und Klugen verborgen und den Unmündigen offenbart hast. Ja, Vater, so war es wohlgefällig vor dir.

Es ist mir alles übergeben worden von meinem Vater. Und niemand weiß, wer der Sohn ist, nur der Vater; und niemand weiß, wer der Vater ist, nur der Sohn und der, dem es der Sohn offenbaren will.

Und er wandte sich zu seinen Jüngern und sprach zu ihnen allein: Selig sind die Augen, die sehen, was ihr seht. Denn ich sage euch: Viele Propheten und Könige wollten sehen, was ihr seht, und haben es nicht gesehen, und wollten hören, was ihr hört, und haben es nicht gehört.

Lukas 10, 16–24[2]

---

[2] Siehe auch Fußnote in Diskurs 40 (Band II), Seite 225 mit Hinweisen auf die siebzig Jünger, die Jesus zusätzlich zu den zwölf Aposteln als Prediger aussandte.

(Matthäus 11, 25–27 ist eine Parallelstelle zu Lukas 10, 21–22, jedoch in einem leicht unterschiedlichen Kontext in Bezug auf Zeit und Ort, mit folgendem Schluss:)

Kommt her zu mir alle, die ihr mühselig und beladen seid; ich will euch erquicken. Nehmt auf euch mein Joch und lernt von mir; denn ich bin sanftmütig und von Herzen demütig; so werdet ihr Ruhe finden für eure Seelen. Denn mein Joch ist sanft, und meine Last ist leicht.

Matthäus 11, 28–30

DISKURS 41

Der Rat Jesu an die Diener des Wortes Gottes

(Teil II)

Siehe, ich sende euch wie Schafe mitten unter die Wölfe; darum seid klug wie die Schlangen und ohne Falsch wie die Tauben. (*Matthäus* 10, 16)

Parallelstelle:

Geht hin; siehe, ich sende euch wie Lämmer mitten unter die Wölfe. (*Lukas* 10, 3)

Erwecken der Kundalini *und des geistigen Auges führt zu Weisheit und Frieden*

»Wo immer ihr euch aufhaltet, muss mein Bewusstsein sich durch euch offenbaren. Bleibt stets demütig, wohlwollend, frei von Rachegefühlen und verhaltet euch wie sanfte Lämmer, selbst dann, wenn ihr von rücksichtslosen und gewissenlosen Menschen, die heißhungrigen Wölfen gleichen, umgeben seid und von beutegierigen, satanischen Sinnesversuchungen, die überall in der Welt gegenwärtig sind. Verharrt immer in jener großen Weisheit und Stille, die ihren Ursprung in göttlicher Erkenntnis hat; diese habt ihr durch das Erwecken eurer Schlangenkraft empfangen (der zusammengerollten göttlichen Energie, die in der Wirbelsäule aufsteigt und die die astralen zerebrospinalen Zentren spiritueller Wahrnehmung öffnet). Und lebt ständig in dem friedvollen Zustand, den ihr erlangt, wenn ihr euer Bewusstsein auf das Frieden schenkende, taubengleiche geistige Auge richtet.«

Was Jesus mit den Worten *»klug wie die Schlangen und ohne Falsch wie die Tauben«* meinte, wird im Allgemeinen missverstanden. Gewöhnliche Schlangen sind nicht weise, sondern schnell gereizt und dumm genug, das eigene Leben aufs Spiel zu setzen, indem sie die Menschen beißen. Und Tauben sind nicht völlig harmlos, denn sie können Milben und Krankheiten verbreiten. Zwar mag die Taube dank ihres friedlichen Aussehens und Verhaltens ein traditionelles Symbol für den Frieden darstellen, doch die Schlange sieht gewiss nicht weise oder inspirierend aus. Jesus benutzte diese Worte hier metaphorisch, im esoterischen Sinne, weil er mit seinen fortgeschrittenen Jüngern sprach.

Wie bereits erklärt [in Diskurs 14, Band I], wird in den Schriften des Orients das Bild einer Schlange benutzt, um die *Kundalini,* die astrale Lebenskraft im Körper zu veranschaulichen. Wenn diese Kraft mit Hilfe einer fortgeschrittenen Technik der SELBST-Verwirklichung erweckt wird, fließt sie durch den schlangenartig gewundenen Gang am unteren Ende der Wirbelsäule und dann aufwärts zu den höchsten spirituellen Zentren im Gehirn, wo sie göttliches Bewusstsein verleiht. Die Taube ist ein Symbol für das dreifarbige geistige Auge: Der Schnabel der Taube stellt den weißen Stern im Zentrum des geistigen Auges dar; die Flügel der Taube entsprechen symbolisch den beiden sphärischen Ringen, dem blauen und dem goldenen, die den Stern umschließen.[3]

Im gewöhnlichen Bewusstseinszustand identifiziert sich der Mensch mit den einzelnen Regungen der Sinne, des Verstandes und der Gefühle seines kleinen Ichs und sieht sich eingeschränkt vom eigenen Körper, von Familie und Gesellschaft, von seinem Heimatland, der Welt und einem kleinen Ausschnitt des Raumes. Wenn er aber durch wissenschaftliche Meditation seine Schlangenkraft erweckt, wendet er den Scheinwerfer seiner Wahrnehmungskraft weg vom physischen Bewusstsein der Sinne und hin zum göttlichen Bewusstsein. Indem er seine *Kundalini*-Kraft durch die zerebrospinalen Zentren nach oben lenkt und im geistigen Auge sein Leben und sein Bewusstsein durchdringt, erlebt er sich als allgegenwärtig. Seine Wahrnehmung ist nicht

---

[3] Siehe Diskurs 6, Kommentar zur Erklärung Johannes' des Täufers, als er Jesus taufte: *»Ich sah, dass der Geist wie eine Taube vom Himmel herabstieg und auf ihm blieb.«* (*Johannes* 1, 32).

länger auf einen begrenzten Bereich der Materie und auf die Empfindungen in einem einzigen Körper bezogen, sondern sie dehnt sich zur Wahrnehmung des unendlich weiten Raumes und zum Gewahrwerden der Empfindungen aller Wesen aus.

Ein Gottsucher, der sein allgegenwärtiges Dasein durch das geistige Auge wahrnehmen kann, der unaussprechlichen Frieden und sein Einssein mit allen Dingen und jedem lebendigen Wesen fühlt – und der das Selbst in allen anderen als Manifestation seines eigenen Seins erlebt –, dieser Gottsucher fügt niemandem Schaden zu und liebt ohne Unterschied alle Ausdrucksformen seines eigenen kosmischen Körpers. Da er in ewiger Weisheit erwacht ist, in der Erkenntnis seines wahren SELBST, kann er innerlich in keiner Weise gestört oder zu schlechten Handlungen angestachelt werden, ganz gleich, wie sehr ihn Prüfungen und Versuchungen herausfordern.

Jesus wusste, dass seine fortgeschrittenen Jünger ihr höheres Bewusstsein wachgerufen hatten, weil sie durch das Üben der von ihm gelehrten Methoden die göttliche *Kundalini*-Lebensenergie erweckt hatten. Daher ermahnte er sie, wenn sie mit Feindseligkeit und Verfolgung konfrontiert werden sollten, stets die tiefe Weisheit und Ruhe zu bewahren, die ihnen das Erwecken der *Kundalini* gewährt hatte. Jeder, der diese Lebensenergie – welche zusammengerollt in der Wirbelsäule liegt – nach oben gelenkt und dadurch sein menschliches Bewusstsein zum Christusbewusstsein erhoben hat, indem er das geistige Auge durchdrang, verfügt über gewaltige Wunderkräfte; ein solcher Mensch könnte mit der Kraft des göttlichen Willens potenzielle Feinde vernichten und auch satanische Versuchungen überwinden.[4] Daher warnte Jesus seine Jünger, ihre machtvolle, erwachte Energie nicht zu rachsüchtigen Vergeltungsaktionen zu missbrauchen, wenn sie mit der Niederträchtigkeit im Irrtum befangener Kinder Gottes konfrontiert würden. Vielmehr sollten sie ihre Feinde mit der himmlischen Kraft besiegen, die dem unendlichen Frieden und der unermesslichen Liebe Gottes entstammt; denn mit diesen waren sie gesegnet worden, als ihr Bewusstsein vom geistigen Auge, von der »Taube des Lichts«, getauft wurde.[5]

---

[4] Eine Parallele hierzu findet sich in diesem Diskurs auf den Seiten 278 ff., wenn Jesus seinen Jüngern vermittelt, er habe ihnen »Macht gegeben, auf Schlangen zu treten«, d.h. Macht über alle satanischen, weltlichen Versuchungen, welche durch die nach außen fließende Lebenskraft und das Bewusstsein hervorgerufen werden.

[5] Der hl. Paulus betonte diese Lehre Jesu in Briefen, die er an seine Gemeinden richtete:

Alle christusgleichen Seelen, die danach streben, das Reich Gottes zu erringen, müssen sich göttlich verhalten und dem Bösen allein durch ihre seelische Kraft widerstehen, ebenso wie Gott durch die göttlichen Kräfte des Guten den Satan abwehrt. Das Böse kann nicht durch den Missbrauch spiritueller Kraft überwunden werden. Die Macht des Göttlichen für üble Zwecke einzusetzen, ist Blasphemie und führt zu spirituellem Niedergang. Die aus intensivem meditativem Bemühen entstandene seelische Kraft geht schnell verloren, wenn man sie unter dem vergiftenden Einfluss der Täuschung zu Racheakten an seinen eigenen göttlichen Brüdern anwendet.[6]

Jesus wollte, dass seine Jünger der meist streitsüchtigen Menschheit ein anderes Vorbild geben: Sie sollten zeigen, dass der Frieden und die Weisheit der durch Meditation erwachten Seele unbesiegbar sind und stärker als die mächtigsten Kräfte des Bösen.

~

Aber hütet euch vor den Menschen; denn sie werden euch dem Gericht überantworten, und in ihren Synagogen werden sie euch geißeln. Und man wird euch vor Statthalter und Könige führen um meinetwillen, damit ihr Zeugnis ablegt vor ihnen und den Heiden. (*Matthäus* 10, 17–18)[7]

Jesus prophezeite, dass seinen Jüngern Verfolgungen durch unverständige Menschen bevorstehen: »Man wird euch den Richtern ausliefern und in den Synagogen dafür auspeitschen, dass ihr das

---

»So steht nun fest, eure Lenden umgürtet mit Wahrheit und bekleidet mit dem Brustpanzer der Gerechtigkeit und an den Füßen beschuht mit der Bereitschaft, das Evangelium des Friedens zu verbreiten. Vor allen Dingen aber ergreift den Schild des Glaubens, mit dem ihr alle feurigen Pfeile des Bösen auslöschen könnt; und nehmt den Helm des Heils und das Schwert des Geistes, welches ist das Wort Gottes.« (*Epheser* 6, 14–17).

»Denn die Waffen in diesem Kampf sind nicht fleischlich, sondern mächtig durch Gott zur Zerstörung von Festungen; mit diesen Waffen zerschlagen wir Gedankengebäude und den Hochmut, der sich gegen die Gotteserkenntnis auflehnt, und nehmen alles Denken gefangen, damit es Christus gehorcht.« (2. *Korinther* 10, 4–5).

[6] Jesus betont dies noch stärker, als die Jünger ihn fragen, ob sie Feuer vom Himmel fallen lassen sollten, um diejenigen zu vernichten, die sich ihnen entgegenstellten (siehe Diskurs 49, *Lukas* 9, 54 –56).

[7] Vgl. Parallelstellen in *Markus* 13, 9 und *Lukas* 21, 12–13.

Evangelium der göttlichen Freiheit predigt. Vor Statthaltern und Königen wird man euch anschuldigen, nach den Grundsätzen zu leben, die für meinen Weg der Wahrheit gelten. Materialistisch gesinnte Menschen, die ›Heiden‹, und die politischen Kräfte, die sich euch auf diese Weise entgegenstellen, werden vor einem höheren Tribunal verurteilt werden. Die Bösartigkeit, mit der sie euch behandeln, wenn ihr um meinetwillen von der mir innewohnenden Wahrheit Zeugnis ablegt, wird vor dem göttlichen Gericht, welches das Kosmische Gesetz hält, als Beweis gegen sie sprechen.«

~

Wenn sie euch nun überantworten werden, so sorgt euch nicht darum, wie oder was ihr reden sollt; denn es wird euch in jener Stunde eingegeben werden, was ihr reden sollt. Denn nicht ihr seid es, die dann reden, sondern eures Vaters Geist ist es, der durch euch redet. (*Matthäus* 10, 19–20)

Parallelstellen:

Wenn sie euch nun abführen und überantworten werden, so sorgt euch nicht vorher, was ihr reden sollt; sondern was euch in jener Stunde gegeben wird, das redet. Denn ihr seid es nicht, die da reden, sondern der Heilige Geist. (*Markus* 13, 11)

* * *

Wenn sie euch aber führen werden in die Synagogen, vor die Obrigkeiten und vor die Machthaber, so sorgt nicht, wie oder was ihr antworten oder was ihr sagen sollt; denn der heilige Geist wird euch in jener Stunde lehren, was ihr sagen sollt. (*Lukas* 12, 11–12)

* * *

So nehmt euch nun zu Herzen, dass ihr euch nicht vorher sorgt, wie ihr euch verantworten sollt. Denn ich will euch Rede und Weisheit geben, der alle eure Widersacher nicht widersprechen noch widerstehen können. (*Lukas* 21, 14–15)

Jesus gibt fortgeschrittenen Gottsuchern allgemeine Anweisungen für das richtige Verhalten in kritischen Augenblicken: Sie sollen sich auf die Kosmische Schwingung des Heiligen Geistes und deren Weisheit einstellen und nicht auf das Ego mit seinen Begrenzungen. In solchen Situationen sind die Worte der meisten Menschen von Selbstsucht, Furcht und egoistischen Neigungen geprägt. Was sie dann sagen, bringt ihnen deshalb oft Unglück. Fortgeschrittene Seelen folgen mit ihrem Denken, ihrem freien Willen und mit ihren Worten der weisen Führung des Heiligen Geistes. Jeder wahre Gottsucher, der diese Kosmische Schwingung, den OM-Laut des Heiligen Geistes, in der Meditation wahrgenommen hat, kann bei allen Problemen des Lebens sein Handeln erfolgreich lenken, sodass es mit der Weisung der unendlichen Weisheit, die ihm durch seine Intuition zuteilwird, übereinstimmt.

Lasst euch nicht vom Ego leiten, sondern von der intuitiven Führung, die durch Gottverbundenheit entsteht

Wenn sie euch verhaften, stützt euch nicht auf euren berechnenden menschliche Verstand, sondern lasst Gott durch eure Intuition und eure Stimme sprechen. Lasst nicht euer Ego reden, denn dessen Zunge verfängt sich in von persönlichen Motiven gefärbten Rationalisierungen; vertraut euch stattdessen ganz eurem Vater an, und lasst Seine Weisheit durch euch das Wort ergreifen. Die intelligente Kosmische Schwingung, die materialisierende Ausdrucksform Gottes, wird eurer entwickelten Intuition den angemessenen, weisen Gedanken eingeben, und zwar im richtigen Augenblick – dann, wenn ihr euch zur Verteidigung der Wahrheit, für die ihr lebt, und auch zu eurem eigenen Schutz äußern müsst.«

Hier erläutert Jesus kurz, wie von Gott geleitete Menschen handeln sollten, wenn sie verfolgt werden. Bei geschäftlichen und gerichtlichen Angelegenheiten planen die Menschen ihre Aktivitäten aus einem deutlichen Eigeninteresse heraus und wägen dementsprechend ihre Worte ab; doch Jesus zeigt, dass diejenigen Seelen geführt werden, die sich im Einklang befinden mit ihres »*Vaters Geist*«, mit dem Kosmischen Bewusstsein, welches sich als Schwingung des Heiligen Geistes offenbart: In ihren Sinneswahrnehmungen, Gedanken und Gefühlen sowie in ihren intellektuellen Fähigkeiten und intuitiven Eingebungen werden sie von einer höheren Weisheit und von einer allwissenden Intelligenz geleitet, anstatt sich nur auf abrufbares Wissen zu verlassen, das der begrenzte Verstand ihnen vermittelt hat.

Das Kosmische Bewusstsein argumentiert nicht mit dem

Gottsucher, sondern es lässt seine Wahrheit unmittelbar in dessen Intuition einfließen. Intuition ist der Vater des Verstandes und kann alle seine Ansprüche erfüllen.

Der Verstand stützt sich auf Sinneswahrnehmungen und bleibt auf diese beschränkt. Wird eine Sinneswahrnehmung falsch interpretiert, irrt sich der Verstand. Eine Staubwolke auf einem entfernten Hügel mag den Beobachter zu der Annahme verleiten, dass der Hügel brenne und dass daher eine Rauchwolke aufsteige. Sinnesabhängige Schlüsse des Verstandes, die der unmittelbaren Beobachtung entspringen oder durch die Erinnerung an wiederholt erlebte, frühere Erfahrungen entstehen, können sich als falsch erweisen, wenn die an die Sinne gebundene Beobachtung oder Erfahrung fehlerhaft oder unvollständig ist.

Gott stützt sich nicht auf Sinne und auf einen von Sinneswahrnehmungen abhängigen Verstand; Er selbst ist der Erkennende, der Vorgang des Erkennens und die Weisheit, die erkannt wird. Dank Seiner kosmischen Intuition, Seinem Fühlen, das in allem gegenwärtig ist, kennt Er die Wahrheit über alle Dinge. In der gleichen Weise verlassen sich auch Seine wahren Verehrer, da sie mit dem GEIST ihres Himmlischen Vaters im Einklang sind, auf die unbegrenzte Kraft und Führung der intuitiven göttlichen Wahrnehmung und nicht auf ihren begrenzten Verstand, wenn sie verfolgt oder mit menschlichen Problemen konfrontiert werden.

Im Zusammenhang mit den zuvor zitierten Stellen aus dem Lukas-Evangelium (21,14–15) und auch mit denen aus dem Johannes-Evangelium (14, 26) versichert Jesus seinen Jüngern, dass er helfen wird, wenn es notwendig ist: »›*Ich will euch Rede und Weisheit geben*‹ – ihr werdet fühlen, dass der Geist meines Christusbewusstseins bei euch ist und sich Ausdruck verschafft, in dem ›Tröster, dem Heiligen Geist ... der euch alles lehren wird‹.«

~

> *Es wird aber ein Bruder den anderen dem Tod überliefern und der Vater den Sohn, und die Kinder werden sich gegen ihre Eltern auflehnen und werden sie töten helfen. Und ihr werdet von allen gehasst werden um meines Namens willen. Wer aber bis an das Ende ausharrt, der wird gerettet werden.* (*Matthäus* 10, 21–22)[8]

[8] Vgl. Parallelstelle in *Markus* 13, 12–13.

Parallelstelle:

Ihr werdet aber sogar von Eltern, Brüdern, Verwandten und Freunden verraten werden; und einige von euch wird man töten. Und ihr werdet von allen gehasst werden um meines Namens willen. Doch kein Haar von eurem Haupt wird verloren gehen. Bleibt standhaft, und ihr werdet das Leben gewinnen. (*Lukas* 21, 16–19)

Unbeirrbarkeit auf dem geistigen Weg inmitten von Prüfungen und Verfolgungen

Jesus machte weitere Voraussagen über jene, die ihr Leben der Verbreitung seiner Wahrheit widmen würden: »Satan wird großes Unheil anrichten und den materialistischen Bruder dazu anstacheln, den spirituellen Bruder zu verfolgen, und den nicht spirituellen Vater dazu, sein spirituelles Kind zu verfolgen. Die ungläubigen Kinder werden sich gegen ihre Eltern erheben, die an meine Wahrheit glauben; sie werden ihnen Schwierigkeiten bereiten und großes Leid und den Tod bringen. Und materialistisch eingestellte Menschen, die es gewöhnt sind, im Dunkel der Unwissenheit zu leben, werden euch verachten, weil ihr in euren Handlungen das subtile, reine Licht des Christusbewusstseins offenbart. Und einige von euch werden zum Tode verurteilt werden, aber *»kein Haar von eurem Haupt wird verloren gehen«* – nicht die geringste Spur eurer geistigen, weisen Erkenntnisse wird verwehen oder dem Auge Gottes entgehen.

Ein Gottsucher, der bei Prüfungen und Verfolgungen auf dem geistigen Weg nicht nur für kurze Zeit, sondern bis an sein Lebensende standhaft bleibt – der geduldig ist und Schwierigkeiten und Versuchungen erträgt sowie die spirituelle Enttäuschung, Gott trotz glühender Gebete oder jahrelanger Meditation noch nicht gefunden zu haben –, der wird das ewige Leben der unsterblichen Seele besitzen. Er wird für immer davor bewahrt, dass ihm dornenreiche Inkarnationen aufgezwungen werden, die das Schicksal der an Wünsche gefesselten Menschen sind.«

Wenn sie euch aber in einer Stadt verfolgen, so flieht in eine andere. Wahrlich ich sage euch: Ihr werdet mit den Städten Israels noch nicht zu Ende sein, bis der Menschensohn kommt. (*Matthäus* 10, 23)

»Wenn man euch aber in einer Stadt verfolgt, weil ihr die Botschaft Gottes verkündigt, verschwendet eure Zeit und euren guten Rat nicht an die Unempfänglichen, indem ihr euch mit ihnen auseinandersetzt. Folgt eurem gesunden Menschenverstand und sucht voll göttlicher Demut eine andere Stadt auf, in der ihr das Wort Gottes predigt. Wahrlich, mit der allwissenden Kraft meiner spirituellen Schau erkläre und prophezeie ich euch, dass eure Bestimmung als Prediger in den Städten Israels noch nicht erfüllt sein wird, solange die Werke und die Botschaft, die durch meinen Körper (den Sohn des Menschen) überbracht werden, nicht überall in der Welt in vollem Umfang bekannt sind.«

Der Jünger steht nicht über seinem Meister und der Diener nicht über seinem Herrn. Es ist für den Jünger genug, dass er sei wie sein Meister und der Diener wie sein Herr. Haben sie schon den Hausherrn Beelzebub genannt, wie viel mehr werden sie das bei seinen Hausgenossen tun! (*Matthäus* 10, 24–25)[9]

Jesus hebt hervor, dass die Verfolgung seiner Jünger ebenso unbarmherzig, wenn nicht noch grausamer sein würde als seine eigene. »Meine Lieben, ihr wisst, dass selbst ein vollendeter Jünger nicht in derselben Weise verehrt wird wie sein Meister, ganz gleich, wie geistig fortgeschritten der Jünger auch sein mag; ebenso genießt ein geachteter Diener niemals höheres Ansehen als sein Herr. In den Augen Gottes genügt es, dass der Jünger seinem Meister ebenbürtig wird und dass ein Diener innerlich die gleichen edlen Eigenschaften entwickelt, die sein Herr besitzt; aber in den Augen der Menschen gilt diese Wertung nicht. Wenn daher die materialistisch gesinnten Menschen und die Pharisäer den »Hausherrn« der Christuslehren als »Beelzebub« (Obersten der Teufel)[10] bezeichnen, wie viel mehr werden sie dann

[9] Beim Letzten Abendmahl wiederholte Jesus diese Worte zur Orientierung seiner Jünger (*Johannes* 15, 20; siehe Diskurs 71, Band III).

[10] Anspielung auf die Verleumdung Jesu durch die Pharisäer in *Matthäus* 12, 24 (siehe Diskurs 36, Band II).

Jesus und Petrus wandeln auf dem Wasser

Und Petrus stieg aus dem Boot und ging auf dem Wasser auf Jesus zu. Als er aber den starken Wind sah, fürchtete er sich; und als er anfing zu sinken, schrie er und sprach: Herr, hilf mir!

Sogleich streckte Jesus die Hand aus und ergriff ihn und sprach zu ihm: O du Kleingläubiger, warum hast du gezweifelt?

Matthäus 14, 29–31

Durch die Kraft seines Glaubens und seiner geistigen Konzentration erreichte Petrus eine vorübergehende Übereinstimmung mit dem Bewusstsein Christi und war frei von der weltlichen Traum-Illusion von Materie. Er wurde daher vom göttlichen Bewusstsein getragen, nachdem er aus dem Schiff ausgestiegen war und auf dem Wasser auf Jesus zuging. Als aber durch den heftigen Wind sein intensiver Glaube von Furcht ergriffen wurde, kehrte seine Gewohnheit, die Materie als wirklich anzusehen, wieder in sein Bewusstsein zurück, und er fühlte sofort, wie sein Körper zu sinken begann. …

Mit dem Wort Glaube meint Jesus hier nicht einen oberflächlichen intellektuellen Glauben, der sich bei der geringsten Andeutung gegensätzlicher Anzeichen verflüchtigt. Glaube ist absolute Überzeugung; die Beweise für ihn liegen im intuitiven Wissen der Seele. Das Gottesbewusstsein und seine unermesslichen Kräfte werden von unermüdlichen Gottsuchern erlangt, die sich durch Meditation stetig fortentwickeln, bis sie einen unerschütterlichen Glauben an das allmächtige Wesen Gottes besitzen und daran, dass Er sich in ihnen offenbart.

Paramahansa Yogananda

Zeichnung von Heinrich Hofmann

euch alle verdammen, da sie euch noch niedriger einstufen als mich? Denn sie betrachten euch nur als Nachfolger und nicht als Urheber der Wahrheit, die durch mein Christusbewusstsein offenbart wird.«

Fürchtet euch deshalb nicht vor ihnen. Denn es ist nichts verhüllt, was nicht offenbar wird, und nichts ist verborgen, was nicht bekannt wird. Was ich euch im Dunkeln sage, das redet im Licht; und was euch ins Ohr gesagt wird, das verkündet auf den Dächern. (*Matthäus* 10, 26–27)[11]

»O meine Lieben, obwohl ich euch bitte, duldsam und demütig zu sein, wenn man euch misshandelt, und während eurer Predigertätigkeit dem Weg des geringsten Widerstandes zu folgen, so dürft ihr eure Kritiker doch nicht fürchten; denn nur so könnt ihr den wahren Suchern dienen, für deren empfängliches Bewusstsein all jene Wahrheiten offenbart werden, die dem Blick der spirituell Unwissenden verborgen bleiben. Es gibt keine Weisheit, die für immer vor dem erwachten Bewusstsein und dem spirituellen Hunger solcher Gottsucher verhüllt bleiben kann. Alle Dinge, die in spiritueller Dunkelheit lebende, unwissende Menschen nicht wahrnehmen können, werden von denen erkannt, deren intuitive SELBST-Erkenntnis entwickelt ist. Ich bitte euch, die esoterischen Wahrheiten, die ich euch im Geheimen offenbare und die dem getrübten Blick der breiten Masse verborgen bleiben und die ich euch innerlich in der Stille eurer Seele als Schwingungen mitteile, anderen, lichtvollen Seelen durch das Licht eurer SELBST-Erkenntnis zu verkünden, den Seelen, die aufgrund ihres guten Karmas weit fortgeschritten sind, sodass sie die Wahrheiten aufnehmen und verstehen können. Und die Wahrheiten, über die ihr mich habt offen sprechen hören – und ebenso diejenigen, die ich eurem inneren, intuitiven Gehör durch meine Christusintelligenz mitteilen werde, damit sie öffentlich verbreitet werden –, könnt ihr ohne Ausnahme allen mit lauter Stimme offenbaren.«

Es sei hier angemerkt, dass Jesus seine Jünger bittet, zwei Versionen seiner Lehre zu verbreiten – zum Ersten: die geheimen höheren

---

11 Diese Aussagen Jesu werden in *Lukas* 12, 2–3 als Teil einer anderen Rede wiederholt und in diesem Zusammenhang auch in Diskurs 55 (Band III) kommentiert.

Unterweisungen für auserwählte, spirituell fortgeschrittene Menschen; zum Zweiten: die allgemeinen Lehren für die breitere Öffentlichkeit.

Und fürchtet euch nicht vor denen, die den Leib töten, jedoch die Seele nicht töten können; fürchtet euch aber vielmehr vor dem, der Leib und Seele verderben kann in der Hölle.

Verkauft man nicht zwei Sperlinge für einen Groschen? Und doch fällt keiner von ihnen auf die Erde ohne euren Vater. Bei euch aber sind selbst alle Haare auf dem Haupt gezählt. Deshalb fürchtet euch nicht; ihr seid mehr wert als viele Sperlinge. (*Matthäus* 10, 28–31)

Parallelstelle:

Und ich sage euch, meinen Freunden: Fürchtet euch nicht vor denen, die den Leib töten, und danach nichts mehr tun können. Ich will euch aber zeigen, vor wem ihr euch fürchten sollt: Fürchtet euch vor dem, der, nachdem er getötet hat, auch Macht hat, in die Hölle zu werfen. Ja, ich sage euch, vor dem fürchtet euch.

Verkauft man nicht fünf Sperlinge für zwei Groschen? Dennoch ist vor Gott kein einziger von ihnen vergessen. Bei euch aber sind sogar alle Haare auf dem Haupt gezählt. Deshalb fürchtet euch nicht; ihr seid mehr wert als viele Sperlinge. (*Lukas* 12, 4–7)

Der moralische und spirituelle Mut zur Aufrechterhaltung göttlicher Prinzipien

»Ich erkläre euch ausdrücklich, meine Freunde (Freunde, die durch die Liebe meines Vaters in meinem Herzen auserwählt und mir nicht von der Natur aufgedrängt wurden, wie es bei Verwandten der Fall ist): Fürchtet euch nicht vor denen, die euch mit dem Tode drohen, denn sie würden nur euren Körper töten und keine weitere Macht über euch besitzen. Euer göttliches Bewusstsein können sie nicht vernichten oder mit Kummer erfüllen, noch vermögen sie, eure unzerstörbare, unwandelbare Seele auszulöschen. Aber ich ermahne euch – und all jene, die schlecht sind –, dass ihr in tiefer Ehrfurcht und heiliger Scheu vor Gott stehen müsst – vor dem Allmächtigen, der eure Seele und euren Körper durch das Gesetz von Ursache und Wirkung aus Seinem eigenen SELBST hervorgebracht hat, vor Ihm, der allein euer Dasein aufrechterhält und der durch Seinen göttlichen Willen die Unsterblichkeit eurer Seele in alle Ewigkeit bestehen lässt. Sein göttliches Gesetz des Karmas ist ermächtigt zu verhindern, dass eure Seele nach dem Tod eures Körpers Frieden und Freude ausdrückt, und zu bewirken, dass euer Bewusstsein im Astralkörper unter all der Schlechtigkeit leiden muss, die sich in einem oder vielen eurer Leben angehäuft hat. Fürchtet euch deshalb eher vor euren sündigen Handlungen, denn sie können das göttliche Gesetz dazu zwingen, dass ihr nach dem Tod, als Folge eures quälenden Gewissens und eurer bösen Neigungen, einer selbsterschaffenen Hölle gewahr werdet – einer Hölle, die mit ihren Flammen schon im irdischen Leben das innere Wesen peinigt und auch äußerlich die Gesundheit und andere Voraussetzungen für ein glückliches Dasein beeinträchtigt.

Fürchtet euch deshalb auch dann nicht, wenn ihr euren Körper opfern müsst. Ein solches Opfer wird eure Seele nicht auslöschen; doch wenn ihr einen spirituellen Grundsatz preisgebt, kann euch dies seelisches und auch körperliches Verderben bringen.«

Jesus prägt seinen Jüngern ein, dass man moralischen und geistigen Mut besitzen muss und dass es eine große Sünde ist, aus Furcht vor den Menschen gegen das kosmische Gesetz zu verstoßen. Verfolgung kann zur Vernichtung des Körpers führen; doch Verstöße gegen die Gesetze der Wahrheit beeinträchtigen nicht nur den Körper, sondern auch die Seele. Die Schmerzen des Körpers enden mit dem Tod, aber im Nachtod-Zustand schließen Gram und Kümmernis, welche aus den üblen Handlungen eines Menschen erwachsen, die Seele in ihren leidenden Astralkörper ein.

Die Vorstellung von einer Hölle, in der Seelen buchstäblich für immer in Feuer und Schwefel brennen müssen, ist lächerlich. Es ist die dem menschlichen Herzen innewohnende Neigung zur Rachsucht, die zu der schrecklichen Vorstellung eines sich grausam rächenden Schöpfers führt, der sich durch die Übeltaten der Menschen verletzt fühlt. Was für ein armseliger Gott! Das ist ein furchtbares Urteil über Ihn, den Vater-Mutter-Gott, der alle Dinge in Seiner Liebe geschaffen hat, der sie alle im Unendlichen Herzen der Liebe erhält und sie durch Seine

Die Vorstellung von »Feuer und Schwefel« entstand aus der eigenen Rachsucht des Menschen

vergebende Liebe in die Ewige Glückseligkeit zurückzieht. Die Seelenwanderung mittels der Reinkarnation, samt deren Gelegenheiten, sich mehr um Besserung zu bemühen, entzieht jeglicher Begründung die Basis, dass der Mensch für sein vorübergehendes Abgleiten in Unwissenheit und Unrecht für alle Ewigkeit bestraft werden müsse. Selbst ein sündiger Mensch wird mit der Zeit wieder zu einer vollkommenen Seele. An welchem Punkt würde ein gerechter Gott plötzlich das göttliche Geburtsrecht eines Menschen aufheben, die Verwirklichung aller Wesenszüge seines wahren SELBST anzustreben, um ihn stattdessen in einer ewigen Hölle leiden zu lassen? Es ist unhaltbar, dass Jesus, der Liebe, Barmherzigkeit und Vergebung verkörperte, eine solche Doktrin vertreten und predigen würde. Alles in seinem Leben und in seinen Lehren schließt es aus, seine Hinweise auf die Hölle wörtlich auszulegen, als sei diese ein Ort ewiger Feuerqualen.

Irdisches Feuer kann im physischen Körper die Empfindungen des Verbrennens auslösen, aber die Seele selbst ist unstofflich und kann nicht von physischen Wahrnehmungen gequält werden. Wird ihr Astralkörper-Bewusstsein jedoch von den teuflischen, niederträchtigen Neigungen geplagt, die sie sich im irdischen Leben angeeignet hat, kann sie für gewisse Zeit ein qualvolles geistiges Inferno durchleben, das unbestreitbar noch schlimmer sein kann als ein physisches Höllenfeuer.

Die geistige Hölle der Niedertracht kann im Nachtod-Zustand beliebig lange fortdauern, so lange, bis der Betreffende schließlich in einer weiteren Inkarnation eine neue Gelegenheit findet, sich zu bessern, oder anderweitig bereut und um Erlösung betet. Das Ausmaß an Hartnäckigkeit und Verbissenheit, mit denen ein Mensch sogar im Leben nach dem Tode am Bösen festhält, entscheidet darüber, wie lange die vom Menschen selbst geschaffene mentale Hölle Bestand hat.

Jesus fährt fort: »Meine Lieben, denkt an eure immerwährende Verbundenheit mit dem Himmlischen Vater, der stets über euch wacht. Da Gott allwissend und allgegenwärtig ist, versäumt Er es nicht, das Schicksal unbedeutender Sperlinge zu lenken – *›doch fällt keiner von ihnen auf die Erde ohne euren Vater‹*, ohne, dass sich euer Vater dessen bewusst ist. Wie viel mehr schätzt und schützt Er das Werk Seiner Verehrer, die sich um der Wahrheit willen aufopfern und sogar für sie gemartert werden.

In Vergangenheit, Gegenwart und Zukunft ist sich Gott aller Dinge bewusst, selbst eines jeden Haares auf eurem Kopf. Fürchtet darum nicht um euer Leben oder um eure Handlungen, denn die Kinder Gottes sind dem Vater wichtiger als das instinktiv ablaufende Leben der Sperlinge, die Er so liebevoll umsorgt, obwohl sie so unwichtig scheinen.«

Diese hohen Erwartungen, die Jesus gegenüber seinen Jüngern hatte, gründen sich auf absolute Werte, was den Glauben an Gott und die Ergebenheit Ihm gegenüber betrifft; sie gehen weit über das hinaus, zu dem unverständige, durchschnittliche Menschen bereit sind. Der Gottsucher ist aufgefordert, bedingungslos die Wahrheit anzuerkennen, dass dieses Universum bis in die letzte Einzelheit von der Intelligenz des Kosmischen Vaters geplant ist. Wenn der Mensch Ihn erkennt, wird er auch das Warum aller unerklärbaren Umstände und allen Geschehens verstehen und über die Weisheit des Vaters erstaunt sein, dessen allgegenwärtige Liebe versucht, Satans disharmonische Machenschaften kosmischer Täuschung zu vereiteln. Der Mensch, Gott zum Bilde geschaffen, hat daher keinen Grund zu fürchten, dass er vom Göttlichen im Stich gelassen wird; mit Sicherheit wird Gott die Bemühungen jeder Seele unterstützen, ihren Weg zu Seinem Reich Ewiger Glückseligkeit zurückzufinden.

> *Wer sich nun vor den Menschen zu mir bekennt, zu dem will auch ich mich bekennen vor meinem himmlischen Vater. Wer mich aber verleugnet vor den Menschen, den will auch ich verleugnen vor meinem himmlischen Vater.* (*Matthäus* 10, 32–33)
>
> Parallelstelle:
>
> *Ich aber sage euch: Wer sich vor den Menschen zu mir bekennt, zu dem wird sich auch der Menschensohn vor den Engeln Gottes bekennen. Wer mich aber verleugnet vor den Menschen, der wird verleugnet werden vor den Engeln Gottes.* (*Lukas* 12, 8–9)[12]

[12] Weitere Parallelstellen hierzu in *Markus* 8, 38 und *Lukas* 9, 26 (Diskurs 45, Band II).

Den Segen der göttlichen Fürsprache des Gurus empfangen

»Jeder, der sich vor materiell gesinnten Menschen und Verfolgern dazu bekennt, mit meinem Bewusstsein und meinen Lehren im Einklang zu sein, wird erleben, dass auch ich auf ihn eingestellt bin; ich werde bei meinem Vater Fürsprache für ihn einlegen, dass Er ihn selbst dann in Sein Reich lichterfüllter Unendlichkeit aufnimmt, wenn er noch mit dem schlechten Karma begangener Sünden belastet ist. Jede Seele, die den physischen Tod erleidet, weil sie meine Wahrheit gelehrt hat, wird erleben, dass ihre Sünden dadurch gesühnt wurden. Ihr Bewusstsein wird – über die Christusintelligenz in der Kosmischen Schwingung – in die transzendente Sphäre des Kosmischen Bewusstseins eingehen.

Wer nur einen schwachen Glauben und wenig Hingabe besitzt und gegenüber materiell denkenden Menschen aus Furcht vor Verfolgung bestreitet, dass er sich mit dem Christusbewusstsein in mir im Einklang befindet, oder wer von einem Leben in Christus abweicht oder dieses aufgibt, wird – wenn er nach dem Tode den glückseligen Zustand der Christusintelligenz erreicht – erleben, dass dieser Bewusstseinszustand in ihm wieder verblasst (da er aus Schwäche Christus verleugnet hat); und dies wird ihm verwehren, im Bewusstsein der Christusintelligenz zu verweilen und noch höher aufzusteigen, zum Kosmischen Bewusstsein, zum Bewusstsein Gottvaters.«

Hier sagt Jesus seinen Jüngern, wie wichtig seine göttliche Fürsprache ist – der Segen des Gurus –, welche das in ihrem Inneren aufkommende Erleben des Christusbewusstseins verstärkt. Dann warnt er sie, diesen Segen nicht zu verlieren, indem sie ihre Übereinstimmung mit dem Christusbewusstsein in ihm geringer werden lassen: unter der Last widriger Umstände und spiritueller Verfolgung oder dadurch, dass sie selbstsüchtigen Motiven erliegen. Glaubensstärke und fortwährende Übereinstimmung mit Gott bewirken, dass sich die erlösende Gnade des »himmlischen Vaters« auf den Gläubigen herabsenkt und ihm die himmlischen Mächte, die »Engel Gottes«, beistehen. Aber Jesus warnt jene Gottsucher, die aus Furcht vor weltlicher Verurteilung oder weil sie sich von Versuchungen beherrschen lassen, vom Weg ihrer eigenen Höherentwicklung abweichen und nicht länger das Bewusstsein anderer erheben: Sie verwirken die göttliche Hilfe, verlieren ihre Verbindung mit dem Christusbewusstsein und sind außerstande, weitere Fortschritte zu machen.

Ihr sollt nicht denken, dass ich gekommen bin, Frieden zu bringen auf die Erde. Ich bin nicht gekommen, Frieden zu bringen, sondern das Schwert. Denn ich bin gekommen, den Sohn mit seinem Vater zu entzweien und die Tochter mit ihrer Mutter und die Schwiegertochter mit ihrer Schwiegermutter. Und des Menschen Feinde werden seine eigenen Hausgenossen sein. Wer Vater oder Mutter mehr liebt als mich, der ist meiner nicht wert; und wer Sohn oder Tochter mehr liebt als mich, der ist meiner nicht wert. Und wer nicht sein Kreuz auf sich nimmt und mir nachfolgt, der ist meiner nicht wert. Wer sein Leben findet, der wird es verlieren; und wer sein Leben verliert um meinetwillen, der wird es finden. (*Matthäus* 10, 34–39)[13]

Jesus spricht mit seinen Jüngern nicht nur über die Konfliktsituationen, welche die Verbreitung seiner Botschaft spiritueller Erneuerung heraufbeschwören wird, sondern auch über die unvermeidlichen Hindernisse für jene Menschen, die in einer auf menschliche Beziehungen und materielle Werte ausgerichteten Welt aufrichtig dem Weg zu Gott zu folgen versuchen.

»Denkt nicht, dass ich gekommen bin, um einen äußerlichen Frieden zu bringen, damit sich die Menschen selbstzufrieden in einem irdischen Leben einrichten. Ich kam nicht, um ein kurzlebiges weltliches Glück anzubieten, sondern um der spirituell starken Seele das zweischneidige Schwert der Weisheit und Selbstbeherrschung sowie göttlicher Stärke und Entschlossenheit zu geben, mit dem sie die Zwänge weltlicher Leidenschaften und Versuchungen zerschlagen und erfolgreich jedem ungeistigen Einfluss der Familie widerstehen kann, der sie daran hindern könnte, ewiges Glück und ewige Freiheit zu erlangen.

Mit dem Schwert der Weisheit und der Selbstbeherrschung gegen ungeistige Versuchungen und Einflüsse kämpfen

Die ewige Wahrheit, die ich predige und die sich in euch offenbart, wird die Menschen je nach ihrem guten und schlechten Karma unterschiedlich beeinflussen: Einer meiner spirituell ausgerichteten

[13] Weitere Parallelstelle siehe *Lukas* 12, 51–53 (Diskurs 56, Band II).
Jesus wiederholt die letzten zwei Sätze dieser Unterweisung in einem anderen Kontext in *Matthäus* 16, 24–25 (siehe Kommentar dazu in Diskurs 45, Band II).

Anhänger stimmt womöglich nicht mit den Ansichten seines materialistischen Vaters überein; oder eine auf das Christusbewusstsein eingestellte Tochter versteht sich nicht mit ihrer geistig desinteressierten Mutter; oder eine spirituelle Schwiegertochter handelt möglicherweise den weltlichen Wünschen ihrer Schwiegermutter zuwider; und ein Mann, der sich in seinen Meditationen der Ekstase des Christusbewusstseins erfreut, kann erleben, dass ihm die Mitglieder seiner weltlichen Familie aufgrund ihrer entgegengesetzten karmischen Neigungen feindselig begegnen.

Auch wenn die Eltern dem Menschen von Gott durch Seine Naturgesetze gegeben wurden, sollte der Gottsucher doch über seiner Liebe zu ihnen nicht die größere Liebe vergessen, die er seinem Himmlischen Vater schuldet; ähnlich ist es mit der engen Bindung an einen Sohn oder eine Tochter. Gottes würdig zu sein bedeutet, über Ihn zu meditieren, bis man Ihn als den größten Kosmischen Liebenden erkennt – als die göttliche Liebe hinter aller menschlichen Liebe.«

Gewiss meint Jesus nicht, dass seine Lehren keinen Frieden in das Leben einer Familie bringen werden, deren Mitglieder nach der Wahrheit suchen. Vielmehr ermahnt er alle, die ihren Blick auf das Reich Gottes gerichtet halten, nicht in der Unwissenheit eines materialistischen Lebens zu versinken, sondern das Schwert der Weisheit, das er ihnen brachte, dazu zu benutzen, die Trugbilder ihrer eigenen Weltlichkeit zu zerstören.

Das Umfeld und die Liebe einer Familie üben selbst auf den standhaftesten Gottsucher einen starken Einfluss aus. Daher betont Jesus, dass ein Gottsucher nicht nachgeben und sich auch dann unbeirrt und entschlossen weiter bemühen soll, wenn seine Familienmitglieder seine Bestrebungen zu behindern suchen oder ihn davon abbringen wollen, ein göttliches Bewusstsein zu entwickeln. Der Gottsucher sollte sich stets daran erinnern, dass allein er die Folgen seines Handelns tragen muss; kein Fehlverhalten seiner irdischen Familie sollte ihn dazu bewegen, sich gegen seinen Himmlischen Vater aufzulehnen. Die entschiedenen Worte Jesu machen deutlich, dass diejenigen, die alle Hindernisse überwinden, gutes Karma und gute Neigungen schaffen, durch die sie unaufhaltsam geführt werden, das Kosmische Bewusstsein zu erlangen, das Reich Gottes.

Jesus drückte sich ganz unmissverständlich aus; bei einer anderen Gelegenheit sagte er: *»Wenn jemand zu mir kommt und hasst nicht Vater, Mutter, Weib, Kinder, Bruder, Schwestern und dazu sich* *selbst, der kann nicht mein Jünger sein.«* (*Lukas* 14, 26) Er meint damit nicht wörtlich, dass alle Gottsucher ihre Eltern und Verwandten hassen oder ihr eigenes Leben verabscheuen sollen. An anderer Stelle weist er auf Folgendes hin: »*Wer ist meine Mutter, und wer sind meine Brüder? ... Wer den Willen meines Vaters im Himmel tut*«;[14] und weiterhin: »*Sorgt euch nicht um euer Leben, was ihr essen und trinken werdet, auch nicht um euren Leib, was ihr anziehen werdet. ... Trachtet zuerst nach dem Reich Gottes und nach seiner Gerechtigkeit, so wird euch das alles dazugegeben.*«[15] Jesus bringt hier die Wahrheit zum Ausdruck, dass kein Mensch seine Pflichten seinen Eltern, seinem Ehepartner oder anderen Verwandten gegenüber erfüllen und auch nicht für seinen eigenen Körper und sein eigenes Leben sorgen könnte, wenn er nicht als Gaben den Verstand, das Leben und die Handlungsfähigkeit erhalten hätte, die von Gott allein kommen. Um Gott selbst zu erreichen, muss jeder, der Ihn sucht, fähig sein, die dem Menschen eigene unmäßige Vorliebe für die Gaben Gottes aufzugeben. Der Preis, den der Mensch für seine Anhänglichkeit an materielle Dinge zahlen muss, ist gewöhnlich das von endlosem Elend begleitete Vergessen Gottes; der Preis für wahre Gottverwirklichung besteht in erster Linie darin, dass man völlige Entsagung im Geiste übt, und zweitens, dass man (in angemessenen Situationen) auf allen materiellen Besitz und jegliche Anhänglichkeit an den Körper verzichtet. In der Bhagavad-Gita drückt Sri Krishna dies in ähnlicher Weise aus: »Gib alle anderen Pflichten auf und denke nur noch an Mich. Da du ohne die menschlichen Fähigkeiten, die Ich dir geliehen habe, keine deiner Pflichten erfüllen kannst, will Ich dir die Sünde vergeben, geringere Aufgaben zu vernachlässigen – vorausgesetzt, du hast diesen abgeschworen, um Mich allein zu suchen.«[16]

»*Und wer nicht sein Kreuz auf sich nimmt und mir nachfolgt*« – wer Versuchungen nicht mit Selbstdisziplin bekämpft und in der Meditation seinen Geist nicht über die Ebene der Sinne erhebt, um durch das Sternentor im geistigen Auge zu schreiten, das zum Christusbewusstsein führt, »*ist meiner nicht wert*« – meines göttlichen

---

[14] *Matthäus* 12, 48. 50 (siehe Diskurs 36, Band II).

[15] *Matthäus* 6, 25. 33 (siehe Diskurs 29, Band I).

[16] Paraphrase zu XVIII, 66: »Gib alle anderen *Dharmas* (Pflichten) auf und denke nur noch an Mich; Ich will dich von allen Sünden befreien (die aus dem Versäumnis dieser geringeren Pflichten entstehen). Sorge dich nicht!«

Christusreiches. Wer nicht bereit ist, seinen in der Meditation gewonnenen Christusfrieden in jedem Augenblick seines täglichen Lebens beizubehalten – dann, wenn die innere Ruhe von Rastlosigkeit, die Selbstbeherrschung von Versuchung und die Treue zu Gott durch Verfolgung gekreuzigt wird –, der ist nicht würdig, das Christusbewusstsein zu erlangen und die leidvolle Wiederholung irdischer Inkarnationen hinter sich zu lassen, um in das ewige Leben immer neuer Glückseligkeit einzugehen.

»Wer sein Leben findet« – wer weltliches Glück als sein Lebensziel ansieht –, *»der wird es verlieren«*: Wenn der Tod den dünnen Lebensfaden seines physischen Daseins zerreißt, verliert der Mensch gezwungenermaßen alles, was er zu seiner zeitweiligen Befriedigung angesammelt hat. *»Und wer sein Leben verliert um meinetwillen«* – wer sein Verlangen nach weltlichen Vergnügen aufgibt, um sein Bewusstsein zu läutern, damit es in der Meditation mit dem glückseligen Christusbewusstsein in Verbindung tritt –, *»der wird es finden«*: der wird das ewige Glück des göttlichen Lebens finden.

»O meine Jünger, denkt immer daran: Wer nur die materiellen Genüsse weltlichen Lebens im Auge hat, dem gehen die göttlichen Freuden verloren, die hinter seinem nach außen gerichteten Bewusstsein verborgen liegen. Wer jedoch die kosmische Freude der Meditation findet und sie fest in sein Leben einbezieht, wird nicht mehr von einem Verlangen getrieben, das ihn an die unbeständigen Gelüste weltlichen Lebens bindet. Er findet das Christusbewusstsein in seinem Inneren und damit die ewige Freude, die hinter den Fassaden des Materiellen verborgen liegt. Dieser Gottsucher, frei von dem Verlangen nach körperlichem Vergnügen, wird beim Meditieren in der ewig neuen, ekstatischen Freude des Christusbewusstsein erkennen, dass ihm zusätzlich auch materielles Wohlergehen und irdisches Glück geschenkt werden; derjenige jedoch, der sich nur um materielles Glück bemüht, wird es verlieren, weil es oberflächlich und nur von kurzer Dauer ist.«

Wer euch aufnimmt, der nimmt mich auf; und wer mich aufnimmt, der nimmt den auf, der mich gesandt hat. Wer einen Propheten im Namen eines Propheten aufnimmt, der wird eines Propheten Lohn empfangen. Wer einen Gerechten im Namen eines Gerechten aufnimmt, der wird eines Gerechten Lohn empfangen.

Und wer einem dieser Geringsten auch nur einen Becher kalten Wassers zu trinken gibt, weil er ein Jünger ist, wahrlich ich sage euch: Er wird seinen Lohn gewiss nicht verlieren. (*Matthäus* 10, 40–42)

Wer euch hört, der hört mich; und wer euch verachtet, der verachtet mich; wer aber mich verachtet, der verachtet den, der mich gesandt hat. (*Lukas* 10, 16)

»Aufnehmen« und »hören« beziehen sich auf die Fähigkeit, die Weisheit Gottes in sich aufzunehmen, die von einem wahren göttlichen Guru vermittelt wird oder von einem Jünger, der sich mit dem Guru im Einklang befindet; erworben wird diese Fähigkeit, indem man das Fassungsvermögen des eigenen Bewusstseins erweitert und sich innerlich auf das Gottesbewusstsein des Gurus einstellt.

Segen durch innere Übereinstimmung mit einem gottverwirklichten Meister oder seinen treuen Jüngern

»O meine Jünger, jeder Gottsucher, der eure Unterweisungen, so wie ich sie euch vermittelt habe, hört und euch folgt, der folgt mir. Infolge eurer Hingabe und Meditation ist mein Christusbewusstsein mit euch, und jeder, der mit euch im Einklang ist, wird sich im Einklang mit meinem Christusbewusstsein befinden. Jene Gottsucher, die durch ihre Intuition und ihre Übereinstimmung mit euch an eurem Bewusstseinszustand teilhaben, meine geliebten Jünger, werden sich allmählich durch eure Hilfe und die geistigen Schwingungen, die von euren Meditationen ausgehen, mit dem Christusbewusstsein in ihrem eigenen Inneren verbinden. Wer durch tiefe Meditation in den Zustand des Einsseins mit dem Christusbewusstsein in der ganzen aus Schwingungen bestehenden Schöpfung (dem Sohn) eingehen kann und sein Leben unter eurer Führung diszipliniert, wird schließlich eins werden mit dem Kosmischen Bewusstsein jenseits der Schöpfung (mit Gottvater), dessen Widerspiegelung der Christusintelligenz mir innewohnt.

Wer im Einklang ist mit Jüngern, die mit Christus im Einklang sind, befindet sich ohnehin auch im Einklang mit dem Christusbewusstsein. Und wer die Christusintelligenz in sein erweitertes Bewusstsein aufnehmen kann, stimmt mit dem Kosmischen Bewusstsein überein, von dem das Christusbewusstsein ausgeht. Jeder, der euch, meinen treuen Boten, mit Hass begegnet, hasst mein Christusbewusstsein und lehnt sich aus Unwissenheit dagegen auf; und dadurch ist er noch weniger in Übereinstimmung mit Ihm, der mich gesandt hat, mit dem Kosmischen Bewusstsein, dessen Widerspiegelung ich bin.«

Jesus hebt hervor, dass Wahrheitssucher in das Kosmische Bewusstsein Gottes eingehen können, indem sie ihr Bewusstsein auf wahre Gurus einstimmen, welche Gott verwirklicht haben und selbst von christusgleichen Lehrern geschult wurden. Durch die Hierarchie und Linie wahrer Gurus (*Guru-Parampara*)[17] wird der Wahrheitssucher in der richtigen Weise mit Gott vertraut gemacht.

Jesus fährt fort: »Wer sich mit den geistigen Schwingungen (›dem Namen‹) eines Propheten oder eines rechtschaffenen Menschen im Einklang befindet oder mit den geistigen Schwingungen, die von hilfreichen, barmherzigen Handlungen eines treuen Jüngers ausgehen, der wird die prophetischen Fähigkeiten und die Weisheit eines Propheten empfangen oder mit der Freude belohnt werden, die er sich als ein rechtschaffener Mensch durch seine Tugenden verdient hat, oder er wird der göttlichen Gnade teilhaftig werden, die er durch sein Handeln verdient hat.

Ein Gottsucher, der sein Bewusstsein durch Meditation im höchsten Maße erweitert hat, um das Christusbewusstsein, das Bewusstsein eines Propheten, zu empfangen, befindet sich in Übereinstimmung mit der Kosmischen Intelligenz, die der ganzen, aus Schwingungen bestehenden Schöpfung innewohnt; und wer sich auf das Bewusstsein eines rechtschaffenen Menschen einstimmt und – in Harmonie mit dem Gesetz von Ursache und Wirkung – selbst ein rechtschaffenes Leben führt, der wird ein rechtschaffener Mensch. Und auch der *›wird seinen Lohn gewiss nicht verlieren‹*, der dem Dürstenden mitfühlend etwas zu trinken gibt; und ebensowenig derjenige, der – mit der selbstlosen Haltung eines Jüngers – jemandem einen Becher reicht, angefüllt mit den erfrischenden Wassern der Weisheit oder erhebender Wahrheitsschwingungen, um den Durst der *›Geringsten‹* zu löschen, der noch Unerfahrenen auf dem Weg zu Gott, die Erleichterung suchen, wenn ungestillte weltliche Wünsche sie bedrängen; er wird gutes Karma erwerben und göttliche Neigungen entwickeln, die ihn schließlich zum Christusbewusstsein erheben.«

Die oben zitierten Worte Jesu Christi weisen eine deutliche Parallele zu einigen Versen der Bhagavad-Gita auf: »Jene Menschen, die verschiedene Gottheiten und verschiedene Verkörperungen der Eigenschaften Gottes anbeten, erhalten, was sie wünschen; doch

[17] Die heilige Nachfolge in einer Guru-Linie, bei der ein Meister seinen spirituellen Nachfolger ernennt. (Siehe »Gurus der Self-Realization Fellowship« im Glossar.)

Wahrheitssucher, die nach Mir (Gott) verlangen, kommen zu Mir.«[18] Ähnlich weist Jesus darauf hin, dass alle guten Handlungen belohnt werden und dass die Anhänger unterschiedlicher Ausdrucksformen der Tugend ihre Ziele erreichen, je nachdem, worauf ihr tiefstes Verlangen gerichtet ist. Doch diejenigen, die sich bemühen, im Einklang mit der Gottverwirklichung eines Propheten zu sein und die in das Christusbewusstsein eingehen wollen, gelangen an ihr Ziel und werden wie Christus – so, wie es ihrem Herzenswunsch entspricht.

> *Und sie zogen hinaus und predigten, man solle Buße tun, und trieben viele Teufel aus und salbten viele Kranke mit Öl und heilten sie.* (*Markus* 6, 12–13)

Nachdem Jesus seine Jünger unterwiesen hatte, wie sie ihren geistigen Auftrag mit der richtigen Einstellung erfüllen konnten, sandte er sie in die Welt hinaus. Und so predigten sie über die Schwingungen des Gottesbewusstseins, die von Jesus ausströmten; und sie wiederholten seinen Aufruf an die Menschen, umzukehren und ihre Anhänglichkeit an weltliche Dinge aufzugeben, um durch ihr geistiges Erwachen das Gottesbewusstsein, das Reich Gottes, zu gewinnen. Durch die Kraft ihres entwickelten Willens befreiten die Jünger viele Menschen von wahnhaften Vorstellungen; und sie heilten die unterschiedlichen Krankheiten vieler Leidender, indem sie die Betroffenen mit Öl salbten, das durch andachtsvolle Gebete gesegnet worden war – ähnlich wie Menschen in Indien mit geweihtem Wasser aus den heiligen Flüssen benetzt werden oder mit Wasser, das durch andere spirituelle Handlungen gesegnet wurde. Durch solche Dienste, die denen ihres Meisters gleichkamen, bewiesen die Jünger, dass sie mehr waren als bloß das Ergebnis theologischer Schulung. Da sie die Wahrheit wirklich lebten, taten sie durch ihr geistiges Vorbild und ihr

---

18 VII, 21–23: »Welche Verkörperung (welche göttliche Inkarnation, welchen Heiligen oder welche Gottheit) ein Sucher auch getreulich anzubeten versucht, Ich bin es, der seine Hingabe festigt. Ein Gottsucher, der tiefe Hingabe besitzt und diese Verkörperung unentwegt anbetet, empfängt die Frucht seiner Sehnsucht. Doch wahrlich, Ich allein bin es, der solche Erfüllung schenkt. Aber Menschen mit ungenügendem Wissen (welche die niedrigeren Gottheiten anbeten) ernten nur magere Ergebnisse. Wer die Götter sucht, gelangt zu ihnen; wer Mich sucht, gelangt zu Mir.«

Wirken viel Gutes für die Menschheit – indem sie Menschen sowohl von ihren körperlichen als auch geistigen Leiden und ihre Seelen von Unwissenheit befreiten.

~

Und die Apostel versammelten sich bei Jesus und berichteten ihm alles, was sie getan und gelehrt hatten. Und er sprach zu ihnen: Kommt nun an einen einsamen Ort, wo wir allein sind, und ruht ein wenig. Denn es waren viele, die kamen und gingen; und nicht einmal zum Essen hatten sie Zeit. (*Markus* 6, 30–31)

Als die Apostel von ihren erfolgreichen Reisen zurückkehrten, wies Jesus darauf hin, dass Prediger der Wahrheit sich stets im göttlichen Bewusstseinszustand befinden sollen. Bevor sie hinausgehen, um das Evangelium zu verbreiten, sollen sie sich innerlich durch Meditation vorbereiten, sodass sie von Gott erfüllt sind; und wenn sie sich spirituell erschöpft fühlen, nachdem sie andere unermüdlich unterwiesen haben, sollen sie sich an stille Orte zurückziehen und in der Meditation durch Gottverbundenheit ihre spirituelle Stärke wiedergewinnen, bevor sie erneut ihren geistigen Dienst aufnehmen.

~

Die Siebzig aber kehrten voll Freude zurück und sprachen: Herr, auch die Dämonen sind uns untertan in deinem Namen.

Er sprach aber zu ihnen: Ich sah den Satan vom Himmel fallen wie einen Blitz. Seht, ich habe euch Macht gegeben, auf Schlangen und Skorpione zu treten, und über alle Gewalt des Feindes; und nichts wird euch in irgendeiner Weise schaden können. Doch nicht darüber freut euch, dass euch die Geister untertan sind. Freut euch vielmehr darüber, dass eure Namen im Himmel aufgeschrieben sind. (*Lukas* 10, 17–20)

Auch die siebzig Jünger, die Jesus zu einem späteren Zeitpunkt als Lehrer ausgesandt hatte, kehrten zurück und berichteten ihrem Meister, wie überrascht sie über die Kräfte waren, die sich in seinem Namen durch sie manifestierten. Als sie besonders ihre Macht über Dämonen hervorhoben, erklärte ihnen Jesus, dass Satan die Quelle alles Bösen ist und wie man die Macht des Bösen im eigenen Inneren besiegen kann.

Die Bezwingung Satans, der wie ein Blitz vom Himmel niederfuhr

»Während ich in meinem allgegenwärtigen Christusbewusstsein weilte, schaute ich die satanische Täuschung als eine bewusste kosmische Macht, eine dem Blitz ähnliche schöpferische Energie, die aus dem himmlischen Kosmischen Bewusstsein ausgestoßen wurde. Seht, ich verleihe euch die göttliche Kraft, mit der ihr Satan und seine Handlanger besiegen könnt; beim Überwinden der Täuschung kann euch nicht der geringste Schaden zugefügt werden. Durch mein Christusbewusstsein werde ich euch die Willenskraft verleihen, die euch befähigt, die zusammengerollte Schlangenkraft am unteren Ende der Wirbelsäule zu beherrschen. Fließt die schöpferische Lebenskraft in den Körper, nährt sie sexuelles Verlangen und die ›*Skorpione*‹ quälender, schädlicher, niederer Triebe. Wenn ihr die Technik meistert, mit der ihr die Schlangenkraft durch die erweckten astralen Zentren der Wirbelsäule aufwärts in den himmlischen Astralbereich des Großhirns lenken könnt, dann werdet ihr völlige Kontrolle über die widerspenstigen sexuellen Leidenschaften und über alle abträglichen Wünsche haben, die verhindern, dass ihr die göttliche Glückseligkeit erreicht. Freut euch nicht so sehr über eure Macht, böse Geister und negative Kräfte zu beherrschen, wenn ihr andere Menschen heilt; freut euch vielmehr darüber, dass eure Seelen einen hinreichend hohen Grad an SELBST-Verwirklichung besitzen, sodass sie in den himmlischen Bereich des Kosmischen Bewusstseins eintreten können.«

Wie bereits im Kommentar zu vorhergehenden Versen erklärt wurde,[19] war Satan ursprünglich ein Erzengel, eine intelligente Macht, die zur schöpferischen kosmischen Energie Gottes gehörte und ausgestattet war mit der Fähigkeit, im Einklang mit der Göttlichen Intelligenz vollkommene himmlische Ausdrucksformen in der physischen Schöpfung zu erschaffen. Diese Macht entsprang der Maha-Prakriti, der Großen Natur, dem Heiligen Geist, dem ursprünglichen schöpferischen Aspekt des GEISTES. Die prägende Kraft der Mutter der Schöpfung ist *Maya*, die kosmische Täuschung, die den Einen Geist in Myriaden von Manifestationen verwandelt. Mit Hilfe eines dünnen Schleiers der *Maya* wirkt Para-Prakriti, die reine Natur Prakritis, harmonisch

[19] Siehe Diskurs 7, Band I.

mit der widergespiegelten göttlichen Intelligenz, der Christus-*Kutastha*-Intelligenz, zusammen, um die göttlichen Gesetze und Kräfte zu erzeugen, die alle Manifestationen des himmlischen Astral- und Kausalreiches durchdringen. Um aus dieser zugrunde liegenden astral-kausalen Matrix die gröberen Schwingungen zu erzeugen, die zur Erhaltung einer materiellen Schöpfung notwendig sind, war ein dichterer Schleier der kosmischen Täuschung erforderlich. Weil diese gröberen Schwingungen der kosmischen Täuschung das wahre Wesen der Materie (als etwas aus dem Bewusstsein Gottes Erschaffenes) verzerren und verdüstern, wird diese nach außen fließende Kraft als unreine Natur Prakritis bezeichnet, als Apara-Prakriti. Mit diesem Aspekt wird Satan gleichgesetzt, dargestellt in der Gestalt eines Erzengels, der aus der göttlichen Gnade gefallen war, als eine schöpferische Kraft, die nicht von himmlischen Schwingungen gelenkt wird – eine Macht, die sich gegen das Gottesbewusstsein erhob und die Ursprüngliche Göttlichkeit verdunkelte, um ihr eigenes Reich unter den Menschen aufrechtzuerhalten, und zwar durch den sich von selbst fortsetzenden Missbrauch des freien Willens.

Der Himmel ist also nicht nur das transzendente Kosmische Bewusstsein, sondern auch diejenige Region der Manifestation, in der die reine Intelligente Kosmische Energie im Einklang mit dem schöpferischen Willen des Kosmischen Bewusstseins wirkt, mit dem Willen Gottes, des Vaters der Schöpfung. Und jene Sphäre des Raumes, in der unvollkommene Manifestationen entstehen und existieren, ist der Bereich, in dem die bewusste kosmische Macht Satans – die Energie, die aus der himmlischen Harmonie in einen Zustand der Täuschung herabgesunken ist – verführerische, Unfreiheit erzeugende Illusionen hervorbringt, um sich der verborgenen Essenz der hilfreichen, befreienden Werke der reinen Göttlichen Intelligenz zu widersetzen.

Ähnlich gibt es auch im menschlichen Körper eine himmlische, transzendente Region und eine der Täuschung oder des satanischen Einflusses. Die himmlische Region erstreckt sich vom astralen dorsalen Zentrum, dem Herzzentrum, aufwärts zum transzendenten Gehirnzentrum des Geistes. Der Einflussbereich Satans, in dem die niederen Instinkte angesiedelt sind, beginnt unterhalb des Herzens und umfasst das Lendenzentrum, Kreuzbeinzentrum und Steißbeinzentrum. Dennoch können diese Zentren, wenn sie durch Meditation und richtiges Handeln vergeistigt werden, den Gottsucher durch ihre auf die Seele abgestimmten Eigenschaften unterstützen und fördern, und zwar – dem jeweiligen Zentrum entsprechend – durch Selbstbeherrschung, Beständigkeit in der Einhaltung spiritueller Regeln und Übungen und durch Standhaftigkeit gegenüber schädlichen sinnlichen Versuchungen.[20] Wenn die von den Sinnen abgezogene Energie durch Meditation im göttlichen astralen Zentrum des Gehirns konzentriert ist, sagt man, dass der Gottsucher das Himmelreich erlangt habe. Aber bei den meisten Menschen, bei denen, die nicht meditieren und die nicht in Harmonie mit ihren Seeleneigenschaften handeln, bleibt das Bewusstsein an die nach unten strömende Lebensenergie gebunden und gleitet ab aus der himmlischen astralen Region des Gehirns in den Bereich der Sinne.

Die satanische oder täuschende Kraft in jedem Menschen lässt die einem Blitz gleichende Lebenskraft ständig nach unten zu den Sinnen fließen, wobei der Suchscheinwerfer der Sinneswahrnehmung lediglich Licht auf die verlockenden Sinnesobjekte werfen kann. Dies beobachtete Jesus auch bei den siebzig Jüngern, denen seine Worte galten. Im Gegensatz zu den weiter fortgeschrittenen unter den zwölf Aposteln, mussten diese siebzig Jünger noch lernen, die Kunst des *Pranayama*, die Beherrschung der Lebenskraft, vollkommen zu meistern. Deshalb lehrte Jesus sie – »*ich habe euch Macht gegeben*« –, durch Meditation und Willenskraft die Lebenskraft in die entgegengesetzte Richtung zu lenken – sowie auf die »*Schlangen und Skorpione*« sinnlicher Leidenschaften zu treten – und sich dadurch im eigenen Inneren des himmlischen Bewusstseins und göttlicher Wahrnehmungen im Reich Gottes zu erfreuen.

Daher sagte Jesus diesen Jüngern, dass sie nicht nur darüber glücklich sein sollten, Dämonen austreiben oder üble Leidenschaften beherrschen zu können, die geweckt werden, wenn die Kraft am unteren Ende der Wirbelsäule nach außen fließt und weitere triebhafte Begierden und andere sinnliche Leidenschaften entfesselt. Sondern sie sollten auch darüber beglückt sein, dass ihnen die Kraft geschenkt wurde, die Energie nach oben zurückzuziehen, und zwar durch den schlangenartig gewundenen Gang an der Basis der Wirbelsäule bis in die zerebrospinale Region himmlischer Kräfte und himmlischer Glückseligkeit.

Aufgrund ihrer Selbstbeherrschung, die »aller Gewalt des Feindes« überlegen ist und durch Gehorsam und Meditation erlangt

---

[20] Siehe auch den Kommentar zu *Gott spricht mit Arjuna – Die Bhagavad-Gita* I, 11.

wurde, versicherte Jesus ihnen, dass ihre Namen *»im Himmel aufgeschrieben«* seien – das heißt, nachdem sie ihr Bewusstsein sicher im Himmelreich des eigenen Inneren verankert hätten, seien sie nun würdig, in die grenzenlose, ewige Wohnstatt des glückseligen Kosmischen Bewusstseins, des Himmlischen Vaters, zurückgerufen zu werden.

~

> *In dieser Stunde frohlockte Jesus im Geist und sprach: Ich preise dich, Vater und Herr des Himmels und der Erde, dass du diese Dinge vor den Weisen und Klugen verborgen und den Unmündigen offenbart hast. Ja, Vater, so war es wohlgefällig vor dir.* (*Lukas* 10, 21)[21]

»O Himmlischer Vater, Du Unendlicher Herr, der Du als Kosmisches Bewusstsein hinter allen himmlischen Erscheinungsformen und in der schwingungslosen Region jenseits der Schöpfung (›*Herr des Himmels*‹) gegenwärtig bist und sie durchdringst, und der Du als das Christusbewusstsein in der gesamten aus Schwingungen bestehenden Schöpfung existierst (›*Herr ... der Erde*‹): Ich danke Dir, dass Du – obwohl Du Dich und Deine Allwissenheit vor jenen verbirgst, deren Klugheit selbstgefällig ist und die reich an theoretischen Kenntnissen sind – dennoch Deinen einfachen, unschuldigen Kindern das Mysterium der Wahrheit enthüllst, auch dann, wenn ihre Weisheit angesichts Deines unvergleichlichen Unendlichen GEISTES dem Verständnis kleiner Kinder gleichkommt. Himmlischer Vater, es entspricht Deiner vollkommenen Gerechtigkeit, dass Du Dich und die höchste Wahrheit jenen Gottsuchern offenbarst, die in ihrer Demut einfach und aufrichtig sind – den spirituellen kleinen Kindern, die ihre von den Sinnen abhängige Intelligenz ihren unbegrenzten intuitiven Eingebungen unterordnen, die von Dir kommen.«

Obwohl die Mehrzahl seiner Jünger keine akademische Bildung erhalten hatte, sah Jesus, dass sie für ein höheres Wissen empfänglich waren als für das, was der rationalisierende Intellekt bieten kann. Göttliche Erkenntnis, die Wahrnehmung des Unendlichen, ist nicht an akademische Titel gebunden. Es ist gut, wenn jemand das Wissen eines Professors besitzt und nicht den unbedarften Geist eines Unwissenden;

---

[21] Vgl. Parallelstelle in *Matthäus* 11, 25–26.

aber wenn ein Mensch so eingenommen von seinem Intellekt und von seinem akademischen Ruf ist, dass er es nicht mehr für nötig hält, Weisheit in Gott zu suchen, dann muss man diesen Menschen in seiner seelischen Entwicklung – im Vergleich zu einem Analphabeten, der Hingabe an Gott besitzt – als zurückgeblieben bezeichnen. Dadurch, dass Jesus seine Jünger aus dem einfachen Volke auswählte – unter ihnen befanden sich sogar »Zöllner und Sünder« sowie ungelehrte Männer wie die Fischer Petrus, Jakobus und Johannes –, zeigte er, dass jeder Wahrheitssucher göttliche Verwirklichung erlangen kann, denn Gott beurteilt die Menschen nicht nach ihrer gesellschaftlichen Stellung. So wie kleine und große Finger gleichermaßen zu einer Hand gehören, so gehören alle Seelen zu Gott, ganz gleich, ob sie in den Augen der Welt angesehen sind oder nicht. Jeder, der sich Ihm mit reiner Hingabe nähert, wird zu Ihm gelangen.

Gott wird nicht durch die Kraft des Verstandes offenbart, sondern durch reine, aufrichtige Hingabe

Gott offenbart sich jenen, die sich Ihm vollkommen anheimgeben, denen, die keine intellektuelle oder emotionale Ablehnung Ihm gegenüber hegen. In den Augen Gottes ist selbst der vollendete Mensch nur ein Kind; selbst der brillanteste Wissenschaftler weiß nicht, warum oder wie Gott diese Welt erschaffen hat. Der Herr ist nicht daran interessiert, wie viel jemand weiß, sondern wie sehr dieser Ihn liebt. Er lässt sich einzig und allein durch die glühende Hingabe des Herzens berühren.

Jesus pries die kindlichen Eigenschaften seiner Jünger im Vergleich zu den »*Weisen und Klugen*«, welche ihre Gelehrsamkeit und Logik gern dazu benutzten, Fehler in seiner Lehre zu finden. Eine engstirnige, überkritische Einstellung wirkt spirituell lähmend. Durch eine von Hingabe beseelte Übereinstimmung mit dem Guru jedoch kann der Wahrheitssucher stetige Fortschritte auf dem Weg zur Gottverwirklichung machen; Zweifler und gewohnheitsmäßige Kritiker bleiben auf der Strecke. Der Guru versucht nicht, den Verstand des Jüngers zum Schweigen zu bringen; aber er kann nur denen helfen, die gewillt sind, von ihm geschult zu werden, jedoch nicht solchen, die voller Selbstüberzeugung »schon alles wissen«. Ein Gottsucher, der arglos wie ein Kind ist, frei von Überheblichkeit und Zweifel, vollkommen aufrichtig, demütig und empfänglich, wird von intuitiver Weisheit erfüllt. Dieser Suchende findet Gott.

Es ist mir alles übergeben worden von meinem Vater. Und niemand weiß, wer der Sohn ist, nur der Vater; und niemand weiß, wer der Vater ist, nur der Sohn und der, dem es der Sohn offenbaren will.

Und er wandte sich zu seinen Jüngern und sprach zu ihnen allein: Selig sind die Augen, die sehen, was ihr seht. Denn ich sage euch: Viele Propheten und Könige wollten sehen, was ihr seht, und haben es nicht gesehen, und wollten hören, was ihr hört, und haben es nicht gehört. (*Lukas* 10, 22–24)[22]

Freiheit vom Körperbewusstsein ist notwendig, um das Christusbewusstsein und das Kosmische Bewusstsein zu verwirklichen

»Die Allwissenheit und die Allmacht des Kosmischen Bewusstseins (Gottes, des Vaters der Schöpfung) werden auf das allgegenwärtige, widergespiegelte Christusbewusstsein übertragen, sodass die Gesetze, die für die gesamte Schöpfung gelten, auf intelligente Weise von Wahrheit und Weisheit gelenkt werden können. Kein weltlicher Mensch kennt das Christusbewusstsein (den Sohn); allein das Kosmische Bewusstsein, das der Vater des Christusbewusstseins ist, kennt es; und niemand kennt das Kosmische Bewusstsein (den Vater), es sei denn durch das Christusbewusstsein (den Sohn). Damit Gottsucher das Kosmische Bewusstsein erkennen können, müssen sie in der Meditation zuerst das Christusbewusstsein erlebt haben.«

An anderer Stelle sagte Jesus: »*Ich und mein Vater sind eins*«. Er erkannte, dass das Christusbewusstsein, das seinem Bewusstsein innewohnte, vollkommen eins war mit dem Kosmischen Bewusstsein. So wie die Widerspiegelung des Mondes in einem See im Wesentlichen dasselbe Bild darstellt wie der Mond am Himmel, so ist das Kosmische Bewusstsein, das in der gesamten Schöpfung als Christusbewusstsein widergespiegelt wird, dasselbe wie das jenseits aller Schwingungen existierende Kosmische Bewusstsein.

Der Durchschnittsmensch wird durch sein Körperbewusstsein und dessen Beziehung zur materiellen Welt begrenzt, doch wenn er

---

22 Vgl. Parallelstelle zu Vers 22 in *Matthäus* 11, 27. Die Verse 23–24 wurden in Diskurs 37, Band II kommentiert, zusammen mit ihren Parallelversen *Matthäus* 13, 16–17.

in der Meditation Fortschritte gemacht hat, überwindet er die durch körperliche Bindungen entstandenen Einschränkungen und erlebt im Überbewusstsein der Seele eine unermessliche Tiefe der Glückseligkeit, die jenseits aller bewussten und unterbewussten Erfahrungen liegt.

Wenn ein Gottsucher durch ausdauerndes, hingebungsvolles Bemühen fähig wird, in die Ekstase der Meditation einzugehen und mit dem Überbewusstsein eins zu werden, erreicht er – mit der Hilfe seines Gurus und durch fortschrittliche Techniken – eine erweiterte Form der Ekstase, in der er sich selbst als ein gewaltiges Licht und als unendliches Bewusstsein erlebt: Darin nimmt er wahr, wie alle Galaxien, Sternenströme und alle aus Schwingungen bestehenden Dinge wie Glühwürmchen im Inneren seines allgegenwärtigen SELBST leuchten. Wenn ein Gottsucher diese gigantische kosmische Schau erlebt, indem er mit seinem Bewusstsein sein inneres geistiges Auge durchdringt, sagt man, dass er das Christusbewusstsein erlangt hat. Er fühlt das gesamte, aus Schwingungen bestehende Universum und alles, was darin enthalten ist, als sein eigenes SELBST, so wie er auch alle Zellen und die verschiedenen Teile seines eigenen physischen Körpers wahrnimmt.

Nachdem der Gottsucher das Christusbewusstsein erreicht hat, geht er noch weiter, bis er jenseits der Schwingungssphäre den unbeschreiblichen Zustand des Kosmischen Bewusstseins erlangt, den Zustand reiner, ewig neuer Freude, ewigen Bewusstseins und ewigen Daseins. Hier, in diesem Kosmischen Bewusstsein, können keine Wirbel der Schwingungen oder des Wandels die absolute Glückseligkeit seines Bewusstseins stören, da er in himmlischer Vereinigung mit Gott aufgegangen ist.

In der höchsten Form der Ekstase, die eine inkarnierte Seele erfahren kann, im *Nirvikalpa-Samadhi*, erlebt der äußerst weit fortgeschrittene Gottsucher, dass sein Bewusstsein sowohl in das schwingungslose Kosmische Bewusstsein eingetaucht ist als auch gleichzeitig in den Ozean der Kosmischen Schwingung mit seinen Blasen aus Planeten, kosmischen Nebeln, Kometen, Sternen und Universen. Diesen Zustand hatte Jesus erreicht; darum sagte er: »Der Vater (das Kosmische Bewusstsein) kennt den Sohn (das Christusbewusstsein), und der Sohn kennt den Vater.«

Niemand kann sich jählings vom begrenzten körperlichen Bewusstsein – einschließlich dessen Anhänglichkeit an die irdische Umgebung – unmittelbar zur Erkenntnis Gottvaters, der Transzendenten Unendlichkeit, aufschwingen. Zwar ist die menschliche Seele selbst eine individualisierte Widerspiegelung der Christusintelligenz, aber das seelische Bewusstsein ist mit einer aus Biotronen und elektromagnetischen Teilchen bestehenden Ansammlung von Schwingungen verwoben, die vom physischen und astralen Körper ausgehen. Das Seelenbewusstsein des Menschen muss sich zuerst von den begrenzten Bereichen der Sinne und des körperlichen Bewusstseins abkehren. Gleich einer kleinen Welle, die sich wieder im Meer auflöst, erlebt das Bewusstsein seine Ausdehnung in der unermesslichen Kosmischen Schwingung des Heiligen Geistes. Während die so erweiterte Seele in dieser heiligen Schwingung des GEISTES getauft wird, erlebt sie die ihr innewohnende Christusintelligenz. Erst danach – gesegnet von dieser widergespiegelten Präsenz – strebt das Bewusstsein auch darüber hinaus und geht ein in die schwingungslose Unendlichkeit, in das Reich Gottvaters, das Kosmische Bewusstsein.

Hätte Jesus seinen Körper als den Sohn Gottes bezeichnet, müsste man daraus schließen, dass es vor der Geburt Jesu keine einzige Seele gegeben habe, die Erlösung fand – weder Abraham, Jakob, Mose, Elia noch irgendein anderer Prophet. In Wirklichkeit bedeutet dieser Vers (und ähnlich lautende[23]): Spirituell entwickelte Seelen, von denen viele vor der Zeit Jesu lebten und die auch nach ihm weiterhin auf die Erde kommen werden, müssen ihr Bewusstsein durch die Kosmische Schwingung des Heiligen Geistes und den »Sohn« – die dieser Schwingung innewohnende Christusintelligenz – hindurchführen, bevor sie zum transzendenten Reich Seiner Himmlischen Majestät, zu Gott, aufsteigen können. Daher betonte Jesus, dass Gottvater einer Seele nur durch den Sohn, durch das Christusbewusstsein, offenbart werden kann.

~

> *Kommt her zu mir alle, die ihr mühselig und beladen seid; ich will euch erquicken. Nehmt mein Joch auf euch und lernt von mir; denn ich bin sanftmütig und von Herzen demütig; so werdet ihr Ruhe finden für eure Seelen. Denn mein Joch ist sanft, und meine Last ist leicht.* (*Matthäus* 11, 28–30)

[23] Beispielsweise *Johannes* 14, 6: »*... niemand kommt zum Vater denn durch mich.*« (Siehe Diskurs 70, Band III.)

Da Jesus mit der unendlichen Christusintelligenz eins war, forderte er alle geistigen Aspiranten liebevoll auf: »*Kommt her zu mir*« (zu mir, dem Christusbewusstsein) und »*nehmt mein Joch auf euch*« – folgt den stufenweise aufgebauten Methoden der Selbstdisziplin, die zum Christusbewusstsein führen und eine endgültige Befreiung im Reich Gottes sicherstellen.[24]

Der Yoga der Selbstdisziplin – der leichteste Weg zur Befreiung der Seele

»O ihr aufstrebenden Seelen, die ihr mit schlechtem Karma schwer beladen seid und darum kämpft, euch aus eurem selbst erschaffenen Gefängnis übler Handlungen zu befreien: Bringt in tiefer Meditation euer Bewusstsein in Einklang mit der alles durchdringenden, ewig neuen Glückseligkeit des Christusbewusstseins, die den nur teilweise freudigen Zustand des Unterbewusstseins übertrifft, den man während des Schlafes erlebt, und ebenso den Zustand ewig neuer Freude im Überbewusstsein, der jenseits des Tiefschlafs besteht. Dann werdet ihr für immer in meinem Unendlichen Bewusstsein ruhen und nie wieder gezwungen sein, euch auf der Elend bringenden Erde zu inkarnieren. Nehmt mein Bewusstsein in euer Bewusstsein auf, und erweitert euer Bewusstsein zum Christusbewusstsein. Selbstgefällige, materialistische Menschen konzentrieren sich auf das physische Erleben und nehmen meine Christusintelligenz nicht wahr, die still und bescheiden dem Herzen jeder Seele innewohnt. Diejenigen jedoch, die mich und meinen Weg kennen, gewähren ihrer Seele in den Tiefen innerer Konzentration Ruhe und finden mich dort als den Unendlichen Christus, als der ich schon immer in ihnen weilte, ohne jemals Anerkennung zu fordern oder mein eigenes Wesen anzupreisen.

---

[24] *Joch* (*yoke* englisch; *zugo* im Altgriechischen des Evangeliums) und *Yoga* sind etymologisch verwandt; sie entstammen der Sanskrit-Wurzel *yuj*, was *Vereinigung* bedeutet. (Siehe auch Band I, Diskurs 5, Seite 99, Fußnote 7.) Ähnlich wie Jesus in diesen Versen seinen Jüngern verspricht, dass das transzendente, allbefreiende Kosmische Bewusstsein jenen offenbart wird, welche sich in Einklang versetzen mit dem immanenten Christusbewusstsein, indem sie das »*sanfte*« Joch spiritueller Disziplin auf sich nehmen, so erklärt Bhagavan Krishna seinem Jünger Arjuna in der Bhagavad-Gita:

»Dir, dem Makellosen, will Ich nun das höchste Mysterium offenbaren (das immanente und transzendente Wesen des GEISTES). Wenn du diese Weisheit intuitiv erfasst, wirst du dem Bösen entrinnen. Diese Erkenntnis ist die Königin der Wissenschaften, das königliche Geheimnis, die einzigartige Läuterung und die Essenz des *Dharma* (der rechtmäßigen Pflicht des Menschen). Es ist das unmittelbare Erkennen der Wahrheit – die immerwährende Erleuchtung –, die man durch leicht zu übende Methoden (des Yoga) erreichen kann.« (*Gott spricht mit Arjuna – Die Bhagavad-Gita* IX, 1–2).

Wer das Joch des materialistischen Bewusstseins trägt, erlebt, dass die Last seines Karmas sehr schwer ist und über viele Inkarnationen durch umfassende Anstrengungen abgearbeitet werden muss. Aber diejenigen Menschen, die ihr Bewusstsein mit dem Christusbewusstsein in Einklang bringen, stellen fest, dass sich mein Bewusstsein nicht als schwere Last des Leidens über ihr Bewusstsein legt, sondern leicht zu tragen ist, denn es ist von Freiheit und ewig währender Freude erfüllt. Solche Menschen erfahren die spirituelle Ausgeglichenheit und Freiheit eines Bewusstseins, das nicht länger vom Materiellen niedergedrückt wird, und sie erleben, wie ihre Seele im allbefreienden Licht der Schwingung des Heiligen Geistes, der Christusweisheit und der Ewigen Glückseligkeit des Vaters getauft wird.«

DISKURS 42

Jesus vollbringt das Wunder der Speisung der Fünftausend und wandelt auf dem See von Galiläa

Wunder: Wie die Meister subtile Kräfte aus der Astral- und Kausalebene der Schöpfung anwenden

❖

Jesus nutzte die Kräfte des Geistes und der Lebensenergie, um die Fünftausend zu speisen

❖

Muss man sich vegetarisch ernähren, um spirituelle Fortschritte zu erzielen?

❖

Jesus hatte vollkommene Macht über die elektromagnetische Beschaffenheit der Materie und deren Beziehung zum Bewusstsein

❖

Vom weltlichen zum göttlichen Bewusstsein: Yoga und das Geheimnis des Atems

»Wenn der Mensch auf wissenschaftliche Weise die spirituelle Natur der Schöpfung enträtselt und versteht, wie erleuchtete Seelen über die der Schöpfung zugrunde liegenden Gesetzmäßigkeiten herrschen, kann er akzeptieren, dass Wunder nicht nur geschehen können, sondern dass es auch viele verschiedene Möglichkeiten gibt, Wunder zu vollbringen.«

Zu jener Zeit hörte der Tetrarch Herodes die Kunde von Jesus. Und er sprach zu seinen Dienern: Dieser ist Johannes der Täufer; er ist von den Toten auferstanden, darum gehen solche Kräfte von ihm aus. Denn Herodes hatte Johannes ergriffen, gefesselt und ins Gefängnis gebracht … und ließ Johannes im Gefängnis enthaupten.

Und seine Jünger kamen und nahmen den Leichnam und begruben ihn; und sie gingen hin und erzählten es Jesus. Als Jesus das hörte, fuhr er auf einem Boot an einen einsamen Ort, um dort allein zu sein. Und als das Volk das hörte, folgte es ihm aus den Städten zu Fuß nach.

***Matthäus 14, 1–3, 10, 12–13*[1]**

Danach fuhr Jesus über das Galiläische Meer, das auch See von Tiberias heißt. Und es folgte ihm viel Volk nach, weil sie die Zeichen sahen, die er an den Kranken tat. Jesus aber ging auf einen Berg hinauf und setzte sich dort mit seinen Jüngern. Das Passah war aber nahe, das Fest der Juden.

Als nun Jesus seinen Blick hob und sah, dass viel Volk zu ihm gekommen war, spricht er zu Philippus: Wo kaufen wir Brot, damit diese zu essen haben? Das sagte er aber, um ihn auf die Probe zu stellen; denn er wusste wohl, was er tun wollte.

Philippus antwortete ihm: Für zweihundert Denare Brot ist nicht genug für sie, wenn jeder von ihnen ein wenig bekommen soll.

Da spricht zu ihm einer seiner Jünger, Andreas, der Bruder des Simon Petrus: Es ist ein Knabe hier, der hat fünf Gerstenbrote und zwei kleine Fische; aber was ist das für so viele?

Jesus aber sprach: Lasst die Leute sich setzen. Es war aber viel Gras an dem Ort. Da setzten sich die Männer, etwa fünftausend an der Zahl.

Und Jesus nahm die Brote, dankte und gab sie den Jüngern; die Jünger aber verteilten sie an jene, die sich gesetzt hatten; ebenso die Fische, so viel sie wollten.

Als sie aber satt waren, sprach er zu seinen Jüngern: Sammelt die übrig gebliebenen Brocken, damit nichts umkommt.

---

[1] Zum vollständigen Bericht über den Tod Johannes' des Täufers siehe Diskurs 34, Band II.

Da sammelten sie und füllten zwölf Körbe mit Brocken von den fünf Gerstenbroten, die von denen übrig geblieben waren, nachdem alle davon gegessen hatten.

Als nun die Menschen das Zeichen sahen, das Jesus getan hatte, sprachen sie: Das ist wirklich der Prophet, der in die Welt kommen soll. Da nun Jesus merkte, dass sie kommen würden, um ihn mit Gewalt zum König zu machen, zog er sich wieder auf den Berg zurück, er für sich allein. Als es Abend war, gingen seine Jünger hinab an den See, stiegen in ein Boot und fuhren über den See nach Kapernaum. Und es war schon finster geworden, und Jesus war noch nicht zu ihnen gekommen.

Und der See wurde aufgewühlt, da ein starker Wind wehte. Als sie nun etwa fünfundzwanzig oder dreißig Stadien weit gerudert waren, sehen sie Jesus auf dem See gehen und sich dem Boot nähern; und sie fürchteten sich.

Er aber sprach zu ihnen: Ich bin's; fürchtet euch nicht!

Johannes 6, 1–20

Petrus aber antwortete ihm und sprach: Herr, wenn du es bist, so befiehl mir, auf dem Wasser zu dir zu kommen.

Und er sprach: Komm!

Und Petrus stieg aus dem Boot und ging auf dem Wasser auf Jesus zu. Als er aber den starken Wind sah, fürchtete er sich; und als er anfing zu sinken, schrie er und sprach: Herr, hilf mir!

Sogleich streckte Jesus die Hand aus und ergriff ihn und sprach zu ihm: O du Kleingläubiger, warum hast du gezweifelt? Und als sie in das Boot gestiegen waren, legte sich der Wind. Die aber im Schiff waren, kamen und fielen vor ihm nieder und sprachen: Du bist in Wahrheit Gottes Sohn!

Matthäus 14, 28–33

Mit Freuden nahmen sie ihn zu sich in das Boot und waren auch sogleich an dem Ufer, das sie erreichen wollten.

Johannes 6, 21

DISKURS 42

Jesus vollbringt das Wunder der Speisung der Fünftausend und wandelt auf dem See von Galiläa

Danach fuhr Jesus über das Galiläische Meer, das auch See von Tiberias heißt.[2] *Und es folgte ihm viel Volk nach, weil sie die Zeichen sahen, die er an den Kranken tat. Jesus aber ging auf einen Berg hinauf und setzte sich dort mit seinen Jüngern. Das Passah war aber nahe, das Fest der Juden.*

Als nun Jesus seinen Blick hob und sah, dass viel Volk zu ihm gekommen war, spricht er zu Philippus: Wo kaufen wir Brot, damit diese zu essen haben? Das sagte er aber, um ihn auf die Probe zu stellen; denn er wusste wohl, was er tun wollte.

Philippus antwortete ihm: Für zweihundert Denare Brot ist

[2] »*Darnach* …«: Die unmittelbar vorhergehenden Verse im Johannes-Evangelium, behandelt in Diskurs 21, Band I, berichten von der Heilung des Mannes am Teich von Bethesda. Seitdem ist fast ein Jahr vergangen, dessen Geschehnisse bei Johannes nicht aufgezeichnet sind. Den anderen Evangelien zufolge kann »*darnach*« als Hinweis darauf verstanden werden, dass Jesus seine Jünger aussandte, das Evangelium zu predigen; in dieser Zeit wurde Johannes der Täufer von Herodes getötet.

Der See von Galiläa wurde nach der gleichnamigen Stadt am Westufer auch See Tiberias genannt.

nicht genug für sie, wenn jeder von ihnen ein wenig bekommen soll.[3]

Da spricht zu ihm einer seiner Jünger, Andreas, der Bruder des Simon Petrus: Es ist ein Knabe hier, der hat fünf Gerstenbrote und zwei kleine Fische; aber was ist das für so viele?

Jesus aber sprach: Lasst die Leute sich setzen. Es war aber viel Gras an dem Ort. Da setzten sich die Männer, etwa fünftausend an der Zahl.

Und Jesus nahm die Brote, dankte und gab sie den Jüngern; die Jünger aber verteilten sie an jene, die sich gesetzt hatten; ebenso die Fische, so viel sie wollten.

Als sie aber satt waren, sprach er zu seinen Jüngern: Sammelt die übrig gebliebenen Brocken, damit nichts umkommt. Da sammelten sie und füllten zwölf Körbe mit Brocken von den fünf Gerstenbroten, die von denen übrig geblieben waren, nachdem alle davon gegessen hatten. (*Johannes* 6, 1–13)

Parallelstelle:

Und die Apostel kamen zurück und erzählten ihm alles, was sie getan hatten. Und er nahm sie zu sich und zog sich an einen einsamen Ort bei der Stadt Bethsaida zurück. Und als das Volk es erfuhr, zog es ihm nach. Und er nahm sie auf und sprach zu ihnen vom Reich Gottes, und die der Heilung bedurften, machte er gesund.

Und als der Tag zur Neige ging, da kamen die Zwölf und sprachen zu ihm: Entlasse das Volk, damit sie in die umliegenden Dörfer und Höfe gehen und dort Herberge und Speise finden, denn wir sind hier in einer verlassenen Gegend.

Er aber sprach zu ihnen: Gebt ihr ihnen zu essen. Sie sprachen: Wir haben nicht mehr als fünf Brote und zwei Fische; es sei denn, wir sollen hingehen und für so viele Leute Speise kaufen. Denn es waren etwa fünftausend Männer. Er sprach aber zu seinen Jüngern: Lasst sie sich in Gruppen zu je fünfzig setzen. Und sie machten es so und ließen alle sich setzen.

Da nahm er die fünf Brote und zwei Fische und blickte zum

---

3 »*Zweihundert Groschen*«: zweihundert *Denarii* (ein *Denarius* entsprach dem Tageslohn eines gewöhnlichen Arbeiters).

Himmel auf und segnete sie, brach sie und gab sie den Jüngern, damit diese sie der Menge austeilten. Und sie aßen und wurden alle satt; und dann wurden die Brocken aufgelesen, die sie übrig gelassen hatten, zwölf Körbe voll. (*Lukas* 9, 10–17)[4]

Den physikalischen Gesetzen entsprechend, die das Universum regieren, wäre es unmöglich, mit fünf kleinen Broten und zwei Fischen den Hunger von fünftausend Menschen zu stillen. Wie vollbrachte Jesus dieses Wunder?

Wunder: Wie die Meister subtile Kräfte aus der Astral- und Kausalebene der Schöpfung anwenden

Ein Wunder zeugt von der Anwendung eines übergeordneten Gesetzes und beruht auf dem machtvollen Wirken subtiler Kräfte, die den manifestierenden Prinzipien in Gottes astralen und kausalen Schöpfungsbereichen entstammen. Wie diese subtilen Kräfte die physischen Phänomene unterstützen und beeinflussen, entzieht sich der Kenntnis durchschnittlicher Menschen. Die Unbegreiflichkeit der in der Bibel aufgezeichneten Wunder beschränkt daher das Denken auch an sich intelligenter Menschen auf zwei Möglichkeiten: auf blinden Dogmatismus oder verächtliche Skepsis. Aber warum sollte es Grund zum Zweifel geben, wenn selbst die Natur den Menschen ständig mit neuen Enthüllungen begeistert? Jesus prophezeite: »Größere Werke als diese werdet ihr tun.«[5] Er wusste, dass das Gesetz von Ursache und Wirkung in dieser Welt eine Evolution des Bewusstseins hervorruft, dank welcher zukünftige Generationen in zunehmendem Maße fähig sein werden, Taten zu vollbringen, die zuvor als Wunder angesehen wurden. Während sich der gegenwärtig aufsteigende Evolutionszyklus auf seinen Kulminationspunkt[6] zubewegt, wird man erstaunliche Fortschritte verzeichnen. Wissenschaftliches und spirituelles Wissen werden immer harmonischer und letztlich als Einheit zusammenwirken, wenn die Menschheit Kenntnis von den subtil waltenden Gesetzmäßigkeiten erlangt hat, welche die Vorgänge im inneren Kosmos des Bewusstseins bestimmen. Indem ein spirituell entwickelter Mensch

---

[4] Vgl. weitere Parallelstellen in *Matthäus* 14, 14–21 und *Markus* 6, 32–44.

[5] »*Wahrlich, wahrlich, ich sage euch: Wer an mich glaubt,* (wer sich immer mehr auf die allumfassende Intelligenz des Christusbewusstseins einstellt) *der wird die Werke auch tun, die ich tue, und wird größere als diese tun*«. (*Johannes* 14, 12; siehe Diskurs 70, Band III).

[6] Siehe *Yugas* im Glossar.

Zugang zum Mikrokosmos des geistigen Auges findet, überschreitet er die Schwingungsgrenzen der Täuschung, die das physische Universum umschließen, und beschenkt die Welt mit übernatürlichen Gaben des Himmels.

Viele der außerordentlichen Taten Jesu kann man dank der Erkenntnisse der modernen Physik bereits als glaubwürdig bezeichnen – zumindest was das Aufstellen von Lehrsätzen angeht, mit denen die Meister schon seit Langem vertraut sind: Diese wenden die kosmischen Formeln mit der gleichen Leichtigkeit an wie ein Wissenschaftler, der in seinem Labor elementare Substanzen mischt, um neue Verbindungen entstehen zu lassen. Die wissenschaftliche Avantgarde, die wahren Seher in ihrem Fachbereich, haben begonnen, das ewig lang versiegelte Innerste der Materie in ihrer bisher unantastbaren Grobstofflichkeit aufzubrechen und deren elektromagnetische Struktur zu enthüllen; dadurch haben sie Einblick in die erstaunlichen Wunder der Materie gewonnen und entdeckt, dass diese sich zu Lichtfünkchen verwandelt, welche wiederum in Bewusstsein, Geist-Stoff, übergehen.

»Was unseren Sinnen als Materie erscheint, ist in Wirklichkeit eine hohe Konzentration an Energie, die einen relativ kleinen Raum einnimmt«, schreibt Professor Einstein.[7] Und der bekannte Astrophysiker Sir Arthur Stanley Eddington erklärt: »Die Welt, die wir im täglichen Leben sehen und erfahren, ist lediglich eine brauchbare, unseren äußerst begrenzten Sinnen angepasste Fata Morgana, ein Trugbild, das durch unsere Wahrnehmungen und unser Denken herbeigezaubert wird. Alles, was uns umgibt (einschließlich unseres Körpers) und was so fest und wirklich zu sein scheint, ist letztlich nichts anderes als ein vergängliches Netzwerk von Welle-Teilchen, die blitzschnell herumwirbeln, zusammenstoßen, zurückprallen und sich in fast vollkommene Leere auflösen. Die sogenannte Materie ist in erster Linie leerer Raum, im Verhältnis ebenso leer wie der intergalaktische Raum, gänzlich leer, bis auf vereinzelte Punkte, Flecke und verstreute elektrische Ladungen.«[8]

In seiner Schrift *Der Weltenraum und seine Rätsel*[9] erklärt der Physiker Sir James Jeans, Professor an der Universität in Cambridge:

---

[7] Albert Einstein und Leopold Infeld, *The Evolution of Physics: The Growth of Ideas from Early Concepts to Relativity and Quanta* (Cambridge University Press, 1938).

[8] *The Nature of the Physical World* (Cambridge University Press, 1928).

[9] List Verlag, 1955.

»Heute ist man sich ziemlich einig darüber, und in der Physik fast völlig einig, dass sich der Wissensstrom auf eine nicht-mechanische Wirklichkeit zubewegt; das Weltall sieht mehr und mehr wie ein großer Gedanke aus und nicht wie eine große Maschine. Der Geist erscheint im Reich der Materie nicht mehr als zufälliger Eindringling; wir beginnen zu ahnen, dass wir ihn eher als den Schöpfer und Beherrscher des Reichs der Materie willkommen heißen sollten – natürlich nicht unseren individuellen Geist, sondern den Geist, in dem die Atome, aus denen unser individueller Geist entstanden ist, als Gedanken existieren. ...

Der alte Dualismus von Geist und Materie ... scheint zu verschwinden: nicht weil die Materie in irgendeiner Weise schemenhafter oder unstofflicher wird als bisher oder weil der Geist eine Funktion innerhalb der Tätigkeit der Materie übernimmt, sondern dadurch, dass die Materie selbst als eine Schöpfung und Offenbarung des Geistes verstanden wird.«

Zusammenfassend sagt Eddington: »Um unsere Schlussfolgerung vereinfacht auszudrücken: Der Stoff der Welt ist Geist-Stoff.«[10] Erstaunlich offen schreibt er über die Grenzen der nur auf die Materie bezogenen Forschungen: »In Anbetracht der Natur der Dinge sind [wissenschaftliche] Erkenntnisse nur leere Hüllen – in Form von Symbolen. Es ist Wissen über die Struktur der Dinge, nicht über deren Inhalt. Die ganze physikalische Welt birgt in sich jene unbekannte Essenz, die gewiss auch der Stoff unseres Bewusstseins sein muss. Hier erhalten wir einen flüchtigen Hinweis auf tiefreichende Aspekte in der Welt der Physik, die jedoch mit den Methoden der Physik nicht erfasst werden können.«[11]

Wenn der Mensch auf wissenschaftliche Weise die spirituelle Natur der Schöpfung enträtselt und versteht, wie erleuchtete Seelen über die der Schöpfung zugrunde liegenden Gesetzmäßigkeiten herrschen,

---

[10] *The Nature of the Physical World* (Cambridge University Press, 1928).

[11] *Space, Time and Gravitation: An Outline of the General Relativity Theory* (Cambridge University Press, 1920).

Als er über Methoden sprach, mit denen man tiefere Einblicke in die Natur erhalten kann als mit jenen, welche durch die Naturwissenschaft gewährt werden, lobte Professor Brian D. Josephson von der Universität Cambridge, Träger des Nobelpreises für Physik (1973), die alten hinduistischen Philosophie-Systeme: »Vedanta und Sankhya enthalten den Schlüssel zu den Gesetzen des Geistes und der Gedankenabläufe, die in Korrelation stehen zum Quantenfeld, d.h. zur Funktionsweise und Verteilung von Partikeln auf der atomaren und molekularen Ebene.« *(Anmerkung des Herausgebers)*

kann er anerkennen, dass Wunder nicht nur geschehen können, sondern dass es auch viele verschiedene Möglichkeiten gibt, Wunder zu vollbringen – wie aus den unterschiedlichen Heilmethoden ersichtlich wird, die Jesus angewandt hat.

Um die fünftausend Menschen zu speisen, hätte Jesus als wirksame Praktik unter anderem mentale Suggestion oder Massenhypnose anwenden können. Eine Person mit außergewöhnlich starker Geisteskraft kann die Gedanken einer Menschenmenge so lenken, dass diese jedem beliebigen Phänomen Glauben schenkt. Wer unter einen derartigen Einfluss gerät, verliert nicht die Kontrolle über alle übrigen bewussten Fähigkeiten und Eigenschaften des Verstandes, er wird nur für die besondere Suggestion des Hypnotiseurs empfänglich. Wenn ein Mensch mit sehr starken hypnotischen Fähigkeiten einem Hungrigen den positiven Gedanken eingibt, dass sein Magen voll und sein Appetit gestillt sei, verschwindet dessen Hungergefühl. Professor James von der Harvard-Universität hat gezeigt, dass es durch die Macht hypnotischer Suggestion tatsächlich möglich ist, Hautblasen entstehen zu lassen. Der Geist ist die wichtigste Instanz im Körper. Wenn jener erst einmal von einer gewissen Sache überzeugt ist, reagiert der Körper dementsprechend. Deshalb hätte Jesus, der über enorme Willenskraft verfügte, Massenhypnose einsetzen können, um den Hunger der Fünftausend zu stillen; doch ich bezweifle, dass ihm dies überhaupt in den Sinn kam!

Jesus nutzte die Kräfte des Geistes und der Lebensenergie, um die Fünftausend zu speisen

Jesus beauftragte seine Jünger, dafür zu sorgen, dass sich die Menschen bequem auf dem grasbedeckten Boden niederließen, damit sie etwas von dessen Erdmagnetismus aufnehmen. Dann nahm er das Brot und die Fische, dankte Gott *»und blickte zum Himmel auf und segnete sie«* – er lud die dargebotene Nahrung mit verdichteter kosmischer Energie auf, welche er durch sein geistiges Auge aus der astralen Sphäre herbeizog, sodass sogar sehr kleine Portionen zu einem sättigenden Mahl wurden.

Jesus lud auch die Teilnehmenden an dieser Speisung mit seiner magnetischen Energie auf; dadurch konnte die kosmische Energie, die er in die hungrigen Mägen der Vielen sandte, Tür und Tor öffnen für die in ihrem Gehirn und in ihren Körperzellen angesammelte Energie, sodass sie vollkommen gesättigt wurden.

Nach diesem Wunder sammelten die Jünger alle übrig gebliebenen

Brocken ein und füllten zwölf Körbe damit, was zeigt, dass Jesus noch mehr Brot und Fische materialisierte, sogar während die gesegnete Nahrung bereits verteilt wurde.

Auch wenn der Mensch Brot herstellt und Fische in Meeren oder Seen fängt, waren der Weizen und die Fische sowie alle Dinge ursprünglich besondere Schöpfungen Gottes, die durch Seinen göttlichen Willen und Seine Schöpferische Kosmische Energie ins Dasein gerufen wurden. Obwohl die Wissenschaft bewiesen hat, dass die Essenz des Universums aus elektromagnetischen Strahlen besteht, die sich zu verschiedenen Formen verdichtet haben, muss sie erst noch geeignete Instrumente entwickeln, die empfindlich genug sind, die ursprüngliche Quelle dieser elektromagnetischen Phänomene zu erfassen: jene astrale Lebensenergie, die feinstofflicher ist als Atome, und jene sogar noch feineren Ideotronen, die Schwingungen eines unendlichen Bewusstseins. Meister wie Jesus kennen das Universum wie Gott selbst und können die intelligente kosmische Energie so beeinflussen, dass sie aus deren Urgrund willentlich alles erschaffen können, was sie wünschen.

Im Traum benutzt der Geist jedes Menschen Gedanken und Lebensenergie, um ein produktiver Schöpfer zu werden. Träume sind verdichtete Gedanken, die von der Lebensenergie sichtbar gemacht werden, wenn diese während des Schlafs von den Sinnen ins Gehirn zurückgezogen wird. In der Welt, die ein Schlafender im Traumzustand erschafft, kann er Weizen pflanzen, heranziehen, ernten, mahlen und zu Brot verbacken. Er kann von dem Traumbrot essen, es schmecken und in seinem Mund fühlen, dass es knusprig ist. Aber alle Dinge in diesem Traum – die Getreidesamen, der Boden, der Backofen, das Brot, der Körper, der es isst und genießt – sind lediglich Variationen im Bewusstsein des Träumers.

Angenommen, jemand träumt von fünftausend Menschen und hat nur fünf Traumbrote, um diese Fünftausend zu speisen. Wenn er die Fähigkeit besitzt, bewusst zu träumen, kann er seinem Geist befehlen: »Da diese fünf Brote nur Materialisationen meiner Gedanken sind, werde ich ihre Anzahl mithilfe meiner Vorstellungskraft vermehren, bis ich genug für alle Anwesenden habe.« Bewusst und willentlich zu träumen, ist eine der ersten erworbenen Fähigkeiten eines fortgeschrittenen Yogis. Ein vollendeter Meister erkennt, wie Gott Seine schöpferischen Gedanken verdichtete, um alle Phänomene dieser Traumwelt hervorzubringen, und wie Er diese Träume durch die kosmische Hypnose der *Maya* zu einer so machtvollen Suggestion für unser menschliches Bewusstsein werden ließ, dass wir das kosmische Trugbild als materielle Wirklichkeit akzeptieren.

Jesus besaß nicht nur die Kraft, seine Gedanken zu sichtbaren geistigen Bildern zu verdichten, wie es ein gewöhnlicher Träumer tut, sondern er konnte sie auch – ebenso wie Gott – zu Gebilden einer materiellen Traumwirklichkeit werden lassen. Mit einem Befehl seines auf Gott eingestimmten Willens bewirkte er, dass sich die kosmische Energie verdichtete – zu Elektronen, Protonen, Atomen und Molekülen jeder Art, jeder Dichte und jeden spezifischen Gewichts sowie zu einer beliebigen, von ihm gewünschten Form. Nach seiner Kreuzigung erschuf er seinen Körper erneut; daher muss es ihm leicht gefallen sein, einige zusätzliche Brote zu materialisieren – der Vorgang ist derselbe. Er musste lediglich den elektromagnetischen Strahlen befehlen, die Nahrung zu vermehren, während die fünftausend Menschen sie zu sich nahmen. Jeder, der vollkommene Herrschaft über seinen Geist erlangt hat, kann solche Taten vollbringen. Geist ist alles.

Wenn eine kleine Tropfflasche mit einem großen Wasserreservoir verbunden wäre, würde ständig ein Tropfen nach dem anderen herauströpfeln. Tausende könnten von dem Wasser trinken, weil das Wasser zwar tropfenweise, jedoch ununterbrochen herausliefe. Die fünf Brote und die zwei Fische wurden in kleine Stücke aufgeteilt und fortwährend mit der vervielfältigenden Kraft schöpferischer biotronischer Lebensenergie aufgeladen, die Jesus aus dem unerschöpflichen Reservoir der Astralwelt herbeizog – Stückchen für Stückchen, bis alle gegessen hatten.

Der Geschichte von den Broten und den Fischen entnehmen wir auch, wie praktisch und gründlich Jesus in seiner Vorgehensweise war; er hatte immer das Wohlergehen der Menschen im Auge. Damit während der Verteilung der Nahrung im unübersichtlichen Gedränge niemand übersehen wurde, wies er seine Jünger an, die Menschen in Gruppen von jeweils fünfzig auf der Grasfläche Platz nehmen zu lassen. Indem er seinen Jüngern befahl, alles einzusammeln, was nach dem Mahl an Nahrung übrig geblieben war, betonte er nicht nur, dass man haushälterisch und nicht verschwenderisch mit den Gaben Gottes umgehen soll, sondern er wies auch darauf hin, dass man gesegnete Nahrung (in Indien *Prasad* genannt) ehrfurchtsvoll zu behandeln habe – zumal es in diesem Fall eine besondere Schöpfung Gottes betrifft.[12]

[12] Die Evangelien berichten von einer Wiederholung dieses Wunders, als Jesus zu

Es ist offensichtlich, dass Jesus, dem üblichen Nahrungsangebot der damaligen Zeit entsprechend, keine streng vegetarische Ernährungsweise befürwortete. Der Anbau von Obst, Getreide und Gemüse fand in den Wüstengegenden, wo er predigte, nur in geringem Maße statt. Seine irdische Mission bestand nicht darin, als Ernährungsberater tätig zu sein, sondern die Menschen mit Gottesbewusstsein zu »sättigen«.

Muss man sich vegetarisch ernähren, um spirituelle Fortschritte zu erzielen?

Es ist wahr, dass diejenigen, die sich noch am Anfang ihres geistigen Weges befinden, eine vegetarische Ernährung bevorzugen sollten. Aber für große Meister, die Gottesbewusstsein erlangt haben, sind Diätvorschriften von geringer Bedeutung; die Meister sehen die ganze Welt lediglich als manifestierte Ideen Gottes. Für sie sind alle Prozesse körperlichen Erlebens nur unterschiedliche Bewusstseinsvorgänge, die unter dem Einfluss des kosmischen Traums stehen. Für einen Menschen, der SELBST-Verwirklichung erlangt hat, ist selbst der Bewusstseinszustand, mit dem irgendeiner Ernährungsweise Realität zugeschrieben wird, eine Täuschung. Wer aus der Traum-Illusion des Kosmos erwacht ist, erkennt sich selbst als GEIST; sein sterblicher Körper und dessen physisches Erleben existiert für ihn nur als gestaltlose Ideenwelt des Bewusstseins.

Dennoch sollte man die verschiedenen Ernährungsweisen und ihre unterschiedlichen Wirkungen auf den Körper nicht ohne Weiteres verleugnen. Sich theoretisch über die täuschende Natur des Körpers auszulassen, aber diese Illusion gleichzeitig dadurch aufrechtzuerhalten, dass man seinen Hunger stillt und anderen Aktivitäten nachgeht, die das Körperbewusstsein verstärken, ist kaum vereinbar. Wenn ein Mensch spirituelle Ekstase und Gottverbundenheit erfährt, kann er seine Erkenntnis nicht mehr verlieren, dass das Universum und alles damit verbundene Erleben ein Traum Gottes ist, den Er durch ihn träumt. Bis der spirituelle Anwärter diesen Zustand – aller täuschenden Zwänge ledig zu sein – erlebt, muss er ein Leben geistiger Disziplin führen: Er sollte die gesündere vegetarische Ernährung bevorzugen und auch andere gesundheitsfördernde Verhaltensweisen einbeziehen, damit der Körper für die Meditation und den geistigen Dienst für Gott tauglich bleibt. Menschen, die den Anspruch erheben, bereits

---

späterer Zeit viertausend Menschen mit sieben Broten und einigen Fischen speiste (*Matthäus* 15, 32–39 und *Markus* 8, 1–9 und 14–21).

die Verwirklichung eines Heiligen zu besitzen und mit dieser falschen Legitimation die allgemeinen Regeln für ein gesundes körperliches und spirituelles Leben in den Wind schlagen, beschwören eine unvermeidliche Maßregelung durch das karmische Gesetz herauf.

Jesus hatte bereits vorher gesagt, dass er – der Bräutigam, der göttliche Meister – und ebenso seine Jünger nicht fasten müssten, um sich spirituell vom Körperbewusstsein zu reinigen, weil sie bereits vom transzendenten Bewusstsein durchdrungen seien. Aber er fügte auch hinzu, dass seine Jünger, wenn er nicht mehr in physischer Gestalt bei ihnen sein wird, ein Leben strengerer Disziplin führen müssten, um weiterhin mit seiner spirituellen Schwingung im Einklang bleiben zu können.[13]

Große Lehrer nehmen den Lebensstil und einige Sitten ihrer Umgebung und Zeit an, in der sie sich inkarnieren. Dies bedeutet nicht, dass jede Einzelheit ihrer Lebensweise für immer und für alle nachfolgenden Generationen Gültigkeit hat! Einige Menschen argumentieren: »Jesus nahm Fleisch und Wein zu sich, deshalb sollte ich dasselbe tun.« Aber diesen sage ich: »Werdet zuerst wie Jesus; dann ist alles, was ihr in diesem Bewusstsein zu euch nehmt, reiner GEIST und kann als solcher keine nachteilige Wirkung auf euch ausüben.« Bei unerleuchteten, körpergebundenen Menschen trägt eine fleischreiche Kost in erheblichem Maße zu vielen Krankheiten bei, Herzleiden und Krebs eingeschlossen; sie wirkt sich schädlich auf die körperliche, psychische und spirituelle Gesundheit aus. Würden die Menschen eine geeignete vegetarische Nahrung zu sich nehmen, verschwänden viele tödliche Krankheiten, die in der heutigen Zivilisation vorherrschen.

Ganz gleich, welcher Ernährungsweise die Menschen folgen, ihr Gebet und ihre Affirmation sollte lauten: »Himmlischer Vater, lehre uns zu erkennen, dass wir durch Dein Bewusstsein leben; dass wir weder geboren werden noch sterben, sondern Wellen Deines unendlichen Ozeans des Lebens sind, Wellen Deiner immerwährenden Energie und Deines unwandelbaren Bewusstseins.«

~

Als nun die Menschen das Zeichen sahen, das Jesus getan hatte, sprachen sie: Das ist wirklich der Prophet, der in die Welt kom-

[13] Siehe Diskurs 32, Band II.

men soll. Da nun Jesus merkte, dass sie kommen würden, um ihn mit Gewalt zum König zu machen, zog er sich wieder auf den Berg zurück, er für sich allein. (*Johannes* 6, 14–15)

Parallelstelle:

Und alsbald drängte Jesus seine Jünger, in das Boot zu steigen und vor ihm hinüberzufahren, während er das Volk entließe. Und als er das Volk entlassen hatte, stieg er allein auf einen Berg, um zu beten. Und als es Abend geworden war, war er dort allein. (*Matthäus* 14, 22–23)

»*Der Prophet, der in die Welt kommen soll*« – dies war ein Hinweis auf die Prophezeiung Mose aus 5. *Mose* 18, 15: »*Einen Propheten wie mich wird dir der Herr, dein Gott, erwecken aus deiner Mitte, aus deinen Brüdern; dem sollt ihr gehorchen.*«

Viele Juden erwarteten, dass der zukünftige Prophet oder Messias auch ein irdischer Herrscher aus dem Königshaus Davids sein würde.[14] Jesus hatte nicht den Wunsch, zum König eines vergänglichen weltlichen Königreichs ausgerufen zu werden; da er eins war mit Gott, war er bereits ein Fürst des Universums, ein wahrer König, der über allen Königreichen der Erde stand.

Der zeitweilige Rückzug Jesu in die Einsamkeit war notwendig [wie bereits in den Diskursen 7 und 25, Band I, erklärt], um sich den Forderungen des Volkes zu entziehen. Gott braucht nicht zu beten oder zu meditieren, denn Er ist allgegenwärtig und sucht nichts außerhalb Seiner selbst. Er ist in Seine Freude versunken und hat es nicht nötig, einen geistigen Zustand zu erreichen, der höher ist als Sein eigenes Bewusstsein. Ein im transzendenten Bewusstsein lebender, befreiter Meister genießt die gleiche selige Freiheit; dennoch mag er sich zum Gebet und zur Meditation in die Einsamkeit zurückziehen, um seinen sterblichen Körper, der für sein Werk auf Erden gebraucht wird, wieder aufzuladen. In diesem Fall strebte Jesus auch danach, sich einem Kreis begeisterter Anhänger zu entziehen, um ihre Absicht zu vereiteln, ihn zu ihrem König zu machen.

---

[14] Siehe z. B. 2. *Samuel* 7, 12–17; 1. *Chronik* 17, 11–15; *Daniel* 9, 25–26. Siehe auch Diskurs 36, Band II.

Als es Abend war, gingen seine Jünger hinab an den See, stiegen in ein Boot und fuhren über den See nach Kapernaum. Und es war schon finster geworden, und Jesus war noch nicht zu ihnen gekommen.

Und der See wurde aufgewühlt, da ein starker Wind wehte. Als sie nun etwa fünfundzwanzig oder dreißig Stadien weit gerudert waren, sehen sie Jesus auf dem See gehen und sich dem Boot nähern; und sie fürchteten sich.

Er aber sprach zu ihnen: Ich bin's; fürchtet euch nicht!

Mit Freuden nahmen sie ihn zu sich in das Boot und waren auch sogleich an dem Ufer, das sie erreichen wollten. (*Johannes* 6, 16–21)

Parallelstelle:

Und das Boot war schon mitten auf dem See und kam durch die Wellen in Not; denn es war ein Gegenwind aufgekommen. Aber in der vierten Nachtwache kam Jesus zu ihnen und ging auf dem See. Und als ihn die Jünger auf dem See gehen sahen, erschraken sie und sprachen: Es ist ein Gespenst! und schrien vor Furcht. Aber sogleich redete Jesus mit ihnen und sprach: Seid getrost, ich bin's; fürchtet euch nicht! (*Matthäus* 14, 24–27)

»Fürchtet euch nicht, sondern freut euch, dass ihr dieses Wunder, das Gott durch mich wirkt, miterleben könnt: dass ich – nicht als ein Geistwesen, sondern mit meinem festen natürlichen Körper – auf diesem aufgewühlten See wandeln und mit der Stimme, die ihr gut kennt, zu euch sprechen kann. Ich bin es, derselbe, den ihr immer gesehen habt, mit demselben physischen Körper. Der GEIST in mir ist euer Erlöser von allen irdischen Nöten – sogar von diesen windgepeitschten Wellen, die euch ungestüm hin- und herwerfen. Warum sollte es euch also Angst einflößen, wenn ich euch auf diese Weise erscheine?«

So wie das Materialisieren von Broten und Fischen ist das Wandeln auf dem Wasser, wie Jesus es vor den Augen seiner Jünger tat, ein Wunder, das vollbracht werden kann, wenn man die elektromagnetische Beschaffenheit der Materie und deren Beziehung zum Geist versteht. Ein Meister, der aufgrund echter Verwirklichung den ganzen Kosmos als einen Traum Gottes wahrnimmt – und die gesamte Materie als verdichtetes biotronisches Licht und Bewusstsein –, erhebt sich über die Gesetze, welche die Materie regieren. Er kann jeden materiellen Gegenstand mit seinem auf Gott eingestimmten schöpferischen Willen ändern.

Jesus hatte vollkommene Macht über die elektromagnetische Beschaffenheit der Materie und deren Beziehung zum Bewusstsein

Der Geist des Menschen täuscht sich in der Vorstellung, dass der feste menschliche Körper in Flüssigkeit ertrinke, in Gas ersticke und durch harte Gegenstände verletzt werde; aber sobald diese Täuschung aufgehoben ist, kann er mit der Materie verfahren, wie er will. Er erkennt, dass die ganze Welt aus Energie besteht – wie es auch Wissenschaftler bestätigen.

Der Mensch denkt, dass seine irdische Gestalt sich aus festem Fleisch und festen Knochen zusammensetze. In Wirklichkeit ist das jedoch eine Täuschung. Der Körper stellt ein Gemisch aus unzähligen, äußerst kleinen subatomaren Teilchen dar; diese Partikel bestehen aus biotronischer Lebensenergie, die feinstofflicher ist als die Energie von Atomen, und letzten Endes aus Ideotronen, den Bewusstseinsfunken, deren Ursprung das Kosmische Bewusstsein ist.

Alles, was in der Natur existiert, ist Energie, deren höhere oder niedrigere Schwingung eine größere oder geringere Dichte erzeugt; und alles hat, je nach seiner Masse oder seiner charakteristischen Schwere, ein bestimmtes Gewicht. In der Welt der Materie bringt die Schwingung einer Flüssigkeit, z. B. die des Wassers, eine kompaktere Schwingungsformation wie die des menschlichen Körpers zum Sinken, weil dieser wegen seiner Dichte ein höheres spezifisches Gewicht[15] aufweist als die Flüssigkeit. Jesus hatte erkannt, dass die Energie, die den festen Körper bildet, nur deshalb ein spezifisches Gewicht besitzt, weil sie sich zu einem kompakten Gebilde zusammengeschlossen hat; dies gilt auch für das spezifische Gewicht des Seewassers, dessen

[15] Der Begriff wird in der Physik verwendet, um das Verhältnis der Dichte eines Stoffes zu einer Bezugssubstanz anzuzeigen (die für feste und flüssige Stoffe normalerweise das Wasser ist und für gasförmige Stoffe die trockene Luft). »Die Auftriebskraft ist eng verbunden mit dem spezifischen Gewicht«, erklärt die *Encyclopaedia Britannica.* »Wenn ein Stoff ein geringeres spezifisches Gewicht hat als eine Flüssigkeit, wird er auf ihr treiben: Mit Helium gefüllte Ballons werden in die Luft aufsteigen, Öl wird einen Ölteppich auf dem Wasser bilden, und Blei wird auf Quecksilber schwimmen.« *(Anmerkung des Herausgebers)*

»flüssige« Schwingungen jedoch eine geringere Massendichte aufweisen. Das spezifische Gewicht ist eine Täuschung, weil sich die Dichte der Materie auf ihre Grundbeschaffenheit, nämlich Energie (schwereloses, durchlässiges Licht) zurückführen lässt. Wenn das menschliche Bewusstsein diese Täuschung überwindet, nimmt es den physischen Körper im Wesentlichen als ätherisch wahr: auf ewig mit Gott verbunden und aus derselben Substanz bestehend wie der Kosmische Körper Gottes – aus Energie, Bewusstsein, GEIST.

In der *Autobiographie eines Yogi* habe ich diese Thematik in einem ganzen Kapitel (»Das Gesetz des Wunders«) eingehend erläutert. Die moderne Wissenschaft hat erfreulicherweise mit Begriffen und Beschreibungen des Ablaufs kosmischer Gesetze – absichtlich oder widerstrebend – dazu beigetragen, eine Wissenschaft der uralten Kunst der Wundertätigkeit zu formulieren, mit der Generationen von Meistern aus der vedischen, der biblischen und auch der heutigen Zeit gleichermaßen vertraut waren und sind. Lassen Sie mich eine Stelle aus dem Buch zitieren, die sich auf die Thematik des vorliegenden Diskurses bezieht:

> Wenn nicht anders, kann man sich von der Wissenschaft bestätigen lassen, dass es kein stoffliches Universum gibt – eine Wahrheit, die im philosophischen Sinne schon immer bestanden hat. Das Leben und Weben des Kosmos ist nichts als *Maya* – Illusion; sobald man ihn auf seine Wirklichkeit hin untersucht, löst er sich wie eine Fata Morgana auf. …
>
> Anhand seiner berühmten Gleichung, welche die Gleichwertigkeit von Energie und Masse darlegt, hat Einstein bewiesen, dass die jedem stofflichen Teilchen innewohnende Energie gleich seiner mit dem Quadrat der Lichtgeschwindigkeit multiplizierten Masse ist. Die Entfesselung der Atomenergie erfolgt durch Vernichtung der materiellen Partikel. So wurde also das Atomzeitalter durch den »Tod« der Materie geboren.
>
> Die Lichtgeschwindigkeit ist nicht deshalb eine Konstante bzw. eine charakteristische mathematische Größe, weil ihrem Wert (300 000 km/s) eine absolute Bedeutung zukommt, sondern weil kein bewegter Körper, dessen Masse mit seiner Geschwindigkeit zunimmt, jemals die Lichtgeschwindigkeit erreichen kann. Um es anders auszudrücken: Nur ein stofflicher

Körper, dessen Masse unendlich ist, könnte sich mit Lichtgeschwindigkeit fortbewegen.

Diese Vorstellung führt uns zu dem Gesetz, das allen Wundern zugrunde liegt.

Meister, welche die Fähigkeit haben, ihren eigenen Körper und andere Gegenstände zu materialisieren und zu entmaterialisieren, sich mit Lichtgeschwindigkeit fortzubewegen und sich der schöpferischen Lichtstrahlen zu bedienen, um sofort irgendwelche physischen Manifestationen sichtbar zu machen, haben die gesetzmäßige Bedingung erfüllt: Ihre Masse ist unendlich.

Das Bewusstsein eines vollendeten Yogis umfasst mühelos nicht nur seinen eigenen Körper, sondern den gesamten Kosmos. Die Schwerkraft – ob es sich um das Gravitationsgesetz Newtons oder um das Trägheitsgesetz Einsteins handelt – ist außerstande, einen Meister zu *zwingen*, ein bestimmtes Gewicht, d. h. die einem stofflichen Körper eigentümliche Schwere anzunehmen. Wer sich selbst als allgegenwärtigen GEIST erkannt hat, kann nicht mehr durch die träge Masse eines in Zeit und Raum lebenden Körpers begrenzt werden; die undurchdringlichen Kerkermauern von Zeit und Raum sind dem Zauberspruch »Ich bin Er« gewichen.

Die Kohäsionskraft der schöpferischen Schwingung der *Maya* hält auch das winzigste Materieteilchen zusammen, das seine Existenz im Universum zur Schau stellt. Feuchter Sand, der zur Gestalt eines Menschen geformt wurde, sieht fest und beständig aus; sobald aber das Wasser darin verdunstet ist, zerbröckelt diese Illusion. In ähnlicher Weise wird das Trugbild einer fest erscheinenden menschlichen Gestalt durch die Adhäsionskraft der Täuschung aufrechterhalten, die sich dazu des menschlichen Geistes bedient.

Die Verbindung zwischen Bewusstsein und Körper endet mit dem Tod: Der Körper zersetzt sich, weil sich Geist und Bewusstsein daraus zurückziehen. Aber solange das Bewusstsein dem Körper innewohnt, bemüht es sich intensiv, die Atome, Zellen und Organe zusammenzuhalten – selbst dann, wenn Krankheit und Alter ihre Wirkung zeigen. Wird die körperliche Masse aus tanzenden Elektronen – aus Licht und Energie – vom menschlichen Geist verdichtet und insgesamt als schöpferisches Sinneswerkzeug der *Maya* angesehen, erweckt diese Masse den Eindruck eines festen Gebildes. Würden Wissenschaftler jedoch die von Einstein beschriebenen physikalischen Prozesse anwenden, könnten sie den Körper wieder in seine ihm zugrunde liegende Energie umwandeln. Im Gegensatz zu Jesus mangelt es ihnen aber an der Fähigkeit, es durch die Kraft ihres Geistes zu vollbringen. Ein Meister, der versteht, dass der Geist den Körper kontrolliert, und der vollkommene Herrschaft über seinen Geist besitzt, ist imstande, die Atome des Körpers teilweise oder vollkommen aufzulösen – er kann dessen spezifisches Gewicht verändern oder den Körper vollkommen entmaterialisieren – und dann die gewohnte Struktur der körperlichen Beschaffenheit willentlich wiederherstellen.

Die überbewusste Erkenntnis, dass der Körper aus beseelter Energie entsteht, dass er ein Traumbild aus Geist-Substanz ist, führt augenblicklich zur Befreiung von der Täuschung, die ihm ein bestimmtes spezifisches Gewicht zuschreibt, denn ohne Massendichte gibt es kein Gewicht. Solange man aber an der Überzeugung festhält, dass der Körper etwas Festes sei, geht er mit Sicherheit unter, wenn man versucht, auf einer Wassermasse zu wandeln, da sie eine geringere Dichte aufweist und den Körper deshalb nicht tragen kann.

Würde ein Mensch im Schlaf träumen, dass er ertrinkt, würde sein Bewusstsein unter einem qualvollen Gefühl des Erstickens leiden. Würde er aber die Kunst beherrschen, seine Träume willentlich zu beeinflussen, könnte er sein träumendes Ich auf sehr einfache Weise retten, indem er die Traumgedanken verändert und seinen Traumkörper sicher auf dem Traumwasser schwimmen sieht. Jesus nahm seinen Körper, den See und das Gefüge der Welt als unterschiedliche Traumwellen des Bewusstseins wahr, die sich als verschiedene elektromagnetische Wellen der materiellen Formen zeigten; durch reine Willenskraft konnte er das spezifische Gewicht oder die elektromagnetische Zusammensetzung seines Körpers ändern, sodass dieser schwerelos auf dem Wasser wandeln konnte, genauso natürlich, wie der feste Körper eines durchschnittlichen Menschen auf der festen Erde schreitet.

Ein kleiner, an ein schweres Eisenstück gebundener Korken versinkt, wenn er in einen Topf mit Wasser geworfen wird, aber ohne das Eisenstück würde der Korken schwimmen. In ähnlicher Weise wird der Körper vom Gewicht des materiellen Bewusstseins herabgezogen. Wenn man die von der *Maya* hervorgerufenen Illusionen, die der Materie Dauerhaftigkeit zuschreiben, mithilfe der Meditation vom Körper trennt, kann man den Körper willentlich auf dem Wasser tanzen, durch feste Substanzen hindurchgehen und in der Luft schweben oder fliegen lassen. So leicht, wie jeder Mensch seine Gedanken ändern kann, so leicht kann ein Übermensch sein Erleben der Welt umgestalten, indem er seine gewöhnliche Sichtweise der Materie in intuitive göttliche Erkenntnisse überführt. Zu den indischen Yogis, bei denen ich die Demonstration dieser Wahrheiten selbst miterlebt habe, zählt der heilige Nagendra Nath Badhuri, über den ich in der *Autobiographie eines Yogi* berichtet habe.[16]

Die *Kriya-Yoga*-Meditationstechniken des *Pranayama*, der Herrschaft über die Lebenskraft, die den Atem in sublime biotronische Energie umwandelt, führen zu der positiven Erkenntnis, dass der

---

[16] Kapitel 7, »Der schwebende Heilige«. Viele christliche Heilige, darunter auch Teresa von Avila und Joseph von Cupertino, haben in ähnlicher Weise Wunderkräfte der Levitation und Gewichtslosigkeit erkennen lassen. Der katholische Gelehrte Monsignore Albert Farges schreibt in *Mystical Phenomena* (London: Burns, Oates, and Washbourne, 1926):

»Trotz ihrer Rätselhaftigkeit können diese Tatsachen nicht bezweifelt werden. Sie sind nicht nur vollkommen authentisch, sondern mehr noch, sie kommen im Leben ekstatischer Heiliger häufig vor. ... Bei den Verfahren zur Heiligsprechung sind sie oft diskutiert und bestätigt worden . ...

Der heilige Franziskus scheint der erste Stigmatisierte und auch der erste Ekstatiker gewesen zu sein, dessen spontanes Schweben über dem Boden offiziell bestätigt wurde, aber seitdem haben sich die Nachweise vervielfacht. Hier einige Beispiele:

Der heilige Peter von Alcantara war nicht in der Lage, das erhabene Johannes-Wort *Verbum cara factum est* (›Und das Wort ist Fleisch geworden‹) zu hören, ohne in Ekstase zu fallen und über den Erdboden emporgehoben zu werden. Der Franziskaner Biagio von Caltanisetta fiel allein schon bei der Nennung der Namen Jesus und Maria in Ekstase und glitt, entzückt über deren Schönheit, himmelwärts. Der selige Giles vom Dominikaner-Orden verbrachte ganze Nächte in Ekstase und schwebte in der Luft, ohne dass es möglich war, ihn auf den Boden zurückzubringen. ... Während der Predigt in seiner Kathedrale fiel der heilige Thomas von Villanova eines Tages plötzlich in Ekstase und blieb für zwölf Stunden in der Luft.«

Die Levitationen des im 17. Jahrhundert lebenden Joseph von Cupertino gehören zu den berühmtesten. Die Londoner *Times* berichtete am 24. März 2003: »In einer Botschaft anlässlich des 400. Geburtstages des heiligen Joseph sagte der Papst, dass der Franziskanermönch, der angeblich ganze Versammlungen durch Levitationen und Flüge durch die Luft in Erstaunen versetzen konnte, spirituell unserer Zeit nahestand. Er ist der Schutzpatron der Flieger und Studenten. ... Augenzeugen berichten, dass der hl. Joseph einen lauten Schrei ausstieß und in die Luft aufstieg, nachdem er in einen ekstatischen Trancezustand gefallen war. Manchmal schwebte er durch das Kirchenschiff, manchmal aus der Kirche hinaus und über die Hügel, mehrere Meilen weit. Von der Inquisition wurde er unter Anklage gestellt, aber als er über die Köpfe seiner Fragesteller hinwegflog, leiteten die Richter den Fall direkt weiter an den Papst Urban VIII. Der Papst ließ das Verfahren einstellen, nachdem er allem Anschein nach Zeuge eines ›ekstatischen Fluges‹ geworden war. Zahlreiche berühmte Personen, wie Herzog Friedrich von Braunschweig und Großfürst Kasimir von Polen, bezeugten, die Flüge gesehen zu haben.« *(Anmerkung des Herausgebers)*

Körper aus rein kosmischer Energie besteht. Übt ein Fortgeschrittener den *Kriya*, wird der Körper mit Sauerstoff aufgeladen, und die körperlichen Atome werden zunehmend ätherischer, bis der Körper so leicht wird wie eine Feder. Der Mensch hat keine Vorstellung davon, wie viel Kraft in seinen Körper fließt, wenn er das Geheimnis des Atems enträtselt hat. Das Üben des *Kriya* bewirkt, dass ein geregelter, kontinuierlicher Zufluss von Sauerstoff in den Körper erfolgt. Dessen Atome werden durch den Prozess des *Pranayama* in Lebenskraft umgewandelt, welche die feinen Ströme in der Wirbelsäule verstärkt; diese Energieströme wiederum erwecken die astralen zerebrospinalen Zentren und vergeistigen den ganzen Körper. Nach Jahren erfolgreichen Übens wird der Körper eines fortgeschrittenen *Kriya-Yogis* so vergeistigt, dass dieser während ekstatischer Bewusstseinszustände kaum noch fühlt, ob sein Körper den Boden berührt. Die ihn durchflutende Lebenskraft wird so machtvoll, dass der ganze Körper seine täuschende Festigkeit verliert und tatsächlich schwebt. Dies kann ich aus eigener Erfahrung bezeugen. Aber ein Anfänger auf dem geistigen Weg sollte nicht erwarten, schon morgen gewichtslos umherzuspringen! Der heutige Mensch ist es gewohnt, schnelle Ergebnisse zu erzielen. Seine Industrie und Technologie stellen neue Produkte so rasch her, dass er meint, auch für den spirituellen Fortschritt müsse es ein präzises, bequemes Programm geben. Die Erwartung eines sofortigen spirituellen Erfolges ist vielleicht mehr als nur ein bisschen kühn, wenn man bedenkt, wie viele Leben ein Mensch bereits damit zugebracht hat, ein unspirituelles Wesen zu werden. Im Verhältnis dazu ist selbst ein lebenslanges geistiges Üben nicht zu viel verlangt. Dennoch stellen die Wissenschaft des *Kriya-Yoga* und die Kunst der Meditation keine Plackerei dar, weil man die Ergebnisse einer allmählichen Veränderung gleich von Anfang an spürt.

Vom weltlichen zum göttlichen Bewusstsein: Yoga und das Geheimnis des Atems

All dies wurde von den großen indischen Yogis dargelegt.[17] Jesus

[17] In seinen *Yoga-Sutras* widmet Patanjali ein ganzes Kapitel dem Erlangen von Wunderkräften (bekannt als *Siddhis* oder *Vibhutis*) durch Meisterung der Yoga-Wissenschaft – im Besonderen durch *Samyama*, eine Verbindung der letzten drei Stufen des Achtstufigen Weges: *Dharana* (Konzentration), *Dhyana* (Meditation) und *Samadhi* (göttliche Vereinigung). An Wunderkräften werden erwähnt: die Levitation sowie die Fähigkeit, auf Wasser oder Schlamm zu gehen, ohne zu sinken (*Yoga-Sutras* III, 40); außerdem die Fähigkeit, die acht *Aishvaryas* (asketische Hoheiten; siehe Diskurs 70, Band III) anzuwenden sowie den Körper zu vervollkommnen, sodass dessen Funktionen nicht beeinträchtigt werden durch die Eigenschaften von Erde, Wasser, Feuer,

Christus war mit Sicherheit ein Meister dieser Yoga-Wissenschaft, dank derer er die Schwingungsdichte seines Körpers in schwereloses Licht verwandeln konnte. Die meisten Menschen leben nicht die Wahrheit der Bibel; sie geben sich mit einem bloßen theologischen Glauben zufrieden oder mit ihren eigenen philosophischen Träumereien, die zu nichts führen. Wer dem wissenschaftlichen spirituellen Weg folgt, erzielt konkrete Ergebnisse, und diese bewahrheiten sich durch den eigenen Wandel vom weltlichen zum göttlichen Bewusstsein.

Petrus aber antwortete ihm und sprach: Herr, wenn du es bist, so befiehl mir, auf dem Wasser zu dir zu kommen.

Und er sprach: Komm!

Und Petrus stieg aus dem Boot und ging auf dem Wasser auf Jesus zu. Als er aber den starken Wind sah, fürchtete er sich; und als er anfing zu sinken, schrie er und sprach: Herr, hilf mir!

Sogleich streckte Jesus die Hand aus und ergriff ihn und sprach zu ihm: O du Kleingläubiger, warum hast du gezweifelt? Und als sie in das Boot gestiegen waren, legte sich der Wind. Die aber im Schiff waren, kamen und fielen vor ihm nieder und sprachen: Du bist in Wahrheit Gottes Sohn! [18]

Und sie fuhren hinüber und kamen in das Land Genezareth. Und als ihn die Leute dieser Gegend erkannten, sandten sie in die ganze Umgebung und brachten alle Kranken zu ihm und baten ihn, dass sie nur den Saum seines Kleides berühren dürften. Und alle, die ihn berührten, wurden gesund. (*Matthäus* 14, 28–36)

Luft und Äther – durch die festen, flüssigen, feurigen, gasförmigen und ätherischen Aggregatszustände der Materie (*Yoga-Sutras* III, 45–46).

In *Sutra* III, 38 warnt Patanjali den aufrichtig nach Gottvereinigung Trachtenden, dass die Anwendung phänomenaler Kräfte ein Hindernis darstelle, indem sie den Yogi zu egoistischem Stolz verführt und vom wahren Ziel ablenkt. Der fortgeschrittene Gottsucher achtet darauf, den Gebrauch irgendwelcher übernatürlicher Kräfte zu vermeiden, die er vielleicht erhält, oder sie nur dann einzusetzen, wenn er sich des göttlichen Einverständnisses sicher ist. Sobald er unwiderruflich im *Samadhi* verankert ist, wird der vollkommene Yogi selbstverständlich von Gottes Weisheit geleitet. Dann bedient er sich der *Siddhis* oder sieht von ihrer Anwendung ab, in völliger Übereinstimmung mit der inneren Stimme des Göttlichen Willens.

[18] Vgl. Parallelstelle *Markus* 6, 47–52.

Durch die Kraft seines Glaubens und seiner geistigen Konzentration erreichte Petrus eine vorübergehende Übereinstimmung mit dem Bewusstsein Christi und war frei von der weltlichen Traum-Illusion von Materie. Er wurde daher vom göttlichen Bewusstsein getragen, nachdem er aus dem Schiff ausgestiegen war und auf dem Wasser auf Jesus zuging. Als aber durch den heftigen Wind sein intensiver Glaube von Furcht ergriffen wurde, kehrte seine Gewohnheit, die Materie als wirklich anzusehen, wieder in sein Bewusstsein zurück, und er fühlte sofort, wie sein Körper zu sinken begann.

Spiritueller Fortschritt bringt den auf Erkenntnis beruhenden Glauben an die immaterielle Natur des Körpers

Jesu Berührung stellte den Glauben des Jüngers wieder her und schenkte diesem Sicherheit. Doch er tadelte Petrus wegen dessen bedenklicher spiritueller Unbeständigkeit: »O Petrus, warum hast du deine SELBST-Verwirklichung, deinen aus Intuition geborenen und vom Christusbewusstsein inspirierten Glauben durch Zweifel geschwächt und dein materielles Bewusstsein wieder wachgerufen? Solange dein Glaube nicht fest verankert ist in deiner christusgleichen Übereinstimmung mit dem Kosmischen Bewusstsein – in der beständigen Erkenntnis, dass alles Gott ist –, wirst du deine göttlichen Wahrnehmungen aufgrund schreckenerregender Erfahrungen mit der trügerischen Materie immer wieder infrage stellen.«[19]

Mit dem Wort *Glaube* meint Jesus hier nicht einen oberflächlichen intellektuellen Glauben, der sich bei der geringsten Andeutung gegensätzlicher Anzeichen verflüchtigt. Glaube ist absolute Überzeugung; die Beweise für ihn liegen im intuitiven Wissen der Seele. Das Gottesbewusstsein und seine unermesslichen Kräfte werden von unermüdlichen Gottsuchern erlangt, die sich durch Meditation stetig fortentwickeln, bis sie einen unerschütterlichen Glauben an das allmächtige Wesen Gottes besitzen und daran, dass Er sich in ihnen offenbart.

Wer stets an seinen Körper denkt, ist sich des GEISTES nicht bewusst. Im Schlaf wird das Körperbewusstsein gezwungen – wenn auch nur vorübergehend –, sich von der Seele zu trennen. In der Meditation jedoch wird die Illusion des Körpers bewusst aufgehoben; und in der

[19] »Wer bei leidvollen Ereignissen nicht von Sorgen erschüttert und bei freudigen Ereignissen nicht von seinem Glück abhängig wird, wer frei von weltlicher Liebe, Angst und Ärger ist – der wird ein *Muni* [ein Weiser, der Gott kennt] genannt und besitzt untrügliche Unterscheidungskraft«. (*Gott spricht mit Arjuna – Die Bhagavad-Gita* II, 56).

Ekstase tieferer Meditation erlangt der Gottsucher wahren Glauben – ein tiefes intuitives Erkennen – hinsichtlich der elektromagnetischen, biotronischen und geistigen Beschaffenheit des Körpers. Je weiter fortgeschritten ein Mensch auf dem spirituellen Weg ist, umso größer ist sein Glaube oder die aus der Meditation geborene Überzeugung, dass die Materie und sein eigener Körper ihrem Wesen nach immateriell sind.[20]

---

[20] Der große Romanschriftsteller Leo Tolstoi schrieb eine köstliche Geschichte (*Die drei Einsiedler),* die sein Freund Nicholas Roerich in folgender Kurzfassung wiedergegeben hat:

»Es waren einmal drei alte Einsiedler, die auf einer einsamen Insel lebten. Die waren so einfach, dass sie immer nur dasselbe Gebet sprachen, nämlich: ›Wir sind drei – Du bist drei; erbarme Dich unser!‹ Und dennoch geschahen oft große Wunder während dieses treuherzigen Gebets.

Als der zuständige Bischof von diesen drei Einsiedlern und ihrem unstatthaften Gebet erfuhr, entschloss er sich, sie aufzusuchen, um sie die kanonischen Anrufungen zu lehren. Er traf auf der Insel ein, erklärte den Einsiedlern, dass ihr an den Himmel gerichtetes Gebet jeder Würde entbehre, und lehrte sie viele der herkömmlichen Invokationen. Danach bestieg er wieder sein Schiff und verließ das Eiland. Doch plötzlich bemerkte er ein strahlendes Licht, das dem Schiff nachfolgte. Als es sich näherte, erkannte er die drei Einsiedler, die sich an den Händen hielten und eilig über die Wellen liefen, um das Fahrzeug einzuholen.

›Wir haben die Gebete vergessen, die Ihr uns gelehrt habt‹, riefen sie, als sie den Bischof erreicht hatten. ›Darum sind wir Euch nachgelaufen; könnt Ihr sie uns bitte wiederholen?‹ Doch der Bischof schüttelte ehrfürchtig das Haupt.

›Liebe Brüder‹, erwiderte er demütig, ›sprecht euer altes Gebet weiter!‹«

(Diese Erzählung scheint eine historische Grundlage zu haben. Eine Anmerkung des Herausgebers besagt, dass der Bischof die drei Einsiedler auf einer Seereise, die ihn von Archangelsk nach dem Solowetzki-Kloster an der Mündung der Düna führte, aufgesucht habe.) – *Autobiographie eines Yogi*, Kapitel 30.

DISKURS 43

Das wahre »Brot des Lebens«

Wie man *»die Werke Gottes vollbringen«* kann

❖

Die Christusintelligenz: Das *»Brot vom Himmel«*, die göttliche Nahrung für die ganze Schöpfung

❖

Durch die Teilhabe am Christusbewusstsein werden irdischer und geistiger Hunger für immer gestillt

❖

Versprach Jesus allen, die *»an ihn glauben«*, Erlösung?

❖

Von Zweifeln heimgesuchte materialistische Menschen können Gott oder Christus nicht erkennen

❖

»Esst mein Fleisch«:
vom »Brot« des Christusbewusstseins leben

❖

»Trinkt mein Blut«:
Nehmt die Unsterblichkeit verleihende Kosmische Energie, die Schwingung des Heiligen Geistes, in euch auf

❖

Jesus drückte sich in schwer zu deutenden Bildern aus; aber richtig interpretiert, *»sind seine Worte Geist und sind Leben«*

»Jeder von euch, der durch tiefe Meditation das Christusbewusstsein (›Brot‹) in sein eigenes Bewusstsein aufnimmt, wird erfahren, dass sein Leben mit dem ewigen Leben vereint ist.«

Am nächsten Tag sah das Volk, das auf der anderen Seite des Sees stand, dass kein anderes Boot dort war außer dem einen, in welches seine Jünger gestiegen waren, und dass Jesus nicht mit seinen Jüngern zusammen das Boot bestiegen hatte, sondern dass seine Jünger allein weggefahren waren. (Es kamen aber andere Boote von Tiberias nahe an den Ort, wo sie nach dem Dankgebet des Herrn das Brot gegessen hatten.)

Als das Volk nun sah, dass Jesus nicht da war und auch seine Jünger nicht, stiegen sie in Boote und kamen nach Kapernaum und suchten Jesus. Und als sie ihn auf der anderen Seite des Sees fanden, sprachen sie zu ihm: Rabbi, wann bist du hierher gekommen?

Jesus antwortete ihnen und sprach: Wahrlich, wahrlich, ich sage euch, ihr sucht mich nicht, weil ihr Zeichen gesehen, sondern weil ihr von den Broten gegessen habt und satt geworden seid. Bemüht euch nicht um die Speise, die vergänglich ist, sondern um die Speise, die bis ins ewige Leben bleibt und die der Menschensohn euch geben wird; denn ihn hat Gott, der Vater, mit seinem Siegel bestätigt.

Da sprachen sie zu ihm: Was sollen wir tun, damit wir die Werke Gottes vollbringen?

Jesus antwortete und sprach zu ihnen: Das ist Gottes Werk, dass ihr an den glaubt, den er gesandt hat.

Da sprachen sie zu ihm: Was tust du denn für ein Zeichen, damit wir sehen und dir glauben? Was wirkst du? Unsere Väter haben Manna gegessen in der Wüste, wie geschrieben steht: »Er gab ihnen Brot vom Himmel zu essen.«

Da sprach Jesus zu ihnen: Wahrlich, wahrlich, ich sage euch: Nicht Mose hat euch das Brot vom Himmel gegeben, sondern mein Vater gibt euch das wahre Brot vom Himmel. Denn das Brot Gottes ist der, der vom Himmel herabkommt und der Welt das Leben gibt.

Da sprachen sie zu ihm: Herr, gib uns allezeit dieses Brot.

Jesus aber sprach zu ihnen: Ich bin das Brot des Lebens. Wer zu mir kommt, den wird nicht hungern; und wer an mich glaubt, den wird nimmermehr dürsten.

Aber ich habe euch gesagt: Ihr habt mich wohl gesehen, glaubt aber doch nicht. Alles, was der Vater mir gibt, wird zu mir kommen, und wer zu mir kommt, den werde ich nicht hinausstoßen. Denn ich bin nicht vom Himmel herabgekommen, um meinen Willen zu tun, sondern den Willen dessen, der mich gesandt hat. Das ist aber der Wille des Vaters, der mich gesandt hat, dass ich nichts verliere von allem, was er mir gegeben hat, sondern dass ich es auferwecke am Letzten Tag. Denn das ist der Wille dessen, der mich gesandt hat, dass jeder, der den Sohn sieht und an ihn glaubt, ewiges Leben habe; und ich werde ihn am Letzten Tag auferwecken.

Da murrten die Juden über ihn, weil er gesagt hatte: Ich bin das Brot, das vom Himmel herabgekommen ist. Und sie sagten: Ist dieser nicht Jesus, Josephs Sohn, dessen Vater und Mutter wir kennen? Wie kann er da sagen: Ich bin vom Himmel herabgekommen?

Jesus antwortete und sprach zu ihnen: Murrt nicht untereinander. Es kann niemand zu mir kommen, wenn nicht der Vater, der mich gesandt hat, ihn zieht; und ich werde ihn auferwecken am Letzten Tag. Es steht bei den Propheten geschrieben: »Sie werden alle von Gott gelehrt sein.« Jeder nun, der vom Vater gehört und gelernt hat, kommt zu mir. Nicht, dass irgendjemand den Vater je gesehen hat. Nur der eine, der von Gott ist, der hat den Vater gesehen.

Wahrlich, wahrlich, ich sage euch: Wer an mich glaubt, der hat das ewige Leben. Ich bin das Brot des Lebens. Eure Väter haben Manna gegessen in der Wüste und sind gestorben. Dies ist das Brot, das vom Himmel herabkommt, damit, wer davon isst, nicht sterbe. Ich bin das lebendige Brot, das vom Himmel herabgekommen ist. Wer von diesem Brot isst, wird in Ewigkeit leben. Und das Brot, das ich geben werde, ist mein Fleisch, welches ich geben werde für das Leben der Welt.

Deshalb stritten die Juden untereinander und sagten: Wie kann dieser uns sein Fleisch zu essen geben?

Da sprach Jesus zu ihnen: Wahrlich, wahrlich, ich sage euch: Wenn ihr nicht das Fleisch des Menschensohnes esst und sein Blut trinkt, so habt ihr kein Leben in euch. Wer

mein Fleisch isst und mein Blut trinkt, der hat das ewige Leben, und ich werde ihn am Letzten Tag auferwecken. Denn mein Fleisch ist wahrhaftig eine Speise, und mein Blut ist wahrhaftig ein Trank. Wer mein Fleisch isst und mein Blut trinkt, der bleibt in mir und ich in ihm. Wie mich der lebendige Vater gesandt hat und ich durch den Vater lebe, so wird auch der, der mich isst, durch mich leben. Dies ist das Brot, das vom Himmel herabgekommen ist; nicht so, wie eure Väter Manna gegessen haben und gestorben sind: Wer dieses Brot isst, der wird leben in Ewigkeit.

Dieses sagte er in der Synagoge, als er in Kapernaum lehrte. Viele nun von seinen Jüngern, als sie das hörten, sprachen: Das ist eine harte Rede; wer kann sie hören?

Da Jesus aber bei sich selbst merkte, dass seine Jünger darüber murrten, sprach er zu ihnen: Ärgert euch das? Was aber, wenn ihr den Menschensohn werdet dahin auffahren sehen, wo er zuvor war? Der Geist ist es, der lebendig macht; das Fleisch nützt gar nichts. Die Worte, die ich zu euch spreche, sind Geist und sind Leben. Aber es sind einige unter euch, die nicht glauben. Denn Jesus wusste von Anfang an, welche es waren, die nicht glaubten, und wer ihn verraten würde.

Und er sprach: Darum habe ich euch gesagt: Niemand kann zu mir kommen, es sei ihm denn von meinem Vater gegeben.

Von da an zogen sich viele seiner Jünger zurück und gingen nicht mehr mit ihm. Da sprach Jesus zu den Zwölfen: Wollt ihr auch weggehen?

Da antwortete ihm Simon Petrus: Herr, zu wem sollen wir gehen? Du hast Worte des ewigen Lebens. Und wir haben geglaubt und erkannt, dass du Christus bist, der Sohn des lebendigen Gottes.

Jesus antwortete ihnen: Habe ich nicht euch Zwölf erwählt, und einer von euch ist ein Teufel? Er redete aber von Judas Iskariot, dem Sohn Simons; denn er war es, der ihn später verraten sollte, und er war einer der Zwölf.

Johannes 6, 22–71

DISKURS 43

Das wahre »Brot des Lebens«

Am nächsten Tag sah das Volk, das auf der anderen Seite des Sees stand, dass kein anderes Boot dort war außer dem einen, in welches seine Jünger gestiegen waren, und dass Jesus nicht mit seinen Jüngern zusammen das Boot bestiegen hatte, sondern dass seine Jünger allein weggefahren waren. (Es kamen aber andere Boote von Tiberias nahe an den Ort, wo sie nach dem Dankgebet des Herrn das Brot gegessen hatten.)

Als das Volk nun sah, dass Jesus nicht da war und auch seine Jünger nicht, stiegen sie in Boote und kamen nach Kapernaum und suchten Jesus. Und als sie ihn auf der anderen Seite des Sees fanden, sprachen sie zu ihm: Rabbi, wann bist du hierher gekommen?

Jesus antwortete ihnen und sprach: Wahrlich, wahrlich, ich sage euch, ihr sucht mich nicht, weil ihr Zeichen gesehen, sondern weil ihr von den Broten gegessen habt und satt geworden seid. Bemüht euch nicht um die Speise, die vergänglich ist, sondern um die Speise, die bis ins ewige Leben bleibt und die der Menschensohn euch geben wird; denn ihn hat Gott, der Vater, mit seinem Siegel bestätigt. (Johannes 6, 22–27)

Jesus gab der Menschenmenge zu verstehen: »Ich fühle eure Gedanken, dass ihr nicht deshalb zu mir kommt, weil meine Wundertaten euer Verlangen erweckt haben, Gott durch mich zu finden, sondern weil es neu für euch ist, euren Hunger mit Brocken von Brotlaiben zu stillen, die durch göttliche Kräfte hervorgebracht worden sind. Ich sage euch: Es ist töricht, sich zu sehr mit der vergänglichen Nahrung für einen vergänglichen Körper zu befassen. Sucht stattdessen nach jener Nahrung, ›*die bis ins ewige Leben bleibt*‹ – jener Weisheit und ewig neuen Glückseligkeit Gottes, welche, wenn man sie einmal erlangt hat, die unsterbliche Seele für immer befriedigen und deren unvergängliche Labsal sind. Der GEIST im Menschensohn (in meinem Körper) kann euch lehren, wie ihr jene göttliche Speise erhalten könnt, ›*denn ihn hat Gott, der Vater, mit seinem Siegel bestätigt*‹: Der Transzendente Gottvater hat das Christusbewusstsein mit allen Geheimnissen und Kräften des Lebens ausgestattet; und da sich dieses Bewusstsein in meinem Körper (dem Menschensohn) inkarniert hat, hat Er mir aufgetragen, das Erlösung schenkende und Unsterblichkeit verleihende Brot göttlicher Weisheit und Glückseligkeit allen Gottsuchern zu bringen, die intensiv danach streben, sich in der Meditation mit der Christusintelligenz in ihrer eigenen Seele zu verbinden. Wie man dies tut, könnt ihr lernen, indem ihr die Lehren befolgt, die euch durch mich vermittelt werden.«[1]

~

> *Da sprachen sie zu ihm: Was sollen wir tun, damit wir die Werke Gottes vollbringen?*
>
> *Jesus antwortete und sprach zu ihnen: Das ist Gottes Werk, dass ihr an den glaubt, den er gesandt hat.* (*Johannes* 6, 28–29)

Wie man »die Werke Gottes vollbringen« kann

»Herrscht auf Erden viel Leid, antwortet Gott auf den Seelenruf Seiner Wahrheitssucher: Er sendet ihnen einen göttlichen Sohn, der durch sein beispielhaftes spirituelles Leben das Christusbewusstsein zum Ausdruck bringt und dadurch die Menschen lehren kann, in ihrem eigenen Leben an Gottes Erlösungswerk mitzuwirken. Gottes Werk in der Schöpfung besteht darin, durch evolutionäre Impulse der Christusintelligenz, alle Wesen zur bewussten Einheit mit Ihm selbst zurückzuziehen. Jeder, der ›*die Werke Gottes vollbringen*‹ will, sollte sich daher durch Meditation mit dem

[1] *»Warum gebt ihr Geld aus für das, was kein Brot ist, und euren Lohn für das, was nicht sättigt? Hört doch auf mich und esst das Gute und lasst eure Seele sich an köstlicher Speise erfreuen. Neigt euer Ohr und kommt her zu mir; hört, und eure Seele wird leben.«* (*Jesaja* 55, 2–3)

Christusbewusstsein in Einklang bringen, das sich in einem gottgesandten Erlöser offenbart; dann wird er selbst gottgleich und führt in seinem eigenen Leben den Willen Gottes aus.«

Jesus wies darauf hin, dass er von Gott gesandt wurde und dass daher alle, die an ihn glauben und seine Lehren befolgen, tatsächlich *»die Werke Gottes vollbringen«*. Er hob damit den göttlichen Ratschluss hervor, dass jeder, der die Wahrheit Gottes in seinem Leben zum Ausdruck bringen will, einem wahren Guru folgen muss, einem göttlichen Sendboten – jemandem, der sich um sein Einssein mit Gott bemüht und es auch erreicht hat und der von Ihm gesandt wurde, um anderen zu demselben befreienden Bewusstsein zu verhelfen.

Da sprachen sie zu ihm: Was tust du denn für ein Zeichen, damit wir sehen und dir glauben? Was wirkst du? Unsere Väter haben Manna gegessen in der Wüste, wie geschrieben steht: »Er gab ihnen Brot vom Himmel zu essen.« [2]

Da sprach Jesus zu ihnen: Wahrlich, wahrlich, ich sage euch: Nicht Mose hat euch das Brot vom Himmel gegeben, sondern mein Vater gibt euch das wahre Brot vom Himmel. Denn das Brot Gottes ist der, der vom Himmel herabkommt und der Welt das Leben gibt. (*Johannes* 6, 30–33)

Mit diesen Worten führte Jesus näher aus, was er meinte, als er die Menschen ermahnte (Vers 27), nach der Nahrung zu suchen, die ihnen ewiges Leben schenken würde. Mit *»Brot Gottes«* meinte Jesus die Christusintelligenz, die von Gott ausströmt und in der Kosmischen Energie zugegen ist; sie führt das Werk der Schöpfung aus und »gibt der Welt das Leben« – als die göttliche Nahrung für alle belebten und unbelebten Dinge und Kräfte in der Schöpfung.[3] Mit dieser

Die Christusintelligenz: das »Brot vom Himmel«, die göttliche Nahrung für die ganze Schöpfung

[2] Verweis auf 2. *Mose* 16, 14–15; 35.

[3] *»In ihm war das Leben, und das Leben war das Licht der Menschen«* (*Johannes* 1, 4); erläutert in Diskurs 1, Band I. Kosmische Energie, gelenkt von der latenten Christusintelligenz, verwandelt sich in unterschiedliche Schwingungsfrequenzen. Dadurch werden astrale belebte Substanzen, die halbbewusste Lebenskraft und potenziell bewusste Elektronen, Protonen, Atome und Moleküle geschaffen, die sich wiederum zu

Analogie teilte Jesus den Menschen mit, dass durch sein eigenes Dasein auf Erden »mein Vater euch das wahre Brot vom Himmel gibt«, denn er sei gekommen, um ihnen den Weg zu weisen, mit dem sie, so wie er selbst, erkennen können, dass der Körper nicht vom gewöhnlichen menschlichen Bewusstsein erhalten wird, sondern von der unendlichen Christusintelligenz im eigenen Inneren, die allen Wesen Bewusstsein und Leben schenkt. Allein göttliche Seelen wie Jesus, die nicht nur deshalb auf die Erde gesandt werden, um die Menschen mit inspirierenden Lehren zu erheben, sondern die auch den besonderen Auftrag haben, die Christusintelligenz zu offenbaren und sie anderen zu vermitteln, können Gottsucher die Kunst lehren, ihr Bewusstsein zu diesem Umfassenden Bewusstsein zu erweitern.

»Aufgrund meiner allwissenden inneren Schau verkünde ich euch, dass Mose euch geistige Inspiration schenkte und das göttliche Gesetz überbrachte. Doch den unvorbereiteten Massen, die ihm folgten, zeigte er nicht, wie man ›*das Brot vom Himmel*‹ erhalten kann, die alles erlösende Christusintelligenz, die der Kosmischen Schwingungsenergie innewohnt. In Wahrheit ist es das transzendente Kosmische Bewusstsein jenseits der vibrierenden Schöpfung, das – als eine bewusste Persönlichkeit (mein Vater) – euch die Berührung mit der Christusintelligenz durch mich vermittelt; diese stieg aus der unendlichen himmlischen Region – der Sphäre hinter den schöpferischen Schwingungen der Kosmischen Energie – auf die Erde herab und manifestierte sich in meinem menschlichen Körper. Jeder, der durch Meditation im Einklang mit meinem Leben ist, befindet sich auch im Einklang mit der ewigen Quelle des Lebens, mit der Christusintelligenz, dem wahren ›*Brot*‹, der göttlichen Essenz, welche die ganze Schöpfung und alle Lebewesen erhält.«

~

Da sprachen sie zu ihm: Herr, gib uns allezeit dieses Brot.

Jesus aber sprach zu ihnen: Ich bin das Brot des Lebens. Wer zu mir kommt, den wird nicht hungern; und wer an mich glaubt, den wird nimmermehr dürsten. (*Johannes* 6, 34–35)

---

festen, flüssigen und gasförmigen Formen umwandeln. Diese stellen den Kosmos dar mit seinen Insel-Universen, Sternen- und Planetensystemen, dem Sonnensystem, der Erde und ihren menschlichen Bewohnern.

»Die Christusintelligenz und das erleuchtete ICH-BIN (das göttliche Ich, das vergeistigte menschliche Bewusstsein) in mir sind eins; da das Christusbewusstsein in mir dasselbe ist wie der Unendliche Christus, ist es die Quelle des Lebens und Bewusstseins aller lebendigen Wesen. Weil ich stets in Übereinstimmung mit dem Christusbewusstsein lebe, welches sich in meinem Leben offenbart, wird jeder Gottsucher allen Hunger und jede Sehnsucht nach weltlichen und spirituellen Dingen auf ewig gestillt finden, wenn er mit offenem Herzen zu mir kommt und sein Leben meinen Lehren entsprechend diszipliniert; denn auf diese Weise verbindet er sein menschliches Bewusstsein mit dem Christusbewusstsein, das mir und seiner eigenen Seele innewohnt. Ein Gottsucher, der sich gelegentlich im Einklang mit dem Christusbewusstsein befindet und daran glaubt oder davon überzeugt ist, sich mit diesem Bewusstsein und dessen inhärenter ewiger Glückseligkeit vereinen zu können, wird feststellen, dass er – anders als der Durchschnittsmensch – nicht mehr nach den flüchtigen Freuden weltlicher Güter dürstet.«

Durch die Teilhabe am Christusbewusstsein werden irdischer und geistiger Hunger für immer gestillt

Hier ist zu beachten, dass die beiden Worte »*zu mir kommt*« und »*an mich glaubt*«, eine unterschiedliche Bedeutung haben. »*Wer zu mir kommt*« bezieht sich auf eine Seele, die mit dem Christusbewusstsein eins wird; und »*wer an mich glaubt*« bezieht sich auf jemanden, der nur ab und zu in Berührung mit dem Christusbewusstsein kommt, und zwar während der Meditation.

Aber ich habe euch gesagt: Ihr habt mich wohl gesehen, glaubt aber doch nicht.[4] *Alles, was der Vater mir gibt, wird zu mir kommen, und wer zu mir kommt, den werde ich nicht hinausstoßen.*[5]

---

[4] »*Und der Vater selbst, der mich gesandt hat, hat von mir Zeugnis abgelegt. Ihr habt nie weder seine Stimme gehört noch seine Gestalt gesehen, und sein Wort wohnt nicht in euch; denn ihr glaubt dem nicht, den er gesandt hat.*« (Johannes 5, 37–38; siehe Diskurs 21, Band I).

[5] Einige moderne Übersetzer haben »*Alles, was der Vater mir gibt ...*« mit »*Alle, die der Vater mir gibt ...*« wiedergegeben. Im griechischen Urtext steht *pan*, was korrekt mit »alles« übersetzt wird, und nicht *panta*, was mit »alle« zu übersetzen ist. »*Den*« im zweiten Teil des Verses wurde als auf eine Person bezogen richtig übersetzt.

Denn ich bin nicht vom Himmel herabgekommen, um meinen Willen zu tun, sondern den Willen dessen, der mich gesandt hat. Das ist aber der Wille des Vaters, der mich gesandt hat, dass ich nichts verliere von allem, was er mir gegeben hat, sondern dass ich es auferwecke am Letzten Tag. Denn das ist der Wille dessen, der mich gesandt hat, dass jeder, der den Sohn sieht und an ihn glaubt, ewiges Leben habe; und ich werde ihn am Letzten Tag auferwecken. (*Johannes* 6, 36–40)

»Aber ich sage euch, dass ihr, die ihr lediglich meine körperliche Gestalt gesehen, aber nicht das ihr innewohnende Christusbewusstsein wahrgenommen habt, nicht davon überzeugt wart, was ich bin.

Was immer mein Vater mir gibt, das wird zu mir kommen. Und wer immer – vom Vater gesandt – zu mir kommt und sich hingebungsvoll und aufmerksam mit meinem Bewusstsein in Einklang bringt, den werde ich nie verlassen, ganz gleich, wie sündig oder mit wie vielen Fehlern behaftet er auch sein mag. Er ist mein Bruder, auch wenn er, ohne sich dessen bewusst zu sein, das Abbild des Gottesbewusstseins hinter seinem vorübergehend von der Täuschung befallenen Denken verbirgt.

Versprach Jesus allen, die »an ihn glauben«, Erlösung?

Ich bin aus den himmlischen Regionen meines Vaters gekommen, um Seinen Willen zu tun, ›*den Willen dessen, der mich gesandt hat*‹. Die Mehrzahl der Menschen kommt auf die Erde, weil die Aussaat ihrer Handlungen aus früheren Leben das erzwingt. Doch in dieser Inkarnation als Jesus komme ich nicht nur, um zu zeigen, dass ich meine endgültige Befreiung und Unsterblichkeit im GEIST erlangt habe; sondern ich führe auch den Willen meines Vaters aus und helfe somit anderen, sich zu befreien, indem ich sie durch mein eigenes Leben die Kunst lehre, mit dem Christusbewusstsein und dem Kosmischen Bewusstsein in Verbindung zu treten.

Ebenso wie sich die Christusintelligenz in der gesamten Schöpfung mit dem Willen Gottvaters jenseits der Schöpfung im Einklang befindet, ist auch mein Wille mit Seinem Willen im Einklang. Der Wille Gottvaters vibriert in meinem menschlichen Bewusstsein und gibt mir zu verstehen, dass ich die gesamte Kraft des Christusbewusstseins – das sich während meines Erdenlebens in mir widergespiegelt hat – bewusst einsetzen muss. Dabei darf ich nicht das Geringste davon während der physischen Kreuzigung meines Körpers verlieren, damit diese Kraft mir auch nach meinem Tode noch zur Verfügung steht, wenn ich mein Christusbewusstsein erhebe und mit dem Bewusstsein Gottvaters vereine.

Nachdem ich am letzten Tag den endgültigen Sieg errungen habe über all das Karma – das ich auf mich nahm, um anderen ihre Sünden abzunehmen –, werden auch mein menschliches Bewusstsein und mein auferstandener Körper die Unsterblichkeit erlangen, weil sie die Illusion der Kreuzigung überwunden haben und sich im Einklang mit dem höchsten Kosmischen Bewusstsein Gottvaters befinden.

Ich werde meinen Körper nicht als Teil des zeitbedingten Wandels wahrnehmen, sondern als eine Emanation der Unwandelbaren Unsterblichkeit; und dann wird sich mein Körper ebenfalls im Kosmischen Bewusstsein auflösen, wobei er jedoch seine Individualität bewahrt und sich nach meinem Willen oder als Antwort auf den Seelenruf eines wahren Gottsuchers an jedem Ort und zu jeder Zeit materialisieren wird.

Und auch dies ist der Wille Gottvaters, des Schöpfers meines Körpers und des Christusbewusstseins, das diesem Körper innewohnt: Jeder fortgeschrittene Wahrheitssucher, der im Licht seiner in der Meditation entwickelten Intuition eins wird mit dem einzigen widergespiegelten (eingeborenen) Sohn, der Christusintelligenz in der Schöpfung, und der fähig ist, dieses Bewusstsein des Einsseins zu bewahren (weil er an das in der Meditation erlangte Christusbewusstsein glaubt), wird am Jüngsten Tag von meinem allumfassenden SELBST, dem Christusbewusstsein, für immer erhoben; dies geschieht, sobald alle karmischen Samen, die sich infolge seines Handelns in seinem physischen, astralen und kausalen Körper angesammelt haben, von seiner Seele entfernt wurden. Eine solche befreite Seele wird ihr Leben für immer mit dem Ewigen Leben vereint sehen.«

Wenn Jesus sagt: *»Jeder, der den Sohn sieht«*, meint er mit dem Wort *»sieht«* die scharfsichtige Kraft der Intuition oder des Feingefühls, die ohne Vermittlung durch die Sinne sehen, hören, riechen, schmecken oder tasten kann. Es ist offensichtlich, dass nicht alle Menschen, die Jesus Christus während seiner irdischen Inkarnation begegneten, dadurch zwangsläufig befreit wurden; und es gibt heutzutage viele Christen, die noch erlöst werden müssen, indem sie ihn durch intuitive Weisheit bewusst erfahren; diese entwickeln sie in regelmäßiger tiefer Meditation und göttlicher Verbundenheit, wobei der Sohn oder das Christusbewusstsein erkannt wird.

Jesus wies hier die Suchenden darauf hin, dass der bloße Glaube an ihn sie nicht vor den unerbittlichen Fangarmen der kosmischen Täuschung retten kann, sondern dass sie die Wahrheit, die er verkündete, auch in ihrem Leben anwenden und verwirklichen müssen.

> *Da murrten die Juden über ihn, weil er gesagt hatte: Ich bin das Brot, das vom Himmel herabgekommen ist. Und sie sagten: Ist dieser nicht Jesus, Josephs Sohn, dessen Vater und Mutter wir kennen? Wie kann er da sagen: Ich bin vom Himmel herabgekommen?*
>
> *Jesus antwortete und sprach zu ihnen: Murrt nicht untereinander. Es kann niemand zu mir kommen, wenn nicht der Vater, der mich gesandt hat, ihn zieht; und ich werde ihn auferwecken am Letzten Tag. Es steht bei den Propheten geschrieben: »Sie werden alle von Gott gelehrt sein.«*[6] *Jeder nun, der vom Vater gehört und gelernt hat, kommt zu mir. Nicht, dass irgendjemand den Vater je gesehen hat. Nur der eine, der von Gott ist, der hat den Vater gesehen.* (*Johannes* 6, 41–46)

»Murrt nicht und zweifelt nicht an meinen Worten, denn dadurch beeinträchtigt ihr den göttlichen Einblick, den ich euch zu vermitteln versuche. Ihr seid zu weltlich eingestellt, um zu verstehen, wer ich bin.

Ihr seid verwirrt, weil ich gesagt habe: ›*Ich bin das Brot, das vom Himmel herabgekommen ist.*‹ Ihr alle denkt, dass eure Eltern für euer Dasein als Menschen verantwortlich seien; doch obwohl meine irdische Gestalt aus dem Hause Josefs stammt, weiß ich, dass mein körperlicher Tempel und die Christusintelligenz in ihm unmittelbar durch den Willen des Vaters auf die Erde gekommen sind, damit sie die Mission erfüllen, Seelen zu erlösen.

Von Zweifeln heimgesuchte materialistische Menschen können Gott oder Christus nicht erkennen

Obwohl ihr meinem Körper so nahe seid, könnt ihr nicht ›*zu mir kommen*‹, könnt ihr die Christusintelligenz in mir nicht wahrnehmen.

[6] *»Und alle deine Kinder werden vom Herrn gelehrt; und groß wird der Friede deiner Kinder sein.«* (*Jesaja* 54, 13)

Niemand, der sich mit seinem weltlichen Bewusstsein identifiziert, kann im Christusbewusstsein eins sein mit mir. Nur die Verehrer Gottes, die Ihn intensiv suchen, werden gesegnet und von Ihm so geführt, dass sie die richtigen Lehren finden und durch die Erweiterung ihres Bewusstseins in der Meditation die Stufen des Bewussten, Unterbewussten und Überbewussten überschreiten und mit dem Christusbewusstsein eins werden.« Alle, die in der Nähe meines Körpers weilen, haben gutes Karma, aufgrund dessen der Himmlische Vater euch zu mir gesandt hat. Jeder Wahrheitssucher, der einer göttlichen Persönlichkeit begegnet, ist bereits vom Himmlischen Vater gesegnet, der ihm in dieser Weise auf seine spirituelle Sehnsucht antwortet.

Jeder Gottsucher, der sich durch aufrichtiges spirituelles Verlangen und durch tiefe, tägliche Meditation innig mit dem Christusbewusstsein verbindet, wird Folgendes erleben: An dem Tag, an dem alle Samen seiner Handlungen aus allen Inkarnationen im Feuer seiner Christus-Weisheit verbrannt sind, werde ich – die ihm innewohnende Christusintelligenz – sein Bewusstsein aus der Welt der Materie zum Reich des Kosmischen Bewusstseins erheben, das ihm vollkommene Erlösung schenken wird.

Die Propheten früherer Zeiten, die mit Gott Zwiesprache hielten, schrieben, dass allen, die mir nahe sind, gelehrt werden wird, wie sie mithilfe der Christusintelligenz mit Gottvater sprechen können. Jeder Wahrheitssucher, der in der Meditation gehört hat, wie die Kosmische Schwingung aus dem Kosmischen Bewusstsein hervorgeht, wird durch diese Stimme Gottes erfahren, dass er das Christusbewusstsein in der gesamten Schöpfung wahrnehmen muss, bevor er schließlich das Kosmische Bewusstsein erfahren kann, das jenseits alles Erschaffenen liegt.

Ich aber sage euch: Es ist unmöglich, dass ein Mensch, der sich mit seinem Körper und dessen begrenztem Ego identifiziert, Gottvater sehen oder mit Ihm eins sein kann. Nur solche Menschen erlangen Gottverwirklichung, die ihr innerstes Wesen – durch bewusst erlebte Ekstase in tiefer Meditation – vom Bewusstsein, Unterbewusstsein, Überbewusstsein und Christusbewusstsein zum Kosmischen Bewusstsein erhoben haben. Wer die Kunst gemeistert hat, mit Gottvater zu sprechen, indem er durch die alles wahrnehmende Kraft seiner entwickelten seelischen Intuition die Kosmische Schwingung vernimmt und das Christusbewusstsein in ihr fühlt, ist Gottes Eigen und hat

»*gesehen*«: er ist eins geworden mit dem Kosmischen Bewusstsein, dem Vater.«

Wahrlich, wahrlich, ich sage euch: Wer an mich glaubt, der hat das ewige Leben. Ich bin das Brot des Lebens. Eure Väter haben Manna gegessen in der Wüste und sind gestorben. Dies ist das Brot, das vom Himmel herabkommt, damit, wer davon isst, nicht sterbe. Ich bin das lebendige Brot, das vom Himmel herabgekommen ist. Wer von diesem Brot isst, wird in Ewigkeit leben. Und das Brot, das ich geben werde, ist mein Fleisch, welches ich geben werde für das Leben der Welt. (*Johannes* 6, 47–51)

»Esst mein Fleisch«: vom »Brot« des Christusbewusstseins leben

»Wahrlich, aufgrund meines Einsseins mit dem Kosmischen Bewusstsein meines Vaters verkünde ich euch allen: Ein Gottsucher, der wirklich an die Christusintelligenz glaubt, indem er sich täglich in tiefer Ekstase mit diesem Unendlichen Christus in seinem Inneren verbindet, wird erfahren, dass sein Leben sich mit dem ewigen Leben im Einklang befindet. Das vergeistigte menschliche Bewusstsein in mir (das ›Ich-Bin‹, das göttliche Ego des ›*Ich bin das Brot des Lebens*‹) ist eins mit dem Christusbewusstsein (dem ›*Brot*‹), welches die Seele und das Leben aller erhält.

Eure Vorväter aßen in der Wildnis das Manna göttlicher Inspiration und sind dennoch tot; das heißt, ihre Seelen sind noch nicht für immer in Weisheit erwacht und dadurch vom menschlichen Kreislauf von Geburt und Tod befreit. Dies weiß ich durch mein allwissendes Christusbewusstsein, das die Geschichte aller Seelen auf Erden kennt. Das Christusbewusstsein (das ›*Brot*‹), das hinter der himmlischen Abschirmung der Kosmischen Energie verborgen war und sich jetzt in meinem Körper manifestiert, kann nicht nur mir Unsterblichkeit verleihen, sondern auch allen wahren Gottsuchern, die mit ihrem menschlichen Bewusstsein vom allgegenwärtigen Unendlichen Christus »*essen*« – ihn in ihr Bewusstsein aufnehmen.

»*Ich bin das lebendige Brot, das vom Himmel herabgekommen ist*«: Das menschliche Ich-bin-Bewusstsein in mir ist eins geworden mit der ewig lebenden und alles durchdringenden Christusintelligenz;

diese befindet sich hinter dem feinen himmlischen Schleier der allgegenwärtigen Kosmischen Energie und offenbart sich vollkommen in mir. Wenn ein Gottsucher sein Leben fortwährend mit diesem Brot der Christusintelligenz erhält, wird auch sein Leben für immer mit dem ewigen Leben vereint. Und dieses Brot, die Christusintelligenz, die als mein Fleisch, als verdichtete Kosmische Energie, zum Ausdruck kommt, werde ich (der Unendliche Christus) dem aufrichtigen Gottsucher geben, damit er es mit der Lebenskraft in seinem Körper (mit dem ›*Leben der Welt*‹) vereinigt und dadurch seine eigene Unsterblichkeit verwirklicht.

Damit die breite Masse der Menschen dazu bewegt wird, nach der Erweckung des ewigen Lebens in ihrem Inneren zu streben, werde ich, Jesus, am Kreuz mein Fleisch aus verdichteter Kosmischer Energie opfern, das nach drei Tagen erneut belebt und in das Christusbewusstsein und die Unsterblichkeit übergehen wird.«

Wenn ein Mensch im Traum seine Kreuzigung vorhersieht und dann im Traum tatsächlich ans Kreuz geschlagen wird, erkennt er beim Erwachen, dass sein Körper, den er vor und nach der Kreuzigung im Traum wahrnahm, eine von seinem eigenen Bewusstsein nicht zu trennende Manifestation war. Jesus kündigte daher an, er werde sein Fleisch bei der Kreuzigung opfern, um der Welt symbolisch zu verdeutlichen, dass der Mensch sündhafte weltliche Freuden des Körpers aufgeben muss, um die spirituelle Glückseligkeit der Seele und das ewige Leben erlangen zu können. Gleichzeitig wusste er, dass das Christusbewusstsein in seinem Körper und ebenso der Körper selbst unvergänglich waren, da sie nichts anderes als Emanationen des einen Gottesbewusstseins waren.

~

Deshalb stritten die Juden untereinander und sagten: Wie kann dieser uns sein Fleisch zu essen geben?

Da sprach Jesus zu ihnen: Wahrlich, wahrlich, ich sage euch: Wenn ihr nicht das Fleisch des Menschensohnes esst und sein Blut trinkt, so habt ihr kein Leben in euch. Wer mein Fleisch isst und mein Blut trinkt, der hat das ewige Leben, und ich werde ihn am Letzten Tag auferwecken. Denn mein Fleisch ist wahrhaftig eine Speise, und mein Blut ist wahrhaftig ein Trank. Wer mein Fleisch isst und mein Blut trinkt, der bleibt in mir und ich in ihm. Wie mich der lebendige Vater gesandt hat und ich durch den Vater lebe, so wird auch der, der mich isst, durch mich leben. Dies ist das Brot, das vom Himmel herabgekommen ist; nicht so, wie eure Väter Manna gegessen haben und gestorben sind: Wer dieses Brot isst, der wird leben in Ewigkeit. (*Johannes* 6, 52–58)

Die Menschen waren entsetzt: »Befürwortet dieser Mann Kannibalismus, indem er uns seinen Körper anbietet?« Jesus aber blieb beharrlich, auch wenn ihr zweifelnder materialistischer Verstand seine Weisheit, die sich in der esoterischen Metapher verbirgt, nicht erfassen konnte:

»Solange ein Wahrheitssucher nicht das *›Fleisch‹* des Christusbewusstseins verzehrt und in sich aufnimmt, das im Menschensohn, im menschlichen Körper, verborgen ist, und solange er nicht dessen *›Blut‹*, die ebenfalls im Körper vorhandene Lebenskraft spendende Kosmische Energie trinkt und diese in sich aufnimmt, kann er das ewige Leben im Tempel seines Inneren nicht fühlen.

»Trinkt mein Blut«: Nehmt die Unsterblichkeit verleihende Kosmische Energie, die Schwingung des Heiligen Geistes, in euch auf

Die meisten von euch gleichen lebenden Toten, wandelnden Toten; ihr nehmt weder das ewige Leben in euch wahr noch ladet ihr euer Leben mit der heiligen Schwingung Kosmischer Energie auf noch euer Bewusstsein mit dem Christusbewusstsein, das sich hinter eurem Körperbewusstsein verbirgt.

Jeder Gottsucher, der in der Ekstase mein Christusbewusstsein (*›Fleisch‹*) in sein menschliches Bewusstsein aufnehmen und die Lebenskraft in seinem Körper mit meiner allmächtigen Kosmischen Energie (*›Blut‹*) vereinen kann, wird erkennen, dass sein Bewusstsein unsterblich ist und sein Leben ewig währt. Denn *›mein Fleisch‹*, das in allen Seelen gegenwärtige Christusbewusstsein, ist die eigentliche Speise, die Nahrung, mit der man seinen Hunger nach Weisheit – nach der Allwissenheit göttlicher Erkenntnis – für immer stillen kann. Und *›mein Blut‹*, die von der Christusintelligenz gelenkte Kosmische Energie, ist die einzige Kraft, die dem menschlichen Leben Unsterblichkeit verleihen und den Durst aller irdischen Wünsche löschen kann.

Der Gottsucher, der mein Christusbewusstsein durch tiefe, ekstatische Meditation in sein menschliches Bewusstsein aufgenommen und der seine Lebenskraft mit der vom Christusbewusstsein gelenkten Kosmischen Energie aufgeladen hat, dessen Wesen ist eins geworden mit dem Christusbewusstsein – ›*der bleibt in mir und ich in ihm*‹. Der ewig lebende Gottvater (das Kosmische Bewusstsein jenseits der aus Schwingungen bestehenden Schöpfung) hat ›*mich gesandt*‹, das heißt, Er hat Sein unvergängliches Leben als (in der ganzen Schöpfung gegenwärtige) Christusintelligenz widergespiegelt; das Christusbewusstsein lebt ›*durch den Vater*‹ (durch das Kosmische Bewusstsein). Ebenso wird auch der Wahrheitssucher, der das Christusbewusstsein in sich aufnimmt (›*isst*‹), wissen, dass sein Leben und Bewusstsein für immer von jener Unendlichen Intelligenz erhalten wird; diese ist gleichermaßen im Körper des Gottsuchers und in meinem Körper, der Jesus genannt wird, gegenwärtig.

Dieses Christusbewusstsein ist das ›*Brot*‹, das sich hinter der himmlischen Kosmischen Energie verbirgt (›*vom Himmel herabgekommen ist*‹) und das sich in der Gestalt dieses Körpers offenbart, den ihr Jesus nennt. Eure Väter, die das Manna vorübergehender spiritueller Inspiration zu sich nahmen, sind immer noch an die Täuschung und das zu ihr gehörige Rad von Wiedergeburt und Tod gekettet; doch jeder von euch, der durch tiefe Meditation das Christusbewusstsein (›*Brot*‹) in sein eigenes Bewusstsein aufnimmt, wird erfahren, dass sein Leben mit dem ewigen Leben vereint ist.«

Mit den in Metaphern gekleideten Aussagen in diesen Versen des Evangeliums bringt Jesus sehr tiefgründige Wahrheiten zum Ausdruck. Um es kurz zusammenzufassen: Jesus bezeichnet sein Fleisch als »Brot« und meint damit das Christusbewusstsein, das in der gesamten vibrierenden Schöpfung gegenwärtig ist; und wenn er von seinem »Blut« spricht, bezieht er sich auf die Kosmische Energie. Christusbewusstsein und Kosmische Energie sind untrennbar miteinander verbunden; denn in der Schöpfung ist das Christusbewusstsein die Widerspiegelung des (jenseits der Schöpfung liegenden) Kosmischen Bewusstseins, das sich als Kosmische Energie oder vibrierende Schöpfung manifestiert.

Gottvater und das Kosmische Bewusstsein sind ein und dasselbe. Christus, der Sohn, und das Christusbewusstsein sind ein und dasselbe. Gottvater ließ Seinen Sohn, die Christusintelligenz, und die Kosmische Energie, den Heiligen Geist, aus sich hervorgehen. Wie ein Sohn unter Mitwirkung von Vater und Mutter empfangen wird, so kann auch die Christusintelligenz nur durch das Zusammenwirken von Gottvater und der Kosmischen Energie (dem Heiligen Geist, der Kosmischen Mutter Natur) existieren. Der transzendente Gottvater weilt jenseits der Schöpfung; aber die Christusintelligenz, das »*Brot*« oder »*Fleisch*«, und die Kosmische Energie, das »*Blut*«, die innerhalb der Schöpfung untrennbar miteinander verbunden sind, wirken zusammen, um die unterschiedlichen Formen hervorzubringen, die im kosmischen Schauspiel vorkommen.

Wenn Jesus Christus vom »*Brot*« und vom »*Fleisch*« spricht, meint er damit ein und dasselbe. Das Fleisch des Menschensohns bezieht sich auf das Christusbewusstsein im Körper Jesu und im Körper eines jeden Menschen. »*Mein Fleisch isst*« bezieht sich auf den Vorgang, mit dem das Christusbewusstsein in das menschliche Bewusstsein aufgenommen wird. »*Mein Blut trinkt*« bedeutet, dass die Kosmische Energie (›*Blut*‹) bewusst mit der körperlichen Lebenskraft vereinigt wird: Beide sind im menschlichen Körper zugegen und können durch Weisheit, durch göttliche Erkenntnis, miteinander vereint werden; dadurch wird die Lebenskraft im Körper mit der in der Kosmischen Energie vorhandenen Schwingung des Heiligen Geistes aufgeladen.

Die sakramentalen Riten der christlichen Kirchen, bei denen die Gläubigen an gesegnetem Wein, dem Blut Jesu Christi, und gesegnetem Brot, seinem Fleisch, teilhaben, sind symbolisch zu verstehen. Heilige Seelen haben die Ebene des Symbolischen hinter sich gelassen und in der Ekstase die wahre Kommunion empfangen – die Vereinigung mit dem Christus. Ernsthafte Gottsucher sollten die Methode lernen, in der Meditation ihr eigenes Bewusstsein nach innen zu lenken, um in ihm das Christusbewusstsein tatsächlich zu verwirklichen.«[7]

---

[7] »Sein Fleisch ist das Wort [*Logos*], und sein Blut ist der Heilige Geist«, heißt es im gnostischen Philippus-Evangelium aus dem 3. Jahrhundert (*The Nag Hammadi Library in English*, James M. Robinson, Hrsg.; HarperSanFrancisco, 1990). Solche Sichtweisen wurden später durch das offizielle Kirchendogma der *Transsubstantiation* ersetzt – der Lehre, dass Brot und Wein, eingesetzt bei eucharistischen Handlungen, mystisch verwandelt werden in Jesu Leib und Blut, wenn sie durch einen ordinierten Priester bei der Liturgie der heiligen Messe gesegnet werden. Die esoterische Wahrheit hinter den Dogmen und äußerlichen Ritualen der Kirche ging jedoch dem Blick derer nicht verloren, welche tiefere Einsicht besaßen, wie der heilige Basilius der Große, der verehrte Kirchenlehrer und Bischof von Caesarea (329–379).

Karen Armstrong beschreibt in *A History of God* (dt.: *Nah ist und schwer zu fassen der Gott*, Droemer/Knaur, München 1993, S. 164 f.) den Unterschied zwischen *Dogma* und *Kerygma* nach Basilius, der gelehrt hat, »beide Arten christlicher Lehre seien für die Religion von gleichermaßen grundlegender Bedeutung. Mit *Kerygma* bezeichnete er die offizielle, auf die Bibel gestützte Lehre der Kirche. Unter *Dogma* verstand er die tiefere Bedeutung biblischer Wahrheit, die sich nur in der religiösen Erfahrung offenbart und einer symbolischen Ausdrucksweise bedarf: Neben der klaren

Dieses sagte er in der Synagoge, als er in Kapernaum lehrte. Viele nun von seinen Jüngern, als sie das hörten, sprachen: Das ist eine harte Rede; wer kann sie hören?

Da Jesus aber bei sich selbst merkte, dass seine Jünger darüber murrten, sprach er zu ihnen: Ärgert euch das? Was aber, wenn ihr den Menschensohn werdet dahin auffahren sehen, wo er zuvor war? Der Geist ist es, der lebendig macht; das Fleisch nützt gar nichts. Die Worte, die ich zu euch spreche, sind Geist und sind Leben. Aber es sind einige unter euch, die nicht glauben. Denn Jesus wusste von Anfang an, welche es waren, die nicht glaubten, und wer ihn verraten würde. (*Johannes* 6, 59–64)

Jesus drückte sich in schwer zu deutenden Bildern aus; aber richtig interpretiert, »sind seine Worte Geist und sind Leben«

Im Johannes-Evangelium gibt es viele Textstellen, in denen Jesus schwierig zu verstehende, tiefgründige Wahrheiten in derart verschlüsselten Analogien und Metaphern ausdrückt, dass sich heutige Theologen, welche die Heilige Schrift für ein breites Publikum auslegen, in einer ähnlichen Situation befinden wie die streitbaren Schriftgelehrten zur Zeit Jesu! Jesus verblüffte manchmal sogar seine Jünger, von wenigen Ausnahmen abgesehen: »Ich bin verwundert, dass ihr, die ihr mir so weit gefolgt seid, mit eurer intuitiven Wahrnehmung immer noch nicht die unschätzbaren Weisheiten versteht, die ich euch vermittle; stattdessen murrt ihr

---

Aussage der Evangelien gebe es auch eine geheime oder esoterische Tradition, die die Apostel ›im Verborgenen‹ überliefert hätten. Dies sei eine ›unveröffentlichte und unausgesprochene Lehre‹ gewesen, ›die unsere Väter in unbekümmertem und schlichtem Schweigen beachteten, weil sie wohl wussten, dass die Ehrwürdigkeit der Geheimnisse durch Stillschweigen bewahrt bleibt. Es war nämlich den Uneingeweihten versagt, diese Geheimnisse zu schauen; wie wäre es also schicklich, die Lehren darüber schriftlich zu verbreiten?‹ (Basilius, *On the Holy Spirit*, 28.66). Hinter den liturgischen Symbolen und den klaren Worten Jesu verbarg sich ein geheimes Dogma, das ein tieferes Verständnis des Glaubens darstellte. ... Gewisse religiöse Erkenntnisse hatten einen inneren Widerhall, den nur jeder einzelne Mensch in seinem ganz persönlichen Leben in Augenblicken der Kontemplation (von Plato *Theoria* genannt) wahrnehmen konnte. ... Basilius meinte, solche schwer fassbaren religiösen Gegebenheiten könnten in den symbolischen Gesten der Liturgie nur angedeutet werden.«

Siehe auch Diskurs 69 (Band III), den Kommentar zu Jesu Worten beim Letzten Abendmahl. *(Anmerkung des Herausgebers)*

untereinander über das, was ihr missversteht. Ihr zweifelt an meinen Worten und wundert euch über das, was ich sage; aber wie viel größer wäre euer Erstaunen, wenn ihr sehen könntet, wie mein Körper, der Menschensohn, wieder zum Christusbewusstsein zurückkehrt, aus dem er hervorging!«

Das Bewusstsein Jesu befand sich bereits im Einklang mit dem Christusbewusstsein; und hier deutet Jesus versteckt auf sein Wissen um das künftige Geschehen hin: Sein Körper – wenn auch augenscheinlich vom Christusbewusstsein getrennt – sei dennoch eine Emanation dieses göttlichen Bewusstseins und werde als solche im rechten Augenblick bewusst wieder darin aufgehen.

Jesus teilt hier seinen zweifelnden Jüngern mit: Wenn ihr euch bereits über meine ungewöhnlichen Worte wundert, werdet ihr völlig erstaunt sein, wenn ihr miterlebt, wie mein Körper nach der Kreuzigung wieder zum Leben zurückkehrt und vom Himmlischen Christusbewusstsein aufgenommen wird. Jesus gab damit seinen wankenden Jüngern das Versprechen, ihnen einen Beweis zu liefern für den *»Geist«* und das *»Leben«*, die der Wahrheit seiner Worte innewohnen.

»Wenn ihr euch auf den GEIST konzentriert, versteht ihr, dass die Unendliche Unsterblichkeit euer vergängliches Dasein mit dem ewigen Leben erfüllen kann. Es ist das an den Körper gebundene Bewusstsein des Fleisches, das zweifelnde weltliche Bewusstsein in euch, das euch keinen Nutzen, kein dauerhaftes Glück bringen wird. Aber das spirituelle Verständnis kann euch schnell zur ewigen Befreiung führen.

Meine weisen Worte, die ich an euch richte, *›sind Geist und sind Leben‹;* sie sind mit dem Kosmischen Bewusstsein des GEISTES aufgeladen und können den spirituell Toten, von denen es auch unter euch einige gibt, das Leben schenken. Verborgen hinter meinen weisen Worten, sofern sie beherzigt und vollkommen verwirklicht werden, liegt das universelle Heilmittel für alles menschliche Leid; und ich weiß, wer von euch das infrage stellt.«

Mit der Aussage, dass seine Worte »Geist und Leben« sind, deutet Jesus darauf hin, dass jedes Wort in Wirklichkeit zwei Aspekte einschließt: das in ihm enthaltene Bewusstsein und die Energie, die durch jedes Wort freigesetzt wird. Wenn ein psychologisch kranker Mensch zur Besserung bereit ist und von einer heiligen Person das Wort »Frieden« hört, wird er vom Bewusstsein des Friedens erfüllt, und sein Denken erhält einen Schub Leben spendender Energie. In diesem Sinne machte Jesus seinen Jüngern klar, dass sie die Christus-Weisheit des

GEISTES in seinen Worten fühlen können und ebenso die darin mitschwingende Leben spendende Energie, wenn sie im Einklang mit ihm sind.

Die Worte Jesu waren keine gelehrten Abhandlungen, sondern flossen unmittelbar aus der Weisheitsquelle des Kosmischen Bewusstseins und der lebenserhaltenden Kosmischen Energie, die vom Christusbewusstsein gelenkt wird. Weise, dem Spirituellen zugewandte Menschen ziehen sich täglich vom misstönenden Trubel der Gedanken in die Höhle des Schweigens zurück, die in den tiefen Schluchten der Kontemplation liegt. Dort trinkt der wahre Gottsucher aus der Quelle des GEISTES und des göttlichen Lebens. Wie Christus verkünden auch große Meister, die im Einklang mit dem Christusbewusstsein leben, ihre Lehren, die vom Kosmischen Bewusstsein des GEISTES und vom Kosmischen Leben erfüllt sind.

Dank seiner Allwissenheit durchschaute Jesus das Gesetz von Ursache und Wirkung, das die Handlungen eines Menschen bestimmt; er wusste daher von Anfang an, wer von seinen Anhängern an ihn glaubte und wer geneigt war, ihn zu verlassen:

> *Und er sprach: Darum habe ich euch gesagt: Niemand kann zu mir kommen, es sei ihm denn von meinem Vater gegeben.* (*Johannes* 6, 65)

»Aufgrund meines allwissenden Bewusstseins kenne ich diejenigen unter euch, die durch ihre früheren rechten Handlungen gutes Karma angesammelt und die Gnade meines Vaters verdient haben – durch diese wurdet ihr zu mir gezogen und werdet dazu bewogen, mir treu zu folgen. Und ich kenne auch alle diejenigen, die mich wegen ihrer schlechten karmischen Neigungen verlassen werden. Kein materialistischer Mensch kann zum Christusbewusstsein in mir gelangen und mit ihm übereinstimmen, wenn er nicht voller Hingabe beim Allmächtigen Gott, dem Vater, darum gebeten hat.«

Somit erklärte Jesus seinen Jüngern, dass es keine geringe Leistung sei, das ihm innewohnende Christusbewusstsein zu erkennen und sich nach diesem zu richten; es sei ein Segen, den sich ein Mensch verdient hat, der bereits früher gutes Karma sowie die Unterstützung durch das Kosmische Gesetz erworben und Gnade vor den Augen Gottes gefunden hatte.

Von da an zogen sich viele seiner Jünger zurück und gingen nicht mehr mit ihm. Da sprach Jesus zu den Zwölfen: Wollt ihr auch weggehen?

Da antwortete ihm Simon Petrus: Herr, zu wem sollen wir gehen? Du hast Worte des ewigen Lebens. Und wir haben geglaubt und erkannt, dass du Christus bist, der Sohn des lebendigen Gottes.[8]

Jesus antwortete ihnen: Habe ich nicht euch Zwölf erwählt, und einer von euch ist ein Teufel? Er redete aber von Judas Iskariot, dem Sohn Simons; denn er war es, der ihn später verraten sollte, und er war einer der Zwölf. (*Johannes* 6, 66–71)

Jesus bezweifelte die Treue seiner zwölf auserwählten Jünger nicht, doch er achtete ihren freien Willen und erinnerte sie daran, dass sie sich aus freien Stücken dafür entscheiden müssten, bei ihm zu bleiben.

Durch die vorgeburtliche und nachgeburtliche Aussaat seiner Handlungen (Karma) bestimmt jeder Gottsucher, was in seinem Leben geschieht. Als Jesus daher sagte: »*Habe ich nicht euch Zwölf erwählt* (eurem Karma gemäß), *und einer von euch ist ein Teufel?*«, meinte er damit nicht, dass dies auf einer willkürlichen, unumstößlichen Verfügung Gottes beruhe. Er sagte es, weil er mit dem inneren Leben jedes Einzelnen seiner zwölf Jünger tief vertraut war.

Wäre Jesus davon überzeugt gewesen, dass alle seine zwölf Jünger Gefangene ihres Schicksals seien und dass elf von ihnen ausersehen worden seien, ihm treu zu folgen, hätte er nicht gefragt: »*Wollt ihr auch weggehen?*« Jesus wusste, dass die Jünger – auch wenn sie unter dem Einfluss des Karmas und des kosmischen Gesetzes standen – dennoch frei bestimmen konnten, ob sie bei ihm bleiben oder ihn verlassen wollten. Tatsächlich sagte Jesus seinen Verrat durch Judas ganz bewusst voraus, um diesen zu warnen, damit er seine karmische Neigung korrigieren und die schlechte Tat unterlassen könne.

[8] Vgl. *Matthäus* 16, 16–17 (siehe Diskurs 45, Band II).

DISKURS 44

»Die Zeichen der Zeit«

Die Werke und Worte Jesu bezeugen seine besondere Mission

Äußerliche Riten zu vollziehen und gleichzeitig göttliche Gebote zu missachten ist scheinheilig

❖

Spiritualität misst sich an innerer Reinheit, nicht an der Einhaltung vordergründiger Regeln

❖

Warum Jesus und Patanjali vor egoistischen Vorlieben und Abneigungen warnten

❖

Die besondere Mission Jesu war es, den Israeliten beizustehen und sie zu unterweisen; von da an sollte sich seine Lehre in der ganzen Welt verbreiten

❖

Die Meister senden die Lebenskraft auf unterschiedliche Weise aus, um göttliche Kraft auf andere zu übertragen

»Ihr seid nicht in der Lage, an meinem Leben die deutlichen Zeichen der Zeit zu verstehen: die Botschaft Gottes für die Menschheit in diesem gegenwärtigen Zeitalter ... und ebenso wenig könnt ihr das Zeichen Gottes erkennen, das euch bereits gegeben wurde und das sich durch die Wunderwerke kundtut, die Gott durch mich geschehen lässt.«

Da kamen Schriftgelehrte und Pharisäer aus Jerusalem zu Jesus und sprachen: Warum übertreten deine Jünger die Überlieferung der Ältesten? Denn sie waschen ihre Hände nicht, wenn sie Brot essen.

Er aber antwortete und sprach zu ihnen: Warum übertretet ihr denn Gottes Gebot um eurer Überlieferung willen? Gott hat geboten: »Du sollst Vater und Mutter ehren« und: »Wer Vater oder Mutter flucht, der soll des Todes sterben.« Ihr aber sagt: Wer zum Vater oder zur Mutter spricht: Ich will das als Opfergabe geben, was du sonst als Unterstützung von mir erhalten hättest, so braucht der seinen Vater und seine Mutter nicht mehr zu ehren, er soll frei sein. Damit habt ihr das Gebot Gottes um eurer Überlieferung willen aufgehoben.

Ihr Heuchler, treffend hat Jesaja von euch geweissagt, als er sprach: »Dieses Volk naht sich mir mit seinem Mund und ehrt mich mit seinen Lippen, aber sein Herz ist fern von mir. Doch vergeblich verehren sie mich, weil sie als Lehren vortragen, was Gebote von Menschen sind.«

Und er rief die Volksmenge zu sich und sprach zu ihnen: Hört und versteht! Nicht das, was in den Mund hineingeht, verunreinigt den Menschen, sondern was aus dem Mund herauskommt, das verunreinigt den Menschen.

Da traten seine Jünger zu ihm und sprachen: Weißt du, dass sich die Pharisäer ärgerten, als sie dieses Wort hörten?

Er aber antwortete und sprach: Jede Pflanze, die nicht mein himmlischer Vater gepflanzt hat, wird ausgerissen werden. Lasst sie! Sie sind blinde Blindenführer. Wenn aber ein Blinder einen Blinden führt, werden beide in die Grube fallen.

Da antwortete Petrus und sprach zu ihm: Deute uns dieses Gleichnis.

Und Jesus sprach zu ihnen: Seid denn auch ihr immer noch ohne Verständnis? Begreift ihr noch nicht, dass alles, was zum Mund hineingeht, in den Bauch geht und dann wieder ausgeschieden wird? Was aber zum Mund herauskommt, das kommt aus dem Herzen, und das verunreinigt den Menschen.

Denn aus dem Herzen kommen böse Gedanken, Mord, Ehebruch, Unzucht, Diebstahl, falsches Zeugnis, Lästerung. Diese

Dinge sind es, die den Menschen verunreinigen. Aber mit ungewaschenen Händen essen, verunreinigt den Menschen nicht.

Und Jesus ging von dort weg und zog sich in die Gegend von Tyrus und Sidon zurück. Und siehe, eine kanaanäische Frau kam aus dieser Gegend zu ihm und rief: Ach Herr, du Sohn Davids, erbarme dich meiner! Meine Tochter wird von einem Dämon furchtbar gequält. Aber er antwortete ihr kein Wort. Da traten seine Jünger zu ihm, baten ihn und sprachen: Erfülle doch ihre Bitte, denn sie schreit hinter uns her. Er aber antwortete und sprach: Ich bin nur zu den verlorenen Schafen des Hauses Israel gesandt.

Sie aber kam, fiel vor ihm nieder und sprach: Herr, hilf mir!

Er aber antwortete und sprach: Es ist nicht recht, dass man den Kindern ihr Brot nimmt und es den Hunden vorwirft.

Sie sprach: Ja, Herr; und doch essen die Hunde von den Brosamen, die vom Tisch ihrer Herren fallen.

Da antwortete Jesus und sprach zu ihr: Frau, dein Glaube ist groß! Dir geschehe, wie du willst. Und ihre Tochter war von jener Stunde an geheilt.

Matthäus 15, 1–28

Und er verließ die Gegend von Tyrus wieder und kam durch Sidon an den See von Galiläa, mitten in das Gebiet der Zehn Städte. Und sie brachten einen Tauben zu ihm, der kaum reden konnte, und baten ihn, dass er ihm die Hand auflege.

Und er nahm ihn beiseite, weg von der Menge, legte seine Finger in die Ohren des Mannes und berührte dessen Zunge mit Speichel. Dann blickte er zum Himmel, seufzte und sprach zu ihm: Hephata! das ist: Öffne dich! Und sogleich wurden seine Ohren geöffnet und seine Zunge wurde gelöst, und er redete richtig.

Und er verbot ihnen, irgendjemand davon zu erzählen. Aber je mehr er es ihnen verbot, desto mehr machten sie es kund. Und sie wunderten sich über die Maßen und sprachen: Er hat alles gut gemacht; die Tauben macht er hören und die Stummen reden.

Markus 7, 31–37

Und Jesus ging von dort weiter und kam an den See von Galiläa; und er stieg auf einen Berg und setzte sich dort nieder. Und es kamen viele Menschen zu ihm, die hatten Lahme, Blinde, Stumme, Krüppel und viele andere bei sich und legten sie Jesus zu Füßen; und er heilte sie, sodass die Menge sich wunderte, als sie sah, dass die Stummen redeten, die Krüppel gesund wurden, die Lahmen gingen und die Blinden sahen; und sie priesen den Gott Israels.

Da rief Jesus seine Jünger zu sich und sprach: Mir tun diese Menschen leid; denn sie harren nun schon drei Tage bei mir aus und haben nichts zu essen; und ich will sie nicht hungrig gehen lassen, damit sie nicht verschmachten auf dem Weg.

Da sprachen seine Jünger zu ihm: Woher sollen wir in der Wildnis so viel Brot nehmen, um eine so große Volksmenge zu sättigen?

Und Jesus sprach zu ihnen: Wie viele Brote habt ihr? Und sie sprachen: Sieben und ein paar kleine Fische. Und er forderte die Menge auf, sich auf den Boden zu setzen.

Und er nahm die sieben Brote und die Fische, dankte, brach sie und gab sie seinen Jüngern; und die Jünger verteilten sie an die Menge. Und sie aßen alle und wurden satt; und sie hoben auf, was von den Brocken übrig blieb, sieben Körbe voll. Und die gegessen hatten, waren viertausend Männer, ohne die Frauen und Kinder.

Und nachdem er die Menge entlassen hatte, stieg er in ein Boot und kam in die Gegend von Magdala. Da traten die Pharisäer und Sadduzäer zu ihm; die versuchten ihn und forderten ihn auf, ihnen ein Zeichen vom Himmel zu zeigen.

Aber er antwortete ihnen und sprach: Am Abend sagt ihr: Es wird ein schöner Tag werden, denn der Himmel ist rot; und am Morgen: Heute gibt es schlechtes Wetter, denn der Himmel ist rot und trübe. Ihr Heuchler! Das Aussehen des Himmels könnt ihr beurteilen; warum könnt ihr dann nicht auch die Zeichen der Zeit beurteilen? Ein böses und ehebrecherisches Geschlecht verlangt ein Zeichen; aber ihm wird

kein Zeichen gegeben werden als nur das Zeichen des Propheten Jona. Und er verließ sie und ging davon.

Und als seine Jünger an das jenseitige Ufer kamen, hatten sie vergessen, Brot mitzunehmen. Jesus aber sprach zu ihnen: Gebt Acht und hütet euch vor dem Sauerteig der Pharisäer und Sadduzäer! Da machten sie sich untereinander Gedanken und sprachen: Das sagt er, weil wir kein Brot mitgenommen haben.

Da Jesus das merkte, sprach er zu ihnen: Ihr Kleingläubigen, was macht ihr euch darüber Gedanken, dass ihr kein Brot mitgenommen habt? Versteht ihr noch nicht und erinnert ihr euch nicht an die fünf Brote für die Fünftausend und wie viele Körbe voll ihr da eingesammelt habt? Auch nicht an die sieben Brote für die Viertausend und wie viele Körbe ihr da eingesammelt habt? Warum versteht ihr denn nicht, dass ich nicht das Brot meinte, als ich sagte: Hütet euch vor dem Sauerteig der Pharisäer und Sadduzäer!

Da verstanden sie, dass er nicht gesagt hatte, sie sollten sich vor dem Sauerteig für das Brot hüten, sondern vor der Lehre der Pharisäer und Sadduzäer.

Matthäus 15, 29 – 16, 12

Und er kommt nach Betsaida. Und sie bringen einen Blinden zu ihm und bitten ihn, dass er ihn anrühre. Und er nahm den Blinden bei der Hand und führte ihn vor das Dorf hinaus; er strich Speichel auf dessen Augen, legte ihm seine Hände auf und fragte ihn, ob er etwas sehe? Und er sah auf und sprach: Ich sehe Menschen; sie sehen aus wie Bäume, die herumgehen.

Hierauf legte Jesus abermals die Hände auf seine Augen und ließ ihn aufblicken; und er war wiederhergestellt und konnte jeden Menschen deutlich sehen. Und er schickte ihn nach Hause und sprach: Geh nicht in das Dorf hinein, und erzähle es auch niemandem im Dorf.

Markus 8, 22–26

DISKURS 44

»Die Zeichen der Zeit«

Die Werke und Worte Jesu bezeugen seine besondere Mission

Da kamen Schriftgelehrte und Pharisäer aus Jerusalem zu Jesus und sprachen: Warum übertreten deine Jünger die Überlieferung der Ältesten? Denn sie waschen ihre Hände nicht, wenn sie Brot essen.

Er aber antwortete und sprach zu ihnen: Warum übertretet ihr denn Gottes Gebot um eurer Überlieferung willen? Gott hat geboten: »Du sollst Vater und Mutter ehren« und: »Wer Vater oder Mutter flucht, der soll des Todes sterben.« Ihr aber sagt: Wer zum Vater oder zur Mutter spricht: Ich will das als Opfergabe geben, was du sonst als Unterstützung von mir erhalten hättest, so braucht der seinen Vater und seine Mutter nicht mehr zu ehren, er soll frei sein. Damit habt ihr das Gebot Gottes um eurer Überlieferung willen aufgehoben.

Ihr Heuchler, treffend hat Jesaja von euch geweissagt, als er sprach: »Dieses Volk naht sich mir mit seinem Mund und ehrt mich mit seinen Lippen, aber sein Herz ist fern von mir. Doch vergeblich verehren sie mich, weil sie als Lehren vortragen, was Gebote von Menschen sind.« (*Matthäus* 15, 1–9)[1]

[1] Siehe *Jesaja* 29, 13.

Parallelstelle:

Und es versammelten sich bei ihm die Pharisäer und etliche von den Schriftgelehrten, die von Jerusalem gekommen waren. Und als sie sahen, wie einige seiner Jünger mit unreinen, das heißt mit ungewaschenen Händen das Brot aßen, tadelten sie es. Denn die Pharisäer und alle Juden essen nicht, wenn sie die Hände nicht gründlich gewaschen haben, wie es die Überlieferung der Ältesten vorschreibt. Und wenn sie vom Markt kommen, essen sie nicht, ohne sich vorher zu waschen. Und es gibt noch viele andere Vorschriften, die sie einhalten, wie das Reinigen von Bechern, Krügen, Kupfergefäßen und Sitzpolstern.

Da fragten ihn nun die Pharisäer und Schriftgelehrten: Warum halten sich deine Jünger nicht an die Überlieferung der Ältesten, sondern essen das Brot mit ungewaschenen Händen?

Er aber antwortete und sprach zu ihnen: Trefflich hat Jesaja von euch Heuchlern geweissagt, wie geschrieben steht: »Dieses Volk ehrt mich mit den Lippen, aber ihr Herz ist fern von mir. Doch vergeblich verehren sie mich, weil sie als Lehren vortragen, was Gebote von Menschen sind.« Ihr lasst das Gebot Gottes außer Acht und haltet an der Überlieferung der Menschen fest, wie das Waschen von Krügen und Bechern; und dergleichen tut ihr viel.

Und er sprach zu ihnen: Ihr versteht es vortrefflich, das Gebot Gottes aufzuheben, um an eurer eigenen Überlieferung festzuhalten. Denn Mose hat gesagt: »Du sollst deinen Vater und deine Mutter ehren« und »Wer Vater oder Mutter flucht, der soll des Todes sterben.« Ihr aber lehrt: Wenn jemand zu seinem Vater oder seiner Mutter sagt Korban, das heißt, es soll eine Opfergabe für den Tempel sein, was dir von mir zusteht, dann ist er frei von seinen Pflichten, und ihr lasst ihn nichts mehr für seinen Vater oder seine Mutter tun. Und so hebt ihr durch eure eigene Überlieferung das Wort Gottes auf; und dergleichen tut ihr noch viel mehr. (*Markus* 7, 1–13)

Östliche und westliche Religionen weisen in ihrer Struktur häufig denselben Makel auf: Der tiefere Sinn göttlicher Gesetze wird aus zweckdienlichen Gründen den von Menschen geschaffenen traditionellen Vorschriften und Ritualen untergeordnet. Die Traditionalisten unter den Hebräern früherer Zeiten erweiterten die Regeln für *Korban*, dafür, was als Opfergabe für Gott anzusehen ist: Sie erlaubten jetzt, dass jemand versprechen konnte, seine irdischen Güter dem Tempel zu vermachen, um der Pflicht enthoben zu werden, seine Eltern zu versorgen. Dies war selbst dann gestattet, wenn das Versprechen einer solchen Gabe an Gott möglicherweise in einem Augenblick des Ärgers über die Eltern, aus Selbstsucht oder aufgrund anderer schlechter Absichten gegeben wurde. Indem jemand lediglich einen beliebigen Teil seines weltlichen Besitzes zu »*Korban*«, zur Opfergabe, erklärte, konnte er sich seinen Eltern gegenüber jeder unbequemen Verpflichtung entledigen, die ihm sonst gesetzlich vorgeschrieben gewesen war – sogar dann, wenn seine Eltern dadurch ins Elend gestürzt wurden oder wenn es fraglich war, ob die den Eltern vorenthaltenen Güter jemals für den Tempel benutzt würden.[2] Diese vom Menschen bewirkte Verfälschung, das *Korban*-Gesetz, kam einer Nichtbefolgung des fünften Gebotes Gottes gleich. Mit seiner Kritik verdeutlichte Jesus, wie die Einführung dieser entarteten rituellen Bestimmung zur Verletzung des göttlichen Gebotes geführt hatte:

Äußerliche Riten zu vollziehen und gleichzeitig göttliche Gebote zu missachten ist scheinheilig

»Sagt mir, warum haltet ihr so beflissen an euren hiesigen Bräuchen fest, während ihr Gottes Gebote missachtet? Wann begeht ihr eine größere Sünde – wenn ihr die herkömmlichen Sitten übergeht, aber getreulich Gottes Geboten folgt, oder wenn ihr die göttlichen Gebote entweiht, indem ihr sie unter dem Deckmantel religiösen Brauchtums für eure eigenen Zwecke ausnutzt? Ihr wisst sehr wohl, dass ihr euch – um den Schein der Heiligkeit zu erwecken – ganz bewusst auf eure ausgeklügelten Traditionen beruft und die göttlichen Gebote

[2] »Jesus bringt seine Anklage gegen die Konventionen [der Pharisäer] geschickt vor, indem er ein Beispiel für die arglistige Art und Weise gibt, in welcher diese Übereinkunft die Gebote Gottes außer Kraft setzt. Das Gesetz verlangte, die Eltern zu ehren. Die Eltern in ihren alten Tagen zu verstoßen und dadurch der Bettelarmut und dem Hunger auszusetzen, war schlimmer, als nur böse über sie zu reden. Ein solches Verhalten bedeutete praktisch, sie zu verfluchen, und verlangte nach der Todesstrafe dafür. Doch an dieser Stelle traten die Pharisäer mit ihrer Übereinkunft dazwischen, die lehrte, dass ein Sohn jenen Teil seines Besitzes, welcher seinen Eltern zum Nutzen gereicht hätte, zu einem Geschenk erklären konnte, das heißt zu einem Geschenk an Gott. Indem er diesen Teil Gott widmete, konnte er sich von seiner Verpflichtung den Eltern gegenüber befreien.« – J. W. McGarvey and Philip Pendleton, *The Fourfold Gospel* (Cincinnati: Standard Publishing, 1914). *(Anmerkung des Herausgebers)*

völlig verwerft, sobald euch eine Abweichung davon persönliche Vorteile bringt.

In Form von Schwingungen bekundete Gott durch die Intuition des Propheten Mose Sein Gesetz und Seinen Wunsch: ›*Du sollst Vater und Mutter ehren*‹ (mit ergebenem Herzen, denn sie sind die göttlichen Werkzeuge, durch die du geschaffen wurdest); und ›*wer Vater oder Mutter flucht*‹ (wer übel von ihnen spricht, böse Gedanken hegt oder sie schlecht behandelt), ›*der soll des Todes sterben*‹[3] – dies bedeutet: Möge er Reue darüber empfinden, die so qualvoll ist wie Todesangst, und möge er sich und sein Bewusstsein so ändern, wie es sonst nur beim Tod geschieht.«[4]

Die Eltern sind die physischen Werkzeuge Gottes, der auf Erden als elterliche Liebe in Erscheinung tritt, durch die das Kind geschaffen und beschützt wird. Ein Kind, das seine Eltern schmäht, schmäht deshalb Gott. Jesus wies die Pharisäer zurecht, weil sie ein Gesetz geschaffen hatten, mit dem ein Mensch sich seiner Pflicht den Eltern gegenüber entziehen konnte – selbst dann, wenn man ihnen damit Schaden zufügte.

»O ihr Heuchler, nach außen hin verhaltet ihr euch fromm, doch innerlich seid ihr voller Schlechtigkeit! Wie zutreffend war Jesajas Prophezeiung über euch, nachdem er diese Wahrheiten in einem höheren Bewusstseinszustand wahrgenommen hatte, der erfüllt war von der intelligenten kosmischen Schwingung der Gedanken Gottes. Er machte in der Tat zutreffende Vorhersagen über den Charakter von Menschen, die sich den Meistern mit schmeichelnden Worten und

---

[3] Diese Gebote, von Gott durch Mose erlassen, sind niedergeschrieben in 2. *Mose* 20, 12; 2. *Mose* 21, 17; 3. *Mose* 20, 9; 5. *Mose* 5,16.

[4] Zahlreiche Studien an Tausenden von Personen mit »Nahtod-Erfahrungen« dokumentierten viele positive Veränderungen, die durch diese Berührung mit dem Tod herbeigeführt wurden. Ein Arzt, der ausgedehnte Forschung betrieben hat, ist Dr. Melvin Morse; er schreibt in *Parting Visions* (New York: HarperCollins, 1996): »Ich bin bei meinen Interviews niemals Leuten begegnet, die eine Nahtod-Erfahrung hatten und mir erzählten, sie seien zurückgekommen, um noch mehr Geld zu verdienen oder sich, getrennt von ihrer Familie, noch mehr in ihre Arbeit zu stürzen. ... Stattdessen kommen sie zu der Überzeugung, sie müssten liebevoller und gütiger werden. Sie reagieren auf ihre Erfahrung damit, dass sie ein ganz und gar erfülltes Leben führen. Sie glauben, dass ihr Leben einen tieferen Sinn hat, selbst wenn ihnen dieser noch unklar ist. Ausnahmslos war er verknüpft mit Vorstellungen wie Liebe zur Familie oder Dienst am Nächsten. Sie haben anscheinend verstanden, dass die Liebe, die sie in ihrem Leben anderen entgegenbringen, erwidert wird und auf sie zurückstrahlt, wenn sie sterben.« *(Anmerkung des Herausgebers)*

respektvollen Äußerungen nähern, in deren Herzen jedoch tiefe Unaufrichtigkeit herrscht. Vergeblich beten solche Menschen Gott an, ›*weil sie als Lehren vortragen, was Gebote von Menschen sind*‹, anstatt den Geboten Gottes Vorrang zu geben.

Um eures eigenen Vorteils willen habt ihr Gottes Gebote für ein vollkommenes Leben, wie sie euch die Propheten offenbarten, für nichtig erklärt und euch auf sinnlose menschliche Traditionen versteift, z. B. auf euer kompliziertes Ritual des Händewaschens, wegen dessen Nichtbeachtung ihr meine Jünger verachtet.[5] Ihr tätet besser daran, euch innerlich zu reinigen, indem ihr Gottes läuternde Gesetze der Rechtschaffenheit befolgt – so wie sie von den Sehern offenbart wurden –, anstatt euch so versessen mit den traditionellen Riten äußerlicher Pseudoreinigungen zu befassen, die keine dauerhafte spirituelle Wirkung hervorbringen.«

Allein durch die Einhaltung von Bräuchen, die der Mensch geschaffen hat, kommt man Gott nicht näher. Die Anbetung Gottes sollte von üblicher Hygiene, sittlichem Verhalten und von ehrfurchtsvollem Auftreten begleitet sein. Wenn man sich Zeit für Gott nimmt, können jedoch längere Vorbereitungen, bei denen mit akribischer Genauigkeit Regeln und einleitende Rituale befolgt werden, dazu führen, dass wenig oder gar keine Zeit oder nur geringes oder kein Verlangen für das stille Sich-Versenken in tiefer Meditation und für das Zwiegespräch mit Gott übrig bleiben. Äußerliche rituelle Handlungen sollen den Geist zu innerer Sammlung führen, sodass er von weltlichen Gedanken befreit wird. Aber das wahre Läuterungsmittel für den Menschen ist die Meditation selbst, denn sie macht sein Bewusstsein für die Verbindung mit Gott empfänglich.

---

[5] Aus *Robertson's Word Pictures of the New Testament*: »Das Händewaschen vor den Mahlzeiten ist im Alten Testament nicht vorgeschrieben. Wir wissen, dass es aus hygienischen Gründen gut ist, die Rabbis jedoch sahen darin ein Zeichen der Rechtschaffenheit – zumindest für andere. Dieser Punkt wurde in der mündlichen Unterweisung in größter Ausführlichkeit erörtert. Das Waschen der Hände erfolgte unter Einhaltung peinlich genauer Bestimmungen. Es war vorgeschrieben, die Hände vor den Mahlzeiten zu waschen, und es war Pflicht, dies nach dem Essen zu tun. Und der Eiferer tat es zwischen den Gängen. Die Hände mussten eingetaucht werden. Das Wasser selbst musste ›rein‹ sein, und die benutzten Tassen und Töpfe mussten zeremoniell ›rein‹ sein. Wasserkrüge, voll mit reinem Wasser, wurden für den täglichen Gebrauch bereitgehalten (*Johannes* 2, 6–8). So ging das ad infinitum weiter. Darüber kommt es zu einem echten Streitfall zwischen Jesus und den Rabbis. Es war weit mehr als nur eine Frage der Etikette oder Hygiene. Die Rabbis hielten die Unterlassung der Waschung für eine Todsünde.«

»Äußerliche Rituale können nicht die Unwissenheit beseitigen, da diese beiden sich gegenseitig nicht ausschließen«, schrieb Swami Shankara. »Verwirklichte Erkenntnis allein zerstört die Unwissenheit.«[6]

~

Und er rief die Volksmenge zu sich und sprach zu ihnen: Hört und versteht! Nicht das, was in den Mund hineingeht, verunreinigt den Menschen, sondern was aus dem Mund herauskommt, das verunreinigt den Menschen. (*Matthäus* 15, 10–11)

Parallelstelle:

Und er rief das ganze Volk zu sich und sprach zu ihnen: Hört mir alle zu und versteht es! Es gibt nichts außerhalb des Menschen, das ihn verunreinigen könnte, wenn es in ihn hineingeht; sondern was aus ihm herauskommt, das ist es, was den Menschen verunreinigt. Wenn jemand Ohren hat, zu hören, der höre! (*Markus* 7, 14–16)

»Ihr alle, hört mir gut zu und versucht zu verstehen, was ich sage, indem ihr eure Aufmerksamkeit auf die göttliche Weisheit in mir richtet: Das innere Wesen eines Menschen kann nicht dadurch befleckt werden, dass jemand es versäumt, sich an äußerliche, von Menschen geschaffene Bräuche zu halten oder dass er in üblen Verhältnissen lebt. Was einen Menschen unrein macht, sind die Gedanken und Erfahrungen, denen er erlaubt, sich in seinem Geist und seinen Gefühlen einzunisten und sein Bewusstsein mit Bösem zu durchdringen: Diese rufen dann schlechte Wünsche und Handlungen hervor, die den Menschen entweihen. Wer Ohren hat zu hören, der möge hören und verstehen.«

Spiritualität misst sich an innerer Reinheit – nicht an der Einhaltung vordergründiger Regeln

Jesus verteidigt das Handeln seiner Jünger: ihr Herz und ihre Seele seien nicht unrein geworden, weil sie Speise zu sich genommen hätten, ohne vorher das Ritual der Handwaschung vollzogen zu haben. Die Pharisäer und Schriftgelehrten, die festgelegte Bräuche genauestens einhielten, ohne sich um

[6] *Century of Verses.*

göttliche Eigenschaften zu bemühen, erzielten lediglich eine scheinheilige Zurschaustellung von Spiritualität.

Jesus wollte ihnen zu verstehen geben, dass ungeachtet der individuellen guten oder schlechten Lebensumstände es *»nichts außerhalb des Menschen«* gibt, was ihn so stark beeinflusst wie das Gute oder Schlechte im eigenen Herzen. Ein äußerst tugendhafter Mensch behält seine guten Eigenschaften gewöhnlich auch in einer schlechten Umgebung bei; und ein eingefleischter Bösewicht wird voraussichtlich auch in guter Umgebung niederträchtig handeln.

Dies bedeutet nicht, dass die Umgebung auf den Menschen keinen Einfluss ausübt; ihren Auswirkungen muss man mit wiederholten korrigierenden Willensanstrengungen begegnen. Dennoch betont Jesus, dass das Innenleben des Menschen von äußerster Wichtigkeit ist. Mein Meister Swami Sri Yukteswar ermahnte mich wiederholt: »Achte stets auf die Gesellschaft, in der du dich befindest – die Gesellschaft deiner Freunde und die Gesellschaft deiner Gedanken.« Wer schlechte Gedanken hegt, befindet sich in schlechter Gesellschaft. Doch wenn jemand seinen Geist selbst dann auf gute, positive Gedanken gerichtet hält, wenn er von gottlosen Personen umgeben ist, hat dieser üble Einfluss keine Macht über ihn.

Daher sollte es unser vorrangiges Ziel sein, der Tugend einen festen Platz im Herzen und im eigenen Bewusstsein einzuräumen: Gute Gedanken und Gefühle sind eine mächtige Kraft, die guten Umgang herbeizieht und zu natürlichem, ungezwungenem spirituellen Verhalten führt. Ein Mensch hingegen, der großen Wert auf vorgeschriebene äußerliche Zeremonien legt, sich aber nicht darum bemüht, das Schlechte in seinem Inneren auszumerzen, bleibt im Kreis seiner eigenen negativen Gedanken und Neigungen gefangen, und es wird ihm nicht gelingen, Widerstand zu leisten, wenn diese ihn dazu drängen, ihr zerstörerisches Wesen in der Außenwelt auszuleben – *»was aus ihm herauskommt, das ist es, was den Menschen verunreinigt.«*

Man sollte einen Menschen nicht nur nach seinen Handlungen, sondern auch nach den Ursachen oder Absichten beurteilen, die mit seinem Handeln verbunden sind. Es sind die schlechten Motive, die einen Menschen zu unrechtem Verhalten antreiben. Natürlich können auch Kinder etwas Schlechtes tun, weil sie es nachahmen; oder auch Geisteskranke, denen jede Unterscheidungsfähigkeit fehlt; in solchen Fällen können die Betreffenden nicht zur Verantwortung gezogen werden. Wenn Kinder oder Erwachsene aber aus eigenem Antrieb oder eigenem Verlangen heraus unrecht handeln, schaden sie sich selbst, und ihr Handeln deutet auf eine wachsende Neigung zum Bösen hin.

~

Da traten seine Jünger zu ihm und sprachen: Weißt du, dass sich die Pharisäer ärgerten, als sie dieses Wort hörten?

Er aber antwortete und sprach: Jede Pflanze, die nicht mein himmlischer Vater gepflanzt hat, wird ausgerissen werden. Lasst sie! Sie sind blinde Blindenführer. Wenn aber ein Blinder einen Blinden führt, werden beide in die Grube fallen. (*Matthäus* 15, 12–14)[7]

Jesus erwiderte Entrüstung mit Entrüstung. Aufgrund ihrer Uneinsichtigkeit waren die Pharisäer nicht in der Lage, die Wahrheit zu verstehen, die in seinen Worten enthalten war. »Jede ›*Pflanze*‹ unvollkommener menschlicher Verhaltensregeln, die man zweckdienlicherweise auf dem Boden der Tradition gezüchtet hat, wird mit der Zeit als ein Unkraut entlarvt, das der Menschheit keinen Nutzen bringt; daher muss es vom Kosmischen Gesetz ausgerottet werden. Alle ewigen, gottgeschaffenen Lebensgesetze, welche die Propheten dank ihrem kosmischen Bewusstsein offenbart und für die Menschheit als notwendig erklärt haben, werden bis zum Ende Bestand haben. Kümmert euch nicht um die Pharisäer und ihre Gehilfen; belasst sie in ihrer blinden Anhänglichkeit an ihre selbst erschaffene Dunkelheit. Wenn spirituell Blinde andere führen, die ebenfalls blind vor Unwissenheit sind, müssen alle zusammen in die Grube des Irrtums fallen und das sich daraus ergebende Elend erleiden.«

~

Da antwortete Petrus und sprach zu ihm: Deute uns dieses Gleichnis.

Und Jesus sprach zu ihnen: Seid denn auch ihr immer noch ohne Verständnis? Begreift ihr noch nicht, dass alles, was zum Mund hineingeht, in den Bauch geht und dann wieder

---

7 *»Sie sind blinde Blindenführer«*: Dieselbe Redewendung Jesu findet sich in *Lukas* 6, 39; siehe Kommentar in Diskurs 33, Band II.

ausgeschieden wird? Was aber zum Mund herauskommt, das kommt aus dem Herzen, und das verunreinigt den Menschen.

Denn aus dem Herzen kommen böse Gedanken, Mord, Ehebruch, Unzucht, Diebstahl, falsches Zeugnis, Lästerung. Diese Dinge sind es, die den Menschen verunreinigen. Aber mit ungewaschenen Händen essen, verunreinigt den Menschen nicht. (*Matthäus* 15, 15–20)

Parallelstelle:

Und als er von der Volksmenge weg in ein Haus getreten war, befragten ihn seine Jünger über das Gleichnis.

Und er spricht zu ihnen: Seid ihr denn auch so unverständig? Begreift ihr noch nicht, dass alles, was von außen in den Menschen hineingeht, ihn nicht verunreinigen kann? Denn es geht nicht in sein Herz, sondern in den Bauch, und wird auf dem natürlichen Weg, der alle Speisen reinigt, wieder ausgeschieden. Und er sprach: Was aus dem Menschen herauskommt, das verunreinigt den Menschen. Denn von innen, aus dem Herzen der Menschen, kommen die bösen Gedanken hervor, Ehebruch, Unzucht, Mord, Diebstahl, Habgier, Bosheit, Betrug, Ausschweifung, Neid, Gotteslästerung, Hochmut, Unvernunft. All dieses Böse kommt von innen heraus und macht den Menschen unrein. (*Markus* 7, 17–23)

»O meine wahren Jünger, fehlt auch euch das göttliche Verständnis? Erkennt ihr nicht, dass es sich mit rein äußerlichen Bräuchen und Riten ebenso verhält wie mit der Nahrung, die man zu sich nimmt: Wie diese lediglich den Körper, nicht aber das Wesen des Menschen beeinflusst, so können Rituale – ob man sie nun vollzieht oder nicht – den Geist des Menschen genauso wenig erheben oder verderben. Der Charakter eines Menschen zeigt sich darin, was seine Gefühle verraten, die er im Herzen hegt.

Wie der große Weise Patanjali sagt, sind die Regungen des Herzens (*Chitta*)[8] für alle Verstrickungen verantwortlich, die in unserem Leben auf Erden auftreten. Ein Mensch mit geringem Verständnis

---

[8] *Yoga-Sutras* I, 2–3: »Yoga (die wissenschaftliche Vereinigung mit Gott) bedeutet die vollkommene Beruhigung der wechselhaften Wellen von *Chitta*. Dann ist der Betrachter (die Seele) ganz in sich selbst gegründet« – d.h. in uneingeschränkter Freiheit

macht Gott für alle Missstände und Übel verantwortlich, in die er

---

und unvergänglicher Glückseligkeit, die der Seele als ein Funken göttlicher Essenz innewohnen.

Wie in Diskurs 26 (in Band I) kurz angedeutet (*»Selig sind, die reinen Herzens sind; denn sie werden Gott schauen«*), ähneln Jesu Lehren über die Emotionen denen der älteren Wissenschaft des Yoga. Eine umfassende yogische Erklärung, wie diese energetischen Kräfte im Bewusstsein des Menschen wirken, um das Gewahrwerden des Göttlichen zu steigern oder zu behindern, findet sich in Paramahansa Yoganandas Kommentar zum ersten Kapitel der Bhagavad-Gita (vor allem zu den Versen 4–11). Dass solche Lehren als Teil des ursprünglichen Christentums ebenfalls bekannt waren und praktiziert wurden, geht aus den Schriften zahlreicher früher Kirchenväter hervor – was einige Gelehrte dazu veranlasste, darauf als auf eine Art »christlichen Yoga« Bezug zu nehmen. Einer, der in diesem Zusammenhang erwähnt wird, ist Evagrius Ponticus, ein »Wüstenvater« des vierten Jahrhunderts, dessen Schriften die frühe mystische Tradition des römischen und des östlichen orthodoxen Christentums beeinflusst haben sowie später auch die Mystik der Sufis im Islam. In *Lost Christianity* (New York: Tarcher/Penguin, 2003. Deutsch: *Die sanfte Revolution des Glaubens*, Wolfgang Krüger Verlag, Frankfurt 1997, Zitat ebd., S. 189 u.) schreibt Professor Jacob Needleman über die Lehre des Evagrius:

»Der Schlüsselbegriff ... ist das Wort *apatheia*, das in den modernen europäischen Sprachen zum Fremdwort ›Apathie‹ geworden ist. Der Sinn des Ursprungswortes hat jedoch mit der uns heute geläufigen Bedeutung des Begriffs Apathie so viel zu tun wie Diamanten mit Glasscherben. ... *Apatheia* bedeutet wörtlich ›ohne Emotionen‹ – oder, genauer gesagt, ›Freiheit von Emotionen‹. ... Evagrius selbst schreibt: ›Nun hat diese *apatheia* ein Kind namens *agape* [Liebe Gottes], welches das Tor zum tiefen Wissen über das geschaffene Universum hütet. Schließlich folgen diesem Wissen *Theologie* [auf Erfahrung beruhendes Wissen von Gott] und die Höchste Herrlichkeit.«

Ähnlich sagt Patanjali im *Yoga-Sutra* I, 21, dass das Ziel des Yoga am nächsten (d.h. am schnellsten erreichbar) sei für diejenigen, die *Tivra-Samvega* besitzen (äußerste Leidenschaftslosigkeit; das ist kein negativer Zustand, sondern eine Umwandlung des Verlangens nach der Welt in glühende Sehnsucht nach Gott).

Professor Needleman fährt fort: »Die wichtigsten unter den praktischen Anleitungen des Evagrius können als allgemeine Richtlinien dienen für den mühsamen inneren Kampf um die Befreiung von den Leiden und Illusionen, welche die Emotionen erzeugen. Emotionen und die Gedanken, die sie fördern, werden oft als ›Dämonen‹ bezeichnet. Die Bedeutung dieses Begriffs, der dem modernen Geist als naiv erscheint, ist tatsächlich alles andere als das. Der Mensch ist ein mikrokosmisches Wesen; er lebt und bewegt sich in einem Feld von Kräften und Einflüssen, das alle ontologischen Kräfte des Universums umfasst, die eine Ausrichtung haben: Sie streben vertikal zur Einheit mit Gott oder von dieser weg. Diese Kräfte wirken im Geiste und im Herzen, in der ›Seele‹ sowie auch im äußeren Universum. ...

Der *Praktikos* des Evagrius beginnt mit der Aufzählung von acht Arten von ›üblen‹ oder ›leidenschaftlichen‹ Gedanken: Völlerei, Unreinheit, Habsucht, Traurigkeit, Wut, *Acedia* [das Bedürfnis, aufzugeben], Prahlsucht und Stolz. Indem Evagrius diese Untugenden ›Gedanken‹ nennt, bezieht er sich auf ein äußerst wichtiges Element der frühchristlichen Lehren über die Emotionen. ... ›Es liegt nicht in unserer Macht, darüber zu bestimmen, ob diese Gedanken uns verstören‹, schreibt Evagrius, ›doch können wir bestimmen, ob sie in uns verweilen oder nicht und ob sie unsere Leidenschaften aufwühlen oder nicht.‹

hineingeboren wurde. Doch die heiligen Schriften Indiens erklären, wo die wahre Verantwortung liegt. Seelen werden als vollkommene Ebenbilder Gottes auf die Erde gesandt, um dort unterhalten zu werden, um mit der Einstellung eines göttlichen Wesens die Wunder der Schöpfung zu beobachten und zu erleben. Aber wenn der Mensch die transzendente Natur seiner Seele untergräbt, indem er sich auf egoistische Weise mit den Gefühlen seines Herzens in weltliche Dinge und Erfahrungen verwickeln lässt – wahllos gegenüber Vorlieben und Abneigungen, Anziehendem und Abstoßendem –, dann führen diese Verzerrungen seines Bewusstseins zu heimtückischen Verirrungen, die ihn zu einem Teil der Täuschung machen, anstatt dass er von dieser unbeeinflusst bleibt. Indem er Leben um Leben in seinem Bewusstsein Wünsche und Bindungen ansammelt und seine Schwäche für gefühlsmäßige Vorlieben und Abneigungen pflegt, wird er dazu gezwungen, sich in einem physischen Körper zu reinkarnieren, den er sich selbst, seinem eigenen Muster entsprechend, maßgeschneidert hat. Sind seine Neigungen schlecht, werden sie sich über die Gefühle seines Herzens mit Sicherheit in Handlungen äußern, welche die dem Menschen innewohnende edle Natur entweihen.

Warum Jesus und Patanjali vor egoistischen Vorlieben und Abneigungen warnten

Daher betonte Jesus den Unterschied zwischen inneren und äußeren Methoden zur Läuterung des Herzens: »Alle schlimmen Gedanken und Taten entspringen bösen karmischen Neigungen, die sich im Herzen (*Chitta* oder Gefühl) des Menschen angehäuft haben. Ehebrecherische Gelüste und Handlungen; sexuelle Versuchungen und Unzucht; Mordgedanken und Mordtaten; Planung von Diebstahl und deren Ausführung; habsüchtiges Denken und Vorgehen; der Hang, Lügen über andere zu verbreiten und falsches Zeugnis abzulegen; der Drang zu betrügen und zu betrügerischen Taten; lüsterne Anwandlungen und Handlungen; die Kraft, durch Verhexung Böses zu tun, und die Anwendung dieser Kraft; der Impuls zu fluchen und der Gebrauch grober Sprache; gotteslästerliche Vorstellungen und entsprechendes Verhalten; Stolz und prahlerisches Auftreten; und jede andere erdenkliche

---

Kurz gesagt, es treten Gedanken, Impulse und Assoziationen in jedem Fall in der Psyche auf, doch sind sie damit noch keine Emotionen. Erst wenn wir diesen ›Gedanken‹ etwas hinzufügen, eine Energie, eine spezifische psychische Kraft, werden sie zu Emotionen – zu Leidenschaften – und bringen ihre überwältigende Macht in unserem inneren und äußeren Leben zur Geltung.« *(Anmerkung des Herausgebers)*

Torheit – sie alle gehören zur Brut böser Neigungen im Herzen des Menschen, die er durch unwissendes Handeln im gegenwärtigen und in früheren Leben erworben hat. Alle diese üblen Neigungen bereiten ihm mannigfaltige Qualen, wenn er sie nicht einschränkt oder durch Vergeistigung überwindet.«

Schlimme Gedanken entpuppen sich als Nebelwände der Unwissenheit, welche die Reinheit und ewige Freude der Seele vor dem Bewusstsein verhüllen. Wer das Leben durch diese schmutzigen Gefühle betrachtet, ist nicht in der Lage, die subtile Schönheit des göttlichen Ebenbildes wahrzunehmen, welches in seinem eigenen Inneren verborgen liegt. Ein Mensch, der in solcher Finsternis lebt, macht sich überaus anfällig für alle erdenklichen trügerischen Leiden – physischer, mentaler und spiritueller Art.

Wer seine Gefühle durch lichte und heitere Gedanken sowie durch spirituelle Bestrebungen veredelt und verschönert und – was am wichtigsten ist – täglich den wirkungsvollsten Ritus der Läuterung durchführt, indem er durch Meditieren sein Bewusstsein in göttlicher Weisheit reinigt, wird feststellen, dass die ganze Freude und Herrlichkeit seiner Seele – die Gott widerspiegelt – durch die Transparenz seines leuchtenden Innenlebens hervorströmt und in sein Bewusstsein ausstrahlt.

Und Jesus ging von dort weg und zog sich in die Gegend von Tyrus und Sidon zurück. Und siehe, eine kanaanäische Frau kam aus dieser Gegend zu ihm und rief: Ach Herr, du Sohn Davids, erbarme dich meiner! Meine Tochter wird von einem Dämon furchtbar gequält. Aber er antwortete ihr kein Wort. Da traten seine Jünger zu ihm, baten ihn und sprachen: Erfülle doch ihre Bitte, denn sie schreit hinter uns her. Er aber antwortete und sprach: Ich bin nur zu den verlorenen Schafen des Hauses Israel gesandt. (*Matthäus* 15, 21–24)[9]

»Von Zeit zu Zeit sendet der Himmlische Vater einen Boten, der die Mission hat, sich der Menschen einer bestimmten Gemeinschaft, Rasse oder Nation anzunehmen, in deren Herzen er die

[9] Vgl. Parallelstelle in *Markus* 7, 24–26.

Flamme der Wahrheit wieder entzünden und lange vergessene Tore der Erlösung öffnen kann. Obwohl meine Lehren universell und für alle Bewohner der Erde in jedem Zeitalter anwendbar und nützlich sind,[10] bin ich doch gegenwärtig nicht für alle gekommen, denn der Himmlische Vater hat mir den besonderen Auftrag gegeben, den verirrten ›Schafen‹ oder Gottsuchern des Hauses Israel als geistiger Hirte beizustehen. Wie man an ihren Propheten sehen kann, waren die Israeliten einmal ein sehr tugendhaftes Volk. Von der angesammelten Kraft ihres guten Karmas ging ein schweigender Ruf an den Himmlischen Vater aus. Als Antwort auf diesen Ruf hat Er mich in diesem Weltzyklus als den angekündigten Erlöser zu ihnen gesandt.«

Die besondere Mission Jesu war es, den Israeliten beizustehen und sie zu unterweisen; von da an sollte sich seine Lehre in der ganzen Welt verbreiten

Die Mission Jesu hatte weltweite Bedeutung. Da ihm aber nur die kurze Zeitspanne von drei Jahren zur Verfügung stand, um durch sein Leben und seine Lehren einen bleibenden Einfluss auszuüben, ist es nicht verwunderlich, dass er seine gesamte Kraft auf eine relativ kleine und geografisch beschränkte Volksgruppe konzentrierte: *»Ich bin nur zu den verlorenen Schafen des Hauses Israel gesandt.«* Hier sollte seine weltweite geistige Mission ihren Anfang nehmen.

Das Kommen einer solch großen Seele wie er war in den heiligen Schriften der Hebräer prophezeit worden – das Erscheinen eines Messias, eines Mannes aus Nazareth, der in Bethlehem geboren werden würde. Außerdem gehörte Jesus – als Elisa, als Jünger des Elia – zu einer Linie hebräischer Propheten, die im Alten Testament erwähnt werden. Aber vielleicht am bezeichnendsten ist die Tatsache, dass unter allen Zivilisationen zur Zeit Jesu – mit Ausnahme Indiens – die Glaubenslehre der Hebräer die einzige monotheistische religiöse Tradition darstellte, welche die Vorstellung vertrat, dass Gott der Eine Höchste GEIST ist.[11] In allen an das Geburtsland Jesu angrenzenden Gebieten

[10] Vgl. Diskurs 32, Band II, Kommentar zur Prophezeiung des Jesaja, zitiert in *Matthäus* 12, 21: *»Und die Völker werden auf seinen Namen hoffen.«*

[11] Die spirituellen Traditionen Indiens gestatten zwar eine fast unbegrenzte Vielfalt an Personifizierungen der Höchsten Gottheit, um den verschiedensten menschlichen Naturellen entgegenzukommen, haben aber seit der Zeit der frühesten Schriften Indiens am reinen Monotheismus festgehalten. »Die Wahrheit ist Eine; der Weise gibt ihr viele Namen«, erklärt der *Rig-Veda* (1.164.46). Dr. N. C. Panda schreibt in *The Vibrating Universe* (Delhi: Motilal Banarsidass, 1995): »Der *Rig-Veda* (X.82.3) verkündet im folgenden Vers unmissverständlich den Monotheismus: ›Er ist unser Vater,

bestimmten polytheistische Religionen das Leben – wie auch im römischen Reich, das Israel erobert hatte und in Israel regierte; in diesen Ländern lebten heidnische Menschen, die viele Götter als Mächte verehrten, deren Gunst man erwerben konnte. Die römischen und griechischen Götter besaßen oft menschliche Gestalt; sie waren unsterbliche Ebenbilder des Menschen, und dieser Auffassung entsprechend

---

unser Schöpfer und Gebieter. Er kennt alle Welten. Er ist einer allein. Alle Namen der Götter beziehen sich nur auf Ihn.‹«

»Wir haben gesehen, dass Hinduismus und Buddhismus die Menschen ermutigten, lieber über die Götter hinauszuwachsen«, schreibt Karen Armstrong in *Nah ist und schwer zu fassen der Gott.* »[Doch es liegt] die Vermutung nahe, dass die Israeliten die neue Religion des einen Gottes nicht so leicht akzeptieren konnten wie die Menschen des indischen Subkontinents den Buddhismus oder Hinduismus.«

»Die alten Israeliten waren nicht ursprünglich oder ständig strikte Monotheisten«, schreibt Jonathan Kirsch, Verfasser mehrerer anerkannter Werke über jüdische Geschichte, in *The Woman Who Laughed at God: The Untold History of the Jewish People* (New York: Viking, 2001). »Erst wenn wir zu dem Buch der Könige und zu den Schriften der Propheten kommen« – d.h. zu der Zeit von Elia, Elisa, Jesaja usw. – »verleihen die biblischen Autoren den Gesetzen zur Eindämmung der Götzenverehrung engagiert Nachdruck und nehmen den Monotheismus als die offizielle Theologie des alten Israel in leicht verständlicher Sprache an.«

Fachleute stimmen im Allgemeinen darin überein, schreibt Kirsch, dass die fünf Bücher der Thora, die traditionell Mose zugeschrieben werden (um 1250 v.Chr.), tatsächlich – zum Teil mehrfach überarbeitet – die Arbeit zahlreicher Autoren über einen Zeitraum von vielleicht tausend Jahren sind. Einige Gelehrte, einschließlich Karen Armstrong, vertreten die Auffassung, dass die Beweisstücke der Geschichte zeigen, dass der reine Monotheismus, der dem späteren Judentum überliefert wurde, sich in Wirklichkeit im babylonischen Exil zwischen 597 und 538 v.Chr. herauskristallisiert hat, und dass die älteren Bücher der hebräischen Bibel entsprechend umgeschrieben worden sind. Andere Historiker weisen darauf hin, dass gerade über Babylon die indische Metaphysik und Mystik die jüdische, griechische sowie gnostische Philosophie beeinflusst hätten. Gerade während des babylonischen Exils und danach lebten und lehrten einige der größten jüdischen Propheten – Hesekiel, Jeremia und andere.

In seiner *Autobiographie eines Yogi* schreibt Paramahansa Yogananda: »Von jeher haben die Propheten die Menschen dazu aufgerufen, sich über die *Maya* zu erheben und ein neues, besseres Zeitalter herbeizuführen. Die Dualität der Schöpfung zu überwinden und seine Einheit mit Gott zu erkennen, galt als höchstes Ziel des Menschen. ... Den Schleier der *Maya* zu lüften, bedeutet, die Geheimnisse der Schöpfung aufzudecken. Nur wer das Universum auf diese Weise entschleiert hat, ist ein wahrer Monotheist. Alle anderen sind Götzenanbeter. Solange der Mensch noch den dualistischen Täuschungen der Natur unterliegt, ist die doppelköpfige *Maya* seine Göttin, und der eine wahre Gott bleibt ihm verborgen.

Maya oder *Avidya* können niemals durch den analysierenden Verstand oder durch bloße Überzeugung überwunden werden, sondern einzig und allein dadurch, dass man den Bewusstseinszustand des *Nirbikalpa-Samadhi* erreicht. Die Propheten des Alten Testaments und die Seher aller Länder und aller Zeiten sprachen von dieser höchsten geistigen Warte aus.« *(Anmerkung des Herausgebers)*

wurden sogar die römischen Cäsaren und die ägyptischen Pharaonen in die Hierarchie der Götter erhoben.

Hätte Jesus vor allem unter den Heiden seine Weisheit verbreitet und dort seine Wunder vollbracht, wäre es mit Sicherheit zu einer Vermischung von Anschauungen gekommen, sodass nachfolgende Generationen ein ganz anderes Bild seiner Lehren erhalten hätten. Die Botschaft Gottes, die er der Welt vermitteln sollte, befand sich in vollkommener Harmonie mit der Weisheitslehre der hebräischen Propheten sowie mit der indischen Advaita-Yogawissenschaft, welche die enge Beziehung zu Gott und das endgültige Einswerden mit dem GEIST verkünden; und ebenso in Übereinstimmung mit dem Gedankengut der Buddhisten, welches das Gesetz des Karmas sowie göttliche Liebe und Mitgefühl gegenüber allen Wesen in den Mittelpunkt stellt. Gewiss hatte Jesus – auch ohne zusätzliche Konfrontationen mit einer heidnischen Priesterhierarchie – genug damit zu tun, den Feindseligkeiten der israelitischen Priesterkasten zu widerstehen.

Jesus wusste, dass die immense Kraft seiner Lehre zu ihrer Zeit selbst die entferntesten menschlichen Herzen erreichen würde – durch seine spirituell gesegneten und gut ausgebildeten Apostel und deren aufrichtige Nachfolger.

Die Aussendung aller göttlichen Boten vollzieht sich auf diese Weise: Zu einer bestimmten Zeit, an einem bestimmten Ort werden sie geboren und üben ihren Einfluss in der von Gott gewählten Region aus – sei diese begrenzt oder umfassender. Jede individuelle Mission trägt den ihr eigenen Stempel des Göttlichen Willens.

Zu den göttlichen Sendboten, welche die Menschheit gesegnet und erleuchtet haben, zählen die folgenden Meister, deren besondere Lehren mit denen ihrer Vorgänger in Beziehung standen:

Die Verkündigung besonderer Lehren durch Gottes Sendboten im Laufe der Zeitalter

Viele Jahrhunderte vor Christus erschien in Indien Bhagavan Krishna, um das tugendhafte indische Volk der Pandavas von der Gewaltherrschaft der niederträchtigen Kurus zu befreien. Er war ein *Purnavatara*, eine vollkommene göttliche Inkarnation, und fähig, alle Eigenschaften Gottes in seinem Leben zu offenbaren.[12] Durch den Weisen Vyasa schenkte Sri Krishna Indien und der

[12] Siehe Diskurs 16, Band I zur Erklärung der noch unvollkommenen und der vollkommenen göttlichen Inkarnationen (*Khanda-Avatare* und *Purna-Avatare*).

Welt eine der bedeutendsten heiligen Schriften, die Bhagavad-Gita, die Yoga-Wissenschaft von der Seele, einschließlich des zugehörigen Weges zur Befreiung im GEIST.

Später, als die Botschaft des Mitgefühls dringend nötig wurde, inkarnierte sich Gautama Buddha in Indien. Man sagt, dass er der indischen Religion ihre Seele zurückgegeben habe, nachdem sie – ihres wahren Wesens beraubt – auf eine bloße priesterliche Ausübung von Ritualen und mechanisch ablaufenden Zeremonien beschränkt worden war. In den Vordergrund stellte er das Gesetz des rechten Handelns als den Weg, auf dem man dem unaufhörlich rotierenden karmischen Rad von Leben und Tod entkommen kann; außerdem betonte er die Notwendigkeit, Mitgefühl für alle Wesen zu entwickeln, indem man die Gegenwart des Göttlichen in allen Lebensformen wahrnimmt. Durch den Einfluss Buddhas wurden viele mit Tieropfern verbundene Riten abgeschafft.

Fünf Jahrhunderte nach Buddha erschien Christus mit der Botschaft, dass man Glauben und Hingabe braucht, um das Himmelreich zu erringen. Indem er bei vielen Menschen Wunderheilungen an Körper, Geist und Seele vollbrachte, zeigte er, dass jedem die ewig gegenwärtige göttliche Liebe und Vergebung Gottes gewährt wird, wenn er sich dafür empfänglich macht.

Im siebten Jahrhundert nach Christus inkarnierte sich Swami Shankara (Adi Shankaracharya), um die Lehre vom Höchsten GEIST – als ewig bestehender, ewig bewusster, ewig neuer Glückseligkeit – zu verkünden. Diese positive Auffassung von Gott war sehr nötig für die übermäßig intellektuell ausgerichtete Klassengesellschaft Indiens; denn die Menschen hatten durch die Verfälschung der Lehre Buddhas eine Doktrin entwickelt, die besagte, dass die Auslöschung das endgültige Ziel des Lebens sei. Dieser Fehler entstand durch eine Fehlinterpretation des Begriffs *Nirvana*, dem Erlöschen des Ichbewusstseins und – als Folge – dem Ende der Wiedergeburten. Die wirkliche Lehre Buddhas, die mit derjenigen aller großen Propheten Indiens übereinstimmt, lautet: Egoistische Wünsche führen zu Wiedergeburten, und jede Seele, die irdische Wünsche überwindet, erlangt Befreiung – nicht Auslöschung! Swami Shankara bestätigte aufs Neue die ewige Wahrheit, dass eine Seele, die irdisches Verlangen überwindet, eins wird mit der ewig bestehenden, ewig bewussten, ewig neuen Glückseligkeit. Er wies darauf hin, dass Gott, der GEIST, diese ewig neue Glückseligkeit ist und als solche eine universelle Notwendigkeit und das höchste

Lebensziel darstellt, nach dem man suchen soll: durch Unterscheidungskraft und Meditation über das innere SELBST, den geheimen Schrein des glückseligen Unendlichen GEISTES im Menschen.

Im zwölften Jahrhundert erschien Sri Chaitanya in Indien, um glühende Liebe zu Gott in den Herzen der Menschen zu entfachen. Sein Weg der *Bhakti*, der vollkommenen Hingabe, betonte erneut die Notwendigkeit, Gott in einer persönlichen Beziehung wirklich zu erfahren – eine Auffassung, die von den verworren philosophierenden Pandits und Gelehrten, die das religiöse Leben jener Zeit beeinflussten, herabgewürdigt wurde.

In jüngerer Zeit schenkte Mahavatar Babaji der Welt durch Lahiri Mahasaya die *Kriya-Yoga*-Wissenschaft mit den Konzentrations- und Meditationstechniken, durch die man die Verbindung zu Gott herstellen kann. Lahiri Mahasaya betonte, dass sich religiöse Dogmatiker über die oberflächlichen Unterschiede ihrer Sichtweisen erheben sollten, um sich stattdessen auf die allgemeingültigen Grundsätze von Ethik und Moral zu konzentrieren und die Wissenschaft und Kunst zu erlernen, wie man das Bewusstsein nach innen lenkt und auf den Unendlichen einstellt. Seine Lehre des *Kriya-Yoga* ist insofern einzigartig, als sie über Anleitungen zu allgemeingültigem tugendhaftem Verhalten und zur Selbstdisziplin hinausgeht und bestimmte Meditationstechniken vermittelt, welche schrittweise eine Höherentwicklung zur SELBST-Verwirklichung ermöglichen. Nachdem die Seele die für alle erfahrbaren aufeinanderfolgenden Zustände des Überbewusstseins, Christusbewusstseins und Kosmischen Bewusstseins erreicht hat, verschmilzt sie am Ende mit dem Höchsten Wesen. Ganz gleich, welche Methode angewandt wird, um die Vereinigung mit Gott zu erlangen, die Anhänger aller religiösen Wege müssen durch diese Bewusstseinszustände hindurchgehen. Die Lehre Lahiri Mahasayas eignet sich besonders für das gegenwärtige Zeitalter, da sie von niemandem dogmatischen Glauben verlangt; stattdessen soll der Gottsucher durch Üben der bewährten *Kriya-Yoga*-Techniken und durch eigene Erkenntnis selbst die Antwort auf die ewige Frage finden: »Was ist die Wahrheit – über mich selbst und Gott?«

Der Fortschritt der oben erwähnten Meister oder Erlöser war schrittweise erfolgt, wobei sie die Eigenschaften Gottes in unterschiedlichem Maße offenbarten. Wenn Meister den Zustand der Vollkommenheit ganz oder fast ganz erreicht haben, inkarnieren sie sich nach dem Willen Gottes auf Erden, um besondere Aufgaben für Ihn zu erfüllen. Gott der Herr steigt niemals selbst hernieder, um in einem menschlichen Körper auf Erden zu weilen. Gemäß der Definition Gottes als der Unbegrenzbare Unendliche kann Er in keine einzelne Form eingeschlossen werden, denn jede schließt zwangsläufig die ihr eigenen Begrenzungen ein.

Alle Meister, die in ihrem eigenen Inneren vollkommenes Gottesbewusstsein wiedererlangt haben, sind sich im Wesentlichen gleich; manchmal jedoch werden Unterschiede zwischen ihnen gemacht, die sich auf die qualitativen und quantitativen Aspekte ihres Wirkens auf Erden beziehen. Der qualitative Aspekt unterscheidet die Meister danach, wie vielen Seelen sie zum Aufstieg in den Christus-Zustand verholfen haben; und quantitativ unterscheiden sie sich dadurch, wie viele Menschen sie während ihres Aufenthaltes auf Erden inspiriert haben. Jesus machte elf seiner zwölf Jünger zu Meistern. In ähnlicher Weise bildete Lahiri Mahasaya zahlreiche Meister aus; und einer von ihnen war mein Guru Sri Yukteswarji, der Gott verwirklicht hatte.

So wird uns verständlich, warum Jesus sagte: »*Ich bin nur zu den verlorenen Schafen des Hauses Israel gesandt*«, denn damit wollte er erklären, dass sich der große Plan Gottes, die besondere Mission Jesu auf Erden, zu entfalten begann und dass seine Worte nicht bedeuteten, dass er engherzig und parteiisch war und die Israeliten bevorzugte. Die Worte Johannes des Täufers: »*... damit er aber in Israel offenbar werde, darum bin ich gekommen, zu taufen mit Wasser*« (*Johannes* 1, 31) bestätigten, dass das göttliche Bewusstsein Jesu zuerst den Israeliten offenbart werden sollte. Der spirituelle Einfluss Jesu als Welterlöser war sowohl qualitativer als auch quantitativer Art: Zum einen sollte er all jenen Menschen zur Erweckung verhelfen, die damals in seinem Geburtsland lebten – insbesondere sollte er auf qualitative Weise jene fortgeschrittenen Seelen, die seine engeren Jünger waren, zur geistigen Befreiung führen; zum anderen sollte er in kommenden Zeitaltern alle Menschen durch seine Lehren, durch sein Vorbild und seinen allgegenwärtigen Segen auf ihrem Weg zur Gottverwirklichung inspirieren.

Sie aber kam, fiel vor ihm nieder und sprach: Herr, hilf mir!

Er aber antwortete und sprach: Es ist nicht recht, dass man den Kindern ihr Brot nimmt und es den Hunden vorwirft.

Sie sprach: Ja, Herr; und doch essen die Hunde von den Brosamen, die vom Tisch ihrer Herren fallen.

Da antwortete Jesus und sprach zu ihr: Frau, dein Glaube ist groß! Dir geschehe, wie du willst. Und ihre Tochter war von jener Stunde an geheilt. (*Matthäus* 15, 25–28)

Parallelstelle:

Jesus aber sprach zu ihr: Lass zuvor die Kinder satt werden. Denn es ist nicht recht, den Kindern das Brot wegzunehmen und es den Hunden vorzuwerfen.

Sie aber antwortete und sprach zu ihm: Ja, Herr; und doch essen auch die Hunde unter dem Tisch von den Brosamen der Kinder.

Und er sprach zu ihr: Um dieses Wortes willen geh hin. Der Dämon ist aus deiner Tochter ausgefahren. Und als sie nach Hause kam, fand sie, dass die Tochter auf dem Bett lag und der Dämon ausgefahren war. (*Markus* 7, 27–30)

»Nach dem Willen Gottes sollen Seine auserwählten Kinder, die Israeliten, die ersten sein, denen ich spirituell dienen werde. Während meines kurzen Erdenlebens steht es mir nicht zu, das Brot göttlichen Bewusstseins den eher materiell gesinnten Völkern anzubieten, die in ihrem heidnischen Glauben nur nach den Wundern körperlicher Heilung verlangen, jedoch nicht nach spiritueller Bewusstseinsveränderung streben.«

Jesus wusste, dass seine kurze Lebensspanne nicht ausreichte, größere Schauplätze einer geistig unvorbereiteten Welt an seinem göttlichen Bewusstsein teilhaben zu lassen. Zuerst musste er denen dienen, die bereits einen spirituellen Hintergrund hatten und deshalb empfänglicher waren und deren gutes Karma die Gnade Gottes angezogen hatte. Dennoch wies er die »*Griechin aus Syrophönizien*«[13] nicht zurück, als diese ihn inständig bat, ihre Tochter zu heilen. Er sagte zu ihr: »O Frau, durch die Kraft deines Willens und deiner Überzeugung ziehst du meine allheilende kosmische Energie an; deshalb soll dein Wunsch erfüllt werden. Gehe deines Weges und du wirst feststellen, dass die kosmische Energie, die durch deinen Glauben und meinen

[13] *Markus* 7, 26.

Willen geweckt wurde, den bösen Geist aus dem Leben deiner Tochter vertrieben hat.«

Und er verließ die Gegend von Tyrus wieder und kam durch Sidon an den See von Galiläa, mitten in das Gebiet der Zehn Städte. Und sie brachten einen Tauben zu ihm, der kaum reden konnte, und baten ihn, dass er ihm die Hand auflege.

Und er nahm ihn beiseite, weg von der Menge, legte seine Finger in die Ohren des Mannes und berührte dessen Zunge mit Speichel. Dann blickte er zum Himmel, seufzte und sprach zu ihm: Hephata! das ist: Öffne dich! Und sogleich wurden seine Ohren geöffnet und seine Zunge wurde gelöst, und er redete richtig.

Und er verbot ihnen, irgendjemand davon zu erzählen. Aber je mehr er es ihnen verbot, desto mehr machten sie es kund. Und sie wunderten sich über die Maßen und sprachen: Er hat alles gut gemacht; die Tauben macht er hören und die Stummen reden. (*Markus* 7, 31–37)

* * *

Und Jesus ging von dort weiter und kam an den See von Galiläa; und er stieg auf einen Berg und setzte sich dort nieder. Und es kamen viele Menschen zu ihm, die hatten Lahme, Blinde, Stumme, Krüppel und viele andere bei sich und legten sie Jesus zu Füßen; und er heilte sie, sodass die Menge sich wunderte, als sie sah, dass die Stummen redeten, die Krüppel gesund wurden, die Lahmen gingen und die Blinden sahen; und sie priesen den Gott Israels. (*Matthäus* 15, 29–31)

»Durch die göttlich verstärkte Kraft, die als energetischer Nektar aus dem astralen Reservoir meiner inneren kosmischen Lebensenergie in meinen Mund fließt, meinen ganzen Körper erfüllt und der Schwingung meiner Worte Macht verleiht, und durch meinen »Seufzer« des allmächtigen Lebensatems nehme ich dein schlechtes Karma in mich auf sowie auch die mit ihm verbundenen Folgen, die als Krankheit und Leid in deinem Leben aufgetreten sind. Ich habe der allheilenden himmlischen Energie befohlen, sich auf dich und dein Gehirn herabzusenken und dich mit Heilschwingungen zu erfüllen, damit die krankhaften Störungen in den Nerven des Gehörs und der Sprechwerkzeuge beseitigt werden. Sei geheilt!«

Die Meister senden die Lebenskraft auf unterschiedliche Weise aus, um göttliche Kraft auf andere zu übertragen

Die Meister sind in der Lage, alle körperlichen, astralen und spirituellen Vorgänge im Körper zu beherrschen. Sie kennen verschiedene Methoden, mit denen sie in ihrem Körper göttliche Kraft erzeugen und verdichten können, um sich selbst aufzuladen oder um anderen heilende Schwingungen zu senden oder um übernatürliche Phänomene hervorzurufen. Die Umwandlung der Atome in der Atemluft in alles vermögende biotronische Energie ist eines dieser Mittel – »dann blickte er zum Himmel auf [in das geistige Auge] und seufzte«. Eine weitere Technik, mit der fortgeschrittene Yogis vertraut sind, bewirkt, dass ein äußerst kraftvoller göttlicher Nektar in der Kehle abgesondert wird. Dieser ermöglicht vollkommenen Yogis, lange und bewegungslos in ekstatischen Zuständen zu verharren, wobei ihr Körper mit einem vibrierenden Strom spiritueller Energie aufgeladen wird. Dieser energetische Nektar ist auch ein Mittel, mit dem sie ihren Körper mit wenig – oder gar keiner – Nahrung erhalten können, wie es von großen Heiligen und Yogis bewiesen wurde – *»Der Mensch lebt nicht vom Brot allein …«* [Siehe Diskurs 8, Band I] Ein außerordentlich hochentwickelter Meister wie Jesus kann die Absonderung dieses machtvollen Sekrets durch Willenskraft hervorrufen, um jeden körperlichen Vorgang – und auch seinen Speichel – mit göttlicher Energie zu verstärken und als Heilmittel einzusetzen. Über weitere Beispiele hierzu wird in *Markus* 8, 22–26 [Seite 363] und *Johannes* 9, 6–7 [Diskurs 52, Band II] berichtet. Wahrscheinlich benutzte Jesus diesen konzentrierten Nektar astraler Energie bei solchen ungewöhnlichen Heilungen; wie er selbst erwähnt hatte, wäre es ansonsten eine schreckliche und zu verurteilende Beleidigung gewesen, allein schon zu jemandem zu sagen: *»Raca – ›Ich spucke auf dich.‹«* [Siehe Diskurs 27, Band I] Dasselbe Prinzip, das Jesus beim Übertragen der göttlichen Kraft anwandte, die im Mund (und ebenso in den Händen, Füßen und Augen) eines Meisters konzentriert ist, liegt auch der indischen Tradition zugrunde, nach der alle vom Mahl einer göttlichen Persönlichkeit übrig gebliebene Nahrung – oder auch die Speise, die ein Heiliger von seinem eigenen Teller an andere weitergab – als *Prasad*, als von Segen durchdrungen, angesehen wird.

Da rief Jesus seine Jünger zu sich und sprach: Mir tun diese Menschen leid; denn sie harren nun schon drei Tage bei mir aus und haben nichts zu essen; und ich will sie nicht hungrig gehen lassen, damit sie nicht verschmachten auf dem Weg.

Da sprachen seine Jünger zu ihm: Woher sollen wir in der Wildnis so viel Brot nehmen, um eine so große Volksmenge zu sättigen?

Und Jesus sprach zu ihnen: Wie viele Brote habt ihr? Und sie sprachen: Sieben und ein paar kleine Fische. Und er forderte die Menge auf, sich auf den Boden zu setzen.

Und er nahm die sieben Brote und die Fische, dankte, brach sie und gab sie seinen Jüngern; und die Jünger verteilten sie an die Menge. Und sie aßen alle und wurden satt; und sie hoben auf, was von den Brocken übrig blieb, sieben Körbe voll. Und die gegessen hatten, waren viertausend Männer, ohne die Frauen und Kinder.[14]

Und nachdem er die Menge entlassen hatte, stieg er in ein Boot und kam in die Gegend von Magdala. Da traten die Pharisäer und Sadduzäer zu ihm; die versuchten ihn und forderten ihn auf, ihnen ein Zeichen vom Himmel zu zeigen.

Aber er antwortete ihnen und sprach: Am Abend sagt ihr: Es wird ein schöner Tag werden, denn der Himmel ist rot; und am Morgen: Heute gibt es schlechtes Wetter, denn der Himmel ist rot und trübe. Ihr Heuchler! Das Aussehen des Himmels könnt ihr beurteilen; warum könnt ihr dann nicht auch die Zeichen der Zeit beurteilen? Ein böses und ehebrecherisches Geschlecht verlangt ein Zeichen; aber ihm wird kein Zeichen gegeben werden als nur das Zeichen des Propheten Jona. Und er verließ sie und ging davon. (*Matthäus* 15, 32 – 16, 4)[15]

[14] Vgl. Parallelstelle in *Markus* 8, 1–9. Auf Jesu Wunder der Materialisierung von Broten und Fischen wird in Diskurs 42, Band II, eingegangen.

[15] Vgl. Parallelstelle in *Markus* 8, 10–13.

»O ihr Heuchler, vom Aussehen des Himmels könnt ihr darauf schließen, ob das Wetter gut oder schlecht wird; dennoch seid ihr nicht in der Lage, an meinem Leben die deutlichen Zeichen der Zeit zu verstehen: die Botschaft Gottes für die Menschheit in diesem gegenwärtigen Zeitalter. Wie unkundige Menschen vom Erscheinungsbild des Himmels nicht auf das Wetter schließen können, so hat diese verdorbene Generation ihr spirituelles Sehvermögen verloren und kann das Zeichen Gottes nicht erkennen, das euch bereits gegeben wurde und das sich durch die Wunderwerke kundtut, die Gott durch mich geschehen lässt.«

Jesus gab zu verstehen, dass die Wunder, die Gott durch ihn gewirkt hat, bereits Zeichen und Beweis genug seien, dass Gott ihn wertschätzt und ermächtigt hat. Indem er auf Jona hinwies, prophezeite er auch seine bevorstehende Verurteilung und seine Auferstehung drei Tage nach seinem Tode: dadurch werde er für alle Zeiten und für alle Menschen seine Unsterblichkeit und sein göttliches Vermächtnis beweisen.[16]

Da Jesus sowohl menschliche als auch göttliche Eigenschaften besaß, bedrückte es ihn sehr, wenn er an das Elend dachte, das seinen niederträchtigen Zeitgenossen bevorstand – weil sie schlechtes Karma hatten und weil sie es ablehnten, sich von ihm geistig läutern zu lassen.

Und als seine Jünger an das jenseitige Ufer kamen, hatten sie vergessen, Brot mitzunehmen. Jesus aber sprach zu ihnen: Gebt Acht und hütet euch vor dem Sauerteig der Pharisäer und Sadduzäer! Da machten sie sich untereinander Gedanken und sprachen: Das sagt er, weil wir kein Brot mitgenommen haben.

Da Jesus das merkte, sprach er zu ihnen: Ihr Kleingläubigen, was macht ihr euch darüber Gedanken, dass ihr kein Brot mitgenommen habt? Versteht ihr noch nicht und erinnert ihr euch nicht an die fünf Brote für die Fünftausend und wie viele Körbe voll ihr da eingesammelt habt? Auch nicht an die sieben Brote für die Viertausend und wie viele Körbe ihr da eingesammelt habt? Warum versteht ihr denn nicht, dass ich nicht das Brot

[16] Siehe Diskurs 36, Band II, Kommentar zu *Matthäus* 12, 38–40.

meinte, als ich sagte: Hütet euch vor dem Sauerteig der Pharisäer und Sadduzäer!

Da verstanden sie, dass er nicht gesagt hatte, sie sollten sich vor dem Sauerteig für das Brot hüten, sondern vor der Lehre der Pharisäer und Sadduzäer. (*Matthäus* 16, 5–12)[17]

»O geliebte Jünger, warum bringt ihr euren Glauben ins Wanken, eure in der Meditation gewonnene SELBST-Verwirklichung, durch euer rationalisierendes ruheloses Denken, sodass ihr meine Worte nicht mit eurer allsehenden Intuition verstehen könnt? Warum nehmt ihr meine Worte nicht zuerst intuitiv auf und erfasst sie dann mit eurem Verstand?«

Warum besitzt ihr so wenig göttliche Überzeugung, dass ihr euch um euer tägliches Brot sorgt, wenn ihr doch bereits miterlebt habt, wie das Göttliche in mir eine ganze Volksmenge mit wenigen Broten speiste? Ich würde euch nicht vor dem Sauerteig der Pharisäer und Sadduzäer warnen, den sie für ihr Brot verwenden. Wovor ihr euch jedoch hüten müsst, sind ihre falschen Lehrsätze, die nicht das reine Brot des Lebens sind, wie ihr es in meinen Lehren finden könnt. Ihre trügerischen religiösen Dogmen und Gebräuche lassen das spirituelle Leben der Menschen an Unwissenheit erkranken.«

Und er kommt nach Betsaida. Und sie bringen einen Blinden zu ihm und bitten ihn, dass er ihn anrühre. Und er nahm den Blinden bei der Hand und führte ihn vor das Dorf hinaus; er strich Speichel auf dessen Augen, legte ihm seine Hände auf und fragte ihn, ob er etwas sehe? Und er sah auf und sprach: Ich sehe Menschen; sie sehen aus wie Bäume, die herumgehen.

Hierauf legte Jesus abermals die Hände auf seine Augen und ließ ihn aufblicken; und er war wiederhergestellt und konnte jeden Menschen deutlich sehen. Und er schickte ihn nach Hause und sprach: Geh nicht in das Dorf hinein, und erzähle es auch niemandem im Dorf. (*Markus* 8, 22–26)

[17] Vgl. Parallelstelle in *Markus* 8, 14–21.

Jesus wollte den Mann nicht in dem Dorf Betsaida heilen und erlaubte ihm auch nicht, in diesem Dorf über seine Heilung zu berichten, denn Betsaida hatte Jesus zurückgewiesen, und er hatte über diese Stadt gesagt: »*Weh dir, Betsaida! Wenn die großen Taten in Tyrus und Sidon geschehen wären, die bei euch geschehen sind, so hätten sie längst in Sack und Asche Buße getan. Doch ich sage euch: Tyrus und Sidon wird es erträglicher ergehen am Tag des Gerichts als euch.*«[18]

Jesus fühlte, wie jedes Teilchen seines Körpers – auch sein Speichel – mit dem starken Schwingungsstrom allheilender kosmischer Energie erfüllt war. Er nahm das mit göttlicher Kraft aufgeladene Sekret von seinen Lippen, strich es auf die Augen des blinden Mannes, die er mit dem Strom auflud, der von seinen negativ und positiv gepolten Händen ausging. Dann fragte Jesus ihn, ob er deutlich sehen könne. Der Mann antwortete: »*Ich sehe Menschen; sie sehen aus wie Bäume, die herumgehen.*« Daraufhin heilte Jesus die Augen des Mannes ein zweites Mal: Er befahl dem Mann, seinen Blick aufwärts auf den Punkt zwischen den Augenbrauen zu richten, wo sich das geistige Auge befindet. Als der Blinde seine Augen erhob, kam er mit der kosmischen Energie in Berührung, die von dem einen göttlichen Auge in seine beiden physischen Augen floss und diese vollkommen heilte, sodass er »*jeden Menschen deutlich sehen konnte*«.

---

[18] *Matthäus* 11, 21–22 (siehe Kommentar in Diskurs 34, Band II).

DISKURS 45

Petri beseelte Erkenntnis des Christus und die Verklärung Jesu

Die tiefere Bedeutung der an Petrus gerichteten Worte Jesu, die sich auf die Leitung seiner Kirche beziehen

❖

Die Botschaft Jesu wird nicht durch die Macht religiöser Einrichtungen lebendig erhalten, sondern durch Wahrheitssucher, die Gott kennen

❖

Geistige Disziplin zur Erlangung des Christusbewusstseins

❖

Was Jesus damit meinte, als er vorhersagte, *»bis sie den Menschensohn kommen sehen in seinem Reich«*

❖

Die Verklärung des Körpers Jesu zur Herrlichkeit göttlichen Lichts

❖

Geistige Bedeutung des Erscheinens von Elia und Mose mit Jesus

»Der Auftrag Jesu an Petrus und an die anderen Apostel sowie an alle, die seine Mission fortsetzen würden, lautete, dass sie selbst mit Gott in Verbindung treten und aufgrund dieser inneren Übereinstimmung mit Ihm durch das Beispiel ihres eigenen Lebens predigen sollen.«

Als Jesus in die Gegend von Cäsarea Philippi kam, fragte er seine Jünger und sprach: Für wen halten die Leute den Menschensohn?

Sie sprachen: Etliche sagen, du seiest Johannes der Täufer; andere, du seiest Elia; wieder andere, du seiest Jeremia oder einer der Propheten.

Er sprach zu ihnen: Ihr aber, für wen haltet ihr mich?

Da antwortete Simon Petrus und sprach: Du bist der Christus, der Sohn des lebendigen Gottes!

Und Jesus antwortete und sprach zu ihm: Selig bist du, Simon, Sohn des Jona, denn nicht Fleisch und Blut haben dir das offenbart, sondern mein Vater im Himmel. Und ich sage dir auch: Du bist Petrus, und auf diesen Felsen will ich meine Kirche bauen, und die Pforten der Hölle sollen sie nicht überwältigen. Und ich werde dir die Schlüssel des Himmelreichs geben: Alles, was du auf Erden binden wirst, soll auch im Himmel gebunden sein, und alles, was du auf Erden lösen wirst, soll auch im Himmel gelöst sein.

Da gebot er seinen Jüngern, dass sie niemandem sagen sollten, dass er Jesus der Christus sei.

Von da an begann Jesus, seine Jünger darauf hinzuweisen, dass er nach Jerusalem gehen und viel leiden müsse von den Ältesten und Hohenpriestern und Schriftgelehrten; er werde getötet werden und am dritten Tage wieder auferstehen.

Da nahm ihn Petrus beiseite, fing an, ihn zu tadeln und sprach: Möge dies fern von dir sein, Herr; das widerfahre dir nur nicht!

Aber Jesus wandte sich um und sprach zu Petrus: Weiche von mir, Satan! Du bist mir ein Ärgernis; denn deine Gedanken sind nicht auf Gott, sondern auf die Menschen gerichtet.

Da sprach Jesus zu seinen Jüngern: Wenn jemand mir nachfolgen will, so verleugne er sich selbst und nehme sein Kreuz auf sich und folge mir. Denn wer sein Leben erhalten will, der wird es verlieren; wer aber sein Leben verliert um meinetwillen, der wird es finden. Denn was hilft es einem Menschen, wenn er die ganze Welt gewinnt, aber seine eigene Seele verliert? Oder was kann der Mensch als Gegenwert für seine Seele geben?

Denn der Menschensohn wird kommen in der Herrlichkeit seines Vaters mit seinen Engeln; und dann wird er jedem vergelten nach seinem Tun. Wahrlich, ich sage euch: Es stehen einige hier, die den Tod nicht schmecken werden, bis sie den Menschensohn kommen sehen in seinem Reich.

Und nach sechs Tagen nahm Jesus den Petrus und Jakobus und dessen Bruder Johannes mit sich und führte sie abseits auf einen hohen Berg. Und er wurde vor ihnen verklärt: Und sein Angesicht leuchtete wie die Sonne, und seine Kleider wurden weiß wie das Licht. Und siehe, da erschienen ihnen Mose und Elia; die redeten mit ihm.

Da ergriff Petrus das Wort und sprach zu Jesus: Herr, es ist gut, dass wir hier sind! Wenn du willst, so wollen wir hier drei Hütten bauen: dir eine, Mose eine und Elia eine.

Während er noch redete, siehe, da überschattete sie eine lichte Wolke. Und siehe, eine Stimme aus der Wolke sprach: Dies ist mein geliebter Sohn, an dem ich Wohlgefallen habe, auf ihn sollt ihr hören!

Als die Jünger das hörten, fielen sie auf ihr Angesicht und fürchteten sich sehr.

Jesus aber trat zu ihnen, rührte sie an und sprach: Steht auf und fürchtet euch nicht!

Als sie aber aufblickten, sahen sie niemand als Jesus allein.

Und als sie den Berg hinabgingen, gebot ihnen Jesus und sprach: Erzählt niemandem von dieser Erscheinung, bis der Menschensohn von den Toten auferstanden ist.

Und seine Jünger fragten ihn und sprachen: Warum sagen denn die Schriftgelehrten, Elia müsse zuerst kommen?

Jesus antwortete und sprach zu ihnen: Elia soll tatsächlich zuerst kommen und alles wiederherstellen. Doch ich sage euch: Es ist Elia schon gekommen, und sie haben ihn nicht erkannt, sondern mit ihm gemacht, was sie wollten. Ebenso wird auch der Menschensohn durch sie leiden müssen.

Da verstanden die Jünger, dass er von Johannes dem Täufer zu ihnen geredet hatte.

Matthäus 16, 13 – 17, 13

DISKURS 45

Petri beseelte Erkenntnis des Christus und die Verklärung Jesu

Als Jesus in die Gegend von Cäsarea Philippi kam, fragte er seine Jünger und sprach: Für wen halten die Leute den Menschensohn?

Sie sprachen: Etliche sagen, du seiest Johannes der Täufer; andere, du seiest Elia; wieder andere, du seiest Jeremia oder einer der Propheten.

Er sprach zu ihnen: Ihr aber, für wen haltet ihr mich?

Da antwortete Simon Petrus und sprach: Du bist der Christus, der Sohn des lebendigen Gottes!

Und Jesus antwortete und sprach zu ihm: Selig bist du, Simon, Sohn des Jona, denn nicht Fleisch und Blut haben dir das offenbart, sondern mein Vater im Himmel. Und ich sage dir auch: Du bist Petrus, und auf diesen Felsen will ich meine Kirche bauen, und die Pforten der Hölle sollen sie nicht überwältigen. Und ich werde dir die Schlüssel des Himmelreichs geben: Alles, was du auf Erden binden wirst, soll auch im Himmel gebunden sein, und alles, was du auf Erden lösen wirst, soll auch im Himmel gelöst sein.

Da gebot er seinen Jüngern, dass sie niemandem sagen sollten, dass er Jesus der Christus sei. (*Matthäus* 16, 13–20)[1]

[1] Vgl. Parallelstellen in *Markus* 8, 27–30 und *Lukas* 9, 18–21.

Die Verklärung

Und nach sechs Tagen nahm Jesus den Petrus und Jakobus und dessen Bruder Johannes mit sich und führte sie abseits auf einen hohen Berg. Und er wurde vor ihnen verklärt: Und sein Angesicht leuchtete wie die Sonne, und seine Kleider wurden weiß wie das Licht. Und siehe, da erschienen ihnen Mose und Elia; die redeten mit ihm. ...

Da überschattete sie eine lichte Wolke. Und siehe, eine Stimme aus der Wolke sprach: Dies ist mein geliebter Sohn, an dem ich Wohlgefallen habe, auf ihn sollt ihr hören!

Matthäus 17, 1–3. 5

Als Jesus oben auf dem Berge betete, löste sich dadurch, dass er bewusst mit dem Kosmischen Bewusstsein Zwiesprache hielt, bei ihm und seinen Jüngern das trügerische menschliche Bewusstsein, welches die biotronische Essenz des Universums als Materie erscheinen lässt, vollständig auf. Der Körper Jesu war bis in die Atome hinein von der Maske der Täuschung und dem Bewusstsein der Stofflichkeit befreit und zeigte sich als ätherisches Licht.

Wird das Gebet durch glühende Gottesliebe und Meditation verstärkt, führt es zur Ekstase des Einsseins mit dem Kosmischen Bewusstsein. Ein Meister, der diese höchste Ekstase des Gottesbewusstseins erlebt, sieht tatsächlich, dass sein Körper und alle materiellen Formen aus strahlendem göttlichem Licht bestehen. Gleichzeitig kann er seine Wahrnehmung auf seine weit fortgeschrittenen Jünger übertragen – damit auch sie erkennen ...

Paramahansa Yogananda

Gemälde von Karl Bloch

Die Frage Jesu und die Antwort seiner Jünger zeigen, dass das Gesetz der Reinkarnation zu Zeiten Jesu allgemein bekannt und anerkannt war, wie auch aus verschiedenen anderen Abschnitten in den Evangelien hervorgeht.[2]

Die Worte Jesu an seine Jünger bedeuteten eine ernsthafte Überprüfung ihres Verständnisses und ihres Einklangs mit ihm: »Ich sorge mich nicht darum, was die Menschen im Allgemeinen hier über mich denken, sagt mir aber, was ihr erkannt habt.« Simon Petrus antwortete: »In dir offenbart sich das Christusbewusstsein, der eingeborene Sohn, die einzige Widerspiegelung Gottvaters (der jenseits der Schöpfung weilt) innerhalb der gesamten vibrierenden Schöpfung.«

Jesus erwiderte: »Du bist gesegnet – durch dein eigenes gutes Karma und die Gnade des Vaters, denn dank deiner Intuition hat Er dir die Wahrheit über mich offenbart. Jemand, dessen Bewusstsein begrenzt ist, kann nicht den in der physischen Gestalt verborgenen GEIST wahrnehmen, weil er sich mit dem Körper (›*Fleisch und Blut*‹) identifiziert; ein solcher Mensch könnte niemals das Christusbewusstsein in mir erkennen. Dieses Wissen hast du nicht mithilfe deiner körperlichen Sinnesorgane empfangen, sondern von Gottvater; Er, der in Seinem himmlischen Kosmischen Bewusstsein allgegenwärtig ist, hat dir in deinem erhobenen Bewusstseinszustand Seine Gegenwart offenbart – als das Christusbewusstsein in mir.«

Die tiefere Bedeutung der an Petrus gerichteten Worte Jesu, die sich auf die Leitung seiner Kirche beziehen

Bereits bei ihrer ersten Begegnung in dieser Inkarnation [siehe Diskurs 9, Band I] hatte Jesus den Simon, den Sohn Jonas, auf den Namen getauft, unter dem er für alle Zeiten bekannt geworden ist: Petrus, der Fels.[3] Jesus war erfreut darüber, dass Simon Barjona intuitiv den Christus in ihm wahrgenommen hatte; daher lobte er ihn und erteilte ihm die geistige Weihe, die ihn zum herausragenden Führer der ersten treuen Gemeinde von Gottsuchern machen sollte: »Und ich sage dir auch, dass du ein Fels bist – dein Bewusstsein ist eins mit dem Kosmischen Bewusstsein des Vaters, mit DEM, was das einzige beständige Fundament alles Bestehenden bildet. Du hast intuitiv die ewige Wahrheit erkannt: ›Du bist DAS‹ (›*Tat tvam asi,*‹ wie es Swami

---

[2] Siehe Seite 384 dieses Diskurses, außerdem die Diskurse 2, 6, 13 (Band I) und Diskurs 52, Band II.

[3] Auf Aramäisch *Cephas,* auf Griechisch *Petros*: Fels.

Shankara und die altehrwürdigen Veden verkündet haben, um die unauflösliche Einheit von Seele und GEIST zum Ausdruck zu bringen). Auf dem felsenfesten Grund deiner Weisheit, die mit dem Kosmischen Vater vereint ist, will ich einen Tempel meiner tiefgründigen Lehren errichten, eine Kirche des Gottesbewusstseins; unter deiner geistlichen Führung wird darin eine Gemeinde[4] von suchenden Seelen in tiefer Meditation Gott finden – auf dem Altar heiliger Verbundenheit mit Ihm. Die weit geöffneten Tore der Täuschung, die geschmückt sind mit den schillernden Versprechungen, in Sinnenfreuden Erfüllung zu finden, führen leichtgläubige Seelen in eine Hölle weltlichen Elends, in der geistige Dunkelheit herrscht. Aber sie vermögen nicht, aufrichtige Gottsucher anzulocken, wenn diese einmal die göttliche Freude erlebt haben, Zuflucht zu finden im Heiligtum des Christusbewusstseins – in der inneren Kirche meiner Lehren; deren gelebte Wahrheiten hast du erkannt und wirst du zum Ausdruck bringen, um andere zu inspirieren und zu führen.

So wie du auch den Christus in mir erkannt hast, wirst du durch die Wahrnehmung des Christusbewusstseins in deinem eigenen Inneren erfahren, dass die dir von mir vermittelten Methoden, mit Gott in Verbindung zu treten, die Schlüssel zum Himmelreich sind – der Weg, auf dem man durch das Christusbewusstsein in das Kosmische Bewusstsein eingeht, in jene himmlische Unendlichkeit, in welcher Gottvater als alleiniger König regiert. Ich übergebe dir diese Schlüssel, diese Techniken zur Vereinigung mit Gott, damit du sie an jeden Gottsucher weitergibst, dessen Bewusstsein sich mit dem deinen im Einklang befindet und der bereit und würdig ist, in das Reich des Kosmischen Bewusstseins einzutreten.

Alle Regeln für ein Leben im Überbewusstsein, die du verkünden wirst, um gottsuchende Seelen auf Erden zu schulen, *›zu binden‹*, werden vom Kosmischen Bewusstsein gutgeheißen, von dem Himmlischen Du-bist-DAS-Bewusstsein, welches du in dir selbst verwirklicht

---

[4] Anmerkung zu *Matthäus* 16, 18, *»… will ich bauen meine Kirche«*:

»Hier und in *Matthäus* 18, 17 finden sich die beiden einzigen Verse in den Evangelien, in denen das Wort *Gemeinde* (häufig mit ›Kirche‹ übersetzt) auftritt. Es ist ein Begriff der griechisch sprechenden Christenheit. Im säkularen Griechisch bezieht es sich auf eine Volksversammlung. Frühe griechisch sprechende Christen entlehnten das Wort aus ihrer Bibel (der Septuaginta), wo es häufig vorkommt, um den hebräischen Ausdruck ›Gemeinde des Herrn‹ (z. B. 5. *Mose* 23, 2) zu übersetzen.« – Robert J. Miller, ed., *The Complete Gospels: Annotated Scholars Version* (HarperSanFrancisco, 1994). *(Anmerkung des Herausgebers)*

hast. Und alle Regeln, die beachten muss, wer überbewusste Freiheit erlangen will, die Richtlinien, welche Seelen befreien (›*lösen*‹) werden, wirst du materiell gesinnte, erdgebundene Seelen lehren; diese Regeln werden die gleichen sein, von denen jene Seelen geleitet wurden, die bereits ihre Freiheit im Kosmischen Bewusstsein gewonnen haben.«

Der Ausspruch Jesu »*Auf diesen Fels will ich meine Kirche bauen*« hatte in erster Linie eine tiefere Bedeutung – für Petrus selbst und auch für nachfolgende Generationen, welche die Lehren Jesu bewahren würden. Indem Jesus ausdrücklich Petrus hervorhob, folgte er einer Tradition, die als *Guru-Parampara* bezeichnet wird: die Berufung zum geistigen Nachfolger eines Meisters.[5] Der Auftrag Jesu an Petrus und an die anderen Apostel sowie an alle, die seine Mission fortsetzen würden, lautete, dass sie selbst mit Gott in Verbindung treten und aufgrund dieser inneren Übereinstimmung mit Ihm predigen sollen – durch das Beispiel ihres eigenen Lebens sowie durch die selbst erfahrene Wahrheit, die in ihren mündlich verbreiteten Lehren enthalten ist.

Der Kern der wunderbaren Lehre Jesu wird daher nicht unbedingt durch die vergängliche Macht äußerer Einrichtungen lebendig erhalten, sondern lebt in jenen großen Gottesverehrern und Heiligen fort, die durch fortwährende andächtige Übungen und Meditationen die Tempel des Christusbewusstseins und der Gottverbundenheit in ihrem Inneren errichtet haben.

Die Botschaft Jesu wird nicht durch die Macht religiöser Einrichtungen lebendig erhalten, sondern durch Wahrheitssucher, die Gott kennen

Der heilige Antonius beispielsweise, der im vierten Jahrhundert lebte, verhinderte eine Spaltung unter den Anhängern Jesu allein durch die Kraft seiner göttlichen Verwirklichung, die er mit folgenden einfachen Worten ausdrückte: »Ich habe ihn gesehen!« Im Mittelalter brachte der heilige Franziskus, der zutiefst mit Gott verbunden war und in seinen nächtlichen Gebeten seinen Meister Jesus in lebendiger Gestalt schaute, dem Christentum eine Renaissance des christlichen Geistes: Er hatte in einer göttlichen Vision den Auftrag erhalten, das zerfallende Haus der Kirche wieder aufzubauen, als ihr das Wesen der Lehre Jesu verloren gegangen war. Jahrhunderte später, als die christliche Kirche wieder ganz dringend einer lebenswichtigen Reform bedurfte, lehrte die ekstatische heilige Theresa von Avila, dass die wahre

[5] Zur Erläuterung der Jünger-Nachfolge (*Guru-Parampara*) siehe Diskurs 41 (Band II), Kommentar zu *Matthäus* 10, 40: »*Wer euch aufnimmt, der nimmt mich auf; und wer mich aufnimmt, der nimmt den auf, der mich gesandt hat.*«

Anbetung Christi in der Kirche der Gottverbundenheit stattfindet: in der »inneren Burg«, die man betritt, indem man in tiefer Meditation den Geist und die Lebenskraft nach innen lenkt.

Christus war auch in der Erfahrung von Anhängern anderer religiöser Bekenntnisse lebendig. In Indien folgte Sri Ramakrishna Paramahansa dem *Sadhana* verschiedener Religionen, um zu beweisen, dass sie alle zu derselben Erkenntnis führen. In Ekstase erlebte er seine Verbundenheit mit Jesus: Er schaute ihn als »den Christus, der sein Herzblut für die Erlösung der Welt vergoss, der aus Liebe zur Menschheit ein Meer des Leidens erduldete ... der Meister-Yogi, der auf ewig mit Gott vereint ist ... Göttliche Liebe in Menschengestalt.«[6] Mahavatar Babaji beauftragte meinen Guru Swami Sri Yukteswar, mithilfe der Eingebungen seines erleuchteten Bewusstseins eine Abhandlung (*Die Heilige Wissenschaft*) »über die grundlegende Übereinstimmung zwischen der christlichen Bibel und den heiligen Schriften des Hinduismus« zu verfassen. »Indem ich die Worte des gesegneten Herrn Jesus

---

[6] Sri Ramakrishnas Erlebnis mit Jesus wird in *The Gospel of Sri Ramakrishna* von Mahendra Nath Gupta beschrieben: »Irgendwann im November 1874 wurde Sri Ramakrishna von einem unwiderstehlichen Verlangen ergriffen, die Wahrheit der christlichen Religion zu ergründen. Er begann, den Texten der Bibel zu lauschen. ... Sri Ramakrishna war fasziniert vom Leben und der Lehre Jesu. Eines Tages saß er im Empfangszimmer von Jadu Mallicks Gartenhaus in Dakshineswar, als seine Augen auf einem Gemälde der Madonna mit dem Kind haften blieben. Während er es aufmerksam betrachtete, wurde er allmählich überwältigt von göttlicher Ergriffenheit. Die Figuren des Bildes wurden lebendig, und das Licht, welches von ihnen ausstrahlte, drang in seine Seele ... und er rief aus: ›O Mutter! Was machst Du mit mir?‹ Während er die Schranken von Konfession und Religion durchbrach, ging er in ein neues Reich der Ekstase ein. Christus hatte von seiner Seele Besitz ergriffen. Drei Tage lang setzte er keinen Fuß in den Kali-Tempel. Am Nachmittag des vierten Tages, als er gerade im Panchavati spazierenging, sah er einen Menschen mit schönen großen Augen, heiterem Gesichtsausdruck und heller Haut auf sich zukommen. Als sie sich gegenüberstanden, erklang eine Stimme aus den Tiefen von Sri Ramakrishnas Seele: ›Schau den Christus, der sein Herzblut für die Erlösung der Welt vergoss, der aus Liebe zur Menschheit ein Meer des Leidens erduldete. Es ist Er, der Meister-Yogi, der auf ewig mit Gott vereint ist. Es ist Jesus, Göttliche Liebe in Menschengestalt.‹ Der Menschensohn umfing den Sohn der Göttlichen Mutter und verschmolz mit ihm. Sri Ramakrishna erkannte seine Identität mit Christus, so wie er auch seine Identität mit Kali, Rama, Hanuman, Radha, Krishna, Brahman und Mohammed erkannt hatte. Der Meister ging in den *Samadhi* ein und hielt Zwiesprache mit den Erscheinungsformen Brahmans. Auf diese Weise erkannte er die Wahrheit, dass auch das Christentum einen Weg darstellt, der zu Gottesbewusstsein führt. Bis zum letzten Augenblick seines Lebens glaubte er, dass Christus eine Inkarnation Gottes war.« – Mahendra Nath Gupta, *The Gospel of Sri Ramakrishna*, übersetzt von Swami Nikhilananda (Ramakrishna-Vivekananda Center of New York, 1942).

zitierte«, sagte mein Guru, »bewies ich, dass seine Lehre im Wesentlichen mit den Offenbarungen der Veden übereinstimmt.«

Solche Heilige und Meister, diejenigen, die tatsächlich mit Gott Zwiesprache gehalten haben, sind in Wirklichkeit der »Fels« gewesen, auf dem Jesu innere Kirche der Verbundenheit mit Christus diese zweitausend Jahre überlebt hat; zu ihnen zählen diejenigen, die im Laufe der Geschichte bekannt wurden, und ebenso zahllose erleuchtete Seelen, die ungenannt blieben, da sie als Mönche oder Nonnen in klösterlicher Zurückgezogenheit und vollkommener Hingabe ihr Leben ganz Christus geweiht hatten.

> *Von da an begann Jesus, seine Jünger darauf hinzuweisen, dass er nach Jerusalem gehen und viel leiden müsse von den Ältesten und Hohenpriestern und Schriftgelehrten; er werde getötet werden und am dritten Tage wieder auferstehen.*
>
> *Da nahm ihn Petrus beiseite, fing an, ihn zu tadeln und sprach: Möge dies fern von dir sein, Herr; das widerfahre dir nur nicht!*
>
> *Aber Jesus wandte sich um und sprach zu Petrus: Weiche von mir, Satan! Du bist mir ein Ärgernis; denn deine Gedanken sind nicht auf Gott, sondern auf die Menschen gerichtet.* (*Matthäus* 16, 21–23)[7]

»O satanische Täuschung, die du durch das Mitgefühl des Petrus sprichst: Weiche aus meinem Bewusstsein und bleibe verlassen und unbeachtet hinter mir, während ich entschlossen auf das Reich meines Vaters, auf das Kosmische Bewusstsein, zuschreite. Da ich das kurzzeitige körperliche Leiden am Kreuz gegen die ewige Freude des GEISTES eintauschen werde, verletzen mich deine Worte, o Satan. Obwohl sie in die Stimme und das Mitgefühl des Petrus gekleidet sind, schwingt in ihnen gewiss nicht die Weisheit des Kosmischen Bewusstseins, sondern die verblendete Wahrnehmung eines weltlichen Menschen, ›*denn deine Gedanken sind nicht auf Gott, sondern auf die Menschen gerichtet*‹.«

Mit seiner strengen Erwiderung betonte Jesus: Dem Gedanken

[7] Vgl. Parallelstellen in *Markus* 8, 31–33 und *Lukas* 9, 22.

nachzugeben, die ihm bevorstehende schwere Prüfung zu vermeiden, würde bedeuten, der Täuschung zu unterliegen und deshalb seine Bereitschaft schwächen, seinen Körper als göttliches Opfer hinzugeben, wie es ihm in einer Vision offenbart worden war. Daher wies er das Mitgefühl des Petrus zurück, denn er erkannte in dessen Worten ein Echo der Versuchung Satans, der den Plan Gottes vereiteln wollte.

> *Da sprach Jesus zu seinen Jüngern: Wenn jemand mir nachfolgen will, so verleugne er sich selbst und nehme sein Kreuz auf sich und folge mir. Denn wer sein Leben erhalten will, der wird es verlieren; wer aber sein Leben verliert um meinetwillen, der wird es finden. Denn was hilft es einem Menschen, wenn er die ganze Welt gewinnt, aber seine eigene Seele verliert? Oder was kann der Mensch als Gegenwert für seine Seele geben?* (*Matthäus* 16, 24–26)
>
> Parallelstelle:
>
> *Und er rief das Volk und seine Jünger zu sich und sprach zu ihnen: Wer mir nachfolgen will, der verleugne sich selbst und nehme sein Kreuz auf sich und folge mir nach. Denn wer sein Leben retten will, der wird es verlieren; und wer sein Leben verliert um meinetwillen und um des Evangeliums willen, der wird es retten. Denn was hilft es einem Menschen, wenn er die ganze Welt gewinnt, aber seine Seele verliert? Oder was kann der Mensch als Gegenwert für seine Seele geben?* (*Markus* 8, 34–37)[8]

»Jeder Gottsucher, der mein Christusbewusstsein erlangen will, muss sich durch Meditation über das Bewusstsein seines körperlichen Selbst erheben, ›*sich selbst verleugnen*‹, und seine Aufmerksamkeit ununterbrochen auf den Christus-Frieden gerichtet halten,

[8] Vgl. weitere Parallelstelle in *Lukas* 9, 23–25.
Den Evangelien zufolge hat Jesus diesen Gedanken bei verschiedenen Gelegenheiten ausgesprochen; siehe z. B. *Matthäus* 10, 38–39 (Diskurs 41, Band II) und *Johannes* 12, 25 (Diskurs 66, Band III): »*Wer sein Leben liebt, der wirds verlieren; und wer sein Leben in dieser Welt hasst, der wird es für das ewige Leben bewahren.*«

›*mir nachfolgen*‹, auch dann, wenn er täglich von Prüfungen gekreuzigt wird und seine geistigen Bemühungen von Ruhelosigkeit und Ablenkungen untergraben werden. ›*Denn wer sein Leben retten will*‹, indem er es aus Gewohnheit weiterhin gleichsetzt mit der Erfüllung von körperlichen Bedürfnissen und Komfortansprüchen und törichterweise seinem verwöhnten, sich sträubenden Körper nachgibt, wenn dieser beim Meditieren den notwendigen geistigen Anstrengungen auszuweichen sucht, der wird letztlich ›*sein Leben*‹ vergänglicher Freuden, das er zu bewahren versucht, ›*verlieren*‹. Doch der Gottsucher, der bereit ist, ›sein Leben um meinetwillen zu verlieren‹ – das heißt, der bereit ist, die Anhänglichkeit an ein rein materielles Dasein aufzugeben, um in tiefer Meditation in das Christusbewusstsein einzugehen –, der wird ganz gewiss das Leben in seinem wahren SELBST finden, welches von der ewig neuen Glückseligkeit des GEISTES erfüllt ist.

Geistige Disziplin zur Erlangung des Christusbewusstseins

Jeder Gottsucher, der ein Christusleben führt und darüber predigt, ›*um meinetwillen und um des Evangeliums willen*‹, und andere an den Schwingungen seiner göttlichen Wahrnehmungen teilhaben lässt sowie ihnen durch sein moralisches und spirituelles Leben ein Vorbild ist und – falls nötig – dafür sein Leben hingibt, wird Unsterblichkeit gewinnen. Selbst wenn ein Mensch ›*die ganze Welt gewinnt*‹, würde ihm ihre Überfülle wenig Nutzen bringen, da ihm nur ein Bruchteil ihrer Annehmlichkeiten zugutekäme. Jeder Herrscher, wie begütert und mächtig er auch sein mag, wird im Tod sein Reich verlieren.

Ein materialistischer Mensch stellt am Ende seines Lebens fest, dass es ihm nicht nur an Reichtum mangelt, sondern auch an Gottesbewusstsein; durch sein ungeistiges Leben wird er im Morast der Täuschung ›seine Seele verlieren‹. Wie groß der Genuss auch sein mag, der ihm durch angenehme irdische Vergnügungen zuteilwird, er wird nie ausreichen, ihm das verlorene unvergängliche Glück seines wahren Seelenbewusstseins zu ersetzen, denn dieses kann nur in der Transzendenz der Meditation gefunden werden.«

Denn der Menschensohn wird kommen in der Herrlichkeit seines Vaters mit seinen Engeln; und dann wird er jedem vergelten nach seinem Tun. Wahrlich, ich sage euch: Es stehen einige hier, die den Tod nicht schmecken werden, bis sie den Menschensohn kommen sehen in seinem Reich. (*Matthäus* 16, 27–28)

Parallelstelle:

Wer sich aber meiner und meiner Worte schämt unter diesem ehebrecherischen und sündigen Geschlecht, dessen wird sich auch der Menschensohn schämen, wenn er kommt in der Herrlichkeit seines Vaters mit den heiligen Engeln.[9]

Und er sprach zu ihnen: Wahrlich, ich sage euch: Es stehen einige hier, die den Tod nicht schmecken werden, bis sie das Reich Gottes mit Macht haben kommen sehen.[10] (*Markus* 8, 38 – 9, 1)

Was Jesus meinte, als er vorhersagte, »bis sie den Menschensohn kommen sehen in seinem Reich«

»Wenn die Herrlichkeit des Kosmischen Bewusstseins Gottvaters mitsamt ihrer himmlischen Freude und Weisheit dem Menschensohn offenbart wird – dem Seelenbewusstsein, das dem Körper innewohnt und durch ihn wirkt –, dann weiß der Gottsucher, der in der Meditation treu und intensiv daran gearbeitet hat, die Ernte des Gottesbewusstseins einzubringen, dass jeder Mensch seinen eigenen spirituellen Anstrengungen entsprechend belohnt wird.«[11]

Aufgrund des Gesetzes von Ursache und Wirkung (des Karmas eines Menschen), welches die Folgen aller Handlungen bestimmt, fühlt sich jeder Wahrheitssucher – je nach Ausmaß seiner Bemühungen in der Meditation – Gott ferner oder näher. Entsprechend der Tiefe seiner Meditation erlebt der Gottsucher, dass ihm – durch die ekstatische

---

[9] Eine ähnliche Aussage Jesu findet sich in *Matthäus* 10, 32–33 und *Lukas* 12, 8–9; siehe den Kommentar dazu in Diskurs 41, Band II.

[10] Vgl. weitere Parallelstelle in *Lukas* 9, 26–27.

[11] Zwar waren die Worte aus *Matthäus* 16, 27 (»*Denn der Menschensohn wird kommen in der Herrlichkeit seines Vaters mit seinen Engeln*«) an die Jünger Jesu gerichtet und beziehen sich auf den Lohn des würdigen Gottsuchers (auf die Herrlichkeit des Kosmischen Bewusstseins, erkannt in ekstatischer Meditation), aber Jesus beschreibt mit ähnlichen Worten (*Matthäus* 25, 31) im Zusammenhang mit seinem bevorstehenden Tod und seiner Auferstehung seine eigene ewige Verherrlichung im Kosmischen Bewusstsein und seine ewig währende Erhöhung in das Unendliche Christusbewusstsein – in das Reich von Gottes Kosmischer Intelligenz, die den obersten Zeugen und Richter über das Leben jedes Menschen darstellt (siehe Diskurs 68, Band III).

Verbundenheit mit dem Kosmischen Bewusstsein – in seinem menschlichen Bewusstsein (dem Menschensohn) die Engel unterschiedlicher Stufen der SELBST-Verwirklichung offenbart werden. Fortgeschrittene Gottsucher können außerdem in dem vom Kosmischen Bewusstsein projizierten Licht die leuchtenden engelhaften Gestalten befreiter und heiliger Seelen wahrnehmen, die in den erhabenen himmlischen Sphären des unendlichen Bewusstseins des Vaters wohnen.

Die Pflicht des Gottsuchers, andere Seelen zu inspirieren

Es gibt Menschen, die sich aus der Menge derer, die der Täuschung verfallen sind, gelöst haben und das Christusbewusstsein und dessen Offenbarungen der Wahrheit erfahren, ›*mich und meine Worte*‹; mit diesen Offenbarungen kommt der Gottsucher in der Ekstase des Kosmischen Bewusstseins (aus der die heiligen Engel der Inspiration hervorgehen) in Berührung. Wenn solch ein Mensch dann aber aus Furcht vor Verfolgung oder Verhöhnung zögert, ›*sich schämt*‹, vor Ungläubigen – die sich mit dem Körper identifizieren und die göttliche Glückseligkeit aufgeben –, von der Freude und göttlichen Weisheit dieses Zustandes Zeugnis abzulegen, erfährt er in seinem Inneren eine Beeinträchtigung des Christusbewusstseins: ›*des wird sich auch der Menschensohn schämen*‹, d. h., der Gottsucher wird als unwürdig für diesen Bewusstseinszustand angesehen.«

Jesus wusste, dass seine Botschaft geistiger Erneuerung traditionsgebundene Persönlichkeiten des politischen und religiösen Lebens gegen sich aufbringen wird und dass nicht nur er, sondern auch seine Anhänger verleumdet werden. Daher betonte er, dass es notwendig sei, die eigene Überzeugung mutig zu vertreten – zu wagen, anders zu sein, jedoch nicht angetrieben durch das Ego oder durch übersteigerte Einbildungskraft, sondern aufgrund echten Erlebens der Wahrheit in ekstatischer Vereinigung mit Gott.

Diese Bibelstelle enthält einen weiteren Gesichtspunkt. In Seinem Plan hat Gott vorgesehen, dass jeder Mensch seinen Mitmenschen gegenüber eine Pflicht hat: die Starken sollen den Schwachen helfen, die Wohlhabenden die Armen unterstützen und die Gesunden den Kranken dienen; vor allem aber sollen die geistig Erleuchteten den Weg jener erhellen, die im Dunkel spiritueller Unwissenheit leben.

Gottsucher, welche die erhebenden Wirkungen ihrer ekstatischen Freude nicht mutig und selbstlos mit geistig unwissenden Seelen zu teilen suchen, werden feststellen, dass ihr eigenes Bewusstsein wieder in das enge Gefängnis des Ego gerät. Wer hingegen andere Seelen mit seiner ekstatischen Freude inspiriert, wird eine Bewusstseinserweiterung erfahren. Eine Seele, die ihre Freude in anderen Seelen fühlt, nimmt sich allmählich als das SELBST aller wahr und wird letztlich eins mit dem allgegenwärtigen Bewusstsein Gottvaters.

Hier sind keine selbsternannten »Erlöser« gemeint, sondern demütige Seelen, die, indem sie ihr Bewusstsein durch die Schwingungskraft ihres Beispiels, ihrer Worte, Gedanken und Gebete auf andere übertragen, diese ohne großes Aufheben dazu inspirieren, Gott zu lieben und Ihn voller Verlangen zu suchen.

Gottsucher, die im irdischen Leben mit dem Christusbewusstsein verbunden sind, aber aus Furcht vor Verspottung versäumen, ihren unwissenden Brüdern spirituell zu dienen, werden feststellen, dass sie nach dem Tod keinen bleibenden Platz im Christusbewusstsein haben. Geistig selbstsüchtige Seelen, die im Zustand nach dem Tod vorübergehend im Christusbewusstsein weilen, werden wieder zur Erde zurückgesandt, damit sie dort lernen, ihre spirituellen Errungenschaften mit körpergebundenen Sterblichen zu teilen, die ebenfalls Kinder Gottes sind – auch wenn sie sich noch im Schlaf der Täuschung befinden. Nach dem göttlichen Gesetz kann ein Suchender, der Gott gefunden hat, seine eigene endgültige Befreiung nur erlangen, wenn er auch dazu beigetragen hat, andere zu befreien.

Zum Schluss sagt Jesus: »Wahrlich, ich sage euch, einige fortgeschrittene Gottsucher, die jetzt um mich versammelt sind, werden das alles vermögende Kosmische Bewusstsein, das ›*Reich Gottes*‹, in ihrem menschlichen Bewusstsein, im ›Reich des Menschensohns‹ seelischen Bewusstseins, noch erleben, bevor sie von ihrem gegenwärtigen körperlichen Dasein zu einer anderen Ebene übergehen.«

Und nach sechs Tagen nahm Jesus den Petrus und Jakobus und dessen Bruder Johannes mit sich und führte sie abseits auf einen hohen Berg. Und er wurde vor ihnen verklärt: Und sein Angesicht leuchtete wie die Sonne, und seine Kleider wurden weiß wie das Licht. Und siehe, da erschienen ihnen Mose und Elia; die redeten mit ihm.

Da ergriff Petrus das Wort und sprach zu Jesus: Herr, es ist gut, dass wir hier sind! Wenn du willst, so wollen wir hier drei Hütten bauen: dir eine, Mose eine und Elia eine.

Während er noch redete, siehe, da überschattete sie eine lichte Wolke. Und siehe, eine Stimme aus der Wolke sprach: Dies ist mein geliebter Sohn, an dem ich Wohlgefallen habe, auf ihn sollt ihr hören!

Als die Jünger das hörten, fielen sie auf ihr Angesicht und fürchteten sich sehr.

Jesus aber trat zu ihnen, rührte sie an und sprach: Steht auf und fürchtet euch nicht!

Als sie aber aufblickten, sahen sie niemand als Jesus allein. (Matthäus 17, 1–8)

Parallelstelle:

Und es geschah ungefähr acht Tage nach diesen Reden, dass er Petrus, Johannes und Jakobus mit sich nahm und auf einen Berg stieg, um zu beten. Und während er betete, veränderte sich das Aussehen seines Angesichts, und sein Kleid wurde weiß und strahlend.

Und siehe, zwei Männer redeten mit ihm, es waren Mose und Elia. Sie erschienen in Herrlichkeit und sprachen von seinem Lebensende, das sich in Jerusalem erfüllen sollte. Petrus aber und seine Gefährten waren vom Schlaf übermannt. Als sie aber aufwachten, sahen sie Jesus in seiner Herrlichkeit und die zwei Männer, die bei ihm standen.

Und es geschah, als diese von ihm schieden, dass Petrus zu Jesus sprach: Meister, es ist gut, dass wir hier sind. Lass uns drei Hütten bauen: dir eine, Mose eine und Elia eine. Und er wusste nicht, was er sagte.

Während er aber solches redete, kam eine Wolke und überschattete sie; und sie erschraken, als die Wolke sie einhüllte. Und aus der Wolke kam eine Stimme, die sprach: Dies ist mein geliebter Sohn; auf ihn sollt ihr hören!

Und als die Stimme verhallt war, war Jesus wieder allein. (*Lukas* 9, 28–36)[12]

Die Art und Weise, wie Jesus verklärt wurde und in der sich Elia und Mose materialisierten und zu ihm kamen, beruhte auf Tran-

[12] Vgl. weitere Parallelstelle in *Markus* 9, 2–8.

szendieren der von der Täuschung hervorgerufenen Grobstofflichkeit der Materie, sodass die zugrunde liegende elektrische Natur des Körpers und des Universums offenbar wurde. Als Jesus oben auf dem Berge betete, löste sich dadurch, dass er bewusst mit dem Kosmischen Bewusstsein Zwiesprache hielt, bei ihm und seinen Jüngern das trügerische menschliche Bewusstsein, welches die biotronische Essenz des Universums als Materie erscheinen lässt, vollständig auf. Der Körper Jesu war bis in die Atome hinein von der Maske der Täuschung und dem Bewusstsein der Stofflichkeit befreit und zeigte sich als ätherisches Licht.[13]

Die Verklärung des Körpers Jesu zur Herrlichkeit göttlichen Lichts

Wird das Gebet durch glühende Gottesliebe und Meditation verstärkt, führt es zur Ekstase des Einsseins mit dem Kosmischen Bewusstsein. Ein Meister, der diese höchste Ekstase des Gottesbewusstseins erlebt, sieht tatsächlich, dass sein Körper und alle materiellen Formen aus strahlendem göttlichem Licht bestehen. Gleichzeitig kann er seine Wahrnehmung auf seine weit fortgeschrittenen Jünger übertragen – damit auch sie erkennen, dass die mit der Täuschung verschmolzene atomare Struktur der Materie aus schöpferischer elektrischer Energie besteht, die in harmonischem Rhythmus zum glückseligen Gesang der Gedanken Gottes tanzt, die das All-Eine des Gestaltlosen Ewigen darstellen.

Bis ... das gröbere Licht in die ewigen Strahlen
Allumfassender Seligkeit taucht. ...
Erde und Wasser, Dampf und Licht –

[13] Die Verwandlung des Leibes in Energie kommt auch im Alten Testament vor, und zwar, als Gott aus dem brennenden Dornbusch zu Mose spricht: »*Und der Herr sprach weiter zu ihm: Steck deine Hand in dein Gewand. Und er steckte seine Hand in sein Gewand; und als er sie wieder herauszog, siehe, da war seine Hand von Aussatz weiß wie Schnee. Und er sprach: Steck deine Hand noch einmal in dein Gewand. Und er steckte seine Hand noch einmal in sein Gewand; und als er sie aus seinem Gewand herauszog, siehe, da war sie wieder wie sein übriges Fleisch.*« (2. *Mose* 4, 6–7)

Auf Geheiß des Herrn legte Mose seine Hand auf die Brust über das vierte feinstoffliche zerebrospinale Zentrum der Lebenskraft (das Herz- oder Rückenzentrum, das *Anahata-Chakra*). Seine Hand wurde aufgeladen mit astraler Lebensenergie, dem biotronischen *Prana*, der von diesem Zentrum ausstrahlt. »*Aussätzig*« verweist auf die sprühende und sich auflösende Festigkeit der Atome der Hand, die sich in schneeweißes Licht verwandelt hatten. Seine Hand war nicht mehr stofflich, sie bestand aus tanzenden Atomen und funkelnder astraler Energie. Als er seine Hand aus reiner Energie wieder auf seine Brust legte, verwandelte die materialisierende Kraft der Lebensenergie die Hand wieder in Fleisch.

Die vier dichten Schleier –
Lösen sich auf.
Ich selbst bin in allen Dingen
Und verschmelze mit meinem Großen Selbst.
Die launischen Schatten menschlichen Denkens
Sind für immer entschwunden;
Ungetrübt ist mein geistiger Himmel
Unter mir, vor mir, hoch über mir;
Ich und die Ewigkeit – ein vereinigter Strahl! ...[14]

Befreite Meister, die alle drei körperlichen Hüllen der Seele ablegen und mit Gottes Unendlichkeit im Kosmischen Bewusstsein verschmelzen, behalten dennoch ihre Individualität bei, sodass sie allein durch ihren Willen aus der Kosmischen Essenz heraustreten und beliebige materialisierte Formen annehmen können – zum Beispiel die beseelter Lichtvisionen oder von Körpern, die den Wahrnehmungen der fünf Sinne als wirklich erscheinen. Auf diese Weise materialisierten Elia und Mose – befreite Meister, die gestaltlos im GEIST weilten – ihre sichtbare irdische Gestalt und erschienen auf göttliches Geheiß zusammen mit Jesus auf der Bergkuppe, wo sie sich mit ihm unterhielten. Mit ihrer Anwesenheit sollten sie die besondere Mission Jesu unterstützen, die Gott ihm zugewiesen hatte; die Jünger wurden Zeugen des Geschehens und berichteten der Welt davon.

Geistige Bedeutung des Erscheinens von Elia und Mose mit Jesus

Die Begegnung von Elia und Jesus war besonders bedeutsam, da Elia, wie bereits erwähnt, kein anderer war als der Guru-Präzeptor Jesu aus dessen früherem Leben, in dem Jesus als Elisa inkarniert war. Elia trat bei der Verklärung Jesu auf dem Berg in Erscheinung, nachdem er als Johannes der Täufer enthauptet worden war; und aufgrund dieser schweren Prüfung erfuhr die Seele des Elia, die für einige Zeit als Johannes inkarniert gewesen war, ihre vollkommene Befreiung im GEIST. Nach seiner Inkarnation als der große Prophet Elia, nachdem er bewusst – durch die Umwandlung der Materie in elektrische Funken,[15] »in einem feurigen Wagen« – in den GEIST aufgestiegen war, hatte sich seine Seele als

[14] Aus Paramahansa Yoganandas umfänglichem Gedicht »Samadhi« (*Autobiographie eines Yogi*, Kapitel 14), in dem er seine eigenen Erfahrungen in diesem transzendentalen Zustand beschreibt. *(Anmerkung des Herausgebers)*

[15] Siehe Diskurs 2, Band I.

Johannes der Täufer reinkarniert, um eine geringere Rolle auf Erden zu spielen: als Wegbereiter für Jesus und dessen besondere Lehre. Mit dem Tod Johannes' des Täufers wurde der niedere Bewusstseinszustand, den Elia für kurze Zeit angenommen hatte, beendet. Darum kam er zu Jesus als Elia auf den Berg der Verklärung und nicht in der geringeren Rolle Johannes' des Täufers.

Die Verbindung zwischen Jesus und Elia bestand schon seit vielen Inkarnationen; doch davon wussten die Menschen nichts. Elia erschien Jesus Christus, um diese Verbundenheit zu bestätigen und ihm spirituelle Kraft zu geben, damit er die schwerste Prüfung, die Aufopferung seines Körpers am Kreuz, ohne zu wanken bestehen konnte.

Mose erschien ebenfalls, denn er war der geistige Führer der Juden, des Volkes, in dem Jesus geboren wurde und dem er in erster Linie seine Erlösungsbotschaft verkündete. Die Tatsache, dass Mose und Jesus zusammen erschienen, ist ein Zeichen für das unauflösliche Band auf dem geistigen Weg und dafür, dass sie über viele Inkarnationen hinweg bei der Erfüllung des göttlichen Auftrags zusammengearbeitet hatten. Dass Mose, der Meister der Juden, und Jesus, der Meister der Christen, sich in göttlicher Herrlichkeit gemeinsam auf dem Berg der Verklärung zeigten, sollte Juden und Christen gleichermaßen inspirieren, ihre Brüderlichkeit in Gott zu erkennen und harmonisch zu festigen.

Mose und Jesus, die nun im Himmel weilen, verfolgen aufmerksam und bekümmert die parteiischen Zwistigkeiten, die sich zwischen den jüdischen und christlichen Kindern Gottes entwickelt haben. Durch die Begegnung mit Jesus und Elia auf dem Berge bekundete Mose, dass er Jesus anerkannte und unterstützte. Ihre gemeinsame Anwesenheit war ein himmlisches Leuchtfeuer, das Gott in ferner Vergangenheit entzündet hatte, damit es auch in zukünftigen Zeitaltern die Welt erhellt und hilft, die verhängnisvollen, auf Sektierertum beruhenden Unterschiede aufzulösen, die zwischen Seinen jüdischen und christlichen Kindern bestehen.

Die vibrierende Stimme Gottvaters und die himmlische Wolke, welche die drei Meister und die Jünger Jesu einhüllte, offenbaren in aller Deutlichkeit, dass der Himmlische Vater durch die vereinten und befreiten Leben von Jesus, Mose und Elia der Welt eine besondere Botschaft gesandt hat.

Das gemeinsame Erscheinen von Elia und Jesus auf dem Berg der Verklärung ist ein ermutigendes Zeugnis für das ewige Band der

Guru-Jünger-Beziehung, mithilfe derer alle wahrheitssuchenden Seelen Befreiung erlangen; durch diesen Bund, mit dem Siegel Gottes versehen, empfangen beide die nötige gegenseitige Hilfe, so wie es den jeweils neuen Rollen und Aufgaben entspricht, die sie im weiteren Verlauf des göttlichen Dramas übernehmen. Jesus selbst bringt dies in den folgenden Bibelversen zum Ausdruck.

~

Und als sie den Berg hinabgingen, gebot ihnen Jesus und sprach: Erzählt niemandem von dieser Erscheinung, bis der Menschensohn von den Toten auferstanden ist.

Und seine Jünger fragten ihn und sprachen: Warum sagen denn die Schriftgelehrten, Elia müsse zuerst kommen?

Jesus antwortete und sprach zu ihnen: Elia soll tatsächlich zuerst kommen und alles wiederherstellen. Doch ich sage euch: Es ist Elia schon gekommen, und sie haben ihn nicht erkannt, sondern mit ihm gemacht, was sie wollten. Ebenso wird auch der Menschensohn durch sie leiden müssen.

Da verstanden die Jünger, dass er von Johannes dem Täufer zu ihnen geredet hatte. (Matthäus 17, 9–13)

Parallelstelle:

Und als sie den Berg hinabgingen, gebot er ihnen, dass sie niemandem erzählen sollten, was sie gesehen hatten, bis der Menschensohn von den Toten auferstanden sei.

Und sie behielten das Wort bei sich selbst und besprachen sich untereinander, was mit der Auferstehung von den Toten gemeint sei.

Und sie fragten ihn und sprachen: Warum sagen die Schriftgelehrten, Elia müsse zuerst kommen?

Er aber antwortete und sprach zu ihnen: Elia kommt wahrhaftig zuerst und stellt alles wieder her. Und was steht denn vom Menschensohn geschrieben? Dass er viel Leid und Verachtung erdulden muss. Aber ich sage euch: Elia ist schon gekommen, und sie haben mit ihm gemacht, was sie wollten, wie es über ihn geschrieben steht. (Markus 9, 9–13)

Mit seinen oben und auch in anderen Bibelstellen zitierten Worten bestätigt Jesus eindeutig die Richtigkeit der Reinkarnationslehre, des einzig sinnvollen Gesetzes eines mitfühlenden Schöpfers, durch das sich die scheinbaren Ungerechtigkeiten, die unter Menschen auftreten, rechtfertigen lassen. Wie durch die Prophezeiung der Wiedergeburt des Elia bewiesen wird, glaubten die Propheten des Alten Testamentes nicht nur an die Reinkarnation, sondern sie konnten dank ihrer göttlichen Intuition auch zukünftige Ereignisse vorhersagen, indem sie die Zeichen des Gesetzes von Ursache und Wirkung zu lesen verstanden.

Durch die rätselhaften Äußerungen ihres Meisters waren die Jünger Jesu oft verwirrt. Sie konnten noch nicht verstehen, was Jesus mit der *»Auferstehung von den Toten«* meinte. Weiterhin sannen sie über die Prophezeiung in den heiligen Schriften nach, die offenbarte, dass der Prophet Elia vor dem Erscheinen des verheißenen Messias noch einmal kommen werde.[16] Die Jünger wussten, dass Jesus der angekündigte Erlöser war, und befragten ihn daher zu dieser Prophezeiung, die Elia betraf.

Jesus sagt voraus, dass er einen ähnlichen Tod erleiden werde wie der als Johannes reinkarnierte Elia

Jesus erklärte es ihnen folgendermaßen: »In den heiligen Schriften steht auch geschrieben, dass der Sohn des Menschen, mein physisches Selbst, viele Prüfungen erleiden muss und dass sich das Volk, für das seine Lehren bestimmt sind, gegen ihn wenden wird.[17] Durch das Christusbewusstsein, das mir innewohnt, weiß ich und erkläre ich euch, dass Elia bereits vor mir gekommen ist; er wurde als Johannes der Täufer wiedergeboren, der dann schändlich behandelt, enthauptet und danach im Zustand endgültiger Befreiung wieder in den Himmel aufgenommen wurde – als Elia, den ihr mit mir zusammen auf dem Berg gesehen habt. Die Leute erkannten in Johannes dem Täufer nicht den erhabenen Propheten Elia und töteten ihn. Ich sage euch, dass auch mein Körper durch die Hände unwissender Menschen einen schrecklichen Tod erleiden wird, so wie es bei dem gesegneten Johannes dem Täufer geschah.«

---

16 *Maleachi* 3, 23 (siehe Diskurs 2, Band I).

17 *»Er wurde verachtet und von den Menschen gemieden, ein Mann voller Schmerzen und mit Leiden vertraut. Wie einer, vor dem man sein Gesicht verbirgt, war er verachtet, und wir würdigten ihn nicht. Doch er trug unsere Krankheiten und lud auf sich unsere Schmerzen. Wir aber hielten ihn für gezüchtigt, von Gott geschlagen und heimgesucht. Doch er wurde um unserer Missetaten willen verwundet und um unserer Sünden willen zerschlagen. Er wurde gestraft, damit wir Frieden haben, und durch seine Wunden wurden wir geheilt.«* (*Jesaja* 53, 3–5)

DISKURS 46

»So ihr Glauben habt, wird euch nichts unmöglich sein«

Jesus milderte das schlechte Karma vieler Menschen

❖

Göttlich wirksamer Glaube entwickelt sich durch Meditation und Selbstdisziplin

❖

Durch den Glauben gewinnt der Mensch übernatürliche Herrschaft über die natürliche Ordnung

❖

Definition des Glaubens:
Glaube ist das, was die unsichtbaren, schöpferischen kosmischen Kräfte Gottes gewahrt

❖

Wie man durch den Glauben kleinere Schwierigkeiten überwinden und auch »Berge versetzen« kann

❖

Ein Kind Gottes sollte sich niemals von irdischen Begrenzungen beherrschen lassen

»Man muss glauben – nicht blind glauben, sondern die intuitive Überzeugung besitzen, dass der allmächtige Gott im eigenen erleuchteten SELBST *gegenwärtig ist – und nicht zweifeln an Seiner Gegenwart und Macht im eigenen Inneren.«*

Und als sie zum Volk kamen, trat ein Mann zu ihm, fiel vor ihm auf die Knie und sprach: Herr, erbarme dich meines Sohnes, denn er ist fallsüchtig und leidet sehr darunter. Er fällt oft ins Feuer und oft ins Wasser. Und ich habe ihn zu deinen Jüngern gebracht, doch sie konnten ihn nicht heilen.

Da antwortete Jesus und sprach: O du ungläubige und verkehrte Generation, wie lange soll ich bei euch sein? Wie lange soll ich euch ertragen? Bringt ihn her zu mir!

Und Jesus drohte dem Dämon; und er fuhr aus ihm heraus, und der Knabe war von dieser Stunde an geheilt.

Da traten seine Jünger allein zu Jesus und sprachen: Warum konnten wir ihn nicht austreiben?

Und Jesus sprach zu ihnen: Wegen eures Kleinglaubens. Denn wahrlich, ich sage euch: Wenn ihr Glauben habt wie ein Senfkorn, werdet ihr diesem Berg befehlen: Hebe dich von hier nach dort!, und er wird sich heben; und euch wird nichts unmöglich sein. Aber diese Art fährt nicht anders aus als durch Gebet und Fasten.

Matthäus 17, 14–21

DISKURS 46

»So ihr Glauben habt, wird euch nichts unmöglich sein«

Und als sie zum Volk kamen, trat ein Mann zu ihm, fiel vor ihm auf die Knie und sprach: Herr, erbarme dich meines Sohnes, denn er ist fallsüchtig und leidet sehr darunter. Er fällt oft ins Feuer und oft ins Wasser. Und ich habe ihn zu deinen Jüngern gebracht, doch sie konnten ihn nicht heilen.

Da antwortete Jesus und sprach: O du ungläubige und verkehrte Generation, wie lange soll ich bei euch sein? Wie lange soll ich euch ertragen? Bringt ihn her zu mir! (Matthäus 17, 14–17)

Parallelstelle:

Und als er zu seinen Jüngern kam, sah er eine große Menschenmenge um sie herum und Schriftgelehrte, die in ein Streitgespräch mit ihnen verwickelt waren. Und sobald die Menge ihn erblickte, waren alle sehr erstaunt, liefen herbei und grüßten ihn.

Und er fragte die Schriftgelehrten: Worüber streitet ihr euch mit ihnen?

Und einer aus der Menge antwortete und sprach: Meister, ich habe meinen Sohn zu dir gebracht, er hat einen stummen Geist. Und wann immer er ihn packt, reißt er ihn nieder, und meinem Sohn tritt Schaum vor den Mund, er knirscht mit seinen Zähnen und wird starr. Und ich habe deinen Jüngern gesagt, dass sie ihn austreiben sollen; doch sie können es nicht.

Er antwortete ihm und sprach: O ungläubige Generation, wie lange soll ich bei euch sein? Wie lange soll ich euch ertragen? Bringt ihn her zu mir! (*Markus* 9, 14–19)[1]

»O du ungläubiges Geschlecht, voller Unwissenheit und ohne dass ihr den GEIST in eurem SELBST erkannt habt; so lange schon bin ich bei euch, dennoch habt ihr es nicht zu schätzen gewusst. Wie lange soll ich eure Qualen mit ertragen und zusätzlich noch euer schlechtes Karma auf mich nehmen? – Bringe dessen ungeachtet deinen Sohn zu mir.«

Jesus milderte das schlechte Karma vieler Menschen

Hier drückt Jesus seinen Kummer über die zusätzliche Bürde aus, die zu der ständigen Überlastung seiner Person hinzukam, weil er das schlechte Karma anderer auf sich nahm. Ebenso wie ein wohlhabender Mensch einen Schuldner vor einer Freiheitsstrafe bewahren kann, indem er dessen Schuld begleicht, können große Seelen durch ihre Willenskraft das karmische Leid anderer abarbeiten, indem sie es auf ihre eigene Seele übertragen. Aber dieser unerwartete Segen durch die hilfreiche Gegenwart eines Meisters kommt nur reumütigen Menschen zugute, deren sonst gutes Karma eine solche Verringerung ihrer karmischen Lasten anzieht.

Ferner wusste Jesus, dass er für die gehäufte Übernahme schlechten Karmas oder sündiger Handlungen anderer letztlich den hohen Preis des eigenen Lebens zahlen muss. Er gab den kostbarsten Besitz des Menschen hin, seinen Körper, um durch die schreckliche Qual seiner Kreuzigung das Karma anderer auszulöschen; und dann ließ er mit der überlegenen Kraft der Seele seinen Körper wieder auferstehen und bewies, dass er über alle einschränkenden Naturgesetze gesiegt hatte. Obwohl Jesus erkannte, was es bedeutete, den Sohn des Mannes von seiner schwerwiegenden, tief verwurzelten Besessenheit zu befreien – dass er nämlich viel von dem schlechten Karma des Jungen auf sich nehmen muss –, willigte er aus grenzenlosem Mitgefühl dennoch ein, ihn zu heilen.

[1] Vgl. weitere Parallelstelle in *Lukas* 9, 37–41.

Und Jesus drohte dem Dämon; und er fuhr aus ihm heraus, und der Knabe war von dieser Stunde an geheilt. (*Matthäus* 17, 18)

Parallelstelle:

Und sie brachten ihn zu ihm. Und sobald der Geist Jesus sah, zerrte er den Knaben hin und her, sodass er hinfiel und sich mit Schaum vor dem Mund auf dem Boden wälzte.

Und er fragte seinen Vater: Wie lange geht es ihm schon so?

Und er sprach: Von Kind auf. Und er hat ihn oft ins Feuer und ins Wasser geworfen, um ihn umzubringen. Wenn du jedoch etwas tun kannst, so erbarme dich unser und hilf uns!

Jesus aber sprach zu ihm: Wenn du glauben kannst; wer glaubt, dem ist alles möglich.

Und sogleich rief der Vater des Kindes unter Tränen: Ich glaube, Herr, hilf meinem Unglauben!

Als nun Jesus sah, dass das Volk zusammenlief, drohte er dem unreinen Geist und sprach zu ihm: Du stummer und tauber Geist, ich gebiete dir, fahre aus von ihm und fahre nie wieder in ihn!

Und der Geist schrie und zerrte ihn heftig hin und her und fuhr aus. Und der Knabe lag da wie tot, sodass viele sagten: Er ist tot. Jesus aber nahm ihn bei der Hand und richtete ihn auf; und er stand auf. (*Markus* 9, 20–27)[2]

Jesus sprach drohend: »O du übler, körperloser Geist, wegen deines schlechten Karmas wurdest du dazu verurteilt, in der Astralwelt taub und stumm zu sein. Warum schaffst du dir noch mehr übles Karma, indem du dich heimtückisch dieses Kindes bemächtigst, anstatt die Auswirkungen deiner früheren bösen Handlungen auf rechtschaffene Weise abzuarbeiten? Ich befehle dir, aus dem Körper dieses Jungen zu weichen und ihn nie mehr in Besitz zu nehmen.«

Im Zustand nach dem Tode können körperlose böse Geister vielerlei Qualen erleiden, je nachdem, wie viel schlechtes Karma sie in ihrem Erdenleben angesammelt haben. In diesem Fall erkannte Jesus

[2] Vgl. weitere Parallelstelle in *Lukas* 9, 42.

einen übelwollenden Geist, dessen Karma ihn zu einem Taubstummen gemacht hatte und der von einem menschlichen Körper Besitz ergriff, um wieder hören und sprechen zu können. Doch das unfehlbare Gesetz von Ursache und Wirkung arbeitet mit solcher Präzision, dass die Stimmbänder und die Gehörnerven des unrechtmäßig besetzten Körpers unbrauchbar wurden, obwohl der Junge im Grunde gesund war.

Da der Junge von frühester Kindheit an unter Besessenheit litt, war sein Nervensystem völlig erschöpft. Nachdem Jesus den teuflischen Geist ausgetrieben hatte, schien das Kind daher tot zu sein. Doch Jesus fasste den Knaben bei der Hand und lud ihn mit kosmischer Energie auf, während er ihn aufrichtete; und sogleich war der geheilte Junge wieder vollständig bei Kräften.

~

Da traten seine Jünger allein zu Jesus und sprachen: Warum konnten wir ihn nicht austreiben?

Und Jesus sprach zu ihnen: Wegen eures Kleinglaubens. Denn wahrlich, ich sage euch: Wenn ihr Glauben habt wie ein Senfkorn, werdet ihr diesem Berg befehlen: Hebe dich von hier nach dort!, und er wird sich heben; und euch wird nichts unmöglich sein. Aber diese Art fährt nicht anders aus als durch Gebet und Fasten. (*Matthäus* 17, 19–21)[3]

Vergleichbare Stellen über die Macht des Glaubens:

Und die Apostel sprachen zum Herrn: Stärke unseren Glauben!

Der Herr aber sprach: Wenn ihr Glauben hättet wie ein Senfkorn, würdet ihr zu diesem Maulbeerbaum sagen: Sei entwurzelt und ins Meer gepflanzt! Und er würde euch gehorchen. (*Lukas* 17, 5–6)

* * *

Und Jesus antwortete und sprach zu ihnen: Habt Glauben an Gott. Wahrlich, ich sage euch: Wer zu diesem Berg spräche: Hebe dich und wirf dich ins Meer! und zweifelte nicht in seinem

[3] Vgl. Parallelstelle in *Markus* 9, 28–29.

Herzen, sondern glaubte, dass geschehen würde, was er sagt, dem wird in Erfüllung gehen, was immer er spricht. Darum sage ich euch: Alles, um was ihr bittet im Gebet, glaubt, dass ihr es empfangt, und es wird euch zuteilwerden. (*Markus* 11, 22–24)[4]

Jesus erklärte seinen Jüngern: »Um den bösen Geist auszutreiben, der sich für so lange Zeit in dem kranken Jungen eingenistet hatte, war unerschütterlicher Glaube erforderlich. Als ihr erlebtet, wie schrecklich sein Zustand war, und als ihr ihn nach ein oder zwei Versuchen nicht heilen konntet, stiegen Zweifel in euch auf; euer unbeständiger Glaube reichte nicht aus, genügend Kraft aus der alles vollbringenden und heilenden Kosmischen Quelle zu beziehen. Mit der intuitiven Wahrnehmung, die meinem Christusbewusstsein entspringt, versichere ich euch: Wenn in euch aufgrund eurer Gottverbundenheit auch nur der winzigste Keim (so groß wie ein Senfkorn) wahrer intuitiver Überzeugung von Gottes Allmacht gesprossen ist, wird auf euren Befehl hin sich jeder Berg von Schwierigkeiten hinwegheben.

Göttlich wirksamer Glaube entwickelt sich durch Meditation und Selbstdisziplin

Ich weise euch aber nachdrücklich darauf hin, dass diese alles vollbringende Macht der Glaubensgewissheit nicht allein durch eine bloße Glaubensvorstellung oder intellektuelle Überzeugung entsteht und ebenso wenig durch halbherziges oder sporadisches Bemühen um SELBST-Verwirklichung. Sie entwickelt sich, wenn man in tiefer Meditation beim Beten seinen Anspruch auf das Kosmische Bewusstsein eindringlich und stetig bekräftigt und die Anhänglichkeit an den Körper aufgibt, indem man sich an die Disziplin hält, ein moralisches Leben zu führen und sich durch regelmäßiges Fasten zu läutern. Werdet ihr in ekstatischer Meditation durch Gottverbundenheit intuitiv geleitet, dann werden euer Wille und euer Glaube mit der grenzenlosen Macht des Vaters eins sein.«

Jesus versuchte, im schwachen Menschen die kosmische Gewissheit zu erwecken, die Gott zu eigen ist, die Macht Seines absoluten Wissens, mit der Er Sterne, Planeten und die Menschen erschuf – das Universum und alles, was darin enthalten ist. Mit der Kraft Seines selbst entwickelten göttlichen Willens und mit dem selbst entwickelten

[4] Diese Verse und eine Parallelstelle in *Matthäus* 21, 21–22 sind Teil der in Diskurs 64 (Band III) kommentierten Geschichte, in der Jesu den Feigenbaum verdorren ließ.

Vertrauen in die unendlich schöpferische Kraft Seiner Gedanken und Vorstellungen »gefror« Gott die zahllosen Manifestationen von Materie und Intelligenz ins Dasein. Durch die unanfechtbare Unmittelbarkeit Seiner Allwissenheit weiß Gott, dass er allmächtig ist. In dieser allmächtigen Gewissheit ist für Ihn nichts unmöglich; Er kann alles, was Er denkt, vollbringen – auf Sein göttliches Geheiß hin oder dadurch, dass Er seine kosmischen Gesetze wirksam werden lässt.

Durch den Glauben gewinnt der Mensch übernatürliche Herrschaft über die natürliche Ordnung

Da der Mensch Gott zum Bilde erschaffen wurde, verbergen sich in seiner Seele ebenfalls dieser allmächtige Wille und dieses Selbstvertrauen, welche ihm die Macht verleihen, alles zu erschaffen und zu vollbringen, was er sich vorstellen kann. Wer seine Seele aus der krakenartigen Umklammerung menschlicher Gewohnheiten und althergebracher Meinungen befreit und den Gedanken, dass etwas unmöglich sei, durch die für ihn offenkundige Macht des Glaubens ersetzt, erlangt übernatürliche Herrschaft über die natürliche Ordnung. Durch immer tiefere Meditation kann er sein intuitives Vorstellungsvermögen mit der allmächtigen Gottesgewissheit vereinen und die Beziehung zwischen Intuition und Materie erkennen. Alle Manifestationen der kosmischen Schwingung werden von Gottes intuitiven Ideen überwacht und gelenkt. Wenn durch Gottverbundenheit die Überzeugung fortgeschrittener Seelen mit Gottes Gewissheit von Seiner allgegenwärtigen Allmacht in Einklang gebracht wird, entstehen durch einen solchen Glauben Schwingungen, die so mächtig sind, dass man, falls man es wünscht, buchstäblich einen Berg emporheben und ins Meer werfen kann.

Daher drückt sich Jesus hier nicht nur allegorisch aus. Er meinte in Wirklichkeit Folgendes: Ebenso wie Gott Berge aus den Tiefen der Meere aufsteigen oder Kontinente versinken und aus dem Blickfeld verschwinden lassen kann, haben auch befreite Seelen, die sich mit Ihm im Einklang befinden, zu dieser unbegrenzten Macht Zugang. Solchen Zugang hatten Jesus und auch Bhagavan Krishna, von dem man berichtet, dass er einmal einen ganzen Berg wie einen aufgespannten Schirm in der Luft schweben ließ, um sein Volk vor einem verheerenden Sturm zu beschützen. Das Bewusstsein eines durchschnittlichen Menschen ist im Mikrokosmos seines Körpers allgegenwärtig; mit seinem Willen kann er dieses Bewusstsein dazu bringen, jeden Teil des Körpers zu bewegen. Ähnlich kann jemand, der durch

Glaubensgewissheit seine Wesensgleichheit mit dem allgegenwärtigen kosmischen Bewusstsein verwirklicht hat, mithilfe des göttlichen Willens jeden Aspekt des makrokosmischen Körpers des Universums beherrschen; es ist jedoch unwahrscheinlich, dass er dann noch ein lebhaftes Interesse daran hat, die kosmische Landschaft des Herrn umzugestalten.

»Es ist aber der Glaube die Grundlage für das, was man erhofft und der Beweis für Dinge, die man nicht sieht. ... Durch den Glauben erkennen wir, dass die Welten durch Gottes Wort erschaffen wurden, dass alles Sichtbare aus dem Unsichtbaren entstanden ist.«[5] Mit dem Intellekt und den Sinnen kann der Mensch die Erscheinungen der materiellen Schöpfung erfassen, jedoch nicht die übersinnlichen astralen und kausalen Schwingungskräfte, die der physischen Welt zugrunde liegen und sie strukturieren. Nur im Licht der Intuition kann das subtile Wirken der himmlischen Kräfte erkannt werden. Dieses Licht ist die seelische Erkenntnis der Wahrheit, die in intuitivem Wissen zum Ausdruck kommt – und die daraus entstehende Überzeugung ist Glaubensgewissheit. Jesus benutzte daher das Wort *Glaube*, um das zu beschreiben, was die unsichtbaren kosmischen Schöpferkräfte und letztlich Gott als Urgrund alles Seienden wahrnimmt. Der Glaube an das Kosmische Bewusstsein, d.h. das intuitive Wissen, dass es die grundlegende, treibende Kraft der gesamten aus Atomen bestehenden Schöpfung ist, verleiht die Macht, auf jeden Teil des universellen Gefüges einzuwirken.

Definition des Glaubens: Glaube ist das, was die unsichtbaren, schöpferischen kosmischen Kräfte Gottes gewahrt

Der von den Sinnen abhängige, der Materie huldigende Mensch ist ein durch und durch Ungläubiger: Weil er keine Beweise hat für *»Dinge, die man nicht sieht«*, leugnet er die unsichtbaren Kräfte eines unsichtbaren Gottes, die ihm alles, *»was man erhofft«*, schenken würden. Dennoch besitzen selbst von Unwissenheit geblendete Menschen ein gewisses Maß an Glauben: ein verborgenes, intuitives Wissen, das sie Gottes Gegenwart und Seine Macht im Inneren fühlen lässt und dem alle menschlichen Hoffnungen und Impulse, etwas zu erreichen, entspringen. Dieser unbewusste Glaube ist der geheime Ursprung für die Erwartung des Menschen, dass seine zahlreichen Träume in Erfüllung gehen. Wenn menschliches Hoffen in rechter Weise als

[5] *Hebräer* 11, 1. 3.

Motivation genutzt wird, höhere Fähigkeiten des Denkens, des Vorstellungsvermögens und des Willens zu entwickeln, erzeugt es letztlich wahren Glauben, das intuitive Erkennen der göttlichen Kräfte, die der Seele eigen sind.

Die Jünger baten Jesus: »Herr, stärke unseren Glauben.« Selbst wenn ein intuitiver Glaube nur klein ist, kann er Wunder vollbringen, viel mehr als oberflächlicher Glaube oder die verstärkende Kraft des Vorstellungsvermögens. Jemand, der nicht meditiert oder mit Gott verbunden ist, mag vor einem Baum stehen und mit seinem gesamten, von starker Einbildungskraft unterstützten menschlichen Glauben sagen: »Ich befehle dir: ›*Sei entwurzelt und ins Meer gepflanzt!*‹« Der Baum wird das natürlich nicht tun. Wunder können nicht durch begrenzten Glauben oder durch Einbildung gewirkt werden, sondern dadurch, dass das SELBST mit Gott vereint wird.

Wie man oberflächlichen Glauben in absolute Glaubensgewissheit verwandelt

Es gibt einen Weg, wie man oberflächlichen Glauben weiterentwickeln kann, bis er zu wahrem Glauben oder zur absoluten Überzeugung wird. Oberflächlicher Glaube ist die anfängliche Aufgeschlossenheit des Geistes, die man braucht, wenn man die Saat aussät, um ein erhofftes Ergebnis zu erzielen. Wie ein erfolgreicher Bauer die Regeln lernt, die zu einer einträglichen Ernte führen, so muss auch ein Wahrheitssucher lernen, den Boden des oberflächlichen Glaubens zu kultivieren, damit dieser den gewünschten Ertrag hervorbringt. Wenn die Saat seiner Bestrebungen fortgesetzt mit dem Glauben an das SELBST und an die Unterstützung des Meisters bewässert wird – wie es die Jünger taten, als sie Jesus um Hilfe baten –, dann wächst sie zu der Glaubensgewissheit heran, dass das gewünschte Ergebnis mit Sicherheit erreicht wird.

Jesus kannte die Gesetze der Wahrheit; er besaß die Allmacht des Gottesbewusstseins und wusste, dass jeder, der ihm und seinem Wort vertraute, einen Zugang eröffnen würde, durch den er leicht die seinem Christusbewusstsein innewohnenden Kräfte an den Bittenden weitergeben konnte. Durchschnittliche geistige Lehrer können andere Menschen nicht mit Kraft erfüllen, wie Jesus es tat, weil sie selbst nicht immer von der Macht des göttlichen Willens und des auf Intuition beruhenden Glaubens überzeugt sind und daher nur als mindere Vermittler für die Übertragung dieser Macht dienen können.

Jesus lehrte auf der Basis eigener Erfahrung und durch sein

Vorbild, dass sich seelische Intuition und ihre höchst wirksame Macht des Glaubens in den Menschen entwickeln, die tief meditieren und die ihr Körperbewusstsein nicht dadurch anregen, dass sie sich ausschließlich von stofflicher Nahrung abhängig machen.[6] Wenn sich die Seele ununterbrochen mit dem trügerischen Traum-Körper identifiziert, nimmt sie die Schwächen dieser materiellen Substanz an und vergisst, den allmächtigen Glauben einzusetzen, der in ihr verborgen liegt. Der Glaube geht verloren durch Sorge oder Freude über die wechselnden Zustände von Krankheit und Gesundheit, die der Körper durchläuft. Die Seele kann weder krank noch gesund sein, denn sie ist dem körperlosen, vollkommenen Gott zum Bilde geschaffen. Wer über die Traum-Gesundheit des Körpers hocherfreut oder über dessen Traum-Krankheit betrübt ist oder wer sich vor Krankheit fürchtet und niedergeschlagen ist, wenn sie kommt, träumt den Traum der kosmischen Täuschung und ist innerlich nicht frei. Jeder Gottsucher sollte daher über sein transzendentes, glückseliges SELBST meditieren und diesen immer neuen, freudigen Bewusstseinszustand bewahren. Es ist wichtiger, die Vollkommenheit der Seele zu erkennen – die unsterblich ist –, als nur mit mentaler Kraft den vergänglichen Körper, der beim Ruf des Todes aufgegeben werden muss, gesund zu erhalten. Wenn das Bewusstsein des Gottsuchers schließlich mit dem Kosmischen Bewusstsein vereint ist – welches die Gesamtheit der Traum-Formen im kosmischen Traum-Universum erhält und lenkt –, dann wird ihm durch dieses Bewusstsein *»alles möglich«*.

Jesus betonte gegenüber seinen Jüngern, dass die Methode, die Kraft des Glaubens zu erwecken, darin besteht, Gott im eigenen SELBST zu erkennen. Um schwierige übernatürliche Heilungen zu erzielen oder andere außerordentliche Erscheinungen hervorzurufen, muss man zuerst das größte aller Wunder vollbringen: die Seele mit Gott zu vereinen, zur bewussten Zufriedenheit des SELBST und des Göttlichen Vaters.

Es liegt in der Natur des Glaubens, alles Gewünschte zu erschaffen. Wenn jemand sehr stark an die Erfüllung eines Wunsches glaubt, wird sich dieser früher oder später verwirklichen. Aber bevor man Berge versetzen kann, muss man diese göttliche Kraft durch kleine

---

[6] *»Darum sind wir immer zuversichtlich und wissen, dass wir fern vom Herrn sind, solange wir im Körper wohnen; denn wir wandeln im Glauben und nicht im Schauen. Wir sind aber zuversichtlich und wollen lieber fern vom Körper und daheim beim Herrn sein.«* (2. *Korinther* 5, 6–8).

Erfolge im Leben beweisen. Man sollte seinen Glauben stärken, indem man ihn zur Bewältigung kleinerer Schwierigkeiten einsetzt; dadurch kann man sich darauf vorbereiten, die gordischen Knoten der verwickeltsten Lebensprobleme zu zerschlagen.

Wie man durch den Glauben kleinere Schwierigkeiten überwinden und auch »Berge versetzen« kann

»Darum sage ich euch: Alles, um was ihr bittet im Gebet, glaubt, dass ihr es empfangt, und es wird euch zuteilwerden.« Wer sich im Gebet intensiv und unablässig auf irgendein Ziel konzentriert – ganz gleich, wie schwierig dessen Verwirklichung erscheint –, wird zu den Hilfsmitteln geführt, durch die er das Gesuchte empfängt. Der starke Glaube eines Menschen kann Wunder wirken, indem er im Bewusstsein anderer förderliche Gedanken entstehen lässt. Bevor man z.B. eine Arbeitsstelle sucht oder über ein Anliegen verhandelt, sollte man seine Gedanken und Gebete äußerst positiv ausrichten. Als Antwort darauf wird Gott anderen Menschen diejenigen Gedanken eingeben, die mit dem Erstrebten übereinstimmen. Natürlich handelt es sich dabei nicht um die unmittelbare Materialisation, die Christus vollbringen konnte. Aber starke Gedanken schaffen entsprechende äußere Bedingungen; sie beeinflussen den Geist anderer, sodass diese später hervortreten und dazu beitragen werden, das Ziel, das man im Auge hat, zu erreichen. Und wenn der Glaube sehr machtvoll ist, wird Gott selbst die Verwirklichung des Ersehnten anordnen. Warum auch nicht? Er erschuf anfangs alles durch einen besonderen Schöpfungsakt. Auf Sein Geheiß wurden die Blumen Blumen, das Wasser Wasser und die Elektronen Elektronen. Wenn ihr euch das Erwünschte bildlich vorstellen und es mit unerschütterlicher Stärke anstreben könnt, dann *»glaubt* [ohne zu Schwanken], *dass ihr es empfangt, und es wird euch zuteilwerden«* – sonst jedoch nicht.[7]

Es ist hilfreich, sich wiederholt in konzentrierter Visualisierung zu üben. Eine Methode besteht darin, still in einem vollkommen abgedunkelten Raum zu sitzen und sich die Ausstattung dieses Zimmers bildlich zu vergegenwärtigen. Versucht hierbei, an alle vorhandenen

[7] *»Wenn es aber jemandem unter euch an Weisheit mangelt, der erbitte sie von Gott, der allen großmütig gibt und keine Vorwürfe macht, so wird sie ihm gegeben werden. Er bitte aber im Glauben und zweifle nicht; denn wer da zweifelt, der ist wie eine Meereswoge, die vom Wind getrieben und hin und her geworfen wird. Ein solcher Mensch denke nicht, dass er vom Herrn etwas empfangen werde. Ein wankelmütiger Mann ist unbeständig auf allen seinen Wegen.«* (*Jakobus* 1, 5–8).

Gegenstände zu denken und sie im Geiste in allen ihren Einzelheiten zu sehen. Schaltet dann das Licht an und überprüft, wie genau und vollständig das Bild der Inneneinrichtung in eurer Vorstellung war, während ihr im Dunkeln saßt. Dann schaltet das Licht wieder aus und stellt euch alle Dinge vor, die in einem anderen Raum vorhanden sind. Konzentriert euch tief, bis ihr jede Ecke und jeden Gegenstand in dem betreffenden Raum seht. Diese einfache Technik ist sehr wirksam. Wenn man Visualisierungskraft entwickelt, kann man damit – im angemessenen Rahmen – alles herbeiführen, was man sich wünscht. Fast jeder Mensch hat irgendwann einmal erlebt, dass er etwas bekam, was er sich lange vorgestellt und gewünscht hatte, obwohl es eigentlich unwahrscheinlich war, dass der Wunsch in Erfüllung gehen konnte. Das Entscheidende ist die Konzentration – zusammen mit Glaubensgewissheit.

Konzentration und Visualisierung allein genügen jedoch nicht. Nur durch den Gedanken, Millionär zu sein, wird man keiner. Zusätzlich zu positiven Gedanken muss man auch eiserne Willenskraft und unerschütterlichen Glauben besitzen. Der Wille muss so stark werden, dass alles, was man sich bildhaft vorstellt, Wirklichkeit wird – indem man bei seinen Bemühungen alle drei Faktoren einbezieht. Denkt immer an das Sprichwort: »Hilf dir selbst, so hilft dir Gott.«

Unsere Ziele müssen im Rahmen des Erreichbaren liegen. Mit seiner Aufforderung zu unerschütterlichem Glauben – als Weg, das zu erlangen, was man im Gebet erbittet – meinte Jesus nicht, dass der Wunsch aller Leute, die beten und sich vorstellen, innerhalb eines Jahres so reich zu werden wie Krösus, erfüllt werde. Allein durch Gebet und oberflächlichen Glauben könnten sie ihre Gewohnheiten, das Karma ihres gegenwärtigen und ihrer vergangenen Leben und die ihren Lebensumständen entsprechenden Möglichkeiten nicht so schnell verändern, um plötzlich sehr reich zu werden. Gemäß den gegenwärtig auf der Erde herrschenden karmischen Bedingungen ist dies nicht möglich. Menschlicher Wohlstand setzt menschliches Verdienst voraus und ist von der Umgebung abhängig. In dieser Welt gibt es Hunderte von Menschen, die einen überlegeneren Verstand und mehr Willenskraft besitzen als Henry Ford; aber sie leben nicht in einer Umgebung, die ähnlich günstige Voraussetzungen und dieselben karmischen Gegebenheiten aufweist wie die, welche es Henry Ford ermöglichten, sein Vermögen anzuhäufen. Der heutige Durchschnittsmensch wird wahrscheinlich noch während vieler Leben hart arbeiten müssen, bevor das Gesetz der finanziellen Entwicklung es ihm erlaubt, in die Gesellschaftsschicht der Millionäre aufzusteigen. Alle menschlichen Errungenschaften müssen karmisch verdient und alle wertvollen menschlichen Fähigkeiten erworben werden. Neben dem Geldverdienen gibt es viele Fähigkeiten, die man fördern sollte, viele Möglichkeiten der karmischen Entfaltung, die für das individuelle Wohlergehen wichtiger sind als finanzieller Erfolg.

Das Versprechen Jesu erfüllt sich mit der Erkenntnis, dass Gott im eigenen Inneren wohnt

Gleichwohl können sich alle menschlichen Wesen durch Beten, Meditieren und gutes Handeln spirituell weiterentwickeln und Gottverbundenheit erlangen sowie zu der intuitiven Überzeugung kommen, dass der Allmächtige in ihrem Inneren gegenwärtig ist. Da der Mensch als unsterbliche Seele Gott zum Bilde geschaffen ist, kann er in kurzer Zeit – sogar innerhalb eines Lebens – das Bewusstsein wiedergewinnen, mit Gott eins zu sein. Jeder, der den Zustand dieser Einheit erreicht hat, kann sich selbst ungeheuer reich und mächtig machen, falls er es wünscht. Doch paradoxerweise betrachtet ein erleuchteter Mensch materiellen Gewinn niemals als sein Ziel!

Jesus hatte erkannt: »*Ich und mein Vater sind eins*«.[8] Er konnte Wunder vollbringen, Kranke heilen und Tote wieder zum Leben erwecken, weil er beständig im Einssein mit dem Vater weilte. Manchmal beten Leute auf irrationale und törichte Weise um Dinge, deren Besitz ihr Karma und ihre Entwicklungsstufe gegenwärtig nicht erlauben; sie aber glauben, dass ihre Gebete erfüllt würden. Wenn ihrem Verlangen dann nicht nachgekommen wird, verflüchtigt sich ihr schwacher Glaube – der in Wirklichkeit eher ein Ausdruck ihrer unangemessenen Wünsche war als eine echte Glaubensgewissheit –, und sie bezweifeln die Wirksamkeit des Betens und die Existenz eines fürsorglichen Gottes, der auf die Bedürfnisse der Menschen antwortet.

Die Leute stolpern in diesen negativen Zustand falschen Denkens hinein, weil sie die Äußerung Jesu »*Und alles, was ihr im Gebet erbittet, werdet ihr empfangen, wenn ihr glaubt*«[9] aus dem Zusammenhang reißen und die vorangehenden Worte nicht beachten, die lauten: »*Wenn ihr Glauben habt und nicht zweifelt* …«.[10] Man muss glauben

---

[8] *Johannes* 10, 30 (siehe Diskurs 52, Band II).

[9] *Matthäus* 21, 22.

[10] *Matthäus* 21, 21.

– nicht blind glauben, sondern die intuitive Überzeugung besitzen, dass der allmächtige Gott im eigenen erleuchteten SELBST gegenwärtig ist – und nicht zweifeln an Seiner Gegenwart und Macht im eigenen Inneren. Hat man zuerst diese intuitive Gotteserkenntnis gewonnen – durch Meditation und durch Verbundenheit mit Ihm –, kann man die Unmittelbarkeit, mit der Er in Seiner Allmacht antwortet, nicht mehr bezweifeln. Darin liegt der wahre Sinn der Worte Jesu. *Nachdem* man das Gottesbewusstsein erlangt hat, kann man alles erreichen, worum man bittet und woran man glaubt.

Mit diesen Worten lehrt Jesus diejenigen, die sich auf ihre Gebete verlassen, Folgendes: Weil ihr Glaube noch unbeständig ist, gibt es keine Gewissheit, dass alle ihre Gebete in der gewünschten Weise beantwortet werden. Solange man noch nicht den Zustand des Einsseins mit Gott erreicht hat, genügt es nicht, einfach nur zu »glauben« und eifrig Gebete zu sprechen. Zuerst sollte sich der Gottsucher darum bemühen, eine Beziehung zu Gott herzustellen; und selbst nachdem er Gottverbundenheit erfahren hat, muss er darauf achten zu glauben – und »nicht in seinem Herzen zweifeln« –, dass ihm das, worum er im Gebet bittet, bereits in diesem Moment durch Gottes Allmacht zuteilwird; dann wird er es erhalten.

Ein Mensch, der bettelt, empfängt die für einen Bettler vorgesehenen Almosen; aber ein göttlicher Sohn, der eins mit Gott ist, empfängt, was dem Sohn zusteht. Daher sollte ein Mensch, der sich wie ein Bettler verhält, nicht erwarten, dass seine Gebete um das göttliche Erbteil an großen Kräften, die Erfüllung bringen, erhört werden. Wenn man sich jedoch durch Meditation von seinen körperlichen Begrenzungen löst und sich auf die unbegrenzte Macht seiner Seele konzentriert, bejaht man seine Unsterblichkeit und wandelt sich von einem der Täuschung verfallenen Sterblichen – der von den gelegentlichen Bröckchen seines Karmas lebt – zu einem göttlichen Sohn, dem Himmel und Erde gehorchen.

Wer dem wissenschaftlichen Weg folgt, mit dem man sich von materiellen Begrenzungen befreien kann, arbeitet daran, mentale Kraft zu entwickeln. Durch Yoga-Techniken wie Meditation, Affirmation und Visualisierung und durch unerschütterlichen Willen und Glauben kann die Kraft des Geistes allmählich so weit entwickelt werden, dass sie stärker wird als die von der Täuschung auferlegten Beschränkungen des Körperbewusstseins.

Ein Kind Gottes sollte sich niemals von irdischen Begrenzungen beherrschen lassen

Sobald die Gedanken unter Kontrolle gebracht worden sind, werden sie wahrhaft zu Wundertätern. Ein fortgeschrittener Gottsucher kann diese Gedankenkraft nutzen, um den Körper zu heilen und dessen Beschwerden zu lindern. Wie tragisch ist es, dass es Menschen gibt, die jahrelang Krebs und andere elende Krankheiten erdulden. Der Mensch ist für das Leiden anfällig, weil er sein göttliches Wesen nicht kennt; wie unbekümmert vernachlässigt er doch die Entwicklung der Kraft, mit der er über den Körper gebieten und ihn völlig der Obhut seiner Seele anvertrauen kann. Könnte er seinen Geist beherrschen, würde ihn der Zustand des Körpers in Gesundheit und Krankheit gleichmütig bleiben lassen – ähnlich wie ein Mensch, der unter Narkose operiert wird, keinen Schmerz verspürt. Alle Schwierigkeiten beginnen im Geist; aber in diesem Geist liegt auch die Unendliche Kraft, von der die meisten Menschen noch nie Gebrauch gemacht haben.

Wir sind Kinder Gottes, und alle Seine Kräfte liegen in uns verborgen; wir dürfen uns nie von diesen Kräften trennen, indem wir uns träge der Vorherrschaft des sterblichen Selbst unterwerfen. Leben ist mehr als Wohlstand und Gesundheit; das Leben ist ein Kampf. Der heilige Franziskus war blind, litt an vielen Krankheiten und ertrug zahlreiche Entbehrungen; dennoch war er in der Lage, Kranke zu heilen, Tote zum Leben zu erwecken und sich der Verbundenheit mit Gott und Christus zu erfreuen. Wer sein Einssein mit Gott erkennt, wird innerlich frei von den scheinbaren Übeln dieses Traum-Lebens und erlebt Gesundheit und Krankheit, Gewinn und Verlust, Leben und Tod lediglich als interessante Phasen des Traumes. Es wäre natürlich töricht, sich über diese Dinge erhaben zu fühlen, bevor man nicht wirklich erkannt hat, dass die gesamte Materie aus Energie besteht und dass Energie der Gedanke Gottes ist. Wer mit seinem Traum-Kopf gegen eine Traum-Wand stößt, zieht sich eine Traum-Fraktur zu!

Der Mensch muss sein Kreuz, den Körper, tapfer tragen und sich geistig über dessen Klagen erheben. Wer den Körper liebt und sich von dessen Wohlbefinden abhängig macht, lehnt sich gegen Gott auf, sobald das Leiden kommt. Jesus wurde ans Kreuz geschlagen und litt mit seinem ganzen Schmerzempfinden; dennoch betete er: *»Vater, vergib ihnen.«* Er hätte seine Feinde mit der Kraft seines geistigen Auges vernichten können, denn die göttlichen Mächte standen ihm zu Gebote. Aber mit diesem einzigartigen Ausdruck der Liebe vollbrachte er sein größtes Wunder als einer, der von Gott als ein wahrer göttlicher Sohn bezeichnet wurde.

»Werdet wie die Kinder«

Wer sich nun selbst erniedrigt wie dieses Kind, der ist der Größte im Himmelreich. Und wer ein solches Kind in meinem Namen aufnimmt, der nimmt mich auf.

Matthäus 18, 4–5

Jesus führt das Beispiel der Kinder deshalb an, um den Gottsucher an die Eigenschaften eines Kindes zu erinnern, die so oft von der Denkweise und den Gewohnheiten des Erwachsenen verdrängt werden: Bei Kindern fehlen Egoismus, Körperbewusstsein, Selbstsucht und übermäßiges Anhaften; stattdessen zeigen sie Reinheit, Arglosigkeit, Unschuld, Gehorsam, Bescheidenheit, Sanftmut, Liebe, Vertrauen und Freude. Nur wenn sich ein Gottsucher diese Eigenschaften durch tiefe Meditation und Selbstdisziplin aneignet, bereitet er sich darauf vor, das Christusbewusstsein zu empfangen und zu offenbaren.

Paramahansa Yogananda

Zeichnung von Heinrich Hofmann

Im Herzen Jesu gab es keine Spur von Ichsucht, einschließlich ihrer körperbezogenen Anhänglichkeiten und ihrer Versklavung durch Wünsche, Zorn und Rachsucht. Jeder menschlichen Seele ist es bestimmt, sich Stufe um Stufe zu einem christusähnlichen Leben zu erheben, das heißt, jederzeit nach den allgemein gültigen Grundsätzen eines Christus zu handeln. Das Leben ist ein Laboratorium und ein Versuchsgelände, wo der Mensch mithilfe seiner göttlichen Fähigkeiten lernen muss, selbst dann glücklich zu sein, wenn ihm Prüfungen auferlegt werden und schweres Unrecht zugefügt wird.

Prüfungen werden dem Menschen von Gott nicht als Strafe gesandt; Sein Gesetz lautet nicht: *»Auge um Auge, Zahn um Zahn.«* Ein Gott, der die Menschen bekämpft, ist nicht Gott. Er weiß, dass Er uns in diese missliche Lage gebracht hat, und Er will, dass wir uns aus ihr befreien – indem wir unsere Prüfungen ertragen und als Sieger aus ihnen hervorgehen. Jeder Mensch muss lernen, sein Kreuz zu tragen, ohne dabei jemals sein Gottvertrauen zu verlieren. Wer trotz körperlicher Leiden sagen kann: »Mir geht es gut«, wächst über den Körper hinaus.

In dieser Welt zwingt uns die Natur, als gewöhnliche menschliche Wesen zu leben, aber innerlich müssen wir Götter sein. Jesus aß, schlief und weinte wie andere Menschen auch. In einem Augenblick der Schwäche und des Schmerzes am Kreuz rief er – da er ein Mensch war – aus: *»Mein Gott, warum hast Du mich verlassen?«* Aber in seinem Inneren war er göttlich. Er hatte den Abgrund zwischen dem menschlichen und dem göttlichen Leben überbrückt und war fest in seiner Göttlichkeit verankert. Gott erschuf alle Menschen nach seinem Bilde, sodass ein jeder mit diesem Potenzial seine vielen Prüfungen bestehen und in der ihm angeborenen Göttlichkeit seine Heimat finden kann.

Das Leben ist ein ganz besonderes Phänomen; doch wie schwer es auch zu verstehen ist, der Mensch sollte die Schuld für seine Probleme nicht Gott zuschreiben. Das Buch des Lebens gleicht einem Roman. Man liest es mit Lachen und Weinen und teilt alle Aufregung bis fast ans Ende, wobei viele Fragen unbeantwortet bleiben – bis im letzten Kapitel jedes Rätsel gelöst wird. Dieses Buch des Lebens wurde vom Meister aller Schriftsteller geschrieben. Die volle Bedeutung Seines Meisterwerks kann nur von demjenigen verstanden werden, der selbst eins mit dem Meister wurde und dann fähig ist, zwischen den Zeilen des göttlichen Manuskripts Seine Gedanken zu lesen. Bis ihr die

Weisheit und die Liebe kennt, welche im Handlungsmuster des Lebens verwoben sind, müsst ihr an Gott glauben.

Lebt das göttliche Leben: Überwindet schlechte Gewohnheiten und gebt nicht ständig den Bedürfnissen des Körpers nach. Überlasst ihn Gott. Der Wahrheitssucher sagt: »Herr, Du hast diesen Körper erschaffen und er gehört Dir; daher musst Du mir helfen, ihn zu versorgen; und ich weiß, dass Du dies tun wirst.« Ein Mensch, der hundert Jahre lang wohlhabend und gesund gewesen ist, aber keine geistige Erkenntnis erlangt hat, ist weniger vom Glück begünstigt als jemand, der verkrüppelt, taub, blind und verlassen ist, aber Gott in seinem Herzen trägt.

Zu meditieren und den *Kriya-Yoga* zu üben ist der wissenschaftliche Weg, wie man das Geheimnis des Lebens lüften und dessen verwirrende Probleme lösen kann – indem man zuerst das Geheimnis des SELBST entschleiert und dessen Beziehung zu Gott verstehen lernt. Nach und nach gelangt man zu diesem Verständnis; die Wissenschaft des GEISTES verhilft zu der Macht, alle Wunder zu vollbringen. Das Wissen der Meister kommt zu allen, die in den Methoden der Meister geschult werden, und erfüllt ihre Hoffnung – die Hoffnung der gesamten Menschheit –, den Geist in die Freiheit zu führen.

»Wenn ihr Glauben habt wie ein Senfkorn …« Unvergängliche Worte! Sie wurden gesprochen, um die Fesseln der von Zweifeln versklavten Sterblichen zu sprengen und den ihnen angeborenen, alles besiegenden Willen zu erwecken. »Gebt acht, o ihr Berge, steht mir nicht im Weg! Ich stürme eure Gipfel hinauf zum Wolkensteg.«[11]

Für den, der Gott kennt, ist alles möglich. Gott, der die Stern-Blumen der Milchstraßen in den Garten des Weltraums streut; Gott, der in den Körpern zahlloser Wesen den Funken des Lebens entzündet; Gott, der jedes einzelne Atom, jedes Gefühl und jeden Gedanken in allen empfindenden Wesen erschuf – was könnte er *nicht* vollbringen? Und was könnte denen versagt bleiben, die Ihn lieben und eins mit Ihm sind? Genau das meinte Jesus. Schwierigkeiten durch Affirmationen, durch Visualisierung und den Glauben an die Macht des Geistes zu beseitigen – so wie es Personen mit starker Willenskraft tun – ist nichts Ungewöhnliches. Was Jesus lehrte, ist wesentlich erhabener: Wie man den menschlichen Willen auf den Göttlichen Willen einstellt

[11] Aus Swami Ram Tirthas Gedicht »Ich schreite zum Licht«, vertont von Paramahansa Yogananda unter dem Titel »Swami Ram Tirthas Lied« im Buch *Kosmische Lieder* (herausgegeben von der Self-Realization Fellowship).

und dadurch die an Sterblichkeit gebundenen Begrenzungen aufhebt. Dies kann nur durch die bewusste Verbindung mit dem allmächtigen Gott erreicht werden und dadurch, dass die untrennbare Einheit von Seele und GEIST erkannt wird. Diejenigen, welche diese Verbundenheit besitzen, können nie daran zweifeln, dass die Allmacht Gottes ihren Herzen innewohnt. Sie wissen, dass mit göttlicher Zuverlässigkeit alles, was sie wünschen, erhört wird – sich materialisiert –, und was immer sie sagen, *»wird in Erfüllung gehen«*.

DISKURS 47

»Der Größte im Himmelreich« – ein demütiger Diener aller

Liebe und Demut erobern das Herz Gottes

❖

»Werdet wie die Kinder«:

Bringt die reinen, göttlichen Eigenschaften eines Kindes zum Ausdruck

❖

Wahre Demut transzendiert das Ego und befreit die Seele, sodass sie eins wird mit Gott

❖

Egoismus: das sicherste Zeichen für Unwissenheit

❖

Selbstaufopferung und allumfassendes Dienen sind die Ideale Jesu

»Ein wahrhaftig großer Mensch betrachtet sich selbst als den Geringsten … Wer sich aufopfert und allen dient, findet in ihren Herzen seinen Platz auf dem Thron der Liebe.«

Als sie aber in Galiläa weilten, sprach Jesus zu ihnen: Es wird geschehen, dass der Menschensohn in die Hände der Menschen ausgeliefert wird; und sie werden ihn töten, und am dritten Tage wird er auferstehen. Und sie wurden sehr betrübt.

Als sie nun nach Kapernaum kamen, traten jene zu Petrus, welche die Tempelsteuer einziehen, und sprachen: Pflegt euer Meister nicht Tempelsteuer zu zahlen?

Er sprach: Ja. Und als er ins Haus trat, kam Jesus ihm zuvor und sprach: Was meinst du, Simon? Von wem nehmen die Könige auf Erden Zoll oder Steuergelder? Von ihren Kindern oder von den Fremden?

Da antwortete Petrus: Von den Fremden. Jesus sprach zu ihm: So sind die Kinder frei. Dennoch, damit wir sie nicht verärgern, geh hin ans Meer und wirf die Angel aus, und nimm den ersten Fisch, den du herausziehst; und wenn du sein Maul öffnest, wirst du ein Geldstück finden; das nimm und gib es ihnen für mich und dich.

Zur selben Stunde traten die Jünger zu Jesus und sprachen: Wer ist der Größte im Himmelreich?

Jesus rief ein Kind zu sich und stellte es mitten unter sie und sprach: Wahrlich, ich sage euch: Wenn ihr nicht umkehrt und werdet wie die Kinder, so werdet ihr nicht ins Himmelreich kommen. Wer sich nun selbst erniedrigt wie dieses Kind, der ist der Größte im Himmelreich. Und wer ein solches Kind in meinem Namen aufnimmt, der nimmt mich auf.

Wer sich aber an einem dieser Kleinen, die an mich glauben, versündigt, für den wäre es besser, dass ein Mühlstein an seinen Hals gehängt und er im Meer ertränkt würde, wo es am tiefsten ist.

Matthäus 17, 22 – 18,6

[Bei einem späteren Anlass, als Jesus ein letztes Mal nach Jerusalem unterwegs war, sprach er noch einmal über die Eigenschaften der Demut und des Dienens – als Zeichen für geistige Größe.]

Da trat die Mutter der Kinder des Zebedäus mit ihren Söhnen zu ihm und fiel vor ihm nieder, um etwas von ihm zu erbitten.

Und er sprach zu ihr: Was willst du?

Sie sprach zu ihm: Erlaube, dass meine beiden Söhne in deinem Reich neben dir sitzen dürfen, einer zu deiner Rechten und der andere zu deiner Linken.

Aber Jesus antwortete und sprach: Ihr wisst nicht, um was ihr bittet. Könnt ihr den Kelch trinken, den ich trinken werde, und euch taufen lassen mit der Taufe, mit der ich getauft werde?

Sie sprachen zu ihm: Ja, wir können es.

Und er sprach zu ihnen: Meinen Kelch werdet ihr zwar trinken und mit der Taufe getauft werden, mit der ich getauft bin; aber es steht mir nicht zu, über die Plätze zu meiner Rechten und Linken zu entscheiden, denn sie werden denen zuteil, für die mein Vater sie vorbereitet hat.

Als die Zehn das hörten, entrüsteten sie sich über die zwei Brüder. Aber Jesus rief sie zu sich und sprach: Ihr wisst, dass die Herrscher ihre Völker unterdrücken und dass die Großen ihre Macht über sie missbrauchen. So soll es nicht sein unter euch. Wer unter euch groß sein will, der sei euer Diener; und wer unter euch der Erste sein will, der sei euer Knecht, gleichwie der Menschensohn nicht gekommen ist, um sich dienen zu lassen, sondern um zu dienen und sein Leben zu geben als Lösegeld für viele.

Matthäus 20, 20–28

DISKURS 47

»Der Größte im Himmelreich« – ein demütiger Diener aller

Als sie aber in Galiläa weilten, sprach Jesus zu ihnen: Es wird geschehen, dass der Menschensohn in die Hände der Menschen ausgeliefert wird; und sie werden ihn töten, und am dritten Tage wird er auferstehen. Und sie wurden sehr betrübt.[1]

Als sie nun nach Kapernaum kamen, traten jene zu Petrus, welche die Tempelsteuer einziehen, und sprachen: Pflegt euer Meister nicht Tempelsteuer zu zahlen?

Er sprach: Ja. Und als er ins Haus trat, kam Jesus ihm zuvor und sprach: Was meinst du, Simon? Von wem nehmen die Könige auf Erden Zoll oder Steuergelder? Von ihren Kindern oder von den Fremden?

Da antwortete Petrus: Von den Fremden. Jesus sprach zu ihm: So sind die Kinder frei. Dennoch, damit wir sie nicht verärgern, geh hin ans Meer und wirf die Angel aus, und nimm den ersten Fisch, den du herausziehst; und wenn du sein Maul öffnest, wirst du ein Geldstück finden; das nimm und gib es ihnen für mich und dich. (Matthäus 17, 22–27)

[1] Vgl. Parallelstellen in *Markus* 9, 30–32 und *Lukas* 9, 43–45.

Jesus äußerte sich hier zur Frage der Besteuerung: »Die irdischen Könige fordern Tribut von ihren Untertanen, aber nicht von ihren eigenen Kindern, die davon befreit sind. Dementsprechend müssen die Menschen, die der Materialität der Welt unterworfen sind, an die herrschenden Machthaber ihres Landes Steuern entrichten; doch wir, die wir uns ganz als Kinder Gottes erkannt haben, betrachten alle Dinge als Gottes Eigentum und – da wir Seine Erben sind – auch als unser Eigentum. Der Herrscher des Kosmos, unser Vater, fordert kein Entgelt von uns.

Damit wir aber die Ordnung der Welt nicht verletzen, lasst uns unseren Teil dazu beitragen und Steuern zahlen. Lieber Simon, damit du siehst, wie die Herrlichkeit Gottes sich über mich, Sein Kind, ergießt, wird Er mich von der weltlichen Verpflichtung dieser anstehenden Steuerschuld befreien, indem er mir auf wunderbare Weise die erforderliche Summe sendet – und zwar in Form einer Geldmünze, die du im Maul eines Fisches entdecken wirst, nachdem du ihn im Meer gefangen haben wirst.«[2]

Zur selben Stunde traten die Jünger zu Jesus und sprachen: Wer ist der Größte im Himmelreich?

Jesus rief ein Kind zu sich und stellte es mitten unter sie und sprach: Wahrlich, ich sage euch: Wenn ihr nicht umkehrt und werdet wie die Kinder, so werdet ihr nicht ins Himmelreich kommen. Wer sich nun selbst erniedrigt wie dieses Kind, der ist der Größte im Himmelreich. Und wer ein solches Kind in meinem Namen aufnimmt, der nimmt mich auf. (*Matthäus* 18, 1–5)

Parallelstelle:

Und er kam nach Kapernaum. Und als er im Haus war, fragte er sie: Worüber habt ihr unterwegs miteinander gesprochen? Sie aber schwiegen, denn sie hatten miteinander auf dem Wege darüber gestritten, wer der Größte sei. Und er setzte sich und rief

[2] Vgl. *Markus* 12, 17: *»Da antwortete Jesus und sprach zu ihnen: So gebt dem Kaiser, was des Kaisers ist, und Gott, was Gottes ist!«* (Siehe Diskurs 65, Band III)

die Zwölf und spricht zu ihnen: Wenn jemand der Erste sein will, so soll er von allen der Letzte und ein Diener aller sein.

Und er nahm ein Kind und stellte es mitten unter sie und nachdem er es in seine Arme genommen hatte, sprach er zu ihnen: Wer ein solches Kind in meinem Namen aufnimmt, der nimmt mich auf; und wer mich aufnimmt, der nimmt nicht mich auf, sondern den, der mich gesandt hat. (*Markus* 9, 33–37)[3]

Liebe und Demut erobern das Herz Gottes

»Ein Wahrheitssucher, der sich darum bemüht, das Wohlwollen Gottes zu erwecken, sollte sich wünschen, von der Welt als der Geringste und Demütigste angesehen zu werden, indem er allem Egoismus und aller Selbstsucht abschwört. Im täglichen Leben sollte er immer bereit sein, anderen liebevoll zu dienen, und innerlich sollte er sein Leben lang danach trachten, sich in der Meditation mit dem Christusbewusstsein zu verbinden, das der Kosmischen Schwingung des Heiligen Geistes (›*meinem Namen*‹) innewohnt. Wer in ekstatischer Vereinigung die göttlichen Eigenschaften eines Kindes – Demut, Reinheit, Liebe und Freude – in sein von der Kosmischen Schwingung erfülltes Bewusstsein aufnimmt, nimmt mich auf. Das bedeutet, er bringt sich allmählich mit meinem Christusbewusstsein in Übereinstimmung und offenbart es. Und wer mein Christusbewusstsein, das den gesamten endlichen Kosmos durchdringt, in sich aufnimmt, empfängt letztlich das transzendente Kosmische Bewusstsein; dieses hat – als seine reine Widerspiegelung innerhalb der vibrierenden Schöpfung – die Christusintelligenz ausgesandt. Eine solche Seele, befreit von ihrem ichbezogenen Körperbewusstsein und vereint mit dem unendlichen Kosmischen Bewusstsein, ist in den Augen des metaphysischen Gesetzes die größte im Himmelreich – eins mit dem Unvergleichlichen GEIST.«

Niemand ist größer als Gott; doch im Kosmos stellt Er sich nicht in den Vordergrund. Schweigend dient Er der gesamten Schöpfung und allen Wesen bis in alle Ewigkeit, ohne etwas dafür zu verlangen. Seine unübertreffliche Größe liegt darin, dass Er alles liebt und sich mit dem Puls des Lebens in allen Dingen und Kreaturen eins fühlt. Wer in der universalen Ordnung nach Anerkennung sucht, wird sie erhalten, wenn er so demütig wie Gott und auf ewig mit Ihm im Einklang ist.

[3] Vgl. weitere Parallelstelle in *Lukas* 9, 46–48.

Der Egoist wird in den Herzen anderer rasch vom hohen Podest lobender Anerkennung auf die unterste Stufe ihrer Wertschätzung hinabgestoßen. Aber wenn der Charakter eines Menschen von bedingungsloser Liebe und dem selbstlosen Dienst am Nächsten zeugt, wird der Betreffende zu einem vollendeten Herrscher, der aufgrund seiner von Barmherzigkeit zeugenden Macht in den Herzen aller Menschen in seinem Einflussbereich thront. Es gibt nichts Größeres als die Liebe, womit diejenigen, welche es verdienen, die Liebe und Achtung anderer auf sich ziehen. Liebe mit Demut gepaart erobert menschliche Herzen und gewinnt das Herz Gottes. In einem Bewusstsein, das durch Hingabe demütig und empfänglich geworden ist, offenbaren sich Gott und die großen Meister. Diese werden aber nicht zu einem Menschen kommen, der seine Verdienste zur Schau stellt, um sich weltliche Anerkennung zu verschaffen. Nur Demut und Liebe können die göttliche Antwort herbeiziehen – nichts anderes.[4]

Wer diese Bibelverse wörtlich nimmt, versteht sie nicht; denn er glaubt, dass er bereits durch die liebevolle Aufnahme von Kindern im Namen Jesu den Christus empfängt. So leicht kann man das Göttliche jedoch nicht erlangen! Jesus meinte: Jeder, der sich im Einklang mit seiner Christus-Natur befindet und der aufgrund seiner Weisheit die himmlischen Eigenschaften eines Kindes im eigenen Herzen erkennt und empfängt sowie die Arglosigkeit besitzt, die Kindern reinen Herzens eigen ist, der befreit sein Bewusstsein von der Niedrigkeit des Ego und öffnet sich der Gegenwart des Christusbewusstseins.

»Werdet wie die Kinder«: Bringt die reinen, göttlichen Eigenschaften eines Kindes zum Ausdruck

Bei Kindern, die noch nicht in dem Alter sind, in dem ungehemmter Eigenwille und alte karmische Neigungen die Herrschaft übernehmen, kann man einige der natürlichen Verhaltensweisen beobachten, die zu den Wesensmerkmalen des Christusbewusstseins gehören. Jesus führt das Beispiel der Kinder deshalb an, um den Gottsucher an die Eigenschaften eines Kindes zu erinnern, die so oft von der Denkweise und den Gewohnheiten des Erwachsenen verdrängt werden: bei Kindern fehlen Egoismus, Körperbewusstsein, Selbstsucht und übermäßiges Anhaften; stattdessen zeigen sie Reinheit, Arglosigkeit, Unschuld, Gehorsam, Bescheidenheit, Sanftmut, Liebe, Vertrauen und Freude.

---

4 *»Denn so spricht der hohe und erhabene Gott, der in Ewigkeit lebt und dessen Name heilig ist: ›Ich wohne in der Höhe und im Heiligtum und bei denen, die voller Reue und demütigen Geistes sind.‹«* (Jesaja 57, 15)

Nur wenn sich ein Gottsucher diese Eigenschaften durch tiefe Meditation und Selbstdisziplin aneignet, bereitet er sich darauf vor, das Christusbewusstsein zu empfangen und zu offenbaren.

Der Geist des reinen Kindes ist von Natur aus im Paradies des geistigen Auges zentriert, im erhobenen Bewusstsein. Aber mit dem Erwachen der Sexualität und wenn die Sinne stark nach Befriedigung drängen, wird der Geist aus dem Paradies wahre Erfüllung schenkender Möglichkeiten vertrieben und sinkt auf die Stufe der Identifikation mit den körperlichen Sinnen ab, die ganz in der physischen Welt aufgehen. Daher werden »Adam und Eva« (Vernunft und Gefühl) in jeder neuen Generation von Kindern aus dem Garten Eden vertrieben, wenn diese sich von der Täuschung in ihren Bann ziehen lassen.[5] Das himmlische Bewusstsein, mit dem sich Seelen des irdischen Lebens erfreuen sollten, gleitet hernieder zu den dualistischen Wahrnehmungen von Gut und Böse, mit ihren flüchtigen Freuden und wiederkehrenden Schmerzen, die zum Schicksal körpergebundener Menschen gehören.[6]

Aus diesem Grund gab Jesus denen, die nach irdischer oder himmlischer Größe verlangen, folgende Anweisung: »*Wahrlich, ich sage euch:*

---

[5] Siehe Diskurs 7, Band I, zur Erklärung der Allegorie von »Adam und Eva«.

[6] »Unsere Geburt – nur ein Schlaf, ein Vergessen:
Die Seele, die sich mit uns erhebt, göttlicher Stern unseres Lebens,
Hatte anderswo ihre Wohnstätte
Und kommt von weit her:
Nicht in gänzlichem Versiegen der Erinnerung
Und nicht in völliger Blöße,
Sondern den Wolkenschiffen der Herrlichkeit nacheilend,
So kommen wir von Gott, der unsere Heimat ist:
In unserer Kindheit umfängt uns der Himmel!
Allmählich umzingeln die Schatten des Kerkers
Den heranwachsenden Knaben,
Er aber schaut das Licht,
Und wo immer es sich Bahn bricht,
Erblickt er es in seiner Freude.
Der Jüngling, der sich tagtäglich auf immer längere Reise
Von Osten her begeben muss,
Noch ist er Priester der Natur,
Und die leuchtende Vision begleitet ihn auf seinem Weg.
Doch schließlich verspürt der erwachsene Mann,
Wie diese langsam verblasst
Und im Licht des Alltags entschwindet …«

Woodsworth, »*Intimations of Immortality*«

Wenn ihr nicht umkehrt und werdet wie die Kinder, so werdet ihr nicht ins Himmelreich kommen.«[7]

»Aufgrund meines bezeugten göttlichen Wissens sage ich euch: Ihr könnt euch nicht über euer Körperbewusstsein erheben und nicht mit eurem inneren SELBST in den Zustand ewig neuer Freude im Christusbewusstsein eingehen, solange ihr nicht – durch Meditation und die richtige Anleitung und Unterstützung eines wahren Gurus – eure vom Ego beherrschte weltliche Natur in das von der Seele gelenkte Wesen unschuldiger Kinder verwandelt habt.«

Auf dem Berggipfel des Egobewusstseins können sich die Regentropfen der göttlichen Gnade nicht ansammeln. Aber in dem weiten Tal kindlicher Bescheidenheit (selbstloser Gesinnung) vereinigen sich die Tropfen göttlicher Gnade zu einem großen See der Weisheit.

Wahre Demut transzendiert das Ego und befreit die Seele, sodass sie eins wird mit Gott

Ein egoistischer Mensch setzt sein grenzenloses Seelenbewusstsein mit seinen verschiedenen Fähigkeiten gleich, die sich aus gewissen physischen, mentalen und astralen Kräften herleiten; auf diese Weise umgibt er sich mit einer trennenden Mauer, die den größeren Teil des Kosmischen Bewusstseins ausschließt. Der allmächtige Himmlische Vater beschränkt sich nicht dadurch, dass Er Sein Bewusstsein in egoistischer Weise mit dem Besitz von Kräften gleichsetzt. Er nimmt sie nicht als etwas von sich Getrenntes wahr; Er ist sich ihrer noch nicht einmal bewusst. Seine unvorstellbaren Eigenschaften gehen ewiglich im unergründlichen Ozean Seines demütigen Wesens auf. Alle guten und edlen Kinder des Vaters, diejenigen Gottsucher, die sich von ihrem Egobewusstsein abgewendet haben, sind so bescheiden, dass sie sich ihrer überaus wertvollen Eigenschaften überhaupt nicht bewusst sind. *»Wer sich nun selbst erniedrigt wie dieses Kind«*, der wird das Ego überwinden und seine Seele befreien, sodass sie sich als eins mit Gott erkennt; dieser ist *»der Größte im Himmelreich«* – denn er ist vereint mit dem Höchsten Wesen in Seinem himmlischen Reich der Glückseligkeit.

Die heiligen Schriften der Hindus sagen: Wer Brahma oder den GEIST kennt, ist GEIST; alle Seelen kommen von Gott und werden

[7] Vgl. *Matthäus* 19, 14–15 und *Markus* 10, 14–15: *»Lasst die Kinder zu mir kommen und hindert sie nicht daran, denn solchen gehört das Himmelreich. Wahrlich, ich sage euch: Wer das Reich Gottes nicht empfängt wie ein Kind, der wird nicht hineinkommen.«* (Siehe Diskurs 62, Band III).

wieder eins mit Ihm. Doch selbst nachdem sie sich mit Ihm vereint haben, bewahren die befreiten Meister ihre Individualität bis in alle Ewigkeit. Sie wissen, dass sie aus Gott hervortreten, um in kommenden Inkarnationen weitere Missionen auszuführen, und dass sie wieder mit Ihm verschmelzen werden; aber während sie inkarniert sind, verkünden sie niemals in egoistischer Weise, dass sie Gott *sind.* Vielmehr haben sie vollkommen erkannt, dass Er es ist, der zu den vielen verschiedenen Formen ihrer selbst geworden ist und sich als Christus, Krishna, Babaji, Lahiri Mahasaya, Sri Yukteswarji und als alle anderen Avatare und Meister manifestiert hat.[8]

Zwischen Seelen, die Gott kennen, gibt es keinerlei Wettstreit darüber, wer größer ist, denn alle, die eins mit Gott sind, sind sich ebenbürtig. Doch zwischen ihren Schülern ergeben sich oft Streitigkeiten, weil sie ihren eigenen Lehrer über andere stellen. Viele Hindus sagen zum Beispiel, dass Sri Krishna die höchste Inkarnation Gottes sei; Christen erweisen Jesus Christus diese Ehre. Doch was würde Jesus selbst sagen? *»Wer aber der Kleinste ist unter euch allen, der wird groß sein.«*[9] Eine Seele, die allen Egoismus des habgierigen kleinen Selbst abgelegt hat, die vollkommen von ihrem »Ich-Mir-Mein-Bewusstsein« befreit ist, kennt nur die Einheit mit Gott, mit dem Einen und Einzigen, in dem »höher« und »niedriger« nicht existieren.

Ein befreiter Heiliger – ganz gleich, wie bedeutsam er in seiner irdischen Rolle erscheinen mag– erhebt niemals den Anspruch, Gott in Menschengestalt zu sein. Sogar Jesus, der eins mit Gott war, sagte: »Was mein Vater weiß, weiß ich nicht«.[10]

Die Welle kann nicht sagen: »Ich bin das Meer«, denn das Meer kann ohne die Welle existieren, aber die Welle nicht ohne das Meer. Ein völlig befreiter Meister kann mit Recht sagen: »Gott ist zu meinem SELBST geworden«, aber er würde niemals sagen: »Ich bin Gott.« Das Meer ist zur Welle geworden, aber die Welle ist nicht das Meer. Gott ist der Schöpfer und Erhalter aller befreiten Seelen, und Seine Gnade gewährt es ihnen zu fühlen, was auch Jesus fühlte: *»Ich und*

---

[8] Siehe Kommentar zu den Worten Jesu: *»Ich und der Vater sind eins.«* (Diskurs 52, Band II).

[9] *Lukas* 9, 48.

[10] *»Von dem Tag aber und der Stunde weiß niemand, auch nicht die Engel im Himmel, auch nicht der Sohn, sondern allein der Vater.«* (*Markus* 13, 32).

mein Vater sind eins.« Aber Seine wahren Kinder würden diese Übereinstimmung nie ausnutzen und erklären: »Ich bin Gott.«

In meiner Jugendzeit in Indien begegnete ich einmal einem Lehrer, der hohes Ansehen genoss. Viele seiner Anhänger hatten mir erzählt, dass er Gott selbst sei. In respektvoller Erwartung ging ich zu ihm und verneigte mich ehrerbietig vor ihm. Aber kaum sah ich ihm in die Augen, versuchte er, mich noch stärker zu beeindrucken und rief mit Donnerstimme: »Ich bin Gott!« Da rief ich zurück: »Was Sie nicht sagen!«

Auf solch kühne Ablehnung war er bei denen, die ihm blind folgten, noch nie gestoßen, und er reagierte mit lächerlicher Überheblichkeit: »Wie kannst du es wagen, meine Gegenwart zu schmähen«, schrie er. »Ich bin Gott!« Ich nahm einen kleinen Spiegel aus meiner Umhängetasche und hielt ihn vor sein Gesicht. Ich sagte: »Schauen Sie sich doch mal an! Sie sind nicht Gott, sondern nur ein gewöhnlicher Egoist und ein Sklave des Zorns.«

Ich stand auf, drehte mich um und schickte mich an wegzugehen. Er folgte mir eine Weile, mich bittend: »Junger Mann, komm zurück!« Ich wandte mich um, sah ihm in die Augen und sagte: »Bitte unterlassen Sie diese ungeheuerliche Gotteslästerung und sagen Sie nicht: ›Ich bin Gott.‹ Auch wenn Gott Ihre Überheblichkeit nicht bloßstellt, verletzen Sie sich doch selbst, wenn Sie annehmen, Sie hätten Anspruch auf den Thron Ihres Schöpfers.« Um sicher zu sein, dass er mich richtig verstanden hatte, fügte ich hinzu: »Wenn Sie inmitten von Flammen sitzen und behaupten, Sie seien Feuer, wird ihr Körper verbrennen, obwohl das Feuer Sie nicht verletzen will. Beherzigen Sie also diese Warnung. Sie sind noch vom Essen und Trinken abhängig und haben den Tod noch nicht überwunden, seien Sie daher nicht so töricht, sich für den transzendenten Höchsten Schöpfer des Universums auszugeben.«

Dem heiligen Mann stiegen Tränen in die Augen. Er ergriff meine Hand und sagte: »Du hast mir eine Lektion in Demut erteilt, und von heute an werde ich das Äußerste versuchen, ein wahrer Diener Gottes zu werden. Ich versichere dir, nie wieder werde ich zu jemandem sagen: ›Ich bin Gott.‹«

Wir umarmten uns und gingen mit Freudentränen in den Augen auseinander; wir hatten beide etwas durch unsere Begegnung gewonnen. Er muss ein echter Heiliger gewesen sein, da er seinen Fehler so bereitwillig und demütig einsah.

Egoismus ist das sicherste Zeichen für die Unwissenheit eines Menschen. Das kindlich demütige Wesen eines weisen Menschen ist das sicherste Zeichen, dass er mit Gott verbunden ist. Ein Sprichwort besagt, dass in einem kleinen Gefäß ein paar Fische mit ihrem Geplätscher viel Lärm verursachen, wohingegen im Ozean Wale und andere große Meeresbewohner keine derartige Unruhe hervorrufen. Ähnlich erzeugen Egoisten in den seichten Wassern ihres begrenzten Bewusstseins großen Wirbel, wenn sie sich mit ihren eingebildeten Verdiensten brüsten; große Meister jedoch, deren Bewusstsein in einem winzigen Augenblick die göttliche Schau des gesamten Kosmos umfasst, sprechen kaum über ihre spirituellen Kräfte. Wie der geliebte Gott, mit dem sie sich identifizieren, benutzen auch sie ihre Kräfte niemals dazu, ihre Ehrfurcht gebietende geistige Größe zur Schau zu stellen.

Egoismus: das sicherste Zeichen für Unwissenheit

Demut ist keine aufgesetzte Sanftmut; durch vorgetäuschte Bescheidenheit wird man nicht zu einem demütigen Wesen. Ein Mensch, der innerlich stets damit beschäftigt ist, in den Augen Gottes und zur Freude seiner eigenen Seele Vollkommenheit zu erreichen, konzentriert sich so stark darauf, dass ihm kein Raum für den Wunsch bleibt, andere mit seinen Errungenschaften zu beeindrucken. Wer daher völlig in seinem Vorhaben aufgeht, innere Größe zu erlangen und in selbstloser Weise große Dinge zu vollbringen, sodass es ihm niemals in den Sinn kommt, dies als persönlichen Erfolg auszugeben, ist ein wahrhaft demütiger Mensch. Der Egoist hingegen bleibt geistig und körperlich untätig, was seine Selbstvervollkommnung betrifft, und bildet sich ein, dass er die Welt schon durch seine bloße Anwesenheit und seine kleinen Taten beehrt; er versäumt keine Gelegenheit, andere von seiner Großartigkeit zu überzeugen sowie in den Chor derer einzustimmen, die Lobeshymnen auf ihn singen.

Ein wunderbares Kind erblüht wie eine Blume – ohne jede bewusste Absicht, die Entfaltung seines Duftes und seiner Schönheit anzupreisen. Ebenso verhält es sich mit jemandem, der danach strebt, ein göttlicher Mensch zu werden: Er ist ganz darein vertieft, die Herrlichkeit Gottes zu offenbaren, und ist sich – genau wie ein Kind – seiner Eigenschaften überhaupt nicht bewusst.

Die wahrhaft großen Meister Indiens, denen ich begegnet bin, gleichen göttlichen Kindern und weisen die natürlichen Eigenschaften eines reinen Geistes auf: Aufrichtigkeit, Offenheit, Freisein von

Anhaften, Vielseitigkeit, Übereinstimmung von Gedanke, Wort und Tat, die Bereitschaft zu vergeben, Wahrheitsliebe, innere Ruhe, liebevolles Verhalten, Fröhlichkeit und Freisein von Sorgen – jedoch ohne die Unwissenheit des Kindes.

Wer die oben erwähnten Eigenschaften, die verborgen in der Seele liegen, nicht entwickelt, wird ständig von Selbstsucht, Misstrauen, Sorgen, Furcht und dem Bedürfnis nach Bindungen heimgesucht; diese rauben ihm seinen Frieden und stürzen ihn ins Elend. So wie ein ausgeglichenes Kind glücklich und vertrauensvoll im Schutz und in der Liebe der Eltern lebt, so legt auch der göttliche Mensch in kindlichem Vertrauen Furcht, Weltlichkeit und egoistisches Verhalten ab, indem er sich ganz der allbeschützenden Macht und Liebe Gottes anheimgibt.[11]

> »*Wer sich aber an einem dieser Kleinen, die an mich glauben, versündigt, für den wäre es besser, dass ein Mühlstein an seinen Hals gehängt und er im Meer ertränkt würde, wo es am tiefsten ist.*« (*Matthäus* 18, 6)[12]

Mit dem Ausdruck »diese Kleinen« bezog sich Jesus nicht nur auf unschuldige kleine Kinder, sondern er bezeichnete damit in metaphorischer Form auch die bescheidenen, von reinem Denken erfüllten Gottsucher – insbesondere seine eigenen Jünger.

»Wer in irgendeiner Weise einen treuen Jünger verfolgt, der die spirituelle Reinheit eines demütigen Gotteskindes offenbart und sich mit dem Christusbewusstsein in mir im Einklang befindet, macht sich zu einem Werkzeug der Bösen Macht und zieht Böses auf sich. Er wird weitaus größeres spirituelles und körperliches Elend erleiden, als wenn er mit einem Mühlstein am Hals ins Meer geworfen würde.«

Jesus beschreibt kleine Kinder als Verkörperungen unverfälschter göttlicher Reinheit und Unschuld; das gilt entsprechend auch für heilige Menschen, die reinen Geistes sind. Wer Menschen, in deren Eigenschaften das Wesen Gottes zum Ausdruck kommt, in körperlicher,

---

11 »*Furcht ist nicht in der Liebe, sondern die vollkommene Liebe treibt die Furcht aus; denn die Furcht rechnet mit Strafe. Wer sich aber fürchtet, der ist nicht vollendet in seiner Liebe.*« (*1. Johannes* 4, 18)

12 Vgl. weitere Parallelstelle in *Markus* 9, 42.

geistiger oder spiritueller Hinsicht Unrecht zufügt, verstößt gegen die Göttliche Manifestation selbst. Daher hebt Jesus hervor, dass die Verfolgung unschuldiger Kinder und Heiliger, durch deren Reinheit sich Gott in aller Deutlichkeit offenbart, einer Lästerung Gottes gleichkommt.

Oft enthalten die Worte Jesu bewusst beides, eine metaphorische und eine wörtliche Bedeutung: »Jeder falsch handelnde Mensch, der aufgrund von Egoismus und unangemessener Nachgiebigkeit seinem Körper gegenüber vorsätzlich eine der kindlichen göttlichen Seeleneigenschaften – diese sind Manifestationen meines Christusbewusstseins – verletzt, wird erfahren, dass der Mühlstein des Elends schwer auf seinem Leben lastet und ihn in den dunklen Meerestiefen der Unwissenheit ertrinken lässt.«

Diese Welt ist sehr groß und wird von so vielen Menschen unterschiedlicher Mentalität bevölkert, dass es unmöglich ist, Willkür und Unrecht gegenüber unschuldigen Kindern und heiligen Seelen zu verhindern; doch das Gesetz des Karmas weiß alles und spricht unnachgiebig ein strenges Urteil über jeden, der sich als williges Instrument anbietet, die »*Kleinen*« Gottes schlecht zu behandeln.

Da trat die Mutter der Kinder des Zebedäus mit ihren Söhnen zu ihm und fiel vor ihm nieder, um etwas von ihm zu erbitten.

Und er sprach zu ihr: Was willst du?

Sie sprach zu ihm: Erlaube, dass meine beiden Söhne in deinem Reich neben dir sitzen dürfen, einer zu deiner Rechten und der andere zu deiner Linken.

Aber Jesus antwortete und sprach: Ihr wisst nicht, um was ihr bittet. Könnt ihr den Kelch trinken, den ich trinken werde, und euch taufen lassen mit der Taufe, mit der ich getauft werde?

Sie sprachen zu ihm: Ja, wir können es.

Und er sprach zu ihnen: Meinen Kelch werdet ihr zwar trinken und mit der Taufe getauft werden, mit der ich getauft bin; aber es steht mir nicht zu, über die Plätze zu meiner Rechten und Linken zu entscheiden, denn sie werden denen zuteil, für die mein Vater sie vorbereitet hat.

Als die Zehn das hörten, entrüsteten sie sich über die zwei Brüder. Aber Jesus rief sie zu sich und sprach: Ihr wisst, dass die

Herrscher ihre Völker unterdrücken und dass die Großen ihre Macht über sie missbrauchen. So soll es nicht sein unter euch. Wer unter euch groß sein will, der sei euer Diener; und wer unter euch der Erste sein will, der sei euer Knecht, gleichwie der Menschensohn nicht gekommen ist, um sich dienen zu lassen, sondern um zu dienen und sein Leben zu geben als Lösegeld für viele. (*Matthäus* 20, 20–28)

Parallelstelle:

Es erhob sich auch ein Streit unter ihnen, welcher von ihnen wohl als der Größte gelten solle.

Er aber sprach zu ihnen: Die Könige herrschen über die Völker, und diejenigen, die Gewalt über sie ausüben, werden Wohltäter genannt. Ihr aber sollt nicht so sein! Vielmehr soll der Größte unter euch sein wie der Kleinste, und der Vornehmste wie ein Diener. Denn wer ist größer: Der zu Tische sitzt oder der bedient? Ist es nicht der, der zu Tisch sitzt? Ich aber bin unter euch wie ein Diener. (*Lukas* 22, 24–27)[13]

»Ihr wisst nicht, auf was für ein gewaltiges Vorrecht ihr Anspruch erhebt. Seid ihr fähig, Weisheit aus demselben Kelch des Kosmischen Bewusstseins zu trinken, aus dem auch ich trinke? Habt ihr euer Bewusstsein darauf vorbereitet, mit Kosmischer Glückseligkeit getauft zu werden, mit derselben Taufe, die ich empfangen habe?«

Sie sagten zu ihm: »*Wir können es.*« Und Jesus antwortete: »Ihr seid würdig, Weisheit aus demselben Kelch zu trinken wie ich, und ihr werdet mit derselben kosmischen Glückseligkeit der Schwingung des Heiligen Geistes getauft werden wie ich. Aber es steht mir nicht zu, euch einen Platz zu meiner Rechten oder Linken zuzuweisen – als sei es der Thron eines mächtigen Königs an einer bestimmten Stelle im weiten Raum –, weil der Himmlische Vater alle vergeistigten Seelen auf den Thron der Allgegenwart hebt.«

Selbstaufopferung und allumfassendes Dienen sind die Ideale Jesu

Bibelforscher, die behaupten, im Evangelium keine Aussage Jesu

[13] Vgl. weitere Parallelstelle bei *Markus* 10, 35–45. Siehe auch Jesu Worte in *Matthäus* 23, 11–12, Diskurs 55, Band II: »*Der Größte unter euch soll euer Diener sein. Denn wer sich selbst erhöht, der wird erniedrigt; und wer sich selbst erniedrigt, der wird erhöht.*«

über den Himmel gefunden zu haben, verstehen nicht die verborgene Bedeutung seiner Worte. In diesen Versen lehnt Jesus jede Auffassung ab, die sein Reich als einen begrenzten Ort betrachtet, womit er auf die allgegenwärtige Natur seines Reiches hinweist – im Christusbewusstsein und im Kosmischen Bewusstsein.

Als die anderen Jünger die Bitte hörten, Jakobus und Johannes den Vorzug zu geben, entrüsteten sie sich über diese zwei Brüder. Aber Jesus rief sie alle zu sich und sprach zu ihnen: »Ihr wisst, dass eingesetzte Machthaber über die Nicht-Juden regieren und dass diese Herrscher wiederum höheren Autoritäten unterstehen. Doch unter euch, die ihr Kinder Gottes und in Seinen Augen alle gleich seid, sollte es keinen Streit um eine Vorrangstellung geben.

Wer unter euch sich durch wahre Größe auszeichnen will, soll allen geistig helfen und der Diener aller sein; dasselbe gilt für jeden, der sich in den Augen des Himmels einen Ehrenplatz im Reich Gottes verdienen will. Das Christusbewusstsein in mir ist nicht gekommen, um sich dienen zu lassen, sondern um zu dienen und durch das Vorbild der Opferbereitschaft und einer idealen Lebensführung das göttliche Licht zu bringen, damit andere, die mir nachfolgen, erlöst werden können und in das unendliche Reich des Kosmischen Bewusstseins eintreten.«

Alle Seelen, die wie die Jünger Jesu fähig sind, die Wahrnehmung (Taufe) der Kosmischen Schwingung, des Heiligen Geistes, zu empfangen sowie die Weisheit und Glückseligkeit des Christusbewusstseins, werden in die Allgegenwart ein und desselben ewigen Gottes erhoben; und in Ihm sind alle Unterschiede aufgehoben.

Jesus weist darauf hin, dass sich das Christusbewusstsein in ihm auf Erden nicht deswegen materialisiert hat, damit er die Bewunderung der Menschen auf sich zieht, sondern um ihnen den allerhöchsten Dienst zu erweisen, indem er durch seine größtmöglichen körperlichen, geistigen und spirituellen Opfer das göttliche Bewusstsein offenbart. Durch sein Beispiel hob Jesus den Hauptgedanken seiner Lehre hervor, nämlich das Ideal, die folgende erhabene, häufig zitierte, aber selten beachtete Wahrheit, dass ein wahrhaftig großer Mensch sich selbst als den Geringsten und als Diener aller betrachtet. Wer andere Menschen durch sein eigenes selbstloses Dienen inspiriert, um in ihnen das Beste zum Vorschein zu bringen, nimmt unter denen, die andere führen, den ersten Platz ein. Menschen, die Größe mit der Erfüllung ihres Verlangens nach Lob und Bestätigung durch andere gleichsetzen, erringen nur oberflächliche Anerkennung und wenig aufrichtige Bewunderung. Doch wer sich aufopfert und allen dient, findet in ihren Herzen seinen Platz auf dem Thron der Liebe.

In der sogenannten zivilisierten Welt wird der, welcher *»zu Tische sitzt«* und von anderen bedient wird, sozial meistens höher eingestuft als derjenige, *»der da dient«*; doch im Himmel ist es anders. Mit seinen anschaulichen Gleichnissen und durch sein eigenes Beispiel betonte Jesus, dass der Dienende nach dem göttlichen Gesetz einen höheren Rang einnimmt. Himmlische Wesen empfinden die größte Freude nicht dann, wenn ihnen oberflächliche Verehrung entgegengebracht wird, sondern wenn sie als Engel Gottes einander dabei helfen, die kosmische Ordnung zu unterstützen und zur Erhebung und Befreiung von Seelen beizutragen.

DISKURS 48

»Wenn aber deine Hand oder dein Fuß dich zum Bösen verführt, so haue sie ab«

Jesu Unterweisung, sich vom Bösen loszusagen

Die tiefer liegenden Ursachen, übel zu handeln und die eigene Seele zu schwächen, können beseitigt werden

❖

Wie die Wissenschaft des Yoga hilft, unmoralische Regungen zu überwinden

❖

Die überlieferte Vorstellung vom ewigen Höllenfeuer ist ein völlig falsches Konzept

❖

Ein Rat für Wahrheitssucher, die ein vorübergehendes spirituelles Tief erleben

❖

Die himmlische Erfahrung nach dem Tode von Menschen, die reinen Herzens sind

❖

Gott lässt keine Seele für immer in Unwissenheit versinken

❖

»Wo zwei oder drei in meinem Namen versammelt sind«: die Macht der vereinten Konzentration

»Durch Selbstbeherrschung und mit der Kraft der Konzentration … müsst ihr den irreführenden schlechten Neigungen, die das Gottesbewusstsein in eurem Inneren verletzen oder einschränken, Einhalt gebieten.«

Wehe der Welt mit ihren Verführungen! Es müssen zwar Verführungen kommen – doch wehe dem Menschen, durch den sie kommen!

Wenn aber deine Hand oder dein Fuß dich zum Bösen verführt, so haue sie ab und wirf sie von dir. Es ist besser, du gehst lahm oder verstümmelt in das Leben ein, als mit zwei Händen und zwei Füßen ins Höllenfeuer geworfen zu werden. Und wenn dich dein Auge zum Bösen verführt, reiß es aus und wirf es von dir. Es ist besser, du gehst einäugig ins Leben ein, als mit zwei Augen ins Höllenfeuer geworfen zu werden.

Seht zu, dass ihr keinen dieser Kleinen verachtet. Denn ich sage euch: Ihre Engel im Himmel schauen allezeit das Angesicht meines Vaters im Himmel.

Denn der Menschensohn ist gekommen, zu retten, was verloren war. Was meint ihr? Wenn ein Mensch hundert Schafe hat und sich eines von ihnen verirrt: lässt er dann nicht die neunundneunzig Schafe zurück und geht in die Berge, und sucht das verirrte Schaf? Und wenn es geschieht, dass er es findet, wahrlich ich sage euch, er freut sich mehr über dieses Schaf als über die neunundneunzig, die sich nicht verirrt haben. So ist es auch nicht der Wille eures Vaters im Himmel, dass einer von diesen Kleinen zugrunde geht.

Versündigt sich aber dein Bruder an dir, so weise ihn unter vier Augen auf seinen Fehler hin. Hört er auf dich, so hast du deinen Bruder zurückgewonnen. Hört er jedoch nicht auf dich, dann nimm noch einen oder zwei mit dir, damit jedes Wort durch die Aussage von zwei oder drei Zeugen bestätigt werden kann. Hört er jedoch nicht auf sie, dann sag es der Gemeinde. Hört er aber auch nicht auf die Gemeinde, dann sei er in deinen Augen wie ein Heide und ein Zöllner.

Wahrlich, ich sage euch: Alles, was ihr auf Erden binden werdet, wird auch im Himmel gebunden sein, und alles, was ihr auf Erden lösen werdet, wird auch im Himmel gelöst sein.

Weiter sage ich euch: Wenn zwei von euch auf Erden sich einig werden, etwas zu erbitten – was immer es auch sei –, dann werden sie es von meinem Vater im Himmel erhalten.

Denn wo zwei oder drei in meinem Namen versammelt sind, da bin ich mitten unter ihnen.

Matthäus 18, 7–20

DISKURS 48

»Wenn aber deine Hand oder dein Fuß dich zum Bösen verführt, so haue sie ab«

Jesu Unterweisung, sich vom Bösen loszusagen

Wehe der Welt mit ihren Verführungen! Es müssen zwar Verführungen kommen – doch wehe dem Menschen, durch den sie kommen! (*Matthäus* 18, 7)[1]

Jesus betont hier Folgendes: Auch wenn es in dieser Welt immer das Böse – das, was das Bewusstsein des Menschen von Gott fernhält – geben wird, ist dies für einen Menschen kein Grund, vorsätzlich Unrecht zu begehen. Unter dem Einfluss der Täuschung rechtfertigt der Mensch sein Fehlverhalten oft mit folgendem Argument: »Da sich so viele andere falsch verhalten und ein zügelloses Leben führen, ist es für mich in Ordnung, wenn ich dasselbe tue.« Von Weisheit zeugt die Erkenntnis, dass man im eigenen Interesse Satans Verlockungen fernbleiben sollte. Das Böse bietet sich dem Menschen unter der hübschen Maske des Vergnügens an, aber seine flüchtigen Genüsse enden in Kummer und Schmerz.

Daher bedeuten die Worte Jesu Folgendes: »Körperliche, mentale und seelische Leiden sind eine Folge der Unwissenheit, die durch Satans kosmische Täuschung hervorgerufen werden. Da Satan sich gegen das

[1] Vgl. Parallelstelle in *Lukas* 17, 1.

Wort Gottes (die Heilige Schwingung) auflehnt, ist das Vorhandensein des Bösen, d.h. unrechten Geschehens unvermeidbar, solange diese täuschende Welt der Dualität existiert.[2] Zorn, Gier, Selbstsucht und Lust wurden nicht vom Menschen geschaffen; Satan gab sie ihm ein, damit sie den göttlichen Eigenschaften entgegenarbeiten, mit denen Gott die menschliche Seele ausgestattet hat. Aber der Wille des Menschen ist frei und entsprechend kann er seine Wahl treffen: Er kann der Weisheit seiner Seele folgen und sich ihre guten Eigenschaften zu eigen machen, oder er kann sich den zerstörerischen Leidenschaften hingeben, welche die kosmische Täuschung in ihm weckt. Immerwährende Freude und Befreiung sind der Segen des Guten. Kummer und dreifaches Leid sind das Los eines Menschen, der sich mit dem Körper identifiziert: Er gibt dem Drängen der Täuschung nach, verschafft dadurch den üblen Neigungen in seinem Inneren Raum und lässt sie als Schaden verursachende Handlungen nach außen wirksam werden.[3]

Das heißt, jedes Mal, wenn deine Hände, Füße, Augen oder ein anderes Organ der Wahrnehmung und des Handelns dazu benutzt oder angestiftet werden, als Werkzeuge des Bösen zu dienen, solltest du die darauf gerichtete Aufmerksamkeit und den Strom der Lebensenergie, der diese Organe antreibt, mithilfe von Willenskraft und innerer Selbstdisziplin abschalten.«

Wenn aber deine Hand oder dein Fuß dich zum Bösen verführt, so haue sie ab und wirf sie von dir. Es ist besser, du gehst lahm oder verstümmelt in das Leben ein, als mit zwei Händen und zwei Füßen ins Höllenfeuer geworfen zu werden. Und wenn dich dein Auge zum Bösen verführt, reiß es aus und wirf es von dir. Es ist besser, du gehst einäugig ins Leben ein, als mit zwei Augen ins Höllenfeuer geworfen zu werden. (*Matthäus* 18, 8–9)[4]

---

[2] Siehe Diskurs 7, Band I.

[3] »In jene Hölle, die das Heil der Seele zerstört, führt ein dreifaches Tor: die Lust, der Zorn und die Gier. Vor diesen drei muss der Mensch sich daher hüten. O Arjuna! Wer dieses dreifache Tor, das ins Reich der Dunkelheit führt, meidet, findet sein eigenes Heil und erreicht das Höchste.« (*Gott spricht mit Arjuna – Die Bhagavad-Gita* XVI, 21–22).

[4] Jesus hatte diesen Rat bereits bei einer anderen Gelegenheit gegeben: vgl. *Matthäus* 5, 30. Siehe dazu auch den Kommentar in Diskurs 27, Band I.

Parallelstelle:

Wenn dich aber deine Hand zum Bösen verführt, so haue sie ab! Es ist besser, du gehst verstümmelt in das Leben ein, als mit zwei Händen in die Hölle zu kommen, in das nie erlöschende Feuer, wo ihr Wurm nicht stirbt und das Feuer nie erlischt. Und wenn dein Fuß dich zum Bösen verführt, so haue ihn ab. Es ist besser, du gehst lahm in das ewige Leben ein, als mit zwei Füßen in die Hölle geworfen zu werden, in das nie erlöschende Feuer, wo ihr Wurm nicht stirbt und das Feuer nie erlischt. Und wenn dein Auge dich zum Bösen verführt, dann reiß es aus! Es ist besser, du gehst einäugig in das Reich Gottes ein, als mit zwei Augen in das höllische Feuer geworfen zu werden, wo ihr Wurm nicht stirbt und das Feuer nicht erlischt.

Denn ein jeder wird mit Feuer gesalzen werden, und jedes Opfer wird mit Salz gesalzen. Das Salz ist gut; doch wenn das Salz seinen Geschmack verliert, womit wollt ihr es würzen? Habt Salz in euch und haltet Frieden untereinander. (*Markus* 9, 43–50)[5]

Die tiefer liegenden Ursachen, übel zu handeln und die eigene Seele zu schwächen, können beseitigt werden

In drastischer Anschaulichkeit ermahnt Jesus seine Anhänger: »Schlagt alles an euch ab, was euch in die Übel der Unwissenheit verstrickt hält! Wenn ihr keine weise Unterscheidungskraft anwendet, um euch auf Gott einzustellen, wird euer Leben in der Tat zu einer Hölle brennender, unerfüllter Wünsche, der nagenden ›Würmer‹ der Furcht, der Sorgen und Unruhe stiftenden gottlosen Neigungen, die euch Inkarnation für Inkarnation quälen werden. Verbannt all jene Impulse aus eurem Leben, die eure Bemühungen beeinträchtigen, euch mit dem Ewigen Leben zu vereinen; und gebt sogar den Körper auf, falls es notwendig ist. Duldet keine Hindernisse, die euch den Weg zum allerhöchsten, immerwährenden Glück verstellen!«

Der ungewöhnliche Rat Jesu ist natürlich vor allem metaphorisch gemeint:

[5] *»Doch wenn das Salz seinen Geschmack verliert …«*: Vgl. Parallelstelle in *Lukas* 14, 34–35. Siehe auch den Kommentar zur Parallelstelle in *Matthäus* 5, 13 (Diskurs 26, Band I).

»Ich fordere euch nicht auf, euch selbst zu verstümmeln, wenn ihr Missetaten begangen habt; denn dies würde nur die Werkzeuge des Bösen zerstören, jedoch nicht die mentalen Neigungen und Wünsche ausrotten, die den Verstoß gewollt und bewirkt haben. Die Verkrüppelung unschuldiger Körperteile mag zwar einige üble Handlungen vereiteln, doch die böse geistige Veranlagung, welche die wahre Ursache für begangene Missetaten und für das Verderben göttlicher seelischer Eigenschaften ist, wird damit nicht beseitigt oder unschädlich gemacht. Das Böse muss von innen heraus vernichtet werden. ›Haut‹ den geistigen Impuls ab, der die motorischen Nerven (›Hände und Füße‹) aktiviert, und ›reißt‹ ihn aus den sensorischen Nerven (›Auge‹) heraus, wenn ihr euch versucht fühlt, Übles zu sehen und zu wünschen oder schlecht zu handeln. Durch Selbstbeherrschung und mit der Kraft der Konzentration, die den Geist zu göttlichen Wahrnehmungen erhebt, müsst ihr den irreführenden schlechten Neigungen, die das Gottesbewusstsein in eurem Inneren verletzen oder einschränken, Einhalt gebieten und sie dann für immer aus eurem Leben verbannen.

Es ist besser für euch, wenn ihr im Hinblick auf euer Bedürfnis nach flüchtigen Sinnesvergnügen ›verstümmelt‹ und ›lahm‹ durchs Leben geht – indem ihr das Verlangen nach diesen Genüssen opfert, um in das Bewusstsein göttlicher Freude und ewigen Lebens einzugehen –, als euch weiterhin sklavisch mit dem Körper zu identifizieren und das Nervensystem fortgesetzt dem brennenden Verlangen nach körperlicher Lust, der Habsucht und materiellen Begierden auszusetzen. Da Sinnlichkeit immer unersättlich ist, schürt sie unaufhörlich die Glut elender Unerfülltheit. Wenn ihr eure üblen weltlichen Gewohnheiten nicht während eures Erdenlebens aufgebt, werdet ihr diese quälenden ›Würmer‹ schädlicher Neigungen beim Tod mit in die Astralwelt nehmen – und von dort in eine neue Inkarnation –, wodurch ihr ›das Feuer, das nie erlischt‹, in Gang haltet oder ewig weiterlodern lasst.«

Die Botschaft in diesen Versen ist in dreifacher Hinsicht anwendbar: Sie richtet sich erstens an den christusähnlichen Märtyrer, zweitens an den durchschnittlichen Menschen, der moralische Regeln benötigt, und drittens an den Yogi, der meditiert, um sich mit Gott zu vereinen:

Der Rat Jesu – drei Wege, dem Bösen zu widerstehen

1. Die Worte Jesu dienen heiligen Märtyrern, deren Auftrag darin besteht, ihren physischen Körper für den göttlichen Plan zu opfern, als Quelle der Kraft und Inspiration. Cranmer, ein Märtyrer aus dem 16. Jahrhundert, schrieb

– während er gefoltert wurde – mit seiner rechten Hand mehrere Widerrufe zu seinen religiösen Überzeugungen, aufgrund deren er dazu verurteilt wurde, auf dem Scheiterhaufen verbrannt zu werden. Als er später seine Glaubensschwäche bereute, verkündete er seinem Mitangeklagten: »Latimer, meine unwürdige Hand soll zuerst verbrannt werden!« Nachdem er zur Hinrichtung auf den Scheiterhaufen gebracht worden war, hielt er lächelnd seine rechte Hand ins Feuer, damit sie zuerst verbrannt wurde; danach übergab er seinen ganzen Körper den Flammen und stieg bewusst in die himmlische Sphäre des GEISTES auf.[6]

Durch seinen Tod am Kreuz gab Jesus selbst, um den Willen Gottes zu tun, das größte Beispiel für die Aufopferung des Körpers. Obwohl sein Körper zugrunde gerichtet war, erstand er in aller Herrlichkeit wieder auf und erlangte das ewige Leben. Hätte er stattdessen den Versuchungen der satanischen Täuschung nachgegeben und körperliche Sicherheit und weltliches Glück gewählt, um sich der Kreuzigung zu entziehen, wäre dies ein schändlicher Verrat an seiner christusbewussten Seele gewesen, die ihn dazu anhielt, bereitwillig dem vorbestimmten göttlichen Plan zu folgen: Dieser sah die Opferung seines Körpers vor – als Ausgleich für die Verfehlungen vieler Menschen.

Nur wenigen Menschen wird auferlegt, der in diesen Bibelversen ausgedrückten Wahrheit auf derart drastische Weise zu folgen. Dennoch kann sich niemand der eigentlichen Lektion entziehen, denn diese gilt für alle. Wer das Wohlergehen und die Freuden des Körpers über den Wunsch zu meditieren und das Erleben des Gottesbewusstseins

---

[6] Aus der *Encyclopaedia Britannica*: »Thomas Cranmer (1489–1556) war der erste protestantische Erzbischof von Canterbury (1533–1556), Berater der englischen Könige Heinrich VIII. und Edward VI. Als Erzbischof führte er die englische Bibel an den Pfarrkirchen ein, stellte das Werk ›The Book of Common Prayer‹ (eine Gebetssammlung für den täglichen Gebrauch) zusammen und schrieb eine Litanei, die bis zum heutigen Tag in Gebrauch ist. Als Befürworter des Protestantismus von der Katholikin Maria I. angeprangert, wurde er wegen Ketzerei verurteilt und auf dem Scheiterhaufen verbrannt. ...Wie er versprochen hatte, hielt er standhaft seine rechte Hand – die durch das Unterzeichnen der falschen Widerrufe ›Ärgernis erregt hatte‹ – ins Feuer, bis sie verbrannt war. Sein tapferes und würdevolles Ende hinterließ einen tiefen Eindruck.

Hugh Latimer war Bischof von Worcester und sprach sich freimütig für den Protestantismus aus. Auch er wurde im Konflikt zwischen Katholiken und Protestanten eingekerkert und wenige Monate vor Cranmer auf dem Scheiterhaufen verbrannt. Bei seinem Tode ermutigte er den Mitangeklagten Ridley mit den berühmten letzten Worten: › ... wir werden an diesem Tag mit Gottes Gnade in England ein Licht entzünden, das, wie ich glaube, niemals erlöschen wird.‹«

stellt, ist töricht; er verletzt sein wahres SELBST, die Seele, indem er ewiges Glück und die Unsterblichkeit aufgibt, weil er ihnen in den wenigen Jahren seines körperlichen Daseins auf Erden die kurzlebigen körperlichen Vergnügen – und die damit verbundenen Schmerzen – vorzieht.

2. Bezogen auf ein moralisches Verhalten, das von allen Menschen erwartet wird, stellen die Worte Jesu eine Aufforderung dar, die anstößige »Hand« – habsüchtige Liebe zum Geld, Gier nach materiellem Besitz – abzuschlagen und ebenso den fehltretenden »Fuß«, die Hörigkeit gegenüber materialistischer Geschäftigkeit, sowie das »Auge« kurzsichtiger weltlicher Auffassungen auszureißen, um der dauerhaften Freude eines spirituellen Lebens teilhaftig zu werden:

Eine Mahnung, materielle Gier, Ruhelosigkeit und Unwissenheit aufzugeben

»Wenn deine ›Hand‹ der Geld- und Besitzgier das göttliche Gesetz verletzt, weil sie dich davon abhält, dein Leben zu vergeistigen, zögere nicht, diese ungeistige Habsucht zu überwinden. Du solltest es vorziehen, unwichtigen vergänglichen Tand vorübergehend aufzugeben, um immerwährende Freude zu empfangen, anstatt dich dem Elend eines Infernos unersättlicher irdischer Begierden hinzugeben.

Wenn materialistische Geschäftigkeit, der ›Fuß‹, dich vom Meditieren abhält und davon, in das Reich ewig neuer Freude einzugehen, die man in der Meditation fühlt, dann trenne auf jeden Fall den Auswuchs hinderlicher irdischer Aktivitäten ab. Es ist viel besser, das erfüllende ewige Leben zu gewinnen, als vorübergehend Genugtuung in ruhelosem äußerlichem Streben und in Betriebsamkeit zu finden; diese fachen nur die stets höher lodernde Flamme unstillbaren irdischen Verlangens an, die von einer Inkarnation auf die nächste übergreift.

Wenn ein Gottsucher merkt, dass sein der Welt zugewandtes ›Auge‹ der Erkenntnis durch Unwissenheit getrübt ist und sich im Konflikt mit seinen geistigen Zielen befindet, sollte er diese fehlerhafte Sichtweise aufgeben. Es ist besser, durch Meditation das Reich ewiger Freude mit dem einen intuitiven Auge der Weisheit zu betreten, als die zwei physischen Augen der Dualität und Relativität zu besitzen und fortgesetzt im Höllenfeuer eines elenden, unbefriedigenden materiellen Bewusstseins zu schmoren.

Jeder, der in weltliche Aktivitäten und Wünsche verwickelt bleibt und es verpasst, göttliche Weisheit und himmlisches Glück zu erwerben, und der sein irdisches Leben in diesem Zustand beendet, wird nach dem Tod erleben, wie die unersättlichen Würmer der Sorgen, unerfüllten Wünsche und weltlicher Unwissenheit an ihm haften – und zwar Leben für Leben. Sie werden ihn auch in der Astralwelt und in weiteren irdischen Inkarnationen mit der anhaltenden Neigung zu rastloser Zerstreuung und zwanghaften sinnlichen Begierden belästigen.«

Wie die Wissenschaft des Yoga hilft, unmoralische Regungen zu überwinden

Moralisten fordern die nach außen sichtbare Abkehr von allen sündhaften Handlungen: »Seid nicht gierig! Seid nicht rastlos! Handelt nicht gedankenlos und gegen euer höchstes Wohlergehen!« Aber jahrhundertelang haben die Gebote heiliger Schriften, fromme Drohungen und gesellschaftliche Verfolgung es nicht wirklich fertiggebracht, die Menschen von den anstachelnden Impulsen der satanischen Täuschung zu befreien. Jemand berichtete mir einmal, dass eine Frau die Worte Jesu wörtlich befolgt und sich beide Hände abgehackt habe, weil sie hoffte, ihre schlechte Gewohnheit des Stehlens loszuwerden. Diese physische Selbstverstümmelung hatte jedoch keine Wirkung auf die tiefsitzende geistige Gewohnheit, die sie zur zwanghaften Diebin machte: Bald danach begann sie, Gegenstände mit ihren Zehen und ihrem Mund zu entwenden!

In der Bhagavad-Gita erklärt der Herr: »Wer die Organe des Handelns gewaltsam bändigt, während er sinnliche Gedanken hegt, wird als Scheinheiliger angesehen und unterliegt der Selbsttäuschung. Doch derjenige hat größten Erfolg, der die Sinne durch den Geist diszipliniert, frei von Anhänglichkeit ist und seine Organe des Handelns stets auf dem Weg hält, der zu Gott führt (Yoga).«[7] Die wissenschaftliche Yoga-Methode der Selbstdisziplin schenkt dem Menschen die Kraft, die Fäden zu durchtrennen, welche den Körper mit allen seinen sensorischen und motorischen Funktionen zu einer Marionette machen, die zur Musik vor- und nachgeburtlicher Neigungen und Gewohnheiten sowie weltlicher, durch die Macht des Bösen geschaffener Begierden tanzt. »Wer den Sinnesgegenständen entsagt, merkt, dass sie für kurze Zeit entschwinden und dass nur noch das Verlangen nach ihnen zurückbleibt. Doch wer den Höchsten erschaut, spürt auch kein Verlangen mehr.«[8] Yoga, die heilige Vereinigung mit Gott, ist der einzig

[7] *Gott spricht mit Arjuna – Die Bhagavad-Gita* III, 6–7.

[8] *Gott spricht mit Arjuna – Die Bhagavad-Gita* II, 11–59.

sichere Weg, die Fesseln der Täuschung zu sprengen. Jesus Christus und die Meister Indiens lehrten, dass diese Freiheit entsteht, wenn man die nach außen zu den Sinnen fließende Lebenskraft beherrscht und sie nach innen lenkt, um das verdichtete Bewusstsein in der Vereinigung mit der vollkommenen Glückseligkeit Gottes zu verankern.

3. So sollen die Worte Jesu dem Yogi (jedem Gottsucher, der sich darum bemüht, auf wissenschaftliche Weise seine Seele mit dem GEIST zu vereinen) folgende Botschaft vermitteln: »Meditation – das Zurückziehen des Bewusstseins von den Sinnen und der Außenwelt – ist der einzige Weg zum ewigen Glück der Gottverbundenheit. Wenn körperliche Wahrnehmungen physisches Unbehagen erzeugen, während ihr euch um innere Verbundenheit bemüht, oder wenn die Sirenen verführerischer sinnlicher Gedanken in das Bewusstsein eindringen und die Aufmerksamkeit von ihrem Ziel – die ekstatische Vereinigung in der Glückseligkeit des Gottesbewusstseins zu erreichen – ablenken, müsst ihr sie abweisen, indem ihr die Aufmerksamkeit von den Sinnesnerven zurückzieht. Dies sollte aber nicht unbewusst geschehen wie im Schlafzustand, sondern bewusst mit Hilfe der Yoga-Techniken geistiger Konzentration und *Pranayama* (Beherrschung der Lebenskraft), mit denen das Körperbewusstsein überwunden und die Vereinigung mit Gott ermöglicht wird.

Wenn ihr durch tiefe Meditation in die Ekstase der Gottverbundenheit eingetaucht seid, erkennt ihr, dass es viel besser ist, euch »verstümmelt« zu haben – d. h., euer physisches Selbst durch Loslösung von den Wahrnehmungen des Sehens, Hörens, Schmeckens, Riechens und Fühlens zum Schweigen gebracht zu haben –, um euch in dieses innere Reich göttlicher Freude zu begeben, anstatt euch selbst aus dem Reich Gottes zu verbannen, indem ihr nur in einer Welt sinnenhafter Erfahrungen lebt. Wenn ihr auf wissenschaftliche Weise Selbstbeherrschung entwickelt habt, seid ihr Herr über alle schlechten Impulse, die eure Hände und Füße dazu zwingen wollen, Unrechtes zu tun, oder die versuchen, euer Auge der Unwissenheit mit trügerischen Wahrnehmungen zu täuschen. Die Sehnsucht nach körperlichen Genüssen, die euch im Höllenfeuer weltlicher Wünsche schmoren lässt und mit den Würmern parasitischer Neigungen quält – welche sich in eurem Bewusstsein einnisten und euren Frieden zerstören – wird in der Ewig Währenden Glückseligkeit vergeistigt.«

Die überlieferte Vorstellung von ewigem Höllenfeuer und ewiger Verdammnis ist ein völlig falsches Konzept; es kommt nicht von Gott oder Seinen wahren Propheten, sondern entspringt dem dem Menschen eigenen unversöhnlichen Zorn, der sich gegen das üble Verhalten seiner Brüder richtet. Nichts anderes als die satanische Täuschung bringt den Menschen dazu, dem allliebenden Gott, dem einen gemeinsamen Vater aller Wesen, eine nachtragende, rachsüchtige Gesinnung zuzuschreiben, die Höllen und Fegefeuer schafft. In Wahrheit hilft Gott – wie Jesus selbst hervorhob – in Seiner unendlichen Liebe Seinen Kindern unaufhörlich dabei, in Sein ewiges Reich der Glückseligkeit zurückzukehren.[9]

Die überlieferte Vorstellung vom ewigen Höllenfeuer ist ein völlig falsches Konzept

Das »Höllenfeuer« wird vom Menschen selbst geschaffen, und zwar durch sein fortgesetztes falsches Verhalten. Wer Böses tut, erzeugt schlechte Neigungen, die unbemerkt in seinem Gehirn schwelen und nur darauf warten, zu gegebener Zeit als brennende Leiden aufzulodern. Das englische Wort »hell« (Hölle) entstammt der angelsächsischen Wurzel helan, »verhehlen«. Daher beschreibt das Wort Höllenfeuer sehr treffend die verborgenen Flammen der Qual, die durch aufgespeicherte Neigungen hervorgerufen werden können, entweder im irdischen Leben oder, nach dem Tod, in der Astralwelt.[10] So wie in einem Übeltäter, der zumindest einen Funken Vernunft besitzt, im Wachzustand ein schlechtes Gewissen und im Schlaf unterbewusste Angst »brennt«, so leidet das Bewusstsein eines Menschen mit einem schlechten Gewissen im »Wachzustand«, im irdischen Leben, unter Höllenfeuer oder Seelenqualen und nach dem Tod, in der Astralwelt, unter den Auswirkungen des schlechten Karmas in Form »brennender« albtraumähnlicher Erlebnisse. Körperliches Elend endet mit dem Tod; aber geistiges Elend, das durch unkluges Handeln entsteht, setzt sich nach dem Tod und ebenso in neuen körperlichen Inkarnationen fort, bis das schlechte Karma durch tugendhaftes Verhalten und die Abkehr vom Bösen getilgt wurde.

Daher fährt Jesus fort: »Jeder Suchende muss sich mithilfe der

---

[9] *Matthäus* 18, 11–14. Siehe Seiten 438/39.

[10] Wie bereits zuvor erwähnt (siehe Diskurs 27, Band I), lautet das Wort für Hölle im griechischen Urtext des Evangeliums Gehenna – abgeleitet vom hebräischen Ge Hinnom, dem Tal von Hinnom, südwestlich von Jerusalem, das als Abladeplatz für den Unrat der Stadt diente, wo ständig Feuer unterhalten wurden, diesen zu verbrennen.

Ein weiterer Kommentar zur Bedeutung von »Hölle« und »Verdammnis« findet sich in Diskurs 68, Band III.

Meditation vom Licht der Erkenntnis durchdringen lassen, ›sich salzen‹, um auf Erden und in der Astralwelt vor Gott wohlgefällig zu sein. Jeder, der der Gottverbundenheit zuliebe das spirituelle Opfer materiellen Verzichts darbringt, wird feststellen, dass seine Seele mit göttlicher Erkenntnis ›gesalzen‹ oder gesättigt wird. Ebenso wie Salz den Speisen einen besseren Geschmack verleiht und sie auch konserviert, wird auch das menschliche Bewusstsein, das mit göttlicher Erkenntnis ›gesalzen‹ ist, vor der täuschenden Vorstellung von Zerfall und Tod bewahrt und kommt in den Genuss seiner ihm eingeborenen Unsterblichkeit. Wenn aber die konservierende Würze des göttlichen Salzes durch Fixierung auf materielle Freuden und das Ego verloren geht, schwindet auch alles Gute, das diese Würze zum Reifen der Seele beitragen könnte.

Ein Rat für Gottsucher, die ein vorübergehendes spirituelles Tief erleben

Ein wahrer Jünger ist wie gutes Salz. Er würzt sein eigenes Leben und dasjenige anderer mit seiner von Entsagung zeugenden Geisteshaltung und damit, dass er seine göttlichen Eigenschaften und seine Gotteserkenntnis vervollkommnet. Ebenso wie fade schmeckendes Salz wertlos ist, so ist auch ein Jünger, dessen zentrale Aufmerksamkeit nicht mehr auf seine Entsagung und Selbstdisziplin gerichtet ist, so lange für sich selbst und andere nutzlos, bis er das frische Salz der SELBST-Erkenntnis erwirbt, indem er täglich meditiert und durch achtsamen Umgang mit guten Menschen den göttlichen Frieden der SELBST-Verwirklichung aufnimmt, den andere gottsuchende Seelen zum Ausdruck bringen.«

In diesem Abschnitt spielt Jesus auf das zeitweilig getrübte Erkenntnisvermögen einiger seiner Jünger an, weil unter ihnen der Wettstreit über eine Vorrangstellung entbrannt war – ein spirituelles Absinken, welches sich an ihrem Unvermögen zeigte, das von einem bösen Geist besessene Kind zu heilen.[11] Selbst hoch entwickelte Seelen können aufgrund eingefahrener Gewohnheiten und starker Versuchungen des Ego für kurze Zeit von ihrer erhabenen Stufe herabfallen. Ein Gottsucher mag während der Meditation wundersame Wahrnehmungen und Erkenntnisse haben – und auch die Gabe geistiger Kräfte –, kann aber dennoch plötzlich oder nach und nach von verborgen

[11] Siehe Diskurs 47 (Band II): »*... sie hatten miteinander auf dem Wege darüber gestritten, wer der Größte sei.*« (*Markus* 9, 34) Die Begebenheit, in der die Jünger das vom bösen Geist besessene Kind nicht heilen konnten, wird in Diskurs 46 (Band II) wiedergegeben, in *Matthäus* 17, 14–21.

lauernden egoistischen Neigungen seines Karmas eingefangen werden. Jahre, ja sogar Inkarnationen moralischer und geistiger Disziplin und das wiederholte Erleben ekstatischer Verbundenheit mit Gott sind erforderlich, bis der Gottsucher sein Bewusstsein fest im Unwandelbaren GEIST verankert hat – und auch dann keine Abschwächung in der Wahrnehmung Gottes und der Übereinstimmung mit Ihm erlebt, wenn er seinen weltlichen Pflichten nachkommt. Daher erklärt Jesus seinen Jüngern, dass sie ihre vollkommene SELBST-Erkenntnis wiedererlangen können, wenn sie ihren egoistischen Wünschen entsagen – und besonders, indem sie sich mit der Kraft, welche die Meditation verleiht, willentlich aus der unberechenbaren Knechtschaft des Ego befreien, einschließlich von dessen täuschenden Vorlieben und Abneigungen.[12] Dank des neu gefundenen Salzes der SELBST-Verwirklichung können sie dann ihr menschliches Bewusstsein mit der Unsterblichkeit der Seele im Christusbewusstsein erfüllen.

~

Seht zu, dass ihr keinen dieser Kleinen verachtet. Denn ich sage euch: Ihre Engel im Himmel schauen allezeit das Angesicht meines Vaters im Himmel. (*Matthäus* 18, 10)

»Hütet euch davor, das einfache, demütige Bewusstsein von Kindern gering zu schätzen. Die Kosmische Schwingung, die ich in mir fühle, und das himmlische Kosmische Licht, das ich in mir schaue, offenbaren mir, dass die Astralkörper der Kinder, ›ihre Engel‹ – die aus dem Erdenleben geschieden sind, ohne aus eigenem Willen Weisheit erlangt zu haben – zwischen den Inkarnationen die Möglichkeit erhalten, mit ihrem einfachen, überirdischen Bewusstsein die materialisierte Form jedes höheren Wesens oder Heiligen wahrzunehmen, aus dessen Antlitz das Bewusstsein Gottvaters leuchtet.«

»Engel« bezieht sich auf den Astralkörper, auf die aus neunzehn Elementen bestehende Licht-Gestalt, in welcher die Seele – entsprechend dem Muster ihres Karmas aus der Vergangenheit – nach dem

---

12 »Entsagung ... ist ohne Handlungen, die zur Gottvereinigung führen (Yoga), schwer zu verwirklichen. Durch Yoga-Übungen erreicht der Muni (›jemand, dessen Geist in Gott versunken ist‹) schnell das Unendliche.« (*Gott spricht mit Arjuna – Die Bhagavad-Gita* V, 6).

Tod eingeschlossen bleibt.[13] Der »*Vater im Himmel*« bezeichnet die Gegenwart Gottes im transzendenten Reich, das hinter dem astralen Licht und dem noch feineren kausalen Licht der Weisheit liegt. Ein Mensch, der sich mit seinem physischen Körper und dessen materiellem Umfeld identifiziert, kann nicht sehen, dass die ganze Welt aus Licht und nicht aus Materie besteht; er ist sich daher der Gegenwart Gottes, die allem zugrunde liegt, nicht bewusst. Heilige, die durch Meditation das Überbewusstsein erweckt haben, können den Himmlischen Vater wahrnehmen, der hinter Seinen Traum-Schwingungen aus Licht und Bewusstsein sowohl verborgen ist als auch diesen gleichzeitig auf transzendente Weise innewohnt. Auch Kinder mit reinem Gewissen erfahren den Segen, einen flüchtigen Blick auf das »*Angesicht meines Vaters*« werfen zu dürfen, und zwar, wenn sie sterben, bevor sie sich völlig mit dem physischen Körper und dem Sinnesbewusstsein identifiziert haben, welches das Karma der Unwissenheit fortbestehen lässt.

Die himmlische Erfahrung nach dem Tode von Menschen, die reinen Herzens sind

Die Menschen stellen sich Gott oft als ein ehrwürdiges Wesen in männlicher Gestalt und mit langem Bart vor, das auf einem prunkvollen Thron an einem »*Himmel*« genannten Ort des Weltraums ansässig ist. Irrtümlicherweise wird angenommen, dass alle guten Seelen, die diese himmlische Region erreichen, Gott als diesen gütigen alten Mann sehen. Die Worte »*Angesicht meines Vaters*« bedeuten nicht, dass Gott einen Körper mit bestimmten physischen Merkmalen besitzt und ein Antlitz, das dem eines Mannes gleicht. Es ist nicht möglich, dass Gott Seine Allgegenwart aus der Unendlichkeit zurückzieht, um sich auf *eine* Form zu beschränken; wäre Er nicht überall bewusst gegenwärtig und würde er nicht alles erhalten, würde Sein aus Universen bestehender kosmischer Körper zerfallen. Daher hat Gott nie eine endliche menschliche Gestalt für sich selbst erschaffen, in der Er unverändert allen Seelen in der Astralwelt oder den Heiligen in dieser Welt erscheint, wenn sie mit ihrem Bewusstsein bis in Sein himmlisches Reich vordringen können.[14]

---

[13] Siehe Diskurs 21, Band I, Seiten 424 ff.

[14] »Kann Gott sich jemals als ein menschliches Wesen inkarnieren? Wenn man behauptet, dass Gott etwas *nicht* tun könne, so begrenzt man Ihn. Doch es gibt so viele Dinge, die Gott tun kann, die Er aber nicht tut – jedenfalls nicht so, wie die Menschen es von Ihm erwarten. Es ist nie vorgekommen, dass Gott eine menschliche Gestalt angenommen hat, die ›Gott‹ genannt wurde und unter den Menschen lebte. (›Was heißest

Dennoch kann der Göttliche Vater, der alle Formen aus Seinem eigenen Sein erschaffen hat – ähnlich wie Kälte unsichtbaren Wasserstoff und Sauerstoff zu einem Eisberg gefrieren lassen kann –, durch die materialisierende Kraft Seines göttlichen Willens und die Hingabe des Gottsuchers sich in jeder beliebigen Gestalt kundtun: in der von Jesus, Krishna und von jedem anderen Meister oder Heiligen, der Seinem Verehrer lieb ist; auch kann Er in der engelhaften Form einer Gottheit erscheinen, wie der des Göttlichen Vaters oder der Göttlichen Mutter. Die Seelen der Kinder, die verfrüht zu einer astralen Sphäre aufsteigen, nehmen den Himmlischen Vater meist als Widerspiegelung wahr – in astralen Visionen als engelhafte Wesen oder in der Gestalt von Heiligen und Meistern. Nachdem sie auf diese Weise von Gottes Allmacht gesegnet worden sind, inkarnieren sich die Seelen dieser Kleinen wieder auf Erden, um weiterhin ihr Karma abzuarbeiten und sich letztendlich den vielen befreiten Seelen anschließen zu können, die zu Gott zurückgekehrt sind. Kleine Kinder, deren Geist noch nicht vom weltlichen Bewusstsein durchdrungen ist, sprechen oft von ihren himmlischen Erlebnissen und davon, Gottes Engel gesehen zu haben.

Denn der Menschensohn ist gekommen, zu retten, was verloren war. Was meint ihr? Wenn ein Mensch hundert Schafe hat und sich eines von ihnen verirrt: lässt er dann nicht die neunundneunzig Schafe zurück und geht in die Berge, und sucht das verirrte Schaf? Und wenn es geschieht, dass er es findet, wahrlich ich sage euch, er freut sich mehr über dieses Schaf als über die neunundneunzig, die sich nicht verirrt haben. So ist es auch nicht

---

du mich gut? Niemand ist gut denn der einzige Gott‹, sagte Jesus, um den Unterschied zwischen sich – einem Avatar – und Gottvater, dem Absoluten, dem Gestaltlosen, zu erklären.) Dennoch ist der Herr viele Male herabgestiegen und hat sich im Leben eines völlig befreiten Wesens offenbart, das früher einmal ein durchschnittlicher Mensch gewesen und dann zu einer wahren Widerspiegelung oder einem ›Gottessohn‹ geworden ist. Gott, der allmächtig ist und alles vollbringen kann, manifestiert Seine Allwissenheit durch den menschlichen Körper eines Avatars. Ebenso wie der Ozean des Kosmischen Bewusstseins sich jeder Seelenwelle auf seinem Meeresspiegel bewusst ist, so nimmt die Welle eines Avatars den Ozean des Kosmischen Bewusstseins wahr, der sich durch seinen Körper manifestiert.« (*Gott spricht mit Arjuna – Die Bhagavad-Gita,* Kommentar zu IV, 7–8).

der Wille eures Vaters im Himmel, dass einer von diesen Kleinen zugrunde geht. (*Matthäus* 18, 11–14)[15]

»Das Christusbewusstsein offenbarte sich in meinem Körper, der Jesus genannt wird, damit durch mein Bewusstsein und meine Lehren viele Seelen, die sich in ihren irdischen Leben in der Wildnis weltlicher Wünsche verirrt haben, gerettet und zurück zum göttlichen Vater geführt werden können.

Gott hat eine große Zahl tugendhafter Seelen auf Erden, die sich im Pferch Seiner beschützenden Gegenwart befinden; aber wenn Gott sieht, dass sich eine Seele durch Missbrauch ihres freien Willens und den Einfluss schlechter Gesellschaft zwischen den tückischen Klippen des Egoismus und im Dornengestrüpp eines übermäßigen Körperbewusstseins verirrt hat, sodass sie ihre ernsthaften geistigen Bemühungen vernachlässigt, ist Er in großer Sorge um diese Seele. Aufgrund des früheren guten Karmas dieses Menschen – weil er gewisse geistige Anstrengungen unternommen hatte, bevor er vom Wege abkam – sendet Gott ihm dann irgendeine spirituelle Hilfe oder einen wahren Guru, um den Irregehenden zurück in Seinen Pferch zu geleiten – in ein auf Gott ausgerichtetes, tugendhaftes Leben.

Gott lässt keine Seele für immer in Unwissenheit versinken

Sogar nach dem Tode, in der Astralwelt, wird allen ›Kleinen‹ – sowohl Seelen, die nur wenig Weisheit besitzen als auch den Seelen kleiner Kinder, die ihr Karma auf Erden nicht abgearbeitet haben – Führung durch den göttlichen Willen zuteil, damit sie aus ihrem karmischen Elend hinausfinden. Durch Sein helfendes Eingreifen trägt Gott dazu bei, dass sie sich unter Bedingungen reinkarnieren, die bei der Überwindung ihrer karmischen Schwierigkeiten förderlich sind und ihnen eine neue Gelegenheit bieten, ihre Seele durch Weisheit und geistige Wandlung in der Meditation zu befreien. Alle Seelen gehören zu Gottes Herde, keiner wird die Wachsamkeit und Fürsorglichkeit des Unsichtbaren Hirten entzogen. Verliert sich eine Seele in Unwissenheit, lässt Gott nicht zu, dass sie untergeht; Er wacht stets darüber, dass der Sünder auf irgendeine Weise zur Schar der Rechtschaffenen zurückkehrt.«

Der Mensch kann zwar für einige Zeit vom rechten Weg abkom-

[15] Das Gleichnis Jesu vom Hirten und dem verlorenen Schaf findet sich ebenfalls in *Lukas* 15, 3–7. Siehe auch den dazugehörigen Kommentar in Diskurs 58, Band III.

men, in eine üble Umgebung geraten und verwerflich handeln, aber wie viele Sünden er auch begehen mag, sie können seine ewige göttliche Seelennatur nicht verändern. Sünde ist die Kruste der Unwissenheit, die sich während des ziellosen Umherirrens des Menschen gebildet hat und die die vollkommene Seele verbirgt; wenn die Seele durch Meditation zu Gott zurückgeführt wird, wird die Kruste abgewaschen, und die Vollkommenheit der Seele offenbart sich.

~

> *Versündigt sich aber dein Bruder an dir, so weise ihn unter vier Augen auf seinen Fehler hin. Hört er auf dich, so hast du deinen Bruder zurückgewonnen. Hört er jedoch nicht auf dich, dann nimm noch einen oder zwei mit dir, damit jedes Wort durch die Aussage von zwei oder drei Zeugen bestätigt werden kann. Hört er jedoch nicht auf sie, dann sag es der Gemeinde. Hört er aber auch nicht auf die Gemeinde, dann sei er in deinen Augen wie ein Heide und ein Zöllner.* (*Matthäus* 18, 15–17)

Jesus spricht nicht nur davon, dass man sein eigenes Tun frei von Unrecht halten sollte, sondern auch darüber, wie ein tugendhafter Mensch jemandem begegnen soll, der ihm Schaden zufügt:

»Wenn dein Bruder dir in irgendeiner Weise übel mitgespielt hat, nimm ihn zur Seite und mache ihn in ruhigem Ton auf seine Fehler aufmerksam. Hört er auf dich, hast du den guten Willen und die Liebe deines Bruders wiedergewonnen. Wenn du öffentlich über die Fehler deines Bruders sprichst, wirst du seinen Zorn erregen und sein Vertrauen verlieren und ihn dir auf diese Weise zu einem ständigen Feind machen. Sprichst du dagegen unter vier Augen mit ihm, wird er wissen, dass du ihn nicht lächerlich machen willst, sondern liebevoll versuchst, die Ursache für seine Böswilligkeit zu beseitigen.

Wenn er auf dich allein nicht hören will, dann nimm, um der Wahrheit gerecht zu werden, ein oder zwei vertrauenswürdige, wohlmeinende Freunde mit und versuche in ehrlicher Absicht, die Gesinnung deines Bruders zu ändern. Im Beisein von Zeugen wird dies die Redlichkeit deines Vorhabens verdeutlichen. Stellt sich dein Bruder jedoch aufgrund seiner Bosheit weiterhin taub Dir gegenüber, dann bete an deinem heiligen Andachtsort und im inneren Tempel deines Bewusstseins für ihn. Sprich über sein Verhalten auch mit den

Ältesten deiner Gemeinde (›Kirche‹[16]), die behilflich sein könnten, die Meinungsverschiedenheit zwischen dir und deinem Bruder auszuräumen. Schlägt aber dein Bruder auch deren Rat aus, dann betrachte ihn als jemanden, der die Wahrheit leugnet und der vor dem Tribunal seines eigenen Gewissens als ›*Heide*‹ oder Ausgestoßener (›*Zöllner*‹) dasteht.«

In der zuvor zitierten Bibelstelle betonte Jesus die Tugend, den Einfluss seiner eigenen guten Absichten und denjenigen von ehrenwerten Personen und religiösen Ratgebern geltend zu machen, um das schlafende Gewissen eines vom Irrtum befallenen Bruders wachzurütteln, damit er sich bessert. Sollte der Irregehende uneinsichtig bleiben, würde er sich zumindest von seinem eigenen Gewissen überführt fühlen, das von den liebevollen Bitten und Gedanken des Bruders, von guten Mitmenschen und religiösen Lehrern aufgeweckt wurde. Wenn der bösartig handelnde Bruder es ablehnt, auf annehmbare Weise aus seiner Verblendung gerissen zu werden, ist es besser, ihn mit seinem Gewissen und mit dem strengen Zuchtmeister, den karmischen Folgen seines Verhaltens, allein zu lassen.

> *Wahrlich, ich sage euch: Alles, was ihr auf Erden binden werdet, wird auch im Himmel gebunden sein, und alles, was ihr auf Erden lösen werdet, wird auch im Himmel gelöst sein.* (*Matthäus* 18, 18)[17]

»Vor den Zeugen der Kosmischen Schwingung und der Wahrheit in mir sage ich euch, dass alle schlechten Neigungen, die ihr auf Erden entwickelt, euer irdisches Leben einschränken werden; und diese Neigungen werden eurer Seele auch nach dem Tode, in der Astralwelt, Grenzen setzen. Alle guten Neigungen, die ihr aus eurer Seele hervortreten lasst, werden letztlich nach dem Tode, in der Astralwelt, als deren gute Schwingungen die Freiheit eurer Seele vergrößern

---

[16] Siehe Diskurs 45 (Band II), Seite 370, Fußnote, (*Matthäus* 16, 18). Dort wird die in der King James Bibel [und auch in der Lutherbibel] zu findende Übersetzung des ursprünglichen griechischen Wortes für *Gemeinde* mit »Kirche« erörtert. Eine »Kirche« als solche gab es zurzeit Jesu nicht.

[17] Dieselben Worte werden Jesus in anderem Kontext in *Matthäus* 16, 19 zugeschrieben; siehe Diskurs 45, Band II.

und deren himmlische Erfahrungen vermehren. Dies ist das Gesetz des Karmas, das von Ursache und Wirkung, dessen Urteil für alle Seelen – sowohl auf Erden als auch in der Astralwelt – Gültigkeit besitzt.

Üble Handlungen, die auf Erden begangen wurden, werden im Bewusstsein in die Astralwelt mitgenommen und danach in die nächste Inkarnation, in eine Umgebung mit Bedingungen, die den üblen Auswirkungen des Handelns entsprechen. Auf Erden entwickelte gute Eigenschaften, die ebenfalls nach dem Tode in die Astralwelt mitgenommen werden, ermöglichen eine Wiedergeburt in einer guten irdischen Umgebung. Gute Handlungen auf Erden befreien die Seele, sodass sie im Jenseits schließlich mit Gott vereint sein kann.«

~

> *Weiter sage ich euch: Wenn zwei von euch auf Erden sich einig werden, etwas zu erbitten – was immer es auch sei –, dann werden sie es von meinem Vater im Himmel erhalten. Denn wo zwei oder drei in meinem Namen versammelt sind, da bin ich mitten unter ihnen.* (*Matthäus* 18, 19–20)

»Wo zwei oder drei in meinem Namen versammelt sind«: die Macht der vereinten Konzentration

»Noch einmal sage ich euch: Wenn zwei unter euch ihre Konzentration vereinen, *›eins werden‹*, und innig darum beten, dass eine gerechtfertigte Bitte erhört werde, wird euer Vater im Himmel es wissen und euch durch Seinen Willen auf Erden eurem Anliegen nachkommen. Aber eure vereinte Konzentration muss intensiv und beharrlich sein, um die Gegenwart des Vaters auf einer Ebene zu erreichen, auf der ihr Seine bewusste, unmittelbare Antwort erhaltet und euer redlicher Wunsch erfüllt wird. Wo auch immer sich zwei oder drei Gottsucher *»in meinem Namen«* versammeln, das heißt, in der Meditation auf die Kosmische Schwingung in ihrem Inneren lauschen, werden sie in dieser Schwingung das Christusbewusstsein fühlen.«

Mit seinen Worten *»wenn zwei unter euch eins werden«* hob Jesus hervor, dass der Wille eines Menschen an Kraft gewinnt, wenn er durch den Willen eines anderen unterstützt wird. Ist der starke Wille von zwei oder mehr Menschen in tiefer Meditation über Gott vereint, wird ihr Wille mit dem allmächtigen, alles vollbringenden Göttlichen Willen aufgeladen.

Der Wille des Menschen ist die aktivierende Kraft des Bewusstseins, die ihn zu einem vitalen, denkenden, kreativen Wesen macht, das etwas vollbringen kann. Jede Seele ist ein Kind Gottes und spiegelt den allmächtigen Willen Gottes wider; doch infolge seiner Ichsucht trennt der Mensch seinen Willen vom Göttlichen Willen und begrenzt ihn. Aber wenn ein Gottsucher seinen Willen durch tiefe Konzentration und die Vereinigung mit dem intensiven Willen anderer Wahrheitssucher verstärkt, verwandelt er seinen Willen in den Willen Gottes – er wird sich seines Einsseins mit Gott wieder bewusst, gewinnt auf diese Weise sein göttliches Erbe zurück und besitzt dann die unerschöpfliche materielle oder spirituelle Kraft seines Himmlischen Vaters. Ein Gottsucher sollte nicht erhoffen, über die volle Macht seines Willens und Gebets zu verfügen, bevor er sie nicht durch den Umgang mit spirituell Gleichgesinnten und durch die tiefe Verbindung mit Gott gestärkt hat.

Als Jesus sagte: *»Wo zwei oder drei in meinem Namen versammelt sind, da bin ich mitten unter ihnen«,* betonte er die Kraft gemeinsamer Konzentration: Wenn zwei oder mehrere Gottsucher zusammenkommen, um Gott innerlich anzubeten, verstärkt die machtvollere Konzentration auf Gott der einen Person die geringere Konzentration einer anderen. Doch wenn solche Zusammenkünfte lediglich als eine Gelegenheit zur Diskussion und zum Klatsch, zum halbherzigen Hersagen von Gebeten oder zu geistesabwesend ausgeführten Ritualen wahrgenommen werden, wobei sich keine wahre innere Verbundenheit mit Gott einstellt, ist es unwahrscheinlich, dass die Anwesenden den Göttlichen Ehrengast in ihrer Mitte fühlen werden. Die Ermahnung Jesu war eine Aufforderung an aufrichtige Gottsucher, sich in tiefer Meditation zu vereinen – wobei sie »meinem Namen« lauschen, dem Klang der Kosmischen OM-Schwingung, die verkündet *»da bin ich«,* das Christusbewusstsein, *»mitten unter ihnen«.* In der Kosmischen Schwingung werden sie fühlen, wie sich die Christusintelligenz in ihrem eigenen erhobenen Bewusstseinszustand manifestiert.

Der heilige Johannes sagt in der Offenbarung: *»Ich war im Geist am Tage des Herrn und hörte hinter mir eine große Stimme wie die einer Posaune.«*[18] Die Formulierung *»große Stimme wie die einer Posaune«* bezeichnet den großen Kosmischen Klang des OM, den der Gottsucher in der Meditation hört, sobald er sich Gott nähert. Mit dem Ausdruck *»am Tage des Herrn«* ist der Zeitpunkt gemeint, wenn

[18] *Offenbarung* 1, 10.

das Christusbewusstsein, der Herr der ganzen aus Schwingungen bestehenden Schöpfung, während tiefer Meditation im Bewusstsein des Gottsuchers zu erwachen beginnt.

Das moderne Ideal des Gottesdienstes, das darin besteht, große Gemeinden mit unterschiedlich denkenden Menschen zusammenzubringen, hat den Tempel Gottes in einen Vortragssaal verwandelt. Die Menschen mit ihren rastlosen Gedanken in diesen riesigen Versammlungen wollen von der Ausstrahlung und den intellektuellen Ausführungen eines redegewandten Geistlichen unterhalten werden. Obgleich die Inspiration, die durch Gemeindegottesdienste vermittelt wird, ihren Platz hat, muss es auch kleine Gruppen von Seelen geben, die sich an ruhigen Orten zur Meditation versammeln, um ihren Willen zu vereinen und den Kosmischen Klang des Heiligen Geistes zu vernehmen, der hinter dem Herzschlag vibriert, wodurch in diesen Seelen die intuitive Wahrnehmung des allumfassenden Christusbewusstseins erweckt wird. Anstatt in großen Gemeinden durch Musik und die Persönlichkeit eines religiösen Vortragskünstlers zusammengehalten zu werden, werden einige wenige ernsthafte Gottsucher – wenn sie zusammenkommen, um tief zu meditieren, in ihrem Inneren auf die Stimme Gottes zu lauschen und in die Gegenwart des Christusbewusstseins einzutauchen – durch ihre eigene SELBST-Erkenntnis auf heilige Weise in Gott verbunden sein.

DISKURS 49

»Folge mir nach«: weitere Ratschläge Jesu zur inneren und äußeren Entsagung

Alle, die mit dem Christusbewusstsein im Einklang sind, arbeiten harmonisch zusammen

❖

Jesus warnt davor, spirituelle Kräfte für schändliche Zwecke zu nutzen

❖

Gott bekehrt Übeltäter durch Liebe und nicht durch Gewalt

❖

Jesus fühlte das Universum als seinen Körper und die Allgegenwart als sein Zuhause

❖

Das Leben Jesu veranschaulicht das indische Ideal vollkommener Entsagung

❖

Die Pflicht Gott gegenüber sollte Vorrang vor der Bindung an die Familie haben

❖

Die Psychologie der inneren und äußeren Entsagung

»Alle Gottsucher – ganz gleich, ob sie in einer Familie oder in einem Kloster leben – müssen erkennen, dass Entsagung im Geiste die wichtigste Voraussetzung dafür ist, Gott zu finden. ... Der Weg des Yoga lehrt jeden, der ein Gottsucher sein will, sich mit Gott zu verbinden und nicht nur äußerliche Entsagung zu üben – ganz unabhängig davon, ob der Betreffende in der Welt lebt oder als Entsagender.«

Da antwortete Johannes und sprach: Meister, wir sahen einen, der in deinem Namen böse Geister austrieb; und wir haben es ihm verwehrt, weil er dir nicht mit uns nachfolgt.

Und Jesus sprach zu ihm: Verwehrt es ihm nicht; denn wer nicht gegen uns ist, der ist für uns.

Es begab sich aber, als die Zeit nahte, in der er in den Himmel erhoben werden sollte, da richtete er sein Augenmerk fest darauf, nach Jerusalem zu gehen. Und er sandte Boten vor sich her, die gingen hin und kamen in ein Dorf der Samariter, um eine Unterkunft für ihn zu bereiten. Doch sie nahmen ihn nicht auf, weil er auf dem Weg nach Jerusalem war.

Und als seine Jünger Jakobus und Johannes das sahen, sprachen sie: Herr, willst du, dass auf unseren Befehl Feuer vom Himmel fällt und sie vernichtet, so, wie es auch Elia getan hat?

Jesus aber wandte sich um und tadelte sie und sprach: Ihr wisst nicht, wes Geistes Kind ihr seid. Der Menschensohn ist nicht gekommen, um Menschen zu vernichten, sondern um sie zu retten. Und sie gingen in ein anderes Dorf.

Es begab sich aber, als sie auf dem Weg waren, da sprach einer zu ihm: Herr, ich will dir folgen, wohin du auch gehst.

Und Jesus sprach zu ihm: Die Füchse haben Höhlen, und die Vögel des Himmels haben Nester; aber der Menschensohn hat nichts, wo er sein Haupt hinlegen kann.

Zu einem anderen sagte er: Folge mir nach!

Der aber sprach: Herr, erlaube mir, vorher heimzugehen und meinen Vater zu begraben. Aber Jesus sprach zu ihm: Lass die Toten ihre Toten begraben; geh du aber hin und verkündige das Reich Gottes!

Und ein anderer sprach: Herr, ich will dir nachfolgen; aber erlaube mir zuvor, mich von denen zu verabschieden, die in meinem Hause sind.

Jesus aber sprach zu ihm: Niemand, der seine Hand an den Pflug legt und zurückblickt, ist tauglich für das Reich Gottes.

Lukas 9, 49–62

DISKURS 49

»Folge mir nach«: weitere Ratschläge Jesu zur inneren und äußeren Entsagung

Da antwortete Johannes und sprach: Meister, wir sahen einen, der in deinem Namen böse Geister austrieb; und wir haben es ihm verwehrt, weil er dir nicht mit uns nachfolgt.

Und Jesus sprach zu ihm: Verwehrt es ihm nicht; denn wer nicht gegen uns ist, der ist für uns. (Lukas 9, 49–50)

Parallelstelle:

Johannes aber antwortete ihm und sprach: Meister, wir sahen einen, der in deinem Namen böse Geister austrieb, und er folgt uns nicht nach; und wir haben es ihm verwehrt, weil er uns nicht nachfolgt.

Jesus aber sprach: Verwehrt es ihm nicht. Denn niemand, der in meinem Namen ein Wunder tut, wird so leicht schlecht von mir reden. Wer nicht gegen uns ist, der ist für uns. Denn wer euch in meinem Namen einen Becher Wasser zu trinken gibt, weil ihr Christus angehört, wahrlich, ich sage euch, er wird seinen Lohn nicht verlieren. (Markus 9, 38–41)

»Geliebte Jünger, ihr solltet niemanden, der in meinem Namen – durch die vom Christusbewusstsein ausgehende Kraft der

Kosmischen Schwingung – Heilungen vollbringt, nur deswegen verurteilen, weil er sich uns nicht anschließt. Es spielt keine Rolle, ob er äußerlich unserem Weg folgt oder nicht; solange er im Einklang mit dem Christusbewusstsein lebt, ist er mit mir und mit uns allen eins und berechtigt, leidende Kinder Gottes zu heilen. Das Gesetz des göttlichen Heilens mithilfe der vom Christusbewusstsein durchdrungenen kosmischen Schwingungskraft ist universell, und niemand hat ein Monopol darauf.

Wer durch das Christusbewusstsein Wunderheilungen vollbringt, steht in keiner Weise im Widerspruch zu mir, denn in mir hat sich das Christusbewusstsein vollkommen offenbart. Wenn sein Vorgehen nicht gegen unsere Prinzipien verstößt, stimmt er wahrhaftig mit uns überein.

Alle, die mit dem Christusbewusstsein im Einklang sind, arbeiten harmonisch zusammen

Wer im Geist des Christusbewusstseins anderen einen Dienst erweist, der wird nicht auf einen entsprechenden Lohn verzichten müssen. Selbst wenn er euch lediglich ein Glas Wasser anbietet, um euren Durst zu stillen, wird diese Handlung ihm Gutes bringen, weil das Christusbewusstsein, das sich durch euch offenbart und allen Menschen innewohnt, darauf antwortet. Wer euch wohlwollend behandelt, stellt sich auf das Christusbewusstsein ein, das in euch gegenwärtig ist, und er wird mit einer Erweiterung seines Bewusstseins belohnt, denn durch diese Übereinstimmung zieht er unausbleiblich die guten Eigenschaften des Christusbewusstseins an.«

Ebenso wie es nur einen Gott gibt, gibt es auch nur die eine Wahrheit. Diejenigen, die wirklich wissen, was Wahrheit ist, weil sie diese tatsächlich als intuitive Erkenntnis erlebt haben, widersprechen sich im Wesentlichen nicht. Da aber Seelen, die Gott erkannt haben, die Wahrheit in unterschiedlicher Weise ausdrücken – je nachdem, welcher Region, welchem Zeitalter und welchem Zweck ihre Mission gilt –, verlieren Jünger mit begrenztem Verständnis die eine, allem zugrunde liegende Wahrheit aus den Augen und betonen die oberflächlichen Unterschiede. Aus diesem Grunde gibt es viele Religionen und innerhalb dieser zahlreiche unterschiedliche Bekenntnisse und Sekten, die eifrig andere Wege für falsch erklären. Wie wichtig ist es doch, dass Religionsfanatiker, die denken: »Meine Religion ist die einzig wahre«, sich darauf konzentrieren, SELBST-Erkenntnis zu erringen, um durch die unumstößliche Wahrnehmung Gottes und der Wahrheit die Mauern der Entzweiung und Intoleranz niederzureißen und somit Raum zu schaffen für die allumfassende Eine Wahrheit, die den Schrein einer jeden Glaubensrichtung zu ihrem Heim machen möchte.

~

Es begab sich aber, als die Zeit nahte, in der er in den Himmel erhoben werden sollte, da richtete er sein Augenmerk fest darauf, nach Jerusalem zu gehen. Und er sandte Boten vor sich her, die gingen hin und kamen in ein Dorf der Samariter, um eine Unterkunft für ihn zu bereiten. Doch sie nahmen ihn nicht auf, weil er auf dem Weg nach Jerusalem war.

Und als seine Jünger Jakobus und Johannes das sahen, sprachen sie: Herr, willst du, dass auf unseren Befehl Feuer vom Himmel fällt und sie vernichtet, so, wie es auch Elia getan hat?

Jesus aber wandte sich um und tadelte sie und sprach: Ihr wisst nicht, wes Geistes Kind ihr seid. Der Menschensohn ist nicht gekommen, um Menschen zu vernichten, sondern um sie zu retten. Und sie gingen in ein anderes Dorf. (Lukas 9, 51–56)

»Ihr verhaltet euch, als wäret ihr euch des göttlichen Ebenbildes, als das ihr erschaffen seid, nicht bewusst. Sonst würdet ihr keine Rachegefühle hegen, wenn man euch schlecht behandelt; denn es ist nicht eure Seelennatur, sondern die Kraft des Bösen, die satanische Emotionen hervorruft. Das Christusbewusstsein offenbart sich in meinem Körper (dem Menschensohn) und latent auch in eurem nicht zu dem Zweck, das Leben derer zu zerstören, die Übles tun, sondern um sie durch die größere Kraft göttlicher Verhaltensweisen von den Fesseln des Todes und der Täuschung zu erlösen.«

Jesus warnt davor, spirituelle Kräfte zu schändlichen Zwecken zu nutzen

Jesus hatte seine Jünger schon früher davor gewarnt, die ungeheure Macht, die ihnen mit der spirituellen Erweckung innerer göttlicher Kräfte verliehen worden war, nicht für ungute Zwecke oder in rachsüchtiger Weise zu benutzen.[1] Hier ermahnt er sie nochmals, stets zu prüfen, ob ihre Beweggründe den natürlichen Eigenschaften der Seele entspringen oder von satanischen Neigungen herrühren, die

[1] *»Deshalb seid klug wie die Schlangen und ohne Falsch wie die Tauben.«* (*Matthäus* 10, 16) Siehe Kommentar in Diskurs 41, Band II.

auf dem Weg der Unwissenheit in ihr Bewusstsein eingedrungen sind. Er wollte seine Jünger zu der Erkenntnis führen, dass sie, um Gott zu gefallen, durch gute Handlungen die vollkommene Güte des Vaters in ihrer eigenen Seele hervorbringen müssen. Allzu oft wird die Gegenwart des Göttlichen im Menschen von Satan verdunkelt, indem dieser ihn zu Zorn, Eifersucht, Rache und destruktivem Verhalten anstachelt – zu der ganzen Unzahl vom Bösen hervorgerufener Verhaltensweisen, die man aufgeben und aus seinem eigenen Wesen verbannen muss.[2]

Jesus kam, um menschliches Leben zum Bewusstsein des ewigen Lebens in Gott zu erweitern, und nicht, um das Leben derjenigen, die mit Bösem beladen sind, zu zerstören und mit dem Tode in Vergessenheit geraten zu lassen. Wer der Versuchung erliegt, die göttliche Kraft zu missbrauchen, um sich zu rächen oder einen selbstsüchtigen Zweck zu verfolgen, macht sich zum Werkzeug Satans. Als Jesus von seinen Feinden verhaftet wurde, um ihn vor den Hohen Priester Kaiphas zu bringen, sagte er: »*Oder meinst du, ich könnte meinen Vater nicht bitten und er würde mir sogleich mehr als zwölf Legionen Engel schicken?*«[3] Mit den himmlischen Kräften, die Jesus zur Verfügung standen, und mit der machtvollen Ausstrahlung seines geistigen Auges hätte Jesus seine Feinde vernichten können. Stattdessen vergab er ihnen. Durch dieses Verhalten wurde sein Leben für alle Zukunft zu einem weit geöffneten Portal, durch das das Licht Gottes strömt.

Wer Hass mit mehr Hass erwidert und Übel mit noch größerem Übel bekämpft, verstärkt die Kraft der Bösen Macht. Die Macht Satans kann einzig und allein durch die gute Kraft Gottes gebrochen werden. Die Menschen begehen meist den Fehler, Zorn mit Zorn zu begegnen. Die Geschichtsbücher sind voll mit Beispielen von Kriegen, in denen man schlechte Menschen mit Feuer und Schwert besiegen wollte; aber durch Gewalt allein können keine dauerhaften Ergebnisse erzielt werden. Durch zerstörerische Methoden mögen solche Menschen zwar physisch bezwungen werden, aber das Böse und der Zorn in ihren Herzen brodeln weiter und werden, wenn diese nicht

---

[2] »Wer auf dieser Erde bis zum Zeitpunkt seines Todes Herr über all seine Wünsche geworden ist und alle Regungen der Begierde und des Zorns besiegt hat, ist ein wahrer Yogi. Er ist ein glücklicher Mensch! ... Entsagende, die keine Wünsche mehr haben und frei von Zorn sind, die ihre Gedanken beherrschen können und SELBST-Verwirklichung erlangt haben, sind sowohl in dieser Welt als auch in der jenseitigen vollkommen frei.« (*Gott spricht mit Arjuna – Die Bhagavad-Gita* V, 23. 26).

[3] *Matthäus* 26, 53 (siehe Diskurs 73, Band III).

geheilt werden, zunehmen und mit der Zeit neue Wege finden, die angestaute Feindseligkeit ausbrechen zu lassen. Mit Gewalt kann man Menschen zwar in ihre Schranken weisen, aber nicht gänzlich kontrollieren. Die höchste und wirksamste Kraft ist die Liebe Gottes, die ein aufrichtiges Herz verschenkt. Nur die Liebe kann in übelwollenden Personen Feindschaft wirklich ausmerzen. Die Schwingungen göttlicher Liebe stellen eine schweigende Kraft dar, die in subtiler Weise heilsame Wandlungen bewirkt.

Wenn man sich standhaft weigert, einen Schlag mit einem Gegenschlag zu erwidern, wenn man nicht zulässt, dass feindselige Gedanken im eigenen Inneren Fuß fassen, entwickelt sich im Herzen eine ungeheure Kraft der Liebe. In dieser Liebe und der damit verbundenen Vergebung zeigt sich das erste Aufkeimen göttlicher Glückseligkeit, ohne die es keine Seelenfreiheit gibt. Solange die spirituelle Kraft noch dazu herbeigewünscht oder benutzt wird, andere zu kontrollieren oder zu verletzen, kann der, welcher diese Kraft missbraucht, unmöglich Befreiung erlangen.

Gott bekehrt Übeltäter durch Liebe und nicht durch Gewalt

Wer Gott erkennen will, muss sich wie Gott verhalten. Ganz gleich, wie schlecht ein Mensch ist oder wie oft er gegen die göttlichen Gesetze verstößt, Gott benutzt seine Allmacht niemals dazu, einen Übeltäter zu vernichten. Der schlechte Mensch zerstört sich selbst durch die Folgen seiner Sünden. Obwohl Millionen Menschen sich ihren üblen Neigungen hingeben, erleben wir nicht, dass sie auf dramatische Weise durch mächtige, vom Himmel geschleuderte Blitze bestraft werden; Gott zieht es vor, die Menschen durch Liebe und Weisheit zu verwandeln, die er ihrem Gewissen eingibt. Er beeinflusst nicht den freien Willen des Menschen, zwischen Gut und Böse zu wählen, indem Er die üblen Handlungen gewaltsam beendet. Für diejenigen, die sich Zeit damit lassen, aus Gottes Zuflüsterungen zu lernen, gibt es jedoch die im Schneckentempo erfolgende Entfaltung innerer Weisheit durch den bewährten, viele Inkarnationen anhaltenden Prozess des Ausprobierens, den von Handlung und ihren Folgen – oft eine schmerzhafte Entwicklung, der aber immer die magnetische Anziehung von Gottes Liebe zugrunde liegt.

Gott ist Liebe. Sein schweigender, liebevoller Ruf zieht schließlich jeden Missetäter zurück in die Göttliche Heimat. Gott versucht, das Erwachen Seiner irrenden Kinder durch den Einfluss Seiner demütigen, vergebungsbereiten wahren Heiligen und Verehrer zu beschleunigen.

Christusähnliche, mit Gott verbundene Seelen haben durch ihre Lehren und ihr Vorbild eindeutig verkündet, dass jeder, der Ihn erkennen will, göttliche Eigenschaften zum Ausdruck bringen muss: Er muss Böses durch Gutes überwinden, Hass durch Liebe, rachsüchtiges Handeln durch liebevolle Vergebung und hilfreiches Verhalten, Unfreundlichkeit durch freundliches Entgegenkommen, Härte durch Güte, Stolz durch Demut, Grausamkeit durch Gutherzigkeit, Ungerechtigkeit durch Gerechtigkeit, Falschheit durch Aufrichtigkeit, Eifersucht durch Liebe, Versuchung durch Selbstbeherrschung und Meditation, Rastlosigkeit durch Ruhe, verletzende Rede durch besonnene Worte, übles Betragen durch beispielhaftes Benehmen, Selbstsucht durch offenherzige Selbstlosigkeit, und theologische Arroganz durch SELBST-Verwirklichung.

Christusähnliche Seelen benutzen ihre göttliche Kraft wie der Himmlische Vater, nämlich nur dazu, Gottes irrende Kinder zu verwandeln, aber niemals, um ihnen Schaden zuzufügen. Dunkelheit kann nur durch Licht vertrieben werden. Sünde kann nur durch Rechtschaffenheit beseitigt werden, die sich auf Vergebung und Liebe stützt – dadurch werden die Wunden, die Unwissenheit und die Erbitterung irrender Herzen geheilt. Durch sein Leben gab Jesus ein wunderbares Beispiel für erhabene, demütige, allmächtige Göttlichkeit, um den Weg zu erhellen, der den Menschen aus der Dunkelheit hinausführt.

~

Es begab sich aber, als sie auf dem Weg waren, da sprach einer zu ihm: Herr, ich will dir folgen, wohin du auch gehst.

Und Jesus sprach zu ihm: Die Füchse haben Höhlen, und die Vögel des Himmels haben Nester; aber der Menschensohn hat nichts, wo er sein Haupt hinlegen kann. (*Lukas* 9, 57–58)[4]

Mit diesen Worten beklagte sich Jesu weder, dass ihm irgendetwas fehle, noch jammerte er über sein Wanderleben. Alle großen Meister sind eins mit dem GEIST; sie nehmen das Unendliche als ihr einziges Bewusstsein wahr, das den gesamten physischen Kosmos, zu dem auch ihre menschlichen Gestalten gehören, durchdringt. Jesus erlebte das Universum als seinen Körper und die unbegrenzte Allge-

---

[4] Vgl. Parallelstelle in *Matthäus* 8, 19–20.

genwart als sein Zuhause. Ihm lag nichts daran, sich mit einer kleinen physischen Gestalt zu identifizieren oder diese an einem bestimmten Punkt des Raums unterzubringen, umgeben von einer Ansammlung alltäglicher Gegenstände; sein Wohnsitz war überall, alles und jedes war Teil seines allumfassenden Christusbewusstseins.

Jesus fühlte das Universum als seinen Körper und die Allgegenwart als sein Zuhause

»Der Instinkt lehrt die Füchse, in Erdlöchern zu wohnen, und die Vögel des Himmels, Nester zu bauen; aber da das Christusbewusstsein in meinem Körper (im Menschensohn) allgegenwärtig ist, beschränkt es sich nicht auf einen bestimmten Punkt des Raumes, um dort die ihm innewohnende Weisheit (sein Haupt) hinzulegen.«

Wie die Tiere in ihren Höhlen und die Vögel in ihren Nestern zu Hause sind, so engt auch ein Mensch mit begrenztem Bewusstsein die Vorstellung von einem Zuhause auf einen bestimmten Ort ein. Der befreite Mensch dagegen fühlt sich an keinem Ort innerhalb oder jenseits des Kosmos als ein Fremder.

Der persische Seher Omar Chajjam schrieb in seinen berühmten Rubaiyat über das von keinerlei Bindungen behinderte Dasein der befreiten Seele. In der Glückseligkeit des Einsseins mit Gott (dem ewig unwandelbaren »Mond meiner Freude«) jubilierte der Dichter:

O Mond meiner Freude, niemals wirst du vergehn.
Am Himmel steigt nun erneut der Mond wieder auf:
Wie oft versucht er es noch, im selben Garten
Nach mir zu spähen – doch stets umsonst.[5]

»Der kleine Garten des äußeren Universums vermag meinem erweiterten, von der Allgegenwart durchdrungenen Wesen nicht länger Raum zu bieten. Mond am Himmel, Sonne, Sterne, alle Naturerscheinungen, die ihr dem dualistischen Wechsel des Aufsteigens und Absinkens unterworfen seid, haltet nicht länger innerhalb der Grenzen eines vergänglichen Kosmos nach mir Ausschau. Ich bin eins mit dem transzendenten GEIST.«

Diese absolute Freiheit drückte Jesus dem Schriftgelehrten gegenüber aus, der gelobt hatte, ihm überallhin zu folgen, *»wo du hingehst«*: »Meine Heimat ist die unermessliche Unendlichkeit des

[5] *Die Rubaijat des Omar Chajjam*, Vierzeiler LXXIV, ins Englische übersetzt von Edward FitzGerald. Paramahansa Yoganandas enthüllende, spirituelle Deutung dieses lyrischen Klassikers, *Der Wein des Mystikers*, wurde von der Self-Realization Fellowship veröffentlicht.

Bewusstseins meines Vaters. Dorthin folge mir, du, der du mein Jünger sein möchtest!«

Die Worte Jesu weisen auch auf seinen Lebensstil vollkommener Entsagung hin, der mit der uralten indischen Tradition wandernder Bettelmönche vergleichbar ist. In Übereinstimmung mit den Grundsätzen dieser Mönchsorden, die in Indien seit alten Zeiten ununterbrochen befolgt werden, empfand Jesus keine Bleibe als sein Zuhause und häufte kein Geld für Nahrung oder Kleidung an; er heiratete nicht und betrachtete seine irdischen Verwandten nicht als seine einzige Familie. Er forderte auch von seinen Aposteln das strikte Leben der Entsagung: »*Und er gebot ihnen, nichts mit auf den Weg zu nehmen als nur einen Wanderstab; keine Tasche, kein Brot, kein Geld im Gürtel, Sandalen aber sollten sie tragen, jedoch nicht zwei Hemden anzuziehen.*« (*Markus* 6, 8–9; siehe Diskurs 40, Band II). »*Darum kann keiner von euch mein Jünger sein, wenn er nicht allem entsagt, was er hat.*« (*Lukas* 14, 33; siehe Diskurs 58, Band III). »*Verkauft, was ihr habt, und gebt Almosen. Macht euch Beutel, die nicht veralten, erwerbt einen unvergänglichen Schatz im Himmel, wo sich kein Dieb nähert und wo keine Motten ihn fressen. Denn wo euer Schatz ist, da wird auch euer Herz sein*« (*Lukas* 12, 33–34; siehe Diskurs 56, Band II). Die natürliche Folge äußerer Entsagung ist das mit innerer Entsagung einhergehende Nicht-Anhaften: »*Sorget nicht um euer Leben, was ihr essen und trinken werdet; auch nicht um euren Leib, was ihr anziehen werdet*« (*Matthäus* 6, 25; siehe Diskurs 29, Band I). Das bedeutet: Seht euren Körper als einen Teil Gottes an und betont nicht das ihm zugehörige weltliche Bewusstsein; vergeistigt den Körper, indem ihr euer Bewusstsein mit dem Gottesbewusstsein in Einklang bringt, und ihr werdet erkennen, dass euer Leben unmittelbar von eurem Schöpfer erhalten wird.

Das Leben Jesu veranschaulicht das indische Ideal vollkommener Entsagung

Ein Gott geweihtes, von Gott getragenes Leben wurde von einigen der größten Propheten Indiens gepriesen, zum Beispiel von Buddha, Swami Shankara und Sri Chaitanya. Die Eingeweihten des Swami-Ordens, der von Swami Shankara reformiert wurde, und die Mitglieder des buddhistischen Ordens (der aus vorchristlicher Zeit stammt) folgen ebenfalls den oben erwähnten Grundsätzen der Entsagung.[6]

[6] In *The Vision of God* (New York: Longmans, Green and Co., 1932) macht Dr. Kenneth E. Kirk, anglikanischer Bischof von Oxford, darauf aufmerksam, dass Jesu Ideale der Entsagung nicht aus traditioneller jüdischer Lehre abgeleitet sind: »Die in

Westliche Menschen vergessen leicht, dass die Bibel zum Schrifttum des Ostens gehört und dass Jesus ein Orientale war. Daher wird er im Osten in vieler Hinsicht besser verstanden als im Westen, wo die Interpretation der christlichen Schriften meist weitgehend an einen Lebensstil angepasst wird, der spirituell gesehen geringere Anforderungen stellt. Jesus führte ein Leben der Entsagung und des Zölibats, aber die Menschen des Westens haben kein großes Interesse, dieser Lebensweise zu folgen. Sie suchen sich aus den Lehren Jesu nur so viel heraus, wie sie ohne Beeinträchtigung ihrer Art zu leben aufnehmen können. Einige katholische Ordensangehörige und einige wenige andere Menschen im Westen führen tatsächlich das ganz auf Entsagung ausgerichtete Leben, das Christus forderte (und werden zu heiligen Vorbildern); im Osten dagegen wurde auf dieses Ideal sowohl im alltäglichen als auch im spirituellen Leben Wert gelegt.

In Ost und West gibt es Menschen, welche die notwendige innere Haltung der Entsagung auf beispielhafte Weise vorgelebt haben – sowohl im gewöhnlichen Leben als auch in klösterlicher Abgeschiedenheit. Bhagavan Krishna, ein göttlicher König, dem die erhabenen Yoga-Lehren der Bhagavad-Gita zugeschrieben werden, betonte, wie man in der Welt leben kann, ohne ihr verhaftet zu sein.[7] König Janaka, ein Herrscher im alten Indien, war ein erleuchteter Heiliger, der dieses Ideal der vollkommenen inneren Entsagung verwirklichte. In neuerer Zeit gab Lahiri Mahasaya mit seinem Leben ein ebensolches Beispiel.

Swami Shankara pries Weisheit und Entsagung; Jesus betonte Hingabe und Entsagung. Wie Shankara war auch Jesus ein *Sannyasi*,

---

den Evangelien vertretene asketische Grundhaltung steht in keiner erkennbaren Beziehung zum damaligen Judentum. Fremd wirken auf das Denken des [jüdischen] Volkes Textstellen, die dazu auffordern, die andere Wange hinzuhalten, die dazu ermahnen, nicht für den morgigen Tag zu sorgen, keine irdischen Schätze anzusammeln, die Eltern zu verlassen, auf Besitz zu verzichten, sein Kreuz zu tragen.« Obwohl Bischof Kirk zu dem Schluss kommt, dass die geschichtliche Herkunft dieser Lehren im Dunkeln liegt, führen andere Historiker sie als Beweis an für Jesu Verbindung zu Indien. Der bedeutende Gelehrte (und frühere Präsident Indiens) Dr. Sarvepalli Radhakrishnan schreibt in *Eastern Religions and Western Thought* (Oxford University Press, 1939): »In seiner Lehre vom Reich Gottes, vom ewigen Leben, vom Wert der Askese und sogar vom zukünftigen Leben bricht Jesus Christus mit der jüdischen Tradition und nähert sich dem hinduistischen und buddhistischen Denken. Obwohl ein historischer Zusammenhang zwischen dem Judentum und seiner Lehre besteht, geht sie in ihren wesentlichen Punkten nicht aus diesem hervor.« *(Anmerkung des Herausgebers)*

[7] Die Wege der äußeren Entsagung und der yogischen inneren Entsagung werden auf den Seiten 462 ff. erklärt, außerdem in Diskurs 40, Band II.

jemand, der dem Weg vollkommener innerer und äußerer Entsagung folgt. Das Sanskritwort *sannyas*, dessen Wurzel »wegwerfen« bedeutet, bezeichnet jemanden, der sich von allem Hinderlichen befreit, das durch die Identifizierung mit dem begrenzten Körper, Geist und Ego entsteht, indem er als sein Selbst nur den GEIST anerkennt. Jesus, der seine Liebe über die Grenzen von Familienbanden und -bindungen hinaus erweitert hatte, sagte: »*Wer ist meine Mutter und wer sind meine Brüder?*« Shankara drückte seine transzendente Freiheit in ähnlicher Weise aus: »Nicht Tod, nicht Geburt, nicht Kaste kenn ich. Vater, Mutter habe ich nicht.« Und der große Swami fährt fort: »Sinne, Verstand, Gefühl bin ich nicht; Himmel, Erde, Gestein bin ich nicht; ich bin Er, ich bin Er, ich bin GEIST, ich bin Er!«[8] Ähnlich erklärte Jesus: »*Ich und mein Vater sind eins.*«

Wer als Entsagender in einer Ordensgemeinschaft lebt, legt seinen Familiennamen ab. Der Familienname weist auf die Nation und die bestimmte Familie hin, denen eine Person angehört. Mitglieder religiöser Orden erhalten jedoch neue Namen, die darauf hinweisen, dass die Betreffenden entweder nach dem Einssein mit Gott streben oder dass sie eine Seiner heiligen Eigenschaften offenbaren wollen oder dass sie dem Vorbild eines Seiner Heiligen nacheifern. Der Name »Yogananda« ist abgeleitet von *Yoga*, was »göttliche Vereinigung«, und von *Ananda*, was »Glückseligkeit« bedeutet. »Glückseligkeit durch göttliche Vereinigung« – jemand, der mit der Glückseligkeit des GEISTES eins ist. Meinen ursprünglichen Familiennamen gab ich auf, als ich die heilige *Sannyas*-Weihe von meinem Guru empfing und als Mitglied des altehrwürdigen Swami-Ordens von ihm diesen neuen Namen erhielt.

Einige Swamis üben Nicht-Anhaften, indem sie ständig von einem Ort zum anderen ziehen und sich nie länger als drei Tage in derselben Unterkunft aufhalten; auf diese Weise achten sie die Wahrheit, dass Gott überall gegenwärtig ist, denn wo sie auch sind, finden sie ihr Zuhause in Ihm. Selbst wenn Swamis in Klöstern oder Einsiedeleien leben, wird ihnen auferlegt, ihr Bewusstsein von persönlichen Bindungen freizuhalten, ihre heilige Umgebung als einen Platz zu pflegen, welcher der Suche und dem Dienst Gottes geweiht ist und stets eingedenk zu sein, dass der GEIST ihre wahre Heimat und Zuflucht ist.

Wenn ein Gottsucher sich in seinem Bewusstsein auf einen Körper

---

[8] Die hier zitierten Worte Swami Shankaras wurden von Paramahansa Yogananda vertont, in *Kosmische Lieder* (herausgegeben von der Self-Realization Fellowship).

oder eine Wohnstätte begrenzt, verliert er den allgegenwärtigen GEIST in seinem Inneren aus den Augen. Wer sich an seinen Körper und an seine Bleibe bindet, demütigt die Seele durch drastische Einschränkungen. Der Yogi ist das Musterbeispiel für einen wandernden Asketen. Seine Erkundungen finden in der Unendlichkeit des GEISTES statt. Er hält seine Augen und sein Bewusstsein geschlossen vor der Enge des Vergänglichen und meditiert über die unermessliche ewige Sphäre des GEISTES – über ihm, unter ihm und um ihn herum; in ekstatischer Freude gewinnt seine Seele wieder ihre bisher vergessene Identität mit dem Einen, der alles durchdringt. *»Der Himmel ist mein Thron und die Erde der Schemel für meine Füße; was für ein Haus wollt ihr da für mich bauen? spricht der Herr, oder wo ist die Stätte, an der ich ruhen soll? Hat nicht meine Hand das alles gemacht?«*[9]

Zu Wahrheitssuchern, die wie er selbst dem Weg völliger äußerer und innerer Entsagung folgten, sagte Jesus: *»Und jeder, der um meines Namens willen Häuser oder Brüder oder Schwestern oder Vater oder Mutter oder Frau oder Kinder oder Äcker verlässt, der wird das Hundertfache empfangen und das ewige Leben erben.«* (*Matthäus* 19, 29)[10] Wer das Bewusstsein, nur an einem Ort zu Hause zu sein, und die Identifikation mit »ich, mir und mein« aufgibt, empfängt Gottes unendliches Reich und alle Schätze der Schöpfung als sein Erbteil. Das Universum ist sein Zuhause, die ganze menschliche Familie ist seine Familie und der göttliche GEIST sein Vater, seine Mutter, sein Freund und sein Geliebter Gott.

~

Zu einem anderen sagte er: Folge mir nach!

Der aber sprach: Herr, erlaube mir, vorher heimzugehen und meinen Vater zu begraben. Aber Jesus sprach zu ihm: Lass die Toten ihre Toten begraben; geh du aber hin und verkündige das Reich Gottes! (*Lukas* 9, 59–60)[11]

»Folge meinem lebendigen Geist und meinen Lehren, die das ewige Leben schenken, und überlasse es den spirituell Toten,

---

[9] *Apostelgeschichte* 7, 49–50.

[10] Siehe Diskurs 63, Band III.

[11] Vgl. Parallelstelle in *Matthäus* 8, 21–22.

sich um das Beerdigungsritual für den Körper deines verstorbenen Vaters zu kümmern. Als mein Jünger erkennst du Gott als deinen Vater an und dass deine erste Pflicht darin besteht, Ihm und Seinem Werk zu dienen, indem du Seelen zu Seinem Reich führst; lass nicht zu, dass gesellschaftliche oder familiäre Ansprüche dieser Pflicht gegenüber Vorrang haben.«

Die Pflicht Gott gegenüber sollte Vorrang vor der Bindung an die Familie haben

Bei einer anderen Gelegenheit hatte Jesus das göttliche Gebot zitiert: *»Du sollst Vater und Mutter ehren.«* (*Matthäus* 15, 4); mit den einleitenden Versen oben brachte er nicht zum Ausdruck, dass ein Sohn seinem Vater keine Achtung entgegenbringen solle. Jesus sagte zu seinem Jünger: *»Lass die Toten ihre Toten begraben«*, weil er im Bewusstsein des Jüngers dessen Prioritäten ändern wollte – hinsichtlich der Beziehung zu seiner Familie und seiner göttlichen mit Jesus; mit dieser zweiten würde er eine größere Verpflichtung eingehen: den geistigen Bedürfnissen der erweiterten, kosmischen Familie Christi zu dienen. Der Meister erinnerte den Jünger daran, dass es wichtiger sei, dem Ruf zu folgen, Gott zu erkennen und mit dem Christusbewusstsein im Einklang zu sein, als sich durch den Einfluss der Täuschung aufhalten zu lassen und sich verpflichtet zu fühlen, für das Begräbnis des Vaters zu sorgen. Es gebe so viele spirituell tote Menschen, die an gesellschaftliche Traditionen gebunden sind und taub für den gewichtigeren Ruf, sich Gott zuzuwenden; diese Menschen seien bereit und in der Lage, das Nötige für einen toten, nicht länger nützlichen Körper zu tun.

In Indien ist es üblich, dass der Sohn die Einäscherungszeremonie für den Vater oder die Mutter vornimmt. Er ist der Erste, der das Feuer an den Scheiterhaufen legt. Aber einem Swami, der die Bande zu seiner eigenen Familie zerschnitten hat und sich mit Gottes universeller Familie identifiziert, wird vorgeschrieben, dass er diese Verpflichtung gegenüber heimgegangenen Verwandten aufgibt. Da er sich in dieser kosmischen Filmvorführung des Weltdramas nicht länger auf die Zugehörigkeit zu einer einzigen Familie beschränkt und da er sich bewusst ist, ein Angehöriger von Gottes Familie zu sein, und beim Tod der Mitglieder dieser Familie auch nicht die Aufgabe hat, die Einäscherung zu leiten – warum sollte er daher bei den Verstorbenen seiner leiblichen Familie anders vorgehen?

Geistig gesehen begeht ein Swami keine Sünde, wenn er die letzten Riten für Verwandte vollzieht. Selbst der Gründer des Swami-Ordens,

Swami Shankara, setzte sich über die Regeln seines Ordens hinweg und übergab den Körper seiner Mutter den Flammen. Weil es niemand anderen gab, der diese Pflicht ausüben konnte, heißt es, dass Swami Shankara selbst kam und ein göttliches Feuer aufflammen ließ, um die sterbliche Hülle seiner Mutter zu verbrennen. Die Ordensvorschrift soll nicht verhindern, dass ein Swami notwendige Handlungen für seine abberufenen Verwandten vornimmt, wenn es keinen anderen gibt, der dies tun kann; sie soll ihn aber daran erinnern, sich nicht ausschließlich mit der Familie zu identifizieren, in die er hineingeboren wurde. Auch soll er sich nicht verpflichtet fühlen, deren Traditionen zu folgen, nachdem er sich innerlich bewusst von der Zugehörigkeit zu einer einzigen Familie gelöst hat, um ein Mitglied der universellen Familie zu werden, von der die eigenen Verwandten nur ein Teil sind.

Der erste Schritt zur Erweiterung der Liebe beginnt im eigenen Heim mit der Liebe zur eigenen Familie und damit, über reine Selbstbezogenheit hinauszuwachsen und für die Familienmitglieder zu sorgen. Entsagende gehen über diesen engen Kreis ehelicher und familiärer Fürsorge hinaus, um ihre erweiterte Familie zu lieben und ihr zu dienen. Dies zeugt von einem höheren Lebensideal, weil in der spirituellen Obhut aufrichtig bemühter heiliger Seelen einzelne Menschen und die Weltgemeinschaft dauerhafte, segenbringende Veränderungen erfahren, die durch herkömmliche Maßnahmen allein nicht bewirkt werden können.

Dies ist die Richtlinie, die Jesus seinem Jünger gab, der Grund, warum man Gott an die erste Stelle setzen und die kostbaren Augenblicke des Lebens in Gottverbundenheit verbringen sollte, anstatt Gott und der Meditation den zweiten Platz zuzuweisen. Jesus tadelte nicht, dass der Jünger seinen toten Vater beerdigen wollte, sondern lediglich die falsche Einstellung, mit welcher der Jünger so leichtfertig eine göttliche Aufforderung beiseitelegte, um einer menschlichen Beziehung den Vorrang zu geben. Jesus versuchte, in dessen getrübtem Bewusstsein die Erkenntnis zu wecken, dass der irdische Vater eine Gabe des Himmlischen Vaters ist und dass man Ihm jederzeit die höchste Ehre erweisen und die größte Aufmerksamkeit schenken sollte.

Mit seinem Ruf an den Jünger, sich einer höheren Aufgabe zu widmen, versicherte Jesus diesem Folgendes: Indem der Jünger ihm – der die Schlüssel zu den Mysterien des Lebens und des Todes besitzt –, folgt, kann er, dank seiner spirituellen Bereitwilligkeit und seiner Hingabe, der Seele seines verstorbenen Vaters einen größeren

Dienst erweisen, als wenn er lediglich die Beerdigungszeremonie für den Leichnam des Vaters leiten würde. Die heiligen Schriften Indiens verkünden: Durch das geheiligte Leben eines Menschen, der aufrichtig Gott sucht, empfangen ganz von selbst sieben Generationen seiner Familie spirituellen Segen – dies ist ein weitaus größeres und dauerhafteres Vermächtnis als jede materielle Hinterlassenschaft.

In seinem anschaulichen Wortspiel betont Jesus mit scharfsinnigem Verstand eine wichtige Wahrheit: Nicht nur die physisch Verstorbenen sind tot, die spirituell Toten sind es ebenfalls und wissen es noch nicht einmal. Er zeigt auf, dass die spirituell Toten bedauernswerter sind als die physisch Toten, denn den physisch Toten, die ihr irdisches Leben verloren haben, ist es nicht möglich, sich selbst die Wahrheitslehren Christi zum Bewusstsein zu bringen; für die spirituell Toten aber gibt es keine Entschuldigung dafür, sich gewollt der Leben spendenden, befreienden Botschaft, die Jesus ihnen gebracht hat, zu verschließen.

Die physisch Lebendigen können spirituell tot sein

Wer sich Gottes bewusst ist, lebt wirklich. Bis zu diesem Erwachen ist der Körper ein Grab, in dem die Seele eingeschlossen ist, als wäre sie tot und begraben und würde auf ihre Auferstehung warten. Lebendig zu sein, vom ewigen Leben erfüllt zu sein – das ist es, was Jesus lehrte. Von wie vielen Menschen kann man daher sagen, dass sie während ihres Erdendaseins auch nur ein einziges Jahr lebendig sind? Wenn wir von einer Lebensspanne von sechzig Jahren ausgehen, kann man mit Sicherheit annehmen, dass ungefähr 30 Jahre damit zugebracht werden, zu schlafen, zu essen und den Annehmlichkeiten des Körpers nachzugehen. Weitere 15 Jahre arbeiten wir, um für unseren Lebensunterhalt zu sorgen. Während der verbleibenden 15 Jahre verschwenden die Menschen in der Regel zwei Drittel dieser Zeit mit unproduktiven gesellschaftlichen Kontakten und unterhaltsamen Veranstaltungen sowie damit, über andere herzuziehen und ihre Nase in die Angelegenheiten anderer zu stecken. Vielleicht bleiben dann vom ganzen Leben noch fünf Jahre übrig; wie viele Leute nutzen diese dazu, an Gott zu denken? Allenfalls nehmen sie sich abends einige Minuten Zeit, um das Vaterunser herunterzuleiern oder um in einer dringenden Angelegenheit um einen Segen zu bitten oder für ein kurzes rituelles Gebet, während der Geist sich danach sehnt, schlafen zu gehen und diesen erforderlichen Augenblick der Andacht so schnell wie möglich hinter sich zu bringen. »O Herr, bitte sorge für mich und meine Lieben, aber jetzt will ich schlafen.« Also ist die Zeit, die mit Gott verbracht wird – die Zeit, in der man wahrhaft lebt – praktisch gleich Null. Dennoch erwarten die Leute, in das ewige Leben im Reich Gottes einzugehen!

Auch diejenigen, welche alle Zielstrebigkeit in ihrem Leben verloren haben, d.h. den Willen, sich zu ändern sowie sich und ihre Umgebung zu bessern, gehören zu den wandelnden Toten. Ein lethargischer, somit willensschwacher Mensch ist nicht völlig lebendig. Der Wille ist es, der frischen Nachschub an kosmischer Energie in den Körper zieht. Jesus bezog sich auf die Mehrzahl der Menschen, die selbstzufrieden und abgestumpft ein weltliches Leben führen, als er sagte: »*Lass die Toten ihre Toten begraben*«; den spirituell Willigen aber gab er das Versprechen des ewigen Lebens.

Der in diesen Versen genannte Mann, der ein Jünger werden wollte, war durch die Begegnung mit dem Bewusstsein des lebendigen Gottes inspiriert, das Jesus offenbarte. Daher sah Jesus, dass es für den Mann eine spirituell günstige Zeit war, seine vorrangigste Pflicht zu erkennen: nämlich, dem göttlichen Verlangen in seinem Inneren zu folgen, weil er sonst Gefahr liefe, seine Begeisterung für das Gottesbewusstsein zu verlieren – eine Begeisterung, die durch gutes Karma mühsam verdient wird, aber im Umgang mit weltlichen Schwingungen und unter ihrem Einfluss leicht verloren geht. Jesus wusste, wie wichtig es für alle nach Geistigkeit Strebenden ist, sich solchen Menschen anzuschließen, die vor Weisheit sprühen und Gottverbundenheit ausstrahlen. Daher bedeuten seine Worte: »Belebt euch mit dem Bewusstsein der ewig bestehenden Gegenwart Gottes in euch. Macht diese Erfahrung und teilt dann eure göttliche Freude mit anderen, indem ihr diese – durch euer Beispiel und eure Worte – von der ewig währenden Seligkeit überzeugt, die ihr in eurem Inneren fühlt.«

~

Und ein anderer sprach: Herr, ich will dir nachfolgen; aber erlaube mir zuvor, mich von denen zu verabschieden, die in meinem Hause sind.

Jesus aber sprach zu ihm: Niemand, der seine Hand an den Pflug legt und zurückblickt, ist tauglich für das Reich Gottes. (*Lukas* 9, 61–62)

Hier tadelt Jesus den unentschlossenen Gottsucher, den geistigen Aspiranten, der zwar äußerlich einer weltlichen Umgebung entsagt in der Absicht, sein Bewusstsein mit Disziplin und Weisheit zu pflügen, aber seinen Blick anhänglich und sehnsuchtsvoll zu den gewohnten Annehmlichkeiten, Freuden und Gefährten zurückwendet, die er aufgegeben hat. Wenn ein Gottsucher den begrenzenden irdischen Verlockungen nicht innerlich entsagt, kann er sich nicht darauf konzentrieren, in das unermessliche Reich des Kosmischen Bewusstseins einzugehen.

Die Psychologie der inneren und äußeren Entsagung

Mit den oben erwähnten Worten beschreibt Jesus deutlich den beschwerlichen Pfad des Entsagenden. Zielstrebige Gottsucher, die fähig sind, diesen Weg zu gehen, wissen, dass es weise ist, Komfort versprechende Verstrickungen aufzugeben, um dafür das Gottesbewusstsein zu erhalten; denn ohne das von Gott entlehnte Bewusstsein kann man sich an nichts erfreuen. Wenn der Tod ruft, ist jeder Mensch gezwungen – oft ohne Vorwarnung –, in einem einzigen Augenblick alle Dinge aufzugeben. Für diejenigen, die es vermögen, ist es klüger, alles freiwillig hinter sich zu lassen, um ein Leben zu führen, das dem Einswerden mit Gott geweiht ist – bis sie Gott erkannt haben. Wenn Er im Bewusstsein an erster Stelle steht, kann die Erfüllung alltäglicher Pflichten kein Elend nach sich ziehen. Wer gesellschaftliche Verantwortung auf sich nimmt, ohne dass sein menschliches Bewusstsein spirituell geschult ist, fällt Gier, Zorn, Selbstsucht, Krankheit, Elend, Sorgen, Angst sowie einem unwürdigen Tod zum Opfer. Das erhabene Bewusstsein der Heiligen ist Rechtfertigung genug dafür, dass sie Gott in ihrem Leben den ersten Platz eingeräumt haben; denn dadurch, dass sie Ihn gefunden haben, wissen sie, was es heißt, in spiritueller und auch in weltlicher Hinsicht wirklich glücklich zu sein – ganz unabhängig davon, welche üblichen Pflichten sie erfüllen.

In alten Zeiten hielt man sich in Indien an den Rat der heiligen Schriften, dass Kinder die häusliche Umgebung verlassen sollten, um bei weisen geistigen Lehrern zu leben, bis sie junge Erwachsene geworden sind. Nach Abschluss ihrer Erziehung und gründlichem spirituellem Training kehrten sie dann in die Welt zurück, um eine Familie zu gründen und in ihrer Gesellschaft als ideale Vorbilder ein Leben zu führen, das durch spirituelle Disziplin, Selbstbeherrschung und göttliche Freude bestimmt war. Unter diesen Schülern gab es einige, die es vorzogen, ihr ganzes Leben lang Entsagende zu bleiben. Jesus lebte nach diesem Ideal der Entsagung: Er heiratete nicht und identifizierte sich nicht mit Familienbanden und materialistischen Ambitionen. Seine Zuneigung zu den Eltern übertrug er auf Gott, und die grenzenlosen Weiten der Unendlichkeit waren sein Reich.

Jeder, der seinen sozialen Pflichten und persönlichen Zielen zwar nach außen hin entsagt und sich in die Einsamkeit zurückzieht, aber innerlich, in seiner Vorstellung, den Freuden und der Vielfalt einer alle Annehmlichkeiten bietenden Umgebung nachhängt, ist ein Heuchler; er versteht noch nicht, wie wichtig es ist, die flüchtigen Freuden eines auf Behaglichkeit ausgerichteten Lebens zugunsten der ewigen Glückseligkeit des GEISTES aufzugeben.

Psychologisch gesehen bedeutet Entsagung, ihr entgegenstehende, auf das Diesseits bezogene Wünsche aus dem Denken zu verbannen, um einen inneren Tempel des Gottesbewusstseins zu schaffen. Jesus wies darauf hin – ebenso wie Krishna in der Bhagavad-Gita –, dass ein Mensch sich nicht anmaßen soll, spirituell erfolgreich zu sein, wenn er zwar äußerlich weltlichen Freuden abschwört, innerlich aber weiterhin ein Verlangen nach ihnen nährt. Einem solchen Menschen wird der Segen der Gottverbundenheit nicht zuteil. Äußere Entsagung muss mit innerer Entsagung einhergehen. Wenn man das erreicht, lässt sich der Geist – jetzt frei von der Gewohnheit, sich dem Sinnengenuss hinzugeben – in der Meditation allmählich im Reich der Glückseligkeit nieder.

Es ist psychologisch und metaphysisch gesehen unmöglich, allein dadurch von einer schädlichen Neigung frei zu werden, indem man ihr rein äußerlich nicht nachgibt. Üble Gewohnheiten können nur dann beseitigt werden, wenn man sie sowohl aus dem Bereich der Gedanken als auch des Handelns verbannt. Da Handeln dem Denken entspringt, sind schlechte Gedanken womöglich ebenso gefährlich wie schlechtes Handeln. Alle Gottsucher, ganz gleich, ob sie in einer Familie oder in einem Kloster leben, müssen erkennen, dass Entsagung im Geiste die wichtigste Voraussetzung dafür ist, Gott zu finden. Es ist besser, sich in innerer Entsagung zu üben, während man in der Welt lebt, anstatt – ohne jede vorbereitende Läuterung des Herzens, durch die man das stärkste Verlangen nach Gott entwickelt – vor der Welt davonzulaufen, während man in Gedanken weiter den aufgegebenen irdischen Freuden nachhängt. Durch spirituelle Meditationstechniken lehrt der Weg des Yoga jeden, der ein Gottsucher sein will, sich mit Gott zu verbinden und nicht nur äußerliche Entsagung zu üben – ganz unabhängig davon, ob der Betreffende in der Welt lebt oder als Entsagender. Menschen, die vor der Welt fliehen möchten, fürchten sich, um ihren Lebensunterhalt zu kämpfen oder den Herausforderungen des Lebens ins Gesicht zu sehen; daher wenden sie sich vom öffentlichen Leben ab, um sich in der Sicherheit eines Ashrams oder Klosters versorgen zu lassen. Sie sind keine wahren Entsagenden, sondern gesellschaftliche Schmarotzer, die, um zu essen, vom Einkommen hart arbeitender erwerbstätiger Menschen abhängig sind. Sie werden physisch, geistig und spirituell träge und werden niemals das Gottesbewusstsein erlangen.

Nur diejenigen, die alles aufgeben, weil sie innerlich von aufrichtiger Liebe zu Gott ergriffen sind, überzeugen als Entsagende. Es sind jene, die von Gott berufen und auserwählt wurden, Ihn zu suchen und Ihm mit einzigartiger Selbstlosigkeit zu dienen. Solche Entsagende schrecken nicht vor den Prüfungen und Bedrängnissen zurück, die ihnen widerfahren, und es ist ihnen gleichgültig, ob sie um der Liebe Gottes willen hungern oder sterben müssen. Ihre Seelen befinden sich – so wie die Jünger Jesu – in der geheiligten Gesellschaft großer Lehrer, die der Welt entsagen, um ihr einen großen spirituellen Dienst zu erweisen. Indem sie die geringeren Pflichten eines Familienlebens aufgeben, widmen sie sich der bedeutsameren Pflicht, der größeren menschlichen Familie Gottes zu dienen, und übernehmen die Verantwortung, sich »*tauglich für das Reich Gottes*« zu machen.

DISKURS 50

»Nie hat ein Mensch so geredet wie dieser Mensch«

Jesus widerlegt seine Kritiker in Jerusalem

Ein göttliches Leben wird von Gottes Weisheit gelenkt, die durch Intuition empfangen wird

❖

Das Wissen Jesu ging aus der seelischen Verbundenheit mit der Unendlichen Weisheit hervor

❖

Jesus inkarnierte sich als eine befreite Seele, die auf Geheiß Gottes zur Erde gesandt wurde

❖

Das Christusbewusstsein ist im Ewigen Jetzt lebendig

❖

»Ströme lebendigen Wassers«: der Aufstieg von Lebenskraft und Bewusstsein durch die Zentren der Wirbelsäule

❖

Wissenschaftliche Yoga-Meditation stillt den spirituellen Durst des Menschen

»Da Jesu Kritiker die tiefste Bedeutung seiner oben angeführten Worte nicht verstanden, begannen sie, Vermutungen anzustellen. … Während Jesus lehrte, musste er sehr oft und auf vielerlei Art und Weise den Hohn unverständiger Geister ertragen.«

Danach zog Jesus in Galiläa umher; denn er wollte nicht in Judäa umherziehen, weil die Juden ihn zu töten suchten. Es war aber kurz vor dem Laubhüttenfest der Juden. Da sprachen seine Brüder zu ihm: Brich doch auf von hier und geh nach Judäa, damit auch deine Jünger die Werke sehen können, die du tust. Denn niemand wirkt im Verborgenen, wenn er in der Öffentlichkeit bekannt werden möchte. Tust du aber solche Dinge, so zeige dich der Welt. Denn auch seine Brüder glaubten nicht an ihn.

Da sprach Jesus zu ihnen: Meine Zeit ist noch nicht gekommen, für euch aber ist jede Zeit die richtige. Die Welt kann euch nicht hassen; mich aber hasst sie, weil ich ihr bezeuge, dass ihre Werke böse sind. Geht ihr hinauf zu diesem Fest; ich gehe noch nicht hinauf zu diesem Fest, denn meine Zeit ist noch nicht erfüllt. So sprach er zu ihnen und blieb in Galiläa.

Als aber seine Brüder hinaufgegangen waren, da ging auch er zu dem Fest hinauf, nicht öffentlich, sondern heimlich. Da suchten ihn die Juden während des Festes und sprachen: Wo ist er? Und unter der Volksmenge war viel Gerede über ihn. Die einen sagten: Er ist ein guter Mensch; die anderen aber sagten: Nein, er verführt das Volk. Doch niemand sprach offen über ihn aus Furcht vor den Juden.

Als aber das Fest schon zur Hälfte vorüber war, ging Jesus in den Tempel hinauf und lehrte. Und die Juden wunderten sich und sprachen: Wie kann dieser Mann die Schrift kennen? Er hat sie doch nicht studiert.

Jesus antwortete ihnen und sprach: Meine Lehre stammt nicht von mir, sondern von dem, der mich gesandt hat. Wenn jemand bereit ist, Gottes Willen zu tun, wird er erkennen, ob diese Lehre von Gott ist oder ob ich aus mir selbst rede. Wer aus sich selbst redet, der sucht seine eigene Ehre; wer aber die Ehre dessen sucht, der ihn gesandt hat, der ist wahrhaftig, und keine Ungerechtigkeit ist in ihm. Hat nicht Mose euch das Gesetz gegeben? Und doch befolgt keiner von euch das Gesetz. Warum sucht ihr mich zu töten?

Die Menge antwortete und sprach: Du bist ja von einem Dämon besessen! Wer sucht dich zu töten?

Jesus antwortete und sprach zu ihnen: Ein einziges Werk habe ich getan, und ihr wundert euch alle. Mose hat euch die Beschneidung gegeben – sie stammt aber nicht von Mose, sondern von den Vätern, und ihr beschneidet einen Menschen auch am Sabbat. Wenn ein Mensch die Beschneidung am Sabbat empfängt, damit das Gesetz des Mose nicht gebrochen wird, warum zürnt ihr mir dann, weil ich am Sabbat einen Menschen am ganzen Körper gesund gemacht habe? Urteilt nicht nach dem Augenschein, sondern fällt ein gerechtes Urteil.

Da sagten einige aus Jerusalem: Ist das nicht der, den sie zu töten suchen? Aber seht, er redet in aller Öffentlichkeit, und sie sagen ihm nichts. Haben unsere führenden Männer etwa wirklich erkannt, dass er der Messias ist? Wie dem auch sei, von diesem Mann wissen wir, woher er ist; wenn aber der Messias kommt, wird niemand wissen, woher er ist.

Da rief Jesus, der gerade im Tempel lehrte: Ihr kennt mich und wisst auch, woher ich bin. Doch ich bin nicht von mir selbst gekommen, aber der, der mich gesandt hat, ist wahrhaftig und ihr kennt ihn nicht. Ich aber kenne ihn; denn ich komme von ihm, und er hat mich gesandt.

Da suchten sie ihn zu ergreifen; aber niemand legte Hand an ihn, denn seine Stunde war noch nicht gekommen. Aber viele aus der Volksmenge glaubten an ihn und sprachen: Wenn Christus kommt, wird er dann etwa mehr Wunder tun, als dieser getan hat? Die Pharisäer hörten, was die Menge heimlich über ihn redete. Da sandten die Pharisäer und Hohen Priester Männer der Tempelwache aus, um ihn zu ergreifen.

Da sprach Jesus zu ihnen: Ich bin noch eine kleine Zeit bei euch, und dann gehe ich hin zu dem, der mich gesandt hat. Ihr werdet mich suchen und nicht finden; und wo ich bin, da könnt ihr nicht hinkommen.

Da sprachen die Juden untereinander: Wo will er denn hingehen, dass wir ihn nicht finden sollen? Will er zu den unter den Griechen zerstreut lebenden Juden gehen und die Griechen lehren? Was bedeutet es, wenn er sagte: Ihr werdet

mich suchen und nicht finden; und wo ich bin, da könnt ihr nicht hinkommen?

Am letzten Tag, dem großen Tag des Festes, stand Jesus auf und rief: Wen da dürstet, der komme zu mir und trinke! Wer an mich glaubt, wie die Schrift sagt, aus seinem Leib werden Ströme lebendigen Wassers fließen. Das sagte er aber von dem Geist, den die empfangen sollten, die an ihn glaubten; denn der Heilige Geist war noch nicht gegeben, weil Jesus noch nicht verherrlicht war.

Viele aus der Volksmenge, als sie diese Rede hörten, sprachen daher: Dieser ist wahrhaftig der Prophet. Andere sagten: Er ist der Christus. Einige aber sagten: Soll Christus denn aus Galiläa kommen? Heißt es nicht in der Schrift, dass Christus aus dem Geschlecht Davids kommt und aus dem Dorf Bethlehem, wo David lebte? So kam es seinetwegen zu einer Spaltung unter dem Volk. Und einige von ihnen wollten ihn ergreifen; aber niemand legte Hand an ihn. Nun kehrten die Männer der Tempelwache zu den Hohen Priestern und Pharisäern zurück; und diese sprachen zu ihnen: Warum habt ihr ihn nicht mitgebracht? Die Männer antworteten: Nie hat ein Mensch so geredet wie dieser Mensch.

Da antworteten ihnen die Pharisäer: Seid auch ihr verführt worden? Glaubt denn auch nur einer von den führenden Männern oder den Pharisäern an ihn? Aber dieses Volk, das nichts vom Gesetz weiß, ist verflucht. Da spricht Nikodemus zu ihnen, der Jesus einmal bei Nacht aufgesucht hatte und der selbst Pharisäer war: Richtet unser Gesetz einen Menschen, bevor man ihn verhört und festgestellt hat, was er tut? Sie antworteten und sprachen zu ihm: Bist du auch aus Galiläa? Forsche und sieh: Aus Galiläa steht kein Prophet auf. Und dann gingen sie alle nach Hause.

Johannes 7, 1–53

DISKURS 50

»Nie hat ein Mensch so geredet wie dieser Mensch«

Jesus widerlegt seine Kritiker in Jerusalem

Danach zog Jesus in Galiläa umher; denn er wollte nicht in Judäa umherziehen, weil die Juden ihn zu töten suchten. Es war aber kurz vor dem Laubhüttenfest der Juden. Da sprachen seine Brüder zu ihm: Brich doch auf von hier und geh nach Judäa, damit auch deine Jünger die Werke sehen können, die du tust. Denn niemand wirkt im Verborgenen, wenn er in der Öffentlichkeit bekannt werden möchte. Tust du aber solche Dinge, so zeige dich der Welt. Denn auch seine Brüder glaubten nicht an ihn.

Da sprach Jesus zu ihnen: Meine Zeit ist noch nicht gekommen, für euch aber ist jede Zeit die richtige. Die Welt kann euch nicht hassen; mich aber hasst sie, weil ich ihr bezeuge, dass ihre Werke böse sind. Geht ihr hinauf zu diesem Fest; ich gehe noch nicht hinauf zu diesem Fest, denn meine Zeit ist noch nicht erfüllt. So sprach er zu ihnen und blieb in Galiläa. (*Johannes* 7, 1–9).

Außer dem inneren Jüngerkreis Jesu gab es viele, die ihn aus Neugier aufsuchten – darunter waren auch einige seiner Verwandten, »*Brüder*« –, die alle Jesus mit der Erwartung folgten, Zeugen seiner außergewöhnlichen Werke zu werden, auch wenn sie nicht an seine göttliche Mission als Messias glaubten. Die Brüder versuchten, ihn dazu zu bewegen, zum jüdischen Laubhüttenfest nach Jerusalem zu gehen, um dort öffentlich aufzutreten und vor allen – nicht nur vor denjenigen, die an ihn glaubten – zu zeigen, welche großen Werke er vollbringen konnte. Wenn die Behauptungen seiner Anhänger über ihn wahr seien, dann solle er doch versuchen, auch in der Öffentlichkeit bekannt zu werden. Aber Jesus konnte nicht in Versuchung geführt werden, seine Wunder öffentlich zur Schau zu stellen wie ein Händler, der seine Waren anpreist; sein Verhalten war bei allen Gelegenheiten von göttlicher Würde geprägt, und er handelte so, wie Gott es ihm befahl. Sanftmütig, aber weise antwortete er seinen ungläubigen Brüdern, dass er, ganz gleich, was er tue, immer in Übereinstimmung mit der göttlichen Führung handle – auch wenn das unverständige Menschen nicht verstehen konnten:

Ein göttliches Leben wird von Gottes Weisheit gelenkt, die durch Intuition empfangen wird

»Alle Aspekte meines Lebens, die kleinsten Einzelheiten meiner Pläne und Handlungen, sind dem Willen Gottes untergeordnet, der die Entscheidungsfreiheit meines Willens beeinflusst. Der Zeitpunkt, wo Er mir befehlen wird, zum Fest zu gehen, ist noch nicht gekommen. Meine Handlungen richten sich nach Seiner Weisheit; ihr aber tut jederzeit, was euch gefällt, denn dazu werdet ihr von euren weltlichen Wünschen, eurem Umfeld und euren Gewohnheiten verleitet. Meine Zeit ist kostbar und wird von Gott geplant; aber eure Zeit ist für euch ohne Bedeutung, und daher seid ihr stets bereit, sie unbesonnen zu vergeuden, so, wie es den Impulsen und Wünschen des Augenblicks entspricht. Die Welt wird euch nicht kritisieren oder behelligen, denn ihr seid nicht daran interessiert, die Verantwortung zu übernehmen, alle Schwächen eures weltlichen Bewusstseins zu erkennen und euch von ihnen zu befreien – oder anderen gegenüber hervorzuheben, wie töricht ein von Launen abhängiges Dasein ist, in dem die göttliche Bestimmung vergessen wird. Doch die Welt – durchdrungen von satanischer Unwissenheit und reich an deren Handlangern, den weltlichen Menschen – widersetzt sich heftig meiner Mission, *›weil ich ihr bezeuge, dass ihre Werke böse sind‹*. Dennoch liebe ich die Welt und wünsche, dass sie erlöst wird; daher mache ich mir keine Sorgen über den Preis, den ich dafür zahlen werde, dass ich gewagt habe, ihre Fehler aufzudecken.«

Menschen, die ihr Leben nicht auf die göttliche Weisheit ausrichten, führen ein zielloses Dasein; sie werden von den Strömungen der Täuschung hierhin und dorthin mitgerissen und sind sich über die Bestimmung oder den wahren Sinn ihres Lebens nicht im Klaren. Jesus wurde von der Weisheit seines liebenden Vaters geleitet, die seiner erwachten Intuition ständig eingegeben wurde. Durch diese Intuition war er auch in der Lage, die günstigste Zeit für sein Tun festzulegen, so wie es vom kosmischen Kausalgesetz vorgesehen war. Durchschnittliche, mit dem Körper identifizierte Menschen können nicht verstehen, in welcher subtilen Weise die von ihnen geschaffenen Ursachen das karmische Ergebnis ihres Verhaltens bestimmen. Manche Leute studieren sogar Astrologie, um den Einfluss der Gestirne auf ihr Karma in Erfahrung zu bringen und um zu versuchen, durch astrologische Vorhersagen üblen Auswirkungen zuvorzukommen. Wahre Meister jedoch gehen über die unsicheren Botschaften der Planeten hinaus, um von der Göttlichen Weisheit geführt zu werden, welche die Gesetze regiert, die in den Sternen und allen Menschen nebst ihren Handlungen wirksam sind.

Glück, Erfolg und innerer Frieden nehmen zu, wenn man sich durch Meditation und Gebet darum bemüht, sich in allem auf den Willen Gottes einzustellen – auf die Macht, die im universellen Spiel kosmischer Kräfte alles Leben harmonisch verknüpft. Der Gottsucher befreit sich von der Vorherrschaft seines widerspenstigen Ego und den damit verbundenen unerbittlichen Missgeschicken: Während des ganzen Tages widmet er sein Handeln Gott, um Ihn zu erfreuen und Seinen göttlichen Plan zu unterstützen.

~

Als aber seine Brüder hinaufgegangen waren, da ging auch er zu dem Fest hinauf, nicht öffentlich, sondern heimlich. Da suchten ihn die Juden während des Festes und sprachen: Wo ist er? Und unter der Volksmenge war viel Gerede über ihn. Die einen sagten: Er ist ein guter Mensch; die anderen aber sagten: Nein, er verführt das Volk. Doch niemand sprach offen über ihn aus Furcht vor den Juden.

Als aber das Fest schon zur Hälfte vorüber war, ging Jesus in den Tempel hinauf und lehrte. Und die Juden wunderten sich und sprachen: Wie kann dieser Mann die Schrift kennen? Er hat sie doch nicht studiert.

Jesus antwortete ihnen und sprach: Meine Lehre stammt

nicht von mir, sondern von dem, der mich gesandt hat. Wenn jemand bereit ist, Gottes Willen zu tun, wird er erkennen, ob diese Lehre von Gott ist oder ob ich aus mir selbst rede. Wer aus sich selbst redet, der sucht seine eigene Ehre; wer aber die Ehre dessen sucht, der ihn gesandt hat, der ist wahrhaftig, und keine Ungerechtigkeit ist in ihm. Hat nicht Mose euch das Gesetz gegeben? Und doch befolgt keiner von euch das Gesetz. Warum sucht ihr mich zu töten?

Die Menge antwortete und sprach: Du bist ja von einem Dämon besessen! Wer sucht dich zu töten? (*Johannes* 7, 10–20)

»Meine Predigten sind kein willkürliches Gemisch meines Intellekts und meiner Einbildungskraft. Auch wenn meine Lehren durch mich Ausdruck finden, stammen sie nicht von mir, sondern von Ihm, ›*der mich gesandt hat*‹. Meine Worte, mein Geist, meine Intelligenz, meine Intuition, mein Bewusstsein, das die gesamte Schöpfung umfasst – sie alle sind vom Bewusstsein des Vaters erfüllt, durch dessen Willen ich hier auf Erden bin, damit ich Seine Botschaft verkündige. Jeder, der sich im Einklang mit Gottes Willen befindet, wird erkennen, dass ich mit Seinem Willen übereinstimme und dass ich die Wahrheit so predige, wie Er es wünscht und nicht aus mir selbst heraus oder aufgrund eigener, aus dem Egobewusstsein stammender Ideen.«

Das Wissen Jesu ging aus der seelischen Verbundenheit mit der Unendlichen Weisheit hervor

Jesus erwarb sein Wissen nicht aus von Unbedarftheit zeugenden Überlieferungen, die ihm durch eine durchschnittliche Allgemeinbildung oder eine gewöhnliche religiöse Schulung zugänglich gemacht wurden. Seine Weisheit stammte aus den ewig gültigen Schriftrollen des Gottesbewusstseins, aus den heiligen Aufzeichnungen, die in vorhergehenden Inkarnationen in seiner Seele aufbewahrt wurden.[1] Er forderte seine Kritiker heraus und sagte, wenn einem von ihnen tatsächlich Gotteserfahrung zuteilwerde und er mit Gottes Bewusstsein und Willen übereinstimme, sei dieser berechtigt, über Jesu Lehre des Evangeliums zu urteilen – *»ob diese Lehre von Gott ist oder ob ich aus mir selbst rede«*.

Jesus betonte, dass sein ganzes Leben und alle seine Werke dazu

1 »Dem Kenner Brahmans (des GEISTES) bedeuten alle Veden (heiligen Schriften) nicht mehr als ein Reservoir, das sich inmitten einer aus allen Richtungen strömenden Flut befindet.« (*Gott spricht mit Arjuna – Die Bhagavad-Gita* II, 46).

dienen, Gott zu offenbaren – nicht dazu, über sich selbst zu sprechen: »Wer lehrt, weil er vom Egobewusstsein dazu angetrieben wird, sucht stets Ruhm und Ehre für sich selbst. Aber wer die Gegenwart des Kosmischen Bewusstseins hinter seinem individuellen Bewusstsein fühlt, strebt nur danach, Gott als seinen Schöpfer zu verkünden und Ihn zu verherrlichen. Wer Ihm auf diese Weise ergeben ist, ist ein wahrer Prophet Gottes. Wer Gott treu ist, sein Ego aufgegeben hat, Gott ständig fühlt und durch sein eigenes Leben ununterbrochen Gottes Bewusstsein zum Ausdruck bringt, kann niemals etwas tun, was nicht mit der göttlichen Rechtschaffenheit übereinstimmt.«

Weiterhin hob Jesus hervor, wie absurd es sei, dass er von den Heuchlern in der Menge kritisiert wird, die sich nach außen hin mit einem Lippenbekenntnis zu den von Mose eingeführten Gesetzen bekennen, innerlich aber schlechte Absichten hegen: »Gab euch Mose nicht das Gebot, dass ihr nicht töten sollt? Wie kommt es dann, dass ihr diesem Gebot nicht Folge leistet, da ihr mich – was offensichtlich ist – töten wollt? Ich weiß, dass ihr dies beabsichtigt, auch wenn ihr es leugnet und behauptet, ein Teufel habe mir den Verstand geraubt, weil ich euch eure Schuld vorwerfe.«

> *Jesus antwortete und sprach zu ihnen: Ein einziges Werk habe ich getan, und ihr wundert euch alle. Mose hat euch die Beschneidung gegeben – sie stammt aber nicht von Mose, sondern von den Vätern, und ihr beschneidet einen Menschen auch am Sabbat. Wenn ein Mensch die Beschneidung am Sabbat empfängt, damit das Gesetz des Mose nicht gebrochen wird, warum zürnt ihr mir dann, weil ich am Sabbat einen Menschen am ganzen Körper gesund gemacht habe? Urteilt nicht nach dem Augenschein, sondern fällt ein gerechtes Urteil.* (*Johannes* 7, 21–24)

Mit den Worten »*Ein einziges Werk habe ich getan*« meinte Jesus hier die Heilung des siechen Mannes beim Teich von Bethesda an einem Sabbat, was der Anlass für den mörderischen Zorn der Obrigkeit gegen ihn war: »*Darum verfolgten die Juden Jesus und suchten ihn zu töten, weil er solches getan hatte am Sabbat.*«[2]

[2] *Johannes* 5, 15–18 (siehe Diskurs 21, Band I).

Obwohl es nach dem Gesetz des Mose nicht erlaubt war, am Sabbat zu arbeiten, war die Beschneidung an diesem Wochentag gestattet. Jesus weist auf die Widersprüchlichkeit seiner Kritiker hin: Zwar ließen sie das weniger gewichtige Reinigungsritual der Beschneidung zu, lehnten aber die vollkommene physische und geistige Verjüngung ab, die Gott der Herr am Sabbat für den Leidenden bewirkt hatte, der »seit achtunddreißig Jahren krank war«.

»Beurteilt die Handlungen anderer nicht voreilig und nach oberflächlichen Gesichtspunkten, sondern weise, indem ihr die Angemessenheit der Beweggründe für diese Handlungen in Erwägung zieht.«

Da sagten einige aus Jerusalem: Ist das nicht der, den sie zu töten suchen? Aber seht, er redet in aller Öffentlichkeit, und sie sagen ihm nichts. Haben unsere führenden Männer etwa wirklich erkannt, dass er der Messias ist? Wie dem auch sei, von diesem Mann wissen wir, woher er ist; wenn aber der Messias kommt, wird niemand wissen, woher er ist.

Da rief Jesus, der gerade im Tempel lehrte: Ihr kennt mich und wisst auch, woher ich bin. Doch ich bin nicht von mir selbst gekommen, aber der, der mich gesandt hat, ist wahrhaftig und ihr kennt ihn nicht. Ich aber kenne ihn; denn ich komme von ihm, und er hat mich gesandt. (*Johannes* 7, 25–29)

Die Leute wussten, dass die Pharisäer Jesus nach dem Leben trachteten, und wunderten sich daher, warum er am Laubhüttenfest öffentlich lehrte. Waren die Oberen nun davon überzeugt, dass Jesus der Messias sei? Viele fragten sich dies, andere jedoch beriefen sich auf eine alte Überlieferung, laut derer die familiäre Herkunft des Messias verborgen bleiben werde (»niemand wird wissen, woher er ist«); diese weigerten sich zu glauben, dass Jesus der Christus ist, denn sie kannten seine einfache Familie, die in Nazareth wohnte.

Die Worte Jesu hatten folgende Bedeutung: »Ihr alle kennt mich als den Sohn Josefs und wisst, wo sich mein irdisches Zuhause befindet; aber meine wahre Herkunft, die Allgegenwart des Vaters, kennt ihr nicht. Ich bin nicht wie gewöhnliche Sterbliche auf die Erde gekommen, angetrieben von weltlichen Wünschen, welche Reinkarnationen nach sich ziehen, oder von der Notwendigkeit, die Saat vergangenen Karmas abzuarbeiten. Mein Anliegen, auf die Erde zu kommen, bestand allein darin, die Botschaft meines Vaters zu überbringen, denn ich wurde von Ihm auserwählt, eine göttliche Mission zu erfüllen.

Jesus inkarnierte sich als eine befreite Seele, die auf Geheiß Gottes zur Erde gesandt wurde

Mein Vater ist im gesamten kosmischen Raum gegenwärtig, auch wenn euer begrenztes Bewusstsein das nicht erleben oder begreifen kann. Aber mein Christusbewusstsein ist eine Widerspiegelung des Kosmischen Bewusstseins meines Vaters, und daher kenne ich Ihn. Die Allgegenwart meines allumfassenden Bewusstseins beruht darauf, dass ich Seine Unendlichkeit erkannt habe.«

Jesus riet den Menschen, nicht daran zu zweifeln, dass er der Messias sei, indem sie sich den Kopf über seine Herkunft zerbrechen. Mit seinen Worten: *»Ich komme von Ihm [Gott], und er hat mich gesandt«* meinte er jedoch nicht, dass er durch einen besonderen Schöpfungsakt als vollkommenes Wesen erschaffen und dann von Gott zur Erde gesandt wurde. In vergangenen Leben hatte seine Seele bereits die außergewöhnliche Reise eines jeden Menschen unternommen und sich zurück auf den Weg zu Gott begeben. Und schon längst hatte er jenen hohen Bewusstseinszustand erreicht, der ihn befreite und befähigte, als eine göttliche Inkarnation zu dienen, als Sendbote des Unendlichen, als Welterlöser für viele verirrte Seelen.

Alle Wesen wurden ursprünglich auf Geheiß Gottes zur Erde gesandt. Diejenigen, die diese Wahrheit nicht erkennen, missbrauchen ihren gottgegebenen freien Willen dazu, in einem Labyrinth weltlicher Wünsche umherzuwandern und sich immer wieder zu inkarnieren – sie laufen auf Umwegen einer Erfüllung nach, die ihnen ständig entflieht. Doch diejenigen, die ein vom göttlichen Willen und von göttlicher Weisheit geleitetes Leben führen, finden den Weg, der sie zurück zu Gott führt, nachdem sie ihre gottgegebene Aufgabe auf Erden erfüllt haben.[3]

~

Da suchten sie ihn zu ergreifen; aber niemand legte Hand an ihn, denn seine Stunde war noch nicht gekommen. Aber viele aus

[3] »Die *Rishis* lehrten, dass Gott jedes menschliche Wesen als eine Seele erschaffen hat, die eine bestimmte, einmalige Eigenschaft des Unendlichen offenbart, bevor sie wieder in dessen Absolutes Sein zurückkehrt.« *Autobiographie eines Yogi*

der Volksmenge glaubten an ihn und sprachen: Wenn Christus kommt, wird er dann etwa mehr Wunder tun, als dieser getan hat? Die Pharisäer hörten, was die Menge heimlich über ihn redete. Da sandten die Pharisäer und Hohen Priester Männer der Tempelwache aus, um ihn zu ergreifen.

Da sprach Jesus zu ihnen: Ich bin noch eine kleine Zeit bei euch, und dann gehe ich hin zu dem, der mich gesandt hat. Ihr werdet mich suchen und nicht finden; und wo ich bin, da könnt ihr nicht hinkommen.

Da sprachen die Juden untereinander: Wo will er denn hingehen, dass wir ihn nicht finden sollen? Will er zu den unter den Griechen zerstreut lebenden Juden gehen und die Griechen lehren? Was bedeutet es, wenn er sagte: Ihr werdet mich suchen und nicht finden; und wo ich bin, da könnt ihr nicht hinkommen? (Johannes 7, 30–36)

Das Christusbewusstsein ist im Ewigen Jetzt lebendig

»Nur noch für kurze Zeit wird mein Körper bei euch allen auf Erden sein. Dann wird meine Seele mit dem ihr innewohnenden Christusbewusstsein im Kosmischen Bewusstsein aufgehen, dem sie entstammte. Wenn ich von euch gegangen bin, werden einige von euch die große Bedeutung meines Lebens erkennen, und sie werden im Nachhinein wünschen, dass sie zu mir gekommen wären, während ich noch auf Erden weilte und leicht zu erreichen war; doch dann wird es zu spät sein. Ich werde zur Wohnstätte meines Vaters im Kosmischen Bewusstsein aufgefahren sein, zu dem euer weltliches Bewusstsein keinen Zugang hat. Selbst in diesem Augenblick fühle ich mein Christusbewusstsein als das Ewige Jetzt, das euer Bewusstsein nicht erfassen kann; und genauso wird es sein, wenn meine Seele nach der Kreuzigung den vergänglichen Körper verlässt und in die Ewigkeit eintaucht. Mein Christusbewusstsein ist *jetzt* und wird für immer dasselbe bleiben, denn es kennt das Ewige Jetzt, in dem ich immer gegenwärtig sein werde, auch dann, wenn ich nicht mehr auf Erden bin. Das alles übersteigt euer weltliches Bewusstsein, das durch die spärlichen Risse im trügerischen Schleier von Raum und Zeit nur kleinste Bruchstücke der Ewigkeit erblickt.«

Jesus wies die Leute auf das unvergleichliche Glück hin, das ihnen durch ihn, als eine Verkörperung des Christusbewusstseins, zuteilwurde. Durchschnittliche Menschen wissen nichts über das Christusbewusstsein; doch trotz ihrer Unwissenheit hatten die Mitmenschen Jesu Gelegenheit, mit eigenen Augen die Unendliche Widergespiegelte Intelligenz Gottes, die sich in seinem Körper offenbarte, zu schauen und von ihr gesegnet zu werden. Aufgrund ihrer Verstocktheit nutzten die Zeitgenossen Jesu jedoch diesen großartigen Augenblick nicht dazu, seine unmittelbare Fürsprache in Anspruch zu nehmen. Er sagte, dass viele erst dann geistig erwachen würden, nachdem er die Erde verlassen habe; dann würden sie ihn suchen, aber nicht finden. Um ihn zu erkennen, müssten sie ihr Bewusstsein dorthin erheben, *»wo ich bin«*; aber solange sie im weltlichen Bewusstsein verharren würden, *»könnt ihr nicht hinkommen.«*

In diesen Versen spricht Jesus über das allumfassende Bewusstsein, das als Bewusstsein des Ewigen Jetzt in ihm gegenwärtig ist. Im GEIST gibt es weder Vergangenheit noch Zukunft, sondern nur immerwährende Gegenwart. Doch das von der Relativität geprägte Bewusstsein der Menschen, die unter dem Einfluss der *Maya* stehen, lässt es so erscheinen, als wäre die Ewigkeit in Vergangenheit, Gegenwart und Zukunft gegliedert. Gott besteht in alle Ewigkeit, und Seine unvergängliche Allwissenheit wird durch die täuschenden Dimensionen von Zeit und Raum nicht unterteilt. In der Unermesslichkeit Seines Seins nimmt er alles als *jetzt* geschehend wahr. Jesus brachte dieses Bewusstsein zum Ausdruck, als er sagte: *»Wo ich bin«* und nicht: »Wo ich nach dem Tod meines physischen Körpers sein werde«; und ebenso, als er später sagte: *»Ehe Abraham war, bin ich.«*[4]

Jesus wusste, dass er immer das Ewige Jetzt wahrnehmen wird,

---

[4] *Johannes* 8, 58 (siehe Diskurs 51, Band II).

Die *Los Angeles Times* berichtete am 16. November 1999: »›Die Geschichte der Physik‹, sagt der Harvard-Physiker Andrew Strominger, ›ist die Geschichte vom Aufgeben lang gehegter Vorstellungen.‹ Keine Idee jedoch war schwerer aufzugeben – für Physiker wie für Laien gleichermaßen – als die alltäglichen Vorstellungen von Raum und Zeit, das fundamentale ›Wo‹ und ›Wann‹ des Universums und alles dessen, was darin ist. ... Nun, einige Physiker akzeptieren diese revolutionäre Denkrichtung. ... Erweisen sich ihre Theorien als richtig, hat, mit den Worten von Edward Witten vom Institute for Advanced Study in Princeton, für Raum und Zeit ›die Stunde geschlagen‹. Der Physiker Nathan Seiberg, ebenfalls von diesem Institut, pflichtet dem bei: ›Ich bin fast sicher, dass Raum und Zeit Illusionen sind. Es sind primitive Vorstellungen, die man durch etwas Ausgereifteres ersetzen wird.‹ Dieser Schluss mag sich nicht auf jedermanns morgendliche Pendlerfahrt auswirken. Aber er rüttelt an den Grundfesten der Physik – ebenso wie er metaphysische Nachwehen auslöst, auf die unweigerlich größere Veränderungen folgen in unserem fundamentalen Verständnis, wie das Universum funktioniert.« *(Anmerkung des Herausgebers)*

ganz gleich, ob er sich im Körper befindet oder nach der Kreuzigung im GEIST weilt. Dieses Bewusstsein der Ewigen Gegenwart, gewöhnlichen Sterblichen nicht zugänglich, ist dem fortgeschrittenen Gottsucher bekannt, der fähig ist, das ewig existierende Wesen Gottes zu fühlen. Vergangenheit und Zukunft weichen aus seinem Inneren. Er weiß, dass er ewig *ist* und meint nicht, dass er *gewesen sei* oder auf ewig existieren *werde*. Daher sagte Jesus: »Den Zustand, in dem sich mein Bewusstsein befindet und in dem es das Ewige Jetzt erlebt, den hat euer Bewusstsein noch nicht erreicht.«

Da Jesu Kritiker die tiefste Bedeutung seiner oben angeführten Worte nicht verstanden, begannen sie, Vermutungen anzustellen: »Wohin wird er wohl gehen, sodass wir ihn nicht finden können – vielleicht zu den Juden, die in fremden Ländern leben?«[5] Während er lehrte, musste Jesus sehr oft und auf vielerlei Art und Weise den Hohn unverständiger Geister ertragen.

> *Am letzten Tag, dem großen Tag des Festes, stand Jesus auf und rief: Wen da dürstet, der komme zu mir und trinke! Wer an mich glaubt, wie die Schrift sagt, aus seinem Leib werden Ströme lebendigen Wassers fließen. Das sagte er aber von dem Geist, den die empfangen sollten, die an ihn glaubten; denn der Heilige Geist war noch nicht gegeben, weil Jesus noch nicht verherrlicht war.* (Johannes 7, 37–39)

In diesem tiefgründigen Abschnitt bezieht sich Jesus ganz offensichtlich auf die Yoga-Wissenschaft der Vereinigung mit Gott, welche das esoterische Kernstück seiner ursprünglichen Lehre für seine engeren Jünger bildete. Dieser Vers aus dem Johannes-Evangelium bestätigt eindeutig, dass Jesus *»von dem Geist«* sprach – das heißt vom Heiligen Geist, von der Schwingung des GEISTES, die man erkennt, wenn Lebenskraft und Bewusstsein als *»Ströme lebendigen Wassers«*

---

[5] *»Die Zerstreuten unter den Griechen«:* Hinweis auf die Juden, die aus ihrem Heimatland Palästina vertrieben wurden, um in anderen Teilen der hellenischen Welt unter den griechischen Herrschern zu leben, welche auf Alexander den Großen folgten. (*»Griechen«* in diesem Vers ist eine Übersetzung von *Hellenon.*) Jesu Zuhörer nahmen an, er spreche zu ihnen davon, dass er in fremde Länder gehen werde, wo sie nicht in der Lage seien, ihn zu finden.

vom Körperbewusstsein durch die Zentren in der Wirbelsäule zum Gottesbewusstsein emporsteigen. Die Bedeutung dieser Worte konnten diejenigen, die nur gefühlsmäßig oder intellektuell an Jesus glaubten, nicht verstehen, sondern nur solche, die im Einklang mit seinem Christusbewusstsein waren (indem sie die Kosmische Schwingung des Heiligen Geistes empfingen, die er jenen, *»die an ihn glauben«*, nach seiner Auferstehung und bevorstehenden Verherrlichung im GEIST senden wollte).

»Ströme lebendigen Wassers«: der Aufstieg von Lebenskraft und Bewusstsein durch die Zentren der Wirbelsäule

Jeder Gottsucher, der wissenschaftliche Meditation praktiziert, kann – wie es die großen Yogis Indiens seit Jahrtausenden bewiesen haben – den Durst seiner irdischen Wünsche stillen, indem er innere Entsagung übt und die nach außen fließenden Ströme des Bewusstseins und der Lebensenergie umkehrt und sie mit der immerwährenden, ewig neuen Glückseligkeit Gottes eins werden lässt. Die Worte Jesu: *»Wer an mich glaubt, wie die Schrift sagt, aus seinem Leib werden Ströme lebendigen Wassers fließen«* verstehen durchschnittliche Menschen möglicherweise nur als eine Metapher, über die sie spekulieren können, die jedoch keine wörtliche Bedeutung hat. Doch für den Yogi, der auf wissenschaftliche Weise meditiert, um sein Bewusstsein mit der Göttlichen Quelle des Bewusstseins zu vereinen, sind Jesu Worte sehr klar.

Wie die Quelle eines mächtigen Flusses, der den Ebenen Fruchtbarkeit bringt, hoch oben in den Bergen liegt, so ist die Quelle des Bewusstseinsstroms das Kosmische Bewusstsein, der GEIST, die ewig bestehende, ewig bewusste, ewig neue Glückseligkeit jenseits der Schöpfung. Wenn das Kosmische Bewusstsein in die Schöpfung hinabsteigt – in jedes Teilchen der Gedanken, der Lebensenergie und der Materie, welche die kausalen, astralen und physischen Sphären bilden –, dann wird das Kosmische Bewusstsein Christusbewusstsein (*Kutastha-Chaitanya*) genannt. Fließt es in die Seele und den reinen Geist des Menschen, wird es als Überbewusstsein bezeichnet. Wird es mit dem Strom der Lebensenergie in die feinen Zentren der Wirbelsäule (*Chakras*) hinuntergetragen, wobei es durch die Identifikation mit dem Körper seine göttliche Bewusstheit verliert, nennt man es Unterbewusstsein; dieses aktiviert und steuert den körperlichen Mechanismus durch die Lebensenergie im Gehirn, in der Wirbelsäule und in den inneren Organen des Körpers. Indem der Bewusstseinsstrom noch weiter hinabströmt, in die Muskeln und Sinnesorgane, sammelt er sich auf der Ebene des gewohnten Wachzustandes, belebt Muskel- und Sinnesaktivitäten des Körpers, lässt Wünsche nach weltlichen Erfahrungen entstehen und ruft Anhänglichkeit an sie hervor.

Wie tief ist doch der Bewusstseinsstrom des weltlichen Menschen von seiner ursprünglichen Quelle im GEIST herabgestürzt! Stecken geblieben im brackigen Sumpfgebiet des physischen Bewusstseins, in der nach außen fließenden Energie der drei unteren Zentren der Wirbelsäule, versucht der Mensch vergeblich, den Durst seiner Wünsche zu stillen, indem er aus den Brunnen der Sinneserfahrungen trinkt. Aber weltliches Vergnügen gleicht dem Salzwasser: Anstatt ein Verlangen zu befriedigen, verursacht es nur noch größeren Durst.

Wissenschaftliche Yoga-Meditation stillt den spirituellen Durst des Menschen

Jesus erklärte: »Wer von seinen Wünschen zur Verzweiflung getrieben wird und keinen Frieden findet – wer nach dem Reich des Gottesbewusstseins und der immerwährenden Glückseligkeit dürstet, der möge sein Bewusstsein mit dem Christusbewusstsein in Einklang bringen, das sich in mir offenbart. Dann wird er – wie es in der Heiligen Schrift heißt – von den unvergänglichen Wassern der Glückseligkeit trinken, deren Quelle der alle Wünsche befriedigende GEIST ist. Jeder, der sein Bewusstsein durch tiefe Konzentration und Hingabe mit dem Christusbewusstsein in Übereinstimmung bringt, wird erleben, dass aus *›seinem Leib‹* – das heißt aus den Nervenganglien und der zugehörigen astralen Energie im Solarplexus sowie in den spinalen Lenden-, Kreuzbein- und Steißbein-Regionen – viele durch Meditation von den Sinnen gelöste Ströme des Lichts oder der Lebenskraft in der Wirbelsäule nach oben fließen. Sie erheben sein Bewusstsein von den spinalen Bewusstseinszentren zur Nektar-Glückseligkeit des GEISTES im Gehirn, wodurch der Durst seiner Wünsche aus allen Inkarnationen für immer gelöscht wird

Wenn ein Gottsucher, der die Technik der Yoga-Meditation meistert, seine Konzentration nach innen gerichtet hat, ist er vertraut damit, dass seine Lebenskraft und Aufmerksamkeit sich von den motorischen und sensorischen Nerven sowie vom Herzen zurückgezogen und in dem feinen astralen Zentrum der Steißbein-Region gesammelt haben. Während tiefer Meditation lässt dann diese angesammelte Lebenskraft sein Bewusstsein durch das subtile Kreuzbein-, Lenden-, Herz-, Nacken- und Medulla-Zentrum nach oben steigen, zum höchsten

Zentrum göttlicher Wahrnehmung, zur Wohnstätte des GEISTES im tausendblättrigen Lotos aus Licht und Bewusstsein im Gehirn.

In den drei unteren *Chakras* (dem Lenden-, Kreuzbein- und Steißbein-Zentrum) versorgen die abwärts fließende astrale Lebensenergie und das Bewusstsein die Wirbelsäule, das Gehirn und die Organe des physischen Körpers mit sensorischen und motorischen Kräften, die unter dem Einfluss der Täuschung das weltliche Bewusstsein stärken. In tiefer Meditation vergeistigt der Yoga übende Gottsucher sein Bewusstsein und seine Lebenskraft und kehrt ihre Richtung um, sodass diese nicht abwärts, sondern als leuchtende Ströme aus Licht und Bewusstsein aus den Steißbein-, Kreuzbein- und Lendenregionen (zusammen als ›*Leib*‹ bezeichnet) aufwärts zum Lichtmeer des GEISTES im Gehirn fließen. Der Gottsucher sieht, wie sein wundersames Selbst mit diesen schimmernden Strömen aus Licht und Bewusstsein von den dunklen Regionen der Sinne zur strahlenden Glückseligkeit des GEISTES aufsteigt.

Einfacher ausgedrückt: Wenn das Bewusstsein mit der Lebenskraft durch die Sinne des Sehens, Hörens, Riechens, Schmeckens und Tastens dringt, wird sich der Mensch der Materie bewusst. Werden jedoch Bewusstsein und Lebenskraft durch Meditation von den fünf Sinnen zurückgezogen, wird die astrale Natur der Lebenskraft sichtbar, ebenso wie die des Bewusstseins und vieler anderer erweckter göttlicher Kräfte – sie alle gleichen Strömen des Lichts, die aufwärts zum Lichtmeer des GEISTES im Gehirn fließen.

Zuvor hatte Jesus gesagt: »*Wer aber von dem Wasser trinken wird, das ich ihm gebe, den wird ewiglich nicht dürsten; sondern das Wasser, das ich ihm geben werde, das wird in ihm ein Brunnen des Wassers werden, das in das ewige Leben quillt.*« Und ebenso sagte er: »*Ich bin das Brot des Lebens. Wer zu mir kommt, den wird nicht hungern; und wer an mich glaubt, den wird nimmermehr dürsten.*«[6] In diesen Versen macht Jesus klar, dass der Mensch seinen seelischen Durst und Hunger stillen kann, indem er den nach außen fließenden Lebens- und Bewusstseinsstrom kontrolliert, um sich aus der Knechtschaft weltlicher Unwissenheit und Sinneslust zu befreien.

»Wer alle Wünsche in sich aufnimmt, wie der bis zum Rand gefüllte Ozean, der durch die Wasser, die in ihn einmünden, nicht bewegt (nicht verändert) wird, der ist voller Zufriedenheit – nicht aber

[6] *Johannes* 4, 14 (Diskurs 17, Band I) und *Johannes* 6, 35 (Diskurs 43, Band II).

derjenige, der nach der Erfüllung von Wünschen dürstet.«[7] Obwohl die meisten Menschen in Unkenntnis darüber sind, wie man auf wissenschaftliche Weise den Bewusstseinsstrom umkehrt und zum GEIST zurücklenkt, erreichen sie dies jedoch bis zu einem gewissen Grade jede Nacht unbewusst, wenn sich die Lebenskraft im Körper von den Muskeln und Sinnen im traumlosen Tiefschlaf zurückzieht und das Bewusstsein aus dem Reich der Materie in das Land getragen wird, wo die Seele den ewig in sich ruhenden GEIST fühlt. Wer den nach außen fließenden Bewusstseinsstrom vom Körper in die Seele zurückgeführt hat, erkennt, dass er als das friedvolle, freudige Ebenbild Gottes erschaffen wurde. Yogis können diesen Zustand willentlich erreichen, und Jesus Christus war einer der größten Yogis, die jemals gelebt haben. Er zeigte, dass er eins mit Gott und ein Meister war, der Herrschaft über die Gesetzmäßigkeiten des Lebens und des Bewusstseins hatte.

Viele aus der Volksmenge, als sie diese Rede hörten, sprachen daher: Dieser ist wahrhaftig der Prophet. Andere sagten: Er ist der Christus. Einige aber sagten: Soll Christus denn aus Galiläa kommen? Heißt es nicht in der Schrift, dass Christus aus dem Geschlecht Davids kommt und aus dem Dorf Bethlehem, wo David lebte? So kam es seinetwegen zu einer Spaltung unter dem Volk. Und einige von ihnen wollten ihn ergreifen; aber niemand legte Hand an ihn. Nun kehrten die Männer der Tempelwache zu den Hohen Priestern und Pharisäern zurück; und diese sprachen zu ihnen: Warum habt ihr ihn nicht mitgebracht? Die Männer antworteten: Nie hat ein Mensch so geredet wie dieser Mensch.

Da antworteten ihnen die Pharisäer: Seid auch ihr verführt worden? Glaubt denn auch nur einer von den führenden Männern oder den Pharisäern an ihn? Aber dieses Volk, das nichts vom Gesetz weiß, ist verflucht. Da spricht Nikodemus zu ihnen, der Jesus einmal bei Nacht aufgesucht hatte und der selbst Pharisäer war: Richtet unser Gesetz einen Menschen, bevor man ihn verhört und festgestellt hat, was er tut? Sie antworteten und sprachen zu ihm: Bist du auch aus Galiläa? Forsche und sieh:

---

[7] *Gott spricht mit Arjuna – Die Bhagavad-Gita* II, 70.

Aus Galiläa steht kein Prophet auf. Und dann gingen sie alle nach Hause. (*Johannes* 7, 40–53)

Dass der Christus aus dem Hause Davids und aus der Stadt Bethlehem kommen wird, wurde in den jüdischen Schriften prophezeit.[8] Da Jesus vom Hause Davids in Bethlehem abstammte, erfüllte er die Erwartungen, welche die Hohen Priester und Schriftgelehrten in einen Messias setzten. Aber ohne dass sie sich dieser Tatsache vergewisserten, beeilten sie sich, Jesus als Betrüger anzuklagen und ihn lediglich als Galiläer zu betrachten, weil sie wussten, dass sich sein Elternhaus in Nazareth befand.

Die Soldaten, die von den Pharisäern ausgeschickt worden waren, Jesus gefangenzunehmen, kamen unverrichteter Dinge und voller Verwunderung über seine Weisheit und seine göttliche Anziehungskraft zurück und sagten: »*Nie hat ein Mensch so geredet wie dieser Mensch.*« Sie zogen die Verachtung der Tempelobersten auf sich, die stolz auf ihre eingebildete unfehlbare Autorität waren und geringschätzig über die Zustimmung sprachen, die Jesus bei der weniger gebildeten Bevölkerung fand, »die nichts vom Gesetz weiß«.

Nikodemus, der Pharisäer, der Jesus im Geheimen verehrte,[9] wagte es, eine schwache Verteidigung des Herrn und derjenigen, die an ihn glaubten, vorzubringen; aber sein zaghafter Einwand konnte nicht diejenigen beeinflussen, die entschlossen waren, Jesus zu verurteilen.

---

[8] »*Und du, Bethlehem Ephrata, die du klein bist unter den Städten in Juda, aus dir soll mir kommen, der in Israel Herr sei, dessen Ausgang von Anfang und von Ewigkeit her gewesen ist.*« (*Micha* 5, 1) Siehe auch Diskurs 36, Band I (Prophezeiung über Christi Kommen aus dem ›Hause Davids‹).

[9] Siehe Diskurs 13, Band I.

DISKURS 51

»Ich bin das Licht der Welt. ... Ehe denn Abraham war, bin ich«

Jesus pries nicht seine körperliche Gestalt, sondern das Universelle Bewusstsein in ihr

❖

»Ich bin Er«: Einssein mit dem Absoluten Wesen (Brahman)

❖

Jesu »Weg des Lichts« zur Befreiung im GEISTE

❖

»Erhöht den Sohn des Menschen«: Erhebt das körperliche Bewusstsein zum Christusbewusstsein und zum Kosmischen Bewusstsein

❖

»Bleibt in meinem Wort«: Durch Meditation bringt man sich in Einklang mit der Kosmischen Schwingung

❖

Übereinstimmung mit dem Christusbewusstsein befreit von jeglichem Karma

»Jesus gibt abermals eine Definition des ihm innewohnenden GEISTES und eine wissenschaftliche Erklärung dazu. ... Da er Gott als Unendliche Herrlichkeit in seinem Inneren schaute, konnte er unmöglich sein individualisiertes Egobewusstsein preisen.«

Da redete Jesus abermals zu ihnen und sprach: Ich bin das Licht der Welt. Wer mir nachfolgt, wird nicht in der Finsternis wandeln, sondern wird das Licht des Lebens haben.

Da sprachen die Pharisäer zu ihm: Du legst Zeugnis über dich selbst ab; dein Zeugnis ist nicht wahr.

Jesus antwortete und sprach zu ihnen: Auch wenn ich über mich selbst Zeugnis ablege, so ist mein Zeugnis wahr, denn ich weiß, woher ich gekommen bin und wohin ich gehe. Ihr aber wisst nicht, woher ich komme und wohin ich gehe. Ihr richtet nach dem Fleisch; ich richte niemand. Doch auch wenn ich richte, ist mein Urteil wahr; denn ich bin nicht allein, sondern mit mir ist der Vater, der mich gesandt hat. Auch steht in eurem Gesetz geschrieben, dass das Zeugnis zweier Menschen wahr ist. Ich bin es, der über mich Zeugnis ablegt; und der Vater, der mich gesandt hat, legt Zeugnis über mich ab.

Da sprachen sie zu ihm: Wo ist dein Vater?

Jesus antwortete: Ihr kennt weder mich noch meinen Vater; würdet ihr mich kennen, dann würdet ihr auch meinen Vater kennen. Diese Worte redete Jesus in der Schatzkammer, als er im Tempel lehrte; und niemand ergriff ihn, denn seine Stunde war noch nicht gekommen.

Da sprach Jesus abermals zu ihnen: Ich gehe hinweg, und ihr werdet mich suchen und in eurer Sünde sterben. Wo ich hingehe, da könnt ihr nicht hinkommen.

Da sprachen die Juden: Will er sich denn selbst töten, dass er spricht: Wo ich hingehe, da könnt ihr nicht hinkommen?

Und er sprach zu ihnen: Ihr seid von unten, ich bin von oben; ihr seid von dieser Welt, ich bin nicht von dieser Welt. Darum habe ich euch gesagt, dass ihr in euren Sünden sterben werdet; denn wenn ihr nicht glaubt, dass ich es bin, so werdet ihr in euren Sünden sterben.

Da sagten sie zu ihm: Wer bist du denn?

Und Jesus sprach zu ihnen: Das, was ich von Anfang an gesagt habe. Vieles hätte ich über euch noch zu sagen und zu urteilen; aber der mich gesandt hat, ist wahrhaftig, und was

ich von ihm gehört habe, das sage ich der Welt. Sie verstanden aber nicht, dass er vom Vater zu ihnen redete.

Da sprach Jesus zu ihnen: Wenn ihr des Menschen Sohn erhöhen werdet, dann werdet ihr erkennen, dass ich es bin und nichts von mir selbst aus tue, sondern wie mich mein Vater gelehrt hat, so rede ich. Und der mich gesandt hat, ist mit mir. Der Vater lässt mich nicht allein; denn ich tue allezeit, was ihm gefällt. Als er solches redete, glaubten viele an ihn.

Da sprach nun Jesus zu den Juden, die an ihn glaubten: Wenn ihr in meinem Wort bleibt, so seid ihr wirklich meine Jünger und werdet die Wahrheit erkennen, und die Wahrheit wird euch frei machen.

Da antworteten sie ihm: Wir sind Abrahams Nachkommen, sind nie jemandes Knecht gewesen; wie kannst du da sagen: Ihr sollt frei werden?

Jesus antwortete ihnen und sprach: Wahrlich, wahrlich ich sage euch: Jeder, der sündigt, ist ein Sklave der Sünde. Der Sklave aber bleibt nicht für immer im Hause; nur der Sohn bleibt für immer. Wenn euch also der Sohn frei macht, so seid ihr wirklich frei. Ich weiß wohl, dass ihr Abrahams Nachkommen seid; aber ihr sucht mich zu töten, weil mein Wort keinen Raum findet in euch. Ich rede, was ich bei meinem Vater gesehen habe; und ihr tut, was ihr bei eurem Vater gesehen habt.

Sie antworteten und sprachen zu ihm: Abraham ist unser Vater.

Jesus spricht zu ihnen: Wenn ihr Abrahams Kinder wärt, so würdet ihr Abrahams Werke tun. Nun aber sucht ihr mich zu töten, einen Menschen, der euch die Wahrheit gesagt hat, die ich von Gott gehört habe. Das hätte Abraham nicht getan. Ihr tut die Werke eures Vaters.

Da sprachen sie zu ihm: Wir sind nicht unehelich geboren, wir haben nur einen Vater, Gott.

Jesus sprach zu ihnen: Wenn Gott euer Vater wäre, würdet ihr mich lieben; denn von Gott bin ich ausgegangen und gekommen; denn ich bin nicht von mir selbst gekommen, sondern er hat mich gesandt. Warum versteht ihr meine Sprache nicht? Weil ihr mein Wort nicht hören könnt. Ihr habt den Teufel zum Vater, und wonach es ihn gelüstet, das wollt ihr tun. Der war ein Mörder von Anfang an und stand nicht in der Wahrheit; denn die Wahrheit ist nicht in ihm. Wenn er die Lüge redet, so redet er aus seinem Eigenen; denn er ist ein Lügner und der Vater der Lüge. Weil ich aber die Wahrheit sage, glaubt ihr mir nicht. Wer von euch kann mich einer Sünde überführen? Wenn ich aber die Wahrheit sage, warum glaubt ihr mir nicht? Wer aus Gott ist, der hört Gottes Worte; ihr aber hört sie nicht, weil ihr nicht aus Gott seid.

Da antworteten die Juden und sprachen zu ihm: Sagen wir nicht mit Recht, dass du ein Samariter bist und einen Dämon hast?

Jesus antwortete: Ich habe keinen Dämon, sondern ich ehre meinen Vater, und ihr entehrt mich. Ich suche nicht nach meinem eigenen Ruhm; es ist aber einer, der ihn sucht und der richtet. Wahrlich, wahrlich ich sage euch: Wer mein Wort bewahrt, der wird den Tod nicht sehen in Ewigkeit.

Da sprachen die Juden zu ihm: Jetzt wissen wir, dass du einen Dämon hast. Abraham ist gestorben und die Propheten sind gestorben, und du sprichst: Wer mein Wort bewahrt, der wird den Tod nicht schmecken in Ewigkeit. Bist du größer als unser Vater Abraham, der gestorben ist und als die Propheten, die gestorben sind? Was machst du aus dir selbst?

Jesus antwortete: Wenn ich mich selbst ehre, so ist meine Ehre nichts. Es ist aber mein Vater, der mich ehrt, von dem ihr sagt, er sei euer Gott. Und doch habt ihr ihn nicht erkannt, ich aber kenne ihn. Und wenn ich sagen würde: Ich kenne ihn nicht, so wäre ich ein Lügner wie ihr. Aber ich kenne ihn und halte sein Wort. Abraham, euer Vater, frohlockte, dass er meinen Tag sehen sollte; und er sah ihn und freute sich.

Da sprachen die Juden zu ihm: Du bist noch keine fünfzig Jahre alt und hast Abraham gesehen?

Jesus sprach zu ihnen: Wahrlich, wahrlich ich sage euch: Ehe Abraham war, bin ich. Da hoben sie Steine auf, um sie

auf ihn zu werfen. Aber Jesus verbarg sich und ging mitten durch sie hindurch zum Tempel hinaus und entfernte sich.

Johannes 8, 12–59[1]

[1] Dieser Bibelpassage geht der Textabschnitt voraus, der von der Begegnung mit der Ehebrecherin berichtet (*Johannes* 8, 1–11). Bibelforschern zufolge wird diese Begebenheit in verschiedenen alten Manuskripten des Neuen Testaments an unterschiedlichen Stellen wiedergegeben. Zahlreiche moderne Bibelausgaben setzen sie an den Anfang von Kapitel 8 des Johannes-Evangeliums, einige fügen sie nach *Lukas* 21, 38 oder an einer anderen Stelle im Johannes-Evangelium ein. Kommentiert wird dieses Geschehen zusammen mit weiteren Abschnitten zu Jesu Lehre über die Vergebung der Sünden in Diskurs 35, Band II. *(Anmerkung des Herausgebers)*

DISKURS 51

»Ich bin das Licht der Welt. ... Ehe denn Abraham war, bin ich«

Da redete Jesus abermals zu ihnen und sprach: Ich bin das Licht der Welt. Wer mir nachfolgt, wird nicht in der Finsternis wandeln, sondern wird das Licht des Lebens haben. (*Johannes* 8, 12)

Folgt dem vibrierenden Licht Gottes, das während der Meditation in tiefer Verbundenheit mit Ihm wahrgenommen wird

»Von der Christusintelligenz, die ich als mein eigenes erweitertes SELBST wahrnehme, strahlt das sich zu Materie verdichtende, schöpferische Licht der Kosmischen Energie aus, aus dem die ›*Welt*‹, der physische Kosmos, hervorgegangen ist. Ein Gottsucher, dessen Bewusstsein – in tiefer Verbundenheit beim Meditieren – diesem vibrierenden Licht folgt, wird durch immer glückseligere Stadien des Bewusstseins, Unterbewusstseins und Überbewusstseins geführt und erreicht schließlich den segensreichen Zustand des Christusbewusstseins. Solche Gottsucher ›*wandeln*‹ nicht länger ›*in der Finsternis*‹, blind vor Unwissenheit, welche die kosmische Täuschung im begrenzten menschlichen Bewusstsein hervorgerufen hat. Bei ihnen wird die Lebenskraft eins mit dem Kosmischen Licht, der Kosmischen Energie: mit dem WORT oder der Schöpferischen Kraft des Heiligen Geistes, die Ursprung und Lebensgrundlage aller mit Leben erfüllten

Wesen darstellt – und ebenso aller Dinge, die potenzielles Leben enthalten.«

Die tiefe Bedeutung von »*Licht*« und »*Finsternis*« wurde bereits im Kommentar zu vorhergehenden Versen des Johannes-Evangeliums im Sinne einer metaphysischen Wissenschaft erläutert: »*In ihm [dem Wort] war das Leben, und das Leben war das Licht der Menschen. Und das Licht scheint in der Finsternis, und die Finsternis hat's nicht begriffen. ... Das war das wahre Licht, welches jeden Menschen erleuchtet, der in die Welt kommt.*«

»*Das ist aber das Gericht, dass das Licht in die Welt gekommen ist, und die Menschen liebten die Finsternis mehr als das Licht; denn ihre Werke waren böse.*«[2]

In dem vorliegenden Vers gibt Jesus abermals eine Definition des ihm innewohnenden Geistes und eine wissenschaftliche Erklärung dazu.

Ein durchschnittlicher Mensch nimmt sein Bewusstsein und seine Lebenskraft als etwas vom Körper Begrenztes wahr. Jesus und spirituell fortgeschrittene Seelen fühlen das physische Universum als ihren Körper und die alles durchdringende Kosmische Energie als das Leben in den Adern ihrer alles umfassenden Gestalt sowie das unendliche Christusbewusstsein als ihr innewohnendes SELBST.

Daher beziehen sich Jesu Worte »*Ich bin*« im Zusammenhang mit diesem Vers auf das Christusbewusstsein – auf die im Universum wirkende Intelligenz. Mit dem »*Licht der Welt*« ist die Kosmische Energie gemeint, das Wort oder der Heilige Geist, der den physischen Kosmos beseelt und alle darin enthaltenen Wesen und Dinge mit Leben und mit der Leben spendenden Kraft intelligenter Schwingungen erfüllt – wobei jedes Element, vom Atom bis zum Weisen, dieses intelligente Leben so manifestiert, wie es seinem jeweiligen Entwicklungspotenzial entspricht.

In den heiligen Schriften des Ostens und des Westens wird die Welt der Materie als »*Finsternis*« bezeichnet, weil in ihr die in allen Dingen gegenwärtige, strahlende Essenz des GEISTES verdunkelt ist. Durch tiefe Meditation versetzt sich der Gottsucher in die Lage, im Zentrum des Christusbewusstseins in der Stirn sein geistiges Auge auf göttliche Weise wahrzunehmen; im Licht dieses »einen Auges«

---

[2] *Johannes* 1, 4–5. 9 (siehe Diskurs 1, Band I) und *Johannes* 3, 19 (siehe Diskurs 15, Band I).

wird die Dunkelheit der Täuschung vertrieben. Er bewegt sich nicht länger in einer aus grober Materie bestehenden Welt, sondern in einem wundersamen, leuchtenden Gebilde aus kosmischer Energie und Intelligenz.[3]

Schriftgläubige Menschen, die durch das Dogma ihrer intellektuell verstandenen theologischen Lehren eingeschränkt sind und nicht meditieren, können nur mithilfe von Analogien verstehen, warum Jesus sich als das *»Licht der Welt«* bezeichnete und welche Methode geistiger Suche ihnen die Erfüllung schenken wird, die Jesus versprach: *»Wer mir nachfolgt, wird nicht in der Finsternis wandeln.«* Daher prophezeite ihnen Jesus: *»Ihr werdet mich suchen und nicht finden; und wo ich bin, könnt ihr nicht hinkommen.«*[4] Theorien und gefühlsmäßige Vorstellungen öffnen nicht die Tore zur Gegenwart des Christus. Das Bewusstsein des Suchenden muss tatsächlich vom Bereich des Physischen zur Ebene des Christusbewusstseins erhoben werden, wo er zu finden ist.

Christen, die lediglich ein theologisches Verständnis besitzen, stellen sich Jesus Christus als eine bestimmte und mit edlen menschlichen Zügen versehene Gestalt vor; Gottsucher jedoch, die durch Meditation ihr eigenes Bewusstsein und das universelle, allgegenwärtige Bewusstsein, das sich in Jesus offenbarte, als dasselbe wahrnehmen, schauen den Kosmos als den Körper Christi, die Energie darin als sein Leben und die Intelligenz, die sich in diesem Leben verbirgt, als sein Christusbewusstsein.

Indem man Christus im selbst errichteten Tempel der Meditation vor dem Hochaltar der SELBST-Verwirklichung verehrt, kann man die »Wiederkunft« des Christusbewusstseins, das in Jesus war, in der eigenen Seele herbeiführen.

~

---

[3] »O Überfluss der Gnade, drob ich's wagte,
So weit hinein ins ew'ge Licht zu werfen
Den Blick, dass drin ich mich verlor im Schauen!

In seiner Tiefe sah ich, wie sich einet,
Verbunden in ein einz'ges Buch mit Liebe,
Was auf des Weltalls Blättern sich zerstreuet.«

Dante, *Die Göttliche Komödie*: *Das Paradies*, Gesang XXXIII, 82–87; übersetzt von Philalethes (Johann, König von Sachsen, 1801–1873).

[4] *Johannes* 7, 34 (siehe Diskurs 50, Band II).

Da sprachen die Pharisäer zu ihm: Du legst Zeugnis über dich selbst ab; dein Zeugnis ist nicht wahr.

Jesus antwortete und sprach zu ihnen: Auch wenn ich über mich selbst Zeugnis ablege, so ist mein Zeugnis wahr, denn ich weiß, woher ich gekommen bin und wohin ich gehe. Ihr aber wisst nicht, woher ich komme und wohin ich gehe. Ihr richtet nach dem Fleisch; ich richte niemand. Doch auch wenn ich richte, ist mein Urteil wahr; denn ich bin nicht allein, sondern mit mir ist der Vater, der mich gesandt hat. Auch steht in eurem Gesetz geschrieben, dass das Zeugnis zweier Menschen wahr ist. Ich bin es, der über mich Zeugnis ablegt; und der Vater, der mich gesandt hat, legt Zeugnis über mich ab. (*Johannes* 8, 13–18)

Jesus pries nicht seine körperliche Gestalt, sondern das Universelle Bewusstsein in ihr

»Da mein Geist nicht von einem Ego eingeschränkt wird, das sich mit dem Körper identifiziert, weiß ich aufgrund meiner göttlichen Erinnerung, wie mein inkarniertes Bewusstsein aus dem Christusbewusstsein hervorging und dass es sich daher schließlich wieder mit jener gestaltlosen Allgegenwärtigen Allwissenheit vereinen wird. Deshalb kann ich alles über mich selbst, über das Wesen meines Christusbewusstseins, bezeugen, ohne dass die Wahrheit von dem unzuverlässigen Zeugen des physischen Ego verzerrt wird. Egoistische Menschen rühmen sich, mehr zu sein als sie wirklich sind. Aber da mein wahres SELBST das Christusbewusstsein ist, das sich durch mein Bewusstsein offenbart, kann es nicht übertreiben oder die Unwahrheit sprechen, wenn es sich selbst kundtut. Weil ihr nicht wisst, wie das Christusbewusstsein in meine körperliche Erscheinungsform herabgestiegen ist, die Jesus genannt wird, oder wohin diese Manifestation entschwinden wird, nachdem mein Körper die Erde verlassen haben wird, ›richtet ihr nach dem Fleisch‹ – euer Richtspruch stellt ein weltliches Urteil dar, das nicht über die Grenzen des Körperlichen hinausreicht.

Das Christusbewusstsein in mir nimmt wahr, dass jede Seele zum Bilde des Unendlichen erschaffen wurde; deshalb beurteile oder bewerte ich einen Menschen nicht nach seinen physischen Merkmalen oder mentalen Wesenszügen. Doch mit meiner allwissenden Christusintelligenz erkenne ich, in welchem Maße sich ein Mensch mit seiner physischen Gestalt und seinen menschlichen Eigenschaften identifiziert, und mein Urteil ist in jedem Fall richtig. Wäre mein Bewusstsein ›*allein*‹, d. h. getrennt vom Bewusstsein Gottes, dann wäre meine Urteilsfähigkeit begrenzt und dem Irrtum unterworfen. Aber da mein Bewusstsein von der göttlichen Weisheit des Vaters durchdrungen ist, ist meine Einschätzung aller Dinge zutreffend.

Nach eurem menschlichen Gesetz wird etwas als der Wahrheit entsprechend anerkannt, wenn zwei Personen es übereinstimmend bezeugen.[5] Ich (mein menschliches Bewusstsein, welches das Christusbewusstsein offenbart) bin der eine Zeuge, dass ich die Wahrheit spreche; und der Vater (das Kosmische Bewusstsein jenseits der ganzen aus Schwingungen bestehenden Schöpfung), der mich gesandt hat (das Christusbewusstsein, durch das Er sich in der Schöpfung offenbart), legt ebenfalls Zeugnis über mich ab.«

Egoistische Menschen neigen dazu, ihre Verdienste zu übertreiben. Da Jesus jedoch im Zustand des Einsseins mit dem Vater sprach, wiesen alle Erklärungen, die ihn selbst hervorzuheben schienen, in Wirklichkeit nicht auf seine Person hin, sondern auf das Kosmische Bewusstsein seines Himmlischen Vaters. Daher war es vollkommen angemessen, dass Jesus sich durch seine göttliche Weisheit – frei von Ego – offenbarte.

Da sprachen sie zu ihm: Wo ist dein Vater?

Jesus antwortete: Ihr kennt weder mich noch meinen Vater; würdet ihr mich kennen, dann würdet ihr auch meinen Vater kennen. Diese Worte redete Jesus in der Schatzkammer, als er im Tempel lehrte; und niemand ergriff ihn, denn seine Stunde war noch nicht gekommen. (*Johannes* 8, 19–20)

»Ihr seid weder mit dem Christusbewusstsein in Berührung gekommen, das hinter meinem Bewusstsein liegt, noch mit dem Kosmischen Bewusstsein, meinem Schöpfer und göttlichen Vater. Hättet ihr euch durch Meditation mit dem Christusbewusstsein in Einklang gebracht, hättet ihr seine Gegenwart in mir erkannt und dann ganz von selbst auch das Kosmische Bewusstsein wahrgenommen,

[5] Der Hinweis Jesu auf das mosaische Gesetz bezieht sich auf *5. Mose* 17, 6 und 19, 15.

dessen einzige Widerspiegelung innerhalb der Schöpfung das Christusbewusstsein ist.«

Da sprach Jesus abermals zu ihnen: Ich gehe hinweg, und ihr werdet mich suchen und in eurer Sünde sterben. Wo ich hingehe, da könnt ihr nicht hinkommen.

Da sprachen die Juden: Will er sich denn selbst töten, dass er spricht: Wo ich hingehe, da könnt ihr nicht hinkommen?

Und er sprach zu ihnen: Ihr seid von unten, ich bin von oben; ihr seid von dieser Welt, ich bin nicht von dieser Welt. Darum habe ich euch gesagt, dass ihr in euren Sünden sterben werdet; denn wenn ihr nicht glaubt, dass ich es bin, so werdet ihr in euren Sünden sterben. (*Johannes* 8, 21–24)

»Ich folge dem Weg, der durch das Christusbewusstsein in mir gewiesen wird; eines Tages, wenn ich von der Erde gegangen sein werde, werdet ihr versuchen, mir zu folgen, aber da ihr mich nicht findet, werdet ihr mit eurem schlechten Karma sterben und euch wieder inkarnieren müssen. In eurem gegenwärtigen Bewusstseinszustand könnt ihr das Christusbewusstsein, mit dem mein menschliches Bewusstsein vereint ist, nicht erfassen – es sei denn, ihr sucht mich, indem ihr euch in die erhabenen Zustände tiefer Meditation versenkt.

»Ihr seid von dieser Welt; ich bin nicht von dieser Welt«

›*Ihr seid von dieser Welt*‹: Ihr seid in ein Gewirr von weltlichen Wünschen und trügerischen Vorstellungen verstrickt, die euch an die Erde binden; immer wieder inkarnieren sich eure gefangenen Seelen auf dieser Ebene grober Schwingungen. Obwohl meine im GEIST befreite Seele sich aus freien Stücken in einem Körper eingeschlossen hat, der sich auf der Erde aufhält, kommt sie doch ›*von oben*‹ und gehört nicht zu dieser materiellen Ebene, welche Gott verdeckt.

Deshalb sagte ich euch, dass ihr ›in euren Sünden sterben werdet‹: Obwohl eure Seelen unsterblich sind, wird euch das Gesetz des Karmas und der Reinkarnation dennoch dazu zwingen, bei jeder Wiedergeburt, die durch eure weltlichen Bindungen ausgelöst wird, den Tod des physischen Körpers zu erleiden. Solange ihr euch an euer Körperbewusstsein klammert, wird euer spirituelles Leben leblos daliegen, eingeschlossen in der Grabstätte eurer dem Irrtum verfallenen, sündigen Handlungen. Da ihr nicht an das Christusbewusstsein in mir geglaubt habt und auch nicht daran, dass es die Widerspiegelung des Kosmischen Bewusstseins meines Vaters ist, werdet ihr euch nicht bemühen, die Göttlichkeit eurer eigenen Seele zu erkennen. Diese Unterlassungssünde hat zur Folge, dass ihr selbst den Irrglauben der Sterblichkeit aufrechterhaltet, unter dem eure Seelen weiterhin begraben bleiben.«

Jesus bezeichnet Menschen, die in der Täuschung leben, als *»von unten«* und *»von dieser Welt«*. Er bezieht sich dabei auf die Tatsache, dass sich solche Menschen, aufgrund ihres weltlichen Karmas, in zahlreichen aufeinanderfolgenden Inkarnationen »unten«, auf der niederen oder physischen Ebene der Schöpfung Gottes, aufhalten werden und unter dem Einfluss irdischer Schwingungen und der für die Materie geltenden Naturgesetze bleiben.

Das Wort *»oben«* in *»Ich bin von oben«* kennzeichnet die feineren astralen und kausalen Schwingungsbereiche, wo jene fortgeschrittenen Seelen weilen, die sich vom physischen Karma befreit haben, und es bezieht sich auch auf die schwingungslose Sphäre des Einsseins mit Gott, auf die Heimstätte vollkommen befreiter Meister. Mit seinen Worten *»Ich bin nicht von dieser Welt«* weist Jesus darauf hin, dass sein Christusbewusstsein im dreifältigen physischen, astralen und kausalen Kosmos gleichermaßen allgegenwärtig ist – nicht gebunden an einen winzigen Klumpen Erde im physischen Universum, den man *»die Welt«* nennt.

»Ich bin Er«: Einssein mit dem Absoluten Wesen (Brahman)

Die Worte *»Ich bin Er«*, die Jesus benutzt, stellen eine Verkündigung der höchsten Wahrheit dar; diese wurde in ähnlicher Weise von den großen Meistern Indiens, die vor und nach Jesus lebten, in ekstatischen Zuständen erkannt und in Worte gekleidet. In der *Isha-Upanishad* heißt es: »Jenes absolute SELBST, das ständig in transzendentem Glanz erstrahlt, wahrlich, ich bin Er.« Ähnlich finden wir an anderen Stellen der Upanischaden die folgenden heiligen Affirmationen der Wahrheit: *Aham Brahmasmi* (»Ich bin Brahman – GEIST«), *Ayam Atma Brahma* (»Dieses SELBST ist GEIST«) und *Tat Tvam Asi* (»Du bist DAS«). Das den heiligen Schriften entnommene Mantra *Aham-sa* oder *Ham-sa* (wörtlich: »Ich bin Er«) besteht aus wirkungsvollen Sanskrit-Silben, die eine auf Schwingungen beruhende Verbindung mit dem einströmenden und dem ausströmenden Atem besitzen. Daher bekräftigt der Mensch unbewusst mit jedem Atemzug seine wahre Natur: *Ich bin Er!*

Jesus – wie alle befreiten Meister, welche berechtigt sind, solche Aussagen über sich selbst zu machen – meinte damit, er wisse aus unmittelbarer Erkenntnis, dass das Christusbewusstsein (*Kutastha-Chaitanya*) in ihm eins war mit dem Kosmischen Bewusstsein – dem Vater oder Absoluten Wesen (Brahman).[6]

Als Jesus sagte: *»Denn wenn ihr nicht glaubt, dass ich es bin, so werdet ihr in euren Sünden sterben«,* meinte er damit: Menschen, die sich mit ihrem Körper gleichsetzen und nicht die transzendenten Zustände der Meditation erfahren, können nicht wissen, dass ihr wahres SELBST, die Seele, eine Widerspiegelung des GEISTES ist (*»Ich bin Er«*). Göttliche Seelen, die auf Erden leben und sich mit dem Kosmischen Bewusstsein identifizieren, lassen in sich keine menschlichen Wünsche entstehen, kein bindendes Karma, weswegen sie beim Tode eins werden mit dem GEIST. Aber Menschen, die ihr Leben damit zubringen, den Körper zufriedenzustellen und ihrem Ego Genüge zu tun, und die sich des Göttlichen Ebenbildes in ihrem Inneren nicht bewusst sind, häufen irdisches Karma oder »Sünden« an. Wenn sie mit diesem unbewältigten karmischen Ballast und mit unerfüllten irdischen Wünschen sterben, müssen sie sich immer wieder inkarnieren, um sich aus allen weltlichen Verstrickungen zu befreien.

Ebenso wie Jesus sagte: *»Ich gehe hinweg ... wo ich hingehe, da könnt ihr nicht hinkommen«*, so zeigt auch Bhagavan Krishna in der Gita seinem Jünger Arjuna die entsprechenden Wege auf, die erleuchtete und erdgebundene Seelen im Tode jeweils beschreiten: »Ich will

---

[6] »In den *Yoga-Sutras* I, 17–18, weist Patanjali, der große Weise des Altertums, auf zwei grundlegende Kategorien des *Samadhi* hin: 1. *Samprajnata* und 2. *Asamprajnata.* Verglichen mit höheren Stufen der Erkenntnis bezieht sich *Samprajnata* auf den *Savikalpa*(›Mit Unterschied‹-)*Samadhi*, das ist die Vereinigung mit Gott, in der noch ein Unterschied zwischen dem Erkennenden und dem Erkannten besteht – wie in der Erkenntnis: ›Du und ich sind Eins.‹ Es gibt dabei größere oder kleinere Abwandlungen. Doch im *Asamprajnata-Samadhi* werden alle Wesensunterschiede in dem einen GEIST aufgelöst. Das Bewusstsein ›Du und ich sind Eins‹ wird zu: ›Ich bin Er, der zu diesem kleinen Ich und zu allen Formen geworden ist.‹ Das ist nicht der Ausruf des Egotisten: ›Ich bin Gott!‹ – die unechte Krone des Größenwahns –, sondern die volle Erkenntnis der höchsten Wahrheit: Gott ist die einzige Wirklichkeit. Daher ist *Asamprajnata* in seiner absoluten Definition *Nirvikalpa*(›Ohne Unterschied‹-)*Samadhi*, der höchste Yoga, die höchste Vereinigung, die in völlig befreiten Meistern offenbar wird oder in jenen auf der Schwelle zur Seelenfreiheit.« *Gott spricht mit Arjuna – Die Bhagavad-Gita.*

dir nun erklären, o Arjuna, auf welchem Weg die Yogis zur Stunde des Todes Freiheit erlangen – und auch, welcher Weg zur Wiedergeburt führt. ... Diese beiden Wege des Scheidens von dieser Welt gelten ewig. Der Weg des Lichts führt zur Erlösung, der Weg der Dunkelheit zur Wiedergeburt.«[7]

Jesu »Weg des Lichts« zur Befreiung im GEISTE

Jesus erklärt (in Vers *Johannes* 8, 12 oben), dass derjenige, der ihm folgt, »nicht in der Finsternis wandeln wird, sondern das Licht des Lebens haben wird«. Die Gita beschreibt, welchen Weg die Seele im Augenblick des physischen Todes einschlägt: Sie folgt entweder dem »Weg des Lichts« – dem Weg des sich öffnenden geistigen Auges, der erwachenden, feinen zerebrospinalen Zentren und der emporsteigenden Lebenskraft und des Bewusstseins durch diese Zentren hindurch zum Kosmischen Bewusstsein und zur Befreiung im GEIST; oder die Seele folgt dem »Weg der Finsternis«, dem abwärts führenden Weg, auf dem sie wieder zum körperlichen Bewusstsein zurückkehrt oder wiedergeboren wird, dem Weg jener, die noch nicht fähig sind, alle zerebrospinalen Tore, die schließlich zum GEIST führen, völlig zu öffnen. Diesem Weg folgen Seelen, die noch nach Vollkommenheit streben müssen, die noch *»von dieser Welt«* sind und über die Jesus sagte: *»... wo ich hingehe, da könnt ihr nicht hinkommen.«*

Der heilige Paulus bezeugte: *»Ich versichere euch bei unserer Freude, die ich habe in Christus Jesus, unserm Herrn, ich sterbe täglich.«*[8] Er war in der Lage, in transzendenter innerer Verbundenheit täglich diesen inneren Aufstieg zur Erkenntnis des GEISTES zu meistern.

Da sagten sie zu ihm: Wer bist du denn?

Und Jesus sprach zu ihnen: Das, was ich von Anfang an gesagt habe. Vieles hätte ich über euch noch zu sagen und zu urteilen; aber der mich gesandt hat, ist wahrhaftig, und was ich

[7] *Gott spricht mit Arjuna – Die Bhagavad-Gita* VIII, 23. 26.

[8] *1. Korinther* 15, 31. »*Bei unserer Freude*« ist die richtige Übersetzung, nicht wie oft wiedergegeben »Bei eurer Freude«. Paulus bezog sich auf die *Universalität* des Christusbewusstseins.

von ihm gehört habe, das sage ich der Welt. Sie verstanden aber nicht, dass er vom Vater zu ihnen redete. (*Johannes* 8, 25–27)

»Ich sagte euch von Anfang an: ›*Ich bin Er*‹, und wahrhaftig bin ich das. Ich habe euch viele Wahrheiten zu verkünden; und ich muss euer Verhalten und das Leben im Allgemeinen mit dem Maßstab meiner intuitiven Weisheit messen. Ich verkünde euch, dass der große Gott, der unsichtbar ist und euch unwirklich erscheint, weil ihr Ihn nicht mit euren Sinnen wahrnehmen könnt, tatsächlich existiert. Durch die unfehlbare Intuition in mir kenne und bezeuge ich Seine Absolute Existenz. Sinneswahrnehmungen vermitteln euch Wissen über die Erscheinung der Dinge, aber eure Intuition kann euch zur Erkenntnis der eigentlichen Wesenheit hinter den Erscheinungen verhelfen. Alle Bekundungen der Weisheit, zu deren Weitergabe ich in diese Welt gekommen bin, sind erleuchtende Emanationen der Kosmischen Schwingung, die vom Unendlichen durch mich hindurchfließen.«

Da sprach Jesus zu ihnen: Wenn ihr des Menschen Sohn erhöhen werdet, dann werdet ihr erkennen, dass ich es bin und nichts von mir selbst aus tue, sondern wie mich mein Vater gelehrt hat, so rede ich. Und der mich gesandt hat, ist mit mir. Der Vater lässt mich nicht allein; denn ich tue allezeit, was ihm gefällt. Als er solches redete, glaubten viele an ihn. (*Johannes* 8, 28–30)

Die esoterische Bedeutung der Worte Jesu »*Wenn ihr des Menschen Sohn erhöhen werdet*« wurde bereits im Kommentar zu vorausgehenden Versen im Johannes-Evangelium erläutert: »*Und wie Mose in der Wüste eine Schlange erhöht hat, also muss des Menschen Sohn erhöht werden.*«[9] Entsprechend bedeuten die vorliegenden Verse:

»Erhöht den Sohn des Menschen«: Erhebt das körperliche Bewusstsein zum Christusbewusstsein und zum Kosmischen Bewusstsein

»Wenn ihr euer Bewusstsein in tiefer Meditation vom Sohn des Menschen, dem physischen Körper, löst und erhebt, dann werdet ihr imstande sein, das universelle Christusbewusstsein zu erkennen, das in

[9] *Johannes* 3, 14 (siehe Diskurs 14, Band I).

euch und in mir gegenwärtig ist. Aufgrund dieser Erfahrung werdet ihr weiterhin wahrnehmen, dass dieses euch innewohnende Christusbewusstsein die Widerspiegelung des Kosmischen Bewusstseins ist. Und wenn ihr das Christusbewusstsein in euch und in mir erfasst, dann werdet ihr wissen, warum ich sage, dass ich keine körperlichen oder mentalen Handlungen ausführe, die vom Ego, dem menschlichen Bewusstsein, ausgehen. Da mein Vater, das Kosmische Bewusstsein, Seine Weisheit auf das Christusbewusstsein in mir übertragen hat, offenbart mein Bewusstsein einzig und allein diese Weisheit.

Das Kosmische Bewusstsein, das meinen Körper entworfen und ins Leben gerufen hat, kann nicht von mir getrennt werden – ähnlich wie die Welle vom Ozean durchdrungen und unablässig von ihm erhalten wird. Die Welle kann nicht ohne den Ozean unter ihr bestehen; ebenso hat der Himmlische Vater meinen Körper nicht von sich getrennt, sondern ist immer hinter meinem Bewusstsein gegenwärtig und erhält ihn. Wer auf seine menschlichen Wünsche eingestellt ist, lenkt seinen Körper und Geist entsprechend dem Diktat dieser Impulse. Doch mein Geist ist sich ununterbrochen der Gegenwart des Vaters in mir bewusst; daher veranlasst mein menschliches Bewusstsein stets solche Handlungen, die den Vater erfreuen und die sich im Einklang mit Seinen Wünschen befinden.«

> *Da sprach nun Jesus zu den Juden, die an ihn glaubten: Wenn ihr in meinem Wort bleibt, so seid ihr wirklich meine Jünger und werdet die Wahrheit erkennen, und die Wahrheit wird euch frei machen.* (*Johannes* 8, 31–32)

»Wenn ihr unentwegt auf die Kosmische Schwingung (die man in der Meditation hört) und auf das Christusbewusstsein in diesem heiligen Klang eingestellt seid, dann dürft ihr euch wahrhaftig als meine Jünger betrachten, – geschult und geleitet durch mein Wort, die Christusintelligenz in eurem Inneren. Auf diese Weise werdet ihr die ganze Wahrheit erkennen können – über euch selbst, über die Mysterien des Lebens und über das Drama des Kosmos. Ihr werdet euch nicht länger mit menschlichen Wünschen identifizieren und

»Bleibt in meinem Wort«: Durch Meditation bringt man sich in Einklang mit der Kosmischen Schwingung

– was daraus folgt – Sklaven des Karmas bleiben. Dadurch befreit ihr eure Seele von der Täuschung und von Wiedergeburten.«

Als Jesus sagte: *»Bleibt in meinem Wort«*, wies er seine Anhänger an, gewissenhaft seinen weisen Worten zu folgen, nämlich die Meditationstechniken, mit denen sie den Heiligen Kosmischen Klang und das darin gegenwärtige Christusbewusstsein wahrnehmen konnten, getreu zu üben und dadurch zu seinen wahren Jüngern zu werden.[10]

Jesus sprach mithilfe von Gleichnissen und Sinnbildern zum Volk, um dessen Wissbegier auf die Wahrheit zu wecken; seinen Jüngern aber vermittelte er die volle Wahrheit und die Meditationstechniken, mit denen man Zugang zum inneren Reich Gottes erhält.

Es ist offensichtlich, dass allein der Glaube an die Worte Christi einen nicht befähigt, ein wahrer Jünger Christi zu werden. Jesus suchte Menschen, die ernsthaft danach strebten, das Christusbewusstsein zu offenbaren, das in ihm gegenwärtig war, Gottsucher, die auch im alltäglichen Leben die lenkende Gegenwart des Unendlichen Christus fühlen konnten, welche die Seele von Unwissenheit befreit und Erlösung schenkt.

Da antworteten sie ihm: Wir sind Abrahams Nachkommen, sind nie jemandes Knecht gewesen; wie kannst du da sagen: Ihr sollt frei werden?

Jesus antwortete ihnen und sprach: Wahrlich, wahrlich ich sage euch: Jeder, der sündigt, ist ein Sklave der Sünde. Der Sklave aber bleibt nicht für immer im Hause; nur der Sohn bleibt für immer. Wenn euch also der Sohn frei macht, so seid ihr wirklich frei. Ich weiß wohl, dass ihr Abrahams Nachkommen seid; aber ihr sucht mich zu töten, weil mein Wort keinen Raum findet in euch. Ich rede, was ich bei meinem Vater gesehen habe; und ihr tut, was ihr bei eurem Vater gesehen habt. (*Johannes* 8, 33–38)

---

[10] Obwohl einige Übersetzungen diesen Vers (*Johannes* 8, 31) wiedergeben mit *»So ihr bleiben werdet an meiner Rede«* oder *»Wenn ihr bei dem bleibt, was ich euch gesagt habe«* steht im griechischen Urtext in diesem Vers *Logos*, »Wort« – derselbe Begriff wie bei *Johannes* 1, 1: *»Im Anfang war das Wort, und das Wort war bei Gott, und Gott war das Wort.«* (Siehe Diskurs 1, Band I).

»Mit der absoluten Gewissheit der Wahrheit, die ich intuitiv in mir fühle, erkläre ich euch, dass jeder, der durch unrechte, sündige Handlungen gegen das Glück der Seele verstößt, sündige Gewohnheiten erzeugt. Jeder Mensch, der einer starken sündigen Gewohnheit verfallen ist, wird zu ihrem Knecht in seiner körperlichen Wohnung.

Übereinstimmung mit dem Christusbewusstsein befreit von jeglichem Karma

Aber selbst dann, wenn jemand einer schlechten Gewohnheit verfallen ist, ist sein versklavtes Bewusstsein nur ein vorübergehender Zustand. Sündhafte Gewohnheiten, ganz gleich, wie stark sie sein mögen, können das körperliche Haus der Seele, dem das Bewusstsein innewohnt, nicht für immer besetzen. Jeder Mensch, der ein Sklave übler Gewohnheiten ist, muss daran denken, dass sein unvergängliches Bewusstsein die unsterbliche Seele ist, der Tempel, in dem der Sohn oder das Christusbewusstsein weilt. Weiß der Gottsucher, dass der eigentliche Meister, der auf ewig im wahren SELBST, der Seele, lebt, das Christusbewusstsein – der Sohn (und nicht die Sünde) – ist, und bringt er sein Bewusstsein mit dem Christusbewusstsein in Einklang, befreit er sich von allem menschlichen Karma. Bemüht ihr euch daher spirituell, durch Anwendung eurer Willenskraft die Ketten der kosmischen Täuschung zu sprengen, und erkennt ihr auf diese Weise mich als das Christusbewusstsein in eurem Inneren, dann wird euch dieses Christusbewusstsein von jeder menschlichen Versklavung befreien.

Ich weiß, dass ihr die Nachkommen Abrahams seid und – was viel wichtiger ist – nach dem Bilde meines Vaters erschaffen wurdet; da ihr jedoch die allumfassende Weisheit meiner Worte nicht erfasst, seid ihr in eurem Verlangen, mich zu töten, zu Knechten der Sünde geworden. Da ihr zeitweilig euren sündhaften Gedanken unterliegt, seid ihr versklavt. Befändet ihr euch doch nur im Einklang mit meinem Wort, der Kosmischen Schwingung: Ihr könntet frei sein und wäret nicht länger Vasallen der Sünde. Meine Worte entspringen der Weisheit meines Himmlischen Vaters, die ich intuitiv in mir wahrnehme, ihr dagegen sprecht und handelt, wie es dem begrenzten Verständnis und dem bedingten Verhalten des weltlichen Bewusstseins entspricht, genauso, wie eure irdischen Eltern es tun.«

Jesus weist die Nachfahren Abrahams darauf hin, dass sie die edlen Eigenschaften ihrer rechtschaffenen Vorfahren verloren haben, weil sie der Unwissenheit und den sündhaften Gedanken nachgegeben und familiärem Herkommen sowie gesellschaftlichen Gebräuchen Folge geleistet hatten anstatt den Gesetzen und der Wahrheit Gottes.

Einige hochstehende Angehörige der Brahmanenkaste Indiens rühmen sich ihrer göttlichen Abstammung in derselben Weise wie ranghohe Menschen anderer Kulturen. Aber Jesus hebt hervor, dass lediglich eine Geburt in guten Verhältnissen nicht unbedingt auf hervorragende Eigenschaften hinweist. Obwohl jede Seele ein Ebenbild Gottes ist und eine hohe Herkunft haben mag, kann sie vorübergehend doch zum Sklaven sündhafter Gewohnheiten werden – wie es Jesus den Nachkommen Abrahams nachsagte. Auch wenn Jesus über ihren sittlichen Niedergang sprach, erinnerte er sie doch daran, dass sie nicht für immer Knechte der Sünde bleiben könnten, sondern erkennen sollten, dass sie ewiglich Gott zum Bilde erschaffen wurden.

Sie antworteten und sprachen zu ihm: Abraham ist unser Vater.

Jesus spricht zu ihnen: Wenn ihr Abrahams Kinder wärt, so würdet ihr Abrahams Werke tun. Nun aber sucht ihr mich zu töten, einen Menschen, der euch die Wahrheit gesagt hat, die ich von Gott gehört habe. Das hätte Abraham nicht getan. Ihr tut die Werke eures Vaters.

Da sprachen sie zu ihm: Wir sind nicht unehelich geboren, wir haben nur einen Vater, Gott.

Jesus sprach zu ihnen: Wenn Gott euer Vater wäre, würdet ihr mich lieben; denn von Gott bin ich ausgegangen und gekommen; denn ich bin nicht von mir selbst gekommen, sondern er hat mich gesandt. Warum versteht ihr meine Sprache nicht? Weil ihr mein Wort nicht hören könnt. Ihr habt den Teufel zum Vater, und wonach es ihn gelüstet, das wollt ihr tun. Der war ein Mörder von Anfang an und stand nicht in der Wahrheit; denn die Wahrheit ist nicht in ihm. Wenn er die Lüge redet, so redet er aus seinem Eigenen; denn er ist ein Lügner und der Vater der Lüge. Weil ich aber die Wahrheit sage, glaubt ihr mir nicht. Wer von euch kann mich einer Sünde überführen? Wenn ich aber die Wahrheit sage, warum glaubt ihr mir nicht? Wer aus Gott ist, der hört Gottes Worte; ihr aber hört sie nicht, weil ihr nicht aus Gott seid. (*Johannes* 8, 39–47)

»Wenn ihr Gott in der Meditation als euren Vater erkennen würdet, würdet ihr mich lieben, denn das Christusbewusstsein in mir ist die Widerspiegelung Gottvaters, und mein Körper, in dem dieses Bewusstsein eingeschlossen ist, kam ebenfalls von Ihm. Ich bin nicht aus mir selbst hervorgegangen, reinkarniert aufgrund persönlicher Wünsche; Er ist es, der meinen Körper auf die Erde gesandt hat, damit das Christusbewusstsein, das sich in mir widerspiegelt, schlafende Seelen erweckt und sie daran erinnert, dass es auch in ihnen gegenwärtig ist.

Unter dem Einfluss der satanischen Täuschung können Menschen die höhere Wahrheit nicht verstehen

Seht ihr, warum ihr meine Worte nicht verstehen könnt? Der Grund ist, dass euer Bewusstsein nicht auf die Kosmische Schwingung, das Wort, eingestellt ist; deshalb erfasst ihr nicht die Wahrheit, die ich verkündige und die vom Christusbewusstsein – das die Kosmische Schwingung, das »Wort«, in sich birgt – inspiriert wird. Ihr habt den GEIST, der euch innewohnt, ganz und gar vergessen; und weil ihr schlechte Gewohnheiten annehmt, hat sich satanische Unwissenheit eurer bemächtigt, die euch als euer beratender Vater lenkt. Indem ihr den lüsternen Neigungen nachgebt, die euch von eurem Pseudo-Vater eingepflanzt wurden, pflegt ihr satanische Gewohnheiten, die zur treibenden Kraft eurer Handlungen werden. Seit Anbeginn der Schöpfung waren Satan und sein Heer satanischer Gewohnheiten die Mörder des Seelenglücks; sie bringen nicht die Wahrheit zum Ausdruck, denn diese gehört nicht zu ihrem eigentlichen Wesen, zur kosmischen Täuschung. Satan verbreitet Lügen, erzeugt die Täuschung, ›redet aus seinem Eigenen‹, weil er die schöpferische freie Wahl, die ihm von Gott verliehen wurde, rebellisch missbraucht. Satan ist der Vater jeglicher kosmischen Täuschung; er ist der vollendete Lügner in Bezug auf das Wesen Gottes und die Wahrheit.[11]

Durch eure üblen Gewohnheiten fordert ihr die kosmische Täuschung Satans auf, euren Weg zu bestimmen; seine Fähigkeit, die Wahrheit geschickt zu verbergen, hat euren Glauben irregeleitet. Keiner von euch hat mir irgendeine Sünde nachweisen können; warum also solltet ihr nicht von der Wahrheit überzeugt sein, wie ich sie euch eindeutig dargelegt habe?

---

[11] Das Wesen Satans (»des Teufels«) als der Verursacher der *Maya* (der kosmischen Täuschung) wird in Diskurs 7, Band I erläutert.

Alle großen Meister, die Gott wirklich lieben, wie Abraham und die Propheten, haben ihr Bewusstsein in der Meditation nach innen gerichtet, auf die Kosmische Schwingung, auf das Wort Gottes in ihnen. Ihr habt diesen tiefen meditativen Zustand nie erreicht; daher habt ihr nicht die Kosmische Schwingung gehört und auch nicht die Gegenwart Gottes in ihr wahrgenommen. Folglich habt ihr keine klare Vorstellung von dem Bewusstsein eines Menschen, der erkannt hat, dass er von Gott kommt.«

Jesus warnt hier: Weil Begierden und böse Neigungen dem Menschen von Satan eingepflanzt werden, lädt jeder, der unter dem Zwang dieser Verlockungen handelt, Satan dazu ein, sein Führer zu sein. Jesus beschreibt Satan als einen Lügner, denn durch die kosmische Täuschung lässt er Gott hinter der Illusion von grober Materie aus der Sicht des Menschen entschwinden. Ein wahrer Gottsucher, der Gottes Gegenwart in seinem Inneren fühlt, fällt nicht auf die Machenschaften der kosmischen Täuschung herein; er nimmt Gott als die Einzig Existierende Wesenheit wahr – in der Natur, im Raum und in der Unendlichkeit.

Obwohl alle Männer und Frauen Gott zum Bilde erschaffen wurden, sagt Jesus dennoch, dass einige von ihnen – diejenigen, die regelmäßig und tief meditieren – *»von Gott«* sind und Seine Gegenwart in ihrem Inneren als Kosmische Schwingung, als das Wort, wahrnehmen; wohingegen andere, weil sie sich mit ihren satanischen Gewohnheiten identifiziert haben, *»nicht von Gott«* sind – sie sind sich nicht bewusst, dass Er ihnen innewohnt.

»Der Teufel sündigt von Anfang an«, schrieb der heilige Johannes in seinem ersten Sendbrief an die frühen Anhänger Jesu. *»Dazu ist der Sohn Gottes erschienen, dass er die Werke des Teufels zerstöre.«*[12] Das bedeutet: Die Offenbarung des Christusbewusstseins im eigenen Inneren des Menschen zerstört mühelos die Illusionen oder *»Werke des Teufels«*.

Da antworteten die Juden und sprachen zu ihm: Sagen wir nicht mit Recht, dass du ein Samariter bist und einen Dämon hast?

Jesus antwortete: Ich habe keinen Dämon, sondern ich ehre

[12] *1. Johannes* 3, 8.

meinen Vater, und ihr entehrt mich. Ich suche nicht nach meinem eigenen Ruhm; es ist aber einer, der nach ihm sucht und der richtet. Wahrlich, wahrlich ich sage euch: Wer mein Wort bewahrt, der wird den Tod nicht sehen in Ewigkeit. (*Johannes* 8, 48–51)

»Da ich das Christusbewusstsein in meinem Inneren bewusst wahrnehme, haben die teuflischen Handlanger der kosmischen Täuschung Satans keine Macht über mich. Ich, das Christusbewusstsein, lebe vielmehr so, wie es Gottvater, dessen Widerspiegelung ich bin, von mir erwartet; ihr aber missachtet eine solch richtige Haltung. Mein menschliches Bewusstsein sucht nach keinem irdischen Ruhm, sondern wird mit dem Christusbewusstsein in mir verherrlicht. Es gibt ein Kosmisches Gesetz, das den Vater zu preisen sucht, indem es die Bekundungen des Guten belohnt und die des Bösen bestraft; darum beurteilt dieses Gesetz die Menschen nach ihrem guten oder schlechten Karma.

Wahrlich, bei der Wahrheit in meinem Inneren versichere ich jedem von euch: Ein Gottsucher bewahrt meine Worte, wenn er sich in täglicher Meditation mit der Kosmischen Schwingung und dem Christusbewusstsein vereint und diese ebenso wahrnimmt wie ich in mir und wenn er meinen Lehren folgt und sein Geist fest auf den Unwandelbaren Absoluten gerichtet ist. Auf diese Weise wird seine innere Schau nie von jenen beunruhigenden Veränderungen (*»Tod«*) bedrängt werden, denen der Körper und die gesamte, vom unbarmherzigen Gesetz des Wandels regierte Materie unterworfen sind.«

Der Zustand der Unwandelbarkeit ist frei von den wechselvollen Illusionen des Lebens und des Todes

Das innere Auge der Weisheit in Jesus war geöffnet und verhinderte, dass sich in ihm die Dunkelheit teuflischer, trügerischer Unwissenheit ausbreiten konnte. Da er Gott als Unendliche Herrlichkeit in seinem Inneren schaute, konnte er unmöglich sein individualisiertes Egobewusstsein preisen.

Da sich die meisten Menschen auf der Grundlage ihrer materiellen und mentalen Errungenschaften sowie ihrer Familienbeziehungen bewerten, blähen sie ihr weltliches Ego auf. Aber wenn ein Gottsucher sein Seelenbewusstsein vom Körper und dessen Beziehungen löst, schaut er in seinem Inneren nichts anderes als Gott und findet höchste Freude darin, allein Ihn zu rühmen. Daher betont Jesus, er trachte nicht danach, sich selbst zu rühmen, aber das Kosmische Gesetz mache den Ruhm Gottes in den Tugenden der Menschen ausfindig und urteile über sie.

Mit der Wendung »*Wer mein Wort bewahrt*« hebt Jesus nachdrücklich hervor, dass man seine Lehre und Methoden, mit der Kosmischen Schwingung in Verbindung zu treten, täglich praktizieren muss, um ständig im Kosmischen Bewusstsein zu bleiben und um dem Dämmerzustand der Täuschung (dem »*Tode*«) zu entgehen.[13] Wenn ein Mensch von heftigen Wellen hin und her geworfen wird, hat er keine Zeit, das ganze Meer zu betrachten; sobald er aber den Brechern entkommen ist und am Ufer steht, kann er es gut überschauen. Ähnlich kann jemand, der verzweifelt damit beschäftigt ist, mit den Veränderungen in seinem Körper und seiner Umgebung zurechtzukommen, nicht das Unwandelbare Unendliche in sich selbst wahrnehmen. Doch wenn ein Gottsucher sich durch Meditation von äußerem Aufruhr löst und sein Bewusstsein mit der Kosmischen Schwingung und dem Christusbewusstsein in seinem Inneren in Einklang bringt, nimmt er die Ewige Unwandelbarkeit wahr, die frei ist von den wechselvollen unwirklichen Erscheinungen des Lebens.

Da sprachen die Juden zu ihm: Jetzt wissen wir, dass du einen Dämon hast. Abraham ist gestorben und die Propheten sind gestorben, und du sprichst: Wer mein Wort bewahrt, der wird den Tod nicht schmecken in Ewigkeit. Bist du größer als unser Vater Abraham, der gestorben ist, und als die Propheten, die gestorben sind? Was machst du aus dir selbst?

Jesus antwortete: Wenn ich mich selbst ehre, so ist meine Ehre nichts. Es ist aber mein Vater, der mich ehrt, von dem ihr sagt, er sei euer Gott. Und doch habt ihr ihn nicht erkannt, ich aber kenne ihn. Und wenn ich sagen würde: Ich kenne ihn nicht, so wäre ich ein Lügner wie ihr. Aber ich kenne ihn und halte sein

---

13 In der *Autobiographie eines Yogi* zitierte ich Jesus und machte eine Anmerkung dazu: »›*Wer mein Wort bewahrt* (ununterbrochen im Christusbewusstsein lebt), *der wird den Tod nicht sehen in Ewigkeit.*‹ Diese Worte Jesu beziehen sich nicht auf eine körperliche Unsterblichkeit – ein monotones Kerkerdasein, das man kaum einem Sünder, geschweige denn einem Heiligen wünschen würde. Der erleuchtete Mensch, von dem Christus sprach, ist einer, der aus dem Todesschlaf der Unwissenheit zum Ewigen Leben erwacht ist.«

Wort. Abraham, euer Vater, frohlockte, dass er meinen Tag sehen sollte; und er sah ihn und freute sich. (*Johannes* 8, 52–56)

»Wenn ich mein Ego und seine Beziehung zum Körper preise, dann ist dieses Lob von geringem Wert für die Welt oder für Gott. Es ist der Himmlische Vater in mir, der mein Leben und Handeln freudig angenommen hat und der mein Leben für die Welt wertvoll macht. Derselbe Gott, den ihr euren eigenen Gott nennt, erkennt die Wahrheit in mir und wünscht, dass ihr alle diese Wahrheit anerkennt, damit sie euch Nutzen bringt.

Ihr redet von eurem Gott, doch ihr wisst nichts über Ihn; ich aber weiß, dass ich Ihn kenne. Würde ich euch zufriedenstellen und sagen, mein menschliches Bewusstsein wisse nicht, dass ihm das Kosmische Bewusstsein innewohnt, dann spräche ich die Unwahrheit, so wie ihr in eurer Unwissenheit es zu tun gewohnt seid. Doch ich kenne das Himmlische Bewusstsein in mir und befolge in meinem Leben alle göttlichen Gebote (›bewahre sein Wort‹), die ich von den inneren Schwingungen jenes Höchsten Bewusstseins empfange.

Da euer erleuchteter Vorvater, Abraham, innerlich auf das Christusbewusstsein eingestellt war, war er von göttlicher Seligkeit erfüllt, als er *›meinen Tag‹* sah – das Licht des Christusbewusstseins in seinem Inneren, das nun in mir ist. Abraham *›sah ihn‹* – die Weisheit des Christusbewusstseins (die ich und alle befreiten Seelen wahrnehmen) –, und er war beseelt von göttlichem Entzücken, von derselben Freude, an der ich mich erfreue.«

Jesus brachte eine tiefe Wahrheit zum Ausdruck, als er sagte: *»Abraham, euer Vater, frohlockte, dass er meinen Tag sehen sollte; und er sah ihn und freute sich.«* Mit seinem Christusbewusstsein und seiner inneren Schau konnte Jesus alles Vergangene, Gegenwärtige und Zukünftige klar im Ewigen Jetzt seines Bewusstseins sehen. Normalerweise wird das Bewusstsein eines Sterblichen durch die Zäsur des Todes unterbrochen, d. h. von allem Vergangenen getrennt; da Jesus aber eins war mit dem Absoluten, konnte er genau fühlen, was die befreite Seele Abrahams Jahrhunderte zuvor gefühlt hatte: das die Ewigkeit umspannende Christusbewusstsein, welches Jesus in sich selbst erlebte, und die Freude des Christusbewusstseins, die jede fortgeschrittene oder befreite Seele in gleicher Weise fühlt.

Jesus sagt nicht, ob er in anderer Gestalt zur Zeit Abrahams gelebt hat (*»frohlockte, dass er meinen Tag sehen sollte«*), doch dass er kraft der unendlichen Allwissenheit seines ewigen Christusbewusstseins genau fühlen konnte, was Abraham am »*Tag*«, d.h. im Licht seiner göttlichen Erkenntnis, fühlte – lange bevor der Körper Jesu tatsächlich auf Erden geboren wurde.

> *Da sprachen die Juden zu ihm: Du bist noch keine fünfzig Jahre alt und hast Abraham gesehen?*
>
> *Jesus sprach zu ihnen: Wahrlich, wahrlich ich sage euch: Ehe Abraham war, bin ich.*
>
> *Da hoben sie Steine auf, um sie auf ihn zu werfen. Aber Jesus verbarg sich und ging mitten durch sie hindurch zum Tempel hinaus und entfernte sich.* (*Johannes* 8, 57–59)

Das Bewusstsein des Ewigen Jetzt: »Ehe denn Abraham war, bin ich«

»Wahrlich, bei dem ewig währenden, immer gegenwärtigen Christusbewusstsein in mir: Ich sehe in meinem Bewusstsein des ewigen Jetzt keine Aufspaltung in Vergangenheit, Gegenwart und Zukunft – einem Bewusstsein, das alles Geschehen vor der Zeit Abrahams wahrnimmt, alles Geschehen nach seiner Zeit und ebenso alles Geschehen, das bis in alle Ewigkeit noch eintreten wird.«

Im Christusbewusstsein Jesu war die Trennung zwischen Vergangenheit, Gegenwart und Zukunft aufgehoben. Sein allwissendes Bewusstsein durchdrang *Mayas* Schleier von Raum und Zeit, die zur Vereinfachung im alltäglichen Leben dienen. Was auch immer er fühlte, er nahm es als ein Teil seines universellen, mit Gott vereinten SELBST wahr. Er erkannte, dass in Wirklichkeit nichts außer Gott existiert und dass alle Ereignisse und alle Dinge Manifestationen Gottes sind und in Gott und in seinem eigenen, mit Gott vereinten SELBST in Erscheinung treten und für immer auf der Leinwand der Unendlichkeit aufgezeichnet sind. Daher konnte Jesus mit einer kosmischen Regung von Ehrfurcht verkündigen: »*Ehe denn Abraham war, bin ich.*«[14]

---

14 Physiker ebenso wie erleuchtete Heilige versichern, dass die Zeit keine absolute Realität sei. In *The Elegant Universe: Superstrings, Hidden Dimensions, and the Quest for the Ultimate Theory* (New York: Vintage Books, 2000) schreibt Dr. Brian Greene: »Einsteins Werk zeigte, dass Vorstellungen wie Raum und Zeit, die vorher voneinander getrennt und absolut zu sein schienen, in Wirklichkeit miteinander verwoben und

Da ohne das Bewusstsein Gottes nichts existieren kann, erkennt ein fortgeschrittener Gottsucher, dessen Bewusstsein mit dem universellen Christusbewusstsein – allgegenwärtig in der Sphäre der Schöpfung – in Einklang ist, Folgendes: Das Licht seines Gottesbewusstseins erleuchtet und offenbart jederzeit und zugleich die verdichteten Dimensionen des Raumes und die Schauplätze von Vergangenheit, Gegenwart und Zukunft. »O Arjuna, Ich bin Mir der Lebewesen der Vergangenheit, Gegenwart und Zukunft bewusst; Mich aber kennt niemand.«[15] Einem Menschen, der noch unter dem Einfluss der

---

relativ sind.« Dies lässt sich z.B. daran beobachten, dass die Stärke der Schwerkraft nicht nur das Gefüge des Raumes verzerrt, sondern selbst das der Zeit. In den riesigen Gravitationsfeldern der schwarzen Löcher »scheint die Zeit sich zu verlangsamen und gar zum Stillstand zu kommen«, heißt es in der Zeitschrift *Discover* (Dezember 2000).

Bei »einer ultramikroskopischen Betrachtung von Raum und Zeit«, schreibt Professor Greene, »verlieren die konventionellen Vorstellungen von links und rechts, vorn und hinten, oben und unten (und sogar zuvor und danach) ihre Bedeutung.« Einstein drückte es in einem Brief kurz vor seinem Tode im Jahre 1955 prägnant aus: »Für uns gläubige Physiker hat die Scheidung zwischen Vergangenheit, Gegenwart und Zukunft die Bedeutung einer, wenn auch hartnäckigen, Illusion.«

Für die gewöhnliche menschliche Wahrnehmung besteht diese »Illusion« in der Tat jederzeit. »So groß ist der ungeheure Einfluss der Zeit, die das Universum regiert«, schrieb Swami Sri Yukteswar 1894 in der *Heiligen Wissenschaft.* »Niemand kann sich diesem Einfluss entziehen, ausgenommen diejenigen, die von reiner Liebe gesegnet (dem himmlischen Geschenk der Natur) göttlich werden. Sie werden im heiligen Strom des *Pranava* (der heiligen OM-Schwingung) getauft und haben Kenntnis vom Reich Gottes.«

Der große *Jnanavatar* (»Inkarnation der Weisheit«) erklärte die Entstehung der Zeit und der anderen universellen Täuschungen, die zur Schöpfung gehören, und auf welche Weise befreite Seelen wie Jesus sie überwinden. »Aus OM (*Pranava*, dem *Wort* oder der Offenbarung der Allmächtigen Kraft) entstehen *Kala* (Zeit), *Desa* (Raum) und *Anu*, das Atom (die aus Schwingungen bestehende Schöpfung). ... [Das OM] hat verschiedene Ausdrucksformen: die Vorstellung von etwas Wandelbarem, nämlich der Zeit, *Kala,* im Ewig Unwandelbaren; und die Vorstellung von etwas Teilbarem, nämlich dem Raum, *Desa,* im Ewig Unteilbaren. Hieraus entspringt die Vorstellung von Partikeln – den zahllosen Atomen, *Patra* oder *Anu.* Diese vier – das Wort, Zeit, Raum und Atom – sind daher ein und dasselbe und im Wesentlichen nichts anderes als bloße Vorstellungen. ...

Der Mensch wird dann frei, wenn er die vier ursprünglichen Ideen auflöst ... die Grundgedanken, welche die Schöpfung entstehen ließen«, sagt Swami Sri Yukteswar weiter. Jener transzendente Zustand wird erreicht, wenn man durch höchste Yoga-Meditation sein Bewusstsein durch das *Brahmarandhra* trägt (s. Diskurs 75, Band III), »die Tür zwischen der materiellen und der geistigen Schöpfung. Wenn das Ich oder der Menschensohn an diese Tür gelangt, erkennt er das Geistige Licht und wird in ihm getauft. Und wenn er diese Tür durchschreitet, erhebt er sich über die Ideen-Schöpfung der Dunkelheit, *Maya,* und betritt die geistige Welt, wo er das wahre Licht empfängt und ein Gottessohn wird.« *(Anmerkung des Herausgebers)*

[15] *Gott spricht mit Arjuna – Die Bhagavad-Gita* VII, 26.

Täuschung steht, bleibt die Wahrnehmung des Ewig Gegenwärtigen vorenthalten, weil er jedes Geschehen noch im Fluss der Zeit erlebt und weil er die Sinnesgegenstände in ihrer Beziehung zueinander so sieht, als besäßen sie eine gewisse Ausdehnung im Raum.

Wenn jemand träumt, dass er eine Jahre dauernde Weltreise mit dem Fahrrad unternimmt, schafft er in seiner eigenen Vorstellung eine Bewusstheit von Raum und Zeit, die beim Aufwachen nicht mehr existiert. Die vielen zurückgelegten Meilen mit allen ihren Landschaften erfüllten den begrenzten Raum seines Geistes; die Ereignisse, die auf seiner Reise eines nach dem anderen stattfanden, spielten sich in einem Bruchteil seiner im Traum erlebten Zeit ab. Jesus und die großen Meister, die in Gott erwacht sind und den kosmischen Traum hinter sich gelassen haben, erkennen, dass Raum und Zeit und alle darin eingeschlossenen Dinge und Geschehnisse in Gottes Vorstellungswelt erhalten werden und deshalb ihrem Wesen nach unwirklich sind, auch wenn sie vorübergehend als wahrnehmbar erscheinen.

Um ein Teil von Gottes Traumdrama sein zu können, passt sich der göttliche Mensch äußerlich der Natur des Traumes an, während er innerlich sein mit dem GEIST identifiziertes SELBST als eine ewige Daseinsform des allgegenwärtigen Bewusstseins sieht. »Ich bin gegenwärtig, bevor Abraham war, ich bin gegenwärtig im Hier und Jetzt, und da ich alles durchdringe, bin ich mir meiner Gegenwart in der unendlichen Zukunft bewusst.«

DISKURS 52

»Ich bin die Tür ... Ich bin der gute Hirte ... Ich und mein Vater sind eins«

Individuelles Karma oder Massenkarma sind die Ursache von Schicksalsschlägen

❖

»Solange es Tag ist«: die kosmischen Zyklen der Schöpfung und Auflösung

❖

Wie man wahre Seelenhirten von falschen Propheten unterscheidet

❖

Das Christusbewusstsein ist der einzige Zugang zur Befreiung

❖

»Der gute Hirte«: ein wahrer Guru, der mit dem Christusbewusstsein im Einklang ist

❖

»Ich und mein Vater sind eins«

❖

»Ihr seid Götter«: Alle Seelen sind nach dem reinen Bilde Gottes erschaffen

»Der Guru spendet dem Gottsucher die geistige Taufe, bei der Gott die Pforte des geistigen Auges entriegelt: Durch diese folgt der Gottsucher der ›Stimme‹ (der Schwingung des Heiligen Geistes) des Hirten des Christusbewusstseins, die ihn zum Kosmischen Bewusstsein Gottes führt.«

Und Jesus ging vorüber und sah einen Mann, der von Geburt an blind war. Und seine Jünger fragten ihn und sprachen: Meister, wer hat gesündigt, dieser oder seine Eltern, dass er blind geboren wurde?

Jesus antwortete: Weder er noch seine Eltern haben gesündigt, sondern die Werke Gottes sollen an ihm offenbar werden. Ich muss die Werke dessen wirken, der mich gesandt hat, solange es Tag ist; es kommt die Nacht, da niemand wirken kann. Solange ich in der Welt bin, bin ich das Licht der Welt.

Als er dies gesagt hatte, spuckte er auf die Erde und machte einen Brei aus dem Speichel und strich den Brei auf die Augen des Blinden und sprach zu ihm: Geh und wasche dich im Teich Siloah (das heißt übersetzt: der Gesandte). Da ging er hin und wusch sich und kam sehend zurück.

Die Nachbarn nun und die, die ihn zuvor als Blinden gesehen hatten, sprachen: Ist das nicht der, welcher dasaß und bettelte? Einige sagten: Er ist es; andere aber, er sieht ihm ähnlich. Er selbst aber sprach: Ich bin es. Da fragten sie ihn: Wie sind deine Augen geöffnet worden? Er antwortete und sprach: Der Mann, der Jesus heißt, machte einen Brei und strich ihn auf meine Augen und sprach: Geh zum Teich Siloah und wasche dich! Ich ging hin und wusch mich und konnte wieder sehen.

Da sprachen sie zu ihm: Wo ist er? Er sagte: Ich weiß es nicht. Da führten sie ihn, der zuvor blind gewesen war, zu den Pharisäern. Es war aber Sabbat an dem Tag, als Jesus den Brei gemacht und seine Augen geöffnet hatte. Da fragten ihn auch die Pharisäer wieder, wie er sehend geworden sei. Er sagte zu ihnen: Er hat mir einen Brei auf die Augen gelegt, und ich wusch mich und kann nun sehen.

Da sagten einige der Pharisäer: Dieser Mensch ist nicht von Gott, weil er den Sabbat nicht hält. Andere aber sprachen: Wie kann ein sündiger Mensch solche Zeichen tun? Und so entstand eine Spaltung unter ihnen.

Da fragten sie den Blinden noch einmal: Was sagst du über ihn, weil er dir die Augen geöffnet hat? Er antwortete:

Er ist ein Prophet. Aber die Juden glaubten nicht, dass er blind gewesen und sehend geworden war. Deshalb riefen sie seine Eltern, fragten sie und sprachen: Ist das euer Sohn, von dem ihr sagt, er sei blind geboren? Wie kommt es denn, dass er jetzt sehen kann? Seine Eltern antworteten ihnen und sprachen: Wir wissen, dass dies unser Sohn ist und dass er blind geboren wurde. Aber wieso er jetzt sehen kann, wissen wir nicht; und wer ihm seine Augen geöffnet hat, wissen wir auch nicht. Fragt ihn selbst! Er ist alt genug und kann selbst für sich reden.

Das sagten seine Eltern, weil sie sich vor den Juden fürchteten. Denn die Juden hatten schon beschlossen, jeden aus der Synagoge auszustoßen, der bekennen würde, dass Jesus der Christus sei. Deshalb sagten seine Eltern: Er ist alt genug; fragt ihn selbst. Da riefen sie den Mann, der blind gewesen war, noch einmal zu sich und sagten zu ihm: Gib Gott die Ehre! Wir wissen, dass dieser Mensch ein Sünder ist. Er antwortete und sprach: Ob er ein Sünder ist, das weiß ich nicht; eins aber weiß ich, dass ich blind war und jetzt sehen kann. Da fragten sie ihn wieder: Was hat er mit dir gemacht? Wie hat er deine Augen geöffnet?

Er antwortete ihnen: Ich habe es euch doch schon gesagt, aber ihr habt nicht gehört. Warum wollt ihr es noch einmal hören? Wollt ihr auch seine Jünger werden? Da beschimpften sie ihn und sprachen: Du bist sein Jünger, wir aber sind Jünger des Mose. Wir wissen, dass Gott zu Mose gesprochen hat; aber von diesem Menschen wissen wir nicht, woher er kommt.

Da antwortete der Mann und sprach zu ihnen: Es ist wirklich erstaunlich, dass ihr nicht wisst, woher er kommt, und doch hat er meine Augen geöffnet. Wir wissen aber, dass Gott die Sünder nicht erhört; wer aber Gott verehrt und seinen Willen tut, den erhört er. Seit Anbeginn der Welt hat man nicht gehört, dass jemand einem Blindgeborenen die Augen geöffnet hat. Wäre dieser Mann nicht von Gott, so könnte er nichts tun. Sie antworteten und sprachen zu ihm: Du bist

ganz und gar in Sünden geboren, und willst uns belehren? Und sie stießen ihn hinaus.

Jesus hörte, dass sie ihn hinausgestoßen hatten; und als er ihn fand, sagte er zu ihm: Glaubst du an den Sohn Gottes?

Er antwortete und sprach: Wer ist es, Herr, damit ich an ihn glaube?

Und Jesus sagte zu ihm: Du hast ihn gesehen, und der mit dir redet, der ist es.

Er aber sprach: Herr, ich glaube. Und er betete ihn an.

Und Jesus sagte: Zum Gericht bin ich in diese Welt gekommen, damit die, welche nicht sehen, sehend werden, und die, welche sehen, blind werden.

Einige der Pharisäer, die bei ihm waren, hörten diese Worte und fragten ihn: Sind wir denn auch blind?

Jesus sprach zu ihnen: Wenn ihr blind wärt, so hättet ihr keine Sünde; nun sagt ihr aber: Wir sehen. Deshalb bleibt eure Sünde.

Wahrlich, wahrlich ich sage euch: Wer nicht durch die Tür in den Schafstall hineingeht, sondern anderswo einsteigt, der ist ein Dieb und ein Räuber. Wer aber durch die Tür hineingeht, ist der Hirte der Schafe. Ihm öffnet der Türhüter, und die Schafe hören seine Stimme; und er ruft seine eigenen Schafe mit Namen und führt sie hinaus. Und wenn er seine eigenen Schafe alle hinausgelassen hat, geht er vor ihnen her, und die Schafe folgen ihm nach, denn sie kennen seine Stimme. Einem Fremden aber folgen sie nicht nach, sondern fliehen von ihm, weil sie die Stimme von Fremden nicht kennen.

Dieses Gleichnis erzählte ihnen Jesus; sie verstanden aber nicht, was er ihnen damit sagten wollte.

Da sprach Jesus wieder zu ihnen: Wahrlich, wahrlich ich sage euch: Ich bin die Tür zu den Schafen. Alle, die vor mir gekommen sind, sind Diebe und Räuber; aber die Schafe haben nicht auf sie gehört. Ich bin die Tür; wenn jemand durch mich hineingeht, wird er gerettet werden und wird ein- und ausgehen und Weide finden. Ein Dieb kommt nur, um zu stehlen, zu töten und zu vernichten. Ich bin gekommen, damit sie das Leben haben und es im Überfluss haben.

Ich bin der gute Hirte. Der gute Hirte gibt sein Leben hin für seine Schafe. Der Tagelöhner aber, der kein Hirte ist und dem die Schafe nicht gehören, sieht den Wolf kommen und verlässt die Schafe und flieht; und der Wolf fängt und zerstreut die Schafe. Der Tagelöhner aber flieht, denn er ist ein Tagelöhner und kümmert sich nicht um die Schafe. Ich bin der gute Hirte und kenne meine Schafe und sie kennen mich, ebenso, wie der Vater mich kennt und ich den Vater kenne; und ich gebe mein Leben für die Schafe. Und ich habe noch andere Schafe, die nicht aus diesem Stall sind; auch sie muss ich herführen, und sie werden meine Stimme hören, und es wird eine Herde und ein Hirte sein.

Darum liebt mich mein Vater, weil ich mein Leben hingebe, um es wieder zu nehmen. Niemand nimmt es von mir, sondern ich gebe es freiwillig hin. Ich habe die Macht, es hinzugeben, und habe die Macht, es wieder zu nehmen. Diesen Auftrag habe ich von meinem Vater empfangen.

Um dieser Worte willen kam es erneut unter den Juden zu einer Spaltung. Und viele unter ihnen sprachen: Er ist von einem Dämon besessen, er ist wahnsinnig; warum hört ihr ihm zu? Andere sagten: Das sind nicht Worte eines Besessenen; kann denn ein Dämon Blinden die Augen öffnen?

Es fand aber das Fest der Tempelweihe in Jerusalem statt und es war Winter. Und Jesus ging umher im Tempel in der Halle Salomos. Da umringten ihn die Juden und sprachen zu ihm: Wie lange hältst du uns noch im Ungewissen? Bist du der Christus, so sage es uns frei heraus.

Jesus antwortete ihnen: Ich habe es euch gesagt, und ihr glaubt nicht. Die Werke, die ich im Namen meines Vaters tue, legen Zeugnis von mir ab. Aber ihr glaubt nicht, denn ihr gehört nicht zu meinen Schafen, wie ich euch bereits gesagt habe. Meine Schafe hören meine Stimme, und ich kenne sie. Sie folgen mir, und ich gebe ihnen das ewige Leben; und sie werden niemals verlorengehen, und niemand wird sie aus meiner Hand reißen. Mein Vater, der sie mir gegeben hat, ist

größer als alles; und niemand kann sie aus der Hand meines Vaters reißen. Ich und mein Vater sind eins.

Da hoben die Juden abermals Steine auf, um ihn zu steinigen. Jesus sagte zu ihnen: Viele gute Werke habe ich im Auftrag meines Vaters unter euch getan; für welches Werk wollt ihr mich steinigen?

Die Juden antworteten ihm und sprachen: Wegen eines guten Werkes steinigen wir dich nicht, sondern wegen Gotteslästerung; denn du bist ein Mensch und machst dich selbst zu Gott.

Jesus antwortete ihnen: Steht nicht in eurem Gesetz geschrieben: »Ich habe gesagt: Ihr seid Götter?« Wenn er diejenigen Götter nannte, an die das Wort Gottes erging – und die Schrift kann doch nicht außer Kraft gesetzt werden –, wie könnt ihr dann von dem, den der Vater geheiligt und in die Welt gesandt hat, sagen: Du lästerst Gott, weil ich gesagt habe: Ich bin Gottes Sohn? Tue ich nicht die Werke meines Vaters, so glaubt mir nicht. Tue ich sie aber, so glaubt doch den Werken, wenn ihr auch mir nicht glaubt: damit ihr erkennt und glaubt, dass der Vater in mir ist und ich in ihm.

Da versuchten sie abermals, ihn zu ergreifen; aber er entkam ihren Händen und zog wieder fort auf die andere Seite des Jordans an den Ort, wo Johannes zuerst getauft hatte; und dort blieb er.

Und viele kamen zu ihm und sprachen: Johannes hat keine Wunder getan; aber alles, was Johannes über diesen Mann gesagt hat, ist wahr. Und es glaubten dort viele an ihn.

Johannes 9, 1 – 10, 42

DISKURS 52

»Ich bin die Tür … Ich bin der gute Hirte … Ich und mein Vater sind eins«

Und Jesus ging vorüber und sah einen Mann, der von Geburt an blind war. Und seine Jünger fragten ihn und sprachen: Meister, wer hat gesündigt, dieser oder seine Eltern, dass er blind geboren wurde?

Jesus antwortete: Weder er noch seine Eltern haben gesündigt, sondern die Werke Gottes sollen an ihm offenbar werden. Ich muss die Werke dessen wirken, der mich gesandt hat, solange es Tag ist; es kommt die Nacht, da niemand wirken kann. Solange ich in der Welt bin, bin ich das Licht der Welt. (*Johannes* 9, 1–5)

Individuelles Karma oder Massenkarma sind die Ursache von Schicksalsschlägen

Die Äußerung Jesu, dass der Mann nicht deshalb von Geburt an blind sei, weil er oder seine Eltern gesündigt hätten, verwirrt viele Menschen, da sie annehmen, er meine damit, Gott habe den Mann absichtlich seines Augenlichts beraubt, um durch Jesus Seine göttliche Heilkraft zu offenbaren. Für diejenigen, die Gott als den Allbarmherzigen Vater kennen, ist es unvorstellbar, dass Er eines seiner Kinder jahrelang leiden lässt, nur um eine Gelegenheit für ein öffentliches Wunder zu schaffen. Jesus meinte vielmehr, dass das Leiden des Mannes auf verborgene

Ursachen in seinen früheren Leben zurückgeht; das hat zu seiner gegenwärtigen Situation geführt und nicht irgendwelche Handlungen, die er oder seine Eltern in dieser Inkarnation begangen hätten. Da der Mann blind zur Welt gekommen war, war es ohnehin unmöglich, dass Sünden aus seinem gegenwärtigen Leben für seine Krankheit verantwortlich waren.[1] Und da er sich in diesem Leben tugendhaft verhielt und aufgrund der vorbildlichen Eigenschaften, die er in vergangenen Leben entwickelt hatte, hatte er genügend gutes Karma angesammelt, »dass die Werke Gottes an ihm offenbar werden«, d.h., er hatte das Wunder einer göttlichen Heilung verdient und begegnete somit Jesus, dem Boten Gottes.

Wenn Menschen Schicksalsschläge erleiden, können diese nicht nur durch das Karma verursacht worden sein, das aufgrund der Sünden eines Einzelnen entsteht, sondern auch durch Massenkarma oder universelles Karma: durch vom Menschen heraufbeschworene oder von der Natur ausgehende Katastrophen, die auf Umstände zurückzuführen sind, welche von kosmischen Kräften oder von angehäuften Schwingungen und Handlungen der Menschheit allgemein beeinflusst oder hervorgerufen werden. Nähmen wir zum Beispiel an, alle Passagiere eines Flugzeugs, das in einem Gewitter abstürzt, kämen um, so würde das nicht unbedingt bedeuten, dass es allen diesen Menschen karmisch vorausbestimmt war, bei diesem Unglück ihr Leben zu verlieren. Es lag an dem Naturereignis, das sich zu dieser Zeit in dieser

---

[1] In seiner wissenschaftlichen Studie *Reincarnation for the Christian* (Philadelphia: Westminster Press, 1974) schreibt Dr. Quincy Howe jr., ehem. Professor für vergleichende Religionswissenschaft am Scripps College, über diese Erfahrung des von Geburt an Blinden:

»Die Frage, die von den Jüngern gestellt wurde, zeugt von eklatanter Unstimmigkeit. Sie baten den Herrn um Aufschluss, ob der Mann selbst die Sünde begangen haben könnte, die zu seiner Blindheit führte. Von der Tatsache ausgehend, dass der Mann von Geburt an blind war, werden wir mit einer provokanten Frage konfrontiert. Wann könnte er ein solches Unrecht, das ihn bereits blind zur Welt kommen ließ, begangen haben? Die einzig mögliche Antwort ist: in einem Leben vor dieser Geburt. Die Frage, wie sie von den Jüngern gestellt wurde, setzt ausdrücklich eine vergangene Existenz voraus. Es sei auch darauf hingewiesen, dass Jesus nichts sagt, um diese Vermutung auszuräumen oder zu korrigieren. Hier liegt [in der Bibel] ein unwiderlegbarer Beweis vor für eine Lehre menschlicher Präexistenz. ... Es ist völlig berechtigt, auf der Grundlage dieses Ereignisses anzunehmen, dass Jesus und seine Anhänger von einer Präexistenz ausgingen und so wenig darüber nachdachten, dass die Frage nach einer Sünde in einer früheren Inkarnation gar nicht nach einer Antwort verlangte. ... Wir haben hier eine explizite Aussage zur Präexistenz mit all ihren Auswirkungen auf Karma und Wiedergeburt.« *(Anmerkung des Herausgebers)*

Gegend abspielte, und an der Tatsache, dass die Passagiere zufällig diesen Flug gewählt hatten. Auch wenn ihr Tod nicht unmittelbar mit einer besonderen, in der Vergangenheit von ihnen begangenen Sünde zusammenhing, ist die positive Seite dabei, dass wenigstens etwas von dem negativen persönlichen Karma jedes Einzelnen durch dieses tragische Geschehen getilgt wurde. Angenommen jedoch, einer der Passagiere wäre wie durch ein Wunder am Leben geblieben und ein anderer hätte nicht mitfliegen können, weil ihm etwas dazwischen kam; diese Passagiere wären durch irgendeinen Aspekt ihres guten persönlichen Karmas gezielt vor dem Unglück bewahrt worden. Man könnte daraus schließen, dass sie verschont worden wären, damit »die Werke Gottes an ihnen offenbar werden« – damit Gott Seine Barmherzigkeit und Seinen Schutz durch das Wirken des karmischen Gesetzes zum Ausdruck bringt; aufgrund dieses Gesetzes können die Auswirkungen der guten Handlungen eines Menschen für diesen die Folgen eines ansonsten verheerenden Massenunglücks abschwächen oder aufheben.

Das Massenkarma in der Zeit und im Heimatland Jesu machte Neugeborene anfällig für verschiedene Krankheiten und Missbildungen; und dass der Blinde unter diesen Gegebenheiten – größtenteils durch seine Handlungen in früheren Leben hervorgerufen – zur Welt gekommen war, war vielleicht die natürliche Ursache seines Gebrechens. Doch dank der göttlichen Gnade, die durch sein gutes Karma zur Wirkung kam, empfing der Mann den Segen, dass Jesus – der »die Werke dessen wirken muss, der mich gesandt hat« – ihn heilte, indem er ihm sein Augenlicht schenkte.

»Solange es Tag ist«: die kosmischen Zyklen der Schöpfung und Auflösung

Mit seinen Worten: *»Solange ich in der Welt bin, bin ich das Licht der Welt«* sprach Jesus nicht über seine Person, sondern über sein Einssein mit dem Christusbewusstsein, mit dem Licht der göttlichen Intelligenz, das den Kosmos regiert.[2] Auch seine Äußerungen, dass er Gottes Werke wirken muss *»solange es Tag ist«*, denn *»es kommt die Nacht, da niemand wirken kann«*, müssen aus der Sicht seines kosmischen Christusbewusstseins betrachtet werden. In diesem Zusammenhang wies Jesus versteckt auf zwei Bedeutungen hin: eine persönliche und eine universelle. Die erste – ein Hinweis auf die kurze Zeitspanne, die für seine

[2] Siehe Kommentar zu *Johannes* 8, 12: *»Ich bin das Licht der Welt«*, Diskurs 51, Band II.

individuelle, göttliche Inkarnation auf dieser irdischen Ebene blieb – kann nur vollkommen verstanden werden, wenn man den umfassenderen metaphysischen Sinngehalt seiner Worte wie folgt begreift:

Im universellen Sinne bedeutet »*Tag*« die Periode, in welcher der GEIST die Schöpfung ins Leben ruft, und als »*Nacht*« wird die Periode der kosmischen Auflösung bezeichnet, während der nichts anderes existiert als der Unmanifestierte Absolute GEIST – allein, nicht unterschieden in viele, ohne die geringste Bewegung durch vibrierende schöpferische Aktivität (»*wirken*«).[3] Solange es die aus Schwingungen bestehende Schöpfung gibt – während der langen zyklischen Periode, in der das Universum besteht –, existiert Gott als der Vater (als der transzendente Schöpfer), als der Sohn (das Christusbewusstsein, die überall in der Schöpfung widergespiegelte Intelligenz des Vaters) und als der Heilige Geist (die Kosmische Schwingung, die alles ins Leben rufende und allem zugrunde liegende Essenz in der Schöpfung). Mit der periodischen universellen Auflösung (*Mahapralaya*, der vollständigen kosmischen Auflösung, die größer ist als Noahs Sintflut, welche nur eine teilweise Auflösung, *Khanda Pralaya*, darstellte) zieht Gott die Heilige Schwingung zurück und bereitet der gesamten Schöpfung ein Ende; dann werden Gottvater, Sohn und Heiliger Geist von selbst in den einen Unmanifestierten Absoluten GEIST zurückgenommen, wo sie bis zur Dämmerung des nächsten »*Tages*« oder Zyklus der manifestierten Schöpfung verbleiben.[4]

---

[3] In der Bhagavad-Gita heißt es: »Das OM (die Kosmische Schwingung oder *Visarga*), welches die Geburt, die Erhaltung und die Auflösung der Lebewesen und ihrer verschiedenen Charaktere verursacht, wird Karma (kosmische Handlung) genannt. ... Wer das weiß, dass der Tag Brahmas tausend Zyklen (*Yugas*) währt und die Nacht Brahmas ebenfalls tausend Zyklen, ist ein wahrer Kenner von »Tag« und »Nacht«. Wenn der Tag Brahmas dämmert, erhebt sich die ganze Schöpfung aus dem Zustand der Nicht-Manifestation und wird wiedergeboren; wenn die Nacht Brahmas anbricht, sinkt die ganze Schöpfung in den Schlaf der Nicht-Manifestation zurück.« (VIII, 3. 17–18)

»Indem Ich Prakriti (Om, Kosmische Schöpferische Schwingung), Meine eigene Ausstrahlung, immer wieder erneuere, erschaffe Ich eine Menge von Lebewesen, die alle den vergänglichen Gesetzen der Natur unterworfen sind. ... Es ist allein Meine befruchtende Gegenwart, welche die Mutter Natur dazu veranlasst, beseelte und unbeseelte Wesen zu gebären. Ich bin es, der (durch Prakriti) die Welten in abwechselnden Zyklen (der Schöpfung und Auflösung) kreisen lässt.« (IX, 8. 10)

Diese Zyklen oder *Yugas* werden im Kommentar zu diesen Gita-Versen (in *Gott spricht mit Arjuna*) eingehender besprochen.

[4] Die Kosmische Auflösung kann nur teilweise stattfinden und flüchtig sein oder vollständig und lang andauernd. Von der teilweisen, flüchtigen Auflösung sind nur Teile

Demnach bedeuten Jesu Worte: »Während es Tag ist (d.h., solange die gesamte Schöpfung Bestand hat), muss die Christusintelligenz immerfort wirken, um die Ordnung in der Schöpfung aufrechtzuerhalten und alle in ihr lebenden Wesen zu immer größerer Harmonie und letztlich zur Vollkommenheit zu führen. Aber wenn die Nacht oder die Phase kosmischer Auflösung für die gesamte Schöpfung einsetzt, wird das widergespiegelte Christusbewusstsein in den transzendenten Gottvater zurückgezogen, da das aus Schwingungen bestehende Gebilde, in dem es sich widerspiegelt, nicht mehr vorhanden ist – ähnlich wie ein Spiegelbild des Mondes mit dem Mond am Himmel eins wird, sobald man den Spiegel entfernt. Das Christusbewusstsein hat dann nichts mehr, wodurch es wirken kann, weil die gesamte Schöpfung in Gott aufgelöst ist. Aber solange die Welt, die kosmische Schöpfung, existiert, so lange wird das Christusbewusstsein in mir und im Universum als dessen wegweisendes Licht, als dessen intelligentes Prinzip erhalten bleiben.«

Zusätzlich zu diesen kosmischen Wahrheiten, die sich auf das allumfassende Christusbewusstsein beziehen, wies Jesus mit der Erwähnung von *»Tag«* und *»Nacht«* auch auf etwas Persönliches hin: auf die kurze Dauer seiner physischen Inkarnation. Im Hinblick auf die individuelle Seele bedeutet *»Nacht«* oder Auflösung, dass das auf Täuschung beruhende irdische Körperbewusstsein aufgelöst wird; auch dies kann teilweise oder vollständig vor sich gehen: auf unbewusster Ebene im Schlaf (teilweise Auflösung) oder im Tode (vollständige Auflösung); und bewusst in spiritueller Transzendenz zur niederen oder höheren Stufe des *Samadhi*.[5]

---

der Materie und der Welten betroffen, aber bei der vollständigen Auflösung werden das ganze System der Universen, alle Sterne und Planeten, alle Wesen im GEIST aufgelöst. Jedoch sind der Zerfall und damit das endgültige Ende der gesamten Schöpfung unmöglich, solange nicht alle Seelen irdischer Wünsche ledig und folglich ganz in Gott befreit sind. Um eine ausreichend lange Anpassungszeit für die langsame Evolution und Rückkehr der zahllosen Seelen zu ihrem Schöpfer bereitzustellen, hält Gott das Rad der wechselnden Zyklen von Manifestation (Tag) und Auflösung (Nacht) in Gang, die Äonen lang dauern im Vergleich zur kleinen Skala des Sonnensystem-Kalenders. In der Nacht gewährt Gott allen unerlösten Seelen – ebenso wie sich selbst! – eine lange kosmische Ruhepause, nach welcher es dem Heiligen Geist (der OM-Schwingung) obliegt, auf Geheiß Gottvaters erneut das gesamte Universum zu erschaffen. Wegen der nicht endenden Wünsche der Lebewesen wird ihr Universum (gestaltet ganz nach ihrem Begehren) immer wieder neu hervorgebracht – wegen ihrer törichten Handlungen und für ihre endgültige göttliche Schulung.

[5] Paramahansa Yogananda schrieb in einem Brief an seinen weit fortgeschrittenen

Somit deutete Jesus an, dass der »*Tag*« – das Leben, in dem sein sterblicher Körper als Gefäß für das unendliche Christusbewusstsein dienen wird – nur kurz währen wird und dass er auf Erden jede Möglichkeit nutzen muss, Gottes Werke auszuführen. Wenn »die Nacht kommt« – das heißt, wenn seine irdische Gestalt und das Christusbewusstsein im GEIST aufgelöst sind, im großen nächtigen Zustand vollkommener Befreiung im Kosmischen Bewusstsein –, wird er für die leidenden Menschen dieser Erde nicht ohne Weiteres erkennbar sein.[6] Aus diesem Grund wollte Jesus, solange sein Körper noch in dieser Welt weilte, so viel Gutes wie möglich tun, um seine Mission zu erfüllen: göttliche Liebe zu verbreiten und Seelen durch das Christusbewusstsein in die Gegenwart Gottes zu erheben.

~

Als er dies gesagt hatte, spuckte er auf die Erde und machte einen Brei aus dem Speichel und strich den Brei auf die Augen des Blinden und sprach zu ihm: Geh und wasche dich im Teich Siloah (das heißt übersetzt: der Gesandte). Da ging er hin und wusch sich und kam sehend zurück. (*Johannes* 9, 6–7)

Jünger Rajarsi Janakananda: »Es gibt zwei verschiedene Auflösungen oder ›Fluten‹. Zum einen die teilweise Auflösung Schlaf, zum andern die größere Auflösung Tod. (1) Jeden Tag löst die teilweise Auflösung Schlaf das aktuelle Bild des Lebens auf; unbewusst erkennt die Seele ihr unsichtbares, gesegnetes Wesen. (2) Der Tod ist eine größere Auflösung, bei der die Seele zunächst herausfindet, dass der Körper nur ein Schatten ist, ein Bild, geworfen auf die Leinwand des kosmischen Lichtspieltheaters. Diese beiden Vorgänge sind dem Menschen unbewusst auferlegt. Deshalb lernen Yogis, die teilweise Auflösung und auch die große Auflösung bewusst durch *Pranayama* herbeizuführen, indem sie die Lebenskraft von den sensorischen und motorischen Nerven (wie im Schlaf) abschalten und weiterhin von den sensorischen und motorischen Nerven, von Muskeln, Lunge, Herz, Wirbelsäule, von den sieben Geflechten usw. Um die falsche Wirklichkeit des Körpers und seiner Umgebung zu beseitigen und um diesen Körper und diese Welt als Bilder zu sehen sowie um die Unsichtbarkeit und wahre Natur der Seele zu verstehen, muss der Yogi in der Lage sein, die teilweise Auflösung – im Sanskrit *Khanda* (teilweise) *Pralaya* (Auflösung) – und *Mahapralaya* (die größere Auflösung) willentlich herbeizuführen. …

Übe bitte diese beiden Zustände – den sensorisch-motorischen *Samadhi* mit Herzschlag und den sensorisch-motorischen Entspannungs-*Samadhi* ohne Herzschlag – und du wirst dieses Universum als Gottes kosmisches Lichtspielhaus erkennen.«

[6] *»Ich bin noch eine kleine Zeit bei euch, und dann gehe ich hin zu dem, der mich gesandt hat. Ihr werdet mich suchen und nicht finden; und wo ich bin, könnt ihr nicht hinkommen.«* (*Johannes* 7, 33–34; siehe Diskurs 50, Band II).

Jesus benötigte weder den Lehm noch das Wasser des Teiches Siloah, um diese Heilung zu vollbringen. Er lenkte die Aufmerksamkeit des Blinden auf diese materiellen Hilfsmittel, um die Glaubenskraft des Mannes anzuregen und zu stärken; auf diese Weise machte er ihn empfänglicher für die eigentliche, unsichtbare Heilkraft, die er ihm zukommen ließ und mit der er den Lehm mithilfe seines Speichels aufgeladen hatte.[7] Anschließend sandte er den Mann zum Teich Siloah, wo dieser sich waschen sollte, denn das Wasser des Teiches wurde als heilig angesehen. Alle Pilgerorte, an denen sich viele Menschen versammeln und sich in den Gedanken an Gott vertiefen, besitzen göttliche Schwingungen und tragen auch dazu bei, in Leidenden, die geheilt werden wollen, Glauben zu erwecken.[8] Jesus war sich der Saat der Heilkraft, die er auf den Mann übertragen wollte, sicher. Nicht sicher war er sich jedoch, ob sie bei diesem auch auf den fruchtbaren Boden des Glaubens fallen würde. Daher griff er zu dem äußerlichen Ritual, den Lehm als Balsam zu benutzen und den Mann aufzufordern, seine so gesalbten Augen in den reinigenden Wassern zu waschen, woraufhin die Heilung offensichtlich wurde.

Die Nachbarn nun und die, die ihn zuvor als Blinden gesehen hatten, sprachen: Ist das nicht der, welcher dasaß und bettelte? Einige sagten: Er ist es; andere aber, er sieht ihm ähnlich. Er selbst aber sprach: Ich bin es. Da fragten sie ihn: Wie sind deine Augen geöffnet worden? Er antwortete und sprach: Der Mann, der Jesus heißt, machte einen Brei und strich ihn auf meine Augen und sprach: Geh zum Teich Siloah und wasche dich! Ich ging hin und wusch mich und konnte wieder sehen.

Da sprachen sie zu ihm: Wo ist er? Er sagte: Ich weiß es nicht. Da führten sie ihn, der zuvor blind gewesen war, zu den

---

[7] Vgl. *Markus* 7, 31–37 (siehe Diskurs 44, Band II).

[8] Der Teich Siloah lag innerhalb der Stadtmauern von Jerusalem und wurde über einen Zulauf gespeist, der Wasser von einer Quelle außerhalb der Stadt herleitete. Über diesen Teich schrieb der Bibelkommentator John Gill: »Die Juden gingen auf das Laubhüttenfest, schöpften Wasser mit großer Freude, brachten es und gossen es auf den Altar. Von diesem Wasser tranken auch die Priester zur besseren Verdauung, wenn sie zu viel Fleisch gegessen hatten, und ebenso wurde es benutzt, sich zu waschen, wenn man sich verunreinigt hatte.«

Pharisäern. Es war aber Sabbat an dem Tag, als Jesus den Brei gemacht und seine Augen geöffnet hatte. Da fragten ihn auch die Pharisäer wieder, wie er sehend geworden sei. Er sagte zu ihnen: Er hat mir einen Brei auf die Augen gelegt, und ich wusch mich und kann nun sehen.

Da sagten einige der Pharisäer: Dieser Mensch ist nicht von Gott, weil er den Sabbat nicht hält. Andere aber sprachen: Wie kann ein sündiger Mensch solche Zeichen tun? Und so entstand eine Spaltung unter ihnen.

Da fragten sie den Blinden noch einmal: Was sagst du über ihn, weil er dir die Augen geöffnet hat? Er antwortete: Er ist ein Prophet. Aber die Juden glaubten nicht, dass er blind gewesen und sehend geworden war. Deshalb riefen sie seine Eltern, fragten sie und sprachen: Ist das euer Sohn, von dem ihr sagt, er sei blind geboren? Wie kommt es denn, dass er jetzt sehen kann? Seine Eltern antworteten ihnen und sprachen: Wir wissen, dass dies unser Sohn ist und dass er blind geboren wurde. Aber wieso er jetzt sehen kann, wissen wir nicht; und wer ihm seine Augen geöffnet hat, wissen wir auch nicht. Fragt ihn selbst! Er ist alt genug und kann selbst für sich reden.

Das sagten seine Eltern, weil sie sich vor den Juden fürchteten. Denn die Juden hatten schon beschlossen, jeden aus der Synagoge auszustoßen, der bekennen würde, dass Jesus der Christus sei. Deshalb sagten seine Eltern: Er ist alt genug; fragt ihn selbst. Da riefen sie den Mann, der blind gewesen war, noch einmal zu sich und sagten zu ihm: Gib Gott die Ehre! Wir wissen, dass dieser Mensch ein Sünder ist. Er antwortete und sprach: Ob er ein Sünder ist, das weiß ich nicht; eins aber weiß ich, dass ich blind war und jetzt sehen kann. Da fragten sie ihn wieder: Was hat er mit dir gemacht? Wie hat er deine Augen geöffnet?

Er antwortete ihnen: Ich habe es euch doch schon gesagt, aber ihr habt nicht gehört. Warum wollt ihr es noch einmal hören? Wollt ihr auch seine Jünger werden? Da beschimpften sie ihn und sprachen: Du bist sein Jünger, wir aber sind Jünger des Mose. Wir wissen, dass Gott zu Mose gesprochen hat; aber von diesem Menschen wissen wir nicht, woher er kommt.

Da antwortete der Mann und sprach zu ihnen: Es ist wirklich erstaunlich, dass ihr nicht wisst, woher er kommt, und doch hat er meine Augen geöffnet. Wir wissen aber, dass Gott die Sünder nicht erhört; wer aber Gott verehrt und seinen Willen tut, den erhört er. Seit Anbeginn der Welt hat man nicht gehört, dass jemand einem Blindgeborenen die Augen geöffnet hat. Wäre dieser Mann nicht von Gott, so könnte er nichts tun. Sie antworteten und sprachen zu ihm: Du bist ganz und gar in Sünden geboren, und willst uns belehren? Und sie stießen ihn hinaus.

Jesus hörte, dass sie ihn hinausgestoßen hatten; und als er ihn fand, sagte er zu ihm: Glaubst du an den Sohn Gottes? (Johannes 9, 8–35)

»Glaubst du an das Christusbewusstsein, welches die einzige eingeborene Widerspiegelung ist (der Sohn), die von Gottvater ausgeht?«

~

Er antwortete und sprach: Wer ist es, Herr, damit ich an ihn glaube?

Und Jesus sagte zu ihm: Du hast ihn gesehen, und der mit dir redet, der ist es.

Er aber sprach: Herr, ich glaube. Und er betete ihn an. (Johannes 9, 36–38)

»Du hast den Körper gesehen, in dem das Christusbewusstsein eingeschlossen ist. Dieses Christusbewusstsein, der Sohn Gottes, ist hinter den Worten des Menschen, der Jesus genannt wird.«

Die oben erwähnten Worte spiegeln die natürliche Demut Jesu wider. Er nannte sein Ego niemals den Christus, sondern bezog sich nur indirekt auf das Christusbewusstsein, indem er es als Widerspiegelung Gottes in seinem Inneren bezeichnete.

~

Und Jesus sagte: Zum Gericht bin ich in diese Welt gekommen, damit die, welche nicht sehen, sehend werden, und die, welche sehen, blind werden. (Johannes 9, 39)

»Ich bin das Christusbewusstsein, das überall im Kosmos gegenwärtig ist, um diesem das ›*Gericht*‹[9] des kosmischen Gesetzes zukommen zu lassen, damit er auf intelligente Weise gelenkt wird. Dasselbe Christusbewusstsein offenbart sich auch in meinem Körper, damit es unterscheidungsfähige Weisheit jenen Menschen vermitteln kann, die zwar spirituell unwissend sind, die aber ihre Unkenntnis zugeben und versuchen, ihr Bestes zu tun, die Wahrheit zu erfassen. Die Weisheit, die in meinem Leben zum Ausdruck kommt, wird dazu beitragen, die Augen derer zu öffnen, welche die Wahrheit zu kennen glauben, jedoch von Unwissenheit geblendet sind. Mithilfe meiner Weisheit wird der demütige, spirituell blinde Sucher die Wahrheit erkennen; und das Licht meiner Weisheit wird die Blindheit der weltlich Klugen, aber spirituell unwissenden Menschen zutage bringen, welche die Wahrheit zu sehen glauben, aber es nicht vermögen.«

Einige der Pharisäer, die bei ihm waren, hörten diese Worte und fragten ihn: Sind wir denn auch blind?

Jesus sprach zu ihnen: Wenn ihr blind wärt, so hättet ihr keine Sünde; nun sagt ihr aber: Wir sehen. Deshalb bleibt eure Sünde. (*Johannes* 9, 40–41)

»Wenn ihr zugeben würdet, dass ihr spirituell blind seid, könnte ich euch helfen, von der Sünde eurer Unwissenheit frei zu werden; aber da ihr überheblich sagt: ›*Wir sehen*‹, obwohl ihr die Wahrheit nicht erfasst, bleibt eure Sünde bestehen.«

Jesus weist darauf hin, dass Menschen, die versuchen, mit der Hilfe eines wahren Gurus ihre spirituelle Blindheit zu beseitigen, von ihrer tristen Unwissenheit geheilt werden. Diejenigen aber, die hartnäckig an ihrer getrübten spirituellen Sichtweise festhalten, werden im Dunkel ihrer Illusionen verharren, die sie selbst fortbestehen lassen.

[9] Mit »*Gericht*« ist die göttliche kosmische Intelligenz gemeint, nicht ein Prozess der Verdammung, wie Dogmatiker behaupten. Siehe auch den Kommentar zu *Johannes* 5, 22 (Diskurs 21, Band I): »*Denn der Vater richtet niemanden, sondern alles Gericht hat er dem Sohn übergeben*«, sowie zu den darauffolgenden Versen in jenem Diskurs.

Wahrlich, wahrlich ich sage euch: Wer nicht durch die Tür in den Schafstall hineingeht, sondern anderswo einsteigt, der ist ein Dieb und ein Räuber. Wer aber durch die Tür hineingeht, ist der Hirte der Schafe. Ihm öffnet der Türhüter, und die Schafe hören seine Stimme; und er ruft seine eigenen Schafe mit Namen und führt sie hinaus. Und wenn er seine eigenen Schafe alle hinausgelassen hat, geht er vor ihnen her, und die Schafe folgen ihm nach, denn sie kennen seine Stimme. Einem Fremden aber folgen sie nicht nach, sondern fliehen von ihm, weil sie die Stimme von Fremden nicht kennen.

Dieses Gleichnis erzählte ihnen Jesus; sie verstanden aber nicht, was er ihnen damit sagten wollte. (*Johannes* 10, 1–6)

Wie man wahre Seelenhirten von falschen Propheten unterscheidet

Abermals erwähnt Jesus hier falsche Propheten und Scharlatane, die vorgeben, sie seien berechtigt, anderen Erleuchtung und Befreiung zu bringen, die aber lediglich selbst erfundene Methoden anbieten, welche sich nicht auf Wahrheit gründen oder vom Willen Gottes getragen werden. Jesus prangert Personen an, die Suchende mit Unwahrheiten verwirren, während es ihnen selbst an Gottverbundenheit oder an Übereinstimmung mit den Weisheitslehren eines von Gott anerkannten spirituellen Boten fehlt. Mit seiner Analogie vom »*Hirten*« und der »*Tür*« weist er auf sein eigenes Christusbewusstsein und seine eigene Gottverwirklichung hin – als die Eigenschaften von jemandem, der befähigt ist, von Gott als *Satguru* (als vollkommener Vermittler von Gottes Segen und Führung) eingesetzt zu werden, wie auch als *Jagadguru* (als ein Sendbote, der Gott kennt und der die weltweite Mission hat, Seelen zu erlösen):

»Mit der Gewissheit intuitiver Wahrheit, die ich in mir fühle, erkläre ich euch: Ein sogenannter spiritueller Lehrer, der sein Bewusstsein nicht durch die innere Tür der Erkenntnis bis zum Christusbewusstsein geführt und zum Kosmischen Bewusstsein erhoben hat, kann nicht als wahrer Seelenhirte betrachtet werden, als ein Erlöser, der Gottsucher zum Reich Gottes geleiten kann. Ein geistiger Lehrer, der ›*anderswo einsteigt*‹, d.h., der auf andere Weise zu dieser Position gelangt ist – durch anmaßendes Auftreten und Unaufrichtigkeit, durch rein körperliche Anziehungskraft, vorgetäuschte Spiritualität und durch verführerische, mit fehlender SELBST-Verwirklichung einhergehende Redekunst, mit der er die Aufmerksamkeit einer Schar ernsthafter Gottsucher auf sich zieht –, ein solcher Mensch ist ein metaphysischer ›*Dieb und Räuber*‹, der durch ungeheure Verfälschungen die Hingabe der Suchenden, die rechtmäßig allein Gott gehört, an sich reißt.

Im Gegensatz zu einem falschen Lehrer, der sein Ego mit der von seinen Anhängern gestohlenen Hingabe nährt, ist ein wahrer spiritueller Hirte – ein Meister oder Guru, der Gott kennt – ein reiner, nicht durch das Ego beeinträchtigter Vermittler, der alle von den Jüngern kommende Hingabe an Gott weitergibt.

Dem wahren Guru-Hirten öffnet der Himmlische Pförtner die Tür zu allen göttlichen Geheimnissen, durch welche der Guru seine ›Lämmer‹, seine gehorsamen, Wahrheit suchenden, sanftmütigen und geduldigen Anhänger, führt.

Gottsuchern, deren Seelen bewusst zum Guru hingezogen werden und die mit seinen Schwingungen (seiner ›*Stimme*‹) im Einklang bleiben, wird es gelingen, sich von ihm führen zu lassen. In göttlicher Übereinstimmung mit ihrem Guru fühlen sie intuitiv seine Schwingungen, während sie danach streben, seinen Anweisungen zu folgen und seinem spirituellen Vorbild nachzueifern. Wenn der geistige Lehrer das Bewusstsein seiner Jünger in der Meditation auf Gott lenkt, geht er ihnen in tiefer Ekstase selbst voran und ruft sie – durch die Schwingung des Heiligen Geistes in seinem Christusbewusstsein – zum Kosmischen Bewusstsein. Ernsthafte Gottsucher, die gemeinsam mit ihrem ekstatischen Guru meditieren oder die sich mit ihm in spirituellem Einklang befinden, indem sie die Methoden üben, die er ihnen vermittelt hat, lernen schrittweise, seinem Bewusstsein bis zur Befreiung im Kosmischen Bewusstsein zu folgen.

Wahre Gottsucher folgen keinem ›*Fremden*‹ – keinem angeblichen Lehrer, dem die Anerkennung Gottes fehlt. Sie meiden selbsternannte spirituelle Führer und fühlen keine Übereinstimmung mit jenen, denen es an göttlicher Erkenntnis mangelt und die nicht von Gott auserwählt wurden.«

Jesus bekräftigt noch einmal, dass wahre geistige Lehrer und wahre Gottsucher von Gott zusammengeführt werden – im Gegensatz zu selbsterkorenen Predigern, die ungeistige weltliche Mittel benutzen, um eine große Anhängerschaft zu gewinnen. Zuvor hatte Jesus gesagt: *»Es kann niemand zu mir kommen, wenn nicht der Vater, der mich gesandt hat, ihn zieht.«*[10] Laut Jesus ist es daher offenkundig, dass sich

[10] *Johannes* 6, 44 (siehe Diskurs 43, Band II).

wahre Gottsucher nicht zu falschen Lehrern hingezogen fühlen, ganz gleich, wie populär diese auch sein mögen.

Wenn ein Suchender Gott intensiv um Wahrheitserkenntnis bittet, sendet Er ihm einen wahren Guru, um ihn zu führen. Diese göttliche Gnade erlebt der Suchende, wenn er Gott sein Verlangen nach Befreiung durch aufrichtige und beharrliche Bittgebete kundtut. Einem Gottsucher, der Ausdauer in Gebet und Glauben besitzt, antwortet Gott mit Sicherheit; Er sendet dann der betreffenden Seele einen wahren Guru, durch dessen Weisheitslehre und dessen Schwingungen des Gottesbewusstseins der Göttliche Pförtner dem Suchenden die innere Tür öffnet, die zur Erlösung führt. Der Guru spendet dem Gottsucher die geistige Taufe, bei der Gott die Pforte des geistigen Auges entriegelt: Durch diese folgt der Gottsucher der *»Stimme«* (der Schwingung des Heiligen Geistes) des Hirten des Christusbewusstseins, die ihn zum Kosmischen Bewusstsein Gottes führt.[11]

Nur ein wahrer Guru wird von Gott ermächtigt, eine göttliche Beziehung zu seinen Jüngern herzustellen, in der er die ihm Anvertrauten aus dem gewöhnlichen Schafsgehege der Täuschung zur Freiheit führt – auf die elysischen Weiden des Gottesbewusstseins.

~

Da sprach Jesus wieder zu ihnen: Wahrlich, wahrlich ich sage euch: Ich bin die Tür zu den Schafen. Alle, die vor mir gekommen sind, sind Diebe und Räuber; aber die Schafe haben nicht auf sie gehört. Ich bin die Tür; wenn jemand durch mich hineingeht, wird er gerettet werden und wird ein- und ausgehen und Weide finden. Ein Dieb kommt nur, um zu stehlen, zu töten und zu vernichten. Ich bin gekommen, damit sie das Leben haben und es im Überfluss haben. (*Johannes* 10, 7–10)

»Wahrlich, ich sage euch: Das Christusbewusstsein in mir und in allen anderen befreiten Seelen ist die einzige Tür, die Gottsuchern den Zugang zum Kosmischen Bewusstsein ermöglicht.[12] Diese Erkenntnis kennzeichnet jeden wahrhaft großen Lehrer; aber

---

[11] Siehe Diskurse 9 und 13, Band I.

[12] *»Ich bin der Weg, die Wahrheit und das Leben; niemand kommt zum Vater außer durch mich.«* (*Johannes* 14, 6; siehe Diskurs 70, Band III).

jene sogenannten spirituellen Lehrer, ›*die vor mir gekommen sind*‹ – d.h., die ihr Ego und ihre Persönlichkeit in den Vordergrund stellen, um Gottsucher zu sich zu ziehen, ohne dass sie selbst das Christusbewusstsein verwirklicht haben –, sind metaphysische ›*Diebe und Räuber*‹, welche die für Gott bestimmte Hingabe der Wahrheitssucher stehlen. Doch diejenigen, die sich auf diese Weise selbst erhöht haben und mit ihrem egoistischen menschlichen Bewusstsein das Christusbewusstsein in ihren Seelen verdunkeln, können wahre Gottsucher (›*die Schafe*‹) nicht dazu bewegen, ihren inhaltslosen Reden zu lauschen.

»Ich bin die Tür«: Das Christusbewusstsein ist der einzige Zugang zur Befreiung

Das Christusbewusstsein ist die Tür; wenn ein Gottsucher durch Meditation eintritt – das heißt, wenn er erkennt, dass das Christusbewusstsein in mir auch in seiner eigenen Seele gegenwärtig ist –, wird er erlöst. Dann hat er das Vorrecht, durch das pranische Sternentor im geistigen Auge bewusst ›*ein- und aus*‹ zugehen – mit anderen Worten ausgedrückt: Er kann entweder dem Elend der Reinkarnationen auf ewig entfliehen und sich in die absolute Freiheit des Kosmischen Bewusstseins retten, oder er kann aus freiem Willen in die Welt zurückzukehren, um der Menschheit zu helfen. Er wird die ›*Weide*‹ ewiger Glückseligkeit finden.

Der überall tätige Dieb ist die Unwissenheit (*Maya*, die Täuschung), die einzig und allein deshalb in die Welt gekommen ist, um das Bewusstsein des Menschen Gott abspenstig zu machen, ihn durch die Erfahrung des Todes zu einem Sterblichen zu machen und sein göttliches Erbe seelischer Weisheit und Freude durch falsches Verständnis zu zerstören. Da vorgebliche Lehrer selbst Opfer der Täuschung sind, werden sie bei diesem Diebstahl zu Komplizen. Sie kennen Gott nicht und können daher Sein Bewusstsein nicht an andere weitergeben; stattdessen zerstören sie in ihrer Unwissenheit nicht nur ihr eigenes Weisheitspotenzial, sondern auch das ihrer glücklosen Anhänger. Das überall in der Welt gegenwärtige Christusbewusstsein ist in meinem Körper erschienen, um wahren Suchenden zu zeigen, dass sie in dem Unendlichen Christus das ewige Leben und göttliche Fülle finden werden.«

Als Jesus sagte: »*Alle, die vor mir gekommen sind, sind Diebe und Räuber; aber die Schafe haben nicht auf sie gehört*«, meinte er gewiss nicht, dass Abraham, Mose, Elia, Buddha, Johannes der Täufer und andere große Meister, die vor ihm kamen, Diebe und *Räuber* gewesen seien. Es ist ein bedauernswertes theologisches Missverständnis zu denken, dass Jesus das Ansehen aller vor ihm lebenden Propheten und Meister herabsetzen wollte. Göttliche Inkarnationen wie Bhagavan Krishna und Gautama Buddha, die Jahrhunderte vor Jesus geboren wurden, brachten vielen Jüngern vollkommene geistige Befreiung und setzen ihr erlösendes Werk auch weiterhin fort. Elia, der lange Zeit vor Jesus kam, war ebenfalls ein wahrer Hirte für Seelen, darunter auch für die von Elisa, der eine frühere Inkarnation von Jesus war. Deshalb hätte Jesus niemals abfällig über diese und andere große Propheten und Seher gesprochen, die vor ihm auf Erden lebten.

~

Ich bin der gute Hirte. Der gute Hirte gibt sein Leben hin für seine Schafe. Der Tagelöhner aber, der kein Hirte ist und dem die Schafe nicht gehören, sieht den Wolf kommen und verlässt die Schafe und flieht; und der Wolf fängt und zerstreut die Schafe. Der Tagelöhner aber flieht, denn er ist ein Tagelöhner und kümmert sich nicht um die Schafe. Ich bin der gute Hirte und kenne meine Schafe und sie kennen mich, ebenso, wie der Vater mich kennt und ich den Vater kenne; und ich gebe mein Leben für die Schafe. (*Johannes* 10, 11–15)

»Das Christusbewusstsein in mir ist der Speicher alles Guten und der Hirte aufrichtiger Wahrheitssucher, der fähig ist, tief meditierende Gottsucher zum Kosmischen Bewusstsein zu führen. Der geistige Hirte, ein wahrer Guru, der mit dem Christusbewusstsein im Einklang ist, überträgt sein ewiges Leben auf seine empfänglichen, demütigen Jünger und ist bereit, sich für sie zu opfern, falls dies für ihre Erlösung erforderlich ist.

»Der gute Hirte«: ein wahrer Guru, der mit dem Christusbewusstsein im Einklang ist

Aber *›ein Tagelöhner‹*, ein professioneller Geistlicher, der nur lehrt, um seinen Lebensunterhalt zu verdienen, ist nicht bevollmächtigt – im Gegensatz zu einem von Gott eingesetzten Hirten –, den ihm anvertrauten Wahrheitssuchern den geistigen Schutz des Christusbewusstseins zu gewähren. Da der *›Tagelöhner‹* keine echte Verpflichtung eingeht – im Gegensatz zu der auf Gott gegründeten Beziehung zwischen einem Guru-Hirten und seinem Schützling, seinem ›Schaf‹ –, flieht er in seiner Hilflosigkeit (weil er sich nicht besonders verantwortlich fühlt), wenn seine Herde vom Wolf der Unwissenheit und von materiellen und spirituellen Schwierigkeiten angegriffen wird. Seine schutzlosen Anhänger werden dann zur Beute des Wolfs und im Reich der Täuschung zerstreut; ohne einen Hirten, der sie zu den Weiden der Befreiung führt, irren sie womöglich ziellos in zahlreichen Inkarnationen umher.

Das Christusbewusstsein in mir erkennt wahre geistige Sucher, die in meine Obhut gegeben wurden, und die wahren Sucher erkennen den GEIST in mir. Der Vater, das Kosmische Bewusstsein, weiß um das Christusbewusstsein in mir, und das Christusbewusstsein in mir weiß um das Kosmische Bewusstsein. Das Christusbewusstsein ist zu mir gekommen, um durch das Opfer meines Lebens sein ewiges Leben zu schenken – zur Befreiung meiner Schar wahrer Gottsucher.«

Und ich habe noch andere Schafe, die nicht aus diesem Stall sind; auch sie muss ich herführen, und sie werden meine Stimme hören, und es wird eine Herde und ein Hirte sein.

Darum liebt mich mein Vater, weil ich mein Leben hingebe, um es wieder zu nehmen. Niemand nimmt es von mir, sondern ich gebe es freiwillig hin. Ich habe die Macht, es hinzugeben, und habe die Macht, es wieder zu nehmen. Diesen Auftrag habe ich von meinem Vater empfangen. (*Johannes* 10, 16–18)

Nachdrücklich hob Jesus den Unterschied zwischen sich und gewöhnlichen Lehrern hervor, als er erklärte, dass er die Fähigkeit besitzt, anderen Seelen bei ihrem geistigen Fortschritt nicht nur während dieses einen Erdenlebens zu helfen, sondern auch im Zustand nach ihrem Tod und in ihren zukünftigen Inkarnationen. Da er von der Kraft Gottes und von dem ewig lebendigen Geist eines wahren Guru-Hirten, eines Erlösers, erfüllt war, konnte er sagen: »Es gibt noch andere Seelen, die ich von früheren Inkarnationen her kenne, die aber in diesem Leben nicht zur Schar meiner Jünger gehören. Sowohl diese als auch weitere Seelen, die Gott mir in Zukunft senden wird, muss ich durch meine Stimme, die Kosmische Schwingung, zum Himmlischen Vater, zum Kosmischen Bewusstsein, führen. Alle Gottsucher, die nach Befreiung streben, gehören zur einen Herde der Wahrheit, und sie sollen *einen* Hirten haben, das Christusbewusstsein.

Der Himmlische Vater liebt mich, weil ich Seinen Gottsuchern diene, indem ich ihnen durch den Körper, der Jesus genannt wird, das ewige Leben bringe – auch nachdem dieser Körper von der Erde gegangen ist. Kein menschliches Wesen kann das ewige Leben in meinem Christusbewusstsein auslöschen und noch nicht einmal das Leben in meinem Körper, es sei denn, ich gäbe freiwillig mein körperliches Leben hin, um allen beizustehen. Der Himmlische Vater hat mir die Macht verliehen, das Leben meines Körpers, der Jesus genannt wird, zu opfern, aber auch, es nach dem Tod wieder zu erwecken. Die Weisung, es zu tun, und die Macht dazu erhielt ich von meinem Himmlischen Vater.«

Um dieser Worte willen kam es erneut unter den Juden zu einer Spaltung. Und viele unter ihnen sprachen: Er ist von einem Dämon besessen, er ist wahnsinnig; warum hört ihr ihm zu? Andere sagten: Das sind nicht Worte eines Besessenen; kann denn ein Dämon Blinden die Augen öffnen?

Es fand aber das Fest der Tempelweihe[13] *in Jerusalem statt und es war Winter. Und Jesus ging umher im Tempel in der Halle Salomos. Da umringten ihn die Juden und sprachen zu ihm: Wie lange hältst du uns noch im Ungewissen? Bist du der Christus, so sage es uns frei heraus.*

Jesus antwortete ihnen: Ich habe es euch gesagt, und ihr glaubt nicht. Die Werke, die ich im Namen meines Vaters tue, legen Zeugnis von mir ab. Aber ihr glaubt nicht, denn ihr gehört nicht zu meinen Schafen, wie ich euch bereits gesagt habe. Meine Schafe hören meine Stimme, und ich kenne sie. Sie folgen mir, und ich gebe ihnen das ewige Leben; und sie werden niemals verlorengehen, und niemand wird sie aus meiner Hand reißen. Mein Vater, der sie mir gegeben hat, ist größer als alles; und niemand kann sie aus der Hand meines Vaters reißen. Ich und mein Vater sind eins. (*Johannes* 10, 19–30)

»Ich habe euch gesagt, wer ich bin, und ihr habt mir nicht geglaubt. Die Wunderheilungen an Körper und Seele, die ich im

[13] Besagtes Fest ist Hanukkah, das »Fest der Lichter« zum Gedenken der Wiedereinweihung des Tempels im Jahre 164 v. Chr.

Namen des Himmlischen Vaters vollbracht habe, legen Zeugnis ab vom Christusbewusstsein in mir. Aber ihr glaubt nicht an mich, weil es euch an Hingabe und dem erwachten Bewusstsein meiner Jünger mangelt, die durch Meditation meine Stimme der Kosmischen Schwingung vernehmen und das Christusbewusstsein in ihrem Inneren fühlen. In ähnlicher Weise ist das Christusbewusstsein in mir immer auf meine wahren Anhänger eingestellt, die mir gewissenhaft folgen.

»Ich und mein Vater sind eins«

Wenn diese sich vollkommen mit dem Christusbewusstsein in mir verbunden haben, werden sie den Tod nie mehr als furchterregendes Gefühl der Endgültigkeit erleben, wie es bei durchschnittlichen Menschen geschieht, sondern sie werden das ewige Leben in ihrer Seele erkennen. Und ebenso wenig vermag irgendjemand oder irgendein weltliches Verlangen, sie von meinem Christusbewusstsein (von meiner ›*Hand*‹) hinwegzuziehen, sobald sie sich durch regelmäßige tiefe Meditation und Ekstase fest in ihm verankert haben.

Mein Vater, das Kosmische Bewusstsein, der das Christusbewusstsein aus sich ausstrahlte und in mir offenbar werden ließ – und das auch alle von tiefer Hingabe erfüllten Gottsucher wahrnehmen –, ist größer als die Summe aller Dinge, die Er erschaffen hat. Sobald Gottsucher mithilfe des Christusbewusstseins das Reich des Kosmischen Bewusstseins (›*meines Vaters Hand*‹) betreten haben, können sie durch die Macht beliebiger weltlicher Wünsche aus vergangenen Inkarnationen nicht mehr dazu gezwungen oder verführt werden, sich wieder auf Erden zu inkarnieren.

Da das Christusbewusstsein – gegenwärtig in meinem Körper und allgegenwärtig in der gesamten aus Schwingungen bestehenden Schöpfung – eins ist mit dem transzendenten Kosmischen Bewusstsein, habe ich euch wahrheitsgemäß wissen lassen: ›*Ich und mein Vater sind eins.*‹«

Ähnlich sprach Bhagavan Krishna über das Einssein seines Universellen Bewusstseins (*Kutastha-Chaitanya*) mit dem transzendenten Absoluten: »Denn ich bin das Fundament des Unendlichen, des Unsterblichen, des Unzerstörbaren – und des ewigen Dharmas und der ungetrübten Glückseligkeit.«[14]

Als Jesus sagte: *»Denn ihr gehört nicht zu meinen Schafen«*, meinte er damit, dass diejenigen, die an ihm zweifelten und sich gegen

---

[14] *Gott spricht mit Arjuna – Die Bhagavad-Gita* XIV, 27.

ihn wandten, nicht die göttliche Gnade verdient hätten, zu jener Zeit von ihm erlöst zu werden. Hier wie auch zuvor betont Jesus immer wieder, dass niemand Gott finden kann, es sei denn, er wird zu einem echten Wahrheitssucher und von Gott zu einem von Ihm berufenen Guru geführt, der die Eignung besitzt, ihm als Erlöser zu dienen.

~

Da hoben die Juden abermals Steine auf, um ihn zu steinigen. Jesus sagte zu ihnen: Viele gute Werke habe ich im Auftrag meines Vaters unter euch getan; für welches Werk wollt ihr mich steinigen?

Die Juden antworteten ihm und sprachen: Wegen eines guten Werkes steinigen wir dich nicht, sondern wegen Gotteslästerung; denn du bist ein Mensch und machst dich selbst zu Gott.

Jesus antwortete ihnen: Steht nicht in eurem Gesetz geschrieben: »Ich habe gesagt: Ihr seid Götter?« Wenn er diejenigen Götter nannte, an die das Wort Gottes erging – und die Schrift kann doch nicht außer Kraft gesetzt werden –, wie könnt ihr dann von dem, den der Vater geheiligt und in die Welt gesandt hat, sagen: Du lästerst Gott, weil ich gesagt habe: Ich bin Gottes Sohn? Tue ich nicht die Werke meines Vaters, so glaubt mir nicht. Tue ich sie aber, so glaubt doch den Werken, wenn ihr auch mir nicht glaubt: damit ihr erkennt und glaubt, dass der Vater in mir ist und ich in ihm. (*Johannes* 10, 31–38)

»Ihr seid Götter«: Alle Seelen sind nach dem reinen Bilde Gottes erschaffen

»Steht nicht in euren heiligen Büchern genau das geschrieben, was ich gesagt habe – nicht nur ich, sondern auch ihr alle seid Götter?[15] Wenn die heiligen Schriften alle Menschen als Götter bezeichnen, weil sie aus der Kosmischen Schwingung hervorgegangen sind, die von Gottvater ausströmt, kann diese Wahrheit durch euren Unglauben nicht für ungültig erklärt werden. Wie könnt ihr mir dann Gotteslästerung vorwerfen, der ich von Gott gesegnet und als vollkommenes göttliches Vorbild in die Welt gesandt wurde?

---

15 *»Wohl habe ich gesagt: ›Ihr seid Götter, ihr alle seid Söhne des Höchsten.‹«* (Psalm 82, 6).

Ich sprach die Wahrheit, als ich sagte: Das Christusbewusstsein in mir ist der Sohn, die einzige Widerspiegelung Gottvaters; daher begeht ihr einen schwerwiegenden Irrtum, wenn ihr zu dem Schluss kommt, dass ich Gott lästere. Sollte ich keine göttlichen Handlungen ausführen, die vom Kosmischen Bewusstsein – das sich in meinem Christusbewusstsein widerspiegelt – inspiriert werden, braucht ihr mir auch nicht zu glauben. Doch wenn ich Werke vollbringe, die vom Kosmischen Bewusstsein inspiriert sind, so glaubt zumindest an das Göttliche, das sich durch meine Werke kundtut, auch wenn ihr nicht an mich glaubt. Würdet ihr euren Glauben ganz auf das göttliche Werk richten, das ich vollbringe, könntet ihr durchaus zu der Erkenntnis kommen, *»dass der Vater in mir ist und ich in Ihm«* – dass sich das Kosmische Bewusstsein im Christusbewusstsein in mir widerspiegelt und dass mein Christusbewusstsein auf ewig eins ist mit dem Kosmischen Bewusstsein.«

Mit dem Zitat aus der heiligen Schrift *»Ihr seid Götter«* weist Jesus darauf hin, dass alle Seelen nach dem reinen Bilde Gottes, des Vaters, erschaffen wurden. Wenn hundert Leute in der Sonne baden, zehn mit weit geöffneten Augen und neunzig mit geschlossenen Augen, werden alle durch das Sonnenlicht sichtbar. Aber die neunzig, die ihre Augen geschlossen haben, sehen weder die Sonne noch sich selbst, im Gegensatz zu den zehn, deren Augen offen sind. Ähnlich nehmen Menschen, deren Augen der Weisheit geöffnet sind, sich selbst als Emanationen Gottes wahr, während andere – obwohl auch sie *»Kinder des Höchsten«* sind – dies nicht erkennen, denn ihre Augen der Weisheit sind geschlossen. Deshalb besteht bei den Menschen, je nach dem Grad ihrer SELBST-Erkenntnis, eine unterschiedliche Wahrnehmung, selbst wenn die Heilige Schrift von allen sagt: *»Ihr seid Götter«*.

Jesus, der vollkommen erkannt hatte, dass der GEIST sich in ihm offenbarte, bezeichnete seine menschliche Natur nicht als Gott; deshalb bedeuteten seine Worte *»Ich und mein Vater sind eins«* keine Gotteslästerung. Denjenigen Menschen, die sich mit ihrem menschlichen Ich identifizieren, fehlt jedoch diese Einsicht; obwohl sie potenziell Götter sind, nehmen sie in Wirklichkeit nicht wahr, dass Gott in ihrem Inneren gegenwärtig ist. Jesus sagte niemals: »Ich bin Gott«, aber durch seine göttlichen Werke brachte er die Erkenntnis zum Ausdruck, dass sein Bewusstsein – da es aus Gott hervorgegangen war – mit Ihm eins war.

Da versuchten sie abermals, ihn zu ergreifen; aber er entkam ihren Händen und zog wieder fort auf die andere Seite des Jordans an den Ort, wo Johannes zuerst getauft hatte; und dort blieb er.

Und viele kamen zu ihm und sprachen: Johannes hat keine Wunder getan; aber alles, was Johannes über diesen Mann gesagt hat, ist wahr. Und es glaubten dort viele an ihn. (*Johannes* 10, 39–42)

DISKURS 53

Die beiden höchsten Gebote erfüllen

Warum Gott zu lieben das wichtigste kosmische Gebot zur Befreiung der Seele ist

❖

»*Mit all deiner Kraft*«: Zurückziehen der Lebensenergie durch *Pranayama*

❖

Gott in jedem Menschen zu sehen, erweitert die Liebe zu allen Wesen

❖

Liebe zu Gott und zu Gott in allen ist der Kern des geistigen Gesetzes zur Erlösung des Menschen

❖

Der Barmherzige Samariter: Wie die Pflicht, anderen zu dienen und zu helfen, zu verstehen ist

❖

Maria und Martha: weltliche Pflichten mit hingebungsvoller Gottverbundenheit ausgleichen

»Der mahnende Hinweis, Gott von ganzem Herzen, mit allen Gedanken, von ganzer Seele und mit ganzer Kraft zu lieben, hat eine tiefere Bedeutung. Jesus benutzte zwar diese einfachen biblischen Worte, wählte sie jedoch in seiner Weisheit so aus, dass in ihnen die gesamte Wissenschaft des Yoga zum Tragen kommt – die Wissenschaft des transzendenten Weges zur Vereinigung mit Gott durch die Meditation.«

Und siehe, da stand ein Gesetzeslehrer auf, wollte Jesus auf die Probe stellen und sprach: Meister, was muss ich tun, um das ewige Leben zu erlangen?

Er aber sprach zu ihm: Wie steht es im Gesetz geschrieben? Was liest du dort?

Er antwortete und sprach: »Du sollst den Herrn, deinen Gott, lieben von ganzem Herzen, von ganzer Seele, mit ganzer Kraft und mit all deinen Gedanken, und deinen Nächsten wie dich selbst.«

Und er sprach zu ihm: Du hast richtig geantwortet; tu das, und du wirst leben.

Er aber wollte sich rechtfertigen und sprach zu Jesus: Wer ist denn mein Nächster?

Da antwortete Jesus und sprach: Ein Mann ging von Jerusalem nach Jericho hinab und fiel Räubern in die Hände; die zogen ihn aus und schlugen ihn; dann gingen sie weg und ließen ihn halb tot liegen. Zufällig ging ein Priester denselben Weg hinab; und als er ihn sah, ging er auf der anderen Seite vorüber. Ebenso machte es ein Levit: Als er an die Stelle kam und ihn sah, ging er auf der anderen Seite vorüber. Ein Samariter aber kam auf seiner Reise dorthin; und als er ihn sah, hatte er Mitleid mit ihm. Und er ging zu ihm, goss Öl und Wein auf seine Wunden und verband sie. Dann setzte er ihn auf sein eigenes Tier und brachte ihn in eine Herberge und sorgte für ihn. Und als er am nächsten Tag abreiste, zog er zwei Denare heraus, gab sie dem Wirt und sprach zu ihm: Pflege ihn, und was du mehr ausgibst, will ich dir bezahlen, wenn ich wiederkomme. Welcher von diesen dreien hat sich nun deiner Ansicht nach als Nächster dessen erwiesen, der unter die Räuber gefallen ist?

Er sprach: derjenige, der Barmherzigkeit an ihm geübt hat.

Da sprach Jesus zu ihm: So geh hin und handle ebenso!

Als sie weiterzogen, da begab es sich, dass er in ein Dorf kam, und eine Frau namens Martha nahm ihn in ihr Haus auf. Und sie hatte eine Schwester, die hieß Maria, die setzte sich zu Jesu Füßen und hörte seinem Wort zu. Martha

hingegen bemühte sich um die Bewirtung der Gäste. Und sie trat hinzu und sprach: Herr, machst du dir nichts daraus, dass mich meine Schwester allein dienen lässt? Sag ihr doch, sie soll mir helfen!

Jesus aber antwortete und sprach zu ihr: Martha, Martha, du bist besorgt und beunruhigt über viele Dinge, aber nur eins ist notwendig: Maria hat den guten Teil gewählt, der ihr nicht genommen werden soll.

Lukas 10, 25–42

DISKURS 53

Die beiden höchsten Gebote erfüllen

Und siehe, da stand ein Gesetzeslehrer auf, wollte Jesus auf die Probe stellen und sprach: Meister, was muss ich tun, um das ewige Leben zu erlangen?

Er aber sprach zu ihm: Wie steht es im Gesetz geschrieben? Was liest du dort?

Er antwortete und sprach: »Du sollst den Herrn, deinen Gott, lieben von ganzem Herzen, von ganzer Seele, mit ganzer Kraft und mit all deinen Gedanken, und deinen Nächsten wie dich selbst.«

Und er sprach zu ihm: Du hast richtig geantwortet; tu das, und du wirst leben. (*Lukas* 10, 25–28)

Parallelstellen:[1]

Einer von ihnen, ein Gesetzeslehrer, stellte Jesus auf die Probe und fragte ihn: Meister, welches ist das größte Gebot im Gesetz?

---

[1] In allen drei synoptischen Evangelien wird (mit geringen Abweichungen) wiedergegeben, wie Jesus die zwei wichtigsten Gebote darlegt. Nach den Evangelien von Matthäus und Markus ereignete sich dies kurz vor der Kreuzigung Jesu, in seiner letzten Woche in Jerusalem; nach dem Evangelium nach Lukas jedoch schon früher. Im vorliegenden Diskurs werden alle drei Versionen zusammen kommentiert, jedoch im Ablauf der Geschehnisse nach Lukas, in dessen Fassung sich das Gleichnis vom Barmherzigen Samariter sowie die Begebenheit mit Maria und Martha anschließen. (Dieses Gleichnis und diese Begebenheit werden in keinem anderen Evangelium erwähnt.)

Jesus aber sprach zu ihm: »Du sollst den Herrn, deinen Gott, lieben von ganzem Herzen, von ganzer Seele und mit all deinen Gedanken.« Dies ist das erste und größte Gebot. Das zweite aber ist ihm gleich: »Du sollst deinen Nächsten lieben wie dich selbst.« An diesen zwei Geboten hängt das ganze Gesetz und die Propheten. (*Matthäus* 22, 35–40)

~

Und einer der Schriftgelehrten, der dem Streitgespräch zugehört hatte, sah, dass er ihnen gut geantwortet hatte. Und er trat zu Jesus und fragte ihn: Welches Gebot ist das erste vor allen?

Und Jesus antwortete ihm: Das erste Gebot unter allen ist dieses: »Höre, Israel, der Herr, unser Gott, ist der alleinige Herr; und du sollst den Herrn, deinen Gott, lieben von ganzem Herzen, von ganzer Seele, mit all deinen Gedanken und mit all deiner Kraft.« Das ist das erste Gebot. Und das zweite ist ihm gleich: »Du sollst deinen Nächsten lieben wie dich selbst.« Größer als diese ist kein anderes Gebot.[2]

Und der Schriftgelehrte sprach zu ihm: Meister, du hast die Wahrheit gesprochen; denn es gibt nur einen Gott und keinen anderen außer ihm. Und ihn zu lieben von ganzem Herzen, mit tiefstem Verständnis, von ganzer Seele und mit aller Kraft und seinen Nächsten wie sich selbst zu lieben, das ist mehr als alle Brandopfer und alle anderen Opfer.

Da Jesus aber sah, dass er verständig geantwortet hatte, sprach er zu ihm: Du bist nicht fern vom Reich Gottes. Und niemand wagte es mehr, ihn weiter zu befragen. (*Markus* 12, 28–34)

In den beiden höchsten Geboten, die Jesus in diesen Versen zitiert, wird der ganze Zweck der Religion und letztendlich des Lebens selbst zusammengefasst. Sie bergen die Essenz der ewigen Wahrheit, die alle echten geistigen Wege auszeichnet: das unerlässliche Gebot, das der Mensch erfüllen muss, wenn er sich – als individualisierte, von Gott getrennte Seele – auf die Erkenntnis zurückbesinnen will, dass er eins ist mit seinem Schöpfer.

[2] Hier zitiert Jesus das hebräische Gesetz nach 5. *Mose* 6, 4–5 und 3. *Mose* 19, 18.

»*Tu das, und du wirst leben*«, erwiderte Jesus dem Gesetzeslehrer auf dessen Frage, wie er das ewige Leben erlangen könne. Mit anderen Worten bedeutet dies: »Wenn es dir gelingt, durch tägliche Meditation mit Gott in Verbindung zu treten und Ihm deine ganze Liebe zu schenken, und wenn du durch deine Taten zeigst, dass du deinen Nächsten (deinen göttlichen Bruder) liebst wie dich selbst, dann wirst du dich über das irdische Bewusstsein erheben, das auf dieser trügerischen Ebene von Leben und Tod herrscht, und den ewigen, unveränderlichen GEIST erkennen, der in dir selbst sowie in Seiner Allgegenwart existiert.«

»*An diesen zwei Geboten hängt das ganze Gesetz und die Propheten*«, verkündete Jesus dem Gesetzeslehrer im Matthäusevangelium.[3]

Warum Liebe zu Gott das höchste kosmische Gebot für die Befreiung der Seele ist

Und dem Schriftgelehrten im Markusevangelium, der fragte, welches göttliche Gebot das höchste sei, antwortete Jesus sinngemäß: »Der Kosmische Herrscher und unser Beschützer – unser *einer* Gott – ist der alleinige Herr und Meister der gesamten Schöpfung. Als eines Seiner Kinder erschuf Er dich zu Seinem Ebenbild, und diese Verwandtschaft mit dem Göttlichen, zu der Er dir verholfen hat, trägst du in dir. Es schickt sich für dich, deinen Schöpfer mit der Liebe, die Er dir verliehen hat, freiwillig zu lieben – mit der ganzen göttlichen Liebe deines Herzens, mit der ganzen intuitiven Wahrnehmung deiner Seele, mit der ganzen Aufmerksamkeit deines Verstandes und mit der ganzen Kraft deiner geistigen Entschlossenheit und deiner körperlichen Energie.«

---

[3] Jesu Worte »*das Gesetz und die Propheten*« hier und in anderen Aussagen (z. B. *Matthäus* 5, 17; siehe Diskurs 27, Band I) beziehen sich auf den Kanon der hebräischen heiligen Schrift – auf die Thora (die fünf Bücher Mose, welche die grundlegenden Gesetze des Judentums zum Gegenstand haben) sowie die Bücher der großen hebräischen Propheten: Josua, Richter, 1. und 2. Samuel, 1. und 2. Könige, Jesaja, Jeremia, Hesekiel) sowie die zwölf »kleinen Propheten« (so genannt wegen der Kürze dieser Bücher): Hosea, Joel, Amos, Obadja, Jona, Micha, Nahum, Habakuk, Zefanja, Haggai, Sacharja, Maleachi.

Thomas Cahill schreibt in *The Gifts of the Jews* (New York: Anchor Books, 1998): »Die Bücher der hebräischen Bibel setzen sich aus drei Teilen zusammen: die Thora [das Gesetz], Neviim [die Propheten] und Ketuvim [die Schriften], deren erste Buchstaben das Akronym *Tanak* bilden, den Begriff, unter dem die Bibel in der jüdischen Tradition bekannt ist. ... Thora oder Lehre (manchmal übersetzt mit dem Wort Gesetz) wird auch der Pentateuch genannt, d. h. die Fünf Bücher: Genesis, Exodus, Levitikus, Numeri, Deuteronomium. ... Die Thora ist zweifellos *die* heilige Schrift jüdischer Tradition, obwohl die oft wiederholte Wendung ›die Thora (oder das Gesetz) und die Propheten‹ uns darauf aufmerksam macht, dass diese zwei Teile der heiligen Schrift als so gut wie untrennbar betrachtet werden.« *(Anmerkung des Herausgebers)*

Jesus erklärte, dass dies das höchste aller kosmischen Gesetze sei, die vom GEIST dazu bestimmt wurden, die Seele zu erheben und zu befreien. Denn durch die Liebe des Menschen findet Gott Einlass, um sich mit ihm zu vereinen. Erst dieses Einssein befreit den Menschen von der Knechtschaft der Täuschung. Wer Gott über alles liebt, dem schenkt Er ewige Zufriedenheit und Erfüllung; dann ist der Mensch aller Wünsche ledig, aufgrund derer er sonst leichtsinnig ständig neue Geburten und Tode und alles damit verbundene, unvorhersehbare Leid heraufbeschwört.

Jesus lobte das Verständnis des Schriftgelehrten und versicherte ihm, dass er nahe daran sei, einen hohen Grad an geistigem Bewusstsein zu erreichen. Dieser Mann hatte nämlich erkannt, dass Gott zu lieben – sowohl in Seiner Form als Höchstes Wesen wie auch als Vertrauter, der allen Lebewesen innewohnt – mehr bedeutet, als *»Brandopfer und alle anderen Opfer«* darzubringen. Wenn man den Schöpfer durch äußere religiöse Riten verehrt, hält man die Trennung zwischen Betendem und Angebetetem aufrecht; liebt man Ihn aber, so wird man Sein Freund, Sein Sohn und eins mit Ihm.[4]

Dass Gott den Menschen gebietet, Ihn mehr als alles andere zu lieben, mag uns unpassend für ein allmächtiges Wesen erscheinen. Alle Avatare und Heiligen haben jedoch tief innerlich gewusst, dass dieses Gebot keine überspannte Laune Gottes befriedigen soll, sondern dass es vielmehr eine Notwendigkeit ist, die es der individualisierten Seele ermöglicht, sich bewusst mit ihrem göttlichen Ursprung zu verbinden. Gott kann ohne die Liebe des Menschen leben. Aber wie die Welle nicht ohne den Ozean existieren kann, so vermag auch der Mensch nicht, ohne die Liebe zu Gott zu leben. Weil der Mensch als Ebenbild göttlicher Liebe erschaffen worden ist, dürstet jedes menschliche Herz nach Liebe. Deshalb legen Avatare und Heilige der Menschheit nahe, Gott zu lieben – nicht aus Zwang oder aufgrund eines Gebotes, sondern weil in jedem Herzen unmittelbar hinter der kleinen Welle menschlicher Liebe der Ozean Seiner Liebe wogt.

---

[4] *»Womit soll ich vor den Herrn treten und mich vor dem hohen Gott verneigen? Soll ich mit Brandopfern zu ihm kommen, mit einjährigen Kälbern? Wird der Herr Wohlgefallen haben an Tausenden von Widdern, an zehntausend Flüssen von Öl? Oder soll ich meinen Erstgeborenen für meine Verfehlungen geben, meines Leibes Frucht für die Sünde meiner Seele?*

Der Herr hat dir gesagt, o Mensch, was gut ist und was er von dir fordert, nämlich Recht zu tun und die Barmherzigkeit zu lieben und demütig zu wandeln mit deinem Gott.« (*Micha* 6, 6–8)

Einst äußerte ein großer indischer Heiliger[5]: »Am klügsten ist, wer Gott zuerst und aus ganzem Herzen sucht.« Denn wer Ihn findet, erhält nicht nur Ihn, sondern auch alles andere, das von Gott kommt. Gott zu lieben bedeutet, dass man sich mit dem Freigebigen Urheber der Schöpfung verbindet. Manch weltlich gesinnter Mensch setzt törichterweise sein Herz, seinen Geist, seine Seele und seine Körperkraft dafür ein, Geld, menschliche Liebe oder irdische Macht zu gewinnen, nur um diese Dinge – nachdem er sie vielleicht gefunden hat – zum Zeitpunkt seines Todes wieder zu verlieren. Die weiseste Art zu leben, besteht darin, Gott zu suchen – den einzigen Schatz, der dauerhafte Zufriedenheit verleiht, niemals verloren geht und nie an Wert verliert.

Gott in der Meditation zu erfahren, führt ganz von selbst dazu, Ihn zu lieben

Obwohl man Gott lieben muss, um Ihn zu erkennen, gilt auch, dass man Gott kennen muss, um Ihn lieben zu können. Niemand vermag etwas zu lieben, von dem er überhaupt nichts weiß, so wie man auch eine Person nicht lieben kann, die einem gänzlich unbekannt ist. Wer jedoch tief meditiert, *»kennt«* Gott, denn er findet vielfältige Beweise dafür, dass Gott existiert: als die ewig neue Freude, die er in der Meditation empfindet; als Kosmischer Laut des Om (Amen), den er in tiefer Stille vernehmen kann; als Kosmische Liebe, die er erlebt, wenn er sich auf die Hingabe in seinem Herzen konzentriert; als Kosmische Weisheit, die in ihm als innere Erleuchtung aufdämmert; als Kosmisches Licht, das Visionen der Unendlichkeit hervorbringt; oder als das Kosmische Leben, das man während der Meditation spürt – wenn das kleine Leben eins wird mit dem größeren Göttlichen Leben, das in allem gegenwärtig ist.

Jeder Wahrheitssucher, der Gott in der Meditation auch nur einmal als eine Seiner fühlbaren Manifestationen wahrgenommen hat und auf diese Weise mit Seinen begeisternden Eigenschaften in Berührung kam, muss Ihn lieben. Weil die meisten Menschen gar nicht wissen, wie liebenswert der Herr ist, wenn Er das Herz des Meditierenden aufsucht, lieben sie Gott nie wirklich. Gottsucher, die zielstrebig und beharrlich meditieren und in der Sprache ihrer Seele ständig zu Gott beten, können die transzendente Gegenwart Gottes tatsächlich erfahren.

Es gibt nur einen Schöpfer, der alle menschlichen Fähigkeiten

[5] Sri Ramakrishna Paramahansa.

erschaffen hat: Gott hat uns die Liebe verliehen, mit der wir lieben können; Er hat uns unsere Seelen gegeben, mit deren Hilfe wir unsere Unsterblichkeit einfordern können; Er schuf unseren Geist und das Denken, womit wir überlegen, etwas ergründen und etwas bewirken können; Er hat uns unsere Vitalität geschenkt, die es uns ermöglicht, im Leben aktiv zu sein. Alle diese Gaben sollten wir in der Meditation dazu einsetzen, unsere Liebe zu Gott mit höchster Kraft zum Ausdruck zu bringen, bis wir bewusst spüren, dass Er uns antwortet und sich uns offenbart.

Nicht die Theologie, sondern der wissenschaftliche Yoga ermöglicht, das erste Gebot zu erfüllen

Der durchschnittlich religiöse Mensch meint, seine spirituelle Pflicht erfüllt zu haben, wenn er geistesabwesend Gebete spricht, mechanisch seine Rituale verrichtet oder im Wald der Theologie und der Dogmen umherirrt. Er mag versuchen, in seinem Herzen Liebe und Hingabe für Gott zu empfinden sowie seine Gedanken ganz auf Gott zu richten, während er betet, und er mag versuchen, Gott »mit seiner ganzen Kraft« zu lieben, indem er lautstark singt, wild tanzt oder sich sogar auf dem Boden herumwälzt, wie es Mitglieder der Glaubensgruppe »Holy Rollers« zu tun pflegen. Wenn es aber darauf ankommt, Gott *»von ganzer Seele«* zu lieben, steht er ratlos da, weil er ja nicht einmal weiß, was die Seele ist. Die einzige Zeit, in der er die Existenz seiner Seele erfährt (und auch dann nur unbewusst), ist die des tiefen, traumlosen Schlafes. In diesem Zustand wird die »Kraft« oder Lebensenergie von den fünf Sinnen abgezogen und nach innen gelenkt; das Bewusstsein, ein körperliches Wesen zu sein, entschwindet. In der Nacht werfen die Menschen einen flüchtigen Blick auf ihr wahres SELBST – auf die Seele; sobald sie am nächsten Morgen aufwachen, nehmen die meisten von ihnen wieder ihre falsche Identität an und werden erneut zu sterblichen Wesen – zu Mann oder Frau.

Alle Versuche, der Lehre Jesu rein äußerlich zu folgen, führen nur zu kurzer, oberflächlicher Zufriedenheit, aber nicht zur Erkenntnis Gottes. Der mahnende Hinweis, Gott von ganzem Herzen, mit allen Gedanken, von ganzer Seele und mit ganzer Kraft zu lieben, hat jedoch eine tiefere Bedeutung. Jesus benutzte zwar diese einfachen biblischen Worte, wählte sie jedoch in seiner Weisheit so aus, dass in ihnen die gesamte Wissenschaft des Yoga zum Tragen kommt – die Wissenschaft des transzendenten Weges zur Vereinigung mit Gott durch die Meditation. In Indien – wo spirituelle Einsichten schon Jahrtausende vor Jesu

Geburt entstanden waren – hatten erleuchtete Weise diese Grundlagen zu einer allumfassenden spirituellen Philosophie ausgearbeitet, um Gottsuchern auf dem Weg zur Befreiung systematisch zu helfen. Wenn ein Mensch beim Meditieren danach strebt, Gott zu erkennen – mit der ganzen Aufrichtigkeit seines Herzens, mit seinem tiefsten Gefühl, mit der Intuition seiner Seele, mit der höchsten Konzentration seines Geistes und der nach innen gerichteten Lebensenergie oder Lebenskraft –, wird er ganz sicher Erfolg haben.

Die systematische spirituelle Schulung, die den Menschen lehrt, »Gott von ganzem Herzen zu lieben«, wird in Indien *Bhakti-Yoga* genannt – Vereinigung mit Gott durch bedingungslose Liebe und Hingabe. Der *Bhakta* hat erkannt, dass die Aufmerksamkeit eines Menschen immer auf jene Personen und Dinge gerichtet ist, die er liebt und an denen sein Herz hängt. So wie das Herz des Liebenden bei der Geliebten weilt und die Gedanken des Trinkers um den Alkohol kreisen, so vertieft sich das Herz des Gottsuchers unaufhörlich in die Liebe zu seinem Göttlichen Geliebten.

Gott *»mit all deinen Gedanken«* zu lieben, bedeutet, dass man sich ausschließlich auf Ihn konzentriert. Indien hat eine spezielle Wissenschaft entwickelt, mit deren Hilfe sich der Geist durch bestimmte Techniken auf eine einzige Sache konzentrieren lässt, sodass es dem Gottsucher während seiner Andacht gelingt, die Aufmerksamkeit ganz auf Gott zu richten. Wer sich bemüht, hingebungsvoll zu beten, dabei jedoch seine Gedanken abschweifen lässt – zur Arbeit, zum Essen, zu körperlichen Empfindungen oder zu anderen Ablenkungen –, kann Gott nicht mit all seinen Gedanken lieben. Die Bibel lehrt: *»Betet ohne Unterlass!«*[6] Indiens Wissenschaft des Yoga hat genaue Methoden entwickelt, wie man mit voll konzentriertem Geist zu Gott beten kann.

Gott *»von ganzer Seele«* zu lieben, bedeutet, den Zustand der überbewussten Ekstase zu erreichen – die Seele und ihre Einheit mit Gott direkt wahrzunehmen. Wenn keine Gedanken mehr im Geist auftauchen, dieser jedoch von einer bewusst wahrgenommenen Allwissenheit erfüllt ist, wenn man durch intuitive Erkenntnis weiß, dass man alles verwirklichen kann, indem man es einfach anordnet, dann hat man den erweiterten Zustand des Überbewusstseins erreicht. Man schaut die Seele als Widerspiegelung Gottes und erlebt ihr Verschmelzen mit dem göttlichen Bewusstsein. Dies ist ein Zustand

---

[6] *1. Thessalonicher* 5, 17.

unbeschreiblicher Freude: Kristallklar erkennt die Seele den allgegenwärtigen GEIST, der sich als Freude in der Meditation widerspiegelt.

Gott *»von ganzer Seele«* zu lieben, erfordert die völlige Ruhe transzendenter Verinnerlichung. Diesen Zustand kann man nicht erreichen, wenn man laut betet, gestikuliert, singt oder irgendetwas tut, was die sensomotorischen Funktionen des Körpers anregt. So wie der Körper und die Sinne im tiefen Schlaf inaktiv werden, ist dieser Rückzug ins Innere auch ein Kennzeichen für die überbewusste Ekstase – nur ist diese viel tiefer als der Schlaf. Zehn Millionen Mal erquickend zu schlafen, kommt nicht der Freude der Ekstase gleich. Es ist der Zustand, in dem der Mensch die Seele erkennt und in welchem er mit diesem wahren SELBST Gott innig lieben kann – Ihn, der die Liebe selbst ist.

»Mit all deiner Kraft«: Verinnerlichung der Lebensenergie durch Pranayama

Damit der Gottsucher die göttliche Anweisung – Gott von ganzem Herzen, mit allen Gedanken und von ganzer Seele zu lieben – befolgen kann, braucht er wissenschaftliche Methoden, die es ihm ermöglichen, *»Gott mit all deiner Kraft«* zu lieben. Yoga lehrt diese Wissenschaft. Wenn jemand schläft, ist das Bewusstsein untätig; die Kraft wird vom sensomotorischen System des Gehirns, von den Muskeln und den Nerven abgezogen und konzentriert sich in den Bereichen des Unterbewusstseins. Man kann so lange nicht in den Schlafzustand des Unterbewusstseins sinken, bis diese Lebenskraft – meist ohne eigenes Zutun – vom bewussten, sensorischen und motorischen Nervensystem abgezogen worden ist; ebenso wenig kann man ins Überbewusstsein eingehen (wobei man sich über das Unterbewusstsein erhebt), ohne zuvor bewusst den Strom dieser Lebensenergie von den Sinnen und Muskeln abgezogen zu haben.

Die Herrschaft über die Lebensenergie, die es einem ermöglicht, Gott mit ganzer Kraft zu lieben, beginnt mit der richtigen Körperhaltung – d. h. mit *Asana*, der Schulung des Körpers, damit eine bequeme, ruhige Haltung das reglose Verweilen in der Meditation ermöglicht – und mit Atemübungen zur Kontrolle der Lebensenergie, d. h. mit *Pranayama*, einer Reihe von Techniken, durch die man Atem und Herz beruhigen kann. Das Üben von *Asana* und *Pranayama* beruhigt das Herz, indem es die Lebensenergie wirkungsvoll von den Sinnen abzieht und den rastlosen Atem ruhig stellt, der das Bewusstsein des Menschen an den Körper bindet. Somit vermag sich der Yogi auf Gott zu konzentrieren, ohne vom Körper störend beeinflusst werden zu können. Der Geist – wenn er getrennt ist von den Empfindungen – versenkt sich in einen Zustand transzendenter Verinnerlichung (*Pratyahara*). Der Gottsucher kann nun diesen befreiten Geist dazu nutzen, sich liebevoll mit Gott zu verbinden. Wenn es ihm gelingt, Gott mit konzentriertem, verinnerlichtem Bewusstsein zu lieben, spürt er allmählich diese Liebe zu Gott in seinem Herzen – wie sie auch die feinsten Regungen seiner Gefühle mit der Gegenwart Gottes durchdringt. Das von Gott erfüllte Herz fühlt dann den Geliebten Herrn im tiefsten Inneren der Seele, wo die kleine Liebe der Großen Liebe begegnet und von ihr umfangen wird. Gott in der Seele zu empfinden, erweitert sich dann zum Erkennen Gottes in Seiner Allgegenwart (zum *Samyama* des Yoga: *Dharana*, *Dhyana*, *Samadhi*).

Die Lehren Jesu, die auf den ersten Blick einfach erscheinen, sind viel tiefgründiger, als sie von den meisten Menschen verstanden werden. Dass Jesus das gesamte System des Yoga – die wissenschaftliche Methode der Vereinigung mit Gott – gelehrt hat, wird in der Offenbarung des Johannes klar ersichtlich: im Mysterium der sieben Sterne und sieben Kirchen mit ihren sieben Engeln und sieben goldenen Leuchtern. Gottverwirklichung erreicht der Mensch, indem er die »sieben Siegel« dieser Zentren geistiger Wahrnehmung öffnet, um Herrschaft über alle astralen Kräfte des Lebens und des Todes zu gewinnen, mit deren Hilfe die Seele zur Befreiung aufsteigt.[7]

Jesus betonte, dass der Weg zur Erlösung mit dem Erlernen jener Fertigkeiten beginne, die es dem Wahrheitssucher ermöglichen, Gott mit der höchsten Hingabe seines Herzens, seines Geistes, seiner Seele und mit seiner ganzen Kraft aufrichtig zu lieben. In der bedeutendsten indischen Schrift des Yoga – der Bhagavad-Gita – spricht der Herr folgende Worte, die dem von Jesus zitierten biblischen Gebot entsprechen: »Höre erneut Meine höchste und allergeheimste Botschaft: Weil du Mir so teuer bist, will Ich dir sagen, was deinem Wohle dient. Versenke deinen Geist in Mich; verehre Mich; leg alles in Meine Hände; verneige dich vor Mir. Du bist Mir teuer; wahrlich, Ich verspreche dir: du sollst zu Mir gelangen!«[8]

---

[7] Siehe Diskurs 6, Band I.

[8] *Gott spricht mit Arjuna – Die Bhagavad-Gita* XVIII, 65. Aus dem Kommentar: »›Versenke deinen Geist in Mich‹ bedeutet: Versenkung in das wahre SELBST [den GEIST, reflektiert im Menschen als die Seele] im Zustand der Ekstase. ›Verehre Mich‹ bedeutet, dass sich der Gottsucher bei seiner Tätigkeit an das segensreiche SELBST

Das erste Gebot führt den Gottsucher direkt zum zweiten bedeutenden spirituellen Gesetz, das er befolgen muss, *»das zweite aber ist ihm* [dem ersten Gebot] *gleich«*. Wenn jemand danach strebt, Gott in seinem Inneren zu fühlen, ist er auch verpflichtet, die Mitmenschen an seiner Gotteserfahrung teilhaben zu lassen: »Du sollst deinen Nächsten (alle Rassen und Geschöpfe, mit denen du je in Berührung kommst) lieben wie dich selbst, so wie du deine eigene Seele liebst – denn in allen siehst du Gott.« Im »Nächsten« eines Menschen manifestiert sich dessen höheres SELBST oder Gott. Die Seele ist eine Widerspiegelung des GEISTES, eine Widerspiegelung, die in jedem Wesen und in der Seinsschwingung des gesamten belebten und unbelebten Kosmos existiert. Wenn jemand seine Eltern, Verwandten, Partner und Landsleute sowie alle Menschenrassen der Erde, alle Kreaturen, Pflanzen und Sterne liebt, die sich in seiner »Nachbarschaft« befinden – also in Reichweite seines Bewusstseins –, bedeutet dies, dass er Gott in Seinen vielfältigen erfassbaren Manifestationen liebt. Jene Menschen, die beim Meditieren Gott in Seinen feinstofflichen Ausdrucksformen noch nicht zu lieben vermögen, können ihre Liebe zu Ihm entwickeln, indem sie Ihn in Seinen Erscheinungsformen der Natur und in allen Lebewesen lieben, denen sie begegnen oder die sie in anderer Weise wahrnehmen.

Gott in jedem Menschen zu sehen, erweitert die Liebe für alle Wesen

Es ist Gott, der zum Vater wird, um das Kind zu beschützen, der als Mutter dem Kind bedingungslose Liebe schenkt und der dieser

erinnert und es wahrnimmt, wenn er nicht unter dem Einfluss des physischen Ego handelt. ›Leg alles in Meine Hände‹ heißt, dass man sein ganzes Denken, seine Lebenskraft und all seine Wünsche im Feuer echter Wahrnehmung des inneren SELBST auflöst. ›Verneige dich vor Mir‹ hat eine sehr tiefe Bedeutung. Das Verneigen besteht darin, dass man seine Hände über dem Herzen aneinanderlegt und dann mit den Fingerspitzen die Stirn berührt, um damit seine Hingabe einem Menschen oder Gott gegenüber zum Ausdruck zu bringen. Die Hände versinnbildlichen Tätigkeit, das Herz Liebe und der Kopf Weisheit. Wenn sich ein Mensch deshalb vor einem anderen Menschen oder vor Gott verneigt, ist dies eine Geste der Ehrerbietung: ›All mein Tun, meine Liebe und mein Denken stehen Dir zu Diensten.‹

In diesem Vers fordert der Herr Arjuna auf, die Liebe seines Herzens, seinen Tätigkeitsdrang und seinen unterscheidungsfähigen Geist im inneren SELBST aufzulösen, indem er seine Aufmerksamkeit immer wieder nach innen auf das SELBST richtet, auch wenn die Gedanken abschweifen und sich lieber auf der körperlichen oder emotionellen Ebene der Sinne betätigen wollen.

Der Herr gibt Arjuna ferner zu verstehen: ›Du bist Mir teuer geworden, darum verspreche Ich dir fürwahr: Wenn du dich in dein inneres SELBST versenkst, wirst du wissen, dass es nichts anderes ist als Mein großes, alldurchdringendes SELBST.‹«

inkarnierten Seele in der Gestalt von Freunden hilft, die frei sind von begrenzenden Familienbanden. Es ist Gott, der zur reich geschmückten Erde geworden ist mit ihrem Sternenzelt, um Seine Kinder mit all diesen Wundern zu unterhalten. Er ist zur Nahrung, zum Atem und zu all den lebenserhaltenden Funktionen geworden, welche die große Schar vergänglicher Lebensformen erhalten. Wenn Gottes Immanenz das Bewusstsein des Menschen durchdringt, erkennt dieser es als seine Pflicht und als sein Privileg, Gott im Tempel seines eigenen Selbst (in der Meditation) anzubeten und Ihn auch im Tempel aller Lebewesen und Dinge des Universums zu verehren (indem er seinen Nächsten liebt, der als Nachbar in seiner kosmischen Heimat lebt).

Sogar Heilige, die Gott beim Meditieren in transzendenter Ekstase lieben, erlangen ihre endgültige Befreiung erst, wenn sie andere Menschen an ihrer göttlichen Errungenschaft teilhaben lassen, indem sie Gott in allen Seelen lieben, die in der allgegenwärtigen »Nachbarschaft« ihrer eigenen Seele leben.

Hat man gelernt, Gott in der Meditation zu lieben, sollte man – dadurch ermutigt – seine »seelische Nachbarschaftshilfe« damit beginnen, dass man zuerst Menschen hilft, die nicht zur eigenen Familie gehören, die einem aber näherstehen als die Menschheit im Allgemeinen. Der Mensch neigt instinktiv dazu, lieber seiner Familie beizustehen als einem Fremden; die Vorstellung, der »ganzen Welt« zu dienen, liegt daher Vielen zu fern und erscheint ihnen zu abstrakt. Wenn jemand aber ausschließlich für sich selbst lebt und nur für die wenigen Auserwählten, die er als seine Angehörigen bevorzugt, blockiert er die Entfaltung seines Lebens; und vom geistigen Standpunkt aus betrachtet, lebt er überhaupt nicht. Löst ein Mensch hingegen sein Wohlwollen und seine Hilfsbereitschaft vom engen Familienbewusstsein (»Nur wir vier, sonst keiner hier«) und dehnt sie auf seine Nachbarn sowie auf die ganze Welt aus, so mündet der Fluss seines kleinen Lebens in das größere Leben Gottes ein und wird zum Ewigen Leben. Dies ist die zweite Voraussetzung, die Jesus dem Gesetzeslehrer nannte – als Antwort auf dessen Frage: »*Was muss ich tun, um das ewige Leben zu erlangen?*«

Die meisten Menschen leben innerhalb der engen Mauern ihrer Selbstsucht und spüren nie das Pulsieren des universellen göttlichen Lebens. Wer lebt, ohne zu wissen, dass sein Leben dem ewigen Leben entspringt, wer eine rein materielle Existenz führt, wer stirbt und wiedergeboren wird, ohne sich an seine vergangenen Leben zu erinnern, hat nie wirklich gelebt. Sein irdisches Bewusstsein ist durch trügerische Traumerlebnisse gewandert, aber sein wahres SELBST – die Seele – ist dabei niemals erwacht, um ihr göttliches und unvergängliches Wesen zum Ausdruck zu bringen. Aber der Gottsucher, der durch die Meditation erkennt, dass hinter seinem begrenzten Leben das ewige Leben liegt, wird für immer leben und das Bewusstsein seiner Existenz nie mehr verlieren – weder in der Stunde des Todes noch während des Übergangs von einer Inkarnation zur anderen noch in der Ewigkeit, wo seine Seele ihre Freiheit in Gott gefunden hat.

Heilige und Weise, welche diese beiden höchsten Gebote erfüllen, unterliegen nicht mehr den Vorschriften anderer Gebote. Denn wenn man Gott in der transzendenten Meditation und Seine Manifestation in anderen Seelen liebt, wird den gerechten kosmischen Gesetzen ganz von selbst Genüge getan. Der Schöpfer des Kosmischen Gesetzes wirkt im Wahrheitssucher, der mit Gott verbunden ist, als natürliche, intuitive Tugend, wodurch jener ständig mit den universalen Gesetzen Gottes im Einklang bleibt. Nach und nach kann auch von den kleinen Lichtern richtigen Betragens jahrtausendealtes Dunkel vertrieben werden, das sich um die Seele gelegt hat. Wenn aber der Mensch Herz, Geist und innere Kraft zu höchstem Einsatz anspornt, dann sucht das alldurchdringende Licht Gottes die Seele auf, und alle Finsternis weicht; das Göttliche Licht scheint auf und überstrahlt die flackernde Beleuchtung, die durch diszipliniertes Verhalten entstanden ist. Die essenzielle Grundlage aller Gesetze menschlichen Betragens und der Befreiung stellen deshalb diese beiden Gebote dar: Gott durch stetes Meditieren und Beten zu lieben sowie Ihm zu dienen, indem man allen Mitgliedern der universalen Familie der Nächsten, in denen Er sich manifestiert hat, körperlich, geistig und seelisch hilft.

Liebe zu Gott und zu Gott in allen ist der Kern des geistigen Gesetzes zur Erlösung des Menschen

Ganz gleich, ob sich jemand rechtschaffen oder unrecht verhalten hat, durch die Liebe zu Gott wird er erlöst. Jede Seele sollte von ihrem Recht Gebrauch machen, Gott um Seine liebevolle Hilfe zu bitten: »Herr, ganz gleich, ob ich unfolgsam oder gut bin, ich bin Dein Kind; Du hast mich Dir zum Bilde geschaffen. Wenn ich unfolgsam gewesen bin, brauche ich Dich umso mehr.« Wer sich von Gott abwendet, begeht die größte Sünde, und der größte Sünder behauptet: »Es ist nicht möglich, sich vom Bösen zum Guten zu wandeln.« Aber selbst jemand, der von den Narben seiner Sünden gezeichnet ist, wird schnell zu einem guten Menschen, wenn er aufrichtigen Herzens sagt: »Gott, ich liebe Dich.« Dann ist er gerettet.

Die heilige Mirabai, eine große Verehrerin Gottes, schrieb:

»Könnte man Gott durch tägliches Baden erkennen,
Möchte ich gern ein Walfisch der Tiefe sein.
Könnte man Ihn durch Essen von Wurzeln und Früchten
ergründen,
Nähme ich gern die Gestalt einer Ziege an.
Könnte das Rosenkranzbeten mir Ihn enthüllen,
Würd ich meine Gebete an riesigen Perlen abzählen.
Könnte ein Kniefall vor steinernen Bildnissen Ihn entschleiern,
Würd ich in Ehrfurcht die starren Felsen anbeten.
Könnte den Herrn man bereits mit der Milch einsaugen,
Würden viele Kindlein und Kälblein Ihn kennen.
Könnte man Gott durch Verzicht auf Frauen erobern,
Möchten nicht Tausende dann zu Eunuchen werden?
Mirabai aber weiß, dass der Herr nur zu finden ist,
Wenn man Ihm eines schenkt: seine ganze Liebe!«[9]

Ohne Liebe kann niemand Gott finden, denn die Liebe, die Seine Kinder Ihm aus freiem Herzen schenken, ist das Einzige, wonach der Schöpfer des Menschen sich sehnt. Alles andere hat Er bereits. Die Qualen unerwiderter Liebe und der Trennungsschmerz, der beim Tode geliebter Menschen empfunden wird, sollen den Menschen nicht peinigen, sondern ihn schließlich nach *dem* Liebenden suchen lassen, der auf ihn wartet – nach dem Liebenden, der weder Mann noch Frau ist, sondern der erhabene Gott, der sich hinter den Verkleidungen von Vater, Mutter, Freunden und Inkarnationen von Geliebten verbirgt. Er ist es, der euch ruft; Er ist es, der euch niemals verlassen wird. Er kam zum heiligen Antonius, dem Einsiedler, der vor Jahrhunderten in der Wüste Ägyptens lebte, als der Teufel und dessen Legionen von Dämonen den Heiligen auf schlimme Weise versuchten und quälten und alles unternahmen, ihn von seinem Glauben abzubringen. Herausfordernd rief der heilige Antonius aus: »Satan, du kannst versuchen, was du willst! Nichts wird mich jemals von Christus trennen!«

[9] Mirabai war eine Prinzessin, die im Mittelalter in Rajputana lebte, aber ihrer königlichen Stellung entsagte und eine berühmte Verehrerin Gottes wurde. Sie komponierte viele religiöse Lieder, die einen hochgeschätzten Anteil an Indiens überliefertem spirituellem Wissen ausmachen.

Die Dämonen fielen über ihn her, und die Wände der Höhle erbebten so heftig, dass sie einzustürzen drohten und der Tod des Heiligen unvermeidlich zu sein schien. Im letzten Augenblick erschien plötzlich das strahlende Licht Christi, und Antonius befand sich in Sicherheit. Er sagte zum Herrn: »Wo warst du, mein Jesus? Warum kamst du mir nicht schneller zu Hilfe?« Und die Stimme aus dem Licht antwortete: »Antonius, ich war die ganze Zeit bei dir.«[10] Wendet euch daher niemals von Gott ab. Je härter die Prüfungen sind, die das Leben dem Gottsucher auferlegt, umso entschlossener klammert er sich an Ihn – ebenso wie sich ein Kind fester an den Rock der Mutter klammert, wenn diese es ausschimpft –, bis sie es endlich in die Arme ihrer bedingungslosen Liebe schließt.

Zu einem Gottsucher, der heftig genug nach Ihm verlangt, wird Er kommen. Diesen Suchenden wird Er von allen falschen Vorstellungen Seiner von Ihm selbst erschaffenen Traumwelt befreien. Er weiß, dass die Täuschung und ihre Versuchungen für Seine unerleuchteten Kinder manchmal schrecklich sind. Sie sind Gottes Test, doch die Prüfungen sind nie so schwer, als dass der Suchende sie nicht zu ertragen und zu bestehen vermag. Selbst wenn der Gottsucher denkt, dass er es nicht mehr aushalten kann, ist der Herr immer bei ihm, so, wie Er beim heiligen Antonius war; und schweigend unterstützt und stärkt Er den Gottsucher in all seinen Bemühungen.

Der Herr offenbart sich, wenn das Herz von glühender Sehnsucht erfüllt ist, die von dem Leid herrührt, während vieler Inkarnationen von Ihm getrennt gewesen zu sein. Und keine menschlichen Worte können die Glückseligkeit beschreiben, welche die Seele bei dieser Vereinigung überflutet. Das Herz zerspringt tausendmal – millionenmal. Die heilige Theresa war unsäglich krank – fünfundzwanzig Jahre lang wurde sie von allen erdenklichen Leiden gequält, nachts schrieb sie vor Kälte zitternd in einem ungeheizten Raum – aber in der Verbundenheit mit Christus fühlte sie solch große Liebe, dass ihre Leiden ihr nichts ausmachten. Eines Tages durchbohrte ein Engel ihr Herz mit einem feurigen Hauch, nicht aus Grausamkeit, sondern um ihr zu zeigen, dass Schmerzen ihr nichts mehr anhaben konnten – sie war jenseits aller Schmerzen. Während dieser Erfahrung, in göttlicher Ekstase und Freude, weitete sich ihr Herz bis ins Unendliche aus. Sie sagte: »Es schien, als könne ich es nicht

---

[10] Aus *The Saints that Moved the World* von René Fülöp-Miller (New York: Thomas Y. Crowell Company, 1945. [Auf Deutsch: *Die die Welt bewegten,* Otto-Müller-Verlag, Salzburg, 1952.]

aushalten, und dann war ich plötzlich ganz von der überwältigenden Liebe Gottes durchflutet.« Das ist die innigliche Beziehung mit dem Ewigen: Der kleine Funke des Lebens geht im Feuer göttlicher Liebe auf. Im Laufe der Jahre erlebte die heilige Theresa ihren Herrn viele Male – sowohl in menschlicher Gestalt als auch gestaltlos. Der Körper Christi wurde zum Ozean des Unendlichen Bewusstseins, welches Theresa fühlte – sie erkannte das Christusbewusstsein in Jesus, das, was verkündete: *»Ich und mein Vater sind eins.«*[11]

Solch tiefe Verbundenheit in Liebe bezeugt eine echte Liebesbeziehung. Sie sind ewig. Menschliche Verliebtheit ist eine kurzlebige Fantasie. Die Liebesbeziehung mit Gott ist die wahre und immerwährende Freude des wahren göttlichen Lebens, der wahren göttlichen Liebe. Gott schenkt Seinem Verehrer so viel Liebe, dass sie alle Begrenzungen des Herzens aufhebt.

Wenn man ganz von dieser Liebe zu Gott erfüllt wird, schließt sie jeden Menschen ein – in das universelle Bewusstsein der Liebe, des

---

[11] Theresas Erlebnis mit dem Engel wird nacherzählt in *The Saints that Moved the World* von René Fülöp-Miller.

In ihrer Autobiographie schrieb die Heilige, dass Christus ohne Gestalt zu erleben eine Vision »höherer Art« sei. »Auf diese Weise«, sagt sie, »erfahren wir, wie Gott ist, wie mächtig, dass Er alles vollbringen kann, alles veranlasst, alles lenkt und alles mit Seiner Liebe erfüllt.« – *Life of St. Teresa of Jesus*, Chapter XXVIII (New York: Benzinger Bros., 1904).

»Eines Tages betete ich ...«, so wird es in Kapitel XXVII wiedergegeben, »als ich Christus nahe bei mir sah, oder genauer gesagt, Ihn spürte; denn mit den Augen des Körpers sah ich nichts, ebenfalls nichts mit den Augen der Seele. Er schien nahe neben mir zu sein; und ich sah auch, wie ich glaube, dass Er es war, der zu mir sprach. ...

Sofort ging ich zu meinem Beichtvater. ... Er fragte, in welcher Gestalt ich unseren Herrn gesehen hätte. Ich sagte ihm, ich hätte keine Gestalt gesehen. Darauf meinte er: ›Wie hast du erkannt, dass es Christus war?‹ Ich antwortete, dass ich nicht wisse, wodurch ich es erkannt habe; aber ich wusste ganz einfach, dass Er nahe neben mir war – dass ich Ihn deutlich sah und Seine Anwesenheit spürte; dass die innere Sammlung meiner Seele im Gebet der Stille intensiver und anhaltender war; dass die Auswirkungen dessen sich sehr unterschieden von all dem, was ich bisher erlebt hatte. ...

Später erfuhr ich von Bruder Pedro von Alcantara, einem Heiligen von großer Spiritualität – von dem ich nach und nach erzählen werde – sowie von anderen sehr gebildeten Menschen, dass dies eine Vision von höchstem Rang war, eine, welche durch Satan am wenigsten gestört werden kann. Deshalb gibt es keine Worte der Erklärung. ...

Er offenbart der Seele seine Gegenwart durch eine gewisse Erkenntnis, die klarer ist als die Sonne. Ich meine damit nicht, dass wir nun entweder eine Sonne schauen oder irgendeine Helligkeit wahrnehmen, sondern nur, dass es ein Licht gibt, das nicht sichtbar ist, das jedoch den Geist erleuchtet, damit die Seele Erfüllung finden möge in solch einer großen Wohltat. Diese Vision bringt großen Segen mit sich.«

Siehe auch Diskurs 69, Band III. *(Anmerkung des Herausgebers)*

Dienens und des Mitgefühls. Wie Johannes, der große Jünger Jesu, schrieb: »*Ihr Lieben, lasst uns einander lieben; denn die Liebe ist von Gott, und jeder, der liebt, ist aus Gott geboren und kennt Gott. Wer nicht liebt, der kennt Gott nicht; denn Gott ist Liebe.*«[12]

~

Er aber wollte sich rechtfertigen und sprach zu Jesus: Wer ist denn mein Nächster?

Da antwortete Jesus und sprach: Ein Mann ging von Jerusalem nach Jericho hinab und fiel Räubern in die Hände; die zogen ihn aus und schlugen ihn; dann gingen sie weg und ließen ihn halb tot liegen. Zufällig ging ein Priester denselben Weg hinab; und als er ihn sah, ging er auf der anderen Seite vorüber. Ebenso machte es ein Levit: Als er an die Stelle kam und ihn sah, ging er auf der anderen Seite vorüber. Ein Samariter aber kam auf seiner Reise dorthin; und als er ihn sah, hatte er Mitleid mit ihm. Und er ging zu ihm, goss Öl und Wein auf seine Wunden und verband sie. Dann setzte er ihn auf sein eigenes Tier und brachte ihn in eine Herberge und sorgte für ihn. Und als er am nächsten Tag abreiste, zog er zwei Denare heraus, gab sie dem Wirt und sprach zu ihm: Pflege ihn, und was du mehr ausgibst, will ich dir bezahlen, wenn ich wiederkomme. Welcher von diesen dreien hat sich nun deiner Ansicht nach als Nächster dessen erwiesen, der unter die Räuber gefallen ist?

Er sprach: derjenige, der Barmherzigkeit an ihm geübt hat.

Da sprach Jesus zu ihm: So geh hin und handle ebenso! (*Lukas* 10, 29–37)

Der Barmherzige Samariter: Wie die Pflicht, anderen zu dienen und zu helfen, zu verstehen ist

Mit dem eindrucksvollen Gleichnis vom Barmherzigen Samariter hat Jesus die Bedeutung des Wortes »Nächster« auf praktische Weise veranschaulicht – in dem Sinne, dass grundsätzlich jeder verpflichtet ist, seinen Mitmenschen zu helfen. Auch wenn aus Liebe Großherzigkeit erwächst, kannte Jesus die Grenzen all derjenigen, die versuchen, ihre eigenen Pflichten zu erfüllen und sich darüber hinaus um die Notleidenden in der

12 *1. Johannes* 4, 7–8.

Welt zu kümmern. Das menschliche Leben ist kurz, und man kann nur sein Möglichstes tun. Selbst Jesus erklärte, dass er in erster Linie kam, um während seiner kurzen Zeit auf Erden einem bestimmten Teil der Bevölkerung geistig beizustehen.[13]

Obwohl Jesus und andere Meister ihre Zeit so einteilen, dass sie wahren Gottsuchern auf bestmögliche Weise helfen können, kann man aus ihren befreienden Lehren überall und in allen Zeitaltern Nutzen ziehen. Daher gab Jesus zu verstehen: Auch wenn der durchschnittliche Mensch weitverbreitetes Leid nicht durch körperlichen Einsatz oder materielle Zuwendungen zu lindern vermag, sollte er dennoch im Rahmen seiner Fähigkeiten und seiner sonstigen verfügbaren Mittel sein Bestmögliches tun, jedem Menschen beizustehen, mit dessen eindeutiger Notlage er in Berührung kommt – wie es in dem Gleichnis vom Barmherzigen Samariter dargestellt ist.

Um Notleidenden einen Dienst zu erweisen, sollte man so vorgehen, wie man es sich wünschen würde, wenn man in derselben Lage wäre. Ganz gleich, ob es sich bei dem Hilfsbedürftigen um jemanden in der unmittelbaren Umgebung oder um jemanden in einem fernen, fremden Land handelt, wo auch immer – jeder, mit dem man physisch, mental oder spirituell in engeren Kontakt kommt, ist der »Nächste«.

Mit der Pflicht, seinen Mitmenschen zu helfen, ist nicht unbedingt eine finanzielle Hilfe gemeint. Es ist gut, einen Nachbarn mit materiellen Mitteln zu unterstützen; noch besser ist es, ihm auf mentaler und moralischer Ebene beizustehen, sodass er sich selbst helfen kann; und am besten ist es, wenn man ihn von der Unwissenheit befreit und ihm zum Gottesbewusstsein verhilft, indem man ihn spirituell erhebt. Nach diesen Kriterien sollte man seinem Nächsten in angemessener Weise dienen.

Im Gleichnis vom Barmherzigen Samariter stellte Jesus zwei Verhaltensweisen einander gegenüber: auf der einen Seite die Herzlosigkeit des Priesters und des Leviten[14]– die aufgrund ihres religiösen Amtes bzw. ihrer ererbten Positionen hohes geistiges Ansehen genossen –, und auf der anderen Seite die Barmherzigkeit des Samariters, der den wahren Geist der Religion zum Ausdruck brachte, obwohl er einer

[13] *Matthäus* 15, 24 (siehe Diskurs 44, Band II).

[14] Die Leviten waren Mitglieder des priesterlichen Stammes, welcher sich von Moses Bruder Aaron herleitete, oder jene, denen von den Priestern zeremonielle Tempeldienste zugewiesen worden waren.

gesellschaftlichen Kaste angehörte, die gewöhnlich als spirituell niedriger stehend verachtet wurde. Mit welchen Bezeichnungen ein Mensch hinsichtlich seiner Rasse, seiner Religion oder seiner Nationalität in der Gesellschaft versehen wird, diese seine Merkmale gelten nur eine kurze Zeit – doch alle Seelen sind auf ewig Götter. Beim Tod wird dem Menschen alles irdische Beiwerk unbarmherzig entrissen; deshalb sollte er, bevor er die Erde verlässt, sein reines, edles Wesen als Kind Gottes zum Ausdruck bringen. Jesus war nicht stolz darauf, aus dem königlichen Hause Davids zu stammen, sondern darauf, dass er ein Sohn Gottes war. Wenn es keine von den Launen der Menschen festgelegten Grenzen gäbe, würde die nahrhafte Fülle der Natur für alle Völker der Erde ausreichen. Ein Wiederaufleben dieses Gebotes der Gottes- und Nächstenliebe, das Jesus Christus so nachdrücklich betonte, würde den Geist der Einheit in diese Welt bringen und ihre Wunden heilen.

Nur durch die Gemeinschaft mit Gott werden Frieden und Brüderlichkeit auf dieser Welt einkehren. Wenn der Mensch die Göttliche Gegenwart in seiner eigenen Seele tatsächlich wahrnimmt, ist sein Bewusstsein so erfüllt von der Liebe zu seinem Nächsten – ob Jude oder Christ, Muslim oder Hindu –, dass er sein wahres SELBST, aber auch das aller anderen Menschen als gleichwertige seelische Widerspiegelungen des einen, unendlich liebenswerten Gottes erkennt. Utopische soziale und politische Bewegungen werden kaum einen nachhaltigen Nutzen bringen, solange sich die Menschheit nicht die ewig gültige Wissenschaft aneignet, die es den Anhängern aller Religionen ermöglichen würde, Gott zu erkennen – dadurch, dass sich die Seele mit dem GEIST verbindet und eins wird mit Ihm.

Das einzuhalten, was Jesus als das »erste Gebot« bezeichnete, ist die zentrale Verpflichtung im Leben eines Menschen. Die vielen beschwerlichen Pflichten, die er sich selbst auflädt, sind diesem Gebot unterzuordnen. Zwar bekannte sich Jesus zu dem biblischen Gebot »Vater und Mutter zu ehren«, setzte jedoch die Liebe zu Gott an die erste Stelle. Vater, Mutter, Freunde und geliebte Menschen sind Geschenke Gottes. Liebt die *Eine* Liebe, die sich hinter allen freundlichen Masken verbirgt. Liebt Ihn zuerst und am meisten, sonst wird Er zwar unzählige Male das Herz aufsuchen, sich jedoch bald wieder davonstehlen, weil Er weder erkannt noch willkommen geheißen wurde.

In jedem Augenblick bei Gott zu weilen, ist von größter Wichtigkeit. Seine Liebe bietet die einzige Zuflucht im Leben und im Tod. Der

Mensch sollte seine Zeit so gut wie möglich nutzen. Warum also nicht dafür, das Einssein mit dem Schöpfer dieses Universums wiederherzustellen – mit unserem Unendlichen Vater?

Eines der tiefsten Gebete, das Gott mir eingab, ein universelles Gebet göttlicher Liebe, lautet: »Himmlischer Vater, lass Deine Liebe für immer im Heiligtum meiner Hingabe leuchten, und gib mir die Fähigkeit, Deine Liebe in allen Herzen zu erwecken.«

~

Als sie weiterzogen, da begab es sich, dass er in ein Dorf kam, und eine Frau namens Martha nahm ihn in ihr Haus auf. Und sie hatte eine Schwester, die hieß Maria, die setzte sich zu Jesu Füßen und hörte seinem Wort zu. Martha hingegen bemühte sich um die Bewirtung der Gäste. Und sie trat hinzu und sprach: Herr, machst du dir nichts daraus, dass mich meine Schwester allein dienen lässt? Sag ihr doch, sie soll mir helfen!

Jesus aber antwortete und sprach zu ihr: Martha, Martha, du bist besorgt und beunruhigt über viele Dinge, aber nur eins ist notwendig: Maria hat den guten Teil gewählt, der ihr nicht genommen werden soll. (*Lukas* 10, 38–42)

Maria und Martha: weltliche Pflichten mit hingebungsvoller Gottverbundenheit ausgleichen

»Martha, du bist gewissenhaft hinsichtlich weltlicher Angelegenheiten und Verpflichtungen, die dir viele Sorgen bereiten und in denen sich dein Geist verzettelt. Es ist aber notwendig, dass du deine wichtigste geistige Pflicht erfüllst: dein Denken auf Gott gerichtet zu halten, während du deinen verschiedenen Tätigkeiten nachgehst. Inspiriert durch meine weisen Worte hat Maria den guten Entschluss gefasst, ihre Gedanken ganz auf Gott zu richten und ihre Liebe allein Gott zu schenken. Daher soll ihr das Verlangen, durch das sich ihr Geist völlig von den anderen gegenwärtigen Aufgaben zurückgezogen hat, ›*nicht genommen werden*‹.«

Jesus wendet sich hier an alle Gottsucher, ganz gleich, ob sie in der Welt leben oder in einer Einsiedelei ein entsagungsvolles Leben führen. Er lobt den von Maria gewählten »*guten Teil*«, sich allein Gott zu widmen; aber er äußert sich auch anerkennend über das Pflichtbewusstsein Marthas – jedoch mit der Ermahnung: »*Nur eins ist notwendig«* – sie solle bei der Erfüllung ihrer weltlichen Pflichten an Gott denken und Ihn lieben.

Manche Entsagende glauben fälschlicherweise, dass sie allein deshalb schon spirituell wären, wenn sie ihre klösterlichen Aufgaben bewältigen. Andere Entsagende meinen, das Gottesbewusstsein erlangen zu können, indem sie ihren Dienst in der Gemeinschaft vernachlässigen, um sich lediglich der geistigen Pflicht der Meditation zu widmen.

Das Leben in einem Ashram hat vor allem den Zweck, einen Schutzraum zu schaffen, in dem man Gott suchen kann. Entsagende, die so mit ihrer Arbeit beschäftigt sind, dass sie das Meditieren und die Vergegenwärtigung Gottes während ihrer Aktivitäten vernachlässigen, haben kein Recht, in einer Einsiedelei zu leben und die Vorteile zu genießen, die für jene bestimmt sind, die ernsthaft Gott suchen. Wenn einige Suchende sich so tief in die Vereinigung mit Gott, in den *Samadhi*, versenken, dass sie dadurch ihre weltlichen Pflichten nicht angemessen erfüllen, ist diese Unterlassung entschuldbar. Aber eine Seele, bei der eine solche Ausnahme zutrifft, ist selten. (Meistens sind solche Bestrebungen nichts anderes als vorgetäuschte Frömmigkeit.) Die anfallenden Aufgaben in einer Einsiedelei müssen von den Mitgliedern der Gemeinschaft übernommen werden; und wenn die Suchenden während solcher Arbeiten daran denken, dass sie Gott dienen und Ihm außerdem in regelmäßiger, tiefer Meditation ihre ungeteilte Aufmerksamkeit schenken, sind sie auf dem richtigen Weg, Gottes Gnade zu empfangen. Diejenigen aber, die sich in Geschäftigkeit verlieren, Gott vergessen und ihre Meditation hintansetzen, finden keine spirituelle Erfüllung und beginnen, den Sinn eines Lebens der Entsagung zu bezweifeln, wenn sie es mit dem vergleichen, was die Welt ihnen bietet.

Es ist besser, der Welt zu dienen, indem man in einem geistigen Umfeld lebt, das hohe Ideale und Gedanken an Gott fördert, anstatt sein Leben in einer materiell ausgerichteten Umgebung voller Übel zu verbringen. Allerdings kann jede Umgebung durch Gottes Gegenwart vergeistigt werden. Daher warnte Jesus Martha – und damit alle Jünger und Jüngerinnen, die mit weltlichen Pflichten beschäftigt sind: Es ist zwar lobenswert, dass sie die unerlässlichen weltlichen Pflichten erfüllt, ihr geht aber der Segen ihres Dienens verloren, weil ihr Geist infolge der äußeren Anforderungen so abgelenkt ist, dass kein Gedanke an Gott darin Platz hat. Jesus unterstützte das Verhalten Marias, weil es nicht dem Wunsch und der Absicht entsprang, häusliche

Pflichten zu vermeiden, sondern der aufrichtigen Hingabe, die ihren Geist ganz mit Gott und der zur Gottverbundenheit führenden Weisheit Jesu erfüllte.

Wenn Marthas Tätigkeiten von derselben Hingabe durchdrungen gewesen wären, die Maria zeigte, hätte Jesus keinen Unterschied zwischen den beiden Schwestern gemacht. Beide dienten Jesus – die eine geistig und die andere dadurch, dass sie für sein körperliches Wohl sorgte –, doch Marias Hingabe schätzte er mehr. Hätte Martha den Geist Jesu in ähnlicher Weise in ihr Inneres aufgenommen, hätte Jesus Maria erlaubt, Martha zur Hand zu gehen; aber er wollte nicht, dass Maria das weltliche Verhalten ihrer Schwester annahm; vielmehr sollte Martha dem hingebungsvollen Beispiel Marias folgen.

Dies entspricht der Lehre des Yoga: Trotz weltlicher Pflichten sollte der Geist bei Gott weilen. Ganz gleich, ob man Pflichten zu erfüllen hat oder nicht, die höchste Tugend besteht darin, dass man sein Bestes tut, um vor allem Gotteserkenntnis zu erlangen; denn man kann keine Pflicht erfüllen, ohne von Gott die Kraft dafür zu bekommen.

Ganz gleich, ob jemand ein häusliches Leben in der Welt führt oder als Entsagender in einer Einsiedelei lebt, jeder Wahrheitssucher sollte – je nachdem, wie es gerade erforderlich ist – sowohl das Wesen Marthas als auch das Marias zum Ausdruck bringen können: Er sollte seine unerlässlichen Tätigkeiten im Gedanken an Gott verrichten und täglich hingebungsvoll seiner geistigen Pflicht folgen, tief über Gott zu meditieren. Kein Mitglied eines Haushaltes oder Ashrams sollte die Meditation zum Vorwand nehmen, seine weltlichen Aufgaben zu vernachlässigen; und ebenso sollte kein Mitglied ein anderes, zum Geistigen neigendes Mitglied stören, wenn dieses verehrungsvoll in Gott versunken ist.

Der geistige Aspirant, der sowohl Gott als auch den Menschen mit liebevollem Herzen und willigem Geist dient, erreicht Vollkommenheit und empfängt schnell Erleuchtung und göttliche Gnade.

DISKURS 54

Eine tiefgründige Betrachtung des Vaterunsers

»Unser Vater«: Die Erkenntnis des *Jnana-Yoga*, dass der Geist die einzige Wirklichkeit ist

❖

»Geheiligt werde Dein Name«: Heiligkeit, Schönheit und Freude durchdringen Gottes Schöpfung

❖

Das »Warum« der Schöpfung ist Gottes mystisches Geheimnis, das sich dem menschlichen Verständnis entzieht

❖

»Dein Wille geschehe«: Der Weg des *Karma-Yoga* bringt Gott durch Tätigkeit zum Ausdruck

❖

Vergebung und Erlösung: das Gebet des *Bhakti-Yogis*

❖

»Das Reich, die Kraft und die Herrlichkeit«: die universelle Erfahrung der Gottverwirklichung

»Jeder Satz, den Jesus in diesem tiefen Gebet ausspricht, steht in vollkommenem Einklang mit dem kosmischen Idealismus der altehrwürdigen heiligen Schriften Indiens … mit den kosmischen Wahrheiten, die auch den klar umrissenen Systemen des Jnana-, Karma- und Bhakti-Yoga Gültigkeit verleihen.«

Und es begab sich, dass er an einem Ort war und betete. Und als er aufgehört hatte, sagte einer seiner Jünger zu ihm: Herr, lehre uns beten, wie auch Johannes seine Jünger lehrte.

Und er sprach zu ihnen: Wenn ihr betet, so sprecht: Unser Vater im Himmel, geheiligt werde dein Name. Dein Reich komme. Dein Wille geschehe, wie im Himmel, so auf Erden. Unser tägliches Brot gib uns Tag für Tag. Und vergib uns unsere Sünden, denn auch wir vergeben jedem, der an uns schuldig geworden ist. Und führe uns nicht in Versuchung, sondern erlöse uns von dem Bösen.

***Lukas* 11, 1–4**[1]

Und es begab sich, als er so redete, da erhob eine Frau aus der Menge die Stimme und sprach zu ihm: Selig ist der Schoß, der dich getragen und die Brust, die dich genährt hat.

Er aber sprach: Ja, doch selig sind vielmehr jene, die das Wort Gottes hören und es bewahren.

***Lukas* 11, 27–28**

[1] Die Verse *Lukas* 11, 5–13 werden zusammen mit den Parallelstellen bei *Matthäus* in Diskurs 30 (Band I) kommentiert. Die Verse *Lukas* 11, 14–26 werden in Diskurs 36 (Band II) behandelt, gemeinsam mit den Parallelstellen bei *Matthäus*.

DISKURS 54

Eine tiefgründige Betrachtung des Vaterunsers

Und es begab sich, dass er an einem Ort war und betete. Und als er aufgehört hatte, sagte einer seiner Jünger zu ihm: Herr, lehre uns beten, wie auch Johannes seine Jünger lehrte.

Und er sprach zu ihnen: Wenn ihr betet, so sprecht: Unser Vater im Himmel, geheiligt werde dein Name. Dein Reich komme. Dein Wille geschehe, wie im Himmel, so auf Erden. Unser tägliches Brot gib uns Tag für Tag. Und vergib uns unsere Sünden, denn auch wir vergeben jedem, der an uns schuldig geworden ist. Und führe uns nicht in Versuchung, sondern erlöse uns von dem Bösen. (*Lukas* 11, 1–4)

Parallelstelle:

Unser Vater im Himmel, geheiligt werde dein Name. Dein Reich komme. Dein Wille geschehe auf Erden wie im Himmel. Unser tägliches Brot gib uns heute. Und vergib uns unsere Schuld, wie auch wir vergeben unseren Schuldigern. Und führe uns nicht in Versuchung, sondern erlöse uns von dem Bösen. Denn dein ist das Reich und die Kraft und die Herrlichkeit in Ewigkeit. Amen. (*Matthäus* 6, 9–13)[1]

[1] Das Vaterunser, wie in Kapitel 6 des Matthäusevangeliums überliefert, wird in Diskurs 28 (Band I) kommentiert. Im vorliegenden Diskurs gibt Paramahansa Yogananda einen weiteren, sinnreiche Einsichten vermittelnden Kommentar, in dem er die Tiefe

Das Vaterunser stellt den höchsten Lobgesang des Christentums dar; obwohl dieses Gebet oft in Gottesdiensten gesprochen wird, wird es selten als eine persönliche Erkenntnis erfahren. Jeder in einfache Worte gekleidete Satz, den Jesus in diesem tiefen Gebet ausspricht, steht in vollkommenem Einklang mit dem kosmischen Idealismus der altehrwürdigen heiligen Schriften Indiens, deren Kernstück die Bhagavad-Gita ist.

Genau betrachtet besteht das Gebet aus vier Teilen, die in ihrer Gesamtheit sowohl die Transzendenz und Immanenz Gottes ansprechen als auch die Beziehung des Menschen zu Ihm als dem Himmlischen Vater aller. Die ersten drei Teile vermitteln die kosmischen Wahrheiten, die jeweils den klar umrissenen Systemen des *Jnana-*, *Karma-* und *Bhakti-Yoga* Gültigkeit verleihen: die Vereinigung mit dem Unendlichen durch Weisheit, richtiges Handeln und göttliche Liebe. Der vierte, abschließende Teil ist eine kurze Zusammenfassung, in der dem Unendlichen GEIST als alles vermögendem Gottvater Ehrerbietung erwiesen wird.

1. *»Unser Vater im Himmel, geheiligt werde dein Name. Dein Reich komme.«*
2. *»Dein Wille geschehe auf Erden wie im Himmel. Unser tägliches Brot gib uns heute. Und vergib uns unsere Schuld, wie auch wir vergeben unseren Schuldigern.«*
3. *»Und führe uns nicht in Versuchung, sondern erlöse uns von dem Bösen.«*
4. *»Denn dein ist das Reich und die Kraft und die Herrlichkeit in Ewigkeit.«*

Der erste Teil ist leicht zu verstehen, wenn man ihn auf der Grundlage der *Jnana-Yoga*-Philosophie betrachtet: der Erkenntnis des GEISTES als der einzigen Wirklichkeit. Die Gottesvorstellung Jesu war – ebenso wie die höchste *Sankhya-Yoga-Vedanta*-Metaphysik Indiens – der Ausdruck eines vollkommenen Idealismus. Wer uneingeschränkt dem Weg der Gotteserkenntnis folgt, den Jesus beschritt – und den er der ganzen Welt offenbarte, nämlich dem Verständnis, dass sich alles

der Worte und des Bewusstseins Jesu auslotet, um ein Gebet von universeller Spiritualität zu enthüllen – als eine Bitte um die Erkenntnis der ewigen Beziehung zwischen der Seele und Gott. *(Anmerkung des Herausgebers)*

Leben um ein gemeinsames Zentrum bewegt und dass dieses Zentrum Gott ist –, der empfängt durch Jesu Idealismus höchste Inspiration.[2]

Welche Auffassung von Gott hatte Jesus selbst? Er betete keinen anthropomorphen Gott an – einen Gott, der menschliche Gestalt besitzt. Er stellte sich Gott nicht als eine höchste Persönlichkeit vor, die irgendwo weit entfernt in einer unbekannten Region außerhalb des Kosmos sitzt. Von solch einem personifizierten Gott fühlte sich sein universeller Geist nicht angezogen; eine derartige Vorstellung kam an keiner Stelle in seinen Worten oder Predigten zum Ausdruck und rückschließend auch nicht in seinen Gedanken. Seine Erkenntnis umfasste das Wissen von der Absoluten Wirklichkeit Gottes als GEIST.[3] Die erhabene Philosophie Jesu war bis zu einem gewissen Grade der Grund dafür, dass er als ein geistiger Revolutionär betrachtet wurde, der sich gegen viele orthodoxe Überzeugungen seines eigenen hebräischen

»Vater unser«: Die Erkenntnis des Jnana-Yoga, dass der GEIST die einzige Wirklichkeit ist

---

[2] Zum Schluss legt (als abschließende Botschaft der hinduistischen Veden in den Upanischaden) der Vedanta die Philosophie des monistischen Idealismus dar. Swami Shankara, der unvergleichliche Repräsentant des Advaita(»nicht dualistischen«-)Vedanta, schrieb: »Das ganze Universum, erfasst durch den auf die Sinne ausgerichteten Verstand und die Sprache, ist nichts als GEIST (*Sat*), die göttliche Wirklichkeit, welche über die Natur hinausreicht. Nichts anderes existiert.« – *Crest Jewel of Wisdom*, Vers 391.

Dr. Amit Goswami, Professor für Physik am Institut für Theoretische Wissenschaft an der Universität von Oregon, schreibt in seinem Buch *The Self-Aware Universe* (*Das bewusste Universum*, Lüchow in J. Kamphausen, 2013): »Die moderne Wissenschaft bestätigt eine antike Idee: Das Bewusstsein, nicht die Materie, ist der Ursprung allen Seins. ... Die philosophische Lehre, welche die Wissenschaft jahrhundertelang dominiert hat (der physische oder materialistische Realismus) nimmt an, dass nur Materie – bestehend aus Atomen oder letztlich aus Elementarteilchen – real existiere; alles andere seien sekundäre Phänomene der Materie, nur ein Tanz der Atome, aus denen sie besteht. Diese Weltsicht wird Realismus genannt, weil angenommen wird, dass Gegenstände real existieren und unabhängig von Subjekten (also von uns) bestehen oder davon, wie wir sie beobachten. ... Die Fakten sprechen aber dagegen. Die Wissenschaft beweist die Überlegenheit einer monistischen Philosophie gegenüber der dualistischen Überzeugung, dass Geist von Materie getrennt sei. In der idealistischen Philosophie ist Bewusstsein etwas Fundamentales. ... Von diesem Standpunkt aus erkennen wir, dass manche Vorstellungen verschiedener religiöser Überlieferungen so logisch werden, so elegant und befriedigend wie die Ausdeutung von Experimenten der Quantenphysik.« *(Anmerkung des Herausgebers)*

[3] *»Aber es kommt die Zeit und ist schon jetzt, dass die wahren Anbeter den Vater anbeten werden im Geist und in der Wahrheit; denn der Vater sucht diejenigen, die ihn also anbeten. Gott ist Geist, und die ihn anbeten, die müssen ihn im Geist und in der Wahrheit anbeten.«* (*Johannes* 4, 23–24; siehe Diskurs 18).

Volkes auflehnte. In seinem Verständnis konnte Gott nicht durch irgendwelche Rahmenbedingungen der Schöpfung – wie Zeit, Raum, Kausalität, Form oder Persönlichkeit – beschränkt werden, noch konnte Gott durch von Menschen geschaffene Glaubensbekenntnisse kategorisiert werden. Gott überschreitet jegliche Vorstellung.

Die Worte *»Vater im Himmel«* im Vaterunser beziehen sich daher auf den Schöpfer in Seiner überirdischen Unendlichkeit, der selbst dieses Ewige Überirdische Bewusstsein ist. Dieser Erschaffer alles Seienden lässt die mannigfaltigen kausalen, astralen und physischen Schöpfungen aus Seinem Einen Wesen hervorströmen und bleibt dennoch ewig unberührt von ihnen. Mit dieser einleitenden Anrufung Gottes erhebt Jesus unser Bewusstsein unmittelbar zu dem Wissen – zu der Vorstellung, dem Verständnis, der Erkenntnis –, dass Gott transzendent ist. Mit unseren heutigen Worten hätte er das vielleicht so ausgedrückt: »Unser transzendenter Gott« anstatt *»Unser Vater im Himmel«*.

Die Vorstellung einer transzendenten Gottheit im Himmel erweckt natürlich – für sich genommen – im Menschen das Gefühl, dass Gott unerreichbar fern ist, abgeschieden von den Belangen Seiner Geschöpfe und von Seiner Schöpfung. Dass Gott keine Beziehung zu den Menschen hat, die Er erschuf, kann unmöglich wahr sein, denn dann wäre der gesamte Kosmos in der Tat absurd und sinnlos. Jesus betonte die ewige, unauflösliche Beziehung zwischen Gott und der Menschheit durch den Gebrauch des Wortes *»unser«*. Er lenkt die Aufmerksamkeit des Betenden nicht nur auf *»Den* Vater im Himmel«, sondern er sagt: *»Unser* Vater im Himmel« – dein Gott, mein Gott; der Gott von Jesus, Mose, Krishna, Buddha, Mohammed – der Gott aller Menschen, der rechtschaffenen und der unredlichen, der Erlöser und der Sünder. Jesus benutzte die Formulierung *»Unser* Vater« nicht im üblichen Sinne, sondern ganz bewusst, um damit die auf Gegenseitigkeit beruhende Beziehung zwischen dem transzendenten Gott und dem von Ihm erschaffenen Wesen hervorzuheben. Die ganze Philosophie der Verbundenheit zwischen der menschlichen Seele und Gott ist in diesem einen kleinen Wort *»unser«* einbegriffen. Dieser Gott ist der Ursprung aller Geschöpfe, daher ist Er der Vater. *»Vater«* ist hier ein Symbol der rein idealistischen Philosophie Jesu: für den GEIST, den Transzendenten Gott, als Ursprung und Urheber der gesamten kosmischen Schöpfung.

Aus Ihm sind alle Dinge hervorgegangen, und in Seiner eigenen kosmischen Allmacht finden sie ihre Vollendung: in Ihm, dem Vater. Geleitet von Seiner Allwissenheit nehmen alle Dinge ihren vorgesehenen Lauf: durch Ihn, den Vater. In Seinem Wohlwollen und Seiner Liebe finden die Menschen ihre innere Kraft und Freude: Daher ist Er der Vater. Jesus drückte diese metaphysischen Zusammenhänge in verständlicher Sprache aus: *»Unser Vater im Himmel«*, der transzendente Gott, untrennbar mit allen erschaffenen Wesen verbunden: als der Ursprung, der Erhalter und die Erlösung aller. Das Ganze dieser überwältigenden Vorstellung wird mit diesen Worten zu Beginn des Vaterunsers vermittelt.

Jesus fährt fort: *»Geheiligt werde dein Name.«* Der Sinngehalt des Wortes *Name* ist in der vedischen Philosophie besser zugänglich, es bedeutet dort: Schöpfung. Wie der Name einer Person als ein Symbol dafür steht, wer der Betreffende ist, so verkündet die aus Schwingungen bestehende Schöpfung den transzendenten Schöpfer. Der Sanskritbegriff *Nama-Rupa (Nama* ist verwandt mit *Name)* lautet übersetzt »Name und Form«. *»Geheiligt werde dein Name«* bedeutet demnach: geheiligt ist Deine Schöpfung, heilig ist Deine Manifestation, spirituell ist die Offenbarung Deines SELBST durch den nach außen hin wirkenden Heiligen Geist, durch das Wort oder die kosmische Schwingung des OM (Amen). Gottes Schöpfung ist heilig – sie ist das spirituelle Abbild, der spirituelle Ausdruck, der Kosmischen Wirklichkeit.

»Geheiligt werde Dein Name«: Heiligkeit, Schönheit und Freude durchdringen Gottes Schöpfung

Doch das wahre Wesen der Schöpfung als einer heiligen Emanation Gottes kann nur mithilfe des geöffneten geistigen Auges im ekstatischen Einssein mit Gott vollkommen erkannt werden. Eine solche Gnade wurde dem Jünger Arjuna zuteil, wie in der Bhagavad-Gita berichtet wird:

> »Du kannst Mich jedoch nicht mit deinen sterblichen Augen erblicken. Deshalb gewähre Ich dir die göttliche Schau. …
>
> Da erblickte Arjuna die mannigfaltige wunderbare Gegenwart der Gottheit, die mit ihren unendlichen Formen jeden Teil des Raumes erhellte – allmächtig und alldurchdringend, gehüllt in zahllose himmlische Gewänder, mit Girlanden und Juwelen geschmückt, himmlische Waffen tragend, unnennbar süße Düfte verströmend, und überall Seine Münder und Seine Augen!
>
> Wenn tausend Sonnen zugleich am Himmel erschienen, so wäre ihr

Licht doch nur ein schwacher Abglanz der Herrlichkeit, die dieses Allschöpferische Wesen ausstrahlt!

Dort schaute Arjuna das ganze Universum und all seine mannigfaltigen Manifestationen, die in der unendlichen Gestalt des Gottes der Götter ruhen.«[4]

Im Geist des Gottsuchers, der das gesamte manifestierte Universum als das strahlende Gewand[5] des Schöpfers wahrnimmt, kann nicht die geringste Spur eines Zweifels an der Unmittelbarkeit Gottes zurückbleiben. Im Kosmischen Bewusstsein erkennt man, dass die allem zugrunde liegende Göttliche Wirklichkeit sich in den sich unaufhörlich verwandelnden Kosmos gehüllt hat und sich kundtut, ohne sich selbst zu offenbaren – ähnlich wie die unterschiedlichen Gewänder, mit denen sich die Menschen schmücken, auf deren verschiedene Rollen und Vorlieben hinweisen und nicht auf ihr eigentliches Wesen. Die Kleidung eines Menschen kann gewechselt oder abgelegt werden, ohne den Träger selbst zu verändern. Geburt, Reife, Alter; Leben und Tod; Schöpfung und Verwandlung; Sorgen und Leid; Freude und Glück; Schmerz und Vergnügen – sie alle sind aus göttlicher Sicht nichts weiter als schimmernde Wellen im Gewebe von Raum und Zeit, die zum Herrschaftsbereich der Dualität gehören und nicht zum Höchsten All-Einen. Obwohl das universale kosmische Gewand Gottes ständig einen Wandel erfährt, bleibt Er ewig derselbe; als individualisierte Ausdrucksformen Seiner selbst sollen auch wir an dieser Unwandelbarkeit teilhaben. Der Sinn des Erdenlebens einer jeden Seele liegt darin, dass sie lernen soll, über die Vergänglichkeit aller Erscheinungen hinauszuschauen und ihren Blick auf die Ewige Wirklichkeit zu richten. Ganz gleich, wie zwingend oder verlockend die äußeren Fallen der *Maya*-Manifestationen sein mögen, lasst nicht zu, dass sie die Aufmerksamkeit von Gott, dem Unendlichen, ablenken, der den fein gesponnenen Kosmos lediglich als schöne Verkleidung darbietet. Der Gottsucher, der über das kurzsichtige Körperbewusstsein hinausblickt, sieht mit der höheren Schau göttlicher Intuition und löst alle zuvor unverständlichen Gegensätze auf – in ekstatischer Wahrnehmung der Schöpfung als göttliche Schönheit und göttliche Freude.

Wie ausdrucksvoll doch die Bhagavad-Gita diese Wahrheit

---

[4] *Gott spricht mit Arjuna – Die Bhagavad-Gita* XI, 8. 10–13.

[5] *»Herr, mein Gott, du bist sehr groß; in Hoheit und Pracht bist du gekleidet; in Licht hüllst du dich wie in ein Gewand.«* (*Psalm* 104, 1–2)

bestätigt: »... gehüllt in zahllose himmlische Gewänder, mit Girlanden und Juwelen geschmückt« – die Sterne sind Seine Kronjuwelen, die Erde ist Sein Fußschemel; Blitz, Donner, Stürme und Naturkatastrophen sind das Aufleuchten Seiner Requisiten und das schlagende Geräusch Seines Mantels, während Er voller Freude im wirbelnden Rhythmus von Erschaffung, Erhaltung und Zerstörung tanzt. Alles in der gegenständlichen Welt ist ein zusätzlicher Schmuck, der die kosmische Robe Gottes verschönert; und hinter allen diesen Dingen liegt die Göttliche Wirklichkeit verborgen. Solcherart war die Erkenntnis Arjunas, die im elften Kapitel der Bhagavad-Gita beschrieben wird; und in diesem Zusammenhang müssen wir die Weisheit der idealistischen Philosophie verstehen, die Jesus Christus im Vaterunser darlegt.[6]

[6] Ein entsprechendes Beispiel in der jüdisch-christlichen Bibel finden wir im alttestamentlichen Buch Hiob. Die ungeheuren Qualen Hiobs und seine anschließende Forderung an Gott nach einer Erklärung sind geradezu sprichwörtlich. In der Einführung zu seinem ins Englische übertragenen Buch *The Book of Job* (New York: HarperCollins, 1992) schreibt der Übersetzer Stephen Mitchell:

»Hiobs Empörung über die Ungerechtigkeit der Welt ist direkt an den Schöpfer dieser Welt gerichtet. Da gibt es keine Umschweife, keine Halbheiten, keinen Versuch, von der letzten Verantwortlichkeit dadurch abzulenken, dass einem Teufel oder einer Erbsünde die Schuld zugeschoben wird.

›*Wir sind [Gott] gleichgültig, darum sage ich: Er bringt beide um, den Frommen und den Gottlosen.*

Wenn die Pest plötzlich tötet, so spottet er über die Verzweiflung der Unschuldigen.

Er hat die Erde in gottlose Hände gegeben, und ihren Richtern legt er eine Binde über die Augen.

Wenn nicht er, wer anders sollte es tun?‹ ...

Diese ganze Verwirrung und Empörung könnte nicht so intensiv sein, würde Hiob Gott nicht wahrhaft lieben. Er fühlt, dass es trotz des äußeren Anscheins irgendwo eine letzte Gerechtigkeit gibt, aber er weiß nicht, wo. ... Natürlich ist die Antwort, die Hiob bekommt, alles andere, als was er erwartet hat. ... Er wird in einen visionären Zustand erhoben und tritt ein in eine Welt von Urenergie (eine Welt ohne menschliche Wesen), die einschließt, was Menschen als schrecklich oder böse erleben könnten. ...

Diese gewaltigen Symbole des Bösen – so erschreckend für Menschen, die den zerstörerischen Shiva-Aspekt Gottes nicht gesehen haben oder nicht wahrhaben wollen – werden uns als Gottes Spielzeuge gezeigt. Sie sind Teil des Kontinuums in der Natur, das nahtlos vom Engel bis zur Bestie verläuft. ›Das Brüllen der Löwen‹, wie William Blake schreibt, ›das Heulen der Wölfe, das Tosen der stürmischen See, das Tod und Verderben bringende Schwert, dies alles sind Bausteine der *Ewigkeit*, zu überwältigend für das menschliche Auge.‹ ... Die einzige andere Stelle in der Bibel, die [Hiobs Vision] an Gewichtigkeit nahezu gleichkommt, findet sich bei dem anonymen Propheten, der uns als Deuterojesaja bekannt ist: ›*Ich mache das Licht und schaffe die Finsternis, ich gebe Frieden und schaffe das Böse. Ich, der Unnennbare, tue all diese Dinge.*‹«

Im Kern besagt die Antwort Gottes an Hiob, dass dieser vom menschlichen Bewusstsein zum göttlichen Bewusstsein aufsteigen müsse, um die scheinbaren Paradoxien

Das »Warum« der Schöpfung ist Gottes mystisches Geheimnis, das sich dem menschlichen Verständnis entzieht

Es bleibt aber noch die Frage, die schon immer nach einer Antwort verlangt hat: Warum gibt es die Schöpfung? Ist der Kosmos ein Zufallsprodukt, etwas, das Gott aus einer Laune heraus erschaffen hat? Warum tat Er es? In der Bibel heisst es: »*Würdig bist du, o Herr, Ruhm und Ehre und Kraft zu empfangen; denn du hast alle Dinge erschaffen, und zu deiner Freude sind sie und wurden sie geschaffen.*«[7] Aber wie lässt sich Sein Vergnügen durch menschliches Elend rechtfertigen? Oder Seine *Lila*, Sein Spiel, wenn dazu die schmerzhafte duale Natur der Welt erforderlich ist? Die Veden und die Upanischaden erklären, dass der Eine Sein unendliches, unsterbliches, glückseliges Bewusstsein durch die Vielheit erleben wollte: *»Eko 'ham bahu shyam* – Ich war der Eine und Ich wollte Viele werden.« Aber da der Mensch ständig nach Gründen sucht, fragt er, wie es dazu gekommen sei, dass Er zu Vielen werden wollte und dabei so viel Elend und Sorgen verursachte? Theologische Antworten befriedigen das rationale Denken nicht. Die ehrlichste und zutreffendste Antwort, die jemals gegeben wurde, lautet: *Wir wissen es nicht.* Es ist *Maya* – keine Einbildung, keine Halluzination, sondern ein göttlich-mystisches Geheimnis, das jenseits des gedanklichen Begreifens, jenseits der intellektuellen Erklärungsversuche des Menschen liegt. Wie es ein Philosoph so schön ausdrückte: »Wann immer ein ernsthafter Versuch gemacht wurde, das Geheimnis von dem Einen und den Vielen zu lüften, scheint

---

der Schöpfung zu verstehen: »*Wo warst du, als ich die Erde gründete? Sprich es aus, wenn du die Einsicht besitzt! Weißt du, wer ihre Maße bestimmt hat oder wer die Messschnur über sie ausgespannt hat? Wohinein sind ihre Grundpfeiler gesenkt, oder wer hat ihren Eckstein gelegt, als die Morgensterne miteinander sangen und alle Gottessöhne vor Freude jubelten?*« (*Hiob* 38, 4–7)

»Die einzige Analogie zu Gottes Antwort, die wir in heiligen Schriften finden«, schreibt Mitchell, »ist die Vision, die Arjuna in Kapitel 11 der Bhagavad-Gita gewährt wird und in welcher der Prinz bis ins innerste Mark die Herrlichkeit und die Schrecken des Universums, alle Schöpfung und alle Zerstörung als einbegriffen in das selige Spiel des Höchsten Herrn erlebt. Die dort geschauten Bilder sind kosmischer als in *Hiob*, und die Erkenntnis Gottes als ›das SELBST im Herzen aller Lebewesen‹ ist weitaus klarer. ... [Aber] wenn Hiob sagt: ›*Mit meinen Ohren hatte ich von dir gehört; nun aber haben meine Augen dich gesehen.*‹, ist er kein Diener mehr, der Gott fürchtet und das Böse meidet. Er hat sich dem Bösen gestellt, er hat ihm gerade ins Auge geblickt und durch es hindurch geschaut – in ein gewaltiges Wunder und in eine überwältigende Liebe.« *(Anmerkung des Herausgebers)*

[7] *Offenbarung* 4, 11.

die Mystik die einzige oder endgültige Antwort geben zu können.« Kann eine winzige Tasse den Ozean fassen? Der begrenzte menschliche Verstand kann die Kosmische Wirklichkeit nur oberflächlich ausloten und niemals das *Warum* der Schöpfung ergründen. Darum sagt man, dass jene, die in Ekstase die geheimen Gewölbe im Herzen Gottes betraten, zwangläufig ohne Worte zurückkehren mussten: »Wer es weiß, der weiß es; kein anderer weiß es.«

Dann sagt Jesus: *»Dein Reich komme.«* Hier bestätigt er die Transzendenz der Höchsten Wirklichkeit, die als Immanente Essenz in den universellen göttlichen Abbildungen des Schöpfers und Vaters Ausdruck findet.

»Unser Vater im Himmel, geheiligt werde dein Name. Dein Reich komme.« So weihevoll, so spirituell, so philosophisch ist dieses Gebet! Transzendenter Gott, immanenter Gott und die Schöpfung als heilige Offenbarung Gottes – dies alles wird im ersten Abschnitt des Gebetes angesprochen – eine erhebende Darlegung der höchsten Weisheit und Wahrheitserkenntnis des *Jnana-Yoga*.

Der Schlüssel zum zweiten Teil des Gebetes ist das Wort *»Wille«*. *»Dein Wille geschehe auf Erden wie im Himmel. Unser tägliches Brot gib uns heute. Und vergib uns unsere Schuld, wie auch wir vergeben unsern Schuldigern.«* In diesem zweiten Teil kommt die Philosophie der Kausalität und Manifestation zum Ausdruck – Begriffe, die in der Bhagavad-Gita als Karma bezeichnet werden.[8] Die gesamte Schöpfung ist Gottes Karma, Gottes Tätigkeit des Hervorbringens – der Ausdruck Seines

»Dein Wille geschehe«: Der Weg des Karma-Yoga bringt Gott durch Tätigkeit zum Ausdruck

[8] »Das Om (der *Visarga*, die zwei Punkte ›:‹, welche die Dualität der Kosmischen Schwingung repräsentieren), das die Geburt, die Erhaltung und die Auflösung der Lebewesen und ihrer verschiedenen Charaktere verursacht, wird Karma (kosmische Tätigkeit) genannt.« (*Gott spricht mit Arjuna – Die Bhagavad-Gita* VIII, 3).

Aus Paramahansas Kommentar zu diesem Vers: »Die kosmische Schwingung (Om) mit ihrem Gesetz der Dualität und Relativität geht vom Geist aus und verursacht durch das Gesetz des Karmas das Hervorbringen, Erhalten und Auflösen aller Materie und aller Lebewesen. Jede Tätigkeit des Menschen und der Natur unterliegt diesem Gesetz des Handelns. …

Unter Karma versteht man jede kosmische göttliche und das Materielle betreffende Tätigkeit sowie die spirituellen und weltlichen Handlungen der Menschen. … Das Om, die kosmische intelligente Schwingung, ist die erste Manifestation Gottes in der Schöpfung. Daher wird jede kosmische Tätigkeit, die von dem intelligenten, kosmischen Vibrierenden Wesen – dem Om – ausgeht, als Höchstes Kosmisches Karma bezeichnet. Der Mensch ist eine Miniatur, eine mikrokosmische Manifestation des makrokosmischen

Willens. Allen Handlungen geht immer der Wille voraus, und sie werden von ihm getragen. Die Naturwissenschaft erklärt, dass alle Dinge im Universum unterschiedliche Manifestationen reiner Energie sind; der Yogi, ein spiritueller Wissenschaftler, nimmt zudem auch die feinstofflichere, zugrunde liegende Energie des *Prana,* der Lebenskraft, wahr. Aber was ist Energie? Was ist *Prana*? Energie ist die grobstoffliche Manifestation des Willens, und der Wille ist die Kraft oder die verwirklichende Fähigkeit des Bewusstseins.

Obwohl die gesamte Schöpfung aus Gottes heiliger Schwingung entstand, hat die rebellische Satanische Täuschung die materielle Ausdrucksform Gottes, Sein »Reich«, an sich gerissen – unterstützt von den sündhaften Handlungen der Massen; die Massen wurden in das Dunkel der Unwissenheit gehüllt, welche für das Licht der Gegenwart Gottes undurchdringlich ist. Deshalb bedeuten die Worte *»Dein Wille geschehe auf Erden wie im Himmel«*: Lass in den materiellen Schwingungen der Erde die ursprüngliche Vollkommenheit der Heiligen Schöpferischen Schwingung offenbar werden, die auf Geheiß Deines göttlichen Willens aus Deiner makellosen Transzendenz hervorging.

»Unser tägliches Brot gib uns heute«: *»Brot«* bedeutet kosmische Energie, die alles erhaltende kosmische Schwingung des Om.[9] Dies ist wiederum ein Hinweis auf Karma, die kosmische Tätigkeit, mit der Gott alles Leben erhält.

»Und vergib uns unsere Schuld (unsere Sünden)*, wie auch wir vergeben unsern Schuldigern.«* In diesem Satz kommt das karmische Gesetz von Ursache und Wirkung in seiner Anwendung auf das menschliche Leben zum Ausdruck. Zuvor hatte Jesus gesagt: *»Denn so ihr den Menschen ihre Verfehlungen vergebt, so wird euch euer*

Vergebung und Erlösung: das Gebet des Bhakti-Yogis

Vibrierenden Wesens (des unsichtbaren intelligenten Heiligen Geistes, des Om oder des *Wortes*). Die geistigen, weltlichen und schlechten Betätigungen des Menschen werden menschliches Karma genannt. Gott, der sich als das kosmische Vibrierende Wesen oder Om manifestiert, ist der Unmittelbare Urheber aller kosmischen und menschlichen Tätigkeiten; und diese werden vom Gesetz des Karmas, dem Gesetz von Ursache und Wirkung, regiert. Der ganze Kosmos und alle seine Lebewesen sind diesem Gesetz unterworfen.«

[9] *»Der Mensch lebt nicht vom Brot* [materieller Erhaltung] *allein, sondern von einem jeglichen Wort* [Einheit der kosmischen Energie, die als Schwingung dem Heiligen Geist oder dem allgegenwärtigen Om entstammt], *das durch den Mund Gottes geht* [in den menschlichen Körper durch das subtile astrale Lebenszentrum in der Medulla oblongata eingeht].« (*Matthäus* 4, 4; siehe Kommentar in Diskurs 8, Band I).

himmlischer Vater auch vergeben. Wenn ihr aber den Menschen ihre Fehler nicht vergebt, so wird euch euer Vater eure Fehler auch nicht vergeben.«[10] In der Philosophie der Hindus gibt es keinen Platz für eine Erlösung, die aufgrund blinden Glaubens oder durch Zufall erfolgt; im menschlichen Leben und in der Natur beruht jedes Geschehen auf einer Ursache, entweder sich mittelbar auswirkend oder unmittelbar. Ein Wahrheitssucher, der Gott finden möchte, schafft durch Tätigkeit diejenigen Ursachen, die zu seiner seelischen Entfaltung und Vereinigung mit Gott führen: *Karma-Yoga*, der den fehlbaren Willen des Menschen mit der Allwissenheit des Heiligen Willens Gottes vereint.

So ist also im zweiten Teil des Vaterunsers die ganze Philosophie des Karma enthalten; sie umfasst sowohl den Schöpfungsvorgang als auch die Wirkungsweise des universellen Gesetzes von Ursache und Wirkung.

»Und führe uns nicht in Versuchung, sondern erlöse uns von dem Bösen.« Dieser dritte Teil des Gebetes ist reine *Bhakti*, Hingabe. Für Intellektuelle besteht seit Langem die verwirrende Frage, wie und warum Gott den Menschen in die Versuchung durch das Böse führen könne.[11] Aber Anhänger des *Bhakti-Yoga*, des durch Hingabe gekennzeichneten Weges zu Gott, konzentrieren sich auf eine einfache Wahrheit: Am leichtesten wird die Endlichkeit überwunden, wenn man sich mitsamt all seinen Schwächen und Tugenden vollkommen Gott anheimgibt. Wie schnell wird doch dann alles Negative im eigenen Charakter durch die Liebe zu Gott aufgelöst! Auf ganz wunderbare Weise verwandelt und vergeistigt Liebe, wo immer sie auftaucht. Durch geduldige Entwicklung von Hingabe erlebt der *Bhakta* schließlich, dass jedes Verlangen, ganz gleich durch welches er auch versucht wird, sofort überwunden wird, wenn er es mit aufrichtiger Einstellung Gott übergibt. Durch die Berührung mit Gottes Vollkommenheit – mit der Er antwortet – kann alle Negativität, die sich in das Herz des Suchenden einschleichen will, augenblicklich überwunden werden.

Durch alles Schöne und Wünschenswerte in dieser Welt ruft der Kosmische Liebende den Menschen. Die Verlockung durch weltliche Dinge stellt Gottes Kinder vor die Wahl: Verlangen sie nach Ihm oder

---

[10] *Matthäus* 6, 14–15; siehe Diskurs 28, Band I. Siehe auch Diskurs 35, Band II, den Kommentar zu *Markus* 11, 25–26.

[11] Siehe auch Diskurs 28, Band I.

nach materieller Befriedigung? Solange jemand Gottes Spielzeuge wählt und nicht Ihn, so lange wird sich diese Seele reinkarnieren müssen, weil sie keine Erfüllung findet und in weltliche Angelegenheiten verwickelt bleibt. Doch der Gottsucher, der seinen Blick seinem göttlichen Heim zuwendet und erkennt, dass hinter allen geringeren Wünschen das Verlangen der Seele nach der Liebe Gottes liegt, ist auf dem Weg zu wahrem und beständigem Glück; er verwandelt jede Versuchung in die eine, heilige Sehnsucht nach Gott.

Daher besteht der Hauptgedanke in diesem Teil des Vaterunsers nicht darin, dass Gott uns in Versuchung führt, sondern dass man sie durch den Willen zur Hingabe in eine Quelle spiritueller Erleuchtung verwandeln kann, indem man diese Anfechtung der größeren Macht Gottes übergibt. Dieser Yoga der absoluten Ergebung – der bedingungslosen Hingabe und göttlichen Liebe, *Bhakti* – wird angesprochen in der demütigen Bitte: »*Und führe uns nicht in Versuchung, sondern erlöse uns von dem Bösen.*«

Von daher sind *Jnana, Karma* und *Bhakti* – die dem Prozess (1) des Denkens, (2) des Wollens und (3) des Fühlens entsprechen – die Grundlage für die ersten drei Abschnitte des Vaterunsers, weshalb dieses Gebet die höchste Philosophie des menschlichen Lebens zum Ausdruck bringt. Was ist letztlich der Sinn des Lebens? Einssein mit Gott zu finden, indem man das menschliche Denken, den Intellekt, durch das Weisheitsbewusstsein Gottes läutert; indem man den menschlichen Willen zu einem Instrument des göttlichen Willens werden lässt; und indem man die eigene menschliche Liebe mit Gottes universeller Liebe vereinigt. Denken, Wollen und Fühlen sind Fähigkeiten der Seele; durch Gebet werden sie vergeistigt. Das Gebet erhebt die Seele, das gesamte Sein des Menschen, zu Gott. Das Vaterunser als Ganzes ist auf die Vergeistigung aller Lebensbereiche ausgerichtet.

Zusammenfassend schließt Jesus dann mit einer verehrungsvollen Lobpreisung: »*Denn dein ist das Reich und die Kraft und die Herrlichkeit in Ewigkeit.*«

»Das Reich, die Kraft und die Herrlichkeit«: die universelle Erfahrung der Gotteserkenntnis

»*Das Reich*« steht für das alles umfassende, transzendent-immanente Kosmische Bewusstsein Gottvaters, die Unendliche Intelligenz, die einzige Wirklichkeit alles Erschaffenen. »*Die Kraft*« ist die Allmacht von Gottes Willen. Und wie kann die große »*Herrlichkeit*« Gottes etwas anderes sein als Seine Liebe? So finden wir hier also Gottes reine Intelligenz, Gottes reinen Willen und Gottes reine Liebe – das Reich, die Kraft und die Herrlichkeit, alle Gott zugehörig. Der menschliche Verstand kann Gott nicht als den Namenlosen Absoluten erfassen; aber als Vorstellung eines dreifältigen Wesens, das aus Bewusstsein, Dasein und göttlicher Liebe oder Glückseligkeit besteht, wird Er begreifbar.

1. Bewusstsein: alles durchdringende Allwissenheit;
2. Dasein: kosmischer Wille, der sich im Erschaffen des Lebens und aller Manifestationen ausdrückt;
3. Glückseligkeit (göttliche Liebe): Vervollkommnete Liebe ist Glückseligkeit. Glückseligkeit, Liebe und Schönheit – diese Begriffe sind sinnverwandt und ergänzen einander. Schönheit ist die harmonische Offenbarung der Liebe; vollkommene Liebe ist Glückseligkeit.

Wie Jesus auf das Reich, die Kraft und die Herrlichkeit Gottes hinwies, so riefen die indischen *Rishis* Gott als Wahrheit, als das Gute und als Schönheit an.[12] Das Bewusstsein Gottes ist Wahrheit, die höchste Wirklichkeit und Substanz von allem. Gottes Dasein als Manifestation und Leben ist das Gute; Gottes Glückseligkeit oder Liebe ist Schönheit. Gott ist Bewusstsein, Dasein, Glückseligkeit; Wahrheit, das Gute und Schönheit; Gott ist Intelligenz, der Göttliche Baumeister der Universen; Gott ist Leben, das Mysterium der Vielen in dem Einen; Gott ist Liebe, Schönheit, Glückseligkeit.

So wird mit dem Höhepunkt des Gebetes durch die Worte *»das Reich, die Kraft und die Herrlichkeit in Ewigkeit«* die wahre Bedeutung offenbar, dass es sich bei dem Gotteserleben, das Jesus, Krishna und den erleuchteten Propheten aller Religionen zuteilgeworden ist, um dieselbe universelle Erfahrung handelt.

~

Und es begab sich, als er so redete, da erhob eine Frau aus der Menge die Stimme und sprach zu ihm: Selig ist der Schoß, der dich getragen und die Brust, die dich genährt hat.

---

[12] *Satyam, Shivam, Sundaram*: ein allgemein bekanntes Sanskrit-*Mantra* (Chant), um Gott anzurufen und Ihn in tiefer, hingebungsvoller Meditation auf eine Ihm gemäße Weise wahrzunehmen.

Er aber sprach: Ja, doch selig sind vielmehr jene, die das Wort Gottes hören und es bewahren. (*Lukas* 11, 27–28)

»Gesegnet sind jene wahren Jünger, die in der Meditation die göttlichen Offenbarungen des Kosmischen Lautes, des allwissenden Wortes Gottes vernehmen – und die stets mit diesem Laut in Einklang zu bleiben wissen –, denn durch seine Führung wird ihr menschliches Leben in das göttliche Leben verwandelt.«[13]

In der Meditation über Om, den kosmischen Laut, wird das Wort Gottes vernommen

Als Jesus sich darüber äußerte, dass man das Wort Gottes hören kann, bezog er sich nicht nur auf die göttlichen Wahrheiten, die er der Welt mitteilte, sondern auch darauf, wie Gott, im Hier und Jetzt, persönlich mit jedem Seiner Verehrer spricht – genauso wie Er es mit den Propheten in alter Zeit tat. Jesus lehrte seine verständigen Jünger, wie sie sich an Gott wenden konnten – durch die Verbundenheit mit dem Wort, dem Heiligen Geist – mit dem Kosmischen Laut Om, der von Patanjali, dem großen Weisen und Yoga-Interpreten Indiens, als Zeichen oder Ausdruck Gottes beschrieben wird. Im Laufe der Jahrhunderte jedoch ist dieses Wissen, wie es Jesus vermittelte, aus dem christlichen Leben verschwunden, weil heilige Techniken geheimgehalten und so geschützt wurden. Die Self-Realization Fellowship erweckt dieses verborgene Wissen zu neuem Leben und lehrt erstmals in der westlichen Welt die besonderen Techniken, mit denen man sich mithilfe des Heiligen Geistes auf Gott einstellen kann.

Jeder Gottsucher, der sich entweder durch die schiere Intensität seiner Hingabe oder durch das Üben einer Yoga-Technik in inneres Schweigen versenkt, nimmt – wenn der Geist ruhig und die Konzentration tief ist – die tröstende Gegenwart der Om-Schwingung, des Kosmischen Lautes, wahr.[14] Die der Om-Schwingung innewohnende

[13] »Wenn du den Namenlosen hören wolltest
Und eintauchst in den Höhlentempel deines Selbst,
So könntest du, anbetend vor dem inneren Altar,
Vielleicht vernehmen, dass der Namenlose eine Stimme hat,
Und möchtest treu ihr sein,
Sofern du klug und weise bist.«
Aus: Tennyson, *The Ancient Sage (Der alte Weise)*

[14] »Ein schöner Abend, Frieden um mich her.
Anbetend still verharrt, in klösterlichem Schweigen, die heil'ge Zeit,
Kein Lufthauch ist zu spüren weit und breit,

Intelligenz Gottes gewährt dem Gottsucher, wenn er intuitiv fühlt, hört oder schaut, göttliche Führung oder Inspiration. Das Om ist die Mutter aller Klänge im Universum, einschließlich aller menschlichen Sprachen und jeglicher Strahlung im Kosmos. Voraussetzung für jedwede Manifestation ist die in allem gegenwärtige Kosmische Schwingung. Während der Gottsucher meditiert, kann das Om die Antwort oder die Wünsche des Göttlichen in den Worten jeder gebräuchlichen Sprache in hörbarer Form vermitteln, oder sie in leuchtenden Buchstaben dem inneren Blick des Gottsuchers offenbaren. Die ätherischen Laute oder Buchstaben können für einen einzelnen Gottsucher oder auch für eine Gruppe von Gottsuchern – je nach Wunsch des Göttlichen – hörbar oder sichtbar werden.

Als daher eine Frau, die in Gegenwart Jesu geistig erhoben wurde, seine Mutter pries, dass sie der Welt solch göttlichen Sohn geschenkt habe, nutzte Jesus die Gelegenheit zu betonen, wie wichtig es sei – wichtiger als alle menschlichen Errungenschaften –, Gott durch Sein Heiliges Wort zu erfahren. »Besser, als göttliche Kinder auf der physischen Ebene zu gebären, ist es, zu wissen, wie man persönlich den Segen und die Gegenwart Gottes empfangen kann: indem man den Kosmischen Laut vernimmt und mit ihm in Einklang bleibt.« Jesus machte deutlich, dass es nicht genügt, das Wort Gottes einmal oder zweimal zu hören, sondern dass man es auch *»bewahren«* muss – das heißt, sein Bewusstsein durch regelmäßige Verbundenheit mit Gott in der Meditation ständig auf die Führung und den Segen des Om einzustellen und sein Leben nach dessen intuitiven Anweisungen, die man innerlich erhält, zu disziplinieren.

Die zehn bedeutsamen Offenbarungen Gottes

Unwissenschaftliches Gebet und mechanisch durchgeführte religiöse Riten verunsichern viele Gottsucher und lassen sie in Ungewissheit darüber, wie Gott ihnen – wenn überhaupt – antwortet. Es gibt zehn bedeutsame Offenbarungen Gottes, an denen ein Suchender erkennen kann, dass Gott sich ihm kundgetan hat. An erster Stelle steht die Ausdrucksform des Om oder des Heiligen

---

Rot glühend taucht die Sonne in das Meer.
Des Himmels Güte senkt sich milde dort.
Doch horch! Das mächt'ge Wesen ist erwacht
Und lässt mit seiner ew'gen Himmelsmacht
Ein fernes Donnern hören – immerfort.«
William Wordsworth

Geistes, der Kosmischen Schwingung. Diese wiederum manifestiert sich als Kosmischer Laut und Kosmisches Licht. Als weitere folgen: Kosmische Intelligenz, Kosmische Weisheit, Kosmische Hingabe, Kosmische Liebe, Kosmischer Frieden, Kosmische Stille, Kosmische Glückseligkeit.

Jeder Gottsucher, der in der Meditation nicht nur Lichtschimmer, sondern das strahlende, sich überall ausbreitende Kosmische Licht erschaut – oder das leuchtende dreifarbige geistige Auge, das die Kosmische Schwingung, das Christusbewusstsein und das Kosmische Bewusstsein versinnbildlicht –, hat sich ganz sicher mit Gott verbunden. Das Kosmische Licht kann auch einen persönlichen Aspekt der Gottheit annehmen; oder aus diesem Licht heraus können sich große Seelen – wie Jesus, Krishna, Buddha, die großen Meister und Heiligen, die Gott kennen – einem Gottsucher offenbaren, der sich ganz mit ihnen im Einklang befindet.

Wer sich mit Gott als der Kosmischen Intelligenz in Verbindung setzt, kennt die Unendlichkeit des Christusbewusstseins und nimmt das Wirken der göttlichen Gesetze von Ordnung und Harmonie wahr, welche die ganze Schöpfung regieren. Beim Erleben der Kosmischen Weisheit, der offenbarten Intelligenz oder Wahrheit, kann sich der Suchende das Studium von Büchern ersparen – er empfängt alles Wissen unmittelbar durch die Wahrnehmungskraft seiner seelischen Intuition.

Wenn sich Gott als Kosmische Hingabe kundtut, ist der Meditierende in innigster Sehnsucht nach Gott und in die ehrfürchtige Anbetung des Herrn versunken, wobei er Ihn als göttlichen Vater, göttliche Mutter, göttlichen Freund oder als eine andere ideale Vorstellung verehrt. Offenbart sich Gott als Kosmische Liebe, werden Er und Sein Verehrer eins in nicht endenden Schauern freudvoller Ekstase – eins in einer Liebe, die derjenigen von Millionen menschlicher Herzen gleichkommt: Das Herz des Gottsuchers weitet sich, damit es die unendliche Liebe in sich aufnimmt, welche die gesamte Schöpfung vereint.

Jeder Gottsucher, der Gott als Kosmischen Frieden erfährt (dies geschieht gewöhnlich beim ersten Kontakt mit dem Om, dem Tröster) oder als Kosmische Stille (*»Seid stille und wisst, dass ich Gott bin«*) oder als berauschende ewig neue Kosmische Glückseligkeit – oder als irgendeine der zehn göttlichen Ausdrucksformen, entweder einzeln oder zusammen mit anderen –, kann sicher sein, dass er mit Gott verbunden ist.

Das getreuliche Üben der Meditationstechniken, um die

Verbundenheit mit dem OM herzustellen, öffnet die Tore zu nicht enden wollenden Erfahrungen des Gottesbewusstseins. Die Verbindung mit dem OM ist die beste Methode, eine persönliche Ausdrucksform Gottes (irgendeine besondere Manifestation des Unmanifestierten Absoluten) anzubeten. Wenn man seine Verehrung auf eine Darstellung oder ein mentales Bild Gottes als eine Gestalt richtet, begrenzt man den Unbegrenzbaren – es sei denn, der Gottsucher verbindet sich zusätzlich mit dem OM, mit der Schwingungsmanifestation, aus der alle »Formen« der Göttlichen Gegenwart hervorgehen. Durch fortgesetztes Meditieren über das Kosmische OM erweitert man sein Bewusstsein in dieser alles durchdringenden Schwingung. Dadurch kommt der Gottsucher in Einklang mit der darin widergespiegelten Allwissenheit und Allgegenwart Gottes, sodass ihm der Unendliche in Seinen kosmischen Formen und Aspekten offenbart wird und er den GEIST als *Sat-Chit-Ananda* erkennt: als ewig bestehende, ewig bewusste, ewig neue Glückseligkeit.

Diejenigen, die ihr Bewusstsein mit dem OM erfüllen, werden von der Freude berauscht, die man in dem Kosmischen Laut fühlt – so wie die Jünger Jesu, nachdem sie am Pfingsttag den Heiligen Geist empfangen hatten.[15]

[15] *Apostelgeschichte* 2, 1–21 (siehe Diskurs 70, Band III).

DISKURS 55

Jesus verurteilt Heuchelei und die eigennützige Auslegung von Religion und Gesetz

Religiöse Bräuche ohne innere Läuterung einzuhalten ist Heuchelei

❖

»*Wehe euch*«, die ihr durch prahlerische Zurschaustellung oberflächlicher Spiritualität Anerkennung zu finden sucht

❖

Wer darf zu Recht den Ehrentitel »Rabbi« oder »Meister« tragen?

❖

Wie die sich anhäufenden Auswirkungen guter und schlechter Handlungen das Schicksal von Nationen beeinflussen

❖

»*Wehe euch*«, die ihr den Altar des Körpers und den Tempel der Seele durch Böses entweiht

»Jeder, der die Religion für geschäftliche Zwecke nutzt und ›Heiligkeit‹ dazu, Güter für sich selbst zu erwerben, und Gott dazu, materiellen Gewinn zu erzielen, lädt verhängnisvolles schlechtes Karma auf sich. ... Wer wahre Größe besitzt, sich jedoch in natürliche Demut kleidet, wird vor anderen und durch Gottes Anerkennung erhöht.«

Und während er noch redete, bat ihn ein Pharisäer, mit ihm zu Mittag zu essen; und er ging hinein und setzte sich zu Tisch. Als der Pharisäer das sah, wunderte er sich, dass Jesus sich nicht vor dem Essen gewaschen hatte.

Der Herr aber sprach zu ihm: Ihr Pharisäer haltet zwar die Becher und Schüsseln außen sauber, aber euer Inneres ist voller Raub und Bosheit. Ihr Narren, hat nicht der, der das Äußere schuf, auch das Innere geschaffen? Gebt vielmehr Almosen von dem, was darinnen ist, und siehe, dann ist für euch alles rein.

Aber wehe euch Pharisäern! Ihr gebt den Zehnten von Minze und Raute und allerlei Gemüsesorten, doch am Recht und an der Liebe Gottes geht ihr vorbei: Diese Dinge hättet ihr tun und jene nicht unterlassen sollen.

Wehe euch Pharisäern! In den Synagogen wollt ihr die vordersten Sitze haben und auf dem Markt von allen gegrüßt werden.

Wehe euch, Schriftgelehrte und Pharisäer, ihr Heuchler! Ihr seid wie unkenntlich gewordene Gräber; die Menschen gehen darüber und wissen es nicht.

Da antwortete einer der Gesetzeslehrer und sprach zu ihm: Meister, mit diesen Worten schmähst du auch uns.

Er aber sprach: Wehe auch euch Gesetzeslehrern! Ihr ladet den Menschen unerträgliche Lasten auf, und ihr selbst rührt diese Lasten mit keinem Finger an.

Wehe euch! Denn ihr baut Grabmäler für die Propheten, die von euren Vätern umgebracht wurden. So bezeugt und billigt ihr die Werke eurer Väter; denn sie haben die Propheten getötet und ihr baut ihnen Grabmäler. Darum hat auch die Weisheit Gottes gesagt: Ich will Propheten und Apostel zu ihnen senden, und einige von ihnen werden sie töten und andere verfolgen; damit das Blut aller Propheten, das seit der Erschaffung der Welt vergossen worden ist, von diesem Geschlecht gefordert werde; vom Blut Abels bis zum Blut des Zacharias, der zwischen Altar und Tempel umkam. Ja, ich sage euch: Es wird gefordert werden von diesem Geschlecht.

Wehe euch Gesetzeslehrern! Ihr habt den Schlüssel zur

Erkenntnis weggenommen. Ihr selbst seid nicht hineingegangen und die, welche hineingehen wollten, habt ihr daran gehindert.

Lukas 11, 37–52

Wehe euch, Schriftgelehrte und Pharisäer, ihr Heuchler! Ihr durchzieht Land und Meer, um einen einzigen Glaubensgenossen zu gewinnen; und wenn es euch gelungen ist, macht ihr aus ihm ein Kind der Hölle, doppelt so schlimm wie ihr es seid!

Wehe euch, ihr blinden Führer, die ihr sagt: Wenn einer beim Tempel schwört, so gilt es nicht; wer aber beim Gold des Tempels schwört, der ist gebunden. Ihr Narren und Blinden! Was ist denn größer: das Gold oder der Tempel, der das Gold heiligt? Und: Wenn einer beim Altar schwört, so gilt es nicht; wer aber bei dem Opfer schwört, das darauf liegt, der ist gebunden. Ihr Narren und Blinden! Was ist denn größer: das Opfer oder der Altar, der das Opfer heiligt? Wer also beim Altar schwört, der schwört bei ihm und bei allem, was darauf liegt. Und wer beim Tempel schwört, der schwört bei ihm und bei dem, der darin wohnt. Und wer beim Himmel schwört, der schwört bei dem Thron Gottes und bei dem, der darauf sitzt.

Matthäus 23, 15–22

Und als er dies zu ihnen sagte, fingen die Schriftgelehrten und Pharisäer an, heftig auf ihn einzudringen und ihm mit mancherlei Fragen zuzusetzen, und sie belauerten ihn und versuchten, ihn zu einer unbedachten Äußerung zu verleiten, damit sie ihn verklagen könnten.

Inzwischen hatten sich Tausende von Menschen versammelt, so viele, dass sie einander auf die Füße traten. Da fing er an zuerst zu seinen Jüngern zu sprechen: Hütet euch vor dem Sauerteig der Pharisäer, das heißt vor der Heuchelei. Es ist aber nichts verhüllt, das nicht offenbar wird, und es ist nichts verborgen, das nicht bekannt wird. Darum: Was ihr im Dunkeln sagt, das wird man im Licht hören, und was ihr hinter verschlossenen Türen ins Ohr flüstert, das wird man auf den Dächern verkünden.

Lukas 11, 53 – 12, 3

DISKURS 55

Jesus verurteilt Heuchelei und die eigennützige Auslegung von Religion und Gesetz

Und während er noch redete, bat ihn ein Pharisäer, mit ihm zu Mittag zu essen; und er ging hinein und setzte sich zu Tisch. Als der Pharisäer das sah, wunderte er sich, dass Jesus sich nicht vor dem Essen gewaschen hatte.

Der Herr aber sprach zu ihm: Ihr Pharisäer haltet zwar die Becher und Schüsseln außen sauber, aber euer Inneres ist voller Raub und Bosheit. Ihr Narren, hat nicht der, der das Äußere schuf, auch das Innere geschaffen? Gebt vielmehr Almosen von dem, was darinnen ist, und siehe, dann ist für euch alles rein.

Aber wehe euch Pharisäern! Ihr gebt den Zehnten von Minze und Raute und allerlei Gemüsesorten, doch am Recht und an der Liebe Gottes geht ihr vorbei: Diese Dinge hättet ihr tun und jene nicht unterlassen sollen. (*Lukas* 11, 37–42)

Parallelstelle:

Wehe euch, Schriftgelehrte und Pharisäer, ihr Heuchler! Ihr gebt den Zehnten von Minze, Dill und Kümmel und lasst aber die wichtigeren Forderungen des Gesetzes außer Acht, nämlich die nach Gerechtigkeit, Barmherzigkeit und Glauben! Diese Dinge hättet ihr tun und jene nicht unterlassen sollen. Ihr blinden Führer, die ihr Mücken aussiebt und Kamele verschluckt!

Wehe euch, ihr Schriftgelehrten und Pharisäer, ihr Heuchler! Ihr reinigt eure Becher und Schüsseln von außen, innen aber sind sie voller Raub und Maßlosigkeit! Du blinder Pharisäer, reinige zuerst das Innere des Bechers und der Schüssel, damit auch das Äußere rein werde! (Matthäus 23, 23–26)

Religiöse Bräuche ohne innere Läuterung einzuhalten ist Heuchelei

»O ihr Heuchler, ihr achtet sorgfältig darauf, im alltäglichen Leben die äußerliche Reinlichkeit eures Körpers zur Schau zu stellen, aber deren Inhalt, euer Innenleben, ist durch ›*Raub und Bosheit*‹ und schlechte Gedanken beschmutzt. Erkennt ihr in eurer Torheit nicht, dass Gott beides geschaffen hat, sowohl die äußeren Werkzeuge eures Körpers als auch dessen innere mentale und spirituelle Fähigkeiten? Ihr solltet euer äußerliches Leben durch gute Handlungen und euer Innenleben durch gute Gedanken und Meditation läutern. Durch innere und äußere Disziplin sollten euer Körper, euer Geist und das Abbild Gottes in eurer Seele gleichermaßen geheiligt werden.[1]

Ihr solltet euch nicht *so* sehr auf die Vorschriften zu eurer äußerlichen Reinhaltung konzentrieren, dass ihr darüber die weitaus wichtigere Läuterung eures Innenlebens vernachlässigt – die von Habgier, von ›*Raub und Maßlosigkeit*‹; stattdessen solltet ihr ein Almosenspender sein, der anderen die Gaben seiner edlen spirituellen Eigenschaften, die in ihm brachliegen, schenkt – ›*von dem, was darinnen ist*‹.« Indem ihr durch Weisheit und Meditation die euch innewohnenden, von Gott erschaffenen göttlichen Eigenschaften bei euren Mitmenschen zum Ausdruck bringt und sie daran teilhaben lasst, werdet ihr selbst rein und helft auch anderen, rein zu werden. Wenn das Bewusstsein geläutert ist, ›*siehe, dann ist für euch alles rein*‹ – ihr erlebt, dass der gesamte Kosmos von Reinheit erfüllt ist, durchdrungen von der makellosen Gegenwart Gottes.

Aber ihr Heuchler, die ihr blind vor Unwissenheit seid, eure Übeltaten werden euch viel Leid bringen. Um bewundernswert zu erscheinen, zahlt ihr zwar symbolisch den ›Zehnten‹, lasst aber ›*die*

---

[1] Siehe Diskurs 44, Seite 344 (Band II), Fußnote 5 über das aufwändige, rituelle Händewaschen bei den Pharisäern.

wichtigeren Forderungen des Gesetzes außer Acht, nämlich die nach Gerechtigkeit, Barmherzigkeit und Glauben‹. Ihr solltet nicht das karmische Gesetz von Ursache und Wirkung vergessen, das ein göttliches Urteil über die Handlungen aller Menschen fällt; auch solltet ihr in der göttlichen Verbundenheit der Meditation nicht die Liebe zu Gott vernachlässigen und es ebenso wenig versäumen, euren Glauben an die erlösende Kraft Seiner Gnade zu entwickeln – ›*Diese Dinge hättet ihr tun und jene nicht unterlassen sollen.*‹. Durch euer Amt seid ihr dazu verpflichtet, auf diese Weise euer eigenes Leben zu läutern und das Volk durch euer Beispiel zu lehren, wie wichtig sowohl die innere als auch die äußere Reinheit ist.«

Jesus stellte fest, dass sich geistige Unwissenheit bei all denen zeigt, die großen Wert auf die feierliche Einhaltung der äußerlichen Rituale religiöser Bräuche legen, es aber unterlassen, der weitaus wichtigeren Verpflichtung zu innerer Disziplin nachzukommen, die zu spiritueller Weisheit führt: nämlich sich rechtschaffen zu verhalten und damit die auf Ursache und Wirkung beruhenden spirituellen Gesetze zu befolgen, göttliche Vergebung zu üben und durch intuitive Verbundenheit mit Gott in der Meditation eine unerschütterliche Glaubensgewissheit zu entwickeln. Kleriker, die durch theologische Vorschriften und Verbote eingeschränkt werden und die ihre Seele nicht geläutert haben, sind blinde Führer – sie strengen sich an, nicht die kleine »*Mücke*«, den Verstoß gegen religiöse Rituale, zu verschlucken, verschlingen aber in ihrer Unwissenheit unbewusst das große «*Kamel*«: den Verstoß gegen spirituelle Gesetze! Es schien, dass sie sich mehr vor den übertrieben dargestellten Folgen einer Vernachlässigung religiöser Gebräuche fürchteten als vor dem tatsächlich schweren Leiden einer akuten Verdauungsstörung der Unwissenheit, die durch mangelnde innere Läuterung hervorgerufen wird.

~

Wehe euch Pharisäern! In den Synagogen wollt ihr die vordersten Sitze haben und auf dem Markt von allen gegrüßt werden. (*Lukas* 11, 43)

Parallelstellen:

Und er lehrte sie und sprach: Hütet euch vor den Schriftgelehrten, die gern in langen Gewändern einhergehen und sich auf dem Markt grüßen lassen und gern die vordersten Plätze in den Synagogen haben und die Ehrenplätze bei Festessen; sie verschlingen die Häuser der Witwen und verrichten zum Schein lange Gebete. Deshalb erwartet sie ein besonders hartes Urteil. (*Markus* 12, 38–40)[2]

~

Alle ihre Werke aber tun sie, um von den Leuten gesehen zu werden. Sie machen ihre Gebetsriemen breit und die Quasten an ihren Gewändern lang. Sie lieben den Ehrenplatz bei Festessen und die vordersten Sitze in den Synagogen und haben es gern, wenn sie auf dem Markt gegrüßt und von den Leuten Rabbi genannt werden.

Ihr aber sollt euch nicht Rabbi nennen lassen, denn nur einer ist euer Meister, Christus; ihr aber seid alle Brüder. Und ihr sollt niemand auf Erden euren Vater nennen, denn nur einer ist euer Vater, der Vater im Himmel. Und ihr sollt euch auch nicht Meister nennen lassen; denn nur einer ist euer Meister, Christus.

Der Größte unter euch soll euer Diener sein. Denn wer sich selbst erhöht, wird erniedrigt; und wer sich selbst erniedrigt, wird erhöht werden. ...[3]

Wehe euch, Schriftgelehrte und Pharisäer, ihr Heuchler! Ihr verschlingt die Häuser der Witwen und verrichtet zum Schein lange Gebete! Deshalb erwartet euch ein besonders hartes Urteil. (*Matthäus* 23, 5–12. 14)

~

»O ihr Heuchler, durch euer Bedürfnis nach menschlicher Anerkennung werdet ihr Elend auf euch ziehen, denn ihr seid euch nicht bewusst, wie ihr in den Augen Gottes dasteht. Das Verlangen nach menschlichem Lob verleitet euch dazu, in eurem äußeren Leben eine aufgesetzte Disziplin zur Schau zu stellen, während ihr

[2] Vgl. Parallelstelle in *Lukas* 20, 45–47.

[3] Jesus wiederholt diese Ermahnung in anderem Zusammenhang in *Lukas* 14, 11 (siehe Diskurs 58, Band III) und *Lukas* 18, 14 (siehe Diskurs 61, Band III).

scheinheilig euer Versäumnis verbergt, der Vergeistigung eures inneren Lebens Beachtung zu schenken. Wehe euch, die ihr vergesst, euch um die Freude eines verdienten ewigen Lebens zu bemühen, und euch stattdessen mit einer zeitlich begrenzten, selbstgefälligen Rolle zufriedengebt.

»Wehe euch«, die ihr durch prahlerische Zurschaustellung oberflächlicher Spiritualität Anerkennung zu finden sucht

In eurer Unwissenheit begehrt ihr die vordersten Sitze in der Synagoge und die Ehrenplätze bei Festessen; ihr kleidet euch in prunkvolle Gewänder und hebt auf diese Weise eure Stellung hervor, um von den Menschen auf den Marktplätzen, die euch in eurer Eitelkeit bestärken, ehrerbietig gegrüßt zu werden.«

Jesus verabscheute Heuchelei, da sie sich verheerend auf das geistige Leben auswirkt. Aus Hunger nach menschlichem Lob sollten sich Diener Gottes nicht dazu verleiten lassen, Frömmigkeit vorzutäuschen, um dann gierig nach Schmeicheleien und dem Beifall geistig blinder Gottsucher Ausschau zu halten. Als Beispiel führte Jesus den schäbigen Betrug der *»Schriftgelehrten und Pharisäer«* an, die eindrucksvoll erscheinen wollten, »indem sie ihre Gebetsriemen breit machen« – das bedeutet, große religiöse Schriftrollen als Amulette mit sich zu führen – und prachtvolle Gewänder mit breiten Borten trugen und stets die augenfälligsten und begehrtesten Ehrenplätze für sich reservierten. Jesus forderte seine Anhänger auf, sich vor Personen zu hüten, deren Unaufrichtigkeit Gott missfällt – Ihm, der die Herzen aller kennt. Jesus erkannte die Heuchler seiner Zeit als Menschen, die ihr scheinheiliges Auftreten dazu benutzten, sich Geld und Eigentum von Witwen und anderen gutgläubigen, schutzlosen Personen anzueignen. Sie gaben vor, Gott ergeben zu sein, indem sie lange Gebete sprachen, welche die Aufmerksamkeit der Menschen erregen, aber bei Gott überhaupt keine Beachtung finden. Nach dem Gesetz von Ursache und Wirkung kann solchen heuchlerischen, vordergründig fromm erscheinenden Personen nur ein einziges Schicksal bevorstehen: *»ein besonders hartes Urteil«*. Das bedeutet, sie werden in noch größere selbst verursachte Täuschung versinken; aufgrund ihrer Heuchelei und des mutwilligen Missbrauchs ihrer geistigen Machtstellung werden sie in karmischer Konsequenz dazu verurteilt, fernab von Gott zu sein.

Scheinheiliges Verhalten von Priestern, Predigern und geistigen Lehrern ist überall auf der Welt und zu allen Zeiten zu finden. Die Skrupellosen unter ihnen nutzen jede Form der Predigt und des Gebets, um ihre Gemeinden durch übertriebenen, zur Schau gestellten

Jesus mit Maria und Martha

Martha, Martha, du bist besorgt und beunruhigt über so viele Dinge, aber nur eins ist notwendig: Maria hat den guten Teil gewählt, der ihr nicht genommen werden soll.

Lukas 10, 41–42

Inspiriert durch meine weisen Worte hat Maria den guten Entschluss gefasst, ihre Gedanken und ihre Liebe allein Gott zu schenken. Daher soll ihr das Verlangen, durch das sich ihr Geist völlig von den anderen gegenwärtigen Aufgaben zurückgezogen hat, »nicht genommen werden«. ...

Jesus lobt den von Maria gewählten »guten Teil«, sich allein Gott zu widmen; aber er äußert sich auch anerkennend über das Pflichtbewusstsein Marthas – doch mit der Ermahnung: »Nur eins ist notwendig« – sie solle bei der Erfüllung ihrer Pflichten an Gott denken und Ihn lieben. ... Dies entspricht der Lehre des Yoga: Trotz weltlicher Pflichten sollte der Geist bei Gott weilen. ... Ganz gleich, ob jemand ein häusliches Leben in der Welt führt oder als Entsagender in einer Einsiedelei lebt, jeder Gottsucher sollte – je nachdem, wie es gerade erforderlich ist – sowohl das Wesen Marthas als auch das Marias zum Ausdruck bringen können.

Paramahansa Yogananda

Gemälde von Heinrich Hofmann

religiösen Eifer von ihrer Heiligkeit zu überzeugen – und um auf diese Weise populär und bewundert zu werden sowie großzügige finanzielle Spenden zu erhalten. Jeder, der die Religion für geschäftliche Zwecke nutzt und »Heiligkeit« dazu, Güter für sich selbst zu erwerben, und Gott dazu, materiellen Gewinn zu erzielen, lädt verhängnisvolles schlechtes Karma auf sich. Mit Wort und Tat lästern solche Personen Gott und Seine Gesetze, wodurch sie noch größere Täuschung und das harte Urteil schweren Leides auf sich ziehen.

In den Versen des Matthäus-Evangeliums richtete Jesus mahnende Worte an seine Jünger, warum man nicht nach Ehrentiteln verlangen soll, um dem eigenen Ego mehr Ansehen zu verleihen. Einen ehrenvollen Titel anzunehmen, schließt auch ein, eine große Verantwortung auf sich zu nehmen. Jesus erinnerte seine Jünger an die Bürde, die mit Ehrentiteln wie »Rabbi« und »Meister« verbunden ist, *»denn nur einer ist euer Meister, Christus«*: Es gibt nur einen Meister der gesamten Schöpfung und aller erschaffenen Dinge, den allgegenwärtigen Gott, dessen universelle Widerspiegelung das Christusbewusstsein ist. In diesem Unendlichen Christusbewusstsein sind alle Menschen Brüder. Und da wir alle Gottes Kinder sind, *»sollt ihr niemand auf Erden euren Vater nennen«*: Betrachtet nicht nur euren irdischen Vater als euren Vater, denn der eine transzendente Gott, der euch einen fürsorglichen irdischen Vater gab, ist euer wahrer ewiger Vater.

Wer darf zu Recht den Ehrentitel »Rabbi« oder »Meister« tragen?

Gott wirkt durch reine Seelen, Seine Vermittler, ganz wie Er es wünscht. Deshalb erinnerte Jesus seine Jünger daran, dass sie niemals danach verlangen sollten, »Meister« genannt zu werden oder sich selbst Meister zu nennen; denn das allem innewohnende Christusbewusstsein ist der eine göttliche Meister – eine Widerspiegelung Gottes, welcher der Höchste Guru aller Gurus ist. Aber jeder, der sich wie Jesus völlig im Einklang mit dem Christusbewusstsein befindet, ist ein wahrer Meister und befähigt, auf Gottes Geheiß hin als ein Guru zu dienen, um Jünger zur Befreiung zu führen.

In den meisten heiligen Texten ist die Terminologie ungenau. Aber die weisen Verfasser der heiligen Schriften der Hindus waren unvergleichliche Experten im sorgfältigen Gebrauch der Sanskritwörter und benutzten sie je nach ihren feinen Bedeutungsunterschieden. Um heilige Schriften zu verstehen, muss man den genauen Sinn der Wörter erfassen, und zwar nicht nur aufgrund ihres Ursprungs, sondern auch hinsichtlich der philosophischen Wahrheit, die sie vermitteln sollen.

Das Wort *Meister* bedeutet: jemand, der ein Meister ist, allerdings nicht über andere, sondern über sich selbst. Dank seiner Weisheit besitzt er vollkommene Herrschaft über seine Sinne. Wer mit der Macht seiner befehlenden Stimme und seines Willens das Handeln anderer bestimmt, ist kein Meister, sondern nur derjenige ist es, der die volle Verantwortung für seine Handlungen übernimmt und weise über sie gebietet. Letztlich ist Gott der Eigentümer und daher der Höchste Meister des Universums. Alle, die mit Ihm eins sind, sind selbst Meister und können von anderen rechtmäßig mit diesem Titel geehrt werden. Da sie im göttlichen Bewusstsein verankert sind – in der Tat und nicht nur in ihrer Einbildung –, können sie ihren göttlichen Bewusstseinszustand ebenso verkünden, wie Christus es getan hat, ohne dass sie dabei in irgendeiner Weise von Egoismus beeinflusst werden. Da ein Meister sein Ego vollkommen unterworfen hat, trachtet er weder nach einem angesehenen Titel noch prahlt er damit. Viel mehr als seine Worte bringt sein ganzes Wesen sein göttliches Bewusstsein zum Ausdruck. Wer sagt, dass er kein Meister ist, ist wahrscheinlich auch kein Meister; und jemand, der es für nötig hält, anderen zu erklären, dass er ein Meister sei, ist ebenfalls kein Meister.

Zwar erklärte Jesus, dem Wesen nach »seid ihr Götter«;[4] aber es ist spirituell anmaßend, wenn man sich als ein Gott ausgibt, bevor man seine Göttlichkeit wirklich erkannt hat und sich entsprechend verhält. Jemand, der noch nicht Herrscher über seine Stimmungen, Gefühle und sinnlichen Versuchungen ist und der sich durch die vielen Widrigkeiten des Lebens beeinträchtigen lässt und seinen inneren Frieden verliert, weil andere ihn mit einer Kleinigkeit »auf die Palme bringen« können, ist weit davon entfernt, sich als ein Gott oder Meister zu erweisen.

Ein Meister kann ein *Jivanmukta* sein, wörtlich: »ein zu Lebzeiten Befreiter«. Er hat jegliches Verlangen nach einer weltlichen Lebensweise überwunden und daher die Grundursache für weitere Wiedergeburten beseitigt. Gleichwohl können weiterhin schwache karmische Spuren aus früheren Leben vorhanden sein, die noch nicht völlig im Feuer der Weisheit verzehrt wurden. Mithilfe verschiedener Methoden (wie z. B. der *Samadhi*-Meditation) setzt der *Jivanmukta* seine

---

[4] *Johannes* 10, 34 (siehe Diskurs 52, Band II).

Spiritualität dazu ein, sich von Karma und verborgenen Wünschen aus vergangenen Leben sowie aus dem gegenwärtigen Leben zu befreien. *Jivanmuktas* sind Könige unter den Sterblichen. In ihrem göttlichen Entrücktsein können sie niemals verletzt werden, ganz gleich, was ihnen verweigert wird.

Sobald ein *Jivanmukta* völlig frei von früheren und gegenwärtigen karmischen Bindungen ist, wird er als *Siddha*, als »ein vollendetes Wesen« bezeichnet. Auf Erden können solch vollkommene Wesen christusähnliche Seelen sein (da ihr Bewusstsein mit dem universellen Christusbewusstsein vereint ist); sie können den Rang eines *Paramahansa* einnehmen und sind in der Lage, in den *Nirvikalpa-Samadhi* einzugehen, in dem sie sich gleichzeitig der Welt und Gottes bewusst sind – dabei können sie sogar ihre anspruchsvollsten Pflichten erfüllen, ohne dass ihnen irgendetwas von ihrer Gotteswahrnehmung verlorengeht (im Gegensatz zur geringeren göttlichen Erfahrung des *Savikalpa-Samadhi* mit seiner trancegleichen inneren Entrücktheit).

Jeder Meister ist mit der Aufgabe betraut, geistige Werke zu vollbringen, entweder im Lichte der Öffentlichkeit oder verborgen in aller Stille, fern von Menschenmengen. Wenn ein Meister auf Geheiß Gottes eine besondere Mission auf Erden auszuführen hat, ist er ein Messias oder ein Avatar, ein Welterlöser, dessen Leben und Botschaft sich als ein bleibendes Vermächtnis für die seelische Befreiung anderer erweist. Viele Meister, die Gotteserkenntnis besaßen, haben diese Welt gesegnet, aber nur selten war darunter ein Messias oder Avatar.

Jesus sprach also einen sehr wichtigen Punkt an, als er seine Jünger warnte, sich Meister nennen zu lassen, bevor sie im Christusbewusstsein eins mit Gott sind. Diesem mit Verantwortung verbundenen Titel gerecht zu werden, ist keine einfache Aufgabe. Anschließend erinnerte Jesus seine Jünger: »Der Größte unter euch ist derjenige, der am demütigsten ist und der anderen am meisten dient.« Darin liegt der überzeugendste Beweis der Gottverbundenheit. »Wer die Verdienste seines Ego aufbauscht, um Lob und Gunst der Menschen zu gewinnen, wird stattdessen entlarvt und Kritik und Missbilligung auf sich ziehen – und in den Augen Gottes wird er erniedrigt.« Wer wahre Größe besitzt, sich jedoch in natürliche Demut kleidet, wird vor anderen und durch die Anerkennung Gottes erhöht werden.

Wehe euch, Schriftgelehrte und Pharisäer, ihr Heuchler! Ihr seid wie unkenntlich gewordene Gräber; die Menschen gehen darüber und wissen es nicht. (*Lukas* 11, 44) [5]

Parallelstelle:

Wehe euch, ihr Schriftgelehrten und Pharisäer, ihr Heuchler! Ihr gleicht weiß getünchten Gräbern, die von außen schön aussehen, aber innen sind sie voller Totengebein und allem möglichen Unrat! So seid auch ihr: Von außen erscheint ihr den Menschen gerecht, aber im Inneren seid ihr voller Heuchelei und Gesetzlosigkeit. (Matthäus 23, 27–28)

»Durch euer heuchlerisches Verhalten, eure unechte, zur Schau gestellte Frömmigkeit, wird eure Unwissenheit zunehmen und ihr werdet dadurch viel Leid auf euch ziehen. So wie das Äußere eines Grabes schön gestaltet wird, während in seinem Inneren Fleisch und Knochen verwesen, so täuscht ihr – durch den Anschein von Heiligkeit – ein großartiges Bild der Rechtschaffenheit vor, während euer Innenleben von Verfall und entstellter Weisheit beherrscht wird. Die Leute sehen eure schöne Fassade, ohne eure innere Verunreinigung wahrzunehmen.«

Äußerliche Sauberkeit hat kaum einen Einfluss auf die innere Reinheit, aber ein Leben innerer Makellosigkeit führt unweigerlich zur Reinheit im äußeren Leben. Dem äußeren Erscheinungsbild und oberflächlichem Handeln Vorrang zu geben bedeutet, scheinheilige religiöse Verhaltensweisen zu benutzen, um schändliche, unglückliche, ungöttliche, Elend erzeugende Gewohnheiten im Inneren zu verbergen.

~

Da antwortete einer der Gesetzeslehrer und sprach zu ihm: Meister, mit diesen Worten schmähst du auch uns.

Er aber sprach: Wehe auch euch Gesetzeslehrern! Ihr ladet den Menschen unerträgliche Lasten auf, und ihr selbst rührt diese Lasten mit keinem Finger an. (*Lukas*, 11, 45–46)

---

[5] Nach jüdischem Gesetz (4. *Mose* 19, 16) galt jemand, der ein Grab berührt hatte, für sieben Tage als unrein.

Parallelstelle:

Da wandte sich Jesus an das Volk und an seine Jünger und sprach: Die Schriftgelehrten und Pharisäer sitzen auf dem Stuhl des Mose. Tut deshalb alles, was sie euch sagen und befolgt es; aber nach ihren Werken richtet euch nicht; denn sie reden zwar, handeln aber nicht danach. Denn sie binden schwere und unerträgliche Lasten zusammen und legen sie den Menschen auf die Schultern; aber sie selbst wollen diese Lasten nicht mit einem Finger anrühren. (*Matthäus* 23, 1–4)

Zur Zeit Jesu nahmen die Gesetzeslehrer, oder Schriftgelehrten, eine privilegierte Stellung in der Gesellschaft ein, weil sie in religiösen und weltlichen Angelegenheiten als Autoritäten in der Auslegung des mosaischen Gesetzes angesehen wurden. Da sie in der Doppelrolle sowohl des Theologen als auch des Gesetzeslehrers auftraten, erläuterten sie die Torah, damit sich die Bevölkerung an die Regeln und Vorschriften hielt, die für das tägliche Leben galten.

Jesus warf diesen gelehrten Experten des religiösen Rechts vor, jene Art von Lehrern zu sein, die umfangreiche Pflichten und schwere finanzielle Bürden auf die Schultern folgsamer Gottsucher luden – unter dem Vorwand, ihnen damit zu größerer Spiritualität zu verhelfen. Aber die Schriftgelehrten und Pharisäer selbst waren nicht in der Lage, die Last solch religiöser Disziplin zu tragen – sie selbst lebten nicht das, was sie predigten. Tief innerlich waren sie nicht geistig eingestellt und führten ihre religiösen Aufgaben und Zeremonien nur aus, weil dies ihnen Vorteile und Ansehen einbrachte.

Es ist kein Geheimnis, dass es früher wie heute skrupellose Rechtsanwälte gibt bzw. gegeben hat, die – aus Profitgier und um ihre Prozesse zu gewinnen – durch schlaue Argumentation und unter Ausnutzung von Gesetzeslücken die Wahrheit verschleierten und auf diese Weise Kriminelle befreit und sogar Unschuldige zum Bankrott gebracht haben oder zum Tode verurteilen ließen. Das Gesetz sollte weise angewandt werden und als ein Mittel, mit dem in einer Gesellschaft die göttliche Gerechtigkeit unterstützt wird – und nicht als ein Mittel, das eigennützigen Zwecken dient und dadurch die Wahrheit untergräbt und guten Menschen Leid bringt.

Jesus stellte fest, dass die Schriftgelehrten und Pharisäer, die nach außen hin ihre Treue zu Mose und ihren Respekt gegenüber seinen

Vorschriften beteuerten, im Tempel jetzt die Mosaische Position einnahmen, die der Autorität von Mose entsprach, vermeintlich als Wächter seiner Lehren. Daher riet Jesus seinen Jüngern, alle guten Vorschriften zu beachten, zu deren Einhaltung sie aufgefordert worden waren (gute Regeln sind gute Regeln, selbst wenn sie von unwürdigen Lehrern aufgestellt werden), jedoch nicht dem scheinheiligen Vorbild von geistigen Lehrern zu folgen, die nur vorgaben, fromme Werke zu vollbringen.

Wehe euch! Denn ihr baut Grabmäler für die Propheten, die von euren Vätern umgebracht wurden. So bezeugt und billigt ihr die Werke eurer Väter; denn sie haben die Propheten getötet und ihr baut ihnen Grabmäler. Darum hat auch die Weisheit Gottes gesagt: Ich will Propheten und Apostel zu ihnen senden, und einige von ihnen werden sie töten und andere verfolgen; damit das Blut aller Propheten, das seit der Erschaffung der Welt vergossen worden ist, von diesem Geschlecht gefordert werde; vom Blut Abels bis zum Blut des Zacharias, der zwischen Altar und Tempel umkam. Ja, ich sage euch: Es wird gefordert werden von diesem Geschlecht.[6]

[6] »Der Ausdruck ›*Weisheit Gottes*‹ ist sehr rätselhaft, denn diese Worte Jesu sind in keinem Buch des Alten Testaments zu finden. Die beste Erklärung ist wohl diejenige, die besagt, dass Jesus sich auf die Bedeutung oder die Absicht mehrerer Prophezeiungen bezieht, wie z. B. auf die in 2. *Chronik* 24, 19–22 und 36, 14–16 sowie in den *Sprüchen Salomos* 1, 20–33.« – J.W. McGarvey and Philip Pendleton, *The Fourfold Gospel* (Cincinnati: Standard Publishing, 1914).

Im Licht neuerer Forschungsergebnisse darf man in Erwägung ziehen, ob Jesus hier nicht auf einige Texte der Heiligen Schrift zurückgreift, die nicht in die Bibel aufgenommen wurden, wie sie uns überliefert wurde. In *The Dead Sea Scrolls: A New Translation* by Michael Wise, Martin Abegg, Jr., and Edward Cook (HarperSanFrancisco, 1996) stellen die Autoren fest: »Die Schriftrollen haben bewiesen, dass manche Juden zur Zeit Jesu mehr als nur eine Fassung der vielen biblischen Schriften kannten und benutzten. ... Es gab noch keinen allgemein anerkannten ›Kanon‹ der Bibel. Welche Bücher in die Bibel aufgenommen werden sollten und in welcher Form oder ›Ausgabe‹, war noch nicht entschieden worden. Zweifellos hätten unterschiedlich orientierte Juden bzw. Gruppen von Juden eine verschiedenartige Auswahl maßgebender Bücher getroffen. Obwohl viele der Schriftrollen vom Toten Meer nicht zum Bestand unserer heutigen Bibel gehören, wurden sie zumindest von einigen Juden des Zweiten Tempels mit Sicherheit als heilig oder authentisch angesehen. Erst später (nach dem Jahre 100) entstand eine ›Standard‹-Version der Bibel.« *(Anmerkung des Herausgebers)*

Wehe euch Gesetzeslehrern! Ihr habt den Schlüssel zur Erkenntnis weggenommen. Ihr selbst seid nicht hineingegangen und die, welche hineingehen wollten, habt ihr daran gehindert. (*Lukas* 11, 47–52)

Parallelstelle:

Wehe euch, Schriftgelehrte und Pharisäer, ihr Heuchler! Ihr verschließt das Himmelreich vor den Menschen! Ihr selbst geht nicht hinein, und die, die hineingehen wollen, lasst ihr nicht hinein. ...

Wehe euch, Schriftgelehrte und Pharisäer, ihr Heuchler! Ihr baut Grabmäler für die Propheten und schmückt die Gräber der Gerechten und sprecht: Hätten wir in den Tagen unserer Väter gelebt, wir hätten uns nicht mit ihnen schuldig gemacht am Blut der Propheten! Damit stellt ihr euch selbst das Zeugnis aus, dass ihr Kinder der Prophetenmörder seid. Wohlan, macht nur das Maß eurer Väter voll! Ihr Schlangen, ihr Otterngezücht! Wie wollt ihr dem Strafgericht der Hölle entrinnen?

Siehe, darum sende ich euch Propheten, Weise und Schriftgelehrte; und einige von ihnen werdet ihr töten und kreuzigen, andere werdet ihr in euren Synagogen geißeln und von Stadt zu Stadt verfolgen: damit über euch komme das Blut aller Gerechten, das auf Erden vergossen wurde, vom Blut des gerechten Abel bis zum Blut des Zacharias, des Sohnes Berechjas, den ihr zwischen Tempel und Altar ermordet habt. Wahrlich, ich sage euch: Dies alles wird über dieses Geschlecht kommen. (*Matthäus* 23, 13, 29–36)[7]

---

[7] Die Version im Matthäus-Evangelium setzt Zacharias gleich mit dem »Sohn des Berechja«, wobei der Chronist ihn offensichtlich mit dem Verfasser des Buches *Sacharja* verwechselt (siehe *Sacharja* 1, 1). Die Begebenheit, auf die sich Jesus bezieht, wird aber in 2. *Chronik* 24, 17–21 geschildert: »*Und nach dem Tode Jojadas kamen die Obersten von Juda und verneigten sich vor dem König; und der König hörte auf sie. Und sie verließen das Haus des Herrn, des Gottes ihrer Väter, und verehrten die Bilder der Aschera und der Götzen. Da kam der Zorn Gottes über Juda und Jerusalem um dieser ihrer Schuld willen. Doch er sandte Propheten zu ihnen, damit sie sich zum Herrn bekehren sollten, und diese ermahnten sie; aber sie hörten nicht darauf.*

Und der Geist Gottes erfüllte Zacharias, den Sohn des Priesters Jojadas. Und er trat vor das Volk und sagte zu ihnen: So spricht Gott: Warum übertretet ihr die Gebote des Herrn, sodass euch nichts gelingt? Weil ihr den Herrn verlassen habt, darum hat auch er euch verlassen. Aber sie machten eine Verschwörung gegen ihn und steinigten ihn auf Befehl des Königs im Vorhof des Hauses des Herrn.«

Wie die sich anhäufenden Auswirkungen guter und schlechter Handlungen das Schicksal von Nationen beeinflussen

Auch noch aus einem anderen Grund beschuldigte Jesus die Schriftgelehrten und Pharisäer der Heuchelei: »*Ihr baut Grabmäler für die Propheten und schmückt die Gräber der Gerechten*« – derjenigen, die von ihren Vorvätern getötet worden waren; und er wies darauf hin, dass sie sich in ostentativer Weise scheinheilig von den Taten ihrer Vorfahren distanzierten, während sie jedoch die ganze Zeit genau dieselben Neigungen hegten, die sie von ihren Vorfahren ererbt hatten: Oder hatten sie etwa nicht die Absicht, Jesus das Gleiche zuzufügen? Er durchschaute ihr unaufrichtiges Verhalten und die aufgesetzte reumütige Ablehnung der Bluttaten ihrer Vorfahren: »*Hätten wir in den Tagen unserer Väter gelebt, wir hätten uns nicht mit ihnen schuldig gemacht am Blut der Propheten!*« Aber ähnliche böse Neigungen wie diejenigen ihrer Vorväter schlummerten auch in ihnen. Aufgrund ihrer üblen karmischen Anlagen war es ihnen bestimmt gewesen, eine Wiedergeburt anzuziehen und eine sozio-religiöse Machtstellung einzunehmen, die der Tradition ihrer Vorfahren entsprach, die die Propheten getötet hatten.

»Ihr menschlichen Schlangen und Generation von Übeltätern, ihr werdet den vielen höllischen Qualen nicht entgehen, die auf euch zukommen, um Körper, Geist und Seele heimzusuchen. Die dem Bösen entstammenden Sünden, die seit der Erschaffung der Welt durch das vergossene Blut gerechter Propheten über diese Erde gekommen sind – durch das Blut Abels und das Blut des Zacharias, der vor dem Altar des Tempels hingemordet wurde –, bestehen nach dem Gesetz des Karmas als Schwingungen im Äther weiter fort. Sie lasten als bevorstehendes Unheil auf der jetzt lebenden niederträchtigen Generation und werden unsägliches Leid verursachen.«

Das Böse, das scheinbar durch Vererbung oder durch die Umgebung und die gesellschaftliche Stellung, in die jemand hineingeboren wurde, hervorgerufen wird, ist in Wirklichkeit auf die in früheren Leben begangenen üblen Taten einer Person zurückzuführen. Die selbst geschaffenen Neigungen, die auf diese Weise in das gegenwärtige Leben mitgebracht wurden, können nicht durch Befolgen scheinheiliger, pompöser religiöser Riten und Bräuche überwunden werden, sondern nur durch innere Umkehr ausgemerzt werden – indem man Heuchelei und schlechte Gewohnheiten aufgibt und sich täglich in hingebungsvoller Meditation auf die Läuterung der Seele konzentriert.

Die Schwingungen aller zu erwartenden schlimmen Folgen (Karma), für die skrupellose Menschen aufgrund ihrer Verstöße gegen die Rechtschaffenheit verantwortlich sind, vibrieren über viele Generationen hin im Äther weiter, und zwar so lange, bis diese Sünden getilgt oder wiedergutgemacht worden sind; sie sind nicht nur die Hauptursache für Hungersnöte, Brände, Epidemien, Seuchen, Erdbeben, Kriege, blutige Fehden und Zwistigkeiten, sittliche Verdorbenheit und Niedertracht, sondern sie tragen auch zu deren Verschlimmerung bei.[8] Ebenso wie Krankheitskeime eines unhygienisch lebenden Stammes in einer Gemeinschaft weiterexistieren können, selbst wenn die betreffenden Mitglieder fortgezogen sind, so bleiben auch die Schwingungen sündhafter Gedanken und Neigungen bestehen, welche die Menschen einer Generation an einem Ort hinterlassen haben, und diese Schwingungen wirken bis in die nächste oder bis in viele spätere Generationen fort. All die verschiedenen heutigen Menschenrassen, Nationen und Bevölkerungsgruppen der Welt setzen sich großteils aus den guten und schlechten Schwingungen zusammen, die ihre Vorfahren seit Anbeginn der Welt zurückgelassen haben.

Ebenso wie ein einzelner Mensch für die Aussaat seiner Handlungen in vergangenen Leben verantwortlich ist, die in subtiler Form in seinem Unterbewusstsein gespeichert sind, sind auch die jeweiligen Völker und Nationen sowie die dazu gehörenden Familien und Gruppierungen Erben der früheren Handlungen ihrer Vorfahren, welche sich auf subtile Weise im Unterbewusstsein – in der Denkart – des betreffenden Teils der Menschheit angesammelt haben. Darauf beruhen

---

8 Ein Abschnitt aus dem alttestamentlichen Buch Nehemia (9, 25–28) beschreibt eine solche Behandlung hebräischer Propheten als Teil wiederkehrender Zyklen der Gottlosigkeit, der karmischen Vergeltung und der späteren Reue:

»Und sie nahmen befestigte Städte ein und fruchtbares Land und besaßen Häuser, voll mit allerlei Gütern, ausgehauene Zisternen, Weinberge, Ölbäume und Obstbäume in Menge, und sie aßen und wurden satt und fett und lebten in Wonne durch deine große Güte.

Aber sie wurden ungehorsam und lehnten sich gegen dich auf; sie kehrten deinem Gesetz den Rücken und ermordeten deine Propheten, die sie warnten und zu dir zurückführen wollten; und sie verübten große Lästerungen. Darum gabst du sie in die Hand ihrer Feinde, die sie hart bedrängten. Und in der Zeit ihrer Bedrängnis schrien sie zu dir; und du erhörtest sie im Himmel, und durch deine große Barmherzigkeit gabst du ihnen Retter, die sie aus der Gewalt ihrer Feinde befreiten.

Wenn sie aber zur Ruhe kamen, taten sie wieder Böses vor dir. Da ließest du sie in der Hand ihrer Feinde, dass die über sie herrschten. Wenn sie dann wieder zu dir schrien, erhörtest du sie vom Himmel und hast sie viele Male errettet in deinem großen Erbarmen.«

unter anderem die Unterschiede zwischen den Völkern, zum Beispiel: Die Amerikaner sind praktisch veranlagt; die Hindus in Indien sind spirituelle Sucher; die Engländer Kolonialisten; die Franzosen sind liberal usw.

Die Hindus lieben Frieden, weil ihre Vorväter Frieden liebten; und einige westliche Nationen neigen zu Auflehnung und Kampf, weil ihre kriegerischen und unversöhnlichen Vorfahren sich so verhielten. Jede Generation leidet oder gedeiht mehr oder weniger, entsprechend einiger der von ihren Vorvätern begangenen Handlungen. Auf diesen Sachverhalt bezog sich Jesus, als er sagte: »Das Blut aller Propheten, das seit Erschaffung der Welt vergossen worden ... wird von diesem Geschlecht gefordert werden.«

Mit strengen Worten wandte sich Jesus an die Schriftgelehrten und Pharisäer, um sie eindringlich zu warnen: »Mit eurer Heuchelei und euren schlimmen Absichten zieht ihr große Schwierigkeiten und unsägliches Leid auf euch! Durch eure Unwissenheit und euer schlechtes Vorbild, das ihr anderen aufdrängt, verschließt ihr die Tür der günstigen Gelegenheit für diejenigen eurer Mitmenschen, die in das Reich des himmlischen Kosmischen Bewusstseins eingehen möchten. Ihr werft den Schlüssel zum göttlichen Wissen fort, den ich euch angeboten habe, denn ihr selbst versucht nicht, das Himmelreich durch tiefe Meditation und Disziplin zu betreten, und behindert damit auch andere, ›*die hineingehen wollen*‹.«

Wehe euch, Schriftgelehrte und Pharisäer, ihr Heuchler! Ihr durchzieht Land und Meer, um einen einzigen Glaubensgenossen zu gewinnen; und wenn es euch gelungen ist, macht ihr aus ihm ein Kind der Hölle, doppelt so schlimm wie ihr es seid!

Wehe euch, ihr blinden Führer, die ihr sagt: Wenn einer beim Tempel schwört, so gilt es nicht; wer aber beim Gold des Tempels schwört, der ist gebunden. Ihr Narren und Blinden! Was ist denn größer: das Gold oder der Tempel, der das Gold heiligt? Und: Wenn einer beim Altar schwört, so gilt es nicht; wer aber bei dem Opfer schwört, das darauf liegt, der ist gebunden[9].

[9] In der King-James-Bibel wird hier das Wort »guilty« gebraucht, jedoch in der althergebrachten Bedeutung des 16. Jahrhunderts, nämlich für: »eine Zahlung schulden«.

Ihr Narren und Blinden! Was ist denn größer: das Opfer oder der Altar, der das Opfer heiligt? Wer also beim Altar schwört, der schwört bei ihm und bei allem, was darauf liegt. Und wer beim Tempel schwört, der schwört bei ihm und bei dem, der darin wohnt. Und wer beim Himmel schwört, der schwört bei dem Thron Gottes und bei dem, der darauf sitzt. (*Matthäus* 23, 15–22)

»O ihr scheinheiligen Führer, aufgrund eures üblen Karmas werdet ihr großes Elend auf euch ziehen. Ihr setzt Himmel und Erde in Bewegung, um einen neuen Glaubensgenossen zu gewinnen, doch nachdem er eurem Beispiel gefolgt ist, ist er doppelt so unwissend wie ihr – denn der Unglückliche, der eurem schlechten Vorbild nacheifert, fügt seiner eigenen Unwissenheit auch noch die aus eurem niederträchtigen Verhalten resultierende Unwissenheit hinzu.«

Die Praxis der religiösen Obrigkeit bestand offensichtlich darin, materiellen Spenden, die ihre Schatzkisten füllten, allergrößte Bedeutung beizumessen – dem Gold für den Gebrauch im Tempel und den Gaben, die für den Altar bestimmt waren. Jesus sah dieses Verhalten als tadelnswert an und korrigierte daher die irrige Auffassung dieser »*Narren und Blinden*«. Obwohl sich seine Erwiderung insbesondere auf das unangemessene Urteil der Pharisäer über den jeweiligen Heiligkeitsgrad unterschiedlicher Eidesformeln bezog, wollte er in anschaulicher Form eine tiefer greifende Lehre vermitteln:

»Spirituelles Elend befällt jene unwissenden geistigen Führer, die behaupten, wenn jemand bei seinem Körper schwört, d.h., wenn jemand die Heiligkeit des Körpertempels der Seele durch lasterhafte Gewohnheiten entweiht, habe dies keine negativen Folgen (denn ihm gehe dabei – dem bloßen Anschein nach oder offensichtlich – nichts verloren). Wie töricht und blind sind jene, die meinen, Verstöße, die das (nur auf materieller Ebene nützliche) Gold betreffen, seien schwerwiegender als Verstöße gegen den Körpertempel, denn nur durch ihn erhält das Gold seinen Wert und Nutzen!

»Wehe euch«, die ihr den Altar des Körpers und den Tempel der Seele durch Böses entweiht

Jeder, der den Altar des Körpers durch schändliche Worte oder Handlungen entweiht, entweiht auch dessen innewohnende Seele, das Geschenk des GEISTES. Wie könnt ihr denken, dass der Altar des Körpers, der das Geschenk der Seele birgt, unbedeutend sei? Wer den Altar des Körpers entwürdigt, entehrt auch die Seele, die in ihm wohnt. Ebenso sündigt jemand, der den Tempel der Seele entweiht, zwangsläufig auch gegen die Heiligkeit des ihr innewohnenden GEISTES; und derjenige, der mit niederträchtigen Handlungen, Worten oder Gedanken die schwingungsfreie himmlische Unendlichkeit lästert, den Thron Gottes, lästert damit auch Gott selbst, der dort herrscht. Der Altar des Körpers und die Seele, die dort wohnt, und der Tempel der Seele und der GEIST in ihm, und der Himmel und der Himmlische Vater darin – sie alle sind von großer Bedeutung; daher sollte niemand mit Taten, Worten oder Gedanken gegen ihre Gesetze verstoßen.«

~

Und als er dies zu ihnen sagte, fingen die Schriftgelehrten und Pharisäer an, heftig auf ihn einzudringen und ihm mit mancherlei Fragen zuzusetzen, und sie belauerten ihn und versuchten, ihn zu einer unbedachten Äußerung zu verleiten, damit sie ihn verklagen könnten.

Inzwischen hatten sich Tausende von Menschen versammelt, so viele, dass sie einander auf die Füße traten. Da fing er an zuerst zu seinen Jüngern zu sprechen: Hütet euch vor dem Sauerteig der Pharisäer, das heißt vor der Heuchelei. Es ist aber nichts verhüllt, das nicht offenbar wird, und es ist nichts verborgen, das nicht bekannt wird. Darum: Was ihr im Dunkeln sagt, das wird man im Licht hören, und was ihr hinter verschlossenen Türen ins Ohr flüstert, das wird man auf den Dächern verkünden. (*Lukas* 11, 53 – 12, 3)

Jesus warnte seine Jünger vor Verschlagenheit, die sich hinter Heuchelei versteckt: »Wie Sauerteig auf verborgene Weise das Brot aufgehen lässt, so bläht Heuchelei heimlich das Ego auf und zerstört Geist und Seele. Ganz gleich, wie sehr die Menschen ihre Bosheit mit der Maske eines vorgetäuschten guten Verhaltens tarnen, wie es die Pharisäer tun – die Bosheit in ihnen wird dennoch hinter der Scheinheiligkeit, welche sie verhüllt, hervorbrechen und sich der Welt zeigen.

»Nichts kann verborgen bleiben, denn schließlich wird es doch bekannt werden. Alle guten und schlechten Beweggründe und Folgen allen Handelns werden letztlich offengelegt. Selbst bösartige Gedanken, welche die Menschen in ihrem Inneren, im versteckten Winkel ihres Geistes hegen und in Selbstgesprächen äußern, schwingen durch den Äther und werden dort aufgezeichnet. Das Böse kann sich nicht zurückhalten; selbst wenn es im geheimen Kämmerlein geflüstert oder ausgesprochen wird, neigt es dazu, eines Tages öffentlich bekannt zu werden.«

Der allwissende und allgegenwärtige Gott kennt alles Gute und Schlechte, das in aller Stille in den Gedanken der Menschen und ihren unbeobachteten Handlungen auftaucht und wieder versinkt. Nichts kann Ihm verborgen bleiben; selbst wenn ein Mensch seine lang gehüteten Geheimnisse mit ins Grab nimmt, werden sie wie ein offenes Buch vom allwissenden Gott gelesen. Er, der GEIST in jedem menschlichen Verstand und das göttliche Leben im gesamten Kosmos, kennt alles, was im menschlichen Bewusstsein aufsteigt und vergeht – und alles, was in jeder kleinsten Regung in der Natur und in jedem Funken Seines lichtdurchfluteten Universums aufkommt.

DISKURS 56

Gotteserkenntnis – der himmlische Schatz einzelner Menschen und ganzer Nationen

»Gott zuerst«: Das beste Rezept für individuelles, nationales und internationales Wohlergehen

❖

Chaos und Katastrophen können verhindert werden, wenn man nach dem himmlischen Ideal der Brüderlichkeit handelt

❖

Des Vaters »*Wohlgefallen*«:
die göttliche Gnade, die spirituelle Befreiung schenkt

❖

Die geistige Bedeutung des Gleichnisses vom treuen und weisen Hausherrn

❖

Das Körperhaus muss bewacht werden, um das Eindringen des Diebes Kosmische Täuschung zu verhindern

❖

Wie man mit bewusster Wachsamkeit die Gegenwart Gottes im eigenen Inneren bewahrt

»Es wäre der wahre Himmel auf Erden, wenn sowohl Nationen als auch jeder einzelne Mensch die Ermahnung Jesu beherzigten, Gott zum höchsten Ziel des Lebens zu machen.«

Und einer aus der Volksmenge sprach zu ihm: Meister, sag meinem Bruder, dass er das Erbe mit mir teilen soll.

Er aber sprach zu ihm: Mensch, wer hat mich zum Richter oder Erbteiler über euch gesetzt?

Und er sprach zu ihnen: Gebt acht und hütet euch vor aller Habsucht, denn das Leben eines Menschen hängt nicht von dem Überfluss an Gütern ab, die er besitzt.

Und er erzählte ihnen ein Gleichnis und sprach: Das Feld eines reichen Mannes hatte im Überfluss getragen. Und er dachte bei sich und sprach: Was soll ich tun? Ich habe nicht genug Lagerraum für meine Ernte. Und er sprach: Das will ich tun: ich will meine Scheunen niederreißen und größere bauen und darin will ich meine ganze Ernte und meine Güter aufbewahren; und ich will zu meiner Seele sagen: Seele, du hast nun einen großen Vorrat für viele Jahre; ruh dich aus, iss, trink und sei fröhlich!

Aber Gott sprach zu ihm: Du Narr! In dieser Nacht wird man deine Seele von dir fordern, und wem gehört dann all das, was du dir angesammelt hast? So ergeht es dem, der für sich Schätze sammelt, aber nicht reich ist in Gott.

Und er sagte zu seinen Jüngern: Darum sage ich euch: Sorgt euch nicht um euer Leben, was ihr essen sollt, noch um euren Leib, was ihr anziehen sollt. Das Leben ist mehr als die Nahrung, und der Leib ist mehr als die Kleidung.

Seht euch die Raben an: Sie säen nicht, sie ernten auch nicht, sie haben weder Vorratskammer noch Scheune; und Gott ernährt sie doch. Und wie viel mehr seid ihr wert als die Vögel! Und wer von euch kann mit all seinen Sorgen seiner Lebenslänge auch nur eine Elle hinzufügen? Wenn ihr also nicht einmal so etwas Geringes vermögt, warum sorgt ihr euch dann um all das Übrige?

Seht euch die Lilien an, wie sie wachsen: sie mühen sich nicht und spinnen nicht. Und doch sage ich euch, dass selbst Salomo in all seiner Pracht nicht gekleidet war wie eine von ihnen. Wenn aber Gott das Gras, das heute auf dem Feld steht und morgen in den Ofen geworfen wird, so kleidet, wie viel mehr dann euch, ihr Kleingläubigen!

So sollt auch ihr nicht danach fragen, was ihr essen oder was ihr trinken werdet; und beunruhigt euch nicht. Denn nach all diesen Dingen trachten die Völker der Welt; aber euer Vater weiß wohl, dass ihr dessen bedürft. Trachtet vielmehr nach dem Reich Gottes, dann wird euch dies alles dazugegeben.

Fürchte dich nicht, du kleine Herde! Denn es hat eurem Vater gefallen, euch das Reich zu geben. Verkauft, was ihr habt, und gebt Almosen. Macht euch Beutel, die nicht veralten, erwerbt einen unvergänglichen Schatz im Himmel, wo sich kein Dieb nähert und wo keine Motten ihn fressen. Denn wo euer Schatz ist, da wird auch euer Herz sein.

Lasst eure Lenden umgürtet sein und eure Lichter brennen und seid wie Menschen, die darauf warten, dass ihr Herr von der Hochzeit zurückkehrt, um ihm, wenn er kommt und anklopft, sogleich zu öffnen. Selig sind die Diener, die der Herr, wenn er kommt, wachend findet. Wahrlich, ich sage euch: Er wird sich gürten, wird sie zu Tisch bitten, herantreten und sie bedienen.

Und wenn er in der zweiten Nachtwache oder in der dritten Nachtwache kommt und sie so vorfindet: Selig sind diese Diener. Das sollt ihr aber wissen: Wenn der Hausherr wüsste, in welcher Stunde der Dieb kommt, so würde er wachen und es nicht zulassen, dass in sein Haus eingebrochen wird. Darum haltet auch ihr euch bereit; denn der Menschensohn kommt zu einer Stunde, in der ihr es nicht vermutet.

Petrus aber sprach zu ihm: Herr, sagst du dieses Gleichnis uns oder auch allen anderen?

Der Herr aber sprach: Wer ist nun der treue und kluge Verwalter, den sein Herr über seine Dienerschaft setzen wird, damit er ihnen zur rechten Zeit die zugemessene Speise gibt? Selig ist der Diener, den sein Herr, wenn er kommt, bei solchem Tun findet. Wahrlich, ich sage euch: Er wird ihn über alle seine Güter setzen. Wenn aber dieser Diener in seinem Herzen sagt: Mein Herr kommt noch lange nicht, und dann anfängt, die Knechte und Mägde zu schlagen, und zu essen und zu trinken und sich zu berauschen, dann wird der Herr dieses Dieners an einem Tag kommen, an dem er ihn nicht

erwartet und zu einer Stunde, die er nicht weiß, und wird ihn in Stücke hauen lassen und ihm seinen Platz bei den Ungläubigen geben. Der Diener aber, der seines Herrn Willen gekannt, und sich nicht darauf vorbereitet oder nach seinem Willen gehandelt hat, der wird viele Schläge erhalten. Aber der, der seinen Willen nicht gekannt, aber getan hat, was Schläge verdient, wird wenig Schläge erhalten. Denn wem viel gegeben ist, von dem wird viel verlangt; und wem viel anvertraut wurde, von dem wird umso mehr gefordert.

Ich bin gekommen, um ein Feuer auf Erden zu entzünden; und was wollte ich mehr, als dass es schon brennen würde! Aber mit einer Taufe muss ich getauft werden; wie bedrückt es mich, bis sie vollzogen ist! Meint ihr, ich sei gekommen, um Frieden auf die Erde zu bringen? Nein, sage ich euch, sondern Zwietracht. Denn von nun an werden fünf in einem Haus entzweit sein, drei mit zweien, und zwei mit dreien; es werden entzweit sein Vater und Sohn, und Sohn und Vater, Mutter und Tochter, und Tochter und Mutter, Schwiegermutter und Schwiegertochter, und Schwiegertochter und Schwiegermutter.

Er sprach aber zu der Volksmenge: Wenn ihr im Westen eine Wolke aufsteigen seht, dann sagt ihr sogleich: Es gibt Regen, und so kommt es. Und wenn ihr den Südwind wehen seht, dann sagt ihr: Es wird heiß werden, und so kommt es. Ihr Heuchler! Das Aussehen der Erde und des Himmels versteht ihr zu deuten; aber wie kommt es, dass ihr die Zeichen dieser Zeit nicht deuten könnt? Warum könnt ihr nicht von euch selbst aus beurteilen, was richtig ist?

Wenn du aber mit deinem Gegner vor Gericht gehst, dann gib dir noch unterwegs Mühe, dich mit ihm zu einigen, damit er dich nicht vor den Richter zieht und der Richter dich dem Gerichtsdiener übergibt und der Gerichtsdiener dich ins Gefängnis wirft. Ich sage dir: Von dort wirst du nicht herauskommen, bis du auch den letzten Heller bezahlt hast.

Lukas 12, 13–59

DISKURS 56

Gotteserkenntnis – der himmlische Schatz einzelner Menschen und ganzer Nationen

Und einer aus der Volksmenge sprach zu ihm: Meister, sag meinem Bruder, dass er das Erbe mit mir teilen soll.

Er aber sprach zu ihm: Mensch, wer hat mich zum Richter oder Erbteiler über euch gesetzt? (*Lukas* 12, 13–14)

»O du materiell gesinnter Mensch, Gott und dein Karma urteilen darüber, was dir von diesem Erbe zusteht. Ich bin nicht auf die Erde gekommen, um mich mit der Verteilung von Besitz zu befassen.« Gott hat den Menschen mit Verstand und Willenskraft ausgestattet, damit er mit diesen Fähigkeiten für sein Wohlergehen im Leben sorgen kann. Mit seiner kurzen Antwort gibt Jesus zu verstehen, dass Gott die kostbaren Leben Seiner Propheten dazu nutzt, den Menschen spirituelle Erleuchtung und Befreiung zu bringen – und nicht, um sie von ihrer Eigeninitiative und ihrem konstruktiven Handeln zu entbinden, womit sie sich ihre angemessenen Wünsche erfüllen und ihr Leben sinnvoll gestalten können.

Und er sprach zu ihnen: Gebt acht und hütet euch vor aller

Habsucht, denn das Leben eines Menschen hängt nicht von dem Überfluss an Gütern ab, die er besitzt. (*Lukas* 12, 15)

Warum sollte man übertriebenen weltlichen Luxus ersehnen? Menschen, die außerordentlich viel besitzen, sind meist auch außerordentlich unglücklich; denn ihr Nervensystem ist ganz damit beschäftigt, sich um ihr Eigentum zu kümmern und sich Sorgen darüber zu machen; deshalb fühlen sie sich niemals vollkommen erfüllt und zufrieden und können sich an dem, was sie bereits haben, nicht freuen.[1] Weiterhin weist Jesus darauf hin, dass es ein großer Irrtum ist zu meinen, Besitztümer könnten ein Leben in Sicherheit garantieren. Er verdeutlicht diesen Punkt mit dem folgendem Gleichnis.

~

Und er erzählte ihnen ein Gleichnis und sprach: Das Feld eines reichen Mannes hatte im Überfluss getragen. Und er dachte bei sich und sprach: Was soll ich tun? Ich habe nicht genug Lagerraum für meine Ernte. Und er sprach: Das will ich tun: ich will meine Scheunen niederreißen und größere bauen und darin will ich meine ganze Ernte und meine Güter aufbewahren; und ich will zu meiner Seele sagen: Seele, du hast nun einen großen Vorrat für viele Jahre; ruh dich aus, iss, trink und sei fröhlich!

Aber Gott sprach zu ihm: Du Narr! In dieser Nacht wird man deine Seele von dir fordern, und wem gehört dann all das, was du dir angesammelt hast? So ergeht es dem, der für sich Schätze sammelt, aber nicht reich ist in Gott. (*Lukas* 12, 16–21)

Jesus warnt vor der trügerischen Sicherheit materiellen Reichtums

Menschen, die sich durch die trügerische Sicherheit materieller Güter in spiritueller Selbstzufriedenheit wiegen, werden ein Opfer der Täuschung. Solche Menschen sind nicht bereit, aus dem Beispiel von Millionen anderer zu lernen, die hart dafür gearbeitet haben, um auf dieser Welt durch Besitz und Wohlstand belohnt zu werden; sie haben möglicherweise ein großes Vermögen angesammelt, nur um herauszufinden, dass

[1] Vgl. *Lukas* 6, 24: »*Wehe euch, ihr Reichen! Denn ihr habt euren Trost schon empfangen.*« (Diskurs 33, Band II)

ihr Geld nicht zu einem nennenswerten Guthaben auf dem Konto des inneren Friedens und der inneren Freude beiträgt. Wie töricht ist es, materielle Werte für den vergänglichen Körper zu horten, der jeden Augenblick vom Tod dahingerafft werden kann. Wer weise ist, bemüht sich vor allem um die bleibenden Schätze innerer Glückseligkeit und Weisheit sowie um göttliche Eigenschaften, indem er jeden Tag meditiert und anderen dient, denn darin liegt ein immerwährender Reichtum, den man nie verliert.

Materielle Güter mögen zu hohem Ansehen in der Welt führen, aber wenn man stirbt, sind sie nutzlos. Spirituelle Schätze mögen zwar keine weltliche Bewunderung hervorrufen, aber im Zustand nach dem Tode garantieren sie der Seele die wahre Sicherheit ewiger Freiheit und Freude.

Ein habsüchtiger Mensch möchte mehr besitzen als sein Nachbar, aber wenn er dies erreicht hat, ist er nicht zufrieden, weil er unweigerlich jemand anderen findet, dem noch mehr gehört als ihm. Die Menschen leben in einem Tollhaus des Elends, das sie sich durch ihre Wünsche geschaffen haben. In materieller Hinsicht verfügt ein durchschnittlicher Amerikaner über mehr Güter als ein Durchschnittsbürger Europas, Indiens oder irgendeiner anderen Nation – aber er ist immer noch nicht glücklich! Angst, Sorgen und nie endende Wünsche nagen ständig an seiner Zufriedenheit.

Es liegt in der Natur der *Maya*, dass sie den Menschen dazu treibt, materielle Dinge zu begehren, obwohl deren Leere bereits bei oberflächlicher Betrachtung sichtbar wird. Warum sollte man die Jahre seines Lebens mit der Jagd nach diesem oder jenem verschwenden, nur um am Ende ernüchtert dazustehen? Seid jetzt glücklich, in der Verbundenheit mit dem Reich Gottes im Inneren – das war Jesu Ermahnung, und er lebte diese Wahrheit. Seine Freude war von nichts Äußerlichem abhängig; er war sogar bereit, seinen Körper hinzugeben. Wer diese innere Losgelöstheit besitzt, ist vollkommen frei, unberührt von Reichtum oder Armut – innerlich unwandelbar, ungeachtet aller Umstände. Ein solcher Mensch genießt alles, was der Herr ihm schenkt, aber tief in seiner Seele weiß er: »Wenn ich dies oder jenes niemals wiedersehe, ist das in Ordnung.« Seine Seele lebt in der ewigen Sicherheit höchster göttlicher Fülle.

Und er sagte zu seinen Jüngern: Darum sage ich euch: Sorgt euch nicht um euer Leben, was ihr essen sollt, noch um euren Leib, was ihr anziehen sollt. Das Leben ist mehr als die Nahrung, und der Leib ist mehr als die Kleidung.

Seht euch die Raben an: Sie säen nicht, sie ernten auch nicht, sie haben weder Vorratskammer noch Scheune; und Gott ernährt sie doch. Und wie viel mehr seid ihr wert als die Vögel! Und wer von euch kann mit all seinen Sorgen seiner Lebenslänge auch nur eine Elle hinzufügen? Wenn ihr also nicht einmal so etwas Geringes vermögt, warum sorgt ihr euch dann um all das Übrige?

Seht euch die Lilien an, wie sie wachsen: sie mühen sich nicht und spinnen nicht. Und doch sage ich euch, dass selbst Salomo in all seiner Pracht nicht gekleidet war wie eine von ihnen. Wenn aber Gott das Gras, das heute auf dem Feld steht und morgen in den Ofen geworfen wird, so kleidet, wie viel mehr dann euch, ihr Kleingläubigen!

So sollt auch ihr nicht danach fragen, was ihr essen oder was ihr trinken werdet; und beunruhigt euch nicht. Denn nach all diesen Dingen trachten die Völker der Welt; aber euer Vater weiß wohl, dass ihr dessen bedürft. Trachtet vielmehr nach dem Reich Gottes, dann wird euch dies alles dazugegeben. (*Lukas* 12, 22–31)[2]

»Gott zuerst«: Das beste Rezept für individuelles, nationales und internationales Wohlergehen

Es wäre der wahre Himmel auf Erden, wenn sowohl Nationen als auch jeder einzelne Mensch die Ermahnung Jesu beherzigen würden, Gott zum höchsten Ziel des Lebens zu machen. Wenn Menschen sich als Nation oder als Individuen selbstsüchtig und zu Lasten anderer darauf konzentrieren, auf politischer und geschäftlicher Ebene Macht und Luxus anzuhäufen, wird das göttliche Gesetz des Glücks und Wohlergehens gebrochen; daraus erwachsen Chaos und Elend in den Fami-

[2] Diese Worte Jesu haben ihre Entsprechung in den Versen *Matthäus* 6, 25–33 und werden in jenem Kontext in Diskurs 29 (Band I) kommentiert, wobei die individuelle Anwendung dieser zentralen Lehre Jesu betont wird. Der Kommentar zu den oben aufgeführten Versen bei *Lukas* erweitert deren Bedeutung, um neben einer persönlichen Einhaltung der Lehre Jesu eine nationale und internationale Verpflichtung einzuschließen.

lien, den Nationen und auf der ganzen Welt. Wenn die Staatsmänner der verschiedenen Nationen – anstatt Aggression und patriotische Selbstsucht zu verherrlichen – das Denken ihrer Bürger dahin lenken würden, inneren Frieden, Liebe zu Gott und den Nachbarn zu entwickeln sowie die Freude der Meditation zu erfahren, dann würden ganz von selbst materieller Wohlstand, Gesundheit und internationale Harmonie zu den geistigen Schätzen der Nationen hinzukommen.

Jesus wies darauf hin, dass die überlegene Weisheit des Wahlspruchs »Gott zuerst« nicht nur das beste Rezept für das Glück des Einzelnen darstellt, sondern auch zu nationalem und internationalem Wohlergehen führt: »Die Völker der Erde streben in übertriebener und eigennütziger Weise nach materiellem Reichtum und nach Macht, was zwangsläufig quälende Ungerechtigkeit, Krieg und Zerstörung nach sich zieht. Stattdessen sollten sie Gott suchen und Seine auf hohen Grundsätzen beruhende Rechtschaffenheit mit ihren Vorhaben verbinden und auf diese Weise harmonisch unter dem Schutzschild internationaler spiritueller Brüderlichkeit leben.[3] Den Nationen, die miteinander in Frieden leben und sich um Gottesbewusstsein bemühen, schenkt der Himmlische Vater jenen anhaltenden Wohlstand, den sie sich durch ihren Beistand für die Weltfamilie, durch Gutwilligkeit und internationale wirtschaftliche Zusammenarbeit rechtmäßig verdient haben. Gott, der Erhalter des Kosmos, kennt die Bedürfnisse der Einzelnen und der Nationen; wenn Er die Raben füttert und die Lilie kleidet, wie viel bereitwilliger wird Er dann einen Menschen und ein Volk, die mit Seinen Idealen im Einklang leben, mit allem versehen!«

Der Zustand der geldversessenen heutigen Zivilisation verdeutlicht, dass Selbstsucht das individuelle und nationale Glück ruiniert. Der extreme Konkurrenzkampf im Geschäftsleben ist verhängnisvoll, weil jeder den anderen um sein Vermögen zu bringen sucht. Daher hat in einer Gruppe von 1000 Geschäftsleuten jeder einzelne 999 Widersacher und Rivalen. Jesus hielt die Menschen dazu an, ihren Besitz mit allen zu teilen; wird dieses Gebot befolgt, hat jeder einzelne in dieser Gruppe von 1000 Personen 999 Helfer.

Das Überleben in der halsabschneiderischen kommerziellen Welt heutzutage ist so anstrengend, dass ein Geschäftsmann dabei völlig

---

[3] *»Gott hat aus einem einzigen Menschen alle Völker hervorgehen lassen, damit sie die ganze Erde bewohnen … Sie sollten den Herrn suchen und ihn vielleicht fühlen und finden, obgleich er ja keinem von uns fern ist. Denn in ihm leben wir, bewegen wir uns und sind wir. … Denn wir sind auch seine Kinder.«* (*Apostelgeschichte* 17, 26–28)

aufgerieben wird und sich nicht mehr auf ein wahrhaft spirituelles und glückliches Leben konzentrieren kann. Das Geschäftsleben wurde für den Menschen geschaffen, um ihn glücklich zu machen – nicht der Mensch für das Geschäftsleben. Geschäftliche Aktivitäten sollten auf das unbedingt notwendige Maß beschränkt bleiben, damit die Menschen nicht an ihrer spirituellen Entwicklung gehindert werden. Wissenschaftlicher und technischer Fortschritt sind zu begrüßen, solange er dazu beiträgt, das menschliche Leben zu verbessern. Was aber seine praktische Anwendung angeht, könnten die Staaten der Erde ihre Bürger glücklicher machen, wenn sie eine einfache Lebensweise und edles Denken befürworten würden – wenn sie das Bewusstsein ihrer Bürger mehr auf eine spirituelle Entfaltung, auf inspirierende Literatur, Philosophie sowie auf das Wissen über die Wunder und die Arbeitsweise der Schöpfung lenken würden und weniger auf die rasante Weiterentwicklung von Technologien, welche die Gier nach Geld beflügeln.

Chaos und Katastrophen können verhindert werden, wenn man nach dem himmlischen Ideal der Brüderlichkeit handelt

Wenn die Nationen der Erde die Zivilisation nicht durch industriell bedingte Selbstsucht verkomplizieren würden – was in reichen Ländern zu Überproduktion und zu übertriebenem Verbrauch sowie zu Ausbeutung und unzureichender Entwicklungshilfe gegenüber unterentwickelten Ländern führt –, dann könnten alle Völker sich angemessen ernähren und ein gutes Leben führen. Aber da fast alle entwickelten Staaten nationalen Eigennutz und materielle Überlegenheit als Ziel ansehen – ungeachtet der Bedürfnisse ihrer Nachbarn –, erleidet die Welt Zeiten des Chaos und des verwirrenden Neben- und Durcheinanders von Ismen, die Hungersnöte, Armut und das vermeidbare Elend von Kriegen zur Folge haben. Die Ereignisse, welche die erste Hälfte des zwanzigsten Jahrhunderts kennzeichnen, beweisen eindeutig, dass Sicherheit und Wohlstand einer Nation niemals durch nationale und industriell bedingte Selbstsucht gewährleistet werden können, denn diese haben zu wirtschaftlichen Katastrophen, zwei Weltkriegen, Arbeitslosigkeit, Ängsten, Unsicherheit und Hungersnöten geführt sowie zu Naturkatastrophen wie Erdbeben, Wirbelstürmen und Dürreperioden (hervorgerufen durch das Massenkarma als indirekte Folge sich ansammelnder schlechter Handlungen einzelner Menschen und ganzer Nationen).

Die heutigen chaotischen Verhältnisse überall in der Welt sind das Ergebnis einer Lebensweise, die nicht auf Gott ausgerichtet ist.

Einzelpersonen und ganze Nationen können sich vor selbst verursachter, heilloser Zerstörung schützen, wenn sie nach den göttlichen Idealen der Brüderlichkeit, der wirtschaftlichen Zusammenarbeit und des internationalen Austausches irdischer Güter und spiritueller Erfahrungen leben. Das gegenwärtige, an Gewinnmaximierung und Ausbeutung orientierte ökonomische System hat versagt; nur ein brüderliches Verhältnis zwischen den Nationen und ebenso zwischen den lebensnotwendigen Unternehmen und ihren Führungskräften kann der Welt zu bleibendem Wohlstand verhelfen.

Die Weltwirtschaftskrise von 1930 demütigte viele Millionäre, die sich ihrer Geschäftstüchtigkeit sicher waren und glaubten, ihre riesigen Vermögen retten zu können. Selbst die scharfsinnigsten Unternehmer wurden in den Händen von Schicksal und wirtschaftlicher Depression zu verwirrten Kindern und wussten nicht, was sie tun sollten. Es wurde gegen die spirituellen Gesetze der »Selbstlosigkeit« und der »Einbeziehung anderer in das eigene Wohlergehen« verstoßen, weshalb es zu einem Zusammenbruch des weltweit verflochtenen industriellen Wirtschaftssystems kam. Die Selbstsucht der Industrie wurde durch die fatale menschliche Gier nach Gold intensiviert, was zu selbstmörderischem unlauterem Wettbewerb und zu Dumpingpreisen führte, welche die Konkurrenz ausschalten sollten. Wenn das Gehirn eines materiell gesinnten Geschäftsmannes von Habsucht umnebelt ist, entwirft sein Verstand Pläne, die einer nach dem anderen fehlschlagen. Das ist der Preis, den alle raffsüchtigen Egoisten, die Gott vergessen, eines Tages zahlen müssen.

Dadurch, dass der Mensch der industriellen Produktion einen künstlichen Geldwert beigemessen hat, hat er einen Kampf zwischen Kapital und Arbeit entfacht, der zu systembedingten, sich wiederholenden Inflationen und Depressionen geführt hat. Zum allgemeinen Wohl des Körpers und der Seele einer Nation sollten sich Kapital und Arbeit wie Gehirn und Glieder ergänzen, anstatt sich zu befehden und damit ihre eigene unvermeidliche Zerstörung herbeizuführen. Kopf und Hände wirken zusammen, um den Körper zu erhalten, und teilen sich die Nahrung im Magen; ebenso müssen auch das Kapital (der Kopf der Gesellschaft) und die Arbeit (ihre Hände und Füße) zusammenarbeiten, um das Leben reich zu machen und die Fülle, die sie produzieren, zu teilen. Weder Kapital noch Arbeit sollten besondere Vorzüge genießen, wodurch die Tücken imperialistischer und sozialistischer Regierungsformen umgangen werden. Sowohl Kapital als auch

Arbeit haben ihren berechtigten Platz, und beide müssen als gleichwertige Partner ihre Pflicht erfüllen. Jeder Mensch sollte Nahrung, Kleidung, Unterkunft, Erziehung und ärztliche Versorgung erhalten, indem der nationale Wohlstand allen gleichermaßen zukommt; oder jeder sollte ebenso die Bürde der Armut tragen, wenn dieser Zustand aufgrund schicksalhafter Naturkatastrophen nicht verhindert werden kann. Es sollte keine ungerechte Verteilung jener lebensnotwendigen Mittel geben, die zur Erhaltung eines fortschrittlichen materiellen, geistigen und spirituellen Daseins erforderlich sind; der Gegensatz zwischen Arm und Reich ist die Grundursache für Kriminalität, Habgier, Selbstsucht und unzählige andere gesellschaftliche Übel.

Ein Familienmitglied, das erkrankt oder behindert ist, wird nicht zu einem Sozialfall, sondern genießt Achtung und empfängt seinen Teil von der Nahrung und den finanziellen Mitteln der Familie. Dasselbe sollte für jedes Mitglied der Völkerfamilie der Welt gelten. Niemand sollte hungern, weil er nicht in der Lage ist, einen Arbeitsplatz zu finden oder weil er alt oder gebrechlich ist. Wenn die Nationen der Erde Gott erfreuen möchten, sollten sie nach wahrhaft christlichen Grundsätzen als Brüder in den Vereinigten Staaten der Welt leben und ihre Güter austauschen, sodass niemand unter Mangel, Hunger oder Armut leiden muss.

Es ist heute unerlässlich, dass Einzelpersonen und Nationen ihre Selbstsucht aufgeben, damit sie die internationale Gemeinschaft mit Nahrung und Kleidung versorgen können. Die Bevölkerung eines Landes sollte nicht mehr vorrangig aus Eigeninteresse handeln, sondern sich bemühen, weiser zu werden, zu meditieren und im Einklang mit dem Unendlichen zu leben, um gemeinsam die nationale Seele rundum glücklich zu machen. Nationen, die in Übereinstimmung mit Gott und Seinen Idealen der Brüderlichkeit und des Friedens leben, können jahrhundertelang ohne Kriege oder Hungersnot und in anhaltendem Wohlstand und spirituellem Glück fortbestehen.[4] Völker,

---

[4] »Das Ideal einer wohlausgeglichenen Zivilisation ist keine Utopie. Während Jahrtausenden war Indien nicht nur ein Land des geistigen Lichts, sondern auch des weit verbreiteten materiellen Wohlstands. Die ›Schätze Indiens‹ sind schon vor Jahrhunderten sprichwörtlich gewesen, und die Armut der letzten 200 Jahre ist nur eine vorübergehende karmische Phase in Indiens langer Geschichte. Sowohl materieller als auch geistiger Überfluss sind kennzeichnend für *Rita* – das Kosmische Gesetz oder die natürliche Gerechtigkeit. Gott kennt keine ›Sparsamkeit‹ – ebenso wenig wie die verschwenderische Göttin der Natur.

In den Geschichtsbüchern wird Indien bis zum 18. Jahrhundert als das reichste

die über beträchtlichen Reichtum verfügen, denen es aber an Weisheit und göttlicher Freude mangelt, können ihr immenses Volksvermögen durch Bürgerkriege, Kämpfe zwischen Kapital und Arbeit sowie durch Schwierigkeiten mit neidischen Nachbarn verlieren, die eifersüchtig auf ihren Wohlstand sind. Wenn eine im Überfluss lebende Nation unmittelbar neben einer anderen ansässig ist, die verhungert, kann dies niemals ein Rezept für Frieden auf Erden sein.

Die Nationen müssen sich gegenseitig unterstützen, oder sie sind dem Untergang geweiht. Daher wendet sich Jesus an alle: »O ihr Völker der Erde, seid nicht selbstsüchtig und denkt nicht nur an Essen, Wirtschaftswachstum und Kleidung, während ihr dabei die Brüderlichkeit und Gott, den Geber aller Gaben, völlig vergesst, sonst zieht ihr selbst heraufbeschworenes Unglück auf euch – durch eure Unwissenheit, welche Kriege, Seuchen und anderes Elend im Gefolge hat.«

Wohlstand führt oft zur Abstumpfung gesellschaftlichen Verant-

---

Land der Erde bezeichnet. ... Auch in der Bibel wird der Reichtum Indiens erwähnt (2. *Chronik* 9, 21. 10). Dort heißt es, dass die ›Meer-Schiffe von Tarshish‹ König Salomo ›Gold, Silber, Elfenbein, Affen und Pfauen‹ brachten und ›sehr viel Sandelholz und Edelsteine‹ aus Ophir (Sopara an der Küste von Bombay/Mumbai). Der griechische Botschafter Megasthenes (4. Jahrhundert v. Chr.) hat uns eine bis ins Einzelne gehende Beschreibung von Indiens Wohlstand hinterlassen. Plinius (1. Jahrhundert n. Chr.) berichtet, dass die Römer jährlich 50 Millionen Sesterzen für Importwaren aus Indien ausgaben, das damals eine große Seemacht war.

Reisende aus China haben Indiens verfeinerte Zivilisation, sein allgemein hohes Bildungsniveau und seine hervorragende Regierungsform in lebhaften Bildern beschrieben. Der chinesische Priester Fa-Hsien (5. Jh.) berichtet, dass das Volk der Inder glücklich, ehrenhaft und wohlhabend sei. Siehe Samuels Beal's Schrift *Buddhist Records of the Western World* (Indien war die ›westliche Welt‹ für die Chinesen!), Trubner, London; und Thomas Watter's *On Yuan Chwang's Travels in India,* 629–645, Royal Asiatic Society.

Kolumbus, der im 15. Jahrhundert die Neue Welt entdeckte, suchte in Wirklichkeit einen kürzeren Handelsweg nach Indien. Jahrhundertelang war Europa eifrig an Importwaren aus Indien interessiert – an Seide, feinen Geweben (von solcher Zartheit, dass sie mit Recht die Bezeichnung ›gesponnene Luft‹ und ›unsichtbarer Dunst‹ trugen), bedruckten Baumwollstoffen, Brokat, Stickereien, Teppichen, Schneidewerkzeugen, Rüstungen, Elfenbein und Elfenbeinarbeiten, Parfüms, Räucherwerk, Sandelholz, Tongeschirren, Medikamenten und Salben, Indigo, Reis, Gewürzen, Korallen, Gold, Silber, Perlen, Rubinen, Smaragden und Diamanten.

Portugiesische und italienische Kaufleute waren tief beeindruckt von der märchenhaften Pracht, der sie überall im Reiche Vijayanagars (1336 bis 1565) begegneten. Der arabische Botschafter Razzak beschrieb die prunkvolle Hauptstadt dieses Reiches mit folgenden Worten: ›So wie noch kein Auge es erblickt, wie noch kein Ohr es gehört hat – mit keinem anderen Ort der Erde vergleichbar.‹« (*Autobiographie eines Yogi,* Kapitel 49)

wortungsbewusstseins. »Warum sollten wir uns um andere Nationen kümmern: Wir haben für unseren materiellen Erfolg gearbeitet, damit wir im Überfluss schwelgen können! Warum sollten sie nicht dasselbe tun?« Hartherzige Arroganz ist kurzsichtig. Dauerhafter nationaler Reichtum hängt nicht nur von natürlichen Rohstoffquellen und vom Einsatz der Bürger einer Nation ab, sondern vor allem von ihrer moralischen Haltung, der Eintracht und ihrer spirituellen Lebensweise. Ganz gleich, wie erfolgreich ein Volk sein mag, wenn es sich der Ausschweifung, der Selbstsucht und Disharmonie verschreibt, werden Bürgerkriege, Verrat und Angriffe von außen folgen, die seine Selbstzufriedenheit erschüttern und sein Glück zerschlagen.

Daher mahnt Jesus, dass weder einzelne Menschen noch Nationen egoistisch sein und ihr ganzes Denken auf Nahrung, Kleidung oder den Erwerb irdischer Schätze richten sollten; vielmehr sollten sie bescheiden sein, ihren Wohlstand mit bedürftigen Brüdern teilen und Gott als den alleinigen Eigentümer und Geber aller Gaben auf dieser Erde anerkennen.

> *Fürchte dich nicht, du kleine Herde! Denn es hat eurem Vater gefallen, euch das Reich zu geben. Verkauft, was ihr habt, und gebt Almosen. Macht euch Beutel, die nicht veralten, erwerbt einen unvergänglichen Schatz im Himmel, wo sich kein Dieb nähert und wo keine Motten ihn fressen. Denn wo euer Schatz ist, da wird auch euer Herz sein.* (*Lukas* 12, 32–34)[5]

»Fürchtet euch nicht, meine kleine Jüngerschar, denn durch eure Hingabe seid ihr in den Augen des Vaters gerechtfertigt, und freudig schenkt Er euch das Reich der Allgegenwart; dieses ist euer rechtmäßiges Erbe, denn ihr seid Seine Kinder, die Er nach Seinem Bilde erschaffen hat.«

Die Worte Jesu verdeutlichen Folgendes: Zwar muss der Gottsucher sich selbst bemühen, das Bild Gottes in seiner Seele zu erkennen, aber die spirituelle Befreiung hängt letztlich von der göttlichen Gnade, dem »Wohlgefallen« des Vaters, ab. Niemand kann Gott das spiritu-

---

[5] Vgl. diese Verse mit dem Kommentar zu den Versen *Matthäus* 6, 19–21; siehe Diskurs 28, Band I).

elle Reich abringen, indem er lediglich das geistige Gesetz befolgt, denn der Himmlische Vater behält sich das Recht vor, Erlösung dann zu schenken, wenn Er es für richtig hält. Es ist jedem Menschen bestimmt, letztendlich seine Göttlichkeit zurückzugewinnen, selbst wenn er jetzt noch tief unter dem Schutt inkarnationenlanger Täuschung begraben liegt. Es hat dem Himmlischen Vater »wohl gefallen«, den Seelen aller Seiner menschlichen Kinder Sein vollkommenes Abbild aufzuprägen; und wenn sie sich nicht länger mit ihrer menschlichen Natur identifizieren und das makellose Bild ihrer Göttlichkeit zum Vorschein bringen, dann – und nur dann – nimmt der Himmlische Vater Seine verlorenen Kinder freudig wieder in Sein Reich der Unsterblichkeit auf.

Des Vaters »Wohlgefallen«: die göttliche Gnade, die spirituelle Befreiung schenkt

Im Weiteren spricht Jesus über die Pflicht eines Wahrheitssuchers, der allem entsagt hat, ausschließlich nach Gott verlangt und für dieses Ziel alles andere aufgibt:

»Da ihr von ganzem Herzen wünscht, Gott zu erkennen, und euch deshalb entschieden habt, dem Weg der Entsagung zu folgen, befreit euch aus euren irdischen Verstrickungen, verkauft euren Besitz und lasst den Erlös dem Gemeinwohl zukommen, um damit den Armen und Bedürftigen zu helfen. Investiert euer Vertrauen nicht in die ›*Beutel*‹ materiellen Besitzes, die im Laufe ihres Gebrauchs verschleißen. Tragt stets den neuen, in der Meditation gewirkten Beutel der Intuition mit euch, in welchem ihr die himmlischen Schätze unvergänglicher göttlicher Eigenschaften aufbewahrt – Weisheit, Glückseligkeit und Bewusstheit der Allgegenwart –, die euch niemals im Stich lassen werden. Ein solcher Schatz kann nicht vom Räuber Tod geplündert oder von den Motten der Zeit zerfressen werden. Weltliche Menschen suchen in flüchtigen materiellen Vergnügen und unbeständigen Anschaffungen nach Sicherheit, ihr aber sollt euer Herz auf die ewig währende Freude der Gotteserkenntnis richten, die ihr in der Meditation gefunden habt.«

Lasst eure Lenden umgürtet sein und eure Lichter brennen und seid wie Menschen, die darauf warten, dass ihr Herr von der Hochzeit zurückkehrt, um ihm, wenn er kommt und anklopft, sogleich zu öffnen. Selig sind die Diener, die der Herr, wenn er kommt, wachend findet. Wahrlich, ich sage euch: Er wird sich gürten, wird sie zu Tisch bitten, herantreten und sie bedienen.

Und wenn er in der zweiten Nachtwache oder in der dritten Nachtwache kommt und sie so vorfindet: Selig sind diese Diener. Das sollt ihr aber wissen: Wenn der Hausherr wüsste, in welcher Stunde der Dieb kommt, so würde er wachen und es nicht zulassen, dass in sein Haus eingebrochen wird. Darum haltet auch ihr euch bereit; denn der Menschensohn kommt zu einer Stunde, in der ihr es nicht vermutet.

Petrus aber sprach zu ihm: Herr, sagst du dieses Gleichnis uns oder auch allen anderen?

Der Herr aber sprach: Wer ist nun der treue und kluge Verwalter, den sein Herr über seine Dienerschaft setzen wird, damit er ihnen zur rechten Zeit die zugemessene Speise gibt? Selig ist der Diener, den sein Herr, wenn er kommt, bei solchem Tun findet. Wahrlich, ich sage euch: Er wird ihn über alle seine Güter setzen. Wenn aber dieser Diener in seinem Herzen sagt: Mein Herr kommt noch lange nicht, und dann anfängt, die Knechte und Mägde zu schlagen, und zu essen und zu trinken und sich zu berauschen, dann wird der Herr dieses Dieners an einem Tag kommen, an dem er ihn nicht erwartet und zu einer Stunde, die er nicht weiß, und wird ihn in Stücke hauen lassen und ihm seinen Platz bei den Ungläubigen geben. Der Diener aber, der seines Herrn Willen gekannt, und sich nicht darauf vorbereitet oder nach seinem Willen gehandelt hat, der wird viele Schläge erhalten. Aber der, der seinen Willen nicht gekannt, aber getan hat, was Schläge verdient, wird wenig Schläge erhalten. Denn wem viel gegeben ist, von dem wird viel verlangt; und wem viel anvertraut wurde, von dem wird umso mehr gefordert. (*Lukas* 12, 35–48)

Parallelstellen:

Das sollt ihr aber wissen: Wenn der Hausherr wüsste, zu welcher Stunde der Dieb kommt, so würde er ja wachen und es nicht zulassen, dass in sein Haus eingebrochen wird. Darum haltet auch ihr euch bereit; denn der Menschensohn kommt zu einer Stunde, in der ihr es nicht erwartet. Wer ist nun ein treuer und kluger Diener, den sein Herr über seine Dienerschaft gesetzt hat, damit er ihnen zu rechter Zeit Speise gebe? Selig ist der Diener, den sein Herr, wenn er kommt, bei solchem Tun findet. Wahrlich ich sage euch: Er wird ihn über alle seine Güter setzen. Wenn aber jener böse Diener in seinem Herzen sagt: Mein Herr kommt noch lange nicht, und fängt an, die anderen Diener zu schlagen und mit den Betrunkenen zu essen und zu trinken, dann wird der Herr dieses Dieners an einem Tag kommen, an dem er ihn nicht erwartet und zu einer Stunde, die er nicht weiß, und wird ihn in Stücke hauen lassen und wird ihm seinen Platz bei den Heuchlern geben: da wird Heulen und Zähneknirschen sein. (*Matthäus* 24, 43–51)

Seid auf der Hut, bleibt wach und betet; denn ihr wisst nicht, wann die Zeit da ist. Denn der Menschensohn gleicht einem Mann, der eine weite Reise unternahm, sein Haus verließ und seinen Dienern Vollmacht gab, und einem jeden seine Aufgabe zuteilte, und dem Türhüter gebot, zu wachen. Darum seid wachsam, denn ihr wisst nicht, wann der Herr des Hauses kommt, ob er am Abend oder zu Mitternacht oder um den Hahnenschrei oder am Morgen kommt, damit er euch nicht schlafend findet, wenn er unvermutet kommt. Was ich aber euch sage, das sage ich allen: Seid wachsam! (*Markus* 13, 33–37)

Die geistige Bedeutung des Gleichnisses vom treuen und weisen Hausherrn

»Haltet eure spirituelle Willenskraft bereit und richtet eure Aufmerksamkeit nach innen, auf die Lichter oder Sterne in den Wirbelsäulenzentren, mit deren Hilfe ihr euer Bewusstsein von der Identifikation mit dem begrenzten Körper zur Unendlichkeit lenken könnt – indem ihr euer Bewusstsein und eure Lebenskraft durch diese Lichtzentren in den GEIST aufsteigen lasst. Seid wahre Gottsucher, die aufmerksam warten, bis sich das göttliche Kosmische Bewusstsein im Haus ihres Körpers offenbart, wenn es aus der innigen Verbindung mit der Schöpfung zurückkehrt und sich ganz deutlich und ohne den verhüllenden Schleier der Naturerscheinungen in eurem Bewusstsein zu erkennen gibt.

Wenn das Kosmische Bewusstsein naht und an das Tor der Intuition des Gottsuchers klopft, muss es mit erwartungsvoller Hingabe empfangen werden. Diejenigen Verehrer und Diener Gottes werden mit ewiger Befreiung gesegnet, die das Kosmische Bewusstsein bei seiner Heimkehr in ihr Bewusstsein in folgendem Zustand vorfindet: wach, achtsam und in weiser Bereitschaft, Gott zu empfangen und die Unwissenheit zu verbannen.

Bei der Wahrheit, die ich in meinem Inneren fühle, verkünde ich euch: Wenn Gott auf diese Weise zu solch treuen Verehrern kommt, dann wird Er sie mit einem Festmahl wahrer Weisheit und Gottverbundenheit bewirten. Und wenn Er zweimal oder dreimal kommt und von den Anbetern mit dem gleichen achtsamen Bewusstsein aufgenommen wird, dann wird ihnen der Segen geistiger Freiheit zuteil, denn sie haben alle Prüfungen bestanden, die zur Vereinigung mit Gott führen.

Derjenige Gottsucher ist ein würdiger Diener, der sein körperliches und geistiges Haus in seiner Weisheit gut bewacht und dem Dieb Kosmische Unwissenheit keine Gelegenheit gibt, überraschend in sein Bewusstsein einzudringen und ihn seiner geistigen Eigenschaften zu berauben. Wie ein wachsamer Diener sich nicht von einem hereinschleichenden Dieb überraschen lässt, so bleibt auch ein treuer Gottsucher jederzeit bereit für ein plötzliches, leises Kommen des ›*Menschensohnes*‹: für eine Offenbarung oder Erfahrung des Christusbewusstseins oder für die Erkenntnis des unendlichen Christusbewusstseins, das dem Körper als die Seele eingeboren ist als das göttliche SELBST, durch dessen Erscheinen und Intuition Gott erkannt wird.

Auf einen Göttlichen Besuch – auch wenn dieser ohne Vorankündigung stattfinden sollte – ist ein wahrer Gottsucher jederzeit vorbereitet, indem er hierbei Beharrlichkeit und Geduld sowie Hingabe zum Ausdruck bringt. Aber ein Wahrheitssucher von unbeständiger Weisheit – manchmal aufmerksam, dann aber wieder von sprunghafter innerer Ruhelosigkeit ergriffen – verpasst oft den günstigen Augenblick für eine spirituelle Offenbarung. Ein Diener, der in seiner Treue beständig ist und sich stets als weise und achtsam erweist, wird vom Göttlichen Herrn zum Meister des vergeistigten körperlichen und mentalen Hauses erhoben sowie zum Aufseher über die dienenden Sinne eingesetzt, damit er sie beherrscht und mit der nahrhaften Speise der Weisheit versorgt. Wer Gott sucht und dient und seine Fähigkeiten immer weise einsetzt, gewinnt vollkommene Herrschaft über sich selbst, indem er ununterbrochen mit dem ihm innewohnenden Herrn, dem Christusbewusstsein, verbunden bleibt.

Christus und der reiche Jüngling

Jesus aber sah ihn an, gewann ihn lieb und sagte zu ihm: Eines fehlt dir noch! Geh hin, verkaufe alles, was du hast, und gib es den Armen, so wirst du einen Schatz im Himmel haben. Dann komm, nimm das Kreuz auf und folge mir nach.

Er aber war traurig über dieses Wort und ging betrübt weg, denn er besaß ein großes Vermögen.

Markus 10, 21–22

Jesus analysierte den jungen Mann, der zwar die Gebote befolgte, dem es aber dennoch an Gottesbewusstsein mangelte, weil er dem Zwang materialistischer Bindung unterlag. Jesus riet ihm mit sehr deutlichen und offenen Worten: »Verkaufe alles, was du hast« und »nimm das Kreuz auf« – mach dir die befreiende Einstellung innerer Entsagung zu eigen und die Methoden der Selbstdisziplin und Meditation, welche den Geist von der Bindung an Körper und Besitz befreien; »und folge mir nach« – folge dem Weg, den mein Bewusstsein genommen hat, dem Weg, der durch die Tür des geistigen Auges in das Christusbewusstsein führt, damit du bei mir sein kannst im göttlichen Reich ewigen Lebens und ewiger Glückseligkeit.

Paramahansa Yogananda

Gemälde von Heinrich Hofmann

Aber der nachlässige, von Launen getriebene Wahrheitssucher meditiert nicht pflichtbewusst jeden Tag, weil er denkt, dass sein Versäumnis kaum eine Rolle spiele, da sich die Offenbarung des Gottesbewusstseins ohnehin hinauszögere. Da er kein dringendes Bedürfnis empfindet, seinen anspruchsvollen geistigen Verpflichtungen wieder nachzukommen, macht er vorübergehend lieber Rückschritte – er behandelt seine ›*Knechte*‹, die Sinne, schlecht und beleidigt und erniedrigt die ›*Mägde*‹ seiner ehrbaren Gefühle, um Sinnesobjekte zu genießen, wodurch er trunken von der Täuschung wird. Wegen der zeitweilig wertvollen Bestrebungen des Gottsuchers mag das ihm innewohnende Christusbewusstsein eines Tages zu ihm kommen und sich in seinem Bewusstsein offenbaren; aber da es ihn spirituell nachlässig und unachtsam vorfindet, wird es sich von diesem gleichgültigen Bewusstsein trennen und es verlassen. Sollte ein Wahrheitssucher durch seine Hingabe anfänglich einen gewissen Grad an Gottverbundenheit erreicht haben, die ihm nun aus Pflichtvergessenheit verloren geht, gehört er zur Kategorie der Ungläubigen, die niemals Gottverbundenheit erfahren.

Ein Wahrheitssucher, der Gottes Willen intuitiv wahrgenommen, aber keine Vorkehrungen getroffen hat, diesem Willen zu gehorchen und die zugehörigen göttlichen Prüfungen auf sich zu nehmen, wird von Selbstzweifeln gepeinigt; und er wird bittere Reue empfinden, Gott wieder verloren zu haben, nachdem er Ihn bereits gefunden hatte. Doch ein Wahrheitssucher, der in die Irre geht, weil er noch nicht weiß, mit welch erfüllender Freude Gottes Kommen verbunden ist, leidet weniger. Ähnlich wie die Menschen von verantwortlichen Führern der Gesellschaft viel erwarten, wird von weisen Gottsuchern große Achtsamkeit und Heiligmäßigkeit gefordert.«

Drei Gruppen spirituell fortgeschrittener Gottsucher

Zuerst spricht Jesus über solche fortgeschrittenen Gottsucher, die ihr Bewusstsein niemals auf eine niedrigere Ebene absenken sollten, indem sie dem Körper unnötige Aufmerksamkeit schenken; vielmehr sollten sie sich auf die sieben Zentren in der Wirbelsäule und im Gehirn konzentrieren, in denen sich das göttliche Bewusstsein und die göttliche Energie sammeln, damit diese fortgeschrittenen Gottsucher niemals von Unwissenheit heimgesucht werden, sondern stets für die Offenbarung Gottes bereit sind. Der Herr verbirgt sich hinter Seiner Gefährtin, der Natur, und ist mit der Schöpfung beschäftigt. Aber Er wird alle trügerischen Naturerscheinungen verbannen, um sich dem wahren Gottsucher als Licht und Kosmisches Bewusstsein zu offenbaren, »wenn er von der Hochzeit zurückkehrt« – von der Hochzeit zwischen GEIST und Natur.[6]

Als Zweites spricht Jesus von jenen Gottsuchern, die zwar in einem gewissen Ausmaß Gott wahrnehmen, deren spirituelles Gleichgewicht aber noch instabil ist. Wegen der sporadischen Hingabe dieser Gottsucher mag Gott kommen, sich aber wieder entfernen, falls Er feststellt, dass sich der Wahrheitssucher in diesem Augenblick nachlässig und gleichgültig verhält sowie den Sinneserfahrungen hingibt. Jene Suchenden, die bereits bewusst eine Offenbarung Gottes erfahren haben, aber dennoch mit Sinnesversuchungen spielen, erleben, dass sie durch diesen Verstoß einen unerwarteten Besuch Gottes verpasst haben – denn Er hat sich sofort wieder aus ihrem unvorbereiteten Bewusstsein zurückgezogen. Für einen trägen Wahrheitssucher, der Gott, den Universellen Befreier, gefunden hat und Ihn dann plötzlich wieder verliert, ist das geistige Leid besonders schmerzlich –*»Der Diener aber, der seines Herrn Willen gekannt, und sich nicht darauf vorbereitet oder nach seinem Willen gehandelt hat, der wird viele Schläge erhalten.«*

Gott antwortet stets auf die Hingabe eines Suchenden; wenn dieser jedoch sein spirituelles Bestreben mit einer ungeistigen Lebensweise vermischt, entfernt sich Gott, nachdem Er ihm lediglich einen flüchtigen Anblick Seiner selbst gewährt hat. Dennoch sollte eine solch quälend kurze Berührung durch den Herrn ihn dazu ermutigen, sich anhaltender um Gott zu bemühen. Unzählige Menschen glauben nicht, dass tatsächlich ein Kontakt mit Gott möglich ist; doch ein unachtsamer Gottsucher, der solchen Kontakt – wenn auch nur für kurze Zeit – erfahren hat, weiß, dass es sich anders verhält. Sein Schmerz, Gott verloren zu haben, erinnert ihn daran, dass er andauernde Gotteserkenntnis gewinnen kann, wenn er seine widerspenstigen, ungeistigen Gewohnheiten aufgibt.

Dann spricht Jesus über die dritte Gruppe von Gottsuchern, über jene, die spirituelle Vorschriften gedankenlos befolgen: *»Aber der, der seinen Willen nicht gekannt, aber getan hat, was Schläge verdient, wird wenig Schläge erhalten.«* Falls solche Wahrheitssucher in der Meditation zufällig einen flüchtigen Augenblick lang mit Gott in Verbindung

---

[6] Siehe auch die Erklärung zur metaphysischen Bedeutung des Begriffs *»der Bräutigam«* in Diskurs 16, Band I.

treten, leiden sie nicht sehr darunter, wenn sie Ihn wieder verlieren, weil ihrer spirituellen Wahrnehmung Gottes die Tiefe fehlt.

Gott straft seine Wahrheitssucher niemals dadurch, dass er ihnen »*Schläge*« versetzt, sondern sie selbst fügen sich schmerzhafte Hiebe zu – durch ihr eigenes törichtes Verhalten, durch das sie Gott verlieren, nachdem sie einmal für kurze Zeit Verbundenheit mit Ihm erfahren haben.

Wenn die Hingabe eines Gottsuchers genügend entwickelt ist, fällt es ihm nicht schwer, Gottes Gegenwart im Inneren gelegentlich wahrzunehmen oder zu fühlen. Aber um ununterbrochen mit Gott verbunden zu bleiben, muss der Suchende stets auf seinen Bewusstseinszustand achten und sich darin üben, die Gegenwart Gottes zu erfahren, wenn er wach und achtsam ist und sich Seiner auch im Tiefschlaf und während des Träumens gewahr zu sein. Jeder Suchende, der irgendeiner körperlichen oder geistigen Beschäftigung so intensiv nachgeht, dass sie eine vollständig auf Gott ausgerichtete Konzentration verhindert, kann nicht auf Dauer bei Ihm sein.

Die Seele besitzt die Autorität, die ihr dienenden Sinne zu disziplinieren. Jedem der Sinne wurde eine bestimmte Aufgabe zugewiesen, und die Intuition hat den wichtigen Auftrag, das Körperhaus zu bewachen, sodass der Dieb Kosmische Täuschung nicht eindringen kann. Der »*Menschensohn*«, das Christusbewusstsein, das als Seele dem Körper innewohnt und dort wirkt – obwohl tief unter der kosmischen Täuschung verborgen –, ist stets gegenwärtig. Die dienenden Sinne sollten wachgehalten werden, damit sie zu jener unbekannten Stunde, in der sich der Meister, der Christus im Inneren, der Eigentümer des Körperhauses, offenbart, von ihm nicht überrascht werden, weil sie den tiefen Schlaf der kosmischen Täuschung schlafen.

Das Körperhaus muss bewacht werden, um das Eindringen des Diebes Kosmische Täuschung zu verhindern

Der ernsthafte Gottsucher hat die Pflicht, das Körperhaus gegen ein Eindringen des Diebes Kosmische Täuschung zu sichern, damit Elend und Unwissenheit nicht einbrechen und es plündern können. Der treue und weise Gottsucher wird zum von Gott berufenen Oberaufseher über den Haushalt seiner Sinne eingesetzt und versorgt sie mit der Speise der Disziplin und Weisheit, nachdem sie die »rechte Zeit«, den Zustand, erreicht haben, in dem die Seele bereit ist, sich dem Guten zuzuwenden. Ein Wahrheitssucher empfängt großen Segen, wenn sich in ihm das Christusbewusstsein offenbart und sieht, dass er meditiert und über seine Sinne, seine Diener, richtig herrscht. Weil ein solcher spirituell wachsamer Gottsucher alle seine Sinne in der rechten Weise geleitet hat, besitzt er auch Herrschaft über die Eigenschaften seiner Seele und verfügt zugleich mit ihnen über jede erforderliche materielle Kraft.

Ein unachtsamer Gottsucher hingegen gibt dem Gefühl nach, dass seine Meditation nutzlos sei, weil Gott zögert, sich in seinem Inneren zu offenbaren. So beginnt der Betreffende, seine wohlerzogenen Sinne mit der Rute der Versuchungen zu peitschen, und stachelt sie an, Sinnenfreuden zu genießen, wobei er, von Täuschung trunken, sich in ihnen verliert. Sollte aufgrund seiner vergangenen guten Handlungen ein Besuch des Göttlichen in seinem Inneren stattfinden – zu einer Zeit, wenn er es am wenigsten erwartet oder darauf vorbereitet ist –, wird dieses Ereignis völlig unbemerkt von seiner bewussten Wahrnehmung eintreten. Er wird dann als Heuchler betrachtet, weil er vorgab, die ihm übertragenen geistigen Pflichten zu erfüllen, aber in seinem Herzen nicht davon überzeugt war, dass geistige Beständigkeit zum göttlichen Bewusstsein führt. Er wird traurig und wütend über sich und seine Schwächen sein, die ihn von Gott getrennt haben.

Wie man mit bewusster Wachsamkeit die Gegenwart Gottes im eigenen Inneren bewahrt

Die wirkungsvollste spirituelle Gewohnheit, mit der ein Gottsucher stets achtsam bleiben und die Gegenwart Gottes im Inneren wahrnehmen kann, besteht darin, das Bewusstsein immer mit voller Aufmerksamkeit auf das geistige Auge gerichtet zu halten. Der Geist eines durchschnittlichen Menschen ist meist rastlos und befasst sich überwiegend mit weltlichen Angelegenheiten, die infolge ihrer ständig bewegten, wechselhaften Natur die Aufmerksamkeit schwächen. Es ist jedoch notwendig, ein Gegengewicht zu den Pflichten des Lebens zu schaffen, indem man über Gott meditiert; auf diese Weise lernt man, seinen Geist auf ganz wunderbare Weise zu konzentrieren. Wenn ein spirituell ausgeglichener Mensch eine Pflicht erfüllen will, vermag er die gesamte Kraft seiner disziplinierten Aufmerksamkeit darauf zu lenken – und schon ist sie getan! Ist der Geist fest auf Gott gerichtet, manifestiert er sich nach außen als dynamische Kraft, die etwas vollbringt.

Ernsthafte Wahrheitssucher müssen die geistige Gewohnheit entwickeln, den ganzen Tag über an Gott zu denken. Selbst wenn man arbeitet oder mit anderen Menschen zusammen ist und mit ihnen spricht, kann man seinen Geist in Ihm zur Ruhe kommen lassen. Es gibt im Inneren eine Stille und einen Frieden, den die Welt nicht stören kann. Wenn man durch die regelmäßige Übung, sich Gott zu vergegenwärtigen, abgeschirmt wird, können die spitzen Stacheln der menschlichen Gewohnheit, im Körperbewusstsein zu weilen, diesen Schutz nicht durchdringen. Jeden Abend sollte der Gottsucher in der Meditation seine Augen von der Welt abwenden, tief meditieren und beten: »Herr, ununterbrochen habe ich heute den Körper mit mir herumgeschleppt. Schenke mir Freiheit in Deinem Bewusstsein.« Der Verstand wird dagegen einwenden, dass Meditation Plackerei im Dunkeln sei; doch man muss beharrlich damit fortfahren. Wer sich glaubensvoll und ausdauernd jede Nacht und ebenso jeden Morgen in die Stille versenkt, wird reich und nachhaltig mit Frieden und innerer Gelassenheit belohnt: Sie sind die Vorboten, die die unverhüllte Offenbarung der Unendlichen Gegenwart ankündigen.

Daher sollten alle Wahrheitssucher sich entschlossen der Meditation widmen und den Altar im Tempel ihrer Seele stets mit dem Licht ihrer Hingabe erleuchten, sodass der Suchende das leise Kommen Gottes bemerken und Ihn empfangen kann – auch wenn Er ganz plötzlich erscheint. Der weise Dichter Tagore schrieb: »Hast du nicht Seine leisen Schritte vernommen? Er kommt, Er kommt, Er kommt gewiss.«[7] Dank seiner fortgesetzten spirituellen Wachsamkeit und der hingebungsvollen, magnetischen Kraft seiner Erwartung hört der Gottsucher diese leisen Schritte der Gegenwart Gottes.

Ich bin gekommen, um ein Feuer auf Erden zu entzünden; und was wollte ich mehr, als dass es schon brennen würde! Aber mit einer Taufe muss ich getauft werden; wie bedrückt es mich, bis sie vollzogen ist! Meint ihr, ich sei gekommen, um Frieden auf die Erde zu bringen? Nein, sage ich euch, sondern Zwietracht. Denn von nun an werden fünf in einem Haus entzweit sein, drei mit zweien, und zwei mit dreien; es werden entzweit sein Vater und Sohn, und Sohn und Vater, Mutter und Tochter, und Tochter und Mutter, Schwiegermutter und Schwiegertochter, und Schwiegertochter und Schwiegermutter.

[7] Aus *Gitanjali* von Rabindranath Tagore (New York: Macmillan and Co., 1916).

Er sprach aber zu der Volksmenge: Wenn ihr im Westen eine Wolke aufsteigen seht, dann sagt ihr sogleich: Es gibt Regen, und so kommt es. Und wenn ihr den Südwind wehen seht, dann sagt ihr: Es wird heiß werden, und so kommt es. Ihr Heuchler! Das Aussehen der Erde und des Himmels versteht ihr zu deuten; aber wie kommt es, dass ihr die Zeichen dieser Zeit nicht deuten könnt? Warum könnt ihr nicht von euch selbst aus beurteilen, was richtig ist? (*Lukas* 12, 49–57)[8]

Boten der göttlichen Weisheit bringen die feurige Schwingung der offenbarten Wahrheit

»Ich bin gekommen, um auf der Erde das Feuer der Weisheit zu entzünden, das gnadenlos alle Barrikaden der Unwissenheit niederbrennen wird. Dieses Feuer ist schon jetzt entflammt; wie kann ich zufrieden sein, solange die Flamme der Weisheit noch nicht alles Dunkel der Täuschung verschlungen hat, durch das Gott aus dem Leben Seiner irdischen Kinder ausgeschlossen wird! Einige von euch denken, ich sei allein deshalb auf die Erde gekommen, um Frieden zu bringen. Ihr irrt euch, denn meine Weisheit wird auch dazu führen, dass sich eine Kluft zwischen guten und schlechten Menschen auftut. Diejenigen, die mir wahrhaftig und mit dem richtigen Verständnis folgen, werden sich von denen absondern, die im Dunkel leben. Es kann kein Friede in einer Familie herrschen, in der einige ihrer Mitglieder meine Lehren der Wahrheit befolgen und andere auf Ansichten beharren, die durch die satanische Täuschung genährt werden.[9]

O ihr, die ihr mühelos die Zeichen der Natur lest, um das Wetter vorherzusagen, warum begreift ihr nicht, wie bedeutsam diese Zeit ist, in der sich Gottes Wort durch mich kundtut; und warum bildet ihr euch nicht selbst ein Urteil über das, was recht ist, ohne euch von anderen, die unwissend sind, beeinflussen zu lassen?«

Göttliche Sendboten sind Gottes lebendiges Feuer auf Erden. Sie

---

[8] Zum zweiten Absatz der Verse (*Lukas* 12, 54–56) siehe auch den Kommentar zur Parallelstelle in *Matthäus* 16, 2–3 (Diskurs 44, Band II).

[9] Siehe auch Kommentar zu *Matthäus* 10, 34–36 (Diskurs 41, Band II): *»Ihr sollt nicht denken, dass ich gekommen bin, Frieden zu bringen auf die Erde. Ich bin nicht gekommen, Frieden zu bringen, sondern das Schwert. Denn ich bin gekommen, den Sohn mit seinem Vater zu entzweien und die Tochter mit ihrer Mutter und die Schwiegertochter mit ihrer Schwiegermutter. Und des Menschen Feinde werden seine eigenen Hausgenossen sein.«*

kommen als Flamme der Erleuchtung und nicht um zu züchtigen. Deshalb gebot Jesus seinen Jüngern Einhalt, als sie vorschlugen, »dass Feuer vom Himmel falle und sie vernichte«[10]– und zwar diejenigen, die gegen das Werk Jesu angingen. Das Weisheitsfeuer, von dem Jesus sprach, war die menschgewordene Christusintelligenz in ihm. Dieser offenbarten Weisheit wohnt das vibrierende Licht und die vibrierende Kraft des GEISTES inne, und sie ist die wahre Taufe, *»mit der getauft werden soll«*. Johannes der Täufer hatte über Jesus gesagt: *»Er wird euch mit dem Heiligen Geist und mit Feuer taufen. Und er hat seine Wurfschaufel in der Hand: Er wird seine Tenne fegen und den Weizen in seine Scheune sammeln; die Spreu aber wird er verbrennen mit unauslöschlichem Feuer.«*[11]

Weisheit, die feurige Schwingung der offenbarten Wahrheit, schenkt denen, die mit ihr im Einklang sind, Frieden und Befreiung, verbrennt aber jene, die sich ihr widersetzen.[12] Ein richtig unterhaltenes Feuer strahlt Wärme und Licht aus, doch es versengt jeden, der sorglos damit umgeht und seine Macht nicht anerkennt. Ernsthafte Gottsucher bringen sich mit der Wahrheit in Übereinstimmung, indem sie ihre eigene Schwingung durch spirituelle Disziplin erhöhen und daher für den Segen der Wahrheit empfänglich bleiben. Unwissende Menschen jedoch, die mit ihrem unrechten Handeln gegen die Wahrheit verstoßen, stürzen sich selbst ins Elend – sie haben das universelle Gesetz von Ursache und Wirkung missachtet.

> *Wenn du aber mit deinem Gegner vor Gericht gehst, dann gib dir noch unterwegs Mühe, dich mit ihm zu einigen, damit er dich nicht vor den Richter zieht und der Richter dich dem Gerichtsdiener übergibt und der Gerichtsdiener dich ins Gefängnis wirft. Ich sage dir: Von dort wirst du nicht herauskommen, bis du auch den letzten Heller bezahlt hast.* (Lukas 12, 58–59)[13]

---

10 *Lukas* 9, 54 (Diskurs 49, Band II).

11 *Matthäus* 3, 11–12.

12 *»Ist mein Wort nicht wie Feuer, spricht der Herr, und wie ein Hammer, der Felsen zerschmettert?«* (*Jeremia* 23, 29).

13 Diese Verse haben eine Parallelstelle in *Matthäus* 5, 23–26 und werden in jenem Kontext in Diskurs 27, Band I kommentiert.

Jesus warnt vor den karmischen Folgen falschen Verhaltens, vor dem Handeln ohne spirituelle Unterscheidungskraft. Jeder Gottsucher, der bei seiner Innenschau feststellt, dass sein Widersacher – sein aufgrund früherer böser Taten erworbenes schlechtes Karma – ihn vor den Richter des kosmischen Kausalgesetzes gebracht hat, muss darum beten, dass ihm die Folgen seiner üblen Taten nicht angerechnet werden; denn die Mehrzahl der Menschen, die vom Richter des kosmischen Gesetzes verurteilt werden, werden von den Gerichtsdienern – den karmischen Neigungen, die schändlichem Handeln entsprungen sind – ins Gefängnis des Leidens geworfen. Folglich mahnt Jesus: »Ich sage euch, ihr könnt dem Tribunal des kosmischen Kausalgesetzes, das alle menschliche Tätigkeiten regiert, nicht entrinnen, solange ihr nicht euer schlechtes Karma durch Schmerzen, innere Läuterung und Gebet abgearbeitet habt.«

Der Mensch kann sich teilweise – und mit der Zeit völlig – von den Auswirkungen seines schlimmen Karmas befreien, wenn er unentwegt und mit inniger Hingabe den Urheber des kosmischen Gesetzes, den Höchsten Göttlichen Richter, um Vergebung bittet; denn Er ist die höchste Zuflucht des Menschen, und von Ihm empfängt er ausgleichende Gnade und Erlösung.

Über den Verfasser

Paramahansa Yogananda wurde am 5. Januar 1893 in der nordindischen Stadt Gorakhpur, am Fuße des Himalaja-Gebirges, geboren und erhielt den Namen Mukunda Lal Ghosh. Schon während seiner frühesten Kindheit war es augenscheinlich, dass er eine göttliche Bestimmung hatte. Wie die ihm am nächsten stehenden Menschen berichteten, ging die Tiefe seiner Wahrnehmungen und geistigen Erfahrungen, schon als er Kind war, weit über das übliche Maß hinaus. In seiner Jugend suchte er viele Heilige und Philosophen Indiens auf – in der Hoffnung, einen erleuchteten Lehrer zu finden, der ihm auf seiner geistigen Suche helfen könnte.

Im Jahre 1910, als Yogananda siebzehn Jahre alt war, begegnete er dem verehrungswürdigen Swami Sri Yukteswar und wurde dessen Jünger. Im Ashram dieses großen Yoga-Meisters verbrachte er den größten Teil der nächsten zehn Jahre und empfing Sri Yukteswars strenge, aber liebevolle geistige Schulung. Nachdem er 1915 sein Staatsexamen an der Universität Kalkutta bestanden hatte, legte er das Gelübde als Mönch des altehrwürdigen indischen Swami-Ordens ab und erhielt den Namen Yogananda (Glückseligkeit – *Ananda* – durch göttliche Vereinigung – *Yoga*).

1917 begann Sri Yogananda sein Lebenswerk, indem er eine Knabenschule gründete, in der »richtige Lebensführung« gelehrt und neuzeitliche Erziehungsmethoden durch eine Schulung im Yoga und in geistigen Idealen ergänzt wurden. Drei Jahre später wurde er aufgefordert, als Vertreter Indiens am Internationalen Kongress der Freireligiösen Bewegung in Boston, USA, teilzunehmen. Seine Ansprache über das Thema »Religion als Wissenschaft« wurde von den Kongressteilnehmern begeistert aufgenommen.

Während der nächsten Jahre hielt er Vorträge und Seminare an der Ostküste der Vereinigten Staaten und begann 1924 eine Vortragsreise durch den ganzen Kontinent. Für die Zehntausende von Menschen des Westens, die während der nächsten zehn Jahre seine Vorträge besuchten, waren seine Worte über die Übereinstimmung zwischen »den ursprünglichen Lehren Jesu Christi und dem ursprünglichen, von Bhagavan Krishna gelehrten Yoga« eine Offenbarung. Am 28. Januar 1925 berichtete die *Los Angeles Times:* »Das Auditorium der Philharmonie bietet ein außergewöhnliches Schauspiel. ... Tausende werden eine Stunde vor dem angekündigten Vortrag abgewiesen, weil der 3000 Personen fassende Saal bis auf den letzten Platz besetzt ist. Swami Yogananda ist die Sensation. Ein Hindu, der in die Vereinigten Staaten gekommen ist, um eine christliche Gemeinschaft näher zu Gott zu führen, und der über die Quintessenz der christlichen Lehre predigt.«

Später im selben Jahr errichtete Sri Yogananda in Los Angeles den Internationalen Hauptsitz der Self-Realization Fellowship – jener Organisation, die er 1920 gegründet hatte, um seine Lehre zu verbreiten und das von ihm begonnene Werk fortzusetzen.

»Paramahansa Yogananda brachte dem Westen nicht nur Indiens zeitlose Botschaft der Gottverwirklichung, sondern auch eine praktische Methode, mit der Wahrheitssucher aller Gesellschaftsschichten das ersehnte Ziel in absehbarer Zeit erreichen können«, schrieb Dr. Quincy Howe jun., Professor für alte Sprachen am Scripps College in Claremont, Kalifornien. »Auch wenn das geistige Vermächtnis Indiens in seiner erhabenen und abstrakten Form im Westen von jeher geschätzt wurde, so ist es jetzt durch Übungsmethoden und eigene Erfahrung all denen zugänglich, die Gott nicht erst im Jenseits, sondern hier und jetzt finden wollen. ... Yogananda hat allen den Zugang zu den höchst entwickelten Methoden der Kontemplation geöffnet.«

Der *Cincinnati Enquirer* berichtete am 1. Dezember 1926: »Swami Yogananda wurde gestern im Hotel Sinton von über tausend Männern und Frauen begrüßt, und Hunderte konnten aus Platzmangel nicht eingelassen werden. Zu dieser enthusiastischen Menge gehörten Literaten, Mediziner, führende Persönlichkeiten aus der Modebranche, Geistliche und in der Tat auch seine Anhänger aus vielen Gesellschaftsschichten. Der Swami wurde immer wieder vom begeisterten Applaus der Zuhörerschaft unterbrochen, die seinen Worten mit tiefer Aufmerksamkeit folgte.« Und in einem Bericht der *Washington Post* vom 25. Januar 1927 heißt es: »Ungefähr 5000 Menschen füllten den Saal bis zum letzten Platz, um seinen ersten Vortrag im Washington-Auditorium zu hören ... wobei der Swami alle Rekorde brach, was das anhaltende Interesse der Zuhörer betrifft.«

Nachdem Sri Yogananda fünfzehn Jahre im Westen gelehrt hatte, brach er 1935 zu einem Besuch nach Indien auf. Dort kam es zu einem langersehnten Wiedersehen mit seinem Guru Sri Yukteswar, der ihm den höchsten religiösen Titel Indiens, *Paramahansa*, verlieh; diesen Titel erhalten nur diejenigen, von denen man annimmt, dass sie die unauflösliche Einheit mit Gott erlangt haben. Während seines

Aufenthalts reiste er in seinem Heimatland umher, hielt Vorträge und traf sich mit vielen geistigen Vordenkern, darunter Mahatma Gandhi, der Yogananda um die Einweihung in den *Kriya-Yoga* bat.

Nachdem er Ende 1936 von Indien nach Amerika zurückgekehrt war, schränkte er seine landesweite Vortragstätigkeit immer mehr ein, um sein weltweites Werk auf ein festes Fundament zu stellen und Zeit für das Verfassen seiner Bücher zu finden, die seine Botschaft zukünftigen Generationen vermitteln sollten. Seine Lebensgeschichte, *Autobiographie eines Yogi,* wurde 1946 veröffentlicht und 1951 von ihm wesentlich erweitert. Das Buch galt von Anfang an als ein bahnbrechendes Werk auf seinem Gebiet und ist seit seinem Erscheinen vor mehr als siebzig Jahren ständig in neuen Auflagen von der Self-Realization Fellowship herausgebracht worden.

Am 7. März 1952 trat Paramahansa Yogananda in den *Mahasamadhi* ein (das ist der bewusste Austritt eines erleuchteten Meisters aus dem Körper während des physischen Todes). Nach seinem Hinscheiden gab es eine wahre Flut von Anerkennungsschreiben, die von geistigen Führern, Würdenträgern, Freunden und Jüngern aus aller Welt kamen und von tiefer Ehrfurcht und Dankbarkeit zeugten. Der ehemalige Redakteur für Religion bei der *Los Angeles Times*, Dan Thrapp, stellte 1992 fest: »Im Laufe der Geschichte gibt es immer wieder Menschen – wie Jesus, Buddha und andere –, die inspiriert sind und dies zum Ausdruck bringen; sie strahlen so viel Charisma auf andere aus, dass sich ihr Einfluss ausbreitet. Ich meine, Yogananda war einer solcher Mensch ... Er war inspiriert ... einer der Großen. Er zeigte den Menschen den Weg zu einer reineren, unverfälschten Art des Glaubens, zu einem universellen Glauben.«

Die indische Regierung ehrte den hoch geschätzten Guru 1977 mit einer Gedenkbriefmarke und zollte ihm folgenden Tribut: »Das Ideal der Gottesliebe und des Dienstes an der Menschheit fand schönsten Ausdruck im Leben Paramahansa Yoganandas. ... Obgleich er den größten Teil seines Lebens außerhalb Indiens verbrachte, gehört er zu unseren großen Heiligen. Sein Werk breitet sich immer mehr aus und wird zu einem immer helleren Licht, das den Menschen aller Länder auf ihrer Pilgerreise zu Gott den Weg weist.«

Dieser nachhaltige Einfluss, den Sri Yogananda ausgeübt hat, wird auch von Gelehrten und Journalisten gewürdigt. »Nur wenige Bücher haben die populäre Theologie mehr geprägt als Paramahansa Yoganandas *Autobiographie eines Yogi,*« bemerkt Phyllis Tickle, die ehemalige Redakteurin für Religion bei *Publishers Weekly*. Seine Lehre »hinterließ eine unauslöschliche Spur in der Entwicklung der amerikanischen Spiritualität«, schrieb Dr. Robert S. Ellwood, der ehemalige Leiter der School of Religion an der University of Southern California. »Yogananda ist zu einer Ikone geworden – ein erstaunlicher, tiefgründiger, liebevoller, poetischer, ekstatischer, vom kosmischen Leben berauschter Mensch –, der die Landkarte des religiösen Lebens in Amerika verändert hat.«

Heute wird das von Paramahansa Yogananda begonnene geistige und humanitäre Werk unter der Leitung von Bruder Chidananda, Präsident der Self-Realization Fellowship/Yogoda Satsanga Society of India, weitergeführt.[1] Die Organisation veröffentlicht Paramahansa Yoganandas Vorträge, Bücher und spontane Ansprachen – neben einer umfangreichen Serie von *Lehrbriefen*, die man im Selbststudium durcharbeiten kann, und einer jährlichen Zeitschrift mit dem Titel *Self-Realization*. Außerdem hilft sie ihren Mitgliedern bei der Anwendung der Lehre Sri Yoganandas, leitet die Tempel, Stätten der inneren Einkehr [Retreats] und Meditationszentren in aller Welt sowie die klösterlichen Gemeinschaften des Ordens der Self-Realization Fellowship; sie koordiniert ferner den Weltweiten Gebetskreis, der dazu beiträgt, Menschen mit körperlichen, geistigen und seelischen Problemen Heilung zu bringen und größere Harmonie unter den Nationen zu schaffen.

---

[1] Das Werk Paramahansa Yoganandas ist in Indien unter dem Namen Yogoda Satsanga Society bekannt.

Paramahansa Yogananda – ein Yogi im Leben und im Tod

Am 7. März 1952 hielt Paramahansa Yogananda in Los Angeles/ Kalifornien auf einem Bankett, das zu Ehren des indischen Botschafters, Seiner Exzellenz Binay R. Sen, veranstaltet wurde, eine Ansprache. Unmittelbar danach ging er in den *Mahasamadhi* ein (das ist der endgültige und bewusste Austritt eines Yogis aus seinem Körper).

Der große Weltlehrer bewies nicht nur während seines Lebens, sondern auch noch im Tode die Wirksamkeit des Yoga (der wissenschaftlichen Techniken, die zur Gottvereinigung führen). Noch mehrere Wochen nach seinem Hinscheiden leuchtete sein unverändertes Antlitz in einem göttlichen Glanz – unberührt von jeder Verwesung.

Harry T. Rowe, der Direktor des Friedhofs vom *Forest Lawn Memorial Park* in Los Angeles (wo der Körper des großen Meisters vorübergehend ruht), sandte der *Self-Realization Fellowship* eine beglaubigte Urkunde, der wir hier folgende Auszüge entnehmen:

»Das Ausbleiben jeder Verfallserscheinung am Leichnam Paramahansa Yoganandas stellt den außergewöhnlichsten Fall in allen unseren Erfahrungen dar. ... Selbst zwanzig Tage nach seinem Tode war kein Zeichen einer körperlichen Auflösung festzustellen. ... Die Haut zeigte keine Spuren von Verwesung, und im Körpergewebe ließ sich keine Austrocknung erkennen. Ein solcher Zustand von Unverweslichkeit ist, soweit wir aus Friedhofsannalen wissen, einzigartig. ... Als uns Yoganandas Körper übergeben wurde, erwarteten die Friedhofsbeamten, dass sich allmählich, wie bei jedem Leichnam, die üblichen Verfallserscheinungen einstellen würden. Mit wachsendem Erstaunen sahen wir jedoch einen Tag nach dem anderen verstreichen, ohne dass der in einem gläsernen Sarg liegende Körper irgendeine sichtbare Veränderung aufwies. Yoganandas Körper befand sich anscheinend in einem phänomenalen, unverweslichen Zustand. ...

Kein Verwesungsgeruch konnte während der ganzen Zeit an seinem Körper wahrgenommen werden. ... Die körperliche Erscheinung Yoganandas war am 27. März, kurz bevor der Bronzedeckel auf den Sarg gelegt wurde, die gleiche wie am 7. März. Er sah am 27. März genauso frisch und vom Tode unberührt aus wie am Abend seines Todes. Es lag also am 27. März keine Veranlassung vor zu behaupten, dass sein Körper auch nur das geringste Zeichen der Zersetzung aufweise. Aus diesem Grunde möchten wir nochmals betonen, dass der Fall Paramahansa Yoganandas unseres Wissens einzigartig ist.«

Ziele und Ideale der Self-Realization Fellowship

dargelegt von ihrem Gründer Paramahansa Yogananda
Präsident: Bruder Chidananda

Menschen aller Nationen mit bestimmten, wissenschaftlichen Techniken bekannt zu machen, die zur unmittelbaren, persönlichen Gotteserfahrung führen;

zu lehren, dass der Sinn des Lebens in der Höherentwicklung des begrenzten menschlichen Bewusstseins liegt, bis es sich aus eigener Kraft zum Bewusstsein Gottes erweitert, und zu diesem Zweck Tempel der *Self-Realization Fellowship* in aller Welt zu errichten, in denen wahre Gottverbundenheit gepflegt wird, und die Menschen außerdem anzuregen, sich in ihrem eigenen Heim und Herzen einen Tempel Gottes zu schaffen;

darzulegen, dass das ursprüngliche, von Jesus Christus gelehrte Christentum und der ursprüngliche, von Bhagavan Krishna gelehrte Yoga im Wesentlichen völlig übereinstimmen und dass ihre Prinzipien der Wahrheit die wissenschaftliche Grundlage aller echten Religionen bilden;

auf den schnellsten Weg zu Gott hinzuweisen, in den alle wahren religiösen Wege schließlich einmünden: auf den Weg täglicher, wissenschaftlicher und hingebungsvoller Meditation über Gott;

die Menschen von ihrem dreifachen Leiden zu befreien: körperlicher Krankheit, geistiger Unausgeglichenheit und spiritueller Unwissenheit;

die Menschen zu einem einfacheren Leben und tieferen Denken anzuregen und unter allen Völkern den Geist wahrer Brüderlichkeit zu verbreiten, indem ihnen die Erkenntnis vermittelt wird, dass alle Menschen Kinder des einen Gottes sind;

die Überlegenheit des Geistes über den Körper und die der Seele über den Geist zu beweisen;

Böses durch Gutes, Leid durch Freude, Grausamkeit durch Güte, Unwissenheit durch Weisheit zu besiegen;

Wissenschaft und Religion durch die Erkenntnis, dass beide auf denselben Gesetzen beruhen, miteinander in Einklang zu bringen;

die geistige Verständigung und den kulturellen Austausch zwischen Morgen- und Abendland zu fördern;

der ganzen Menschheit als dem eigenen, erweiterten Selbst zu dienen.

Ebenfalls von der Self-Realization Fellowship herausgegeben:

Autobiographie eines Yogi

von Paramahansa Yogananda
(Art.-Nr: 1009, Paperback; 1060, gebunden; 2702, Hörbuch.
E-Book: Kindle-Ausgabe und ePub-Ausgabe)

Diese Autobiographie, die großen Anklang gefunden hat und in die Liste der 100 besten spirituellen Bücher des 20. Jahrhunderts aufgenommen wurde, ist das faszinierende Lebensbild einer der großen geistigen Persönlichkeiten der heutigen Zeit. Mit gewinnender Offenheit, Erzählkunst und köstlichem Humor schreibt Paramahansa Yogananda seine inspirierende Lebensgeschichte – schildert die Erlebnisse seiner ungewöhnlichen Kindheit, Begegnungen mit vielen Heiligen und Weisen während seiner Jugendjahre, als er in ganz Indien nach einem erleuchteten Lehrer suchte, seine zehnjährige Schulung in der Einsiedelei eines verehrungswürdigen Yoga-Meisters und seinen 30-jährigen Aufenthalt in Amerika, wo er seine Lehre verbreitete. Außerdem berichtet er über seine Begegnungen mit Mahatma Gandhi, Rabindranath Tagore, Luther Burbank, der katholischen Stigmatisierten Therese Neumann und anderen berühmten geistigen Persönlichkeiten aus Ost und West.

Die *Autobiographie eines Yogi* ist nicht nur eine wunderbar geschriebene Lebensgeschichte, sondern auch eine tiefgründige Einführung in die alte Yoga-Wissenschaft und ihre seit alters geschätzten traditionellen Meditationsmethoden. Der Autor erklärt mit aller Genauigkeit die feinen, aber präzisen Gesetze, die sich hinter den alltäglichen Begebenheiten wie auch hinter den außergewöhnlichen Ereignissen verbergen, die man allgemein als Wunder bezeichnet. Seine fesselnde Lebensgeschichte gibt dem Leser daher Gelegenheit, in die letzten Geheimnisse des menschlichen Lebens einzudringen und einen unauslöschlichen Eindruck davon zu empfangen.

Das Buch erschien 1946 zum ersten Mal (als originale englische Ausgabe), wurde 1951 von Paramahansa Yogananda erweitert und wird seitdem von der Self-Realization Fellowship fortlaufend neu aufgelegt. Das Buch gilt als ein moderner Klassiker, wurde in mehr als fünfzig Sprachen übersetzt und wird in vielen Hochschulen und Universitäten als Textbuch und Nachschlagewerk benutzt. Als ein ständiger Bestseller, seit die *Autobiographie eines Yogi* vor mehr als 70 Jahren zum ersten Mal erschien, hat sie ihren Weg in die Herzen von Millionen Lesern in aller Welt gefunden.

* * *

»Ein außergewöhnlicher Bericht.«

The New York Times

»Eine faszinierende und klar kommentierte Studie.«

Newsweek

»Auf den Seiten dieser von unvergleichlichem und scharfem Geist gestalteten Darstellung eines faszinierenden Lebens wird ein Menschenbild von einer so ungeheuerlichen Größe offenbar, dass es den Leser von der ersten bis zur letzten Seite atemlos in Bann hält. ... Man möchte dieser bedeutenden Biographie die Kraft zusprechen, eine geistige Reformation auszulösen.«

Schleswig-Holsteinische Tagespost

Weitere Bücher von Paramahansa Yogananda

Erhältlich in Buchhandlungen
(*bitte erwähnen, dass es sich um einen amerikanischen Verlag handelt*);
bei Brockhaus Commission, Tel. 07154 / 1327-0, Fax 07154 / 1327-13,
E-Mail: bestell@brocom.de; (*bitte Art.-Nr. bereithalten*)
oder direkt beim Herausgeber, *Self-Realization Fellowship*,
Tel. 001/ 818-549-5151 (nur auf Englisch)
oder www.srfbooks.org

***Gott spricht mit Arjuna:** Die Bhagavad-Gita – Neue Übersetzung und neuer Kommentar* *Art.-Nr. 1424*

In diesem grandiosen zweibändigen Werk offenbart Paramahansa Yogananda die innerste Essenz dieser bedeutendsten heiligen Schrift Indiens. Er erkundet ihre psychologischen, geistigen und metaphysischen Tiefen und präsentiert dem Leser eine atemberaubende Chronik der Ereignisse, die der Seele – beim Einsatz der königlichen Wissenschaft der Gottverwirklichung – auf ihrem Weg zur Erleuchtung widerfahren.

***Der Yoga der Bhagavad-Gita:** Eine Einführung in die universale indische Wissenschaft der Gottverwirklichung* *Art.-Nr. 1732*

Diese Zusammenstellung ausgewählter Abschnitte aus *Gott spricht mit Arjuna* – Paramahansa Yoganandas profunder, von der Kritik mit großer Anerkennung bedachter Übersetzung und Auslegung der Bhagavad-Gita – bietet Wahrheitssuchern eine ideale Einführung in die zeitlose, universale Lehre der Gita. Zum ersten Mal werden alle von Yogananda übersetzten Verse der Bhagavad-Gita in ununterbrochener Folge präsentiert.

***Der Yoga Jesu:** Einblick in die verborgenen Lehren der Evangelien* *Art.-Nr. 1736*

Dieses kompakte Buch ist eine Auswahl aus Paramahansa Yoganandas hochgepriesenem dreibändigen Werk *Die Wiederkunft Christi.* In den vorliegenden Texten wird bestätigt, dass Jesus – wie die ehrwürdigen Weisen und Meister des Ostens – die Grundsätze des Yoga nicht nur selbst kannte, sondern diese universale Wissenschaft der Gottverwirklichung auch an seine engeren Jünger weitergab. Sri Yogananda zeigt, dass Jesu Botschaft nichts mit sektiererischer Uneinigkeit zu tun hat, sondern dass sie einen vereinigenden Weg darstellt, der Wahrheitssuchern aller Glaubensrichtungen ermöglicht, das Reich Gottes zu erlangen.

Die ewige Suche des Menschen *Art.-Nr. 1613*

Paramahansa Yoganandas *Gesammelte Vorträge und Essays* (Band I–III) bieten eine ausführliche Erörterung des weiten Spektrums inspirierender und universaler Wahrheiten, die Millionen Leser der *Autobiographie eines Yogi* gefesselt haben. In diesem Band I werden u. a. erklärt: wenig bekannte und bisher kaum verstandene Aspekte der Meditation; das Leben nach dem Tode; das Wesen der Schöpfung; Gesundheit und Heilung; die unbegrenzte Kraft des Geistes; unsere ewige Suche, die nur in Gott Erfüllung findet.

Im Zauber des Göttlichen *Art.-Nr. 1640*

Band II von Paramahansa Yoganandas *Gesammelten Vorträge und Essays*. Eine Auswahl aus den breit gefächerten Themen: *Wie man göttliche Liebe entwickelt; Wie man physische, geistige und seelische Heilmethoden miteinander in Einklang bringt; Eine Welt ohne Grenzen; Nehmt euer Schicksal selbst in die Hand; Die Kunst, das sterbliche Bewusstsein und den Tod durch Yoga zu überwinden; Der Kosmische Liebende; Wie man die Freude im Leben findet.*

Die Reise zur SELBST-Verwirklichung *Art.-Nr. 1657*

Die praktischen Vorträge zur »richtigen Lebensführung« im dritten Band der *Gesammelten Vorträge und Essays* zeigen, wie jeder Einzelne von uns die unerschöpfliche innere Quelle anzapfen kann, die in unserer Seele liegt, und wie wir im eigenen Leben, in unseren Familien, unserer Umgebung und in unserer Welt größere Harmonie schaffen können. Einige der Themen: *Wie man immerwährende Jugendlichkeit zum Ausdruck bringt; Beschleunigung der menschlichen Entwicklung; Vergegenwärtigt euch Gott im täglichen Leben.*

Der Wein des Mystikers: *Die Rubaijat von Omar Chajjam – Eine geistige Deutung* *Art.-Nr. 1579*

Ein inspirierender Kommentar zur geheimnisvollen Bildersprache der *Rubaijat*, der Licht auf die mystische Wissenschaft der Gottverbundenheit wirft. Das Buch enthält 50 farbige Original-Illustrationen und gewann 1995 den Benjamin-Franklin-Preis für das beste Buch auf dem Gebiet der Religion.

An der Quelle des Lichts: *Einsichten und Inspirationen, um den Herausforderungen des Lebens zu begegnen* *Art.-Nr. 1672*

Erleuchtende Gedanken, nach Themen geordnet. In diesem praktischen Handbuch findet der Leser in Krisenzeiten rasche Orientierungshilfe; er kann das Buch auch dazu benutzen, sich erneut die ewig gegenwärtige Kraft Gottes bewusst zu machen, um sich für das Alltagsleben zu stärken.

Flüstern aus der Ewigkeit *Art.-Nr. 1106*

Eine Sammlung von Paramahansa Yoganandas Gebeten und Meditationserlebnissen im göttlichen Bewusstseinszustand. Seine Worte bringen durch ihre poetische Schönheit und ihren majestätischen Rhythmus die unerschöpfliche Mannigfaltigkeit Gottes zum Ausdruck und auch die unsagbare Seligkeit, die Er allen aufrichtigen Suchern schenkt.

Religion als Wissenschaft *Art.-Nr. 1158*

Jeder Mensch, so schreibt Paramahansa Yogananda, hat einen unleugbaren Wunsch: Leid zu überwinden und dauerhaftes Glück zu erlangen. Sri Yogananda untersucht die relative Wirksamkeit der verschiedenen Methoden, die zu diesem Ziel führen, und erklärt dann, auf welche Weise es möglich ist, jene Sehnsucht zu erfüllen.

Aus der Quelle der Seele: Wege zum erfolgreichen Beten *Art.-Nr. 1621*

Erhebende Gedanken aus den Schriften Paramahansa Yoganandas. Das Buch ist ein inspirierender Weggefährte, der uns täglich aufs Neue zeigt, wie das Gebet jeden Tag zu einem Quell der Liebe, der Kraft und der inneren Führung werden kann.

Wege zum inneren Frieden: Ruhige Tätigkeit – tätige Ruhe *Art.-Nr. 1632*

Eine Auswahl praktischer und inspirierender Ratschläge aus den Ansprachen und Schriften Paramahansa Yoganandas. »Tätige Ruhe« entsteht, wenn wir in der Meditation inneren Frieden finden; und »ruhige Tätigkeit« entfaltet sich, wenn wir fest verankert bleiben in der Stille und Freude unseres wahren SELBST, während wir ein aktives, erfülltes und ausgeglichenes Leben führen.

Erfolg im Leben *Art.-Nr. 1722*

In diesem kraftvollen Buch zeigt Paramahansa Yogananda, dass wir die höchsten Ziele des Lebens verwirklichen können, wenn wir das unbegrenzte Potenzial in unserem Inneren anzapfen. Er gibt praktischen Rat, der uns zum Erfolg führen wird, umreißt klare Methoden, mit denen wir uns dauerhaftes Glück verschaffen, und erklärt, wie wir Trägheit und Negativität überwinden, indem wir uns die dynamische Kraft unseres eigenen Willens zunutze machen.

Warum Gott das Böse zulässt und wie man sich darüber erhebt *Art.-Nr. 1729*

Hier vermittelt Paramahansa Yogananda Kraft und Trost für Krisenzeiten, indem er die Mysterien von Gottes *Lila*, dem göttlichen Drama, erläutert. Der Leser wird die Ursache für die dualistische Natur der Schöpfung – Gottes Wechselspiel von Gut und Böse – verstehen und erhält Anleitung, wie er sich auch über die schwierigsten Lebenslagen erheben kann.

Leben ohne Angst *Art.-Nr. 1728*

Paramahansa Yogananda lehrt uns, wie wir die Fesseln der Angst sprengen und unsere eigenen psychologischen Stolpersteine aus dem Weg räumen können. *Leben ohne Angst* ist ein klares Zeugnis für das, was wir werden können, wenn wir nur fest an die Göttlichkeit unserer wahren Natur glauben – der Seele.

Zwiesprache mit Gott *Art.-Nr. 1407(gebunden); 1406 (Taschenbuch)*

Paramahansa Yogananda definiert Gott als den transzendenten, universalen GEIST, als vertrauten Vater, Mutter, Freund und Geliebten aller Seelen. Er zeigt uns, wie nahe der Herr jedem von uns ist und wie man Ihn dazu bringen kann, Sein Schweigen zu brechen und uns auf fühlbare Weise zu antworten.

Meditationen zur SELBST-Verwirklichung *Art.-Nr. 1353*

Über 300 geistig erhebende Meditationen, Gebete und Affirmationen, die dem Menschen helfen, gute Gesundheit und Vitalität, Selbstbewusstsein, Kreativität und innere Ruhe zu entwickeln und immer mehr im Bewusstsein der glückseligen Gegenwart Gottes zu leben.

Wissenschaftliche Heilmeditationen *Art.-Nr. 1305*

Hier gibt Paramahansa Yogananda eine tiefschürfende Erläuterung der Wissenschaft der Heilmeditation. Er erklärt, warum Affirmationen so wirksam sind und wie man die Kraft der Worte und der Gedanken nicht nur zur Heilung anwenden kann, sondern auch, um gewünschte Veränderungen auf jedem Lebensgebiet zu erreichen. Das Buch enthält eine große Auswahl an Affirmationen.

Worte von Paramahansa Yogananda *Art.-Nr. 1216*

Eine Sammlung von Aussprüchen und weisen Ratschlägen Paramahansa Yoganandas – offenherzige und liebevolle Antworten, die der Guru ratsuchenden Schülern gab. Mehrere seiner engsten Jünger haben diese Worte aufgezeichnet und ermöglichen es dadurch jedem Leser, dem Meister auf ganz persönliche Weise zu begegnen.

Lieder der Seele *Art.-Nr. 1652*

Mystische Gedichte Paramahansa Yoganandas: Bekenntnisse des Herzens, die durch unmittelbare Gotteswahrnehmung ausgelöst wurden und von Gott in der Natur, in der menschlichen Seele, in allen täglichen Erlebnissen und im Zustand geistiger Erweckung – der *Samadhi*-Meditation – zeugen.

Kosmische Lieder *Art.-Nr. 1251*

Worte und Noten zu 60 religiösen Liedern mit einer Abhandlung über das geistige Singen, das zur Verbindung mit Gott führt.

Das Gesetz des Erfolges *Art.-Nr. 1457 (gebunden); 1456 (Taschenbuch)*
Der Meister erklärt die wirksamen Grundsätze, die einem dazu verhelfen, seine Ziele im Leben zu erreichen, und vermittelt einen Überblick über die universalen Gesetze, die im persönlichen, beruflichen und geistigen Leben zu Erfolg und Erfüllung führen.

Audioaufnahmen von Paramahansa Yogananda

- *Beholding the One in All*
- *Awake in the Cosmic Dream*
- *Songs of My Heart*
- *Be a Smile Millionaire*
- *The Great Light of God*
- *To Make Heaven on Earth*
- *One Life Versus Reincarnation*
- *Removing All Sorrow and Suffering*
- *In the Glory of the Spirit*
- *Follow the Path of Christ, Krishna, and the Masters*
- *Self-Realization: The Inner and the Outer Path*

DVD

AWAKE: Das Leben des Yogananda

Weitere Veröffentlichungen der Self-Realization Fellowship

Die Heilige Wissenschaft *von Swami Sri Yukteswar*	*Art.-Nr. 1903*
Die Stimme des Herzens *von Sri Daya Mata*	*Art.-Nr. 1616*
Alles Glück liegt in dir *von Sri Daya Mata*	*Art.-Nr. 1816*
Intuition – Wegweiser der Seele … *von Sri Daya Mata*	*Art.-Nr. 1724*

Zusätzliche Möglichkeiten, Paramahansa Yoganandas Lehren über den *Kriya-Yoga* kennenzulernen

Die Self-Realization Fellowship hat es sich zur Aufgabe gemacht, Wahrheitssucher in aller Welt weitgehend zu unterstützen. Bitte besuchen Sie unsere Webseite oder wenden Sie sich an unseren Internationalen Hauptsitz, wenn Sie Informationen über Folgendes wünschen: unsere jährlich stattfindenden öffentlichen Vorträge und Seminare; Meditationen und Andachten in unseren Tempeln und Zentren in vielen Ländern der Welt; Termine für unsere Retreats (Einkehrtage) sowie Informationen über andere Aktivitäten.

www.yogananda.org/de/

Self-Realization Fellowship
3880 San Rafael Avenue
Los Angeles, CA 90065-3219 USA
Tel. +(323)-225-2471

oder

Gemeinschaft der Selbst-Verwirklichung
Laufamholzstraße 369
D-90482 Nürnberg
Tel. 0911/50 10 87
Fax 0911/5 04 83 17

Lehrbriefe der Self-Realization Fellowship

Diese Lehrbriefe enthalten Paramahansa Yoganandas Anleitung zu den Techniken der Yoga-Meditation und seine Grundsätze und persönlichen Ratschläge für eine spirituelle Lebensweise

Wenn Sie sich von den spirituellen Wahrheiten in dem Buch *Die Wiederkunft Christi* angesprochen fühlen, möchten wir Sie einladen, die *Lehrbriefe der Self-Realization Fellowship* zu abonnieren.

Paramahansa Yogananda hat diese Reihe von *Lehrbriefen*, die für das Selbststudium gedacht sind, zusammenstellen lassen, um aufrichtigen Wahrheitssuchern Gelegenheit zu geben, die in diesem Buch erwähnten althergebrachten Yoga-Meditationstechniken zu erlernen und zu üben – einschließlich des wissenschaftlichen *Kriya-Yoga*. Die *Lehrbriefe* enthalten auch seine praktischen Ratschläge, mit denen man Ausgeglichenheit sowie körperliche, geistige und seelische Gesundheit erlangen kann.

Die *Lehrbriefe der Self-Realization Fellowship* können gegen eine geringe Gebühr bezogen werden (diese dient zur Deckung der Druck- und Versandkosten). Alle, welche die *Lehrbriefe* beziehen, werden in Bezug auf das Üben der Techniken von Nonnen und Mönchen der Self-Realization Fellowship persönlich und unentgeltlich beraten.

Weitere Informationen …

Bitte besuchen Sie unsere Website um ein umfassendes kostenloses Informationspaket zu den Lehrbriefen anzufordern:

www.yogananda.org/de/lehrbriefe-für-das-selbststudium

Glossar

(Die folgenden kurzen Erklärungen sind als rasche Orientierung für diejenigen Leser gedacht, die nicht mit Sanskrit-Ausdrücken und der Yoga-Philosophie, wie sie von Paramahansa Yogananda gelehrt wird, vertraut sind. Ausführliche Erläuterungen wichtiger Begriffe im Text können mittels des Registers gefunden werden.)

Apara-Prakriti: Siehe *Prakriti.*

Arjuna: Der erhabene Jünger, dem Bhagavan Krishna die unsterbliche Botschaft der Bhagavad-Gita *(s.d.)* vermittelte; einer der fünf Pandava-Prinzen aus dem *Mahabharata,* dem großen Epos der Hindus, in dem er eine der Schlüsselfiguren darstellt.

Ashram: Geistige Einsiedelei; oft ein Kloster.

Astralkörper: Der feinstoffliche Körper des Menschen, der aus Licht, *Prana* (oder Biotronen) besteht; die zweite der drei Hüllen, welche die Seele nacheinander umschließen: der Kausalkörper *(s.d.)*, der Astralkörper und der physische Körper. Ähnlich wie die Elektrizität eine Glühbirne erhellt, so beleben die Kräfte des Astralkörpers den physischen Körper. Der Astralkörper besteht aus 19 Elementen: Intelligenz, Ichbewusstsein, Gefühl, Verstand (Sinnesbewusstsein); aus den fünf Werkzeugen der Erkenntnis (die Wahrnehmungskräfte in den physischen Sinnesorganen von Gesicht, Gehör, Geruch, Geschmack und Tastsinn); den fünf Werkzeugen der Tätigkeit, welche für die körperlichen Vorgänge der Zeugung, der Ausscheidung, des Sprechens, der Fortbewegung und der Fingerfertigkeit verantwortlich sind; und den fünf Werkzeugen der Lebenskraft, welche die Funktion des Kreislaufs, des Stoffwechsels, der Assimilation, der Kristallisation und der Elimination im Körper ausführen.

Astrallicht: Das feinstoffliche Licht, das von den Biotronen (siehe *Prana*) ausgeht; die eigentliche Substanz, aus der die Astralwelt besteht. Mit der allumfassenden intuitiven Wahrnehmungskraft der Seele kann der Gottsucher in tiefer Meditation das astrale Licht – insbesondere als geistiges Auge *(s.d.)* – wahrnehmen.

Astralwelt: Die feinstoffliche Welt der Schöpfung Gottes, ein Universum aus Licht und Farbe, das aus feineren als den atomaren Kräften besteht, d. h. aus Schwingungen der Lebensenergie oder Biotronen (siehe *Prana*). Jedes Lebewesen, jeder Gegenstand, jede Schwingung auf der materiellen Ebene hat ein astrales Gegenstück, denn im astralen Universum (dem Himmel) liegt die »Blaupause« für unser materielles Universum. Beim physischen Tod steigt die in einen astralen Lichtkörper eingehüllte Seele in eine der höheren oder niederen Astralwelten empor, je nach Verdienst des Menschen, um seine geistige Weiterentwicklung in der größeren Freiheit jener feinstofflichen Sphäre fortzusetzen. Er verbleibt dort für eine karmisch vorbestimmte Zeit – bis zu seiner Wiedergeburt.

Atem: »Durch die Atmung fließen zahllose kosmische Ströme in den Menschen ein und machen seinen Geist ruhelos«, schrieb Paramahansa Yogananda. »Der Atem verbindet ihn mit der flüchtigen Welt der Erscheinungen. Um dem Leid der Vergänglichkeit zu entfliehen und in das glückselige Reich der göttlichen Wirklichkeit einzugehen, lernt der Yogi, seinen Atem durch wissenschaftliche Meditation zu beruhigen.«

Äther: Das Sanskritwort *ākāsha,* das sowohl mit »Äther« als auch mit »Raum« übersetzt wird, bezieht sich insbesondere auf das feinste Schwingungselement in der materiellen Welt (siehe *Elemente*). Es leitet sich ab von ā »gegen« und *kasha* »sichtbar sein, erscheinen«. *Akasha* ist der feinstoffliche »Hintergrund«, gegen den sich alles im materiellen Universum abhebt. »Der Raum verleiht den Objekten Dimension; der Äther trennt die einzelnen Bilder«, sagte Paramahansa Yogananda. »Der von Äther durchdrungene Raum ist der Grenzbereich zwischen Himmel (oder der Astralwelt) und Erde«, erklärte er. »All die feineren Kräfte, die Gott erschaffen hat, bestehen aus Licht oder Gedankenbildern und liegen nur verborgen hinter einer besonderen Schwingung, die sich als Äther manifestiert.«

Aufladeübungen: Der Mensch ist von kosmischer Energie umgeben, so wie ein Fisch vom Wasser umgeben ist. Durch die Aufladeübungen, die von Paramahansa Yogananda selbst entwickelt wurden und in den *Lehrbriefen der Self-Realization Fellowship (s.d.)* beschrieben sind, kann der Mensch seinen Körper mit dieser kosmischen Energie, dem *Prana*, der ihn überall umgibt, versorgen.

Avatar: Aus dem Sanskritwort *avatara,* das aus den Wortwurzeln *ava* = »herab« und *tri* = »steigen« besteht. Wer eins mit dem GEIST geworden ist und dann auf die Erde zurückkehrt, um der Menschheit zu helfen, wird als *Avatar*, als göttliche Inkarnation, bezeichnet.

Avidya: Wörtlich »Nicht-Wissen«, Unwissenheit; die Manifestation der *Maya* (der kosmischen Täuschung, *s.d.*) im Menschen. Im Wesentlichen bedeutet *Avidya,* dass der Mensch seine göttliche Natur und die einzige Wirklichkeit – den GEIST – nicht kennt.

Babaji: Siehe *Mahavatar Babaji.*

Bewusstseinszustände: Im irdischen Bewusstsein kennt der Mensch drei Zustände: den Wach-, den Schlaf- und den Traumzustand. Doch er erlebt weder seine Seele – das Überbewusstsein – noch Gott; der Christusmensch hingegen kennt sie. So wie sich das Bewusstsein des irdischen Menschen auf seinen ganzen Körper erstreckt, so erstreckt sich das Bewusstsein des Christusmenschen auf das ganze Universum, das er als seinen eigenen Körper fühlt. Jenseits des Christusbewusstseins liegt das Kosmische Bewusstsein, in dem man sowohl die Einheit mit Gott als das absolute Bewusstsein jenseits der vibrierenden Schöpfung erlebt als auch Gottes Allgegenwart, die sich in den Welten der Erscheinungen offenbart.

Bhagavad-Gita: »Gesang des Herrn«. Die 18 Kapitel dieser aus alter Zeit überlieferten heiligen Schrift Indiens stammen aus dem 6. Buch (Bishma-Parva) des Epos Mahabharata. Die Gita ist ein Dialog zwischen dem *Avatar* Bhagavan Krishna *(s.d.)* und seinem Jünger Arjuna am Vorabend der historischen Schlacht von Kurukshetra. Sie stellt eine tiefschürfende Abhandlung über die Wissenschaft des Yoga (Vereinigung mit Gott) dar und enthält zeitlose Ratschläge für Glück und Erfolg im täglichen Leben. Die Gita ist sowohl allegorisch als auch historisch zu verstehen. Sie ist eine spirituelle Abhandlung über den inneren Kampf zwischen den guten und schlechten Eigenschaften des Menschen. Je nach dem inhaltlichen Zusammenhang symbolisiert Krishna den Guru, die Seele oder Gott; Arjuna versinnbildlicht den strebsamen Gottsucher. Mahatma Gandhi schrieb über diese weit verbreitete heilige Schrift: »Wer über die Gita meditiert, wird aus ihr täglich neue Freude und Erkenntnis schöpfen. Es gibt keine einzige geistige Verwicklung, welche die Gita nicht entwirren könnte.«

Die Zitate aus der Bhagavad-Gita in diesen drei Bänden der *Wiederkunft Christi* stammen aus Paramahansa Yoganandas eigener Übersetzung: »*Gott spricht mit Arjuna: Die Bhagavad-Gita – Königliche Wissenschaft der Gottverwirklichung*« (herausgegeben von der Self-Realization Fellowship).

Bhagavan Krishna: Ein *Avatar (s.d.)*, der viele Jahrhunderte vor der christlichen Zeitrechnung als König in Indien lebte. Eine der Bedeutungen für das Wort *Krishna* in den heiligen Schriften der Hindus lautet »Allwissender Geist«. So ist *Krishna* ebenso wie *Christus* ein geistiger Titel, der die göttliche Größe des *Avatars* aufzeigt – seine Einheit mit Gott. Der Titel *Bhagavan* bedeutet »Herr«. Seine Jugendjahre verbrachte Krishna als Kuhhirte, der seine Gefährten durch sein Flötenspiel entzückte. In dieser Rolle stellt Krishna allegorisch die Seele dar, die auf der Flöte der Meditation spielt, um alle irregeleiteten Gedanken zur Herde der Allwissenheit zurückzuführen.

Bhakti-Yoga: Der geistige Weg zu Gott, auf dem Liebe und Hingabe die wichtigsten Mittel zur Verbindung und Vereinigung mit Ihm sind. Siehe *Yoga.*

Biotronen: Siehe *Prana.*

Böse, das: Die satanische Kraft, die Gottes Allgegenwart in der Schöpfung verschleiert und in Mensch und Natur als Disharmonie in Erscheinung tritt. Im weiteren Sinne bezeichnet es alles, was dem göttlichen Gesetz (s. *Dharma*) entgegensteht und den Menschen dazu bringt, das Bewusstsein seiner unverzichtbaren Einheit mit Gott zu verlieren, und was verhindert, Gottverwirklichung zu erlangen.

Brahma-Vishnu-Shiva: Drei Ausdrucksformen Gottes, die Seine Immanenz in der Schöpfung versinnbildlichen. Sie stellen die dreifache Aufgabe der Christusintelligenz *(Tat)* dar, die das Wirken der Kosmischen Natur leitet: die Schöpfung, die Erhaltung und die Auflösung. Siehe *Dreieinigkeit.*

Brahman (Brahma): Absoluter GEIST. Brahman wird gelegentlich im Sanskrit als Brahma geschrieben (mit einem kurzen a am Ende); doch die Bedeutung ist dieselbe wie von Brahman: GEIST oder Gottvater. Nicht gemeint ist die begrenzte Auffassung des personalen »Brahma der Schöpfer« aus der Triade Brahma-Vishnu-Shiva (geschrieben mit einem langen ā am Ende, Brahmā). Siehe *Brahma-Vishnu-Shiva.*

Chakras: Im Yoga versteht man darunter die sieben okkulten Zentren der Lebenskraft und des Bewusstseins in der Wirbelsäule und im Gehirn, die den physischen und astralen Körper des Menschen am Leben erhalten. Diese Zentren werden *Chakras* (»Räder«) genannt, denn die konzentrierte Energie in jedem von ihnen ist einer Radnabe vergleichbar, von der Leben spendende Licht- und Energiestrahlen ausgehen. In aufsteigender Reihenfolge werden diese *Chakras* wie folgt benannt: *Muladhara* (das Steißbeinzentrum an der Basis der Wirbelsäule); *Svadhishthana* (das Kreuzbeinzentrum, 5 cm über dem *Muladhara); Manipura* (das Lendenzentrum, gegenüber dem Nabel); *Anahata* (das Rückenzentrum, gegenüber dem Herzen); *Vishuddha* (das Nackenzentrum, am unteren Ende der Halswirbelsäule); *Ajna* (nach Überlieferung zwischen den Augenbrauen, in Wirklichkeit aber durch Polarität direkt mit dem verlängerten Mark verbunden; siehe auch *verlängertes Mark* und *geistiges Auge)*; sowie *Sahasrara* (im höchsten Teil des Großhirns gelegen).

Die sieben Zentren sind von Gott geplante Ausgänge oder »Falltüren«, durch welche die Seele in den Körper hinabgestiegen ist – und durch die sie mithilfe der Meditation wieder aufsteigen muss. Durch sieben aufeinanderfolgende Stadien erlangt die Seele Kosmisches Bewusstsein. Indem sie bewusst durch die sieben geöffneten oder »erweckten« zerebrospinalen Zentren aufsteigt, tritt sie den Weg zur Unendlichkeit an – den wahren Weg, auf dem sie ihren Abstieg zurückverfolgen muss, um sich wieder mit Gott zu vereinigen.

In den Yoga-Abhandlungen bezeichnet man meist nur die unteren sechs Zentren als *Chakras* – wobei das *Sahasrara* als siebentes Zentrum getrennt aufgeführt wird. Jedoch werden alle sieben Zentren häufig mit Lotosblumen verglichen, deren Blütenblätter sich beim geistigen Erwachen öffnen, d. h. nach oben weisen, wenn die Lebenskraft und das Bewusstsein die Wirbelsäule hinaufsteigen.

Chitta: Intuitives Gefühl – das gesamte Bewusstsein, welchem *Ahamkara* (Ichbewusstsein), *Buddhi* (Intelligenz) und *Manas* (Verstand oder Sinnesbewusstsein) innewohnen.

Christus: Der Ehrentitel Jesu: Jesus der Christus. Der Begriff bezeichnet auch Gottes universale Intelligenz, die der Schöpfung innewohnt (gelegentlich auch der Kosmische Christus oder der Unendliche Christus genannt), oder er wird in Bezug auf große Meister gebraucht, die das Einssein mit dem Göttlichen Bewusstsein erlangt haben. (Das griechische Wort *Christos* bedeutet »der Gesalbte«, wie auch das hebräische Wort *Messias.*) Siehe auch *Christusbewusstsein* und *Kutastha-Chaitanya.*

Christusbewusstsein: Das von Gott ausgehende Bewusstsein, das der ganzen Schöpfung innewohnt. In der Bibel wird es »der eingeborene Sohn« genannt, die einzige reine Widerspiegelung Gottvaters in der Schöpfung; in den heiligen Schriften der Hindus wird es als *Kutastha-Chaitanya* oder *Tat* bezeichnet – als universelles Bewusstsein (oder kosmische Intelligenz) des GEISTES, das in der ganzen Schöpfung gegenwärtig ist. (Die Begriffe »Christusbewusstsein« und »Christusintelligenz« sind gleichbedeutend, wie auch »Kosmischer Christus« und »Unendlicher Christus«.) Jesus, Krishna und andere *Avatare* besaßen dieses allumfassende Bewusstsein, dieses Einssein mit Gott. Große Heilige und Yogis kennen es als den Zustand der *Samadhi*-Meditation, in dem sich ihr Bewusstsein mit der göttlichen Intelligenz in jedem Partikel der Schöpfung identifiziert; sie fühlen das ganze Universum als ihren eigenen Körper. Siehe *Dreieinigkeit.*

Christuszentrum: Das *Kutastha-* oder *Ajna-Chakra* an der Stelle zwischen den Augenbrauen, das durch Polarität direkt mit dem verlängerten Mark *(s.d.)* verbunden ist. Es ist sowohl das Zentrum der Willenskraft und Konzentration als auch des Christusbewusstseins *(s.d.)* und der Sitz des geistigen Auges *(s.d.).*

Dharma: Die ewigen Grundsätze der Rechtschaffenheit, welche die ganze Schöpfung aufrechterhalten; die unveräußerliche Pflicht des Menschen, im Einklang mit diesen Grundsätzen zu leben. Siehe auch *Sanatana-Dharma.*

Diksha: Geistige Einweihung; aus der Sanskrit-Verbwurzel *diksh* = sich widmen. Siehe auch *Jünger* und *Kriya-Yoga.*

Dreieinigkeit: Wenn der GEIST die Schöpfung ins Leben ruft, wird er zur Dreieinigkeit: Vater, Sohn, Heiliger Geist oder *Sat, Tat,* OM. Der Vater *(Sat)* ist Gott als der Schöpfer jenseits der Welt der Erscheinungen (Kosmisches Bewusstsein). Der Sohn *(Tat)* ist Gottes allgegenwärtige Intelligenz innerhalb der Schöpfung (Christusbewusstsein oder *Kutastha-Chaitanya*). Der Heilige Geist (*OM*) ist die Schwingungskraft Gottes, die vergegenständlicht, d.h. zur Schöpfung wird.

Die Schöpfung hat im Verlauf der Ewigkeit viele Zyklen (siehe *Yuga)* der Entstehung und Auflösung durchlaufen. Löst sich der Kosmos auf, dann lösen sich die Dreieinigkeit und alle anderen erschaffenen Dinge wieder im Absoluten GEIST auf.

Ego: Das Ichprinzip, *Ahamkara* (wörtlich: »ich tue«), ist die eigentliche Ursache des Dualismus oder der scheinbaren Trennung zwischen Mensch und Schöpfer. *Ahamkara* bringt die Menschen unter den Einfluss der *Maya (s.d.)*, sodass das Subjekt (Ich) fälschlicherweise als Objekt erscheint und die Geschöpfe sich für den Schöpfer halten. Indem der Mensch das Ichbewusstsein überwindet, erwacht er und erkennt sein göttliches Wesen, seine Einheit mit Gott, dem Einzigen Leben.

Elemente (fünf): Die kosmische Schwingung oder OM erbaut die ganze irdische Schöpfung, einschließlich des menschlichen Körpers, durch die Manifestation von fünf *Tattvas* (Elementen): Erde, Wasser, Feuer, Luft und Äther *(s.d.)*. Es handelt sich um aufbauende Kräfte, ihrer Art nach intelligent und aus Schwingungen bestehend. Ohne das Erdelement gäbe es keine feste Materie; ohne das Wasserelement keine Flüssigkeiten; ohne das Luftelement keine Gase; ohne das Feuerelement keine Hitze; ohne das Ätherelement keinen Hintergrund, auf den die kosmischen Filmbilder projiziert werden können. *Prana* (die kosmische vibrierende Energie) fließt durch das verlängerte Mark in den Körper und teilt sich dann in fünf elementare Ströme durch die Tätigkeit der fünf unteren *Chakras* (s.d.) oder Zentren: des Steißbein- (Erde), Kreuzbein- (Wasser), Lenden- (Feuer), Rücken- (Luft) und des Nackenzentrums (Äther). Im Sanskrit nennt man diese Elemente *Prithivi, Ap, Tej, Prana* und *Akasha.*

Evangelium: Das Wort *Evangelium* leitet sich vom altgriechischen Wort *euangelion* ab, wörtlich eine »frohe Botschaft« oder »gute Nachricht«. Es wird für Jesu Lehren im Griechischen verwendet, der Sprache, in der das Neue Testament ursprünglich geschrieben wurde.

Historiker haben festgestellt, dass die Geschichten über das Leben Jesu in den Jahren unmittelbar nach seiner Himmelfahrt vor allem mündlich verbreitet wurden; verschiedene Gemeinden der sich entwickelnden christlichen Bewegung hatten unterschiedliche Sammlungen von Geschichten und Worten. Obwohl Kreuzigung und Auferstehung Jesu im Jahre 30 unserer Zeitrechnung geschahen, wurde das erste der vier kanonischen Evangelien (das Markus-Evangelium, wie die meisten Gelehrten glauben) erst 40 Jahre später geschrieben. (Frühe Christen sahen die jüdischen Schriften als ihre heiligen Bücher an; und weil viele die baldige Rückkehr Jesu auf die Erde erwarteten, fühlten sie offensichtlich kein Bedürfnis nach weiteren schriftlichen Unterweisungen. Obwohl die ersten Epistel oder Pastoralbriefe des Apostel Paulus um das Jahr 50 oder 52 geschrieben wurden, wurde doch kein zusammenhängender Text über Jesu Leben und Lehre geschrieben, bis der Markus-Text um das Jahr 70 erschien.)

Historiker sind sich im Allgemeinen darüber einig, dass sowohl Matthäus als auch Lukas sich auf den Text von Markus gestützt haben; beide hatten jedoch außerdem noch Zugang zu Schriften aus anderen Quellen. Schriftgelehrte schreiben weitere Unterschiede in Inhalt und Gewichtung der vier Evangelien, die zu unterschiedlichen Zeiten zwischen den Jahren 70 und 90 unserer Zeitrechnung geschrieben wurden, den besonderen Ereignissen und Anliegen zu, welche die unabhängigen christlichen Gemeinden – einige jüdischer, andere nichtjüdischer Herkunft – bewältigen mussten. Diese christlichen Gemeinden waren in verschiedenen Gegenden des Ost-Römischen Reiches verstreut, als sich die Bewegung mit der Zeit von ihren jüdischen Wurzeln hin zu einer vollkommen separaten Religion entwickelte. (Das Thomas-Evangelium, aus dem auch zitiert wird, soll während derselben Zeit wie die vier kanonischen Evangelien zusammengetragen worden sein – einige Jahrzehnte nach der Himmelfahrt Jesu).

Was die Verfasser der vier Evangelien des Neuen Testaments betrifft, sind natürlich Matthäus und Johannes zwei der ursprünglichen zwölf Apostel Jesu. Laut Papias, dem Bischof von Hieropolis in Kleinasien (ca. 130), war Markus Gehilfe und »Deuter« von Petrus, dem Jünger Jesu, und hat das niedergeschrieben, was er Petrus über die Taten und Worte Jesu hat berichten hören. Lukas wird in frühen Berichten als Wegbegleiter von Paulus gesehen, der persönlich Petrus, Johannes und Jakobus, den Bruder von Jesus, kannte. Einen historischen Überblick über die einzelnen Verfasser des Evangeliums findet man in *Three Gospels* [*Drei Evangelien*] (New York: Simon and Schuster, 1997) von Prof. Reynolds Price von der Duke-University.

Geistiges Auge: Das *eine* Auge der Intuition und allgegenwärtigen Wahrnehmungskraft im Christus-*(Kutastha-)*Zentrum *(Ajna-Chakra)* zwischen den Augenbrauen. Der tief meditierende Yogi nimmt das geistige Auge als einen Ring goldenen Lichtes wahr, der eine opalblaue Sphäre umschließt, in deren Mittelpunkt sich ein fünfzackiger weißer Stern befindet. Mikrokosmisch gesehen versinnbildlichen diese Formen und Farben nacheinander die Schwingungsebene der Schöpfung (die Kosmische Natur oder den Heiligen Geist); den Sohn oder die Intelligenz Gottes in der Schöpfung (das Christusbewusstsein); und den schwingungslosen GEIST jenseits aller Schöpfung (Gottvater).

Das geistige Auge ist das Tor zu den höchsten göttlichen Bewusstseinsebenen. In tiefer Meditation, wenn das Bewusstsein des Gottsuchers das geistige Auge durchdringt und in die drei darin versinnbildlichten Bereiche vordringt, erlebt er nacheinander folgende Stadien: das Überbewusstsein oder die ewig neue Freude seelischer Verwirklichung und seine Einheit mit Gott als OM *(s.d.)* oder Heiligem Geist; das Christusbewusstsein, seine

Einheit mit der universalen Intelligenz Gottes in der ganzen Schöpfung; und das kosmische Bewusstsein, seine Einheit mit der Allgegenwart Gottes, welche die Bereiche sowohl jenseits als auch innerhalb der vibrierenden Schöpfung durchdringt. Siehe auch *Bewusstseinszustände; Überbewusstsein; Christusbewusstsein.*

Paramahansa Yogananda erklärte einen Abschnitt aus dem alttestamentlichen Buch *Hesekiel* (43, 1–2) wie folgt: »Durch das göttliche Auge in der Stirn (›den Morgen‹) führt der Yogi sein Bewusstsein in die Allgegenwart und hört das Wort oder OM, den göttlichen Laut eines ›großen Wassers‹: die Lichtschwingungen, die das einzig Wirkliche in der Schöpfung sind.« Mit Hesekiels Worten ausgedrückt: »*Und er führte mich wieder zum Tor gegen Morgen. Und siehe, die Herrlichkeit des Gottes Israels kam von Morgen und brauste, wie ein großes Wasser braust, und es ward sehr licht auf der Erde von seiner Herrlichkeit.*«

Auch Jesus sprach vom geistigen Auge: »*Wenn nun dein Auge eins ist, so ist dein ganzer Leib von Licht erfüllt ... Deshalb achte darauf, dass nicht das Licht in dir Finsternis sei.*« (*Lukas* 11, 34–35)

Göttliche Mutter: Die Ausdrucksform Gottes, die in der Schöpfung tätig ist; *Shakti* oder die Kraft des Transzendenten Schöpfers. Andere Bezeichnungen für diese Ausdrucksform der Gottheit sind OM, *Shakti*, Heiliger Geist, Kosmische Intelligente Schwingung, Natur oder *Prakriti.* Ebenfalls die persönliche Ausdrucksform Gottes, welche die Liebe und die mitfühlenden Eigenschaften einer Mutter verkörpert.

In den heiligen Schriften der Hindus heißt es, dass Gott sowohl immanent als auch transzendent, sowohl persönlich als auch überpersönlich ist. Man kann Ihn als das Absolute suchen oder als eine Seiner offenbarten ewigen Eigenschaften – als Liebe, Weisheit, Glückseligkeit, Licht; in Gestalt einer *Ishta* (einer Gottheit); oder als Himmlischer Vater, Himmlische Mutter, Himmlischer Freund.

Gunas: Die drei Grundeigenschaften der Natur: *Tamas, Rajas* und *Sattva* – Hindernis, Tätigkeit und Ausdehnung; oder Masse, Energie und Intelligenz. Im Menschen zeigen sich die drei *Gunas* als Unwissenheit oder Untätigkeit; als Tätigkeit oder Streben; und als Weisheit.

Guru: Geistiger Lehrer. Das Wort *Guru* wird oft missbraucht und einfach auf jeden Lehrer oder Erzieher angewandt. Ein wahrer, von Gott erleuchteter Guru hat Herrschaft über sich selbst erlangt und weiß sich eins mit dem allgegenwärtigen GEIST. Nur er ist fähig, den Sucher auf seinem Weg nach innen richtig zu leiten und ihm göttliche Verwirklichung zu vermitteln.

Wenn ein Wahrheitssucher bereit ist, Gott ernsthaft zu suchen, sendet ihm der Herr einen Guru und leitet den Jünger durch die Weisheit, Intelligenz, SELBST-Verwirklichung und Lehre eines solchen Meisters. Indem der Jünger der Lehre des Meisters folgt und sich seiner Disziplin unterwirft, kann er das Verlangen seiner Seele nach dem Manna der Gotteswahrnehmung stillen. Ein wahrer Guru – von Gott beauftragt, aufrichtigen Suchern zu helfen, die aus tiefster Seele nach Ihm rufen – ist kein gewöhnlicher Lehrer: Er dient Gott als menschliches Werkzeug, denn Gott benutzt dessen Körper, Worte, Gedanken und geistigen Fähigkeiten dazu, verirrte Seelen zu sich zu ziehen und in ihre unsterbliche Heimat zurückzuführen. Ein Guru ist die lebendige Verkörperung der in den heiligen Schriften enthaltenen Wahrheiten. Er ist ein Vermittler der Erlösung, den Gott auf die Bitte des Wahrheitssuchers hin gesandt hat, um diesen von der Bindung an die Materie zu befreien.

»Umgang mit dem Guru zu pflegen«, schreibt Swami Sri Yukteswar in seinem Buch *Die Heilige Wissenschaft*, »bedeutet nicht nur, in seiner körperlichen Gegenwart zu weilen (was oft unmöglich ist), sondern hauptsächlich, ihn im Herzen zu fühlen, seinen Ratschlägen zu folgen und sich innerlich auf ihn einzustellen.« Siehe auch *Meister.*

Gurudeva: »Göttlicher Lehrer«, ein gebräuchlicher Sanskritbegriff, der Respekt zum Ausdruck bringt und oft verwendet wird, wenn man seinen geistigen Präzeptor anredet oder von ihm spricht; im Englischen manchmal mit »Master« (Meister) übersetzt.

Gurus der Self-Realization Fellowship: Die Gurus der Self-Realization Fellowship (Yogoda Satsanga Society of India) sind Jesus Christus, Bhagavan Krishna und eine Linie von erleuchteten Meistern der Gegenwart: Mahavatar Babaji, Lahiri Mahasaya, Swami Sri Yukteswar und Paramahansa Yogananda. Es ist eines der Hauptanliegen der SRF, die Harmonie und grundsätzliche Übereinstimmung zwischen den Lehren Jesu Christi und der Yoga-Wissenschaft Bhagavan Krishnas aufzuzeigen. Alle diese Gurus tragen durch ihre universale Lehre und durch ihre göttliche Vermittlung dazu bei, die Mission der Self-Realization Fellowship zu erfüllen, nämlich der ganzen Menschheit eine anwendbare spirituelle Wissenschaft der Gottverwirklichung zu bringen.

Das Weiterreichen des geistigen Mantels eines Gurus an einen Jünger, der auserwählt wurde, die Linie, der sein Guru angehört, fortzusetzen, wird *Guru-Parampara* genannt. Somit lautet die direkte Linie der Gurus Paramahansa Yoganandas: Mahavatar Babaji, Lahiri Mahasaya und Swami Sri Yukteswar.

Vor seinem Ableben erklärte Paramahansaji, es sei Gottes Wille, dass er der letzte in der Reihe der Gurus der Self-Realization Fellowship sein soll. Kein späterer Jünger oder Leiter der Organisation wird je den Titel eines Gurus annehmen. »Wenn ich gegangen bin«, sagte er, »wird die Lehre der Guru sein. ... Durch die Lehre werdet ihr im Einklang mit mir und den großen Gurus sein, die mich gesandt haben.«

Wenn Paramahansaji zur Nachfolge in der Präsidentschaft der Self-Realization Fellowship / Yogoda Satsanga Society of India befragt wurde, gab er zur Antwort: »An der Spitze dieser Organisation werden immer Männer und Frauen stehen, die SELBST-Verwirklichung erlangt haben. Sie sind Gott und den Gurus bereits bekannt. Sie werden als meine geistigen Nachfolger und Repräsentanten in allen spirituellen und organisatorischen Angelegenheiten tätig sein.«

Heiliger Geist: Die heilige Kosmische Intelligente Schwingung, die Gott aussandte, um mit deren eigener Schwingungsessenz die Schöpfung zu strukturieren und zu erhalten.

Sie ist somit die Heilige Gegenwart Gottes, Sein Wort – im Universum und in jeder Form allgegenwärtig –, Ausdrucksmittel von Gottes vollkommener universaler Widerspiegelung, dem Christusbewusstsein *(s.d.)*. Der Tröster, die Kosmische Mutter Natur, Prakriti *(s.d.)*. Siehe auch *OM* und *Dreieinigkeit*.

»Heiliger Geist« ist eine Übersetzung des entsprechenden hebräischen und griechischen Wortes. *Ruach* im Hebräischen und *Pneuma* im Griechischen bezeichnen eine Reihe von Vorstellungen: Geist, Atem und Wind – allgemein das Lebensprinzip des Menschen und des Kosmos. (Ähnlich im Lateinischen, wo das Wort für *Inspiration* sich auf das Einfließen sowohl des Atems wie auch des göttlichen oder schöpferischen Geistes bezieht; und im Sanskrit, wo *Prana* zum einen Atem bedeutet, zum andern aber die feinstoffliche astrale Lebensenergie, die den Körper erhält, sowie die universelle Kosmische Schwingungsenergie, die in jedem Partikel der Schöpfung zu finden ist und diese erhält.) Dieses Buch wie auch die King-James-Version der englischen Bibel vermeiden die Verwirrung zwischen GEIST (transzendenter Gottvater) und dessen aktivierender Schöpferischer Energie (Heiliger Geist).

Hinduismus: Siehe *Sanatana-Dharma*.

Intuition: Die allwissende Fähigkeit der Seele, welche dem Menschen ohne Vermittlung der Sinne ein unmittelbares Erleben der Wahrheit ermöglicht.

-ji: [sprich: dschi] Eine Nachsilbe, die Respekt ausdrückt; in Indien wird sie oft Namen und Titeln angefügt, wie z. B. Gandhiji, Paramahansaji, Guruji.

Jnana-Yoga: [sprich: *gyana-yoga*] Der Weg zur Einheit mit Gott; dabei wird die Unterscheidungskraft des Intellekts in die allwissende Weisheit der Seele umgewandelt.

Jünger: Ein Wahrheitssucher, der zu einem Guru kommt, um sich von ihm zu Gott führen zu lassen; zu diesem Zweck geht er eine ewig währende geistige Verbindung mit seinem Guru ein. Bei der Self-Realization Fellowship wird diese Verbindung zwischen Guru und Jünger während der Einweihung *(Diksha)* in den *Kriya-Yoga* hergestellt. Siehe auch *Guru* und *Kriya-Yoga*.

Karma: Auswirkungen vergangener Handlungen aus diesem oder aus vorhergehenden Leben; abgeleitet von der Sanskritwurzel *kri* = »tun«. Das ausgleichende Gesetz des Karmas ist, wie in den Schriften der Hindus erklärt wird, das Gesetz von Aktion und Reaktion, von Ursache und Wirkung, von Säen und Ernten. Die natürliche Gerechtigkeit sorgt dafür, dass jeder Mensch durch seine Gedanken und Handlungen zum Schmied seines Schicksals wird. Die Kräfte, die er durch seine weisen oder törichten Taten selbst in Bewegung gesetzt hat, müssen zu ihm als ihrem Ausgangspunkt zurückkehren wie in einem Kreis, der sich unerbittlich schließt. Versteht der Mensch Karma als Gesetz der Gerechtigkeit, kann sich sein Geist vom Groll gegen Gott und die Menschen befreien. Das Karma eines Menschen folgt ihm von Leben zu Leben, bis es abgetragen oder geistig aufgelöst worden ist. Siehe *Reinkarnation.*

Die Summe der Handlungen aller Menschen innerhalb einer Gemeinde, eines Landes oder der ganzen Welt erzeugt das Massenkarma, das örtliche oder auch weiterreichende Auswirkungen hat – je nach Ausmaß und Überwiegen von Gut oder Böse. Daher tragen die Gedanken und Handlungen eines jeden Menschen zum Wohl oder Wehe der ganzen Welt und all ihrer Bewohner bei.

Karma-Yoga: Der Weg, der durch selbstloses Handeln und Dienen zu Gott führt. Durch selbstloses Dienen und indem der Wahrheitssucher Gott die Früchte seines Handelns überlässt und Ihn als den einzig Handelnden erkennt, befreit er sich von seinem kleinen Ich und erlebt Gott. Siehe *Yoga.*

Kaste: Das Kastensystem bedeutete ursprünglich keinen erblichen Stand, sondern eine Einstufung gemäß den natürlichen Fähigkeiten des Menschen. Im Laufe seiner Höherentwicklung durchläuft der Mensch vier unterschiedliche Stadien, die von den altehrwürdigen Hindu-Weisen mit *Shudra, Vaishya, Kshatriya* und *Brahmane* bezeichnet wurden. Der *Shudra* ist hauptsächlich an der Befriedigung seiner körperlichen Bedürfnisse und Wünsche interessiert; die Tätigkeit, die seinem Entwicklungsstand am meisten entspricht, ist körperliche Arbeit. Der *Vaishya* strebt nach weltlichem Gewinn und Befriedigung seiner Sinne; er verfügt über größere schöpferische Fähigkeiten als der *Shudra* und wählt oft den Beruf eines Landwirts, Geschäftsmannes, Künstlers oder eine andere Tätigkeit, bei der sich seine Geisteskraft Ausdruck verschaffen kann. Der *Kshatriya,* der sich im Laufe vieler Leben die Wünsche eines *Shudra* und *Vaishya* erfüllt hat, beginnt nach dem Sinn des Lebens zu suchen; er versucht seine schlechten Gewohnheiten zu überwinden, seine Sinne zu beherrschen und das zu tun, was richtig ist. *Kshatriyas* werden meist große Herrscher, Staatsmänner oder Krieger. Der *Brahmane* hat seine niedere Natur überwunden, fühlt sich ganz und gar zu spirituellen Dingen hingezogen und erkennt Gott;

daher ist er fähig, andere zu unterrichten und ihnen zu ihrer Befreiung zu verhelfen.

Kausalkörper: Als Seele ist der Mensch ein Wesen, das in einen Kausalkörper eingeschlossen ist. Sein Kausalkörper ist eine Ideenmatrix für den astralen und den physischen Körper. Der Kausalkörper setzt sich aus 35 Ideen zusammen, die den 19 Elementen des Astralkörpers *(s.d.)* und den 16 grundlegenden Elementen des physischen Körpers entsprechen.

Kausalwelt: Hinter der physischen Welt der Materie (den Atomen, Protonen, Elektronen) und der feinstofflichen Astralwelt, die aus leuchtender Lebensenergie (den Biotronen) besteht, liegt die Kausal- oder Ideenwelt, die Welt der Gedanken (aus Ideotronen bestehend). Nachdem sich der Mensch weit genug entwickelt und die irdischen und astralen Universen hinter sich gelassen hat, lebt er im kausalen Universum. Im Bewusstsein der Kausalwesen besteht die Essenz der physischen und astralen Universen nur noch aus Gedanken. Alles, was der Erdenmensch in seiner Fantasie tun kann, das kann ein Kausalwesen in Wirklichkeit tun; die einzige Einschränkung dabei sind die Gedanken selbst. Schließlich wirft der Mensch seine letzte Hülle – den Kausalkörper – ab und vereinigt sich mit dem allgegenwärtigen GEIST, der jenseits aller Schwingungsebenen besteht.

Kosmische Energie: Siehe *Prana.*

Kosmische Intelligente Schwingung: Siehe OM.

Kosmische Täuschung: Siehe *Maya.*

Kosmischer Laut: Siehe OM.

Kosmisches Bewusstsein: Das Absolute; der transzendente GEIST jenseits der Schöpfung; Gott der Vater. Auch der Zustand der *Samadhi*-Meditation, in dem man seine Einheit mit Gott erlebt, der sowohl jenseits der vibrierenden Schöpfung als auch in ihr existiert. Siehe *Dreieinigkeit.*

Krishna: Siehe *Bhagavan Krishna.*

Krishna-Bewusstsein: Christusbewusstsein; *Kutastha-Chaitanya.* Siehe *Christusbewusstsein.*

Kriya-Yoga: Eine heilige geistige Wissenschaft aus Indien, wo sie schon seit Jahrtausenden bekannt ist. Sie umfasst bestimmte Meditationstechniken, die zur Gottverwirklichung führen, wenn man diese Techniken hingebungsvoll übt. Paramahansa Yogananda erklärte, dass die Sanskritwurzel des Wortes *Kriya* »*kri*« ist, »tun, handeln, reagieren«. Dieselbe Wurzel findet sich in dem Wort *Karma,* dem natürlichen Prinzip von Ursache und Wirkung. *Kriya-Yoga* ist daher die »Vereinigung *(Yoga)* mit dem Unendlichen durch eine bestimmte Handlung oder einen bestimmten Ritus *(Kriya)*«. Der *Kriya-Yoga* wird von Krishna in der Bhagavad-Gita und von Patanjali in den *Yoga-Sutras* gepriesen. Nachdem der *Kriya-Yoga* in unserem Zeitalter von Mahavatar Babaji *(s.d.)* zu neuem Leben erweckt wurde, ist er zur *Diksha* (zur geistigen Einweihung) durch die Gurus der Self-Realization Fellowship geworden. Seit dem *Mahasamadhi (s.d.)* von Paramahansa Yogananda wird *Diksha* durch den von ihm ernannten geistigen Nachfolger, den Präsidenten [oder die Präsidentin] der Self-Realization Fellowship/Yogoda Satsanga Society of India gegeben (oder durch jemanden, der vom Präsidenten beauftragt ist). Um *Diksha* empfangen zu können, müssen die Mitglieder der Self-Realization Fellowship bestimmte geistige Bedingungen erfüllen. Wer diese *Diksha* erhalten hat, ist ein *Kriya-Yogi* oder *Kriyaban.* Siehe auch *Guru* und *Jünger.*

Kundalini: Der kraftvolle Strom schöpferischer Lebensenergie im gewundenen Durchgang am unteren Ende der Wirbelsäule. Im gewöhnlichen Wachzustand fließt die Lebenskraft des Körpers vom Gehirn die Wirbelsäule hinab und durch diese gewundene *Kundalini*-Passage nach außen; sie belebt den physischen Körper und bindet den Astral- sowie den Kausalkörper *(s.d.)* und die innewohnende Seele an die irdische Gestalt. In den höheren Bewusstseinszuständen, die das Ziel der Meditation sind, wird die *Kundalini*-Energie zurückgelenkt, damit sie durch die Wirbelsäule wieder hinauffließt und die schlafenden geistigen Kräfte in den zerebrospinalen Zentren (*Chakras*) erweckt. Auch »Schlangenkraft« genannt wegen ihrer gewundenen Gestalt.

Kutastha-Chaitanya: Christusbewusstsein *(s.d.).* Das Sanskritwort *Kutastha* bedeutet »das, was unverändert bleibt«; *Chaitanya* heißt »Bewusstsein«.

Lahiri Mahasaya: *Lahiri* war der Familienname von Shyama Charan Lahiri (1828–1895). *Mahasaya* ist ein religiöser Sanskrit-Titel und bedeutet »großherzig«. Lahiri Mahasaya war ein Jünger Mahavatar Babajis und der Guru von Swami Sri Yukteswar (dem Guru von Paramahansa Yogananda). Es war Lahiri Mahasaya, dem Babaji die aus alten Zeiten stammende und fast verloren gegangene Wissenschaft des *Kriya-Yoga (s.d.)* vermittelte. Als ein *Yogavatar* (»Inkarnation des Yoga«) spielte er eine wesentliche Rolle in der Renaissance des Yoga im modernen Indien; er unterwies und segnete zahllose Gottsucher, die zu ihm kamen, ganz gleich, welcher Kaste oder welchem Glauben sie angehörten. Er war ein christusähnlicher Lehrer, der über große Wunderkräfte verfügte, aber auch ein Familienvater, der berufliche Verantwortung trug. Er zeigte den Menschen der Neuzeit, wie man ein ausgeglichenes Leben führen kann, indem man die Meditation mit der Erfüllung weltlicher Pflichten verbindet. Lahiri Mahasayas Leben wird in der *Autobiographie eines Yogi* beschrieben.

Lebenskraft: Siehe *Prana.*

Lehrbriefe der Self-Realization Fellowship: Die Lehre Paramahansa Yoganandas ist in einer Reihe von *Lehrbriefen* zusammengefasst worden; diese stehen allen aufrichtigen Wahrheitssuchern in aller Welt zur Verfügung. Die *Lehrbriefe* enthalten die von Paramahansa Yogananda gelehrten Yoga-

Meditationstechniken einschließlich der Technik des *Kriya-Yoga (s.d.)*, die denjenigen Schülern vermittelt wird, welche bestimmte Bedingungen erfüllen. (Siehe Seite 677.)

Mahasamadhi: Aus den Sanskritwörtern *maha* = »groß« und *Samadhi*. Die letzte Meditation oder bewusste Vereinigung mit Gott, während der ein vollendeter Meister mit dem kosmischen OM-Laut verschmilzt und seinen irdischen Körper abwirft. Einem Meister ist der von Gott bestimmte Zeitpunkt, an dem er seine körperliche Wohnstatt verlassen wird, stets im Voraus bekannt. Siehe *Samadhi*.

Mahavatar Babaji: Der unsterbliche *Mahavatar* (»großer *Avatar*«), der im Jahre 1861 Lahiri Mahasaya in den *Kriya-Yoga (s.d.)* einweihte und damit der Welt die aus alten Zeiten stammende Technik der Befreiung wieder übermittelte. Seit Jahrhunderten lebt er in einem ewig jugendlichen Körper im Himalaja und sendet der Welt unaufhörlich seinen Segen. Seine Mission besteht darin, den Propheten bei ihren besonderen Aufgaben zu helfen. Viele Titel sind ihm schon gegeben worden, die seiner erhabenen spirituellen Größe gerecht werden, doch der *Mahavatar* hat im Allgemeinen den einfachen Namen Babaji angenommen, der sich aus dem Sanskritwort *Baba* = »Vater« und der Nachsilbe *-ji* ableitet, die Respekt ausdrückt. Weitere Einzelheiten über sein Leben und seine geistige Mission werden in der *Autobiographie eines Yogi* berichtet. Siehe *Avatar*.

Mantra-Yoga: Göttliche Vereinigung durch hingebungsvolles, konzentriertes Wiederholen von Ur-Lauten, denen eine geistig heilsame Schwingungskraft innewohnt. Siehe *Yoga*.

Maya: Die täuschende Kraft, die der Struktur der Schöpfung innewohnt und bewirkt, dass der Eine als die Vielen erscheint. *Maya* ist das Prinzip der Relativität, der Umkehrung, des Kontrastes, der Dualität und Gegensätzlichkeit; der »Satan« (auf Hebräisch wörtlich »der Widersacher«) der alttestamentlichen Propheten; und der »Teufel«, den Christus bildhaft als »Mörder« und »Lügner« beschrieb, *»denn die Wahrheit ist nicht in ihm«* (*Johannes* 8, 44).

Paramahansa Yogananda schrieb: »Das Sanskritwort *Maya* bedeutet ›die Messende‹; es ist die der Schöpfung innewohnende magische Kraft, die im Unbegrenzten und Unteilbaren scheinbare Begrenzungen und Teilungen hervorruft. *Maya* ist die Natur selbst – die Welt der Erscheinungen, die sich in ständigem Wandel befindet und somit im Gegensatz zur göttlichen Unwandelbarkeit steht.

In Gottes Plan und Spiel *(Lila)* besteht die einzige Aufgabe von Satan oder *Maya* darin, zu versuchen, die Aufmerksamkeit des Menschen vom GEIST auf die Materie, vom Wirklichen auf das Unwirkliche zu lenken. *›Der Teufel sündigt von Anfang an. Dazu ist erschienen der Sohn Gottes, dass er die Werke des Teufels zerstöre‹* (1. *Johannes* 3, 8). Das heißt, dass die Offenbarung des Christusbewusstseins, das dem Menschen innewohnt, die Trugbilder oder ›Werke des Teufels‹ mühelos zerstört.

Maya ist der Schleier der Vergänglichkeit in der Natur, der ständige Werdegang der Schöpfung, der Schleier, den jeder Mensch lüften muss, um dahinter den Schöpfer – die unwandelbare, ewige Wirklichkeit – zu schauen.«

Meditation: Im Allgemeinen die verinnerlichte Konzentration, deren Ziel es ist, Gott wahrzunehmen. Wahre Meditation, *Dhyana,* ist die bewusste Erkenntnis Gottes durch intuitive Wahrnehmung. Diese Erkenntnis ist erst dann erreicht, wenn der Gottsucher sich so tief konzentrieren kann, dass er seine Aufmerksamkeit von den Sinnesempfindungen loslöst und völlig unberührt bleibt von den Sinneseindrücken aus der äußeren Welt. *Dhyana* ist die siebente Stufe von Patanjalis Achtstufigem Weg des Yoga. Die achte Stufe ist *Samadhi (s.d.)* – Vereinigung, Einssein mit Gott. Siehe *Patanjali.*

Medulla oblongata (*Verlängertes Mark*): Die Struktur des Gehirns an der Schädelbasis (am oberen Ende der Wirbelsäule) ist der wichtigste Punkt, an dem die Lebenskraft *(Prana)* in den Körper eintritt. Sie ist der Sitz des 6. Zentrums in der Wirbelsäule, dessen Aufgabe darin besteht, die einströmende kosmische Energie aufzunehmen und weiterzuleiten. Die Lebenskraft wird im 7. Zentrum *(Sahasrara),* das sich im obersten Teil des Gehirns befindet, gespeichert. Aus diesem Reservoir wird sie im ganzen Körper verteilt. Das feinstoffliche Zentrum im verlängerten Mark ist der Hauptschalter, welcher das Einfließen, die Speicherung und die Verteilung der Lebenskraft lenkt.

Meister: Einer, der Meister seiner selbst geworden ist. Auch eine respektvolle Anrede für einen Guru *(s.d.).*

Paramahansa Yogananda wies darauf hin, dass »die Merkmale, die einen Meister kennzeichnen, nicht körperlicher, sondern geistiger Natur sind. ... Wer beweisen will, dass er ein Meister ist, muss fähig sein, willentlich in den atemlosen Zustand einzugehen *(Savikalpa-Samadhi),* und er muss den Zustand unveränderlicher Glückseligkeit *(Nirvikalpa-Samadhi)* erreicht haben.« Siehe *Samadhi.*

Paramahansaji sagt weiter: »Alle heiligen Schriften erklären, dass der Herr sich den Menschen zum Bilde erschaffen und ihm Allmacht verliehen hat. Die Herrschaft über das Universum scheint übernatürlich zu sein, aber in Wirklichkeit wohnt diese Kraft jedem inne, der eine ›rechte Erinnerung‹ an seinen göttlichen Ursprung hat. Menschen, die Gottverwirklichung besitzen ... sind frei vom Ichbewusstsein *(Ahamkara)* und vom Entstehen von persönlichen Wünschen. Das Handeln wahrer Meister stimmt mühelos überein mit *Rita,* der natürlichen Rechtschaffenheit. Emerson schreibt, dass alle großen Persönlichkeiten ›nicht tugendhaft sind, sondern zur Tugend selber werden; dann ist der Zweck der Schöpfung erfüllt, und Gott hat großen Gefallen daran‹.«

Mensch, man: Diese Worte leiten sich von derselben Wurzel ab wie das Sanskritwort *manas,* »Geist« – die einzigartige menschliche Fähigkeit des rationalen Denkens. Die Wissenschaft des Yoga befasst sich mit dem menschlichen Bewusstsein aus der Sicht des SELBST (*Atman*), das im Wesentlichen androgyn ist. Da es keine andere Bezeichnung gibt, die diese psychologischen und geistigen Wahrheiten ausdrücken könnte, ohne in literarische Unbeholfenheit zu verfallen, ist der Gebrauch der Worte »Mensch« und »man« und ihrer Ableitungen hier nicht auf den maskulinen Aspekt begrenzt, der nur die Hälfte der menschlichen Rasse ausmacht, sondern wird in seiner ursprünglichen, umfassenderen Bedeutung verstanden.

OM (*Aum*): Die Sanskritwurzel oder der Ur-Laut, der jene Ausdrucksform der Gottheit symbolisiert, die alle Dinge erschafft und erhält; Kosmische Schwingung. Das OM der Veden wurde zum heiligen Wort *Hum* der Tibetaner, *Amin* der Muslime und *Amen* der Ägypter, Griechen, Römer, Juden und Christen. Die großen Religionen der Welt erklären, dass alle erschaffenen Dinge aus der kosmischen Energieschwingung des OM oder Amen, des Wortes oder Heiligen Geistes entstanden sind. *»Im Anfang war das Wort, und das Wort war bei Gott, und das Wort war Gott ... Alle Dinge sind durch ihn* [das Wort oder OM] *gemacht, und ohne ihn ist nichts gemacht, was gemacht ist.«* (*Johannes* 1, 1. 3)

Amen bedeutet auf Hebräisch *sicher, treu. »Das sagt, der Amen heißt, der treue und wahrhaftige Zeuge, der Anfang der Schöpfung Gottes.«* (*Offenbarung* 3, 14) Ebenso wie die Schwingung eines laufenden Motors ein Geräusch erzeugt, so legt der allgegenwärtige Laut des OM Zeugnis ab vom Laufen des »Kosmischen Motors«, der alles Leben und jeden Teil der Schöpfung durch seine Schwingungsenergie aufrechterhält. In den *Lehrbriefen der Self-Realization Fellowship (s.d.)* lehrt Paramahansa Yogananda Meditationstechniken, die dem Übenden helfen, Gott als OM oder Heiligen Geist zu erleben. Eine solch glückselige Verbindung mit der unsichtbaren göttlichen Kraft (*»dem Tröster, dem Heiligen Geist« – Johannes* 14, 26) ist die wahrhaft wissenschaftliche Grundlage des Gebets.

Orden der Self-Realization Fellowship: Paramahansa Yogananda schrieb (in seinem Kommentar zur Bhagavad-Gita VI, 1): »Für solche, die sich auf demselben Weg befinden, den ich beschritten habe, und sich zu einem Leben vollständiger Entsagung berufen fühlen, weil sie Gott suchen und Ihm durch die Yoga-Ideale meditativer und nützlicher Tätigkeit dienen wollen, habe ich im klösterlichen Orden der Self-Realization Fellowship/Yogoda Satsanga Society of India die *Sannyas*-Linie des Shankara-Ordens weitergeführt; das ist der Orden, in den ich von meinem Guru aufgenommen wurde, nachdem ich das heilige Gelübde der Swamis abgelegt hatte. Die organisatorische Arbeit, die Gott, mein Guru und meine Paramgurus durch mich begonnen haben, wird nicht von weltlichen Angestellten weitergeführt, sondern von Menschen, die ihr Leben dem höchsten Ziel der Entsagung und Gottesliebe geweiht haben.«

Die Mönche und Nonnen des Ordens wohnen in den Ashram-Zentren der SRF und dienen dem weltweiten Werk Paramahansa Yoganandas auf vielerlei Weise. Unter anderem leiten sie Tempelgottesdienste und Wochenenden der inneren Einkehr (Retreats), halten Seminare und sind seelsorgerisch tätig; sie stehen Devotees der Self-Realization Fellowship beratend zur Seite bei Fragen zur praktischen Anwendung von Paramahansa Yoganandas Lehren und Techniken, und sie betreuen verschiedene karitative Projekte der Self-Realization Fellowship.

Paramahansa: Ein spiritueller Titel für einen Meister *(s.d.)*. Er kann einem Jünger, der die nötigen Qualifikationen dafür hat, nur von einem wahren Guru verliehen werden. *Paramahansa* bedeutet wörtlich »höchster Schwan«. In den heiligen Schriften der Hindus ist *Hansa* oder Schwan ein Sinnbild spiritueller Unterscheidungskraft. Swami Sri Yukteswar verlieh seinem geliebten Jünger Yogananda diesen Titel im Jahre 1935.

Patanjali: Ehrwürdiger Exponent des Yoga, ein Weiser aus alter Zeit, der in den *Yoga-Sutras* die Prinzipien des Achtstufigen Yoga-Wegs aufgezeigt hat: 1. Beachtung sittlicher Verbote *(Yama);* 2. Einhaltung religiöser Gebote *(Niyama);* 3. Richtige Meditationshaltung *(Asana);* 4. Herrschaft über die Lebenskraft *(Pranayama);* 5. Verinnerlichung *(Pratyahara);* 6. Konzentration *(Dharana);* 7. Meditation *(Dhyana);* 8. Vereinigung mit Gott *(Samadhi)*.

Prakriti: Kosmische Natur; allgemein die intelligente schöpferische Schwingungskraft, die aus dem GEIST hervorgeht und welche die dreifache Manifestation (kausale, astrale und physische) des Universums und des menschlichen Mikrokosmos sowohl erschafft als auch zu ihr wird.

Besondere Begriffe: *Maha-Prakriti* ist die ursprüngliche undifferenzierte Schöpferische Intelligenz Gottes, die Schöpferische Mutter Natur oder Heiliger Geist, die durch die Kosmische Schwingung ihres eigenen SELBST die ganze Schöpfung hervorbringt. *Para-Prakriti* (Reine Natur) und *Apara-Prakriti* (Unreine Natur) korrelieren mit den christlichen Begriffen *Heiliger Geist* und *Satan* – beziehungsweise die schöpferische Kraft, welche die Immanenz von Gottes schöpferischer Gegenwart in der Schöpfung ausdrückt, und die finstere Kraft der kosmischen Täuschung, welche die Göttliche Allgegenwart verdunkelt.

Prana: Funken intelligenter Energie (feinstofflicher als die Atomenergie), die das Leben ausmacht; sie werden in den heiligen Schriften der Hindus insgesamt als *Prana* bezeichnet. Paramahansa Yogananda hat den Begriff mit »Biotronen« übersetzt. Im Wesentlichen sind es verdichtete Gedanken Gottes, die Substanz der Astralwelt *(s.d.)* und das Lebensprinzip im stofflichen Universum. In der physischen Welt gibt es zwei Arten von *Prana:* 1. die kosmische Schwingungsenergie, die in der Schöpfung allgegenwärtig ist und alle Dinge aufbaut und erhält; 2. der spezifische *Prana* oder die Energie, die jeden menschlichen Körper durchdringt und durch fünf Ströme oder Funktionen erhält: Der *Prana*-Strom erfüllt die Funktion der Kristallisation; der *Vyana*-Strom die des Blutkreislaufs; der *Samana*-Strom die der Assimilation; der *Udana*-Strom die Funktion des Stoffwechsels; und der *Apana*-Strom die der Ausscheidung.

Pranayama: Bewusste Herrschaft über *Prana* (die schöpferische Schwingung oder Energie, die das Leben im Körper erzeugt und erhält). Die Yoga-Wissenschaft des *Pranayama* ist die direkte Methode, den Geist bewusst loszulösen von den Lebensfunktionen und Sinneswahrnehmungen, die den Menschen an das Körperbewusstsein gebunden halten. Auf diese Weise befreit *Pranayama* das menschliche Bewusstsein, sodass es sich mit Gott verbinden kann. Alle wissenschaftlichen Techniken, die eine Vereinigung von Seele und GEIST ermöglichen, können als Yoga bezeichnet werden. *Pranayama* jedoch ist die höchste Yoga-Methode, die zu dieser göttlichen Vereinigung führt.

Raja-Yoga: Der »königliche« oder höchste Weg, der zur Vereinigung mit Gott führt. Er lehrt wissenschaftliche Meditation *(s.d.)* als wichtigstes Mittel zur Erkenntnis Gottes und schließt die wesentlichen Elemente aller anderen Yoga-Methoden mit ein. Die *Raja-Yoga*-Lehre der Self-Realization Fellowship vermittelt eine Lebensweise, die auf der *Kriya-Yoga*-Meditation *(s.d.)* beruht und körperlich, geistig und seelisch zu vollkommener Entfaltung führt. Siehe auch *Yoga.*

Rajarsi Janakananda (James J. Lynn): Hoch entwickelter Jünger Paramahansa Yoganandas und sein erster Nachfolger als Präsident und geistiges Oberhaupt der Self-Realization Fellowship/Yogoda Satsanga Society of India bis zu seinem Ableben am 20. Februar 1955. James Lynn erhielt von Paramahansaji die Einweihung in den *Kriya-Yoga* im Jahre 1932; seine geistigen Fortschritte waren so groß, dass der Guru ihn liebevoll den »heiligen Lynn« nannte, bis er ihm 1951 den Ordensnamen Rajarsi Janakananda verlieh.

Reinkarnation: Die Lehre, dass der Mensch, der dem Gesetz der Evolution unterworfen ist, sich ständig wiederverkörpert, um sich allmählich höherzuentwickeln – ein Vorgang, der durch falsches Handeln und falsche Wünsche verzögert und durch geistige Bemühungen beschleunigt wird –, bis er den Zustand der SELBST-Verwirklichung und Gottvereinigung erlangt hat. Wenn er dann die Begrenzungen und Unvollkommenheiten des irdischen Bewusstseins überwunden hat, ist seine Seele für immer frei und muss sich nicht mehr zwangsläufig wiederverkörpern. *»Wer überwindet, den will ich machen zum Pfeiler in dem Tempel meines Gottes, und er soll nicht mehr hinausgehen.«* (*Offenbarung* 3, 12)

Rishis: Seher; hoch entwickelte menschliche Wesen, die göttliche Weisheit offenbaren; insbesondere die erleuchteten Weisen des alten Indiens, denen die Veden intuitiv offenbart wurden.

Sadhana: Weg geistiger Disziplin. Die besonderen Anweisungen und Meditationsübungen, die der Guru seinen Jüngern gibt und die bei getreulichem Üben schließlich zur Gottverwirklichung führen.

Samadhi: Die höchste Stufe auf dem Achtstufigen Weg des Yoga, wie von dem Weisen Patanjali *(s.d.)* dargestellt. *Samadhi* ist dann erreicht, wenn der Meditierende, der Vorgang der Meditation (bei dem sich der Geist durch Verinnerlichung von den Sinnen zurückzieht) und der Meditationsgegenstand (Gott) eins werden. Paramahansa Yogananda erklärte, dass »das Bewusstsein des Gottsuchers in den anfänglichen Stadien der Gottvereinigung *(Savikalpa-Samadhi)* im Kosmischen GEIST aufgeht; die Lebenskraft zieht sich vom Körper zurück, der ›tot‹ oder starr und bewegungslos erscheint. Der Yogi ist sich seines körperlichen Zustands aufgehobener Lebenstätigkeit vollkommen bewusst. Wenn er jedoch zu höheren geistigen Stufen *(Nirvikalpa-Samadhi)* aufsteigt, vereinigt er sich mit Gott, ohne dass sein Körper bewegungslos wird, bei normalem Wachbewusstsein, sogar inmitten anspruchsvoller weltlicher Tätigkeit.« In beiden Fällen ist die Einheit mit der ewig neuen Glückseligkeit des GEISTES erreicht, doch den *Nirvikalpa*-Zustand erleben nur die am höchsten entwickelten Meister.

Sanatana-Dharma: Wörtlich »ewige Religion«. Dieser Name bezeichnet den Kodex der vedischen Lehren, der Hinduismus genannt wurde, nachdem die Griechen die Menschen an den Ufern des Indus-Flusses als *Indoos* oder *Hindus* bezeichneten. Siehe *Dharma.*

Satan: Auf Hebräisch wörtlich »der Widersacher«. Satan ist die bewusste und unabhängige, universale Kraft, die alles und jeden dadurch täuscht, dass sie das ungeistige Bewusstsein der Endlichkeit und Getrenntheit von Gott hervorruft. Um dies zu erreichen, gebraucht Satan die Waffen der *Maya* (der kosmischen Täuschung) und *Avidya* (der individuellen Täuschung, Unwissenheit). Siehe *Maya.*

Sat-Chit-Ananda: Sanskritwort für Gott; es bringt die grundlegende Natur des GEISTES zum Ausdruck – als ewiges Wesen oder Wahrheit (*Sat*), unendliches Bewusstsein (*Chit*) und ewig neue Glückseligkeit (*Ananda*).

Sat-Tat-OM: *Sat,* Wahrheit, das Absolute, Glückseligkeit; *Tat,* universale Intelligenz oder Bewusstsein; OM, kosmische, intelligente, schöpferische Schwingung, symbolisches Wort für Gott. Siehe *OM* und *Dreieinigkeit.*

Seele: Individualisierter GEIST. Die Seele ist das wahre und unsterbliche Wesen des Menschen und aller übrigen Lebewesen; sie ist nur vorübergehend mit einem kausalen, astralen und physischen Körper bekleidet. Das Wesen der Seele ist GEIST: ewig bestehende, ewig bewusste, ewig neue Freude.

Selbst: In Kapitälchen bezeichnet es *Atman* oder die Seele – zur Unterscheidung vom gewöhnlichen Selbst, der Persönlichkeit oder dem Ego *(s.d.)*. Das Selbst ist individualisierter Geist, dessen Natur ewig bestehende, ewig bewusste, ewig neue Glückseligkeit ist. Diese göttlichen Eigenschaften der Seelennatur kann man durch Meditation erfahren.

Selbst-Verwirklichung: Paramahansa Yogananda hat Selbst-Verwirklichung wie folgt definiert: » Selbst-Verwirklichung ist das Wissen auf allen Ebenen unseres Seins – des Körpers, des Geistes und der Seele –, dass wir eins mit der Allgegenwart Gottes sind, dass wir nicht um sie zu beten brauchen, dass wir ihr nicht nur allezeit nahe sind, sondern dass sie zugleich unsere Allgegenwart ist und dass wir jetzt ebenso ein Teil von Gott sind, wie wir es immer sein werden. Wir brauchen nur eines zu tun: unser Wissen zu erweitern.«

Self-Realization Fellowship: Die internationale überkonfessionelle religiöse Organisation, die Paramahansa Yogananda im Jahre 1920 in Amerika (und zuvor im Jahre 1917 als Yogoda Satsanga Society of India) gegründet hat, um auf der ganzen Welt die geistigen Grundsätze und Meditationstechniken des *Kriya-Yoga (s.d.)* zu verbreiten und größeres Verständnis zwischen den Völkern aller Rassen, Kulturen und Glaubensrichtungen über die Eine Wahrheit herbeizuführen, die allen Religionen zugrunde liegt. (Siehe auch »Ziele und Ideale der Self-Realization Fellowship«, Seite 668).

Paramahansa Yogananda erklärte, der Name Self-Realization Fellowship bedeutet:

»Gemeinschaft mit Gott durch Selbst-Verwirklichung und Freundschaft mit allen wahrheitssuchenden Seelen«.

Vom internationalen Hauptsitz in Los Angeles, Kalifornien aus veröffentlicht die Organisation Paramahansa Yoganandas Schriften, Vorträge und informelle Ansprachen – einschließlich seiner umfassenden Serie von *Lehrbriefen der Self-Realization Fellowship* zum Selbststudium sowie die 1925 von ihm ins Leben gerufene Zeitschrift *Self-Realization*; außerdem produziert die Organisation Audio- und Videoaufnahmen über seine Lehre und beaufsichtigt die Tempel, die Stätten der inneren Einkehr (Retreats), Meditationszentren, Jugendprogramme und die klösterlichen Gemeinschaften des Ordens der Self-Realization Fellowship; sie organisiert in vielen Städten weltweit Vorträge und Seminare und koordiniert auch den Weltweiten Gebetskreis, ein Netzwerk von Gruppen und Einzelpersonen, die es sich zur Aufgabe gemacht haben, für das körperliche, geistige und seelische Wohl leidender Menschen und für Frieden und Eintracht auf der ganzen Welt zu beten.

Self-Realization (Zeitschrift): Eine Zeitschrift, die einmal jährlich von der Self-Realization Fellowship veröffentlicht wird; sie enthält Vorträge und Schriften von Paramahansa Yogananda sowie andere spirituelle, praktische und lehrreiche Artikel von aktuellem Interesse und bleibendem Wert.

Das deutschsprachige Jahresheft »Selbst-Verwirklichung« erschien bis 2017 einmal im Jahr und enthielt eine Auswahl aus den englischen Zeitschriften.

Frühere Ausgaben sind erhältlich bei der Brockhaus Commission (S.670) und dem Ashramzentrum in Nürnberg (S.676).

Shankara, Swami: Manchmal auch als Adi (»der erste«) Shankaracharya (Shankara + *Acharya,* »Lehrer«) bezeichnet; er ist Indiens berühmtester Philosoph. Seine Lebensdaten sind unbekannt; viele Gelehrte rechnen ihn dem 8. oder dem frühen 9. Jahrhundert zu. Er erklärte, dass Gott nicht etwas Negatives und Abstraktes sei, sondern (dass Er) positive, immerwährende, allgegenwärtige, ewig neue Glückseligkeit sei. Shankara reorganisierte den seit alters bestehenden Swami-Orden und gründete vier große *Maths* (klösterliche Zentren spiritueller Schulung), deren Leiter in apostolischer Nachfolge den Titel eines Jagadguru Sri Shankaracharya tragen. *Jagadguru* bedeutet »Weltlehrer«.

Siddha: Wörtlich »einer, der erfolgreich ist«. Ein Mensch, der SELBST-Verwirklichung erlangt hat.

Sri: Ein Titel, der Respekt ausdrückt. Wenn er dem Namen einer religiösen Persönlichkeit vorangestellt wird, bedeutet er so viel wie »heilig« oder »verehrt«.

Sri Yukteswar, Swami: Swami Sri Yukteswar Giri (1855–1936) war Indiens *Jnanavatar,* »Inkarnation der Weisheit«, der Guru von Paramahansa Yogananda und der *Paramguru* aller *Kriyabans* der Self-Realization Fellowship. Sri Yukteswarji war ein Jünger Lahiri Mahasayas. Auf Geheiß von Lahiri Mahasayas Guru, Mahavatar Babaji, schrieb er das Buch *Die Heilige Wissenschaft* – eine Abhandlung über die grundlegende Übereinstimmung zwischen der christlichen Bibel und den heiligen Schriften der Hindus. Er schulte Paramahansa Yogananda für dessen weltweite geistige Mission: die Verbreitung des *Kriya-Yoga (s.d.).* Paramahansaji hat das Leben Sri Yukteswars liebevoll in seiner *Autobiographie eines Yogi* beschrieben.

Swami: Angehöriger des ältesten Mönchsordens Indiens, der im 9. Jahrhundert von Swami Shankara *(s.d.)* reorganisiert wurde. Ein Swami legt das offizielle Gelübde der Keuschheit und des Verzichts auf weltliche Bindungen und ehrgeiziges Streben ab, um sich ganz der Meditation und anderen geistigen Übungen sowie dem Dienst an der Menschheit zu widmen. Es gibt zehn verschiedene Zweige des Swami-Ordens wie *Giri, Puri, Bharati, Tirtha, Saraswati* und andere. Swami Sri Yukteswar *(s.d.)* und Paramahansa Yogananda gehörten dem *Giri* (»Berg«)-Zweig an. Das Sanskritwort *Swami* bedeutet »jemand, der eins mit dem Selbst *(Swa)* ist«.

Überbewusste Wahrnehmung: Die allwissende Kraft der Seele, welche die Wahrheit direkt wahrnimmt; Intuition.

Überbewusstsein: Das reine, intuitive, allsehende, ewig glückselige Bewusstsein der Seele. Manchmal wird dieser Begriff ganz allgemein für die verschiedenen Zustände des *Samadhi (s.d.)* verwendet, die man in der Meditation erlebt, besonders aber für den ersten Zustand des *Samadhi,* in dem man das Ichbewusstsein verliert und sein Selbst als die Seele erkennt, die Gott zum Ebenbild erschaffen ist. Danach folgen die höheren Stadien der Verwirklichung: Christusbewusstsein *(s.d.)* und Kosmisches Bewusstsein *(s.d.).*

Upanishaden: Die Upanishaden oder der *Vedanta* (wörtlich »Ende der Veden), die an bestimmten Stellen der vier Veden erscheinen, sind wichtige Zusammenfassungen, welche die doktrinäre Grundlage der hinduistischen Religion bilden.

Vedanta: Wörtlich »Ende der Veden«; die Philosophie, die aus den *Upanishaden* – dem letzten Teil der Veden – stammt. Shankara (8. oder frühes 9. Jahrhundert) war der größte Verfechter des *Vedanta,* in dem dargelegt wird, dass Gott die einzige Wirklichkeit und die Schöpfung im Wesentlichen eine Täuschung ist. Da der Mensch das einzige Geschöpf ist, das Gott begreifen kann, muss er selbst göttlich sein; daher ist es seine Pflicht, sein wahres Wesen zu erkennen.

Veden: Die vier heiligen Schriften der Hindus: Rig-Veda, Sama-Veda, Yajur-Veda und Atharva-Veda. Sie bestehen im Wesentlichen aus Gesängen, Riten und Rezitationen, welche alle Lebensbereiche und Tätigkeitsgebiete des Menschen anregen und vergeistigen sollen. Unter den überaus zahlreichen Texten Indiens sind die Veden (von der Sanskritwurzel *vid* = »wissen«) die einzigen Werke, die keinen Verfasser aufweisen. Der Rig-Veda führt die Hymnen auf einen göttlichen Ursprung zurück und berichtet uns, dass sie aus »grauer Vorzeit« stammen und später in eine neue Sprache gekleidet wurden. Da die vier Veden den *Rishis* (»Sehern«) von einem Zeitalter zum anderen durch göttliche Offenbarungen mitgeteilt wurden, heißt es, dass sie *Nityatva,* d.h. »zeitlose Gültigkeit«, besitzen.

Verlängertes Mark: Siehe *Medulla oblongata.*

Wiedergeburt: Siehe *Reinkarnation.*

Yoga: Aus der Sanskritwurzel *yuj* = »vereinigen«. In der Hindu-Philosophie lautet die höchste Bedeutung des Wortes *Yoga*: Vereinigung der individuellen Seele mit dem GEIST durch wissenschaftliche Meditationsmethoden. Innerhalb des breiten Spektrums der Hindu-Philosophie stellt der Yoga eines von sechs orthodoxen Systemen dar: *Vedanta, Mimamsa, Sankhya, Vaisheshika, Nyaya* und *Yoga.* Es gibt auch verschiedene Arten von Yoga-Methoden: *Hatha-Yoga, Mantra-Yoga, Laya-Yoga, Karma-Yoga, Jnana-Yoga, Bhakti-Yoga* und *Raja-Yoga. Raja-Yoga,* der »königliche« oder vollständige Yoga wird von der Self-Realization Fellowship gelehrt; es ist derselbe Yoga, den Bhagavan Krishna seinem Jünger Arjuna gegenüber in der Bhagavad-Gita preist: »Der Yogi ist größer als der Asket, der seinen Körper diszipliniert, größer sogar als jene, die dem Weg der Weisheit oder dem Weg des Handelns folgen; deshalb sei du, o Arjuna, ein Yogi!« (*Gott spricht mit Arjuna – Die Bhagavad-Gita* VI, 46) Der Weise Patanjali, der größte Vertreter des Yoga, hat acht wichtige Stufen beschrieben, durch die der *Raja-Yogi* den *Samadhi*, oder die Einheit mit Gott, erlangen kann. Diese sind: 1. *Yama,* sittliches Verhalten; 2. *Niyama,* religiöse Gebote; 3. *Asana,* richtige Körperhaltung; 4. *Pranayama,* Herrschaft über *Prana,* die subtilen Lebensströme; 5. *Pratyahara,* Verinnerlichung, Zurückziehen der Sinne von den Gegenständen der Außenwelt; 6. *Dharana,* Konzentration; 7. *Dhyana,* Meditation; und 8. *Samadhi,* überbewusste Wahrnehmung; Vereinigung mit Gott.

Yogi: Jemand, der Yoga *(s.d.)* praktiziert. Jeder, der eine wissenschaftliche Technik übt, um göttliche Verwirklichung zu erlangen, ist ein Yogi. Er kann verheiratet oder ledig sein, weltlichen Verpflichtungen nachgehen oder formelle religiöse Gelübde abgelegt haben.

Yogoda Satsanga Society of India: Unter diesem Namen ist Paramahansa Yoganandas Organisation in Indien bekannt. Sie wurde im Jahre 1917 von ihm gegründet. Ihr Hauptsitz, der Yogoda-Math, liegt am Ufer des Ganges bei Dakshineswar in der Nähe von Kolkata und hat eine Zweigniederlassung *(Math)* in Ranchi/Jharkhand (früher Bihar) sowie viele Nebenstellen. Außer verschiedenen Yogoda-Meditationszentren in ganz Indien hat die Yogoda Satsanga Society 17 Bildungsinstitute, von der Grundschule bis hin zur Universität. *Yogoda* – ein Wort, das Paramahansa Yogananda geprägt hat – leitet sich ab von *yoga* »Vereinigung, Harmonie, Ausgeglichenheit« und *da* = »das, was vermittelt«. *Satsanga* setzt sich zusammen aus *sat* »Wahrheit« und *sanga* »Gemeinschaft«. Für den Westen übersetzte Paramahansaji den indischen Namen mit »Self-Realization Fellowship« *(s.d.)*.

Yuga: Ein Zyklus oder Zeitabschnitt der Schöpfung, der in den alten Texten der Hindus erläutert wird. Sri Yukteswar *(s.d.)* beschreibt in seinem Buch *Die Heilige Wissenschaft* einen 24 000 Jahre umfassenden Äquinoktial-Zyklus und die Stellung, die der heutigen Menschheit darin zukommt. Dieser Zyklus ist Teil eines wesentlich längeren Weltall-Zyklus, der von den *Rishis* vor vielen Zeitaltern errechnet und im 16. Kapitel der *Autobiographie eines Yogi* erwähnt wird.

Danksagung

Wir danken dem Ramakrishna-Vivekananda Center of New York für die Erlaubnis zum Abdruck eines Zitates aus dem dort veröffentlichten Buch: *The Gospel of Sri Ramakrishna*, ins Englische übersetzt von Swami Nikhilananda, Copyright 1942, Swami Nikhilananda. (Das englische Originalzitat wurde von der Self-Realization Fellowship ins Deutsche übertragen.)

Danksagung für die Erlaubnis zum Abdruck von Gemälden

Das Gemälde »Die Verklärung« von Carl Heinrich Bloch erscheint mit freundlicher Genehmigung von Det Nationalhistoriske Museum på Frederiksborg, Hillerød (Dänemark).

Das Gemälde »Christus und der reiche Jüngling« von Heinrich Hofmann erscheint mit freundlicher Genehmigung von The Riverside Church, New York City; und New York Graphic Society.

Die Landkarte von Palästina zur Zeit des Neuen Testaments enthält Material, das von Bible Mapper (www.biblemapper.com) angefertigt wurde.

Palästina in der Zeit des Neuen Testaments

Verzeichnis der Titel von Diskursen in Band I, II und III

Band I

Band II

Band III

Verzeichnis der Verse aus dem Neuen Testament, die in diesem Band kommentiert werden

(in der Reihenfolge, wie sie in der Bibel stehen)

Evangelium nach Matthäus

Evangelium nach Markus

Verse aus dem Neuen Testament, kommentiert in diesem Band

Evangelium nach Lukas

Evangelium nach Johannes

Verzeichnis weiterer Bibelverse, die in diesem Band aufgeführt sind

Altes Testament

Neues Testament

Verzeichnis der zitierten Verse aus der Bhagavad-Gita